9급/7급 공무원 시험대비 **최신개정판**　　동영상강의 www.pmg.co.kr

박문각 공무원

박혜선
국 어

개념도 새기는 기출
문학 & 독해

박혜선 편저

박문각

범접할 수 없는 적중신화로 단기합격!

작품 연도별로 정리하고, 작가별 특징으로 정리하여
큰 맥을 잡아 내는 박혜선 문학!

또, 역순 독해 기출로 트렌드와
유형별 전략을 터득하는 박혜선 독해!

안녕하세요. 여러분들의 단기 합격을 간절히 기원하는 혜선 쌤입니다.
문학은 亦功이들이 교육과정에서 많이 접해본 영역이라
처음에는 쉽게 정리할 수 있을 거라고 생각하는 영역입니다.
하지만 공부할수록 亦功이들은 생각보다 답을 찾는 과정이 헷갈리고 근거가 정확하지 않아
시험장에서 잘 맞힐 수 있을지 모르겠다는 걱정을 하곤 합니다.

문학을 잘하고 싶으시다면, 기출된 문학 작품들을 기준으로 공부하시되,
대표적인 작가적 특징을 익혀 두시는 것이 좋습니다.
객관적으로 존재하는 문학 기출을 보더라도 기존에 나왔던 작품이 나오는 경향이 짙습니다.
물론 4–5문제 중 1–2문제는 출제되지 않았던 작품이 나오기도 하나
제가 안내해 드리는 방법으로 학습하시면 문학에서 좋은 점수를 따실 수 있습니다.

독해를 잘하고 싶으시다면, 역순 독해 기출로 최신 독해 기출의 경향을 파악하고
문제 유형별로 전략을 익히시면 됩니다.
특히, 최근 나올 수 있는 신유형에 대해서도 亦功이들이 훈련할 수 있도록
풍부한 문제들을 수록하였으니 혜선 쌤이 알려주는 유형별 전략을 잘 적용하여
훈련하시길 바랍니다.

2024년에 반드시 나올 출.좋.포 문학, 독해 이론을 족집게처럼 뽑아 설명하고,
출제 예상 문학 작품과 독해 문제 유형을 짚어 드릴 테니 잘 따라오시길 바랍니다.

합격자들의 증언, 혜선 쌤의 진가는 기출 강의에서 드러난다

🔍 개념도 새기는 기출 문학&독해를 필수 수강해야 하는 첫 번째 이유
혜선 쌤의 적중은 찐이다. 시험 시간을 최고로 절약할 수 있다

평균 99점의 수석합격자, 2관왕, 수많은 초시 단기합격자들의 합격 후기를 보셨나요? 합격 후기를 보면 공통적으로 혜선 쌤이 강조하고 집어 줬던 작품이나 작가가 시험에 적중되어 빠르게 정답을 찍을 수 있었다고 합니다. 또 표현 방법도 적중하기 때문에 낯선 작품이 나와도 무한 반복했던 표현 방법을 적용하기에 충분합니다. 독해 또한 소재까지 적중될 정도로 예측하고 있으니 걱정 말고 따라오시길 바랍니다.

🔍 개념도 새기는 기출 문학&독해를 필수 수강해야 하는 두 번째 이유
혜선 쌤이 알려주는 학습 방향과 전략은 낯선 작품도 읽을 수 있게 한다

최근 국가직, 지방직 9급 시험에서는 낯선 작품이 1-2문제 나오는 경향이 있습니다. 하지만 혜선 쌤이 알려주는 놀라운 분석 방법을 강의를 통해 함께 잘 훈련한다면 낯선 문제를 시험장에서 맞닥뜨리더라도 담대하게 풀 수 있는 역량이 생깁니다. 발문-제시문-선택지가 있을때, 어느 경우에 제시문을 먼저 읽어야 할지, 어느 경우에 선택지를 먼저 읽을지 또한 혜선 쌤이 하나 하나 알려 드립니다.

🔍 개념도 새기는 기출 문학&독해를 필수 수강해야 하는 세 번째 이유
출제자들이 좋아하는 마스터 선택지들을 미리 선수 치고 배울 수 있다

기출을 치열하게 분석하다 보면 특히 출제자가 각 영역마다 중시하는 포인트가 있다는 것을 알게 됩니다. 해당 선택지는 무조건 정답이 될 수 없다거나, 무조건 적절할 수밖에 없는 이유들을 객관적인 근거로 역공이들에게 보여 드립니다. 이 또한 시험장에서 시간을 절약할 수 있는 혜선 쌤만의 특급 비장의 무기입니다.

🔍 개념도 새기는 기출 문학&독해를 필수 수강해야 하는 네 번째 이유
오픈 카톡, 네이버 카페 등 혜선 쌤과의 직접적인 소통

수험생들을 '역시 성공하는 사람'이라는 뜻의 '역공(亦功)이'로 부르며 누구보다도 수험생들을 위해 노력하는 혜선 쌤과 실시간으로 소통이 가능합니다. 역공(亦功)이들을 위해, 시험에 필요한 모든 자원과 관심을 아끼지 않습니다. 현강 학생들은 물론, 인강 학생들도 '인증 게시판, 커리큘럼 및 상담, 학습 질문'까지 할 수 있습니다. 오픈 카톡방을 이용하는 것뿐만 하니라 개인 카톡을 통해 학생들과 직접적인 소통을 하며 오프라인 상담을 잡기도 합니다. 박혜선 교수의 카페와 오픈 카톡방으로 연결되는 QR 코드는 책 뒤 수강후기 아래에 있습니다.

🔍 개념도 새기는 기출 문학&독해를 필수 수강해야 하는 다섯 번째 이유
혼자 공부하지 않아도 절로 복습되는 하프, 일일 모의고사

여러분들의 취약점을 보완하고 다발적으로 일어나는 망각을 방지하고자 매일 실시하는 박문각 일일 모의고사라는 장치를 마련해 두었습니다. 일일 모고와 하프는 수업 진도에 맞게 체계적으로 치러집니다. 예를 들어 지난주에 '시의 표현방법'을 했다면 그 다음 주에는 '시의 표현 방법'과 관련된 기출 변형 문제 를 풀게 되는 것입니다. 일주일 지난 후 보통 인간의 뇌에는 지식이 30프로밖에 남지 않으므로 이 시기에 한번 더 상기하면 망각을 방지할 수 있습니다.

전에 없던 **개념도 새기는 기출(문학&독해)**을 통해 올해에도 많은 합격생이 배출되길 기원합니다.
여러분들의 단기합격을 간절하게 응원합니다.

2023년 11월 편저자

박혜선 惠旋

필독!!! 필수 단권화, 개념도 새기는 기출 문학&독해로 단기 합격하는 방법!

꼭 문제는 공책(혹은 포스트잇)에 푸시길 바랍니다.
풀다가 애매한 선택지를 답 옆에 표시하여 오답할 때 함께 복습하시길 바랍니다.

①

혜선 쌤이 강의에서 풀어준 문제는 반드시 당일 빠르게 다시 복습한다.
(쌤이 집어준 문제는 2024년 예상 적중 작가와 작품, 독해 유형이므로 특히 중요하기 때문이다.
쌤이 강조한 작가의 경향, 독해 유형은 무조건 익혀야 한다.)

②

나머지 문제는 10문제씩 끊어 푼 후 한꺼번에 채점한다.
여기에서 절대 틀린 답을 기입해서는 안 된다.

★★★★★
─ 문학, 독해 오답 방식 ─

채점 후 틀린 문제만 다시 풀어 본다.
(틀린 문제의 답과 해설을 바로 보면 내 것이 되지 않으므로
충분히 고민을 하여 답을 고른 후에 답을 보아야 한다.
근거를 구체적으로 제시문에 가져와서 풀고 사고 과정 오류의 공통 지점을 인식한다.
특히 많이 틀리는 유형을 인식해 놓으면 후에 약점 유형을 공략하는 데 도움이 된다.)

③

다음 10문제씩 풀고 똑같은 과정을 반복한다.

★★★★★ **7개월 만에 2024 교육행정직 수석 합격! 떠먹여 주고 씹어 삼키는 거까지 다 해주십니다!**

김○○(네이버 카페)

콤단문 강의는 빈출(출제자들이 좋아하는) 포인트 기준으로 나눠서 잘 짜여 있기 때문에 공부하는 입장에서는 자신의 공부 상태에 따라, 또 중요도에 따라 전략적으로 파고들 수 있습니다. 어떻게 이만한 교재에 이렇게 많은 걸 담을 수 있을까 싶을 정도로 공부하는 입장에서 굉장히 편리하게 신경을 많이 쓰신 게 다 느껴질 정도입니다. 또한 적중 특강으로 감동이 우주로 승천해버립니다. 사이보그 인간이 아닌가 싶은 엄청난 스케줄로 기억하고 있습니다. 그냥 학생들이 필요하다 싶은 파트는 전부 요리해서 갖다 바치고 떠먹여 주고 씹어 삼키는 것까지 세심하게 전부 다~해준다 생각하시면 됩니다.

★★★★★ **2024 국가직 지방직(서울시) 2관왕 합격! 정말 대성하실 혜선 쌤. 대 강사 되실 거예요!**

이○○(네이버 카페)

쉽게 쉽게 가르쳐 주시고 콤팩트하게 가르쳐 주시고 시험의 실전 팁들을(일명 야매) 알려주시는데 실전 들어갔을 때 정말 도움이 많이 되었습니다. 요즘 수험 경향에 완전히 맞게 수업을 잘해주셔서 홍보 같은 것을 하지 않아도 자연적으로 수험생들을 끌어 오실 거 같을 정도. 정말 한 땀 한 땀 정성스럽게 가르쳐 주셔서 합격하게 되었습니다. 한자의 경우에도 경기를 일으킬 정도로 공부하기 싫었는데 혜선 쌤과 함께한 후로는 그런 생각이 사라졌던 거 같아요. 항상 피와 살이 되는 강의 해주셔서 감사합니다.

★★★★★ **2024 지방직 일반 행정 평균 93점 합격! 합격 점수는 혜선 쌤을 만나기 전과 후로 나뉜다!**

이○○(네이버 카페)

2022년 시험에 다 떨어진 후, 2023년 시험 대비 때 혜선 쌤 커리로 갈아탔습니다. 2022 지방직 때 예상 외의 낮은 점수로 충격을 받았습니다. 안정적이지 않은 점수에 2023년에는 혜선 쌤 커리를 타게 되었는데 혜선 쌤 커리를 타고 2023년 국가직에서 100점을 맞았습니다! 2023년 지방직에선 하나 나간 게 아쉽네요 ㅠㅠ. 점수가 올라가고 나서 제가 느낀 혜선 쌤 커리 장점은 다음과 같습니다. 첫째, 이해를 쉽게 만드는 간결하고 핵심만 정리된 교재들(중요도 평정이 이미 되어 있어 공부 부담이 적어요) 둘째, 양질의 문제들(기출, 동모 모두 실전과 동일합니다), 셋째, 넘치는 적중 무료특강입니다. (약점 위주로 뽑아 대비해주십니다. 적중률은 보장!)

★★★★★ **2023 국가직 합격! 혜선 쌤은 푸시만 잘 받는다면 향후 전체 1타가 될 분명한 강사십니다.**

나○○(네이버 카페)

현직이지만 다시 한번 도전했다가 2023 국가직에 합격했습니다. 어느 정도 합격 경험이 있어 짬바로 1타로 상승할 강사 그리고 실력이 있는 강사를 구분할 눈은 있는데 혜선 쌤은 푸시만 잘 받는다면 향후 전체 1타가 될 분명한 강사십니다. 지금 실강으로 듣는 게 행운인 시기일 수도 있습니다. 앞으로 행복한 일만 있으시기를 바라고 지금 열정 잃지 마시길 바라며 다재다능한 선생님과 짧은 기간이었지만 재밌게 공부했고 감사했습니다.

★★★★★ **국어가 약점이었지만 혜선 쌤과 재밌게 수업하고 95점 높은 점수로 2023 국가직 초시 합격!**

고○○(네이버카페)

저는 학창 시절부터 국어가 약점이었는데요, 혜선 쌤은 정말 반복을 많이 해주시고 책도 너무 잘 되어 있어서 복습할 때 엄청난 시간을 투자하지는 않았는데 실력이 점점 늘었습니다. 선생님께서도 복습을 오래 하라고 하지 않으시고 시간이 없으면 책에 있는 기출이라도 잘 풀라고 해주시는데 그것만으로도 많은 부분들이 복습되었어요. 수업에서도 정말 중요한 부분만 집어주시고, 암기할 부분들은 선생님만의 암기법이나 관련 얘기들을 해주셔서 기억에 너무너무 잘 남았어요. 가끔 문제를 풀 때 선생님이 엄청 엄청 강조하신 부분이 나오는데 그때 혜선 쌤이 하셨던 말씀이 저절로 생각나면서 어디선가 선생님의 목소리가 들리는 것 같이 수업 시간에 하셨던 내용이 떠오르는 게 신기했어요.

★★★★★ **혜선 쌤의 야매꼼수는 G.o.a.t. 국어 만점으로 2023 지방직 교육행정 합격!**

박○○(네이버 카페)

저는 7~8월 'All in one 국어 전영역' 강의부터 기출, 동형 모의고사 순서대로 들었으며, 혜선 쌤께서 하시는 박문각 공무원 유튜브 생중계 무료 특강은 전부 들었습니다. 그리고 역공국어 네이버 카페에서 과제 인증, 공부 인증 꾸준히 하면 커리큘럼 효과가 2배가 됩니다. ㄹㅇ로 진짜로 truly. 혜선 쌤을 믿고 열공하시는 여러분 모두 좋은 결과 있을 테니까 절대 포기하지 마시고 쭉 달리세요!! 박문각 공무원의 국어 여신! 혜선 쌤~ 합격까지 도달하도록 함께 달려주셔서 감사합니다! 그리고 혜선 쌤 하프 모의고사는 최고의 국어 하프예요! 그때 연습한 거 다 시험에 나와서 정말 기뻤어요ㅋㅋㅋ '역시 믿고 듣는 혜선 쌤 커리'!!

★★★★★ **제일 많은 쌤들을 거친 과목인 국어! 혜선 쌤에게 정착하고는 2023 지방직 교육행정 합격!**

PPS(네이버 카페)

5과목 중 제일 많은 선생님을 거쳐 최종적으로 혜선 쌤을 만나 합격한 저는 혜선 선생님의 수업을 들으며 느꼈던 것들 위주로 합격수기를 적어보려고 합니다. 스파르타 일일 모의고사는 박문각 스파르타에 다니면서 가장 좋았던 커리큘럼 중 하나였습니다. 문법은 기본 이론을 듣고서는 기출에 특히 더 익숙해지고 암기해야 하는데 그만큼 휘발이 제일 강하다고 생각합니다. 그런데 부담스럽지는 않지만, 매일매일 문법 공부를 할 수 있어서 따로 암기를 하지 않아도, 문제를 풀고, 오답을 정리하는 것만으로도 이것이 점차 쌓이면 자연스럽게 암기가 되는 복습의 효과를 가장 많이 봤습니다. 심지어 여기서 적중 엄청 많이 되었어요!

★★★★★ **가장 효율적인 공부 방식은 혜선 쌤을 선택하는 것! 국어 고득점으로 2023 세무직 합격!**

최○○(박문각 온라인 사이트)

교재에 대해 말하자면 출종포는 정말 혼자서 복습하기 좋은 구성으로 되어 있었습니다. 수업 중 강조한 부분이 챕터별 끝에 있어서 복습에 많은 시간을 할애할 수 없다면 마지막 출종포에 있는 부분만이라도 확실하게 숙지한다면 문제 풀 때 모르는 내용이 없어서 신기할 정도였습니다! 그리고 선생님의 하프 모의고사는 진도별로 구성되어 있지만 독해, 문학, 문법, 한자가 고르게 출제되어 짧은 시간에 다양한 문제를 풀 수 있어서 문제 푸는 감을 잃지 않을 수 있었고 하프 모의고사의 상세한 해설지 덕분에 틀렸던 문제를 혼자 복습할 때도 모르는 개념 없이 익힐 수 있었습니다. 수업은 항상 활기차신 선생님 덕분에 암울하고 고된 수험 기간을 밝게 보낼 수 있었습니다.

※매일 1강씩 들으면 1달로 1회독이 가능합니다

단원		학습 내용	회독(색칠)				세부 취약 파트 체크
PART 01 현대 문학	0일	필수 시청! 개념도 새기는 기출 문학&독해 OT	☆	☆	☆	☆	∨ _____ ∨ _____
	1일	CH.1-01 문학의 미적 범주 02 문학의 감상 관점 4가지와 비평의 종류 03 현대 운문의 표현 방법	☆	☆	☆	☆	∨ _____ ∨ _____
	2일	04 시상 전개 방식 05 시어의 의미 06 시적 화자의 상황	☆	☆	☆	☆	∨ _____ ∨ _____
	3일	CH.2-01 개화가사-1910년대 02 1920년대 1) 김소월 2) 한용운 03 1930년대 1) 정지용 2) 백석	☆	☆	☆	☆	∨ _____ ∨ _____
	4일	03 1930년대 3) 이용악 4) 김영랑 5) 김기림 6) 유치환 7) 오장환	☆	☆	☆	☆	∨ _____ ∨ _____
	5일	04 1940년대 1) 이육사 2) 윤동주 05 1960년대 1) 박목월	☆	☆	☆	☆	∨ _____ ∨ _____
	6일	05 1960년대 2) 김광균 3) 김춘수 4) 신동엽 5) 김수영 6) 이형기	☆	☆	☆	☆	∨ _____ ∨ _____
	7일	06 1970년대 1) 김종삼 2) 신경림 3) 김준태	☆	☆	☆	☆	∨ _____ ∨ _____
	8일	07 1980년대 1) 황지우 2) 이문재 3) 나희덕 4) 문태준	☆	☆	☆	☆	∨ _____ ∨ _____
	9일	08 복합지문	☆	☆	☆	☆	∨ _____ ∨ _____
	10일	CH.3 소설 이론-01 소설의 시점 02 소설의 서술상의 특징 03 소설의 사건과 갈등	☆	☆	☆	☆	∨ _____ ∨ _____
	11일	CH.4 시대별 현대 산문 작품 01 현대소설 1) 안국선 2) 이광수 3) 김동인 4) 김유정 5) 현진건 6) 이태준	☆	☆	☆	☆	∨ _____ ∨ _____
	12일	01 현대소설 7) 이상 8) 박태원 9) 채만식 10) 김동리 11) 김남천 12) 김성한	☆	☆	☆	☆	∨ _____ ∨ _____
	13일	01 현대소설 13) 최인훈 14) 이호철 15) 김승옥 16) 이청준	☆	☆	☆	☆	∨ _____ ∨ _____
	14일	01 현대소설 17) 김정한 18) 황석영 19) 조세희 20) 윤흥길 21) 박완서 22) 이동하 23) 김원일	☆	☆	☆	☆	∨ _____ ∨ _____
	15일	01 현대소설 24) 임철우 25) 최일남 26) 최명희 27) 성석제 02 희곡, 시나리오 03 수필	☆	☆	☆	☆	∨ _____ ∨ _____

단원		학습 내용	회독(색칠)				세부 취약 파트 체크
PART 01 현대 문학	16일	CH.5 2022 현대 산문 국가직, 지방직(9,7급)	☆	☆	☆	☆	∨ ____ ∨ ____
PART 02 고전 문학	17일	CH.1 시대별 고전 운문 작품– 01 향가 02 고려 가요 03 고려시대 1) 한시	☆	☆	☆	☆	∨ ____ ∨ ____
	18일	04 조선시대 1) 시조 2) 사설시조	☆	☆	☆	☆	∨ ____ ∨ ____
	19일	04 조선시대 3) 가사 ① 상춘곡 ② 면앙정가 ③ 관동별곡 ④ 사미인곡	☆	☆	☆	☆	∨ ____ ∨ ____
	20일	04 조선시대 3) 가사 ⑤ 속미인곡 ⑥ 규원가 ⑦ 고공가 ⑧ 탄궁가 ⑨ 누항사	☆	☆	☆	☆	∨ ____ ∨ ____
	21일	04 조선시대 3) 가사 ⑩ 일동장유가 ⑪ 농가월령가 ⑫ 시집살이 노래 ⑬ 봉선화가	☆	☆	☆	☆	∨ ____ ∨ ____
	22일	CH.2 고전 산문의 이해와 작품 01 고려시대 고전 산문	☆	☆	☆	☆	∨ ____ ∨ ____
	23일	02 조선시대 고전 산문	☆	☆	☆	☆	∨ ____ ∨ ____
	24일	03 조선시대 수필	☆	☆	☆	☆	∨ ____ ∨ ____
PART 03 독해	25일	CH.1 [화법] 말하기 방식 CH.2 [화법] 공손성의 원리 CH.3 [화법] 협력의 원리	☆	☆	☆	☆	∨ ____ ∨ ____
	26일	CH.4 [작문] 조건에 부합한 선지 찾기 CH.5 [작문] 개요(도표, 그림) 활용, 내용 생성 CH.6 [작문] 내용 고쳐 쓰기	☆	☆	☆	☆	∨ ____ ∨ ____
	27일	CH.7 서술 방식 CH.8 중심 화제, 주제, 제목 찾기 CH.9 중심 내용 찾기	☆	☆	☆	☆	∨ ____ ∨ ____
	28일	CH.10 내용 불일치, 내용 추론 불일치 CH.11 내용 일치, 내용 추론 일치	☆	☆	☆	☆	∨ ____ ∨ ____
	29일	CH.12 접속어 추론 CH.13 빈칸 추론+이어질 내용 추론 CH.14 사례 추론	☆	☆	☆	☆	∨ ____ ∨ ____
	30일	CH.15 밑줄 추론 CH.16 나머지와 다른 지시 대상 추론 CH.17 문장, 문단 배열하기	☆	☆	☆	☆	∨ ____ ∨ ____
	31일	CH.18 문장 하나 넣어서 배열하기 CH.19 PAST 추론	☆	☆	☆	☆	∨ ____ ∨ ____

GUIDE | 구성과 특징

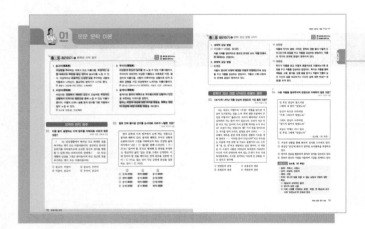

1

대표 출·좋·포를 통해 시험에 나오는 이론들만 선택과 집중으로 똑똑하게 공부!

합격자들의 공통점! 꼭 알아야 하는 출·좋·포 이론은 꼭 안다! 혜선쌤의 압도적인 강의력으로 시험에 나오지 않는 이론은 이제 과감하게 버리고 출·좋·포를 완벽하게 격파함

2

혜선 쌤이 알려주는 전매 특허! 작가별 특징

낯선 작품도 잘 읽을 수 있게 만들어 주는
혜선 쌤의 전매 특허 작가별 특징!
최근 경향에 맞게 정리할 수 있도록
재미있게 작가별 특징을 뇌에 새김.

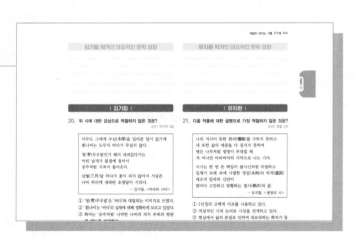

3

문학의 큰 맥을 짚어주는 연도별 작품 배열

문학 작품이 나온 시기별로 철저하게 작품을
배열하여 역사적 배경에 따라 어떤 작품과 작가가
나왔는지 큰 맥을 잡아줌.

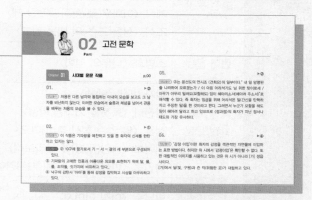

각 작품마다 수록되어 있는 작품 정리! 4

혜선 쌤의 비장의 무기인 작품 정리!
기출되었던 작품들이 다시 나올 확률이 크므로
또 나올 수 있는 포인트들을
혜선 쌤이 한 땀 한 땀 정리하여 2024 예상 문제
완전 격파!

5 시중에 나온 해설 중 가장 자세한 해설!!!

해설을 맨 뒤로 빼서 역공이들이
오답을 할 시에 정답에 간섭되지 않도록 함.
기출 회독 시에 더 가독성이 좋음.

메타인지 관리표로 자기 주도 학습! 6

2023 국가직, 지방직 시험에 나올 확률이
가장 높은 유형을 집어 주고 자신의 취약파트를
기록함.
회독을 체크할 수 있으며, 회독수도 체크할 수 있음.

7 필독! 필수 단권화, 개념도 새기는 기출 문학&독해로 단기 합격하는 방법

수석합격자를 배출한 혜선쌤이 제시
하는 기출 오답 복습 방법!
이것을 실천하면 점수 신기록이 가능함

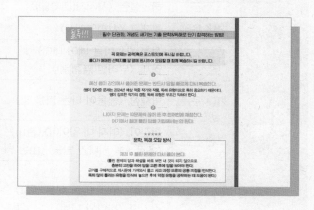

▮ 국가직 9급 경향

2023	현대 운문	박재삼, 〈매미 울음 끝에〉	현대 산문	김승옥, 〈무진기행〉
	고전 운문	작자 미상, 〈어이 못 오던가〉	고전 산문	〈몽유록〉 지문
2022	현대 운문	신동엽, 〈봄은〉	현대 산문	이태준, 〈패강랭〉
	고전 운문	유응부, 〈간밤의 부던 바람에〉 이항복, 〈철령(鐵嶺) 높은 봉(峰)에〉 계랑, 〈이화우(梨花雨) 흣뿌릴 제〉 조식, 〈삼동(三冬)의 뵈옷 닙고〉	고전 산문	김만중, 〈구운몽〉
2021	현대 운문	조병화, 〈나무의 철학〉	현대 산문	이상, 〈권태〉 김정한, 〈산거족〉
	고전 운문	작자 미상, 〈動動〉 황진이, 〈동짓둘 기나긴 밤을〉 성혼, 〈말 업슨 청산(靑山)이오〉 이현보, 〈농암(籠巖)에 올라보니〉 박인로, 〈반중(盤中) 조홍(早紅)감이〉	고전 산문	–
2020	현대 운문	박남수, 〈아침 이미지〉 김소월, 〈산유화〉	현대 산문	조세희, 〈난장이가 쏘아 올린 작은 공〉 양귀자, 〈비 오는 날이면 가리봉동에 가야 한다〉
	고전 운문	김창협, 〈산민〉 이달, 〈제총요(祭塚謠)〉	고전 산문	일연, 《삼국유사》
2019	현대 운문	신동엽, 〈이야기하는 쟁기꾼의 대지〉	현대 산문	이강백, 〈파수꾼〉 황순원, 〈목넘이 마을의 개〉
	고전 운문	박인로, 〈누항사(陋巷詞)〉 허난설헌, 〈사시사(四時詞)〉	고전 산문	작자 미상, 〈춘향전〉
2018	현대 운문	곽재구, 〈사평역에서〉	현대 산문	김유정, 〈봄봄〉
	고전 운문	정철, 〈내 마음 베어 내어〉 임제, 〈무어별(無語別)〉	고전 산문	김만중, 〈구운몽〉
2017 추가 채용	현대 운문	박재삼, 〈울음이 타는 가을 강〉	현대 산문	법정스님, 〈무소유〉 김승옥, 〈무진기행〉
	고전 운문	황진이, 〈어져 내 일이야〉, 〈靑山은 내 뜻이오〉, 〈冬至ㅅ둘 기나긴 밤을〉, 〈山은 녯 山이로되〉	고전 산문	허균, 〈홍길동전〉
2017	현대 운문	정희성, 〈저문 강에 삽을 씻고〉 김기림, 〈바다와 나비〉	현대 산문	황석영, 〈삼포 가는 길〉 최일남, 〈노새 두 마리〉 오정희, 〈중국인 거리〉 박태원, 〈소설가 구보 씨의 일일〉
	고전 운문	작자 미상, 〈구지가〉	고전 산문	작자미상, 〈유충렬전〉

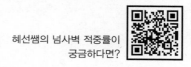

지방직 9급 경향

2023		현대 운문	기형도, 〈빈집〉	현대 산문	윤흥길, 〈아홉 켤레의 구두로 남은 사내〉
		고전 운문	황진이, 〈청산(靑山)은 내 뜻이오〉 이황, 〈청산(靑山)는 엇뎨ᄒᆞ야〉	고전 산문	〈춘향전〉
2022		현대 운문	김소월, 〈산〉	현대 산문	이효석, 〈메밀꽃 필 무렵〉 황석영, 〈삼포 가는 길〉
		고전 운문	심환지, 〈육각지하화원소정엽운 (六閣之下花園小亭拈韻)〉	고전 산문	작자 미상, 〈홍계월전〉 작자 미상, 〈장끼전〉
2021		현대 운문	조지훈, 〈봉황수〉	현대 산문	강신재, 〈젊은 느티나무〉 박경리, 〈토지〉 김훈, 〈수박〉 이강백, 〈느낌, 극락 같은〉
		고전 운문	길재, 〈오백년 도읍지를〉	고전 산문	작자 미상, 〈춘향전〉
2020		현대 운문	함민복, 〈그 샘〉	현대 산문	오정희, 〈중국인 거리〉
		고전 운문	–	고전 산문	작자 미상, 〈봉산탈춤〉 이첨, 〈저생전〉 작자 미상, 〈주몽신화〉
2019		현대 운문	반영론적 관점 + 박목월, 〈나그네〉	현대 산문	이호철, 〈닳아지는 살들〉 신영복, 〈독서칼럼〉
		고전 운문	이황, 〈고인(古人)도 날 몯 보고〉 윤선도, 〈술은 어이ᄒᆞ야 됴ᄒᆞ니〉 작자미상, 〈우레ᄀᆞ치 소ᄅᆞ나는 님을〉 권섭, 〈하하 허허 ᄒᆞᆫ들〉	고전 산문	김만중, 《사씨남정기》
2018		현대 운문	박목월, 〈청노루〉	현대 산문	염상섭, 〈삼대〉
		고전 운문	정훈, 〈탄궁가〉 정철, 〈마을 사람들아〉	고전 산문	임춘, 〈공방전〉 작가 미상, 〈흥부전〉
2017 추가 채용		현대 운문	이형기, 〈낙화〉	현대 산문	조세희, 〈난쟁이가 쏘아 올린 작은 공〉
		고전 운문	월명사, 〈제망매가(祭亡妹歌)〉	고전 산문	–
2017		현대 운문	정지용, 〈忍冬茶〉	현대 산문	김유정, 〈만무방〉
		고전 운문	변계량, 〈내히 됴타 ᄒᆞ고〉 정철, 〈재 너머 성권농(成勸農) 집의〉 허난설헌, 〈春雨〉	고전 산문	–

국가직 7급 경향

2020	현대 운문	백석, 〈여승〉	현대 산문	성석제, 〈황만근은 이렇게 말했다〉
	고전 운문	윤선도, 〈견회요〉	고전 산문	작자 미상, 〈규중칠우쟁론기〉 판소리 사설의 적층성
2019	현대 운문	김영랑, 〈독을 차고〉	현대 산문	윤흥길, 〈아홉 켤레의 구두로 남은 사내〉
	고전 운문	최돈성 〈애국가〉 성삼문, 〈수양산(首陽山) 브라보며〉 한호, 〈짚방석(方席) 내지 마라〉 황진이, 〈내 언제 무신(無信)ᄒ야〉 원천석, 〈흥망(興亡)이 유수(有數)하니〉 작자미상, 〈나모도 바히돌도 업슨〉	고전 산문	–
2018	현대 운문	정호승, 〈슬픔이 기쁨에게〉	현대 산문	이청준, 〈전짓불 앞의 방백〉 이청준, 〈소문의 벽〉
	고전 운문	작자미상, 〈엇썻 常 평훌 平 통훌〉	고전 산문	이규보, 〈이옥설〉 허균, 〈내 벗이 사는 집〉
2017 추가 채용	현대 운문	이문재, 〈농업박물관 소식〉 문태준, 〈가재미〉 윤제림, 〈공군소령 김진평〉 마종기, 〈아프리카의 갈대〉	현대 산문	유홍준, 《나의 문화유산답사기 1》
	고전 운문	윤선도, 〈어부사시사〉 계랑, 〈千里에 외로온 쭘만〉 이조년, 〈多情도 病인 냥ᄒ여〉 정몽주, 〈단심가〉 박인로, 〈선상탄(船上歎)〉	고전 산문	박지원, 〈상기(象記)〉
2017	현대 운문	–	현대 산문	–
	고전 운문	정철, 〈속미인곡〉 정철, 〈머귀 잎 지고야〉	고전 산문	박지원, 〈호질〉 이규보, 〈뇌설〉
2016	현대 운문	천상병, 〈귀천〉	현대 산문	현진건, 〈운수 좋은 날〉
	고전 운문	허전, 〈고공가(雇工歌)〉	고전 산문	가전체

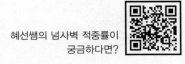

▌지방직 7급 경향

2023	현대 운문	정현종, 〈떨어져도 튀는 공처럼〉	현대 산문	안국선, 〈금수회의록〉
	고전 운문	유리왕, 〈黃鳥歌〉 최치원, 〈秋夜雨中〉	고전 산문	〈흥보가〉
2022	현대 운문	황지우, 〈겨울-나무로부터-나무에로〉	현대 산문	이윤기, 〈숨은그림찾기1-직선과 곡선〉
	고전 운문	작자 미상, 〈한숨아 셰 한숨아〉	고전 산문	정약용, 〈두 아들에게 부침〉
2021	현대 운문	김기택, 〈풀벌레들의 작은 귀를 생각함〉	현대 산문	윤흥길, 〈장마〉
	고전 운문	우탁, 〈흔 손에 막뒤 잡고〉	고전 산문	박지원, 〈큰누님 박씨 묘지명〉 〈호랑이의 웃음〉 〈박쥐의 처세술〉
2020	현대 운문	조지훈, 〈석문〉	현대 산문	임철우, 〈사평역〉
	고전 운문	정철, 〈관동별곡(關東別曲)〉 윤선도의 〈오우가(五友歌)〉	고전 산문	김시습, 〈이생규장전(李生窺墻傳)〉 박지원, 〈예덕선생전〉
2019	현대 운문	이성부, 〈봄〉	현대 산문	–
	고전 운문	백수광부의 처, 〈공무도하가〉 작자 미상, 〈서경별곡〉	고전 산문	천승세, 〈만선〉 박지원, 〈호질〉
2018	현대 운문	신경림, 〈농무〉	현대 산문	–
	고전 운문	정철, 〈관동별곡〉 송순, 〈면앙정가〉	고전 산문	박찬욱 외, 〈공동경비구역 JSA〉 이광수, 〈무정〉
2017	현대 운문	김광규, 〈대장간의 유혹〉	현대 산문	김동리, 〈역마〉 이태준, 〈달밤〉
	고전 운문	정철, 〈사미인곡〉 김수장, 〈서방님 병(病) 들여 두고〉 〈갓나희들이 여러 층(層)이오매〉 정극인, 〈상춘곡〉 정서, 〈정과정〉	고전 산문	작자미상, 〈춘향전〉 혜경궁 홍씨, 〈한중록〉

2024 출제자가 좋아하는 포인트만 배운다!

박혜선 국어 '만점 릴레이' 커리큘럼

2024 亦功 국어 박혜선
정규 커리큘럼

단계별 커리큘럼		항상 실시되는 커리큘럼
최빈출 먼저 보고 시작할게요 [1단계: 초보입문]	시작! 초보자들의 능력 up(초능력)	[2단계] 출종포 어휘 한자 & [All In One 진도 맞춤] 만점 릴레이 적중 하프 & 스파르타 일일 모의고사 (매일 10문제씩) & 문법 출종포 80
亦시 成功하는 기본이론 필수 커리 [2단계: All In One]	만점 출종포 (문법, 문학, 독해)	
혜선쌤의 100% 적중 믿어요 [3단계: 적중 특강]	만점 출종포 짝수(문학, 독해) 최단기간 어문 규정 최단기간 고전 운문	
이론과 기출 분석을 한번에 잡아요 [4단계: 기출 분석]	개념도 새기는 기출(문법) 개념도 새기는 기출(문학&독해)	
이론 요약 및 문풀 단권화를 해줘요 [5단계: 합격자 최고 추천]	콤팩트한 단원별 문제풀이 (콤단문) 문법 족집게 적중노트 88	
시간 절약 + 시험장 훈련 모의고사 시즌	파이널 적중 동형 모의고사	

1년을 4시간으로 압축하는 전매특허 적중특강

테마별 약점 격파 특강

영역별	1년을 4시간으로 압축
적중률 최고 문법	파이널 문법 출.종.포 시즌 1,2,3 최고 적중 띄어쓰기 족집게 최고 적중 문법 문제 풀이 최고 적중 고전문법 족집게 최빈출 표준어 규정 최고 적중률 문장 고쳐쓰기
적중률 최고 문학	최고 적중 고전운문 족집게 문학 출종포 80
적중률 최고 독해	최고 적중 독해 전영역 + PSAT 추론 추론 독해 (빈칸, 사례, 밑줄, PSAT 추론 등)
적중률 최고 어휘, 한자	최빈출 한자 성어 최빈출 고유어, 관용 표현 최빈출 2글자 한자 표기
적중률 최고 군무원 필수	2022 기출, 외래어, 로마자, 띄어쓰기 적중 특강

CONTENTS | 이 책의 차례

박혜선 국어
개념도 새기는 기출
문학&독해

현대 문학

 정리하기 ❶ 문학의 미적 범주

관련 교재
요 족집게 적중노트 p. 122
기 출좋포 문학 p. 21

1. 숭고미(崇高美)

이상향을 추구하는 데에서 오는 아름다움. 부정적인 상황 속에서도 희망을 품는 경우에 숭고미를 느낄 수 있다. 이상적이고 초월적인, 신성한 삶을 추구하는 내용의 작품에서 나타난다. 종교적인 분위기가 나기도 한다.

예 월명사 〈제망매가(祭亡妹歌)〉, 신화(神話)

2. 비장미(悲壯美)

비장미란 전쟁에서 패배한 장군의 모습처럼 부정적인 상황에서 드러나는 절망감을 통해 느낄 수 있는 아름다움이다. 이별의 소재나 슬픔 등의 정서를 다룬 작품에서 많이 느낄 수 있다.

예 김소월 〈접동새〉, 전설(傳說)

3. 우아미(優雅美)

이상향과 현실이 일치될 때 느낄 수 있는 아름다움이다. 우아미의 대표적인 대상은 아름답고 조화로운 자연, 봄 경치의 아름다움, 사랑이 이루어지는 상황으로 대개 조화와 균형을 가진 대상에게서 느껴지는 아름다움이다.

예 맹사성 〈강호사시가(江湖四時歌)〉, 이장희 〈봄은 고양이로다〉

4. 골계미(滑稽美)

골계미란 풍자나 해학으로 우스꽝스러운 상황이나 인간을 표현하는 미의식을 말한다.
풍자는 비판의 대상에 대한 차가운 웃음을, 해학은 연민의 대상에 대한 따뜻한 웃음을 의미한다.

문학의 미적 범주

01. 다음 글이 설명하는 미적 범주를 차례대로 바르게 묶은 것은?

2005 대전 지방직 9급

> ( )는 일상생활에서 벗어난 크고 위대한 것을 추구하는 데서 오는 아름다움이다. 경건하고 엄숙한 분위기를 자아냄으로써 고고한 정신적 경지를 체험할 수 있게 하는 미의식이다. 반면에 ( )는 일상생활의 실상을 그대로 받아들이며 작고 친근한 것을 추구하는 데서 오는 아름다움이다.

① 숭고미, 비장미
② 숭고미, 우아미
③ 비장미, 숭고미
④ 우아미, 숭고미

02. 괄호 안에 들어갈 단어를 순서대로 바르게 나열한 것은?

2019 국가직 9급

> 한국 문학의 미적 범주에서 눈에 띄는 전통으로 풍자와 해학이 있다. 풍자와 해학은 주어진 상황에 순종하기보다 그것을 극복하고자 하는 건강한 삶의 의지에서 나온 (㉠)을(를) 통해 드러난다. (㉠)은(는) '있어야 할 것'으로 행세해 온 관념을 부정하고, 현실적인 삶인 '있는 것'을 그대로 긍정한다. 이때 있어야 할 것을 깨뜨리는 것에 관심을 집중한 것이 (㉡)이고, 있는 것이 지닌 긍정에 관심을 집중하는 것이 (㉢)이다.

	㉠	㉡	㉢
①	골계(滑稽)	해학(諧謔)	풍자(諷刺)
②	해학(諧謔)	풍자(諷刺)	골계(滑稽)
③	풍자(諷刺)	해학(諧謔)	골계(滑稽)
④	골계(滑稽)	풍자(諷刺)	해학(諧謔)

출좋포 정리하기 ❷ 문학 감상 방법 4가지

관련 교재 요 족집게 적중노트 p. 123 기 출좋포 문학 p. 23

1. 내재적 감상 방법

(1) 구조론(= 내재론, 절대론)

작품 자체를 절대적으로 중요한 존재로 보아, 작품 안에서만 해석하는 관점이다.

2. 외재적 감상 방법

(1) 반영론

작품이 당시의 시대적 배경을 어떻게 반영했는가에 초점을 두고 작품을 감상하는 방법이다. 작품과 사회(시대)와의 관계에 초점이 맞추어져 있다.

(2) 표현론

작품에 작가의 생애, 가치관, 문학의 경향 등이 어떻게 드러나는가에 초점을 두고 작품을 감상하는 방법이다. 작품과 작가의 관계에 초점이 맞추어져 있다.

(3) 효용론

독자가 작품을 읽고 어떻게 효율적으로 이용하는가에 초점을 두고 작품을 감상하는 방법이다. 독자는 작품을 통해 깨달음, 교훈, 즐거움, 감동 등을 얻거나 작품의 인물의 삶과 자신의 삶을 비교하거나 자신의 삶에 대한 반성(= 성찰)을 하게 된다.

문학의 감상 관점 4가지와 비평의 종류

03. 〈보기〉에 나타난 작품 감상의 관점으로 가장 옳은 것은?

2018 서울시 9급

> 나는 지금도 이광수의 〈무정〉 작품을 읽으면 가슴이 뜨거워지는 것을 느껴. 특히 결말 부분에서 주인공 이형식이 "옳습니다. 우리가 해야지요! 우리가 공부하러 가는 뜻이 여기 있습니다. 우리가 지금 차를 타고 가는 돈이며 가서 공부할 학비를 누가 주나요? 조선이 주는 것입니다. 왜? 가서 힘을 얻어오라고, 지식을 얻어 오라고, 문명을 얻어 오라고 …… 그리해서 새로운 문명 위에 튼튼한 생활의 기초를 세워 달라고 …… 이러한 뜻이 아닙니까?"라고 부르짖는 부분에 가면 금방 내 가슴도 울렁거려 나도 모르게 "네, 네, 네"라고 대답하고 싶단 말이야. 이 작품은 이 소설이 나왔던 1910년대 독자들의 가슴만이 아니라 아직 강대국에 싸여 있는 21세기 우리 시대 독자들에게도 조국을 생각하는 마음에 큰 감동을 주고 있다고 생각해.

① 반영론적 관점   ② 효용론적 관점
③ 표현론적 관점   ④ 객관론적 관점

04. 다음 작품을 절대주의적 관점으로 이해하지 않은 것은?

2016 기상직 9급

> 먼 후일 당신이 찾으시면
> 그때에 내 말이 "잊었노라."
>
> 당신이 속으로 나무라면
> "무척 그리다가 잊었노라."
>
> 그래도 당신이 나무라면
> "믿기지 않아서 잊었노라."
>
> 오늘도 어제도 아니 잊고
> 먼 후일 그때에 "잊었노라."
>
> – 김소월, 〈먼 후일〉

① 가정적 상황을 통해 화자의 정서를 드러내고 있다.
② 대상인 '당신'에 화자가 꿈꾸던 조국광복을 투영하고 있다.
③ 반어적 진술을 활용하여 화자의 정서를 강조하고 있다.
④ 반복과 변조의 기법을 사용하여 시상을 전개하고 있다.

작품 정리 ▌김소월, 〈먼 후일〉

• 갈래: 자유시, 서정시
• 성격: 애상적, 민요적
• 제재: 이별
• 주제: 떠나간 임을 잊을 수 없는 심정과 이별의 정한
• 특징
  ① 3음보의 규칙적인 율격
  ② 반어적 표현 사용
  ③ 미래 시제를 가정하는 표현(~하면, 먼 훗날)과 과거 시제 '잊었노라'의 반복과 변조

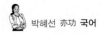

05. 〈보기〉는 문학의 소통 구조이다. 표현론적 관점에서 김유정의 '봄봄'을 감상한 것으로 가장 적절한 것은?

2015 경찰직 2차

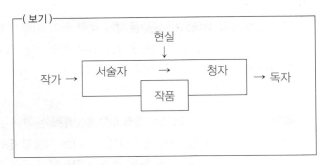

① 이 작품은 1930년대 일제 강점기 하층민들이 소작농으로 전락해 어떤 삶을 살았는지를 알 수 있게 해.

② 작가 김유정은 강원도가 고향이야. 그래서 '짜증, 안죽' 등의 토속적 어휘와 사투리를 사용해 향토적인 느낌을 불러일으켰어.

③ '나'와 장인의 갈등, 점순이의 이중적인 태도로 인한 상황 반전, 절정을 결말에 삽입한 역순행적 구성 등은 작품의 해학성을 부각시키고 있어.

④ '나'와 장인이 화해를 한 것처럼 보이지만 현실의 문제가 근본적으로 해결된 상태가 아니기에 욕심 많은 장인이 앞으로도 '나'를 속일 것이라고 짐작할 수 있어.

06. (가)의 관점에서 (나)를 감상할 때 가장 적절한 것은?

2019 지방직 9급

> (가) 반영론은 문학 작품이 사회를 반영하여 현실의 문제를 비판적으로 성찰할 수 있게 하는 매개체라는 관점을 취한 비평적 입장이다.
>
> (나) 강나루 건너서
>   밀밭 길을
>
>   구름에 달 가듯이
>   가는 나그네
>
>   길은 외줄기
>   남도 삼백리
>
>   술 익는 마을마다
>   타는 저녁 놀
>
>   구름에 달 가듯이
>   가는 나그네
>
>   — 박목월, 〈나그네〉

① 전통적 민요의 율격을 바탕으로 한 정형적 형식을 통해 정제된 시상이 효과적으로 드러났군.

② 삶의 고통스러운 단면을 외면한 채 유유자적한 삶만을 그린 것은 아닌지 비판할 여지가 있군.

③ 낭만적 감성을 불러일으키는 시적 분위기가 시조에서 보이는 선경후정과 비슷한 양상을 띠는군.

④ 해질 무렵 강가를 거닐며 조망한 풍경의 이미지가 한 폭의 그림을 보는 듯한 감각을 자아내는군.

작품 정리 | 박목월, 〈나그네〉

- 갈래 : 자유시, 서정시
- 성격 : 민요적, 향토적, 회화적
- 제재 : 나그네
- 주제 : '남도 길'을 고단하게 떠도는 나그네의 체념과 달관의 경지
- 특징
  ① 3음보의 전통적 운율과 향토적 소재를 통해 전통적인 정서를 표출함.
  ② 명사로 시를 끝내 여운을 남김.
- 출전 : 《청록집》(1946)

출좋포 정리하기 ❸ 현대 운문의 표현 방법 : 최빈출 – 중간 빈출

관련 교재 ⓡ 족집게 적중노트 p. 131~136
⑺ 출좋포 문학 p. 39~46

1. 최고 빈출

(1) 설의법(設疑法)

대답이 나오지 않는 의문문
(독자가 알아서 답을 내야 한다)

예 • 까마득한 날에 / 하늘이 처음 열리고 / 어데 닭 우는 소리 들렸으랴
　　　　　　　　　　　　　　　　　– 이육사, 〈광야〉
• 사노라면 / 가슴 상하는 일 한두 가지겠는가
　　　　　– 조병화, 〈나무의 철학〉 (2021. 국가직 9급)

(2) 문답법(問答法)

물음과 대답을 모두 보여줌.

예 이 몸이 죽어가셔 무어시 될고하니
봉래산(蓬萊山) 제일봉(第一峰)에 낙락장송(落落長松) 되어이셔
백설(白雪)이 만건곤(滿乾坤)제 독야청청(獨也靑靑) 하리라.
　　　　　　　　　　　　　　　　　– 성삼문

(3) 감정이입(感情移入, Empathy)

화자의 감정을 다른 대상(자연물)에 이입하는 것.
화자의 감정이 표면적으로 드러난다.

예 • 사슴의 무리도 슬피 운다.　　　　– 김소월, 〈초혼〉
• 눈물이 속된 줄도 모를 양이면 봉황새야 구천(九泉)에 호곡(呼哭)하리라.　　– 조지훈, 〈봉황수〉 (2021. 지방직 9급)

> **객관적 상관물(客觀的 相關物 objective correlative)**
> 화자의 주관적인 감정을 자연물을 통해 객관화하여 표현하기 위한 대상물이다. 시의 목적은 정서 전달이므로 시어들은 웬만하면 객관적 상관물이라고 볼 수 있다.

(4) 음성 상징어

의성어와 의태어로, '멍멍', '탕탕', '아장아장', '엉금엉금' 따위가 있다.

예 바람 쫓아 펄펄, 앞뒤 점점 멀어 가니 머리 위의 나뭇잎은 몸을 따라 흔들흔들.　　– 작자 미상, 〈춘향전〉 (2021. 지방직 9급)

(5) 공감각(共感覺)적 심상(감각의 전이)

하나의 감각이 다른 감각으로 전이되는 것

예 • 여인은 나어린 딸아이를 때리며 가을밤같이 차게 울었다.
　　　　　　　　　　→ 청각의 촉각화
　　　　　　　　　　　　　　　– 백석, 〈여승〉
• 분수처럼 흩어지는 푸른 종소리　　– 김광균, 〈외인촌〉
　　　→ 청각의 시각화
• 피부의 바깥에 스미는 어둠　　　　– 김광균, 〈와사등〉
　→ 시각의 촉각화

(6) 비유법

원관념을 보조 관념에 빗대어 설명하는 표현 방법.
원관념과 보조 관념 사이에 유사성이 있다.

① **직유법(直喩法)** : '같이, ~처럼, ~듯이, ~양, ~듯' 등의 연결어로 원관념과 보조 관념을 직접 연결

예 • 녹음방초 우거져 금잔디 좌르르 깔린 곳에 황금 같은 꾀꼬리는 쌍쌍이 날아든다.　– 〈열녀 춘향 수절가〉
• 선생(先生)님은 낙타(駱駝)처럼 늙으셨다.　– 이한직, 〈낙타〉

② **은유법(隱喩法)** : A = B이다 / A의 B / B

예 • 나는 시방 위험한 짐승이다.　– 김춘수, 〈꽃을 위한 서시〉
• 님의 사랑은 뜨거워 / 근심 산을 태우고 한 바다를 말리는데
　　　　　　　　　　　　　– 한유천, 〈님의 손길〉

> **상징**
> 추상적인 원관념을 구체적인 보조관념에 빗대지만, 원관념이 생략되어 있는 표현법
> ① 원형적 상징 예 물 : 생명, 죽음
> ② 관습적 상징 예 매란국죽 : 지조와 절개
> ② 창조적 상징 예 유치환의 〈깃발〉 : 이상향

③ **의인법(擬人法)** : 인간이 아닌 것을 인간처럼 표현함.

예 더우면 곳 퓌고 치우면 닙 디거놀
솔아 너는 얻디 눈서리롤 모릇는다
九구泉천의 불희 고둔 줄을 글로 ㅎ야 아노라
　　　　　　　　　　　　　– 윤선도, 〈오우가〉

④ **활유법(活喩法)** : 살아 있지 않은 것을 살아 있는 것처럼 표현함.

예 • 애수는 백로처럼 날개를 펴다　　– 유치환, 〈깃발〉
• 어둠은 새를 낳고, 돌을 낳고, 꽃을 낳는다 – 박남수, 〈아침〉

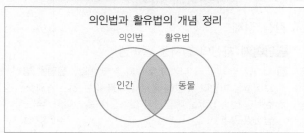

의인법과 활유법의 개념 정리

(7) 대구법(對句法)

비슷한 어구를 짝지어 나열한 표현법

예 • 산에는 눈이 오고 들에는 찬비로다　　　　　　– 임제
• 나는 나룻배 / 당신은 행인　　– 한용운, 〈나룻배와 행인〉
• 바람보다 늦게 누워도 / 바람보다 먼저 일어나고 / 바람보다 늦게 울어도 / 바람보다 먼저 웃는다 – 김수영, 〈풀〉

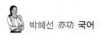
(8) 반복법(反復法)

같은 음운, 단어, 어절, 문장 등을 반복

⇨ 의미 강조, 운율 형성

예 • 산산이 부서진 이름이여! 허공중에 헤어진 이름이여!

(9) 도치법(倒置法)

문장 성분의 순서를 바꿔 의미를 강조하는 표현법

예 나는 꿈꾸었노라, 동무들과 내가 가지런히
벌가의 하루 일을 다 마치고 석양에 마을로 돌아오는 꿈을
    – 김소월, 〈바라건대는 우리에게 우리의 보습 대일 땅이 있었더라면〉
• 죽어도 아니 눈물 흘리오리다   – 김소월, 〈진달래꽃〉

(10) 추상적 개념을 구체화

예 동지(冬至)ㅅ 둘 기나긴 밤을 한 허리를 버혀 내어
춘풍 니불아리 서리서리 너헛다가
어론 님 오신 날 밤이여든 구뷔구뷔 펴리라.
    – 황진이

2. 중간 빈출

(1) 대유법(代喩法)

일부를 통해 전체를 대표하여 비유하는 표현법

예 • 가노라 삼각산(三角山)아, 다시 보자 한강수(漢江水)야.
    → '우리나라'를 비유함
• 한라에서 백두까지 → '우리 국토'를 비유함
• 강호(江湖)에 봄이 드니 미친 흥(興)이 절로 난다.
    → '자연'을 비유함

(2) 중의법(重義法)

한 언어가 둘 이상의 의미를 갖도록 표현함.

예 • 수양산 바라보며 이제를 한하노라 한(恨)하다
    ① 중국의 산 ② 수양대군
• 명월(明月)이 만공산(滿空山)ᄒ니 수여 간들 엇더리.
    ① 밝은 달 ② 화자의 기생 이름

(3) 감정 절제

담담하게 자신의 정서를 풀어냄.

예 새까만 밤이 밀려 나가고 밀려와 부딪치고 / 물먹은 별이, 반짝,
보석처럼 박힌다. / 밤에 홀로 유리를 닦는 것은 / 외로운 황홀한
심사이거니, / 고운 폐혈관이 찢어진 채로 / 아아, 너는 산새처럼
날아갔구나!   – 정지용, 〈유리창〉

> "감정절제"에서 주의할 점
> 영탄법, 감정의 직접적 표현이 있음에도 감정 절제가 될 수 있다.

(4) 반어법(反語法)

겉의 표현과 속의 진짜 의도가 반대인 표현법

① 언어적 아이러니 : 일반적인 반어법

예 먼 훗날 당신이 찾으시면 / 그때에 내 말이 '잊었노라' //
당신이 속으로 나무라면 / '무척 그리다가 잊었노라' //
그래도 당신이 나무라면 / '믿기지 않아서 잊었노라' //
오늘도 어제도 아니 잊고 / 먼 훗날 그때에 '잊었노라'

② 상황적 아이러니 : 소설 속에 많이 등장함. 인물의 행동
    과는 다르게 결말이 반대로 흘러가
    는 반어법이다.

예 이태준의 〈복덕방(福德房)〉, 김동인의 〈감자〉의 주인공 복녀,
채만식의 〈태평천하(太平天下)〉

(5) 역설법(逆說法)

겉의 표현은 모순이지만 그 속에 삶의 진리나 깨달음을 담고 있음. (모순 형용, 모순 어법)

예 • 이것은 소리 없는 아우성
• 결별이 이룩하는 축복
• 찬란한 슬픔의 봄
• 괴로웠던 사나이, 행복한 예수그리스도
• 두 볼에 흐르는 빛이 / 정작으로 고와서 서러워라
• 가시는 걸음 놓인 그 꽃을 사뿐히 즈려 밟고 가시옵소서
• 겨울은 강철로 된 무지갠가 보다.

(6) 영탄법(詠嘆法)

감탄하는 표현법(감탄사, 느낌표, 영탄의 내용)

예 • 오오 불설워.   – 김소월, 〈접동새〉
• 선 채로 이 자리에 돌이 되어도
부르다가 내가 죽을 이름이여   – 김소월, 〈초혼〉

3. 나머지

(1) 연쇄법(連鎖法)

앞 구절의 마지막 부분을 뒤에서 반복하는 것을 반복함.

⇨ 운율 형성

예 고인(古人)도 날 몯 보고 나도 고인(古人)몯 봐,
고인(古人)을 몯 뵈도 녀던 길 알퍼 잇닌.
• 녀던 길 알퍼 잇거든 아니 녀고 엇뎔고.
    – 이황, 〈도산십이곡(陶山十二曲)〉

(2) 과장법(誇張法)

**현실보다 대상을 더 크거나 작게 그려서
대상을 강조하는 표현법**

예 대동강물이야 어느 때나 마르리
이별의 눈물 해마다 푸른 물결에 더하여지네
    – 정지상, 〈송인〉

(3) 점층법(漸層法)

정도를 더 크게 높게 강하게 표현하는 것

(길이가 점점 길어지는 것도 점층법)

예 돈을 잃는 것은 적게 잃는 것이지만 명예를 잃는 것은 많이 잃는 것이고 건강을 잃는 것은 모든 것을 잃는 것이다.

(4) 생략법

간결하고 압축적인 효과. 말줄임표를 쓰게 되면 여운이 지속된다.

예 그냥 갈까 / 그래도 / 다시 더 한 번…… ― 김소월, 〈가는 길〉

(5) 풍유법(諷諭法)

속담, 격언, 우화 등에서 사용되며 풍자성이 짙은 표현법

예 사공이 많으면 배가 산으로 간다.

(6) 낯설게하기(Defamiliarization)

친숙한 대상을 낯설게 하여 새로운 느낌을 갖도록 표현

예 • 낙엽은 폴란드 망명 정부의 지폐 ― 김광균, 〈추일서정〉
 • 노주인의 장벽에 / 무시로 인동 삼긴 물이 나린다
 ― 정지용, 〈인동차〉

(7) 시적 허용

문학이나 그 작품 속에서 **문법상 틀린 표현**이라도 시적(詩的)인 효과를 표현하거나 운율을 맞추고자 (어느 정도) 허용

예 • 바알간 숯불 ― 김종길, 〈성탄제〉
 • 하이얀 모시수건 ― 이육사, 〈청포도〉
 • 오오 불설워 ― 김소월, 〈접동새〉

(8) 주객전도(主客顚倒)

주인과 손의 위치가 서로 뒤바뀐다는 뜻으로, 사물의 경중·선후·완급 따위가 서로 뒤바뀜.

예 공명(功名)도 날 씌우고, 부귀(富貴)도 날 씌우니.
 ― 정극인, 〈상춘곡(賞春曲)〉

(9) 언어유희(言語遊戱)

같은 말을 다른 뜻으로 사용하거나 동음이의어를 사용하여 해학성을 높이는 표현 방법으로, 말이나 문자를 소재로 한 **말재롱**을 말한다.

예 매아미 맵다 울고 쓰르라미 쓰다 우네.

현대 운문의 표현 방법

07. ㉠과 같은 표현 기법이 활용된 것은? 2023 국회직 8급

> 아아 ㉠광고의 나라에 살고 싶다
> 사랑하는 여자와 더불어
> 행복과 희망만 가득찬
> 절망이 꽃피는, 광고의 나라
> ― 함민복, 〈광고의 나라〉

① 나 보기가 역겨워 가실 때에는 / 죽어도 아니 눈물 흘리오리다

② 이 마을 전설이 주저리주저리 열리고

③ 내 마음은 나그네요 / 그대 피리를 불어주오

④ 구름에 달 가듯이 / 가는 나그네

⑤ 어둠은 새를 낳고, 돌을 / 낳고, 꽃을 낳는다

작품 정리 | 함민복, 〈광고의 나라〉 (2005)

• 갈래 : 자유시
• 성격 : 감각적, 창조적, 개성적
• 제재 : 광고
• 주제 : 상업주의에 대한 비판
• 특징
 ① 광고 문구를 제시하여 현실성을 드러냄.
 ② 광고의 나라를 반복하여 주제를 강조함.
 ③ 반어법을 통해 상업주의를 비판함.
• 해제 : 이 작품은 광고에 파묻혀 살아가는 현대인의 모습을 통해 현대 소비주의 사회를 비판한 것이다. 작품에 광고 문구를 직접 제시하여 현실성을 강조하는 동시에 '행복과 희망만 가득찬 / 절망이 꽃피는'이라는 모순적 서술을 통해 주제의식을 강조하고 있다.

PART 01

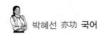

08. 〈보기〉의 밑줄 친 부분에 사용된 표현법과 가장 유사한 것은?

2022 서울시 9급

─〈 보기 〉──────────────

순이, 벌레 우는 고풍한 뜰에
달빛이 밀물처럼 밀려왔구나.

<u>달은 나의 뜰에 고요히 앉아 있다.</u>
달은 과일보다 향그럽다.

동해 바다 물처럼
푸른
가을
밤

포도는 달빛이 스며 고웁다.
포도는 달빛을 머금고 익는다.

─────────────────────────

① 풀은 눕고 / 드디어 울었다
② 가난하다고 해서 외로움을 모르겠는가
③ 구름은 / 보랏빛 색지 위에 / 마구 칠한 한 다발 장미
④ 아! 강낭콩꽃보다도 더 푸른 / 그 물결 위에 / 양귀비꽃보다노 더 붉은 / 그 마음 흘러라

작품 정리 장만영, 〈달 포도 잎사귀〉 (1936)

• 갈래 : 자유시, 서정시
• 성격 : 감각적, 대화 형식
• 제재 : 달빛이 비치는 뜰
• 주제 : 가을밤 뜰에서 느끼는 정취
• 특징
  ① 시선의 이동에 따라 시상을 전개함.
  ② 대화 형식을 통해, 화자의 정서에 독자를 참여시키는 효과를 유발함.
• 해제 : 화자는 '달'에서 '포도', '어린 잎새'로 이어지는 각각의 대상을 감각적이면서도 압축적으로 보여주고 있다. 제1연에는 달밤의 뜰이 호젓하고 부드러운 분위기로 제시되어 있으며 제2연의 달빛은 '나의 뜰에 고요히 앉아' 있는 것으로 시각적으로 제시되고, 더 나아가 '과일보다 향그럽다'는 후각적 이미지까지 더해짐으로써 신선한 느낌을 주게 된다. 제3연에서는 시행을 짧게 끊어 배열함으로써 푸르스름한 가을밤의 고즈넉한 이미지를 강조하고 있다. 제4연에서는 달빛이 서린 포도로 초점이 옮겨 가는데 달빛에 잠겨 있는 포도송이는 더욱 곱게 그려진다. 또한 1연과 4연에 등장하는 '순이'는 어떤 먼 기억을 떠올리게 하는 듯한 소박한 이름의 여인으로, 시적 화자의 말을 들어주는 청자이자 화자가 달빛이 비치는 밤에 애상적 정서를 지니게 된 원인이 될 수 있는 인물이기도 하다. 따라서 이 시의 달빛은 호젓하고도 애상적인 정서를 드러내는 소재가 된다.

09. ㉠과 같은 표현 방법에 해당하지 않는 것은?

2020 소방직

매운 계절(季節)의 채찍에 갈겨
마침내 북방(北方)으로 휩쓸려 오다.

하늘도 그만 지쳐 끝난 고원(高原)
서릿발 칼날진 그 위에 서다

어데다 무릎을 꿇어야 하나?
한 발 재겨 디딜 곳조차 없다.

이러매 눈 감아 생각해 볼밖에
㉠ 겨울은 강철로 된 무지갠가 보다.

─ 이육사, 〈절정〉

① 두 볼에 흐르는 빛이 / 정작으로 고와서 서러워라
  ─ 조지훈, 「승무」

② 아아 님은 갔지만 나는 님을 보내지 아니하였습니다
  ─ 한용운, 「님의 침묵」

③ 나는 아직 기다리고 있을 테요 찬란한 슬픔의 봄을
  ─ 김영랑, 「모란이 피기까지는」

④ 나 보기가 역겨워 / 가실 때에는 / 죽어도 아니 눈물 흘리우리다
  ─ 김소월, 「진달래꽃」

작품 정리 이육사, 〈절정〉

• 갈래 : 자유시, 서정시
• 성격 : 지사적, 상징적
• 제재 : 현실의 극한 상황
• 주제 : 극한 상황의 절정(일제강점기)에서의 관조와 초월적 인식
• 특징
  ① 한시의 '기 - 승 - 전 - 결'의 구조를 보임.
  ② '겨울은 강철로 된 무지갠가 보다'에 역설법이 쓰여 주제를 강조함.
  ③ 일제강점기를 극복하려는 강인한 의지를 남성적 어조로 표출함.
  ④ 현재형 시제를 통해 긴장감을 더함.
• 출전 : 《문장》(1940)

10. 다음 문장에 쓰인 수사법과 같은 수사법이 쓰인 것은?

2014 서울시 9급

> 우리 옹기는 양은 그릇에 멱살을 잡히고 플라스틱류에 따귀를 얻어맞았다.

① 그는 30년 동안 입고 있던 유니폼을 벗고서 붓을 들기 시작했다.
② 지금껏 역사를 굽어본 강물은 말없이 흐른다.
③ 돈을 잃는 것은 적게 잃는 것이지만 명예를 잃는 것은 많이 잃는 것이고 건강을 잃는 것은 모든 것을 잃는 것이다.
④ 보고 싶어요, 붉은 산이, 그리고 흰 옷이.
⑤ 내 마음은 호수요, 그대 노 저어 오오.

11. 다음 중 밑줄 친 부분과 같은 수사법이 쓰인 것은?

2022 군무원 9급

> 흰 수건이 검은 머리를 두르고
> 흰 고무신이 거친 발에 걸리우다.
>
> 흰 저고리 치마가 슬픈 몸집을 가리고
> 흰 띠가 가는 허리를 질끈 동이다.
>
> — 윤동주, 〈슬픈 족속〉

① 내 누님같이 생긴 꽃이여
② 나의 마음은 고요한 물결
③ 파도가 아가리를 쳐들고 달려드는 곳
④ 의(義) 있는 사람은 옳은 일을 위하여는 칼날을 밟습니다

12. 〈보기〉에 사용된 주된 표현 기법은? 2019 서울시 7급 변형

> ─(보기)─
> 내 그대를 생각함은 항상 그대가 앉아 있는 배경에서 해가 지고 바람이 부는 일처럼 사소한 일일 것이나 언젠가 그대가 한없이 괴로움 속을 헤매일 때에 오랫동안 전해오던 그 사소함으로 그대를 불러 보리라.
> 진실로 진실로 내가 그대를 사랑하는 까닭은 내 나의 사랑을 한없이 잇닿은 그 기다림으로 바꾸어 버린 데 있었다. 밤이 들면서 골짜기엔 눈이 퍼붓기 시작했다. 내 사랑도 어디쯤에선 반드시 그칠 것을 믿는다. 다만 그때 내 기다림의 자세를 생각하는 것뿐이다. 그동안에 눈이 그치고 꽃이 피어나고 낙엽이 떨어지고 또 눈이 퍼붓고 할 것을 믿는다.

① 역설법
② 반어법
③ 도치법
④ 설의법

작품 정리 | 황동규, 〈즐거운 편지〉

'그대'에 대한 변함없는 사랑을 반어적 표현을 사용하여 참신하고 감각적으로 표현하고 있다.
• 갈래 : 산문시, 서정시
• 성격 : 서정적, 고백적, 사색적
• 제재 : 사랑
• 주제 : 사랑의 간절함과 불변성에 대한 고백
• 특징
  ① 화자의 사랑을 자연 현상에 빗대어 표현함.
  ② 반어적 기법으로 사랑의 간절함을 전달함.
• 출전 : 《현대문학》(1958)

13. 예문의 밑줄 친 부분과 그 수사적 유형이 같은 것은?

2012 국가직 7급

> <u>내 마음은 호수요,</u>
> 그대 노 저어 오오.
> 나는 그대의 흰 그림자를 안고,
> 옥같이 그대의 뱃전에 부서지리다.
>
>   – 김동명, 〈내 마음은〉

① 아랫목에 모인 / 아홉 마리의 강아지야,
   <u>강아지 같은 것들아,</u> / 굴욕과 굶주림과 추운 길을
   걸어 내가 왔다. / 아버지가 왔다.

② 님의 사랑은 뜨거워
   <u>근심 산을 태우고 한 바다를 말리는데</u>

③ 가려다 오고 오려다 가는 것은 나에게 <u>목숨을 빼앗고
   죽음도 주지 않는</u> 것입니다.

④ <u>산산이 부서진 이름이여!</u>
   허공중에 헤어진 이름이여!

※ 다음 글을 읽고, 물음에 답하시오.

> 삶은 계란의 껍질이 / 벗겨지듯
> 묵은 사랑이 / 벗겨질 때
> 붉은 파밭의 푸른 새싹을 보아라
> 얻는다는 것은 곧 잃는 것이다
>
> 먼지 앉은 석경 너머로 / 너의 그림자가
> 움직이듯 / 묵은 사랑이 / 움직일 때
> 붉은 파밭의 푸른 새싹을 보아라
> 얻는다는 것은 곧 잃는 것이다
>
> 새벽에 준 조로*의 물이 / 낮이 지나도록 마르지 않고
> 젖어있듯이 / 묵은 사랑이
> 뉘우치는 마음의 한복판에 / 젖어있을 때
> 붉은 파밭의 푸른 새싹을 보아라
> ㉠얻는다는 것은 곧 잃는 것이다
>
>   – 김수영, 〈파밭가에서〉
>
> * 조로 : 물뿌리개

14. 다음 작품에 대한 설명으로 적절하지 않은 것은?

2017 기상직 7급

① 대조법을 통해 새로운 삶에 대한 의지를 표현하고
   있다.

② 감각의 전이를 통해 회한의 정서를 효과적으로 표현
   하고 있다.

③ 직유법을 사용하여 묵은 사랑의 모습을 형상화하고
   있다.

④ 유사한 통사구조를 반복하여 주제를 드러내고 있다.

15. 위의 작품의 ㉠에 사용된 표현 기법에 대한 설명으로 옳
은 것은?

2011 국가직 9급

① 생명이 없는 사물을 마치 살아 있는 것처럼 나타내는
   표현이다.

② 사물의 일부나 그 속성을 들어서 그 전체나 자체를
   나타내는 표현이다.

③ 표현하려는 본뜻과는 반대되는 말을 함으로써 문장
   의 의미를 강화하는 표현이다.

④ 표현 구조상으로나 상식적으로는 모순되는 말이지
   만, 실질적 내용은 진리를 나타내고 있는 표현이다.

작품 정리 | **김동명, 〈내 마음은〉**

- 갈래 : 자유시, 서정시
- 성격 : 낭만적, 비유적
- 제재 : '나'의 마음
- 주제 : 순수한 사랑의 기쁨과 애달픔.
- 특징
  ① 은유법을 통해 화자의 마음을 나타냄.
  ② 독백적인 어조로 부드럽게 말함.

작품 정리 김수영, 〈파밭가에서〉

- 갈래: 서정시, 자유시
- 성격: 상징적, 의지적
- 주제: 묵은 사랑(가치)에서 벗어나 새로운 사랑(가치)을 희망함.
- 특징
  ① 각 연이 동일한 구조를 취함.
  ② '파밭, 새싹' 등 자연물을 통해 깨달음을 전달함.
  ③ 역설법을 통해 주제를 강조함.
  ④ 색채 대비(붉음과 푸름)와 비유를 통해 관념적 개념을 구체적으로 표현함.

16. 다음 글에서 비유법이 사용되지 않은 문장은?

2015 지방직 7급

㉠말은 생각을 담는 그릇으로 생각이 맑고 고요하면 말도 맑고 고요하게 나온다. ㉡청산유수처럼 거침없이 쏟아 놓는 말에는 선뜻 믿음이 가지 않는다. ㉢우리는 말을 안 해서 후회하는 일보다 말을 쏟아 버렸기 때문에 후회하는 일이 더 많다. ㉣때론 말이 사람을 죽일 수도 있다는 것을 생각하면 말은 두려워해야 할 존재임이 틀림없다.

① ㉠
② ㉡
③ ㉢
④ ㉣

17. 다음 시에 대한 이해로 적절하지 않은 것은?

2023 국회직 8급

마른 잎사귀에 도토리알 얼굴 부비는 소리 후두둑 뛰어내려 저마다 멍드는 소리 멍석 위에 나란히 잠든 반들거리는 몸 위로 살짝살짝 늦가을 햇볕 발 디디는 소리 먼 길 날아온 늦은 잠자리 채머리 떠는 소리 맷돌 속에서 껍질 타지며 가슴 동당거리는 소리 사그락사그락 고운 뼛가루 저희끼리 소근대며 어루만져주는 소리 보드랍고 찰진 것들 물속에 가라앉으며 안녕 안녕 가벼운 것들에게 이별 인사하는 소리 아궁이 불 위에서 가슴이 확 열리며 저희끼리 다시 엉기는 소리 식어 가며 단단해지며 서로 핥아 주는 소리

도마 위에 다갈빛 도토리묵 한 모

모든 소리들이 흘러 들어간 뒤에 비로소 생겨난 저 고요
저토록 시끄러운, 저토록 단단한,

– 김선우, 〈단단한 고요〉

① '도토리묵'이 만들어지는 과정을 청각적 이미지를 중심으로 형상화하고 있다.
② 나무에 매달린 도토리에서부터 묵으로 엉길 때까지의 과정을 형상화하고 있다.
③ 상반된 시어인 '고요'와 '시끄러운'을 병치시켜 역설의 미학을 보여 주고 있다.
④ 시적 대상인 도토리를 의인화하여 표현하고 있다.
⑤ 자연과의 교감을 통한 인간에 대한 이해를 보여 주고 있다.

작품 정리 김선우, 〈단단한 고요〉 (2003)

- 갈래: 자유시, 서정시
- 성격: 감각적, 창조적, 개성적
- 제재: 도토리묵
- 주제: 도토리묵에 대한 개성적 인식
- 특징
  ① 도토리가 나무에서 떨어지는 순간부터 묵이 되어 식혀지는 과정을 의인화된 표현과 청각적 이미지를 통해 드러냄.
  ② 명사형 종결을 통해 여운을 드러냄.
  ③ 그 과정에서 의인화된 도토리는 멍들고, 말리고, 서로 어루만지고, 작별 인사도 하고 다시 엉기는 가련한 대상으로 그려짐
  ④ 도치법을 통해 주제를 강조함.

18. 다음 시의 특징에 대한 설명으로 가장 적절한 것은?

2021 군무원 7급

> 허공 속에 발이 푹푹 빠진다
> 허공에서 허우적 발을 빼며 걷지만
> 얼마나 힘 드는 일인가
> 기댈 무게가 없다는 것은
> 걸어온 만큼의 거리가 없다는 것은
>
> 그동안 나는 여러 번 넘어졌는지 모른다
> 지금은 쓰러져 있는지도 모른다
> 끊임없이 제자리만 맴돌고 있거나
> 인력(引力)에 끌려 어느 주위를 공전하고 있는지도
> 모른다
>
> 발자국 발자국이 보고 싶다
> 뒤꿈치에서 퉁겨 오르는
> 발걸음의 힘찬 울림을 듣고 싶다
> 내가 걸어온
> 길고 삐뚤삐뚤한 길이 보고 싶다

① 허구적 상상을 통해 현실의 고난을 극복하고 있다.
② 시어의 반복을 통해 화자의 정서를 강조하고 있다.
③ 시적 화자의 옛 경험을 사실적으로 묘사하고 있다.
④ 과거로 돌아가고 싶은 화자의 소망을 전하고 있다.

19. 다음 시에 대한 이해로 옳은 것은?

2021 국회직 9급

> (전략)
> 어느새 나도
> 그때의 아버지만큼 나이를 먹었다.
>
> 옛것이라곤 찾아볼 길 없는
> 성탄제 가까운 도시에는
> 이제 반가운 그 옛날의 것이 내리는데,
>
> 서러운 서른 살 나의 이마에
> 불현듯 아버지의 서느런 옷자락을 느끼는 것은,
>
> 눈 속에 따 오신 산수유 붉은 알알이
> 아직도 내 혈액 속에 녹아 흐르는 까닭일까.
>
> ─ 김종길, 〈성탄제〉

① 색채의 대비를 통한 비극적 정조가 두드러진다.
② 촉각적 표현으로 대상에 대한 그리움을 형상화한다.
③ 전통을 과감히 부정하는 미래지향적 전망을 보여준다.
④ 공간적 동질감이 시적 화자의 감정을 부추기고 있다.
⑤ 근원적 사랑의 상실이라는 현상에 대해 안타까워한다.

작품 정리 김기택, 〈우주인〉 (1999)

• 갈래 : 자유시
• 성격 : 상징적, 관념적
• 제재 : 우주인
• 주제 : 현실 극복의 소망
• 특징
  ① 우주인이라는 소재를 활용하여 삶을 반성함.
  ② 시어를 반복하여 운율감을 형성함.
• 해제 : 화자는 일상에 매몰된 채 허우적거리는 존재로 자
  신이 어떻게 살아왔는지 모르는 존재이다. 화자는
  마지막 연에 이르러 자신이 걸어온 '삐뚤삐뚤한 길'
  을 보고 싶다고 말하는데 이는 스스로를 인식함으
  로써 주체적으로 살겠다는 바람을 드러낸 것이다.

작품 정리 김종길, 〈성탄제〉

• 갈래 : 자유시, 서정시
• 성격 : 회상적, 주지적
• 제재 : 성탄일의 추억
• 주제 : 아버지의 사랑에 대한 그리움
• 특징
  ① '붉은 산수유 열매'라는 상징적인 시어를 통해 아버지
    의 사랑에 대한 그리움을 집약적으로 드러냄.
  ② '눈'이라는 매개체로 과거를 회상함.
  ③ 시간의 순서에 따라 시상이 전개됨.
• 출전 : 《성탄제》(1969)

20. 위 시에 대한 감상으로 적절하지 않은 것은?

2016 교육행정직 7급

> 꽃가루와 같이 부드러운 고양이의 털에
> 고운 봄의 향기가 어리우도다.
>
> 금방울과 같이 호동그란 고양이의 눈에
> 미친 봄의 불길이 흐르도다.
>
> 고요히 다물은 고양이의 입술에
> 포근한 봄졸음이 떠돌아라.
>
> 날카롭게 쭉 뻗은 고양이의 수염에
> 푸른 봄의 생기가 뛰놀아라.
>
>   – 이장희, 〈봄은 고양이로다〉

① 유사한 연 구조의 반복이 리듬감 형성에 기여하고 있어.
② 구체적 소재를 통해서 주제를 감각적으로 형상화하고자 했어.
③ 공간과 시간의 이동에 따라 시상이 역동적으로 전개되고 있어.
④ 감탄형 어미를 사용함으로써 시적 효과를 높이고자 했어.

21. 다음 작품의 표현상 특징으로 적절하지 않은 것은?

2017 기상직 9급

> 사과를 먹는다 / 사과나무의 일부를 먹는다
> 사과 꽃에 눈부시던 햇살을 먹는다
> 사과를 더 푸르게 하던 장맛비를 먹는다
> 사과를 흔들던 소슬바람을 먹는다
> 사과나무를 감싸던 눈송이를 먹는다
> 사과 위를 지나던 벌레의 기억을 먹는다
> 사과나무에서 울던 새소리를 먹는다
> 사과나무 잎새를 먹는다
> 사과를 가꾼 사람의 땀방울을 먹는다
> 사과를 연구한 식물학자의 지식을 먹는다
> 사과나무 집 딸이 바라보던 하늘을 먹는다
> 사과의 수액을 공급하던 사과나무 가지를 먹는다
> 사과나무의 세월, 사과나무 나이테를 먹는다
> 사과를 지탱해 온 사과나무 뿌리를 먹는다
> 사과의 씨앗을 먹는다
> 사과나무 자양분 흙을 먹는다
> 사과나무의 흙을 붙잡고 있는 지구의 중력을 먹는다
> 사과나무가 존재할 수 있게 한 우주를 먹는다
> 흙으로 빚어진 사과를 먹는다
> 흙으로 멀리 도망쳐 보려다
> 흙으로 돌아가고 마는
> 사과를 먹는다 / 사과가 나를 먹는다
>
>   – 함민복, 〈사과를 먹으며〉

① 유사한 통사구조를 반복하여 운율을 형성하고 있다.
② 점층적으로 의미를 확대하며 시상을 전개하고 있다.
③ 반어적 표현으로 시상을 마무리하여 여운을 남기고 있다.
④ 일상적 경험에서 생명 순환의 원리를 깨닫는 사고의 확장 과정이 드러난다.

작품 정리 | 이장희, 〈봄은 고양이로다〉

- 갈래 : 자유시, 서정시
- 성격 : 감각적, 즉물적(卽物的)
- 제재 : 봄, 고양이
- 주제 : 봄이 주는 느낌
- 특징
  ① 각 연의 유사한 통사 구조를 통해 운율이 형성됨.
  ② '–도다', '–아라'의 반복으로 운율이 형성됨.
  ③ 고양이에 대한 섬세하면서도 치밀한 관찰과 분석에서 오는 연상 작용을 감각적으로 표현함.
  ④ 정적 이미지(1, 3연)와 동적 이미지(2, 4연)를 대칭시킴.
- 출전 : 《금성》(1924)

작품 정리 | 함민복, 〈사과를 먹으며〉

- 갈래 : 자유시, 서정시
- 성격 : 사색적, 역설적
- 제재 : 사과를 먹는 경험
- 주제 : 사과를 먹는 경험을 통한 생명 순환 원리에 대한 깨달음.
- 특징
  ① 일상의 친숙한 사물에 대한 참신한 시각을 통해 인생의 깨달음을 나타냄.
  ② 점층적인 의미 확대를 통해 시상을 전개함.
  ③ 비슷한 문장 구조의 반복을 통해 운율을 형성함.
- 출전 : 《우울 씨의 1일》(1990)

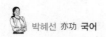

출좋포 정리하기 ❹ 시상 전개 방식

관련 교재
요 족집게 적중노트 p. 140
기 출좋포 문학 p. 47~49

작가가 자신의 주제를 효과적으로 전달하고자 선택한 전개 방식

1. **시간의 흐름에 따른 전개**
   (과거 – 현재 – 미래 / 계절 변화 / 하루)

2. **공간(시선의 이동)의 흐름에 따른 전개**
   (대상의 단순 나열, 원경 – 근경)

3. **선경후정(先景後情)**
   앞은 경치, 뒤는 화자의 정서

4. **기승전결(起承轉結)**

5. **수미상관(首尾相關)**
   첫 부분과 끝 부분이 서로 대응(관련 있음)하는 구조

시상 전개 방식

22. 다음 작품에 대한 설명으로 적절하지 않은 것은?

2016 기상직 7급

> 눈을 감으면
> 어린 때 선생(先生)님이 걸어오신다.
> 회초리를 드시고
>
> 선생(先生)님은 낙타(駱駝)처럼 늙으셨다.
> 늦은 봄 햇살을 등에 지고
> 낙타(駱駝)는 항시(恒時) 추억(追憶)한다.
> ― 옛날에 옛날에 ―
>
> 낙타(駱駝)는 어린 때 선생(先生)님처럼 늙었다.
> 나도 따뜻한 봄볕을 등에 지고
> 금잔디 위에서 낙타(駱駝)를 본다.
>
> 내가 여읜 동심(童心)의 옛 이야기가
> 여기저기
> 떨어져 있음직한 동물원(動物園)의 오후(午後).
>
> ― 이한직, <낙타>

① 대상들을 동일화하여 자신이 잃었던 동심을 그리워하고 있다.

② 여러 소재를 활용하여 시련의 상황을 구체적으로 묘사하고 있다.

③ '현재 → 과거 → 현재'의 흐름에 따라 시상을 전개하고 있다.

④ 시공간적 배경을 직접 제시하며 시상을 마무리하고 있다.

작품 정리 이한직, 〈낙타〉

- 성격 : 회고적, 시각적
- 제재 : 낙타
- 주제 : 동심의 세계를 동경함.
- 표현
  ① 직유법을 통해 대상을 친근감 있게 표현함.
  ② 은유법을 통해 주제를 강조함.
  ③ 선생님과 낙타를 동일시하며 역순행적인 시상 전개 방식이 있음.

★출좋포 정리하기 ❺ 시어의 의미 (100프로는 아님)

관련 교재 요 족집게 적중노트 p. 125 기 출좋포 문학 p. 60~64

시 파악의 최고 중요한 KEY

→ 빈출 시어의 ❶_____ 의미 파악하기

(단, 가장 중요한 것은 문맥적 의미를 파악하는 것!

즉, 시어 주변의 ❷_____어, ❸_____어를 먼저 파악하는 것!)

비슷한 ❹_____ 구조의 비슷한 ❺_____에 있는 시어들의 의미는 비슷할 확률이 높다.

1) 눈, 비, 바람, 서리 = ❻_____, ❼_____

2) 봄, 아침, 빛 = ❽_____, ❾_____

겨울, 밤, 어둠 = ❿_____, ⓫_____

3) 하늘, 바다, 별, 청산 = ⓬_____

4) 산, 고개 = ⓭_____, ⓮_____

5) 꽃 = 의미 없는 ⓯_____ 영화, ⓰_____

풀 = ⓱_____을 지닌 ⓲_____

6) 하강적 이미지 = ⓳_____, ⓴_____의 이미지

상승적 이미지 = ㉑_____의 이미지

Answer _____

❶ 상징적 ❷ 수식 ❸ 서술 ❹ 문장 ❺ 위치 ❻ 시련 ❼ 고통 ❽ 이상향
❾ 희망 ❿ 암울한 현실 ⓫ 절망 ⓬ 이상향 ⓭ 시련 ⓮ 역경 ⓯ 부귀
⓰ 아름다움 ⓱ 강인한 생명력 ⓲ 민중 ⓳ 소멸 ⓴ 죽음 ㉑ 생명력

시어의 의미

23. 다음 시의 밑줄 친 ㉠~㉤에 대한 설명으로 적절하지 않은 것은?

2020 국회직 9급

㉠새벽마다 고요히 꿈길을 밟고 와서
머리맡에 찬물을 ㉡쏴아 퍼붓고는
그만 가슴을 디디면서 멀리 사라지는
북청 물장수.

㉢물에 젖은 꿈이
북청 물장수를 부르면
그는 ㉣삐걱삐걱 소리를 치며
온 자취도 없이 다시 사라져 버린다.

날마다 아침마다 기다려지는
㉤북청 물장수.

– 김동환, <북청 물장수>

① ㉠: 대상의 행위가 반복적임을 알 수 있다.

② ㉡: 물 붓는 소리의 시원함을 감각적으로 표현한다.

③ ㉢: 현실과 꿈이 구분되지 않은 몽롱한 상태를 의미한다.

④ ㉣: 물장수의 단호한 태도에 대한 슬픔을 드러낸다.

⑤ ㉤: 명사구로 마무리함으로써 기다림이 계속되고 있음을 보여준다.

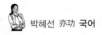

작품 정리 | 김동환, 〈북청 물장수〉 (1924)

- 갈래 : 자유시, 서정시
- 성격 : 묘사적, 감각적 향토적
- 제재 : 북청 물장수
- 주제 : 북청 물장수의 부지런한 생활
- 특징
  ① 물을 배달해 주는 물장수를 기다리는 마음이 드러남.
  ② 명사형 종결 어미를 사용하여 여운을 남김.
  ③ 새벽의 분위기를 감각적으로 표현함.
- 해제 : 이 작품은 1920년대의 물장수를 소재로 고향에 대한 그리움을 표현한 것이다. 새벽녘 물 지게를 짊어진 물장수는 찬물을 퍼부어 화자에게 아침의 시작을 알린다. 화자가 물을 붓는 소리에 일어나 물장수를 보려 하면 물장수는 물지게 소리를 남기고 이미 떠나고 없다. 작품의 물장수는 새벽마다 고요히 나타나는 존재이자 시인의 꿈을 찾아오는 존재이다. 이 작품은 물장수의 모습을 통해서 고달프지만 꿋꿋하게 사는 삶을 그려 내고 있다.

작품 정리 | 정지용, 〈유리창(琉璃窓)〉

- 갈래 : 자유시, 서정시, 모더니즘시
- 시대 : 근대(1930년)
- 제재 : 어린 자식의 죽음
- 주제 : 죽은 자식을 향한 그리움과 슬픔
- 특징
  ① 감각적인 이미지를 사용함.
  ② 모순어법(＝ 역설법)을 통해 화자의 감정을 강조함.
  ③ 객관적 상관물 '물 먹은 별'을 통해 감정을 절제함.

---

24. 〈보기〉의 밑줄 친 시어 가운데 내적 연관성이 가장 적은 것은?

2019 서울시 9급

─(보기)─
유리에 <u>차고 슬픈 것</u>이 어린거린다.
열없이 붙어서서 입김을 흐리우니
길들은 양 언 날개를 파닥거린다.
지우고 보고 지우고 보아도
<u>새까만 밤</u>이 밀려나가고 밀려와 부디치고,
<u>물 먹은 별</u>이, 반짝, 보석처럼 백힌다.
밤에 홀로 유리를 닦는 것은
외로운 황홀한 심사이어니,
고운 폐혈관이 찢어진 채로
아아, <u>늬</u>는 산ㅅ새처럼 날아갔구나!

① 차고 슬픈 것 　　② 새까만 밤
③ 물 먹은 별 　　④ 늬

25. 다음 중 함축적 의미가 다른 하나는?

2022 군무원 7급

세상의 열매들은 왜 모두
둥글어야 하는가
가시나무도 향기로운 그의 <u>탱자</u>만은 둥글다

땅으로 땅으로 파고드는 뿌리는
날카롭지만,
하늘로 하늘로 뻗어가는 <u>가지</u>는
뾰족하지만
스스로 익어 떨어질 줄 아는 열매는
<u>모</u>가 나지 않는다

덥석
한입에 물어 깨무는
탐스런 한 알의 능금
먹는 자의 <u>이빨</u>은 예리하지만
먹히는 능금은 부드럽다

그대는 아는가,
모든 생성하는 존재는 둥글다는 것을
스스로 먹힐 줄 아는 열매는
모가 나지 않는다는 것을

　　　　　　　　　　　　－ 오세영, 〈열매〉

① 탱자 　　② 가지
③ 모 　　④ 이빨

작품정리 오세영, 〈열매〉 (1994)

- 갈래 : 자유시, 서정시
- 성격 : 서정적, 감각적, 교훈적
- 제재 : 열매
- 주제 : 둥근 열매를 통해 알게 된 희생적 사랑
- 특징
  ① 대구법, 도치법, 설의법을 통해 주제를 강조함.
  ② 대조적 소재인 원과 직선의 이미지를 활용해 시상을 전개함.
  ③ 비슷한 통사 구조를 반복하여 운율을 형성함.
- 해제 : 이 시의 화자는 '열매'의 원형적 이미지에서 타자에 대한 사랑과 희생의 의미를 발견한다. 화자는 처음에 '세상의 모든 열매가 둥근 이유는 무엇인가'라는 의문을 갖고 나무를 관찰한다. 열매는 뾰족한 뿌리나 가지와는 달리 스스로 익으면 떨어지는 존재이기에 원형임을 알게 된다. 이러한 깨달음을 통해 화자는 열매는 자신을 희생함으로써 다른 존재를 먹인다는 사실을 알게 되고 자기희생적 사랑의 가치를 깨닫는다.

26. 밑줄 친 부분이 〈보기〉의 ㉠ '쇠항아리'와 의미가 통하는 시어로 가장 적절한 것은? 2019 서울시 9급

─〈보기〉─

누가 하늘을 보았다 하는가
누가 구름 한 송이 없이 맑은
하늘을 보았다 하는가.

네가 본 건, 먹구름
그걸 하늘로 알고
일생을 살아갔다.

네가 본 건, 지붕 덮은
㉠ 쇠항아리,
그걸 하늘로 알고
일생을 살아갔다.

닦아라, 사람들아
네 마음속 구름
찢어라, 사람들아,
네 머리 덮은 쇠항아리.

　　　　– 신동엽, 〈누가 하늘을 보았다 하는가〉

① 조국아 / 한번도 우리는 우리의 심장 / 남의 발톱에 주어본 적 / 없었나니　　　– 〈조국〉 中
② 아사달과 아사녀가 / 중립의 초례청 앞에 서서 / 부끄럼 빛내며 / 맞절할지니　　– 〈껍데기는 가라〉 中
③ 꽃피는 반도는 / 남에서 북쪽 끝까지 / 완충지대
　　　　　– 〈술을 많이 마시고 잔 어젯밤은〉 中
④ 마을 사람들은 되나 안 되나 쑥덕거렸다. / 봄은 발병 났다커니 / 봄은 위독하다커니　　– 〈봄의 소식〉 中

작품정리 신동엽, 〈누가 하늘을 보았다 하는가〉

- 갈래 : 자유시, 서정시, 참여시
- 시대 : 현대(1969년)
- 제재 : 하늘
- 주제 : 억압과 구속의 과거에 대한 비판, 밝은 미래에 대한 바람
- 특징
  ① 대립적이거나 상징적인 시어를 사용함.
  ② 직설적인 표현법을 통해 시상을 전개함.
- 구성
  – 1~3연 : 암울했던 과거
  – 4~6연 : 현실 극복에 대한 결의
  – 7~8연 : 괴로움을 참고 견디는 삶
  – 9연 : 밝은 미래에 대한 바람

27. 밑줄 친 시어 중 내포적 의미가 유사하지 않은 것끼리 묶은 것은?

2017 지방직 7급

> 제 손으로 만들지 않고 / 한꺼번에 싸게 사서
> 마구 쓰다가 / 망가지면 내다 버리는
> <u>플라스틱 물건</u>처럼 느껴질 때
> 나는 당장 버스에서 뛰어내리고 싶다
> 현대 아파트가 들어서며
> 홍은동 사거리에서 사라진
> <u>털보네 대장간을 찾아가고 싶다</u>
> 풀무질로 이글거리는 불 속에
> 시우쇠처럼 나를 달구고
> 모루 위에서 벼리고
> 숫돌에 갈아
> 시퍼런 <u>무쇠 낫으로 바꾸고 싶다</u>
> 땀 흘리며 두들겨 하나씩 만들어 낸
> <u>꼬부랑 호미</u>가 되어
> 소나무 자루에서 송진을 흘리면서
> 대장간 벽에 걸리고 싶다
> 지금까지 살아온 인생이
> 온통 부끄러워지고
> <u>직지사 해우소</u>
> 아득한 나락으로 떨어져 내리는
> <u>똥덩이</u>처럼 느껴질 때
> 나는 가던 길을 멈추고 문득
> 어딘가 걸려 있고 싶다
>
> — 김광규, <대장간의 유혹>

① 플라스틱 물건, 똥덩이
② 찾아가고 싶다, 바꾸고 싶다
③ 털보네 대장간, 직지사 해우소
④ 무쇠낫, 꼬부랑 호미

28. 다음 시에 대한 설명으로 가장 옳은 것은?

2021 군무원 9급

> 차운 산 바위 위에
> 하늘은 멀어
> 산새가 구슬피
> 울음 운다
>
> 구름 흘러가는
> 물길은 칠백 리
>
> 나그네 긴 소매
> 꽃잎에 젖어
> 술 익는 강마을의
> 저녁노을이여
>
> 이 밤 자면 저 마을에
> 꽃은 지리라
>
> 다정하고 한 많음도
> 병인 양하여
> 달빛 아래 고요히
> 흔들리며 가노니……
>
> — 조지훈, <완화삼>

① '구름, 물길'은 정처 없이 유랑하는 내적 현실을 암시한다.
② '강마을'은 방황하던 서정적 자아가 정착하고자 하는 공간이다.
③ '나그네'는 고향을 떠남으로써 현실의 질곡을 벗어나려는 의지를 상징한다.
④ '한 많음'은 민중적 삶 속에 구현된 전통적 미학에 맞닿아 있는 정서를 대변한다.

작품 정리 | 김광규, <대장간의 유혹>

• 갈래 : 현대시, 서정시
• 성격 : 문명 비판적, 자기 성찰적, 비유적, 의지적
• 제재 : 대장간
• 주제 : 개성 없는 문명 비판 및 참된 자아를 추구하는 자기 성찰
• 특징
 ① 비슷한 통사 구조의 반복을 통해 화자의 의지와 소망을 나타냄.
 ② 문명을 상징하는 '현대아파트'와 참된 가치를 드러내는 '털보네 대장간'의 대립이 드러남.
  (무가치, 무기력 ↔ 참가치, 본질적 자아)
 ③ 구체적인 지명, 인명 표현을 통해 현장감과 사실감을 강조함.

작품 정리 | 조지훈, <완화삼> (1946)

• 갈래 : 자유시, 서정시
• 성격 : 애상적, 전통적
• 제재 : 유랑하는 나그네의 삶
• 주제 : 정처 없이 유랑하는 나그네의 애수
• 특징
 ① 전통적인 3음보의 율격이 드러남.
 ② 자연물에 감정을 이입하여 시적 화자의 정서를 간접적으로 표출함.
 ③ 완화삼에서 넉넉함과 여유로움이 느껴짐.
 ④ '꽃잎'의 하강적 이미지를 통해 소멸의 이미지를 드러냄. 마지막 연에서 시조를 인용하여 애상적 분위기를 드러냄.

29. 다음 밑줄 친 시어의 의미에 대한 설명으로 가장 옳지 않은 것은?

2017 서울시 7급

> 꽃이 지기로소니 / 바람을 탓하랴.
> 주렴 밖에 ㉠성긴 별이 / 하나 둘 스러지고
> ㉡귀촉도 울음 뒤에 / 머언 산이 다가 서다.
> 촛불을 꺼야 하리 / 꽃이 지는데
> 꽃 지는 그림자 / 뜰에 어리어
> 하이얀 미닫이가 / ㉢우련 붉어라.
> 묻혀서 사는 이의 / 고운 마음을
> 아는 이 있을까 / ㉣저허하노니
> 꽃이 지는 아침은 / 울고 싶어라.
>
> – 조지훈, 〈낙화〉

① ㉠ 성긴: 물건 사이가 떠서 빈 공간이 많음을 뜻한다.
② ㉡ 귀촉도: 소쩍새, 두견새를 뜻한다.
③ ㉢ 우련: 갑자기, 불쑥 나타남을 뜻한다.
④ ㉣ 저허하노니: 두려워하노니

30. ㉠~㉣을 시의 흐름에 맞게 설명한 것으로 적절하지 않은 것은?

2016 국가직 9급

> 열무 삼십 단을 이고
> 시장에 간 우리 엄마
> 안 오시네, ㉠해는 시든 지 오래
> 나는 ㉡찬밥처럼 방에 담겨
> ㉢아무리 천천히 숙제를 해도
> 엄마 안 오시네, 배춧잎 같은 발소리 타박타박
> 안 들리네, 어둡고 무서워
> ㉣금 간 창틈으로 고요히 빗소리
> 빈방에 혼자 엎드려 훌쩍거리던
> 아주 먼 옛날
> 지금도 내 눈시울을 뜨겁게 하는
> 그 시절, 내 유년의 윗목.
>
> – 기형도, 〈엄마 걱정〉

① ㉠: 해가 지고 밤이 깊어간 시간의 경과가 나타나 있다.
② ㉡: 관심 받지 못해 외로운 상황이 나타나 있다.
③ ㉢: 공부하기 싫은 어린이의 마음이 나타나 있다.
④ ㉣: 넉넉하지 않은 가정 형편이 나타나 있다.

작품 정리 | 조지훈, 〈낙화〉(1946)

- 갈래: 자유시, 서정시
- 성격: 애상적, 묘사적
- 주제: 낙화에서 느끼는 삶의 비애
- 특징
  ① 시간의 흐름, 화자의 시선 이동에 따라 시상이 전개됨.
  ② 색채 대비를 통해 감각적으로 표현함.
- 어휘
  – 주렴: 구슬 따위를 꿰어 만든 발
  – 귀촉도: 두견새
  – 우련: 보일 듯 말 듯 은은하게
- 출전: 《청록집》(1946)

작품 정리 | 기형도, 〈엄마 걱정〉

- 갈래: 자유시, 서정시
- 성격: 회상적, 감각적
- 주제: 가난했던 유년 시절의 외로움
- 특징
  ① 감각적 이미지를 사용하여 서럽고 외로웠던 유년기를 묘사함.
  ② 비슷한 문장의 반복과 변조를 통해 운율을 형성함.

PART 01

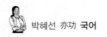

31. 다음 시의 '나'를 형상화한 표현이 아닌 것은?

2016 지방직 7급

> 나는 떠난다. 청동(靑銅)의 표면에서
> 일제히 날아가는 진폭(振幅)의 ㉠새가 되어
> 광막한 하나의 울음이 되어
> 하나의 소리가 되어.
> 인종(忍從)은 끝이 났는가.
> 청동의 벽에
> '역사'를 가두어 놓은
> 칠흑의 ㉡감방에서.
> 나는 바람을 타고
> 들에서는 푸름이 된다.
> 꽃에서는 웃음이 되고
> 천상에서는 ㉢악기가 된다.
> 먹구름이 깔리면
> 하늘의 꼭지에서 터지는
> 뇌성(雷聲)이 되어
> 가루 가루 가루의 ㉣음향이 된다.
>
> — 박남수, 〈종소리〉

① ㉠   ② ㉡

③ ㉢   ④ ㉣

※ 다음 물음에 답하시오.

> 이것은 소리 없는 아우성
> 저 푸른 ㉠해원(海原)을 향하여 흔드는
> 영원한 노스텔지어의 ㉡손수건
> 순정은 물결같이 바람에 나부끼고
> 오로지 맑고 곧은 이념의 푯대 끝에
> ㉢애수는 백로처럼 날개를 펴다.
> 아! 누구인가?
> 이렇게 슬프고도 애닯은 ㉣마음을
> 맨 처음 공중에 달 줄을 안 그는.
>
> — 유치환, 〈깃발〉

32. ㉠~㉣ 중 내포적 의미가 다른 하나는?

2015 사회복지직 9급

① ㉠   ② ㉡

③ ㉢   ④ ㉣

33. 다음 중 가리키는 것이 가장 다른 하나는?

2019 서울시 7급

① 아우성   ② 손수건

③ 푯대   ④ 마음

작품 정리 | 박남수, 〈종소리〉

- 갈래 : 자유시, 서정시
- 주제 : 종소리로 보여주는 자유 확산과 의지
- 제재 : 종소리
- 성격 : 상징적, 역동적
- 특징
  ① 종소리를 의인화하고 역동적인 이미지를 사용하여 생동감 있게 표현함.
  ② 도치법과 은유법이 사용됨.
  ③ 공감각적 심상의 사용(청각의 시각화)

작품 정리 | 유치환, 〈깃발〉

- 갈래 : 자유시, 서정시
- 시대 : 근대(1936년)
- 제재 : 깃발
- 주제 : 이상향에 대한 그리움과 좌절
- 특징
  ① 추상적 관념을 구체적 사물에 비유함.
  ② 푸른색과 하얀색의 색채 대비로 선명한 이미지를 나타냄.
  ③ 강인하고 의지적이지만 비애에 찬 어투로 표현함.
- 구성
  − 1~3행 : 역동적인 깃발의 모습
  − 4~6행 : 순수한 열정
  − 7~9행 : 이상향에 대한 동경과 그리움, 그리고 좌절

34. 다음 밑줄 친 시어 중, ㉠과 시적 의미가 가장 유사한 것은?

2018 기상직 9급

> 그 여름 나무 백일홍은 무사하였습니다. 한차례 ㉠폭풍에도 그 다음 폭풍에도 쓰러지지 않아 쏟아지는 우박처럼 붉은 꽃들을 매달았습니다.
>
> 그 여름 나는 폭풍의 한가운데 있었습니다. 그 여름 나의 절망은 장난처럼 붉은 꽃들을 매달았지만 여러 차례 폭풍에도 쓰러지지 않았습니다.
>
> 넘어지면 매달리고 타올라 불을 뿜는 나무 백일홍 억센 꽃들이 두어 평 좁은 마당을 피로 덮을 때, 장난처럼 나의 절망은 끝났습니다.
>
> — 이성복, 〈그 여름의 끝〉

① 간밤에 잠 살포시 / 머언 <u>뇌성</u>이 울더니, // 오늘 아침
바다는 / 포돗빛으로 부풀어졌다.　　— 정지용, 〈바다1〉

② <u>눈</u>이 오는가 북쪽엔 / 함박눈 쏟아져 내리는가 // 험
한 벼랑을 굽이굽이 돌아간 / 백무선 철길 위에 / 느
릿느릿 밤새어 달리는 / 화물차의 검은 지붕에

— 이용악, 〈그리움〉

③ 나의 울음은 차츰 아닌 밤 <u>돌개바람</u>이 되어 / 탑을 흔
들다가 / 돌에까지 스미면 금이 될 것이다.

— 김춘수, 〈꽃을 위한 서시〉

④ 겨울나무와 / 바람 / 머리채 긴 <u>바람</u>들은 투명한 빨
래처럼 / 진종일 가지 끝에 걸려 / 나무도 바람도 /
혼자가 아닌 게 된다.　　— 김남조, 〈설일〉

작품 정리 | 이성복, 〈그 여름의 끝〉

- 갈래 : 자유시, 서정시
- 시대 : 현대 (1990년)
- 제재 : 폭풍을 이겨내고 피어난 백일홍
- 주제 : 자연의 생명력을 통한 시련 극복의 의지
- 특징
  ① 직유적 표현을 사용하여 시적 대상의 특징을 드러냄.
  ② 붉은 색채 이미지를 활용하여 시련을 감내하는 과정의 고통을 드러냄.
  ③ 경어체를 반복적으로 제시하여 운율을 형성함.
  ④ 선명한 감각적 이미지를 활용하여 주제 의식을 드러냄.

★출졸포 **정리하기 ❻** 시적 화자(話者)의 개념, 태도, 정서, 어조

관련 교재
📕 족집게 적중노트 p. 126
📗 출졸포 문학 p. 50~53

1. 시적 화자(話者)란?

시 속에서 말하는 사람으로 시인 자신일 수도 있지만, 대부분은 시인이 자신의 정서와 태도를 시 속에 투영하기 위해 사용하는 대리인 같은 존재이다.

2. 시적 화자의 태도

시적 화자가 시적 제재나 독자와 사회를 향해 내는 개성적 목소리 및 대응 방식으로, 주로 '어조'를 통해 드러난다.

3. 시적 화자의 정서

시적 화자의 정서란 시인이 세계와 부딪쳐 느끼는 온갖 감정과 생각 등을 말한다.

4. 시의 어조(語調, tone) - 시인의 목소리

어조란 시적 자아에 의해 나타나는 목소리의 특징으로, 시인이 독자를 대함에 있어서 취하는 태도를 말한다. 어조는 분위기를 조성하고, 주제를 강조하는 기능을 하는데 어조의 유형은 다음과 같이 나누어 볼 수 있다.

청자의 유무	독백적 어조	혼잣말하는 듯한 말투 예 산모퉁이를 돌아 논가 외딴 우물을 홀로 찾아가선 가만히 들여다 봅니다. 우물 속에는 달이 밝고 구름이 흐르고 하늘이 펼치고 파아란 바람이 불고 가을이 있습니다. — 윤동주, 〈자화상〉
	말을 건네는 어조	남과 대화하는 말투 예 어머니 부디 잊지 마셔요 그때 우리는 어린 양을 몰고 돌아옵시다. 어머니 당신은 그 먼 나라를 알으십니까? — 신석정, 〈어머니 그 먼 나라를 알으십니까〉
화자의 유형	지식인 어조	부조리한 현실에 저항하지 못하여 무기력해 하는 말투

시적 화자와 상황

35. 다음 시에 대한 이해로 적절하지 않은 것은?

2022 국회직 8급

> 아버지는 두 마리의 두꺼비를 키우셨다
>
> 해가 말끔하게 떨어진 후에야 퇴근하셨던 아버지는 두꺼비부터 씻겨 주고 늦은 식사를 했다 동물 애호가도 아닌 아버지가 녀석에게만 관심을 갖는 것 같아 나는 녀석을 시샘했었다 한번은 아버지가 녀석을 껴안고 주무시는 모습을 보았는데 기회는 이때다 싶어서 살짝 만져 보았다 그런데 녀석이 독을 뿜어 내는 통에 내 양 눈이 한동안 충혈되어야 했다 아버지, 저는 두꺼비가 싫어요
>
> 아버지는 이윽고 식구들에게 두꺼비를 보여주는 것조차 꺼리셨다 칠순을 바라보던 아버지는 날이 새기 전에 막일판으로 나가셨는데 그때마다 잠들어 있던 녀석을 깨워 자전거 손잡이에 올려놓고 페달을 밟았다
>
> 두껍아 두껍아 헌집 줄게 새집 다오
>
> 아버지는 지난 겨울, 두꺼비집을 지으셨다 두꺼비와 아버지는 그 집에서 긴 겨울잠에 들어갔다 봄이 지났으나 잔디만 깨어났다
>
> 내 아버지 양 손엔 우툴두툴한 두꺼비가 살았었다
>
> — 박성우, 〈두꺼비〉

① 화자가 '아버지, 저는 두꺼비가 싫어요'라고 말한 것은 아버지의 고생스러운 삶에서 서러움과 연민을 느꼈기 때문이다.

② 이 시는 아이의 시선과 동요의 가사를 활용하여 아버지의 희생적인 삶을 돌아보게 하면서 감동을 주고 있다.

③ 이 시는 첫 줄과 마지막 줄에 제시된 아버지와 두꺼비의 호응관계를 통해 시적 의미를 강조하고 있다.

④ 이 시에서 '두꺼비'는 아버지를 기다리는 자식들을 의미한다.

⑤ '아버지는 그 집에서 긴 겨울잠에 들어갔다'는 표현에서 아버지가 돌아가셨다는 것을 알 수 있다.

작품 정리 **박성우, 〈두꺼비〉(2002)**

• 갈래 : 자유시, 서정시
• 성격 : 비유적, 회상적, 애상적
• 제재 : 두꺼비
• 주제 : 고생하며 살다 돌아가신 아버지 회상
• 특징 : 원관념인 두꺼비를 마지막에 제시하여 표현 효과를 극대화함.
• 해제 : 이 작품은 화자가 고된 삶을 살다 돌아가신 아버지를 '두꺼비'에 비유하여 시상을 전개한다. 두꺼비두 마리는 고생으로 거칠어진 아버지의 양손을 의미한다. 두꺼비가 '아버지 양 손'이라는 것을 시의 마지막에 이르러 밝힘으로써 표현의 효과를 극대화하고 시의 의미를 다시 상기하게 한다.

36. 다음 시의 화자에 대한 설명으로 적절하지 않은 것은?

2015 국가직 7급

> 기다리지 않아도 오고
> 기다림마저 잃었을 때에도 너는 온다.
> 어디 뻘밭 구석이거나
> 썩은 물웅덩이 같은 데를 기웃거리다가
> 한눈 좀 팔고, 싸움도 한판 하고,
> 지쳐 나자빠져 있다가
> 다급한 사연 듣고 달려간 바람이
> 흔들어 깨우면
> 눈 비비며 너는 더디게 온다.
> 더디게 더디게 마침내 올 것이 온다.
> 너를 보면 눈부셔
> 일어나 맞이할 수가 없다.
> 입을 열어 외치지만 소리는 굳어
> 나는 아무것도 미리 알릴 수가 없다.
> 가까스로 두 팔을 벌려 껴안아 보는
> 너, 먼 데서 이기고 돌아온 사람아.
>
>   – 이성부, 〈봄〉

① 시적 대상에 상징적 의미를 부여하고 있다.
② 시적 대상에 대해서 무력감을 느끼고 있다.
③ 시적 대상에 대해서 예찬하는 태도를 보이고 있다.
④ 시적 대상을 통해서 순리에 대한 신념을 표현하고 있다.

작품 정리 **이성부, 〈봄〉**

이 시는 겨울이 지나면 반드시 봄이 오듯, 시대의 아픔과 절망이 언젠가는 사라질 것이라는 강한 신념을 노래하고 있는 것이다. '봄'은, 시인이 살았던 시대 상황이나 그가 평소 다루었던 작품 경향으로 미루어 보아 '민주'와 '자유'로 생각할 수 있다.

• 갈래 : 자유시, 서정시
• 성격 : 상징적, 희망적
• 제재 : 봄
• 주제 : 민주주의가 도래할 세계에 대한 강한 신념
• 특징
  ① 반드시 봄이 오듯, 시대의 아픔이 없어질 것이라고 확신함.
  ② '봄'이라는 대상을 의인화하여 상징적으로 형상화함.
• 출전 : 《우리들의 양식》(1974)

37. 다음 시에 대한 설명으로 적절하지 않은 것은?

2015 국가직 7급

> 1
> 하늘에 깔아 논 / 바람의 여울터에서나
> 속삭이듯 서걱이는 / 나무의 그늘에서나, 새는
> 노래한다. 그것이 노래인 줄도 모르면서
> 새는 그것이 사랑인 줄도 모르면서
> 두 놈이 부리를 / 서로의 죽지에 파묻고
> 따스한 체온을 나누어 가진다.
>
> 2
> 새는 울어 / 뜻을 만들지 않고,
> 지어서 교태로 / 사랑을 가식하지 않는다.
>
> 3
> ─ 포수는 한 덩이 납으로 / 그 순수를 겨냥하지만,
>
> 매양 쏘는 것은
> 피에 젖은 한 마리 상한 새에 지나지 않는다.
>
> ─ 박남수, 〈새〉

① 시적 화자의 현실 비판적 의도가 엿보인다.
② '뜻'과 '납'은 서로 대조적인 의미를 가지고 있다.
③ 시적 화자는 절제된 태도로 대상을 노래하고 있다.
④ '상한 새'는 자연이나 순수한 삶의 파괴를 의미한다.

작품 정리 박남수, 〈새〉

• 갈래 : 자유시, 서정시
• 성격 : 문명 비판적, 주지적
• 제재 : 새(순수의 표상)
• 주제 : 인간 문명의 폭력성을 비판하고 순수한 삶을 옹호함.
• 특징
  ① 대조법을 통해 주제를 형상화함.
  ② 의인법을 통해 주제를 강조함.
• 출전 : 《신태양》(1959)

38. 다음 시를 읽고 화자의 심정/상황(이를 통해 드러나는 시인의 의도까지)을 가장 잘 이해하고 있는 사람은?

2018 국회직 9급

> 가을에는
> 기도하게 하소서……
> 낙엽들이 지는 때를 기다려 내게 주신
> 겸허한 모국어(母國語)로 나를 채우소서.
>
> 가을에는
> 사랑하게 하소서……
> 오직 한 사람을 택하게 하소서.
> 가장 아름다운 열매를 위하여 이 비옥(肥沃)한
> 시간을 가꾸게 하소서.
>
> 가을에는
> 호올로 있게 하소서……
> 나의 영혼,
> 굽이치는 바다와
> 백합(百合)의 골짜기를 지나
> 마른 나뭇가지 위에 다다른 까마귀같이.
>
> ─ 김현승, 〈가을의 기도〉

① 1연을 보면 겸허한 모국어로 나를 채워달라고 하잖아? 이걸 보면 이 시의 화자는 한국어 능력이 부족한가 봐.
② 2연에서 가을에는 꼭 사랑하게 해 달라고 한 것을 보니 이성 간의 사랑에 목마른 사람인가 봐.
③ 3연에서는 자유로운 영혼을 소유하고픈 시인의 소망을 드러내고 있어.
④ 이 시에는 시간적·공간적 배경의 변화가 잘 나타나고 있다고 생각해.
⑤ 전체적으로 볼 때 이 시의 화자는 고독에서 벗어나고자 노력하는 갈망을 잘 드러내고 있다고 생각해.

작품 정리 김현승, 〈가을의 기도〉

이 시는 '가을'을 맞이하여 절대 고독을 통해 삶의 궁극적 가치를 추구하고자 하는 시인의 엄숙하고 경건한 마음을 기도 형식으로 고백하고 있다.
• 갈래 : 자유시, 서정시, 종교시
• 성격 : 종교적, 명상적, 상징적, 기구적
• 제재 : 가을
• 주제 : 진실된 삶을 위한 절대 고독의 추구
• 특징
  ① 기도 형식으로 절대 고독을 통해 궁극적 가치를 추구하고자 함.
  ② 엄숙하고 경건한 마음을 독백적 어조로 표현함.
  ③ 점층적 구조로 시상이 3연을 향해 집중됨.
• 출전 : 《김현승 시초》(1957)

39. 아래 시의 시어에 대한 설명으로 가장 적절하지 않은 것은?

2014 법원직 9급

> 나와 / 하늘과
> 하늘 아래 푸른 산뿐이로다.
> 꽃 한 송이 피어 낼 지구도 없고
> 새 한 마리 울어 줄 지구도 없고
> 노루새끼 한 마리 뛰어다닐 지구도 없다.
> 나와 / 밤과 / 무수한 별뿐이로다.
> 밀리고 흐르는 게 밤뿐이오,
> 흘러도 흘러도 검은 밤뿐이로다.
> 내 마음 둘 곳은 어느 밤 하늘 별이드뇨.
>
> — 신석정, 〈슬픈 구도(構圖)〉

① 1연의 '하늘'은 어떤 상황에서도 화자에게 의지가 되는 절대적 존재를 나타낸다.

② 3연의 '나, 밤, 별'이 있는 구도는 화자가 처한 상황을 나타내고 있다.

③ '뿐이다', '없다'와 같은 서술어의 반복을 통해 현재 상황에 대한 부정적 인식을 드러낸다.

④ 4연의 '별'은 화자가 마음을 두고자 하는 곳, 즉 의지하고자 하는 대상을 의미한다.

작품 정리 | **신석정, 〈슬픈 구도(構圖)〉**

• 갈래 : 자유시, 서정시
• 시대 : 근대 (1939년)
• 제재 : 식민지 조국의 참담한 현실
• 주제 : 참담한 조국의 현실과 독립의 소망
• 특징
  ① 적절한 비유와 상징법이 구사됨.
  ② 반복을 통한 점층이 드러남.
  ③ 현실 참여적 성격이 일부 드러남.
  ④ 회화성이 짙은 제목을 사용함(구도 – 예술 표현의 요소를 배합하여 작품의 미적 효과를 얻기 위한 수단)

02 Chapter 시대별 현대 운문 작품

정답 및 해설 p. 338

개화가사 - 1910년대

01. 다음 작품에 대한 독자의 반응으로 가장 적절한 것은?

2019 국가직 7급

> 대조선국 건양 원년 자주독립 기뻐하세.
> 천지간에 사람 되어 진충보국 제일이니,
> 임금께 충성하고 정부를 보호하세.
> 인민들을 사랑하고 나라기를 높이 다세.
> 나라 도울 생각으로 시종여일 동심하세.
> 부녀 경대 자식 교육 사람마다 할 것이라.
> 집을 각기 흥하려면 나라 먼저 보전하세.
> 우리나라 보전하기 자나 깨나 생각하세.
> 나라 위해 죽는 죽음 영광이지 원한 없네.
> 국태평 가안락은 사농공상 힘을 쓰세.
> 우리나라 흥하기를 비나이다 하나님께.
> 문명개화 열린 세상 말과 일과 같게 하세.
>
> — 최돈성, 〈애국가〉

① 여성을 존중할 것을 사람들에게 피력하고 있군.
② 위급한 나라의 형세를 구체화하면서 언행일치를 요구하고 있군.
③ 남을 부러워하지 말고 부국강병을 위해 노력하자고 주장하고 있군.
④ 외세의 침략으로 국가의 독립성이 훼손되고 서구적 가치관이 범람하는 상황을 우려하고 있군.

출좋포 정리하기 개화 가사란?

개화 가사는 전통 시가의 형식도 있지만 개화기의 새로운 사상도 담은 과도기적인 시가이다. 애국 계몽 운동, 자주 독립, 부국강병의 내용을 담고 있다. 문학사적으로 개화 가사는 가사와 창가의 교량 역할을 한다.

작품 정리 | 최돈성, 〈애국가〉

- 갈래: 개화 가사
- 성격: 교훈적, 계몽적, 민족적
- 배경: 1896년 개화 시기
- 주제: 독립에 대한 의지와 애국정신을 고취
- 특징
  ① 4음보, 4·4조로 운율이 형성됨.
  ② 임금에 대한 충성심, 정부 보호, 부녀자 공경·접대, 자식의 교육에 힘씀이라는 애국적인 내용을 담음.
  ③ 유교적 의식이 담김.
- 출전: 《독립신문》(1896)

1920년대

김소월 작가의 대표적인 문학 경향

| 김소월 |

※ 다음 물음에 답하시오.

> 그립다
> 말을 할까
> ㉠하니 그리워
>
> 그냥 갈까
> 그래도
> 다시 더 한 번…
>
> 저 산(山)에도 ㉡가마귀, 들에 가마귀
> 서산(西山)에는 해 진다고
> 지저귑니다.
>
> 앞 강물 뒷 강물
> 흐르는 물은
> ㉢어서 따라 오라고 따라 가자고
> 흘러도 연달아 ㉣흐릅디다려.
>
> – 김소월, 〈가는 길〉

02. ㉠~㉣에 대한 설명으로 가장 적절한 것은?

2010 법원직 9급

① ㉠: 행간 걸침으로 시적자아의 시간적 여유를 표현
② ㉡: 화자에게 이별을 재촉하는 객관적 상관물
③ ㉢: 주체인 시적자아가 객체인 강물에게 끌려가는 시간
④ ㉣: '흐릅디다'를 늘여 쓴 평안북도 방언

03. 위 작품에 대한 설명으로 적절하지 않은 것은?

2015 교육행정직 9급

① 2연에서 화자의 망설임이 표현되고 있다.
② 화자가 처한 상황이 자연물을 통해 드러나고 있다.
③ 행의 길이가 변하면서 정서적 안정감이 커지고 있다.
④ 4연에서 'ㄹ'소리를 통해 강물의 흐름을 환기하고 있다.

작품 정리 김소월, 〈가는 길〉

- 갈래 : 자유시, 서정시
- 시대 : 근대(1923년)
- 제재 : 임과의 이별
- 주제 : 이별에 대한 아쉬움과 망설임, 임에 대한 그리움
- 성격 : 전통적, 민요적, 서정적, 애상적
- 특징
  ① 간결한 구조를 기반으로 유음과 비음으로 된 시어를 통해 음악적 효과를 얻음.
  ② 시행의 길이, 속도, 어조 등의 변화를 통해 애상적 어조를 활용하여 화자의 심리를 표현함.
  ③ 3음보의 민요조 운율을 사용하였음.
- 구성
  – 1연 : 임에 대한 그리움
  – 2연 : 임을 떠나며 느끼는 아쉬움과 미련
  – 3~4연 : 갈 길을 재촉하는 까마귀와 강물

04. 다음 시에 대한 설명으로 적절하지 않은 것은?

2013 국회직 8급

나는 꿈꾸었노라, 동무들과 내가 가지런히
벌가의 하루 일을 다 마치고
석양에 마을로 돌아오는 꿈을,
즐거이, 꿈 가운데.

그러나 집 잃은 내 몸이여,
바라건대는 우리에게 우리의 보습 대일 땅이 있었더면!
이처럼 떠돌으랴, 아침에 저물손에
새라 새로운 탄식을 얻으면서.

동이랴, 남북이랴,
내 몸은 떠가나니, 볼지어다,
희망의 반짝임은, 별빛의 아득함은.
물결뿐 떠올라라, 가슴에 팔 다리에.

그러나 어쩌면 황송한 이 심정을! 날로 나날이 내 앞
에는 자칫 가늘은 길이 이어가라. 나는 나아가리라
한 걸음, 또 한 걸음. 보이는 산비탈엔
온 새벽 동무들 저저 혼자…… 산경을 김 매이는.

① 1연에서는 평화로운 삶에 대한 기대를 드러내고 있다.
② 2연에서는 삶을 터전을 잃고 헤매는 삶의 고통을 그리고 있다.
③ 3연에서는 유랑하면서도 희망을 확신하는 모습을 그리고 있다.
④ 4연에서는 절망적인 현실을 극복하려는 의지를 보여주고 있다.
⑤ 유사어구의 반복과 영탄적 어조를 통해 정서를 표출하고 있다.

작품 정리 | 김소월, 〈바라건대는 우리에게 우리의 보습 대일
땅이 있었더면〉

• 갈래 : 자유시, 서정시
• 성격 : 저항적, 의지적
• 제재 : 빼앗긴 국토
• 주제 : 국토를 빼앗긴 우리 민족의 비참한 현실과 국토를
찾고자 하는 의지
• 특징
① 주로 순수문학을 쓴 시인의 경향과는 다르게 현실 의
식을 강하게 드러낸 작품
② 도치와 영탄을 사용하여 주제를 강조함.

한용운 작가의 대표적인 문학 경향

| 한용운 |

05. 다음 시에 대한 이해로 옳지 않은 것은?

2021 국회직 9급

바람도 없는 공중에 수직의 파문을 내이며, 고요히
떨어지는 오동잎은 누구의 발자취입니까.

지리한 장마 끝에 서풍에 몰려가는 무서운 검은 구
름의 터진 틈으로, 언뜻언뜻 보이는 푸른 하늘은 누
구의 얼굴입니까.

꽃도 없는 깊은 나무에 푸른 이끼를 거쳐서, 옛 탑
위의 고요한 하늘을 스치는 알 수 없는 향기는 누구
의 입김입니까.

근원은 알지도 못할 곳에서 나서, 돌부리를 울리고
가늘게 흐르는 작은 시내는 굽이굽이 누구의 노래입
니까.

연꽃 같은 발꿈치로 가이없는 바다를 밟고, 옥 같은
손으로 끝없는 하늘을 만지면서, 떨어지는 해를 곱
게 단장하는 저녁놀은 누구의 시입니까.

타고 남은 재가 다시 기름이 됩니다. 그칠 줄을 모르
고 타는 나의 가슴은 누구의 밤을 지키는 약한 등불
입니까.

— 한용운, 〈알 수 없어요〉

① 경어체를 통해 진리 탐구의 경건한 자세를 보여준다.
② 의문형 문장을 통해 신비스러운 분위기를 자아낸다.
③ 묻고 답하는 형식으로 시의 주제를 명확히 드러낸다.
④ 시간의 흐름에 따른 시상의 전개가 돋보인다.
⑤ 동일한 통사 구조는 시상을 통일하는 효과를 지닌다.

작품 정리 │ 한용운, 〈알 수 없어요〉

- 갈래 : 자유시, 서정시
- 시대 : 근대 (1926년)
- 제재 : 신비한 자연
- 주제 : 절대자를 향한 구도적 염원
- 특징
  ① 경어체와 설의법을 사용함.
  ② 유사한 통사구조와 어구의 반복이 드러남.
  ③ 여성 편향의 고백적 연가풍(戀歌風)의 호소와 경어체로 격조 높게 표현함.
  ④ 섬세하고도 순수한 우리말이 드러남.

작품 정리 │ 한용운, 〈나룻배와 행인〉

- 갈래 : 자유시, 서정시
- 성격 : 상징적
- 제재 : 나룻배와 행인
- 주제 : 참사랑의 본질인 희생과 믿음
- 특징
  ① 수미 상관식의 구조로 운율을 형성함.
  ② 경어체를 사용하여 사랑에 대한 숭고한 분위기를 형성함.
  ③ 은유법을 통해 주제를 효과적으로 표현함.
- 출전 : 《님의 침묵》 (1926)

1930년대

정지용 작가의 대표적인 문학 경향

│ 정지용 │

06. 위 시에 대한 설명으로 적절하지 않은 것은?

2013 서울시 7급

> 나는 나룻배
> 당신은 행인
>
> 당신은 흙발로 나를 짓밟습니다
> 나는 당신을 안고 물을 건너갑니다
> 나는 당신을 안으면 깊으나 얕으나 급한 여울이나 건너갑니다
>
> 만일 당신이 아니 오시면 나는 바람을 쐬고 눈비를 맞으며 밤에서 낮까지 당신을 기다리고 있습니다
> 당신은 물만 건너가면 나를 돌아보지도 않고 가십니다그려
> 그러나 당신이 언제든지 오실 줄만은 알아요
> 나는 당신을 기다리면서 날마다 날마다 낡아 갑니다
>
> 나는 나룻배
> 당신은 행인
>
> – 한용운, 〈나룻배와 행인〉

① 운문적 호흡으로 절제된 정서를 잘 표현해 내고 있다.
② 비유적 표현을 통해 주제 형상화에 이바지하고 있다.
③ 높임법을 활용하여 대상에 대한 태도를 분명히 드러내었다.
④ 일상적 시어를 통해서도 시적 화자의 심정이 잘 드러나고 있다.
⑤ 수미상관식 구성을 통해 구조적 안정성을 획득하고 있다.

07. 위의 시와 〈보기〉를 비교 감상한 내용으로 가장 적절한 것은?

2022 법원직 9급

> ┌ (보기) ─────────
> 고향에 고향에 돌아와도
> 그리던 고향은 아니러뇨.
>
> 산꿩이 알을 품고
> 뻐꾸기 제철에 울건만,
>
> 마음은 제 고향 지니지 않고
> 머언 항구(港口)로 떠도는 구름.
>
> 오늘도 뫼 끝에 홀로 오르니
> 흰 점 꽃이 인정스레 웃고,
>
> 어린 시절에 불던 풀피리 소리 아니 나고
> 메마른 입술에 쓰디쓰다.
>
> 고향에 고향에 돌아와도
> 그리던 하늘만이 높푸르구나.
>
> – 정지용, 〈고향〉

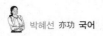

넓은 벌 동쪽 끝으로
옛이야기 지줄대는 실개천이 휘돌아 나가고,
얼룩백이 황소가
해설피 금빛 게으른 울음을 우는 곳,

―그곳이 차마 꿈엔들 잊힐 리야.

질화로에 재가 식어지면
비인 밭에 밤바람 소리 말을 달리고
엷은 졸음에 겨운 늙으신 아버지가
짚베개를 돋아 고이시는 곳,

―그곳이 차마 꿈엔들 잊힐 리야.

흙에서 자란 내 마음
파아란 하늘빛이 그리워
함부로 쏜 화살을 찾으려
풀섶 이슬에 함초롬 휘적시던 곳,

―그곳이 차마 꿈엔들 잊힐 리야.

전설(傳說) 바다에 춤추는 밤물결 같은
검은 귀밑머리 날리는 어린 누이와
아무렇지도 않고 예쁠 것도 없는
사철 발 벗은 아내가
따가운 햇살을 등에 지고 이삭 줍던 곳,

―그곳이 차마 꿈엔들 잊힐 리야.

하늘에는 성근 별
알 수도 없는 모래성으로 발을 옮기고,
서리 까마귀 우지짖고 지나가는 초라한 지붕,
흐릿한 불빛에 돌아앉아 도란도란거리는 곳

―그곳이 차마 꿈엔들 잊힐 리야.

― 정지용, <향수>

① 위의 시와 <보기> 모두 과거의 추억을 잃어버린 현실을 쓸쓸히 드러내고 있다.
② <보기>와 달리 위의 시는 고향과의 거리감, 단절감을 드러내고 있다.
③ 위의 시와 <보기> 모두 자연물에 인격을 부여하여 대상을 형상화하고 있다.
④ <보기>와 달리 위의 시는 다양한 감각적 심상을 통해 화자의 정서를 드러내고 있다.

작품 정리 | 정지용, <고향>

- 갈래 : 자유시, 서정시
- 시대 : 근대 (1932년)
- 제재 : 고향
- 주제 : 고향 상실과 인생무상
- 특징
  ① 3음보의 율격을 사용하여 운율감을 드러냄.
  ② 각 행을 2행씩 구성하여 형태적 안정감을 부여함.
  ③ 자연의 영원성과 인간의 유한성을 대조적으로 표현함.
  ④ 수미상관 구조를 활용함.
  ⑤ 다양한 감각적 이미지를 통해 고향에 대한 그리움과 상실감을 드러냄.

작품 정리 | 정지용, <향수>

- 갈래 : 자유시, 서정시
- 성격 : 감각적, 향토적, 묘사적
- 제재 : 고향
- 주제 : 어린 시절 고향에 대한 그리움
- 특징
  ① 다양한 감각적 이미지를 사용함.
  ② 후렴구를 통해 운율을 형성하고 병렬식 구조를 보임.
  ③ 향토적 소재를 통해 토속적 정감을 일으킴.
- 출전 : 《조선지광》(1927)

08. 다음 시에 대한 설명으로 적절하지 않은 것은?

2017 지방직 9급

> 老主人의 腸壁에
> 無時로 忍冬 삼긴 물이 나린다.
>
> 자작나무 덩그럭 불이
> 도로 피여 붉고,
>
> 구석에 그늘 지여
> 무가 순 돋아 파릇하고,
>
> 흙냄새 훈훈히 김도 사리다가
> 바깥 風雪 소리에 잠착하다.
>
> 山中에 冊曆도 없이
> 三冬이 하이얗다.
>
> — 정지용, <忍冬茶>

① 산중의 고적한 공간이 배경이다.
② 시각적 대조의 방법이 사용되었다.
③ 한 폭의 그림과 같은 인상을 준다.
④ '잠착하다'는 '여러모로 고려하다'의 의미다.

09. 밑줄 친 '웃절 중'에 대한 설명으로 적절한 것은?

2015 기상직 7급

> 벌목정정(伐木丁丁)이랬거니 아람도리 큰 솔이 베혀
> 짐즉도 하이 골이 울어 멩아리 소리 쩌르렁 돌아옴
> 즉도 하이 다람쥐도 좃지 않고 뫼새도 울지 않어 깊
> 은 산 고요가 차라리 뼈를 저리우는데 눈과 밤이 조
> 히보담 희고녀! 달도 보름을 기달려 흰 뜻은 한밤 이
> 골을 걸음이랸다? 웃절 중이 여섯 판에 여섯 번 지
> 고 웃고 올라간 뒤 조찰히 늙은 사나이의 남긴 내음
> 새를 줏는다? 시름은 바람도 일지 않는 고요에 심히
> 흔들리우노니 오오 견디랸다 차고 올연(兀然)히 슬
> 픔도 꿈도 없이 장수산 속 겨울 한밤내—
>
> — 정지용, <장수산1>

① 시적 배경과 대비되는 이미지를 지닌다.
② 시적 화자가 지향하는 정서를 지니고 있다.
③ 세속적 욕망에서 벗어나기 위해 고뇌하고 있다.
④ 시적 화자의 현실도피적 태도가 투영된 대상이다.

작품 정리 | 정지용, <忍冬茶>

- 갈래: 산수시, 모더니즘시(이미지즘시)
- 시대: 근대(1941년)
- 제재: 인동차
- 주제: 시련을 묵묵히 견뎌냄.
- 특징
  ① 여백미와 절제미로 동양적 세계관을 표현함.
  ② 서구의 이미지즘과 동양적 정신이 조화를 이룸.
  ③ 색채의 대비로 인내의 태도를 표현함.

작품 정리 | 정지용, <장수산1>

- 갈래: 자유시, 산문시
- 성격: 동양적, 탈속적, 영탄적
- 제재: 장수산의 겨울 정경
- 주제: 겨울 장수산의 절대적인 고요함과 번뇌를 벗어난
  탈속적 경지 지향
- 특징
  ① 예스러운 말투를 통해 초월적이고 신비스러운 분위기
  가 있음.
  ② 감각적 이미지를 통해 겨울산의 분위기를 효과적으로
  표현함.
  ③ 번뇌를 극복하는 의지를 직설적으로 드러냄.
  ④ 해탈의 의지를 드러내는 영탄적·독백적 어조

백석 작가의 대표적인 문학 경향

| 백석 |

10. 다음 시에 대한 이해로 적절하지 않은 것은?

2020 국회직 9급

> 어느 사이에 나는 아내도 없고, 또,
> 아내와 같이 살던 집도 없어지고,
> 그리고 살뜰한 부모며 동생들과도 멀리 떨어져서,
> 그 어느 바람 세인 쓸쓸한 거리 끝에 헤매이었다.
> 바로 날도 저물어서,
> 바람은 더욱 세게 불고, 추위는 점점 더해 오는데,
> 나는 어느 목수네 집 헌 삿을 깐,
> 한 방에 들어서 쥔을 붙이었다.
> 이리하여 나는 이 습내 나는 춥고, 누긋한 방에서,
> 낮이나 밤이나 나는 나 혼자도 너무 많은 것같이 생
> 각하며,
> 딜옹배기에 북덕불이라도 담겨 오면,
> 이것을 안고 손을 쬐며 재 우에 뜻 없이 글자를 쓰기
> 도 하며,
> 또 문 밖에 나가디두 않구 자리에 누워서,
> 머리에 손깍지 벼개를 하고 굴기도 하면서,
> 나는 내 슬픔이며 어리석음이며를 소처럼 연하여 쌔
> 김질하는 것이었다.
>
> — 백석, 〈남신의주 유동 박시봉방〉

① 현실의 고난을 초극하려는 지사적 의지가 드러나고 있다.

② 화자의 의식의 흐름에 따라 시상을 전개하고 있다.

③ 토속적 소재와 방언을 사용해서 외로움의 정서를 표현하고 있다.

④ 유랑하는 삶을 살던 화자가 타지에서 삶에 대한 성찰을 하고 있다.

⑤ 시의 시간적 배경을 알 수 있는 시어가 등장한다.

작품 정리 | 백석, 〈남신의주 유동 박시봉방〉(1948)

- 갈래 : 자유시, 서정시
- 성격 : 산문적, 고백적, 분석적, 의지적
- 제재 : 자신의 근황
- 주제 : 자신의 삶에 대한 성찰과 새로운 삶의 의지를 다짐
- 특징
  ① 쉼표를 많이 사용하고 대등한 표현을 병렬함으로써 화자의 사유를 나열함.
  ② 방언과 토속적 어휘가 많이 쓰임.
  ③ 화자는 자신의 슬픈 과거를 회상하며 '굳고 정한 갈매나무'를 통해 극복 의지를 다짐.
- 해제 : 이 작품은 일제 식민지 시대 말기 백석이 중국에서 유랑하며 창작한 것이다. 시의 제목은 마치 편지 봉투에 적힌 주소를 연상시키며 내용은 슬픈 심정을 편지 쓰듯 적어 내려가는 형식을 취하고 있다.

11. 다음 시에 대한 설명으로 적절하지 않은 것은?

2015 지방직 7급

> 호박닢에 싸오는 붕어곰은 언제나 맛있었다
>
> 부엌에는 빨갛게 질들은 팔(八)모알상이 그 상 우
> 엔 새파란 싸리를 그린 눈알만한 잔(盞)이 뵈였다
>
> 아들아이는 범이라고 장고기를 잘 잡는 앞니가 뻐
> 드러진 나와 동갑이었다
>
> 울파주 밖에는 장꾼들을 따러와서 엄지의 젖을 빠
> 는 망아지도 있었다
>
> — 백석, <주막>

① 색채의 대비를 통하여 풍경을 강렬하게 그려 내고
있다.

② 지역어를 적절하게 사용하여 지역적 특성을 드러내
고 있다.

③ 대상의 구체적인 묘사를 통해 유년 시절의 추억을 회
상하고 있다.

④ 어린 아이와 어른의 시각을 대비하여 사건을 생생하
게 보여주고 있다.

12. 다음 시에 대한 설명으로 바르지 않은 것은?

2013 소방직 + 2013 기술직 + 2021 지역인재 9급

> 여승(女僧)은 합장(合掌)하고 절을 했다.
> 가지취의 냄새가 났다.
> 쓸쓸한 낯이 옛날같이 늙었다.
> 나는 불경(佛經)처럼 서러워졌다.
>
> 평안도(平安道)의 어늬 산(山) 깊은 금덤판
> 나는 파리한 여인(女人)에게서 옥수수를 샀다.
> 여인(女人)은 나 어린 딸아이를 따리며 가을밤같이
> 차게 울었다.
>
> 섶벌같이 나아간 지아비 기다려 십 년(十年)이 갔다.
> 지아비는 돌아오지 않고
> 어린 딸은 도라지꽃이 좋아 돌무덤으로 갔다.
>
> ㉠산(山)꿩도 섧게 울은 슬픈 날이 있었다.
> 산 절의 마당귀에 여인(女人)의 머리오리가 눈물방
> 울과 같이 떨어진 날이 있었다.
>
> — 백석, <여승(女僧)>

① 절제된 시어와 공감각적 표현을 사용하고 있다.

② 여인의 비극적인 삶을 통하여 일제하 가족 공동체 상
실의 실상을 사실적으로 보여주고 있다.

③ 감정이입의 기법을 사용하여 여인의 울음을 형상화
하고 있다.

④ 가족과의 이별로 인해 속세를 등진 시적 화자의 심리
적 고통을 표현하고 있다.

⑤ 소설로 각색하면 1인칭 관찰자 시점이 적절하다.

⑥ 작품 내적 사건들을 역순행적으로 구성하여 제시하
고 있다.

⑦ 서정시 안에 이야기가 녹아 있다.

작품 정리 | 백석, <주막>

• 갈래 : 자유시, 서정시
• 성격 : 회상적, 묘사적
• 제재 : 주막
• 주제 : 어린 시절의 추억 회상
• 특징
  ① 방언을 사용하여 향토적 정감이 드러남.
  ② 어린아이의 시선에서 표현됨.
  ③ 크기 및 색채 대비를 통한 묘사가 드러남.
• 출전 : 《사슴》(1936)

작품 정리 | 백석, <여승>

• 갈래 : 자유시, 서정시
• 시대 : 근대(1936년)
• 제재 : 여인의 일생
• 주제 : 여인의 비극적인 일생
• 특징
  ① 회상적 어조를 사용함.
  ② 여인의 일생을 역순행적으로 구성함.
  ③ 액자식 구성으로 여인의 과거 이야기를 삽입함.
  ④ 공감각적 이미지(가을밤같이 차게 울었다)가 쓰임.
  ⑤ 감정이 절제됨.

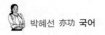

이용악 작가의 대표적인 문학 경향

_____

_____

_____

_____

_____

_____

| 이용악 |

13. 다음 글에 대한 설명으로 적절하지 않은 것은?

2015 기상직 9급

> 우리집도 아니고
> 일가집도 아닌 집
> 고향은 더욱 아닌 곳에서
> 아버지의 침상(寢床) 없는 최후(最後)의 밤은
> 풀벌레 소리 가득 차 있었다.
>
> 노령(露領)을 다니면서까지
> 애써 자래운 아들과 딸에게
> 한 마디 남겨 두는 말도 없었고
> 아무을만(灣)의 파선도
> 설룽한 니코리스크의 밤도 완전히 잊으셨다.
> 목침을 반듯이 벤 채
>
> 다시 뜨시잖는 두 눈에
> 피지 못한 꿈의 꽃봉오리가 갈앉고
> 얼음장에 누우신 듯 손발은 식어갈 뿐
> 입술은 심장의 영원한 정지(停止)를 가르쳤다.
> 때늦은 의원(醫員)이 아모 말 없이 돌아간 뒤
> 이웃 늙은이 손으로
> 눈빛 미명은 고요히
> 낯을 덮었다.
>
> 우리는 머리맡에 엎디어
> 있는 대로의 울음을 다아 울었고
> 아버지의 침상 없는 최후의 밤은
> 풀벌레 소리 가득 차 있었다.
>
> — 이용악, <풀벌레 소리 가득 차 있었다>

① 어조를 절제하면서 화자의 정서를 드러내고 있다.

② 수미 상관의 구조를 활용하여 주제를 강조하고 있다.

③ 다양한 감각적 심상을 사용하여 시적 대상을 형상화하고 있다.

④ 대조적인 의미의 시어를 반복하여 시대 상황을 나타내고 있다.

작품 정리 이용악, 〈풀벌레 소리 가득 차 있었다〉

- 갈래 : 자유시, 서정시
- 성격 : 서사적, 비극적, 회고적, 묘사적
- 제재 : 아버지의 죽음
- 주제 : 일제 강점기 이국 땅에서 아버지의 비참한 죽음과 유랑민의 한
- 특징
  ① 절제된 어조를 통해 서글픔을 강조함.
  ② 청각적 이미지로 사건의 비극성을 강조함.
  ③ 수미 상관식 구조로 주제를 강조함.
- 출전 : 《분수령》(1937)

※ 다음 물음에 답하시오.

> 눈이 오는가 ㉠북쪽엔 / 함박눈 쏟아져 내리는가.
>
> 험한 벼랑을 굽이굽이 돌아간 / 백무선 철길 위에
> 느릿느릿 밤새워 달리는 / 화물차의 검은 지붕에
>
> 연달린 산과 산 사이 / ㉡너를 남기고 온
> 작은 마을에도 복된 눈 내리는가.
>
> 잉크병 얼어드는 ㉢이러한 밤에
> 어쩌고 ㉣잠을 깨어
> 그리운 곳 차마 그리운 곳
>
> 눈이 오는가 북쪽엔 / 함박눈 쏟아져 내리는가.
>
> — 이용악, <그리움>

14. 윗글의 감상으로 적절하지 않은 것은? 2017 법원직 9급

① 수사적 의문을 통해 시상을 환기하며 시상이 전개된다.

② 시적 허용을 통해 화자의 정서가 응축되어 표현이 된다.

③ 잉크병이 얼 정도로 추운 밤이지만 '눈'은 긍정적인 이미지로 나타난다.

④ '눈'과 '화물차의 검은 지붕'은 색채대비를 이루며 문명에 대한 비판을 드러낸다.

15. 〈보기〉를 참고하여 ㉠~㉢을 이해한 내용으로 적절하지 않은 것은?

2017 법원직 9급

─(보기)─

이용악은 1945년 해방이 되자 고향인 함경북도 경성에 가족을 두고 홀로 상경한다. '그리움'은 몹시 추웠던 그해 겨울밤 고향에 두고 온 가족을 그리워하며 쓴 시이다.

① ㉠은 자신이 떠나온 공간인 고향을 가리키는 것이겠군.

② ㉡은 고향에 남겨 두고 온 가족을 의미하는 표현이겠군.

③ ㉢은 극심한 추위 속에서도 가족을 떠올리는 시간이겠군.

④ ㉣은 그리운 이를 볼 수 없는 화자의 절망적 심정을 투영한 대상물이겠군.

김영랑 작가의 대표적인 문학 경향

| 김영랑 |

16. 다음 글에 대한 설명으로 가장 적절한 것은?

2015 지방직 9급

내 마음을 아실 이
내 혼자 마음 날같이 아실 이
그래도 어데나 계실 것이면

내 마음에 때때로 어리우는 티끌과
속임 없는 눈물의 간곡한 방울방울
푸른 밤 고이 이슬 같은 보람을
보밴 듯 감추다 내어드리지.

　　　　　　　－ 김영랑, 〈내 마음을 아실 이〉 중에서

① 특정 음보의 규칙적 반복으로 정형률을 형성하고 있다.

② 화자의 내면을 구체적인 사물에 비유하여 표현하고 있다.

③ 대화적 표현을 활용하여 시적 정서에 활기를 불어넣고 있다.

④ 외면적 갈등 때문에 내면을 지향하는 화자의 태도가 드러나 있다.

작품 정리 | 이용악, 〈그리움〉

• 갈래 : 자유시, 서정시
• 제재 : 그리움
• 주제 : 고향과 가족에 대한 그리움
• 특징
　① 의문형 종결 어미를 사용하여 그리움의 정서를 표현함.
　② 수미 상관의 구성을 통해 주제를 강조함.
　③ 흰 눈과 화물차의 검은 지붕이 색채 대비됨.
　④ 도치법과 설의법이 사용됨.

작품 정리 | 김영랑, 〈내 마음을 아실 이〉

• 갈래 : 자유시, 서정시
• 성격 : 유미적, 낭만적
• 제재 : 내 마음
• 주제 : 내 마음을 알아줄 임에 대한 그리움과 회의감
• 특징
　① 비유와 상징을 통해 '내 마음'을 형상화함.
　② 가정과 자문자답의 형식을 보임.
　③ 기－승－전－결의 구조를 보임.
　④ 언어 조탁으로 사랑의 정서가 나타남.
• 출전 : 《시문학》(1931)

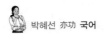

17. 위 시의 표현상 특징으로 적절하지 않은 것은?

2018 통합소방직(하)

> [A]
> 들길은 마을에 들자 붉어지고
> 마을 골목은 들로 내려서자 푸르러졌다
>
> [B]
> 바람은 넘실 천 이랑 만 이랑
> 이랑 이랑 햇빛이 갈라지고
> 보리도 허리통이 부끄럽게 드러났다
>
> [C]
> 꾀꼬리는 여태 혼자 날아 볼 줄 모르나니
> 암컷이라 쫓길 뿐
> 수놈이라 쫓을
> 황금 빛난 길이 어지럴 뿐
>
> [D]
> 얇은 단장하고 아양 가득 차 있는
> 산봉우리야 오늘 밤 너 어디로 가 버리런?
>
> – 김영랑, 〈오월〉

① 반복을 통해 운율을 형성하고 있다.
② 시선의 이동에 따라 시상이 전개되고 있다.
③ 색채 대비를 통해 풍경을 선명하게 드러내고 있다.
④ 직유를 통해 산봉우리를 친근감 있게 표현하고 있다.

18. 다음 중 아래 작품에 대한 설명으로 가장 옳지 않은 것은?
(정답 2개) 2013 소방직 + 2020 의무 소방원 + 2022 군무원 7급

> 모란이 피기까지는,
> 나는 아직 나의 봄을 기다리고 있을 테요.
> 모란이 뚝뚝 떨어져 버린 날,
> 나는 비로소 봄을 여읜 설움에 잠길 테요.
> 오월 어느 날, 그 하루 무덥던 날,
> 떨어져 누운 꽃잎마저 시들어 버리고는
> 천지에 모란은 자취도 없어지고,
> 뻗쳐 오르던 내 보람 서운케 무너졌느니,
> 모란이 지고 말면 그뿐, 내 한 해는 다 가고 말아,
> 삼백 예순 날 하냥 섭섭해 우웁내다.
> 모란이 피기까지는,
> 나는 아직 기다리고 있을 테요,
> 찬란한 슬픔의 봄을
>
> – 김영랑, 〈모란이 피기까지는〉

① 이 시는 '기다림과 상실의 미학'을 노래한 작품이다.
② 이 시의 화자는 모란의 '영원한 아름다움'을 찬양하고 있다.
③ 화자는 모란이 지고 난 뒤의 봄날의 상실감으로 인해 설움에 잠기지만, 그 슬픔과 상실이 주는 역설적인 기다림의 아름다움을 노래하고 있다.
④ 이 시에서 화자는 '모란'의 아름다움이 '한 철'만 볼 수 있는 것이기에 '찬란한 슬픔'이라고 표현하고 있다.
⑤ 모순 형용을 통해 시적 화자의 정서를 표현하고 있다.
⑥ 시의 시작과 끝을 유사한 시구로 구성하는 방법을 사용하여 균형미와 안정감을 주고 있다.
⑦ 사물의 속성을 나열하여 다양한 관점으로 사물을 이해하고 있다.
⑧ 문장 성분을 도치하여 화자의 소망을 강조하고 있다.

작품 정리 김영랑, 〈오월〉

- 갈래 : 자유시, 서정시
- 성격 : 감각적, 낭만적, 묘사적
- 제재 : 오월의 들과 산봉우리
- 주제 : 오월 봄의 생동감과 생명력
- 특징
  ① 봄날의 자연 풍경을 시선의 이동에 따라 전개함.
  ② 향토적 소재를 통해 토속적 정감을 일으킴.
  ③ 의인법과 색채 대비를 사용하여 봄을 생동감 있게 형상화함.
- 출전 : 《문장》(1939)

작품 정리 김영랑, 〈모란이 피기까지는〉

- 갈래 : 자유시, 서정시
- 시대 : 근대(1934년)
- 제재 : 모란의 개화와 낙화
- 주제 : 소망과 아름다움으로 표현되는 모란에 대한 기다림
- 특징
  ① 주제 강조를 위해 수미 상관의 구조를 사용함.
  ② 역설법과 도치법이 사용됨.
  ③ 섬세하고 아름다운 시어를 사용함.

19. 다음 시에 나타난 시적 화자의 정서와 가장 유사한 것은?

2019 국가직 7급

내 가슴에 독(毒)을 찬 지 오래로다.
아직 아무도 해(害)한 일 없는 새로 뽑은 독
벗은 그 무서운 독 그만 흩어 버리라 한다.
나는 그 독이 선뜻 벗도 해할지 모른다 위협하고,

독 안 차고 살아도 머지않아 너 나 마주 가 버리면
억만 세대(億萬世代)가 그 뒤로 잠자코 흘러가고
나중에 땅덩이 모지라져 모래알이 될 것임을
'허무(虛無)한듸!' 독은 차서 무엇 하느냐고?

아! 내 세상에 태어났음을 원망 않고 보낸
어느 하루가 있었던가. '허무한듸!', 허나
앞뒤로 덤비는 이리 승냥이 바야흐로 내 마음을 노리
매 내 산 채 짐승의 밥이 되어 찢기우고 할퀴우라 내
맡긴 신세임을

나는 독을 차고 선선히 가리라.
막음 날 내 외로운 혼(魂) 건지기 위하여.

— 김영랑, 〈독을 차고〉

---

① 수양산(首陽山) 브라보며 이제(夷齊)를 한(恨)ᄒᆞ노라.
　　주려 주글진들 채미(採薇)도 ᄒᆞᄂᆞᆫ 것가.
　　비록애 푸새앳 거신들 긔 뉘 싸헤 낫ᄃᆞ니.
② 짚방석(方席) 내지 마라, 낙엽(落葉)엔들 못 안즈랴.
　　솔불 혀지 마라, 어제 진 ᄃᆞᆯ 도다 온다.
　　아희야, 박주산채(薄酒山菜)ㄹ망졍 업다 말고 내여라.
③ 내 언제 무신(無信)ᄒᆞ야 님을 언제 속엿관듸
　　월침삼경(月沈三更)에 온 ᄯᅳᆺ지 전혀 업다.
　　추풍(秋風)에 지ᄂᆞᆫ 닙 소릐야 낸들 어이ᄒᆞ리오.
④ 흥망(興亡)이 유수(有數)하니 만월대(滿月臺)도 추초
　　(秋草)ㅣ로다.
　　오백 년(五百年) 왕업(王業)이 목적(牧笛)에 부쳐시니,
　　석양(夕陽)에 지나ᄂᆞᆫ 객(客)이 눈물계워 ᄒᆞ노라.

작품 정리 | 김영랑, 〈독을 차고〉

이 시에서 '독(毒)'은 일제 강점하의 현실 속에서 죽음을 각오하고 현실과 대항하려는 시적 화자의 강력하고 순결한 의지를 상징한다. 현실 세계에 대하여 침묵했던 영랑의 이러한 시적 변화는 일제 말 그들의 발악이 어떠했는지를 짐작할 수 있게 해 준다.
'앞뒤로 덤비는 이리 승냥이에게 내맡긴 신세임'을 깨닫고, 화자는 마음에 '독'을 품을 수밖에 없다. '벗'은 이를 만류한다. 그러나 화자는 '너마저 해할는지 모른다'며 의연하게 대결의 길로 나선다.

- 갈래 : 자유시, 서정시
- 성격 : 의지적, 직서적, 저항적, 상징적
- 제재 : 독(毒)
- 주제 : 일제 강점 말에 죽음을 각오한 대항 의지
- 특징
  ① 순수 문학을 했던 영랑의 심적 변화가 보이는 시임. 일제 말 독을 품은 내면을 직서적으로 표출함.
  ② '벗'과 '나'의 가치관이 대조되는 시상 전개가 보임.
- 출전 : 《문장》(1939)

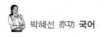
김기림 작가의 대표적인 문학 경향	유치환 작가의 대표적인 문학 경향

| 김기림 |

20. 위 시에 대한 감상으로 적절하지 않은 것은?

2017 국가직 9급

> 아무도 그에게 수심(水深)을 일러준 일이 없기에
> 흰나비는 도무지 바다가 무섭지 않다.
>
> 청(靑)무우밭인가 해서 내려갔다가는
> 어린 날개가 물결에 절어서
> 공주처럼 지쳐서 돌아온다.
>
> 삼월(三月)달 바다가 꽃이 피지 않아서 서글픈
> 나비 허리에 새파란 초생달이 시리다.
>
>   - 김기림, 〈바다와 나비〉

① '청(靑)무우밭'은 '바다'와 대립되는 이미지로 쓰였다.
② '흰나비'는 '바다'의 실체에 대해 정확하게 모르고 있었다.
③ 화자는 '공주처럼' 나약한 나비의 의지 부족과 방관적 태도를 비판한다.
④ '삼월(三月)달 바다'와 '새파란 초생달'은 모두 차가운 이미지로 사용되었다.

작품 정리 | 김기림, 〈바다와 나비〉

- 갈래: 자유시, 서정시
- 성격: 주지적, 감각적
- 제재: 나비와 바다
- 주제: 새로운 이상향에 대한 동경과 좌절
- 특징
  ① 감정 절제를 통해 객관적 태도가 드러남.
  ② '바다'와 '나비'의 색채 대비를 통해 새로운 이상향에 대한 동경과 좌절을 제시함.
- 출전: 《여성(女性)》(1939)

| 유치환 |

21. 다음 작품에 대한 설명으로 가장 적절하지 않은 것은?

2020 경찰 2차

> 나의 지식이 독한 회의(懷疑)를 구하지 못하고
> 내 또한 삶의 애증을 다 짐지지 못하여
> 병든 나무처럼 생명이 부대낄 때
> 저 머나먼 아라비아의 사막으로 나는 가자.
>
> 거기는 한 번 뜬 백일이 불사신처럼 작열하고
> 일체가 모래 속에 사멸한 영겁(永劫)의 허적(虛寂)
> 에오직 알라의 신만이
> 밤마다 고민하고 방황하는 열사(熱沙)의 끝.
>
>   - 유치환, 〈생명의 서〉

① 1인칭의 고백적 어조를 사용하고 있다.
② 역설적인 시적 논리로 시상을 전개하고 있다.
③ 현실에서 삶의 본질로 인하여 괴로워하는 화자가 등장한다.
④ 대조적인 의미의 시어를 반복하여 시적 대상을 형상화한다.

작품 정리 | 유치환, 〈생명의 서〉 (1939)

- 성격: 의지적, 관념적, 상징적
- 제재: 생명
- 주제: 진정한 생명의 본질을 찾으려는 의지
- 특징
  ① 인생의 허무함을 극복하고자 '아라비아의 사막'이라는 극한 상황을 설정함.
  ② 사막을 자신의 참된 모습과 본연의 자아를 깨우치기 위한 수련의 공간으로 표현함.
  ③ 소망이 이뤄지지 않으면 죽음을 각오하겠다는 단호한 결심을 드러냄.

22. [나]에서 [가]의 ㉠과 가장 유사한 시적 의미가 나타난 시행은?

2014 법원직 9급

> [가] 하늘도 그만 지쳐 끝난 고원
> 　　 서릿발 칼날진 그 위에 서다.
> 　　 어데다 무릎을 꿇어야 하나
> 　　 한 발 재겨 디딜 곳조차 없다.
> 　　 ㉠이러매 눈 감아 생각해 볼 밖에
> 　　 겨울은 강철로 된 무지갠가 보다.
> 　　　　　　　　　　　　 – 이육사, <절정>
>
> [나] 내 죽으면 한 개 바위가 되리라.
> 　　 아예 애련에 물들지 않고
> 　　 희로에 움직이지 않고
> 　　 비와 바람에 깎이는 대로
> 　　 억 년 비정의 함묵에
> 　　 안으로 안으로만 채찍질하여
> 　　 드디어 생명도 망각하고
> 　　 흐르는 구름
> 　　 머언 원뢰
> 　　 꿈꾸어도 노래하지 않고
> 　　 두 쪽으로 깨뜨려져도
> 　　 소리하지 않는 바위가 되리라
> 　　　　　　　　　　　　 – 유치환, <바위>

① 2행 　　　　　　 ② 3행
③ 6행 　　　　　　 ④ 7행

작품 정리 **이육사 <절정>**

앞에 수록됨(p.26)

작품 정리 **유치환, <바위>**

'바위'와 같이 현실을 초극할 수 있는 존재가 되고 싶어 하는 화자의 소망을 남성적이고 단호한 어조로 노래하고 있다.
• 갈래 : 자유시, 서정시
• 성격 : 의지적, 남성적, 상징적
• 제재 : 바위
• 주제 : 초극적인 삶을 지향
• 특징
　① '바위'를 의인화하여 이상향을 강조함.
　② 자연물의 속성을 사용하여 화자의 의지를 강조함.
• 출전 : 《삼천리》(1941)

오장환 작가의 대표적인 문학 경향

| 오장환 |

23. 다음 작품에 대한 설명으로 가장 적절하지 않은 것은?

2018 경찰직 3차

> 흙이 풀리는 내음새
> 강바람은
> 산짐승의 우는 소릴 불러
> 다 녹지 않은 얼음장 울멍울멍 떠내려간다.
>
> 진종일
> 나룻가에 서성거리다
> 행인의 손을 쥐면 따뜻하리라.
>
> 고향 가까운 주막에 들러
> 누구와 함께 지난날의 꿈을 이야기하랴.
> 양귀비 끓여다 놓고
> 주인집 늙은이는 공연히 눈물 지운다.
>
> 간간히 잔나비 우는 산기슭에는
> 아직도 무덤 속에 조상이 잠자고
> 설레는 바람이 가랑잎을 휩쓸어 간다.
>
> 예제로 떠도는 장꾼들이여!
> 상고(商賈)하며 오가는 길에
> 혹여나 보셨나이까.
>
> 전나무 우거진 마을
> 집집마다 누룩을 디디는 소리, 누룩이 뜨는 내음새…．
> 　　　　　　　　　　　　 – 오장환, <고향 앞에서>

① 현재형 시제를 사용하여 고향에 대한 그리움을 표현하였다.
② 후각, 촉각, 시각적 이미지가 두루 활용되었다.
③ 계절적 배경은 이른 봄이다.
④ 급격한 산업화로 사라져 가는 고향에 대한 안타까움을 노래한 작품이다.

오장환, 〈고향 앞에서〉

- 갈래 : 자유시, 서정시
- 성격 : 감각적, 서정적, 낭만적
- 제재 : 고향
- 주제 : 잃어버린 고향 앞에서 느끼는 그리움
- 특징
  ① 다양한 감각적 표현을 통해 고향 앞에서도 고향에 갈 수 없는 화자의 회한과 자책이 강조됨.
  ② 현재형 시제를 통해 현장감 있게 정서를 그림.
- 출전 : 《인문 평론》(1940)

작품 정리 오장환, 〈The Last Train〉

- 갈래 : 자유시, 서정시
- 제재 : 마지막 기차
- 주제 : 지나간 시대에 대한 종언
- 성격 : 의지적
- 특징
  ① 추상적인 정서를 의인화('너')하여 전별의 대상으로 정함.
  ② '못쓰는 차표'와 동일한 취급을 받는 청춘을 통해 청춘에 대한 회한을 드러냄.
  ③ '마지막 기차'는 다시 돌아오지 않는 '역사'를 의미함.

24. 다음 작품에 대한 설명으로 가장 적절하지 않은 것은?

2014 법원직 9급

> 저무는 역두에서 너를 보냈다.
> 비애야!
>
> 개찰구에는
> 못쓰는 차표와 함께 찍힌 청춘의 조각이 흩어져있고
> 병든 역사(歷史)가 화물차에 실리어 간다.
>
> 대합실에 남은 사람은
> 아직도
> 누굴 기다려
>
> 나는 이곳에서 카인을 만나면
> 목놓아 울리라.
>
> 거북이여! 느릿느릿 추억을 싣고 가거라
> 슬픔으로 통하는 모든 路線이
> 너의 등에는 지도처럼 펼쳐 있다.
>
> — 오장환, 〈The Last Train〉

① '못 쓰는 차표'와 '청춘의 조각'을 병치함으로써, 청춘이 되돌아올 수 없는 것임을 나타낸다.

② 화물차가 떠난 후에도 '대합실에 남은 사람'은 화자 자신을 객관화한 표현이라고 볼 수 있다.

③ '카인'은 비애를 보낸 후에도 남는 죄의식을 형상화한 것이라고 볼 수 있다.

④ 화자의 '비애'를 보냄으로써 겪는 해방감을, '목놓아 우는' 행동으로 표현하고 있다.

1940년대

| 이육사 |

25. 다음 시구 중 함축하고 있는 의미가 가장 다른 것은?

2023 군무원 7급

(가) 매운 계절의 챗죽에 갈겨
마츰내 北方으로 휩쓸려오다

하늘도 그만 (나) 지쳐 끝난 고원(高原)
(다) 서리빨 칼날진 그우에 서다

어데다 무릎을 꾸러야 하나
(라) 한발 재겨 디딜 곳조차 없다

이러매 눈깜아 생각해볼밖에
겨울은 강철로 된 무지갠가 보다.

　　　　　　　　　　　－ 이육사 <절정(絶頂)>

*챗죽: 채찍
*재겨: 비집고 들어

① (가)　　　　　　② (나)
③ (다)　　　　　　④ (라)

26. 다음 <보기> 시의 괄호 안에 들어갈 시어가 적절하게 짝지어진 것은?

2017 경찰직 2차

까마득한 날에
(㉠)이 처음 열리고
어데 닭 우는 소리 들렸으랴

모든 산맥들이
바다를 연모(戀慕)해 휘달릴 때도
차마 이곳을 범하던 못하였으리라

끊임없는 광음(光陰)을
부지런한 계절이 피어선 지고
큰 강물이 비로소 길을 열었다

지금 눈 나리고
(㉡) 향기 홀로 아득하니
내 여기 가난한 노래의 씨를 뿌려라

다시 천고(千古)의 뒤에
백마 타고 오는 (㉢)이 있어
이 광야에서 목 놓아 부르게 하리라

　　　　　　　　　　－ 이육사, <광야(曠野)>

① 땅 － 국화 － 영웅(英雄)
② 하늘 － 매화 － 영웅(英雄)
③ 땅 － 국화 － 초인(超人)
④ 하늘 － 매화 － 초인(超人)

작품 정리 | 이육사, <절정(絶頂)>

앞에 수록됨(p. 26)

작품 정리 | 이육사, <광야(曠野)>

• 갈래 : 자유시, 서정시
• 시대 : 근대(1945년)
• 제재 : 광야
• 주제 : 조국 광복에 대한 신념, 의지, 염원
• 특징
　① 독백적 어조로 광복에 대한 강인한 의지를 강조함.
　② 미래지향적인 태도와 속죄양 모티브(희생적 태도)를 통해 광복에 대한 염원을 강조함.
　③ 은유(부지런한 계절)와 상징적 시어(매화 향기)를 통해 주제를 표현함.
　④ '과거 － 현재 － 미래'의 시간 흐름에 따라 시상을 전개함.
　⑤ 의인법을 통해 광야의 신성성을 강조하고 있음.

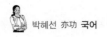

윤동주 작가의 대표적인 문학 경향

| 윤동주 |

※ 다음 글을 읽고 물음에 답하시오.

> 창밖에 밤비가 속살거려
> ㉠육첩방(六疊房)은 남의 나라,
>
> 시인이란 슬픈 천명인 줄 알면서도
> ㉡한 줄 시를 적어 볼까,
>
> 땀내와 사랑내 포근히 품긴
> 보내주신 학비 봉투를 받아
>
> 대학 노트를 끼고
> 늙은 교수의 강의 들으러 간다.
>
> 생각해 보면 어린 때 동무를
> 하나, 둘, 죄다 잃어버리고
>
> ⓐ나는 무얼 바라
> ⓑ나는 다만, 홀로 침전하는 것일까?
>
> 인생은 살기 어렵다는데
> 시가 이렇게 쉽게 씌어지는 것은
> ㉢부끄러운 일이다.
>
> 육첩방은 남의 나라
> 창밖에 밤비가 속살거리는데,
>
> 등불을 밝혀 어둠을 조금 내몰고,
> 시대처럼 올 아침을 기다리는 최후의 ⓒ나,
>
> ⓓ나는 ⓔ나에게 작은 손을 내밀어
> 눈물과 위안으로 잡는 ㉣최초의 악수.
>
> — 윤동주, <쉽게 씌어진 시>

27. 다음 시의 ㉠~㉣에 대한 설명으로 가장 적절하지 않은 것은?
2023 군무원 9급

① ㉠은 조선인으로서의 정체성에 대한 인식을 드러낸다.
② ㉡은 식민지 지식인으로서의 소명 의식을 드러낸다.
③ ㉢은 친일파 지식인에 대한 비판 정신을 보여준다.
④ ㉣은 어두운 현실을 극복하려는 화자의 의지이다.

28. ⓐ~ⓔ에 대한 설명으로 가장 적절한 것은?
2023 군무원 9급

① ⓐ, ⓑ, ⓔ는 현실적 자아이고, ⓒ, ⓓ는 성찰적 자아이다.
② ⓐ, ⓑ는 현실적 자아이고, ⓒ, ⓓ, ⓔ는 성찰적 자아이다.
③ ⓐ, ⓑ, ⓔ는 이상적 자아이고, ⓒ, ⓓ는 현실적 자아이다.
④ ⓐ, ⓑ는 이상적 자아이고, ⓒ, ⓓ, ⓔ는 현실적 자아이다.

29. 다음 시를 읽고 이해한 내용으로 가장 옳지 않은 것은?
2020 법원직 9급

① 시선의 이동에 따라 시상을 전개해 시적 안정감을 부여한다.
② 시간적, 공간적 배경을 통해 화자의 현재 상황을 드러낸다.
③ 상징적 의미를 지닌 시어의 대립을 통해 시적 의미를 구체화한다.
④ 반성적이고 미래지향적인 어조를 통해 주제의식을 효과적으로 제시한다.

작품 정리	윤동주, <쉽게 씌어진 시>

- 갈래 : 자유시, 서정시
- 시대 : 근대(1948년)
- 제재 : 지식인의 삶
- 주제 : 일제 강점기에서의 지식인의 고뇌와 자아성찰, 광복에의 염원
- 특징
  ① 고백적 어조를 사용하여 자기 성찰과 극복 의지를 표현함.
  ② 이상적 자아와 현실적 자아의 대립과 화해를 통해 시상을 전개함.
  ③ 설의법을 통해 자아를 성찰하고 있음.
  ④ 빛과 어둠의 대조를 통해 주제를 강조함.
  ⑤ 의인법, 청각적 심상을 사용함.

30. 〈보기〉의 작품에서 밑줄 친 시어에 대한 해석으로 가장 옳지 않은 것은?

2023 서울시 9급

─(보기)─

바닷가 햇빛 바른 바위 우에
습한 <u>간(肝)</u>을 펴서 말리우자.

코카서스 산중(山中)에서 도망해 온 <u>토끼</u>처럼
들러리를 빙빙 돌며 간(肝)을 지키자.

내가 오래 기르던 여윈 <u>독수리</u>야!
와서 뜯어 먹어라, 시름없이

너는 살찌고
나는 여위어야지. 그러나

<u>거북이</u>야!
다시는 용궁의 유혹에 안 떨어진다.

프로메테우스 불쌍한 프로메테우스
불 도적한 죄로 목에 맷돌을 달고
끝없이 침전하는 <u>프로메테우스</u>

① '간(肝)'은 화자가 지켜야 하는 지조와 생명을 가리킨다.
② 코카서스 산중에서 도망해 온 '토끼'는 토끼전과 프로메테우스 신화를 연결한다.
③ '독수리'와 '거북이'는 이 시에서 유사한 의미를 갖는 존재이다.
④ '프로메테우스'는 끝없이 침전한다는 점에서 시대의 고통이 큼을 암시한다.

31. 윗글에 대한 설명으로 가장 적절한 것은?

2017 지방교행 9급

잃어버렸습니다.
무얼 어디다 잃었는지 몰라
두 손이 주머니를 더듬어
길에 나아갑니다.

돌과 돌과 돌이 끝없이 연달아
길은 돌담을 끼고 갑니다.

담은 쇠문을 굳게 닫아
길 위에 긴 그림자를 드리우고

길은 아침에서 저녁으로
저녁에서 아침으로 통했습니다.

돌담을 더듬어 눈물짓다
쳐다보면 하늘은 부끄럽게 푸릅니다.

풀 한 포기 없는 이 길을 걷는 것은
담 저쪽에 내가 남아 있는 까닭이고,

내가 사는 것은, 다만,
잃은 것을 찾는 까닭입니다.

― 윤동주, 〈길〉

① 상승의 이미지를 통해 생동감이 부각된다.
② 설의적 표현을 통해 체념적 정서가 드러난다.
③ 수미 상관의 구조를 통해 시적 안정감을 준다.
④ 고백적 어조를 통해 차분한 분위기를 자아낸다.

작품 정리 ┃ 윤동주, 〈간〉

• 갈래 : 자유시, 서정시
• 성격 : 상징적, 저항적, 의지적, 우의적
• 제재 : 프로메테우스 신화와 구토 설화
• 주제 : 고난을 극복하고자 하는 의지
• 특징
 ① 동서양의 신화를 인용하여 시상을 전개함.
 ② 서로 다른 자아를 대비하여 화자의 정서를 드러냄.
• 해제 : 이 작품은 동양의 구토 설화와 서양의 프로메테우스 신화를 연결하여 인간으로서의 존엄성과 양심을 지키고자 하는 화자의 굳은 의지를 형상화하였다. '간'은 두 설화를 이어주는 매개가 되는데 하나는 꾀로 간을 지켜낸 토끼의 것, 다른 하나는 인간에게 불을 주었다가 영원한 형벌을 받게 된 프로메테우스의 것이다. 화자는 토끼와 프로메테우스를 자신과 동일시함으로써 일제강점기의 암울한 상황에서 인간으로서의 존엄성을 지키고자 했던 의지를 드러내고 있다.

작품 정리 ┃ 윤동주, 〈길〉

• 갈래 : 자유시, 서정시
• 성격 : 상징적, 성찰적, 의지적
• 제재 : 길
• 주제 : 식민지 시대를 사는 지식인의 이상적 자아를 찾기 위한 의지, 자아 회복을 위한 노력
• 특징
 ① 고백적 어조를 통해 부끄러움의 감정을 드러냄.
 ② 소박하고 일상적인 시어 구사하여 자아를 성찰함.
 ③ '길', '담', '문' 등의 구체적인 대상을 통해 추상적 관념을 형상화함.
• 구성
 ─1연 : 상실을 인식
 ─2연 : 시련의 길
 ─3~4연 : 상실한 자아를 찾아 가는 고통스러운 과정
 ─5연 : 부끄러움을 통한 내적 갈등과 각성
 ─6~7연 : 이상적 자아를 찾겠다는 의지
• 출전 : 《하늘과 바람과 별과 시》(1948)

32. 다음 중 〈보기〉의 시에 대한 감상으로 가장 적절한 것은?

2017 서울시 9급

─〈보기〉────────────

계절이 지나가는 하늘에는
가을로 가득 차 있습니다.
나는 아무 걱정도 없이
가을 속의 별들을 다 헤일 듯합니다.
가슴 속에 하나 둘 새겨지는 별을
이제 다 못 헤는 것은
쉬이 아침이 오는 까닭이요,
내일 밤이 남은 까닭이요,
아직 나의 청춘이 다하지 않은 까닭입니다.

별 하나에 추억과
별 하나에 사랑과
별 하나에 쓸쓸함과
별 하나에 동경과
별 하나에 시와
별 하나에 어머니, 어머니

─────────────────

① 화자는 어린 시절 친구들을 청자로 설정하여 내면을
고백하고 있다.
② 화자의 내면과 갈등 관계에 있는 현실에 비판적 시각
을 드러내고 있다.
③ 별은 시적 화자가 지향하는 내적 세계를 나타낸다.
④ 별은 현실 상황의 변화를 바라는 화자의 현실적 욕망
을 상징한다.

33. 위 시에 대한 해석으로 적절하지 않은 것은?

2013 서울시 9급

─────────────────

죽는 날까지 하늘을 우러러
한 점 부끄럼이 없기를,
잎새에 이는 ㉠바람에도
나는 괴로워했다.
㉡별을 노래하는 마음으로
모든 죽어 가는 것을 사랑해야지
그리고 ㉢나한테 주어진 길을
걸어가야겠다.

오늘 밤에도 별이 ㉣바람에 스치운다.

─────────────────

① 1~4행은 지금까지 살아온 생활의 고백이다.
② 5~8행은 미래의 삶에 대한 신념의 표명이다.
③ 1~8행과 9행 사이에는 '주관 : 객관'의 대립이 드러
난다.
④ '잎새에 이는 바람'은 아주 작은 잘못조차 허락하지
않는 결벽증을 부각시킨다.
⑤ 9행은 어두운 시대 상황과 극복할 수 없는 시련을 비
관적으로 표현하고 있다.

──────────

작품 정리 윤동주, 〈별 헤는 밤〉

이 시는 부정적 현실 속에서 자신의 모습에 부끄러움을 느
끼는 화자가 자기반성과 미래에 대한 희망과 의지를 통해
현재의 삶을 극복하고자 하는 모습을 그리고 있다.
• 갈래 : 자유시, 서정시
• 성격 : 회상적, 사색적, 성찰적, 의지적
• 제재 : 별
• 주제 : 과거에 대한 그리움과 자기 성찰
• 특징
 ① '현재 - 과거 - 현재 - 미래'의 시간적 흐름에 따라
  시상을 전개함.
 ② 부정적 현실 속에서 스스로를 부끄러워하는 화자가 미
  래에 대한 희망과 극복의지를 다짐.
• 출전 : 《하늘과 바람과 별과 시》(1948)

작품 정리 윤동주, 〈서시〉

• 갈래 : 자유시, 서정시
• 시대 : 근대 (1948년)
• 제재 : 별
• 주제 : 부끄러움 없는 순수한 삶에 대한 소망과 의지
• 특징
 ① '과거 - 미래 - 현재'의 시간 흐름에 따라 시상이 전
  개됨.
 ② '별'과 '바람'의 이미지 대조를 통해 시적 상황과 주제
  를 표현함.
• 구성
 - 1~4행 : 부끄러움 없는 삶의 소망
 - 5~8행 : 미래를 위한 결의
 - 9행 : 현실에 대한 자각

1960년대

박목월 작가의 대표적인 문학 경향

| 박목월 |

34. 다음 시에 대한 설명으로 옳지 않은 것은?

2023 국회직 9급

> 송홧가루 날리는
> 외딴 봉우리
>
> 윤사월 해 길다
> 꾀꼬리 울면
>
> 산지기 외딴집
> 눈먼 처녀사
>
> 문설주에 귀 대이고
> 엿듣고 있다
>
> — 박목월, 〈윤사월〉

① 음절 수의 반복적 배열을 통해 시에 운율감을 부여하고 있다.
② 색채 대비를 통해 시적 화자의 정서를 표현하고 있다.
③ 특정 시어를 통해 계절적 배경을 드러내고 있다.
④ 외부 세계에 대한 호기심을 나타내고 있다.
⑤ 원경에서 근경으로 시선 이동을 통해 시상을 전개하고 있다.

작품 정리 | 박목월, 〈윤사월〉 (1946)

• 갈래 : 자유시, 서정시
• 성격 : 서정적, 낭만적, 전통적, 민요적, 향토적
• 제재 : 윤사월의 산골
• 주제 : 외딴 산중 눈먼 처녀의 애틋한 그리움
• 특징
  ① 윤사월의 산골 풍경을 절제된 언어로 묘사함.
  ② 기승전결의 방식으로 시상을 전개함.
• 해제 : 이 작품은 봄날의 산속 아름다움과 그 속에서 고립된 눈먼 소녀의 세상에 대한 갈망과 그리움을 담백하고 압축적인 언어로 표현한다. 절제된 표현과 감각적 이미지를 사용하고 3음보의 민요적 율격을 통해 동양적 서정을 효과적으로 나타낸다.

35. 다음 밑줄 친 ㉠~㉣ 중 그 의미가 나머지 셋과 가장 다른 것은?

2015 서울시 9급

> 뭐락카노, 저 편 강기슭에서
> ㉠니 뭐락카노, 바람에 불려서
>
> 이승 아니믄 저승으로 떠나는 뱃머리에서
> ㉡나의 목소리도 바람에 날려서
>
> 뭐락카노 뭐락카노
> ㉢썩어서 동아밧줄은 삭아 내리는데
>
> 하직을 말자 하직을 말자
> ㉣인연은 갈밭을 건너는 바람
>
> — 박목월, 〈이별가〉

① ㉠   ② ㉡
③ ㉢   ④ ㉣

작품 정리 | 박목월, 〈이별가〉

• 갈래 : 자유시, 서정시
• 시대 : 현대(1968년)
• 제재 : 이별
• 주제 : 생사를 초월한 이별의 정한(情恨)
• 특징
  ① 대화체를 통해 주제를 드러냄.
  ② 경상도 방언을 사용하여 현장감, 생동감을 드러냄.
  ③ 반복법과 점층법을 통해 대상의 그리움과 안타까움을 고조함.
  ④ 말줄임표를 통해 여운을 줌.
  ⑤ 도치법, 대구법이 쓰임.
• 구성
  − 1~4연 : 불가피한 운명적 이별
  − 5~7연 : 끊을 수 없는 인연
  − 8~9연 : 이별의 순응과 초월

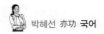

36. 다음 작품에 대한 설명으로 적절하지 않은 것은?

2016 기상직 7급

> 아배요 아배요
> 내 눈이 티눈인 걸
> 아배도 알지러요.
> 등잔불도 없는 제사상에
> 축문이 당한기요.
> 눌러 눌러
> 소금에 밥이나마 많이 묵고 가이소.
> 윤사월 보리고개
> 아배도 알지러요.
> 간고등어 한 손이믄
> 아배 소원 풀어드리련만
> 저승길 배고플라요
> 소금에 밥이나마 많이 묵고 묵고 가이소.
> 여보게 만술 아비
> 니 정성이 엄첩다.
> 이승 저승 다 다녀도
> 인정보다 귀한 것 있을락꼬,
> 망령(亡靈)도 응감(應感)하여, 되돌아가는 저승길에
> 니 정성 느껴 느껴 세상에는 굵은 밤이슬이 온다.
> 　　　　　　　　　　　　 － 박목월, <만술 아비의 축문(祝文)>

① 공감각적 표현을 사용하여 시상을 전개하고 있다.
② 화자가 바뀌며 시상이 전환되고 있다.
③ 시어의 반복으로 화자의 정서를 부각하고 있다.
④ 방언을 사용하여 토속적 정감을 더해주고 있다.

37. 다음 시에 대한 설명으로 적절하지 않은 것은?

2018 지방직 9급

> 머언 산 청운사
> 낡은 기와집
>
> 산은 자하산
> 봄눈 녹으면
>
> 느릅나무
> 속잎 피어나는 열두 구비를
>
> 청노루
> 맑은 눈에
>
> 도는
> 구름
> 　　　　　　　　 － 박목월, <청노루>

① 묘사된 자연이 상상적, 허구적이다.
② 이상적 세계에 대한 그리움을 노래하고 있다.
③ 시적 공간이 원경에서 근경으로 옮아오고 있다.
④ 사건 발생의 시간적 순서에 따라 제재가 배열되고 있다.

작품 정리 　박목월, <만술 아비의 축문(祝文)>

- 갈래 : 자유시, 서정시
- 성격 : 토속적
- 주제 : 돌아가신 아버지에 대한 사랑
- 제재 : 아버지의 제사
- 특징
  ① 방언을 사용하여 토속적 분위기가 드러남.
  ② 아들(1연)과 제3자(2연)의 두 화자의 대화 형식임.
  ③ 설의법을 통해 주제를 강조함.
  ④ 같은 시구를 반복하여 운율을 형성함[반복법 － '아배요 아배요', '아배도 알지러요', (아베의 이해를 구함)].
  ⑤ '밤이슬(진짜 밤이슬 혹은 눈물)'에 중의법이 사용됨.

작품 정리 　박목월, <청노루>

- 갈래 : 자유시, 서정시
- 시대 : 현대 (1946년)
- 제재 : 청노루
- 주제 : 아름다운 생명과 고향에 대한 예찬
- 특징
  ① 조사를 생략하여 명사형으로 마무리함.
  ② 'ㄴ' 음(비음)을 반복 사용하여 아늑하고 은은한 분위기를 드러냄.
  ③ 시선의 이동에 따른 묘사가 드러남.
  ④ 음악적 표현과 고도의 생략법, 시각적 이미지 구사가 드러남.
  ⑤ 원경에서 근경으로의 시선 이동에 따라 시상을 전개함.

38. 밑줄 친 ㉠~㉤에 대한 설명으로 옳지 않은 것은?

2019 국회직 8급

> 지상(地上)에는 / 아홉 켤레의 신발.
> 아니 현관에는 아니 들깐에는
> 아니 어느 ㉠시인의 가정에는
> 알전등이 켜질 무렵을
> 문수(文數)가 다른 아홉 켤레의 신발을.
>
> 내 ㉡신발은 / 십구 문 반(十九文半).
> 눈과 얼음의 길을 걸어 / 그들 옆에 벗으면
> 육 문 삼(六文三)의 코가 납작한
> 귀염둥아 귀염둥아 / 우리 막내둥아.
>
> 미소하는 / 내 얼굴을 보아라.
> 얼음과 눈으로 벽(壁)을 짜 올린
> 여기는 / 지상. ㉢연민한 삶의 길이여.
> 내 신발은 십구 문 반(十九文半).
>
> 아랫목에 모인 / 아홉 마리의 강아지야.
> ㉣강아지 같은 것들아.
> 굴욕과 굶주림과 추운 길을 걸어
> ㉤내가 왔다. / 아버지가 왔다.
> 아니 십구 문 반(十九文半)의 신발이 왔다.
> 아니 지상에는 / 아버지라는 어설픈 것이
> 존재한다.
> 미소하는 / 내 얼굴을 보아라.

① ㉠: 시적 화자가 냉정한 현실 속에서 지켜야 할 소중한 공간을 의미한다.

② ㉡: 가장 밑바닥에서 고단한 삶을 함께 하는 동반자로서의 의미가 있다.

③ ㉢: 사랑하는 가족을 만날 수 없는 나약한 아버지의 슬픔이 짙게 배어 있다.

④ ㉣: 보살펴 주어야 할 사랑스럽고 귀여운 자식들을 나타낸다.

⑤ ㉤: 반복을 통해 아버지의 가족에 대한 짙은 애정과 책임감이 부각되고 있다.

작품 정리 | 박목월, 〈가정〉

• 갈래: 자유시, 서정시
• 성격: 상징적, 독백적, 의지적
• 주제: 고달픈 가장의 가족에 대한 사랑
• 특징
  ① 일상적이고 평범한 소재로 가장의 책임감을 그림.
  ② 신발의 문수를 통해 시각적으로 가장으로서의 책임감을 형상화함.

39. 다음 시에 대한 이해로 적절하지 않은 것은? (정답 2개)

2023 지역인재 9급

> 산이 날 에워싸고
> 씨나 뿌리며 살아라 한다
> 밭이나 갈며 살아라 한다
>
> 어느 짧은 산자락에 집을 모아
> 아들 낳고 딸을 낳고
> 흙담 안팎에 호박 심고
> 들찔레처럼 살아라 한다
> 쑥대밭처럼 살아라 한다
>
> 산이 날 에워싸고
> 그믐달처럼 사위어지는 목숨
> 그믐달처럼 살아라 한다
> 그믐달처럼 살아라 한다
>
> — 박목월, 〈산이 날 에워싸고〉

① 자연과 인간의 갈등을 시적 상징물로 구체화한다.

② 시구의 반복(유사한 통사 구조)을 통해 운율을 형성하면서 시상을 전개한다.

③ 자연에서의 전원적 삶을 소망하는 화자의 태도가 드러난다.

④ '들찔레'나 '그믐달' 같은 시어로 화자의 바람과 지향을 표현한다.

⑤ 화자는 순수하고도 탈속적인 세계를 지향하고 있다.

⑥ 화자는 자신의 소망을 '산'이 자신에게 말하는 것처럼 표현하고 있다.

⑦ 화자는 절제된 감정으로 '산'과의 일정한 거리를 유지하려 하고 있다.

작품 정리 | 박목월, 〈산이 날 에워싸고〉

• 성격: 자연 친화적, 탈속적, 초월적
• 주제: 자연의 질서를 따르며 합일을 지향하는 소박한 삶에 대한 동경
• 특징
  ① 명령형 어조를 사용하여 자연 속에서 벗어나 단순한 삶을 살고자 하는 소망을 드러냄.
  ② 유사한 통사 구조를 반복하여 운율을 형성함.

40. 이 시에 대한 감상으로 적절하지 않은 것은?

2015 기상직 9급

> 　유성에서 조치원으로 가는 어느 들판에 우두커니 서 있는, 한 그루 늙은 나무를 만났다. 수도승일까, 묵중하게 서 있었다. 다음 날 조치원에서 공주로 가는 어느 가난한 마을 어귀에 그들은 떼를 져 몰려 있었다. 멍청하게 몰려 있는 그들은 어설픈 과객일까, 몹시 추워 보였다. 공주에서 온양으로 우회하는 뒷길 어느 산마루에 그들은 멀리 서 있었다. 하늘 문을 지키는 파수병일까, 외로워 보였다. 온양에서 서울로 돌아오자 놀랍게도 그들은 이미 내 안에 뿌리를 펴고 있었다. 묵중한 그들의, 침울한 그들의, 아아 고독한 모습. 그 후로 나는 뽑아 낼 수 없는 몇 그루 나무를 기르게 되었다.
>
> 　　　　　　　　　　　　　　　－ 박목월, 〈나무〉

① 공간적 질서에 따라 제재를 배열하는 자연적 구성법을 취하고 있군.

② 나무에 대한 세 가지 느낌을 뚜렷하게 대비하고 있어 대조법이 쓰인 셈이군.

③ 화자의 내면 변화를 나무의 변화인 것처럼 표현하여 미적 효과를 높였어.

④ 비슷한 구조의 문장을 반복하여 강한 인상을 남기는 표현법이 쓰였어.

작품 정리 | **박목월, 〈나무〉**

- 갈래 : 자유시, 서정시
- 성격 : 서경적, 관조적
- 제재 : 나무
- 주제 : 고독한 삶의 본질
- 특징
  ① 자연물에 감정을 이입하여 정서를 형상화함.
  ② 여정에 따른 시상 전개가 보임.
- 출전 : 《청담(晴曇)》(1964)

김광균 작가의 대표적인 문학 경향

| 김광균 |

41. 다음 시에 대한 독자의 반응으로 적절한 것은?

2021 국회직 8급

> 어느 머언 곳의 그리운 소식이기에
> 이 한밤 소리 없이 흩날리느뇨
>
> 처마 끝에 호롱불 여위어가며
> 서글픈 옛 자취인 양 흰 눈이 내려
>
> 하이얀 입김 절로 가슴이 메어
> 마음 허공에 등불을 켜고
> 내 홀로 밤 깊어 뜰에 내리면
>
> 머언 곳에 여인의 옷 벗는 소리
>
> 희미한 눈발
> 이는 어느 잃어진 추억의 조각이기에
> 싸늘한 추회(追悔) 이리 가쁘게 설레이느뇨
>
> 한줄기 빛도 향기도 없이
> 호올로 차단한 의상을 하고
> 흰 눈은 내려 내려서 쌓여
> 내 슬픔 그 위에 고이 서리다
>
> 　　　　　　　　　　　　　　　－ 김광균, 〈설야〉

① 이 시는 눈 내리는 아침의 정경 속에 피어오르는 추억을 그리고 있어.

② 눈발이 세차게 날리는 것은 화자의 슬픔이 벅차게 되살아오기 때문이지.

③ 이 시에서 눈이 '그리운 소식', '서글픈 옛 자취', '잃어진 추억의 조각', '차단한 의상'으로 비유되어 있음에 유의해야 해.

④ 이 시에서 '나'를 슬프게 하는 추억, 과거의 경험은 아마도 친구와 관계가 있겠지.

⑤ 마지막 두 줄, '흰 눈은 내려 내려서 쌓여/내 슬픔 그 위에 고이 서리다'에서 '눈'은 해소된 슬픔을 의미하지.

작품 정리 | **김광균, 〈설야〉 (1938)**

- 갈래 : 자유시, 서정시, 주지시
- 주제 : 눈 내리는 밤의 서정과 그리움
- 특징
  ① 현재형 진술, 공감각적 심상을 사용하여 시상을 드러냄.
  ② '그리운 소식', '서글픈 옛 자취', '잃어진 추억의 조각', '차단한 의상'은 눈을 비유적으로 표현한 것임.
  ③ 눈은 화자가 슬픔에 잠기게 하는 동시에 추억을 회상하게 하는 매개체로 기능

42. 다음 작품의 표현상 특징에 대한 설명으로 적절한 것은?

2018 기상직 9급

(보기)

시를 믿고 어떻게 살아가나
서른 먹은 사내가 하나 잠을 못 잔다.
먼— 기적(汽笛) 소리 처마를 스쳐가고
잠들은 아내와 어린것의 벼개 맡에
밤눈이 내려 쌓이나 보다.
무수한 손에 뺨을 얻어맞으며
항시 곤두박질해 온 생활의 노래
지나는 돌팔매에도 이제는 피곤하다.
먹고 산다는 것,
너는 언제까지 나를 쫓아오느냐.

등불을 켜고 일어나 앉는다.
담배를 피워 문다.
쓸쓸한 것이 오장을 씻어 내린다.
노신(魯迅)이여
이런 밤이면 그대가 생각난다.
온 — 세계가 눈물에 젖어 있는 밤
상해(上海) 호마로(胡馬路) 어느 뒷골목에서
쓸쓸히 앉아 지키던 등불
등불이 나에게 속삭어린다.
여기 하나의 상심(傷心)한 사람이 있다.
여기 하나의 군세게 살아온 인생이 있다.

– 김광균, 〈노신〉

① 설의적 표현을 통한 감정의 변화를 드러내고 있다.
② 공간의 이동을 통해 내면 의식의 변화를 드러내고
   있다.
③ 유사한 시구의 변주를 통해 주제 의식을 강조하고 있다.
④ 반어적 표현을 활용하여 화자의 태도 변화를 드러내
   고 있다.

김춘수 작가의 대표적인 문학 경향

| 김춘수 |

43. 다음 글의 ㉠~㉣ 중 내포하는 의미가 다른 것은?

2021 군무원 7급

나는 시방 위험(危險)한 짐승이다.
나의 손이 닿으면 너는
㉠미지(未知)의 까마득한 어둠이 된다.

존재(存在)의 흔들리는 가지 끝에서
너는 ㉡이름도 없이 피었다 진다.
눈시울에 젖어드는 이 무명(無名)의 어둠에
추억(追憶)의 한 접시 불을 밝히고
나는 한밤 내 운다.

나의 울음은 차츰 ㉢아닌 밤 돌개바람이 되어
탑(塔)을 흔들다가
돌에까지 스미면 금(金)이 될 것이다.

…… ㉣얼굴을 가리운 나의 신부(新婦)여,

– 김춘수의 〈꽃을 위한 서시〉

① ㉠   ② ㉡
③ ㉢   ④ ㉣

작품 정리 | 김광균, 〈노신〉

• 갈래 : 자유시, 서정시
• 성격 : 고백적, 의지적
• 주제 : 시인으로서의 고통, 고민과 극복 의지
• 제재 : 시인의 삶
• 특징
  ① 다양한 심상(청각, 시각, 촉각)을 통해 상황과 정서를
     구체적으로 형상화
  ② 등불을 의인화하여 생동감을 나타냄.
  ③ '등불'과 '밤'의 명암 대조를 통해 극복 의지를 강조함.
  ④ 설의법을 통해 의미를 강조함.

작품 정리 | 김춘수, 〈꽃을 위한 서시〉

• 갈래 : 자유시, 서정시
• 성격 : 관념적, 주지적, 상징적
• 제재 : 꽃
• 주제
  ① 존재의 본질을 깨닫고자 하는 소망
  ② 꽃의 본질을 깨닫지 못하는 안타까움
• 특징
  ① 존재론적 입장에서 사물의 본질을 추구함.
  ② 은유법을 통해 '나'가 존재의 본질을 좇을수록 멀어지
     므로 '나'는 '위험한 짐승'이라고 표현함.

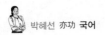
44. 다음 (가)와 (나)의 시에 대한 설명 중 가장 적절하지 않은 것은?

2017 경찰직 2차

(가) 내가 단추를 눌러 주기 전에는
　　　그는 다만 / 하나의 라디오에 지나지 않았다.

　　　내가 그의 단추를 눌러 주었을 때
　　　그는 나에게로 와서 / 전파가 되었다.

　　　내가 그의 단추를 눌러 준 것처럼
　　　누가 와서 나의
　　　굳어 버린 핏줄기와 황량한 가슴속 버튼을 눌러 다오.
　　　그에게로 가서 나도 / 그의 전파가 되고 싶다.

　　　우리들은 모두 / 사랑이 되고 싶다.
　　　끄고 싶을 때 끄고 켜고 싶을 때 켤 수 있는
　　　라디오가 되고 싶다.
　　　　　　　　　　　－ 장정일, <라디오같이 사랑을 끄고 켤 수 있다면>

(나) 내가 그의 이름을 불러 주기 전에는
　　　그는 다만 / 하나의 몸짓에 지나지 않았다.

　　　내가 그의 이름을 불러 주었을 때
　　　그는 나에게로 와서 / 꽃이 되었다.

　　　내가 그의 이름을 불러 준 것처럼
　　　나의 이 빛깔과 향기에 알맞은
　　　누가 나의 이름을 불러 다오.

　　　그에게로 가서 나도 / 그의 꽃이 되고 싶다.

　　　우리들은 모두 / 무엇이 되고 싶다.
　　　너는 나에게 나는 너에게
　　　잊혀지지 않는 하나의 눈짓이 되고 싶다.
　　　　　　　　　　　　　　　　　－ 김춘수, <꽃>

① (가)의 시는 (나)의 시를 패러디 한 작품이다.
② (가)의 시 2연에 나오는 '전파'는 (나)의 시 2연에 나오는 '꽃'과 대응한다.
③ (가)의 시는 현대 사회의 이기적이고 편의적인 사랑에 대한 비판적 시선을 드러내고 있다.
④ (나)의 시는 (가)의 시에 비해 발랄하고 감각적이다.

작품 정리 | 장정일, <라디오같이 사랑을 끄고 켤 수 있다면>

• 갈래 : 자유시, 서정시
• 성격 : 관념적, 풍자적, 비판적
• 제재 : 라디오
• 주제 : 일회적인 현대인들의 사랑에 대한 비판
• 특징
　① 김춘수의 '꽃'을 패러디하여 쉽게 만나고 헤어지는 현대인들을 비판함.
　② 김춘수의 '꽃'의 형식적인 면(운율, 통사구조)을 그대로 따르고 있음.
　② 추상적이고 관념적인 개념을 '라디오'라는 구체적으로 드러냄.
• 출전 : 《길 안에서의 택시 잡기》(1988)

작품 정리 | 김춘수, <꽃>

• 갈래 : 자유시, 서정시
• 시대 : 현대(1952년)
• 제재 : 꽃
• 주제 : 존재의 본질 구현의 소망
• 특징
　① 간결한 어조를 사용함.
　② 인식론과 존재론을 토대로 사물의 의미를 상징화함.
　③ 점층법을 사용하여 인식의 주체는 '나 － 그 － 우리', 인식의 내용은 '몸짓 － 꽃 － 눈짓'으로 확대됨.
• 구성
　－1연 : 대상 인식 이전의 무의미한 존재
　－2연 : 대상 인식 이후의 유의미한 존재
　－3연 : 유의미한 존재가 되고 싶은 '나'
　－4연 : 상호 간 유의미한 존재가 되고 싶은 '우리'

신동엽 작가의 대표적인 문학 경향

| 신동엽 |

45. 〈보기〉의 작품에 대한 감상으로 가장 옳지 않은 것은?

2022 서울시 9급

(보기)
> 껍데기는 가라.
> 사월도 알맹이만 남고
> 껍데기는 가라.
>
> 껍데기는 가라.
> 동학년(東學年) 곰나루의, 그 아우성만 살고
> 껍데기는 가라.
>
> 그리하여, 다시
> 껍데기는 가라.
> 이곳에선, 두 가슴과 그곳까지 내논
> 아사달 아사녀가
> 중립(中立)의 초례청 앞에 서서
> 부끄럼 빛내며
> 맞절할지니
>
> 껍데기는 가라.
> 한라에서 백두까지
> 향그러운 흙가슴만 남고
> 그 모오든 쇠붙이는 가라.

① 반어적 어조로 현실을 풍자하였다.
② 명령과 반복의 기법을 통하여 주제를 분명하게 드러 내었다.
③ 우리 민족이 처한 현실을 극복하려는 의지를 표현 하였다.
④ 민족의 통일에 대한 염원을 담고 있다.

46. 다음 글의 특징으로 적절하지 않은 것은?

2019 국가직 9급

> 가리워진 안개를 걷게 하라,
> 국경이며 탑이며 어용학(御用學)의 울타리며
> 죽 가래 밀어 바다로 몰아 넣라.
>
> 하여 하늘을 흐르는 날새처럼
> 한 세상 한 바람 한 햇빛 속에,
> 만 가지와 만 노래를 한 가지로 흐르게 하라.
>
> 보다 큰 집단은 보다 큰 체계를 건축하고,
> 보다 큰 체계는 보다 큰 악을 양조(釀造)한다.
>
> 조직은 형식을 강요하고
> 형식은 위조품을 모집한다.
>
> 하여, 전통은 궁궐안의 상전이 되고
> 조작된 권위는 주위를 침식한다.
>
> 국경이며 탑이며 일만년 울타리며
> 죽 가래 밀어 바다로 몰아 넣라.
>
>   − 신동엽, 〈이야기하는 쟁기꾼의 대지〉

① 직설적인 어조로써 메시지를 전달하고 있다.
② 고전적인 질서를 통해 새로운 희망을 추구하고 있다.
③ 인위적인 것과 자연적인 것이 대조적으로 제시되고 있다.
④ 농기구의 상징을 통해 체제 개혁을 역설하고 있다.

작품 정리 | **신동엽, 〈껍데기는 가라〉**

- 갈래 : 참여시
- 성격 : 현실 참여적, 저항적, 의지적
- 주제 : 민족의 화합과 통일에 대한 지향, 어두운 세력에 대한 저항과 비판
- 특징
  ① 명령형 어미로 단호한 의지를 표현함.
  ② 대조적인 시어(알맹이 ↔ 껍데기)를 통해 주제를 강조함.
  ③ 반복적 표현으로 주제를 강조함(운율도 형성함).
  ④ 대유법(한라에서 백두까지)이 나타남.

작품 정리 | **신동엽, 〈이야기하는 쟁기꾼의 대지〉**

- 갈래 : 자유시, 서정시
- 시대 : 현대 (1959년)
- 제재 : 부정적 현실
- 주제 : 쟁기질을 통해 현실의 부조리를 갈아엎고자 하는 소망
- 특징
  ① 쟁기질을 의미하는 '갈아엎었으면'이라는 중의적 시어를 사용하여 변화와 혁신을 향한 소망을 드러냄.
  ② 혁신성과 영원성을 토대로 하는 개벽 정신이 드러남.
  ③ 명령형 어미를 반복하여 주제를 강조함.

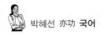

47. 다음 시에 대한 감상으로 적절하지 않은 것은?

2018 교육행정직 7급

> 봄은
> 남해에서도 북녘에서도
> 오지 않는다.
>
> 너그럽고 / 빛나는
> 봄의 그 눈짓은,
> 제주에서 두만까지
> 우리가 디딘 / 아름다운 논밭에서 움튼다.
>
> 겨울은, / 바다와 대륙 밖에서
> 그 매운 눈보라 몰고 왔지만
> 이제 올 / 너그러운 봄은, 삼천리 마을마다
> 우리들 가슴 속에서 / 움트리라.
>
> 움터서,
> 강산을 덮은 그 미움의 쇠붙이들
> 눈 녹이듯 흐물흐물
> 녹여버리겠지.
>
> — 신동엽, <봄은>

① '겨울'에서 '봄'으로의 계절 변화에 빗대어 소망 실현의 당위성을 부여하고 있군.

② '아름다운 논밭', '우리들 가슴 속'을 통해 소망 실현의 공간을 비유하고 있군.

③ '움트리라', '녹여버리겠지'를 통해 소망 실현의 기대감을 드러내고 있군.

④ '미움의 쇠붙이들', '눈 녹이듯 흐물흐물'을 통해 소망 실현의 의구심을 보여 주고 있군.

작품 정리 | **신동엽, <봄은>**

- 갈래 : 참여시
- 성격 : 저항적, 참여적, 의지적
- 주제 : 자주적이고 평화적인 통일에 대한 염원
- 특징
  ① '봄(통일)'과 '겨울(분단)'의 대조법으로 시상을 전개함.
  ② 단정적 어조를 통해 통일에 대한 확고한 신념과 의지를 표현함.
  ③ 상징법, 대유법을 사용함.

김수영 작가의 대표적인 문학 경향

| 김수영 |

48. 다음 중 아래 시에 대한 설명으로 가장 거리가 먼 것은?

2022 군무원 7급

> ······ 활자(活字)는 반짝거리면서 하늘 아래에서
> 간간이
> 자유를 말하는데
> 나의 영(靈)은 죽어 있는 것이 아니냐
>
> 벗이여
> 그대의 말을 고개 숙이고 듣는 것이
> 그대는 마음에 들지 않겠지
> 마음에 들지 않어라
>
> 모두 다 마음에 들지 않어라
> 이 황혼도 저 돌벽 아래 잡초도
> 담장이 푸른 페인트 빛도
> 저 고요함도 이 고요함도
>
> 그대의 정의(正義)도 우리들의 섬세도
> 행동이 죽음에서 나오는
> 이 욕된 교외에서는
> 어제도 오늘도 내일도 마음에 들지 않어라
>
> 그대는 반짝거리면서 하늘 아래에서
> 간간이
> 자유를 말하는데
> 우스워라 나의 영은 죽어 있는 것이 아니냐
>
> — 김수영, <사령(死靈)>

① 자조적인 시어를 통하여 자신의 삶을 성찰하고 있다.

② 자성적인 어조를 통하여 자유와 정의가 소멸된 현실을 직시하고 있다.

③ 반복과 변주를 통한 수미상관식 구성을 통하여 의미 강조 기법을 사용하고 있다.

④ 불의에 항거하지 못하고, 염세적 태도와 소극적인 입장을 취한 자신을 질책하고 있다.

작품 정리 김수영, 〈사령(死靈)〉

- 갈래 : 자유시, 서정시
- 시대 : 현대 (1959년)
- 제재 : 부도덕한 현실과 지식인의 죽은 영혼
- 주제 : 불의에 대항하지 못하는 삶에 대한 성찰과 자괴감
- 특징
  ① 시적 대상을 의인화하여 화자가 추구하는 가치를 표현함.
  ② 특정한 시구와 유사한 통사 구조 반복을 통해 부정적 현실에 적극적으로 대응하지 못하는 자신을 반성함.
  ③ 수미상관 구조를 통해 운율을 형성하고 의미를 강조함.
  ④ 설의적 표현을 통해 반성적 태도를 드러냄.
  ⑤ 상징적 시어를 활용하여 주제를 형상화함.

작품 정리 김수영, 〈폭포〉

- 갈래 : 자유시, 서정시
- 시대 : 현대(1957년)
- 제재 : 폭포
- 주제 : 부정적 현실과 타협하지 않는 의지적 삶의 추구
- 특징
  ① '떨어진다'의 반복을 통해 운율을 형성하고 주제를 강조함.
  ② 폭포의 역동적인 이미지를 활용하여 강렬한 인상을 부여함.
  ③ 폭포라는 자연 현상에 대한 관조를 통해 정신적 의미를 부여함.
  ④ 폭포를 의인화하여 지사적 인간상을 연상하도록 함.
  ⑤ 단정적 어조를 사용하여 강렬한 인상을 줌.
  ⑥ 적극적으로 현실에 참여하고 행동하려는 화자의 의지가 드러남.

49. 다음 시의 밑줄 친 말과 가장 근접한 시어로 적절한 것은?

2021 군무원 7급

폭포는 곧은 절벽을 무서운 기색도 없이 떨어진다.

규정할 수 없는 물결이
무엇을 향하여 떨어진다는 의미도 없이
계절과 주야를 가리지 않고
고매한 정신처럼 쉴 사이 없이 떨어진다

금잔화도 인가도 보이지 않는 밤이 되면
폭포는 곧은 소리를 내며 떨어진다

곧은 소리는 소리이다
곧은 소리는 곧은
소리를 부른다

번개와 같이 떨어지는 물방울은
취할 순간조차 마음에 주지 않고
나타(懶惰)와 안정을 뒤집어 놓은 듯이
높이도 폭도 없이
떨어진다

— 김수영, 〈폭포〉

① 고매한 정신　　② 쉴 사이
③ 곧은 소리　　④ 물방울

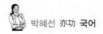

50. 다음 시에 대한 이해로 가장 적절하지 않은 것은?

2023 법원직 9급

> 왜 나는 조그마한 일에만 분개하는가
> 저 왕궁 대신에 왕궁의 음탕 대신에
> 50원짜리 갈비가 기름 덩어리만 나왔다고 분개하고
> 옹졸하게 분개하고 설렁탕집 돼지 같은 주인 년한테
> 욕을 하고
> 옹졸하게 욕을 하고
>
> 한번 정정당당하게
> 붙잡혀 간 소설가를 위해서
> 언론의 자유를 요구하고 월남 파병에 반대하는
> 자유를 이행하지 못하고
> 20원을 받으러 세 번씩 네 번씩
> 찾아오는 야경꾼들만 증오하고 있는가
>
> 옹졸한 나의 전통은 유구하고 이제 내 앞에 정서(情緒)로
> 가로놓여 있다
> 이를테면 이런 일이 있었다
> 부산에 포로수용소의 제14 야전병원에 있을 때
> 정보원이 너스들과 스펀지를 만들고 거즈를
> 개키고 있는 나를 보고 포로 경찰이 되지 않는다고
> 남자가 뭐 이런 일을 하고 있느냐고 놀린 일이 있었다
> 너스들 옆에서
> 지금도 내가 반항하고 있는 것은 이 스펀지 만들기와
> 거즈 접고 있는 일과 조금도 다름없다
> 개의 울음소리를 듣고 그 비명에 지고
> 머리에 피도 안 마른 애놈의 투정에 진다
> 떨어지는 은행나무 잎도 내가 밟고 가는 가시밭
>
> 아무래도 나는 비켜서 있다 절정 위에는 서 있지
> 않고 암만해도 조금쯤 옆으로 비켜서 있다
> 그리고 조금쯤 옆에 서 있는 것이 조금쯤
> 비겁한 것이라고 알고 있다!
>
> 그러니까 이렇게 옹졸하게 반항한다
> 이발쟁이에게
> 땅 주인에게는 못하고 이발쟁이에게
> 구청 직원에게는 못하고 동회 직원에게도 못하고
> 야경꾼에게 20원 때문에 10원 때문에 1원 때문에
> 우습지 않으냐 1원 때문에
>
> 모래야 나는 얼마큼 작으냐
> 바람아 먼지야 풀아 나는 얼마큼 작으냐
> 정말 얼마큼 작으냐……
>
> — 김수영, <어느 날 고궁을 나오면서>

① 화자는 일상적 경험들을 나열하여 삶을 성찰하고 있어.

② 화자는 비속어 사용을 통해 자신의 속된 모습을 솔직하게 노출하고 있어.

③ 화자는 과거로부터 지속된 옹졸한 태도가 체질화되었음을 고백하고 있어.

④ 화자는 미비한 자연물과의 대비를 통해 자신의 왜소함을 극복하고 있어.

작품 정리 김수영, 〈어느 날 고궁을 나오면서〉 (1965)

- 갈래 : 자유시, 서정시
- 성격 : 반성적, 자조적
- 제재 : 부조리한 사회
- 주제 : 소시민적 삶의 태도에 대한 반성
  ① 비속어를 사용하여 감정을 진솔하게 드러냄.
  ② 일상적 언어를 통해 현실을 사실적으로 묘사함.
  ③ 자조적 표현을 통해 반성적 태도를 우회적으로 드러냄.
- 해제 : 이 작품은 화자가 사회적 부조리에 대한 비판적 의식을 표출하는 동시에 소시민적 삶을 성찰한 것이다. 화자는 고궁을 나오면서 권력에는 저항하지 못하고 사소한 일에만 분노하는 자신을 인식하게 된다. 또한 스스로를 부끄럽게 여기고 모래나 먼지에 비유하여 자조하는 태도를 드러내고 있다. 이 작품은 화자가 부당한 역사와 현실에 대응하지 못하는 자신을 성찰하는 모습이 드러나 있다.

이형기 작가의 대표적인 문학 경향

작품 정리 | 이형기, 〈낙화〉

• 갈래 : 자유시, 서정시
• 성격 : 비유적, 성찰적
• 제재 : 낙화
• 주제 : 이별을 통한 성숙
• 특징
① 꽃이 피고 지는 자연의 순환을 인생의 '사랑'과 '이별' 이라는 것으로 표현함.
② '결별을 이룩하는 축복'처럼 역설법을 통해 이별에 대한 긍정적 인식을 표현함.

| 이형기 |

51. 다음 시에 대한 감상으로 적절한 것은?

2017 지방직 9급 추가

> 가야 할 때가 언제인가를
> 분명히 알고 가는 이의 / 뒷모습은 얼마나 아름다운가.
>
> 봄 한철 / 격정을 인내한
> 나의 사랑은 지고 있다.
>
> 분분한 낙화……
> 결별이 이룩하는 축복에 싸여
> 지금은 가야 할 때,
>
> 무성한 녹음과 그리고 / 머지않아 열매 맺는
> 가을을 향하여
> 나의 청춘은 꽃답게 죽는다.
>
> 헤어지자 / 섬세한 손길을 흔들며
> 하롱하롱 꽃잎이 지는 어느 날
>
> 나의 사랑, 나의 결별,
> 샘터에 물 고이듯 성숙하는
> 내 영혼의 슬픈 눈.
>
> – 이형기, 〈낙화〉

① 계절의 순환을 통해 자연의 위대함을 자각하고 있군.
② 결별의 슬픔을 자신의 영혼이 성숙하는 계기로 삼고 있군.
③ 이별을 받아들이지 않으려는 의지적 자세를 엿볼 수 있군.
④ 흩어져 떨어지는 꽃잎을 통해 인생의 무상함을 강조하고 있군.

1970년대

김종삼 작가의 대표적인 문학 경향

신경림 작가의 대표적인 문학 경향

| 김종삼 |

52. 위 시에 대한 설명으로 가장 옳지 않은 것은?

2018 서울시 7급

> 1947년 봄
> 심야
> 황해도 해주의 바다
> 이남과 이북의 경계선 용당포
>
> 사공은 조심조심 노를 저어가고 있었다.
> 울음을 터뜨린 한 영아를 삼킨 곳
> 스무 몇 해나 지나서도 누구나 그 수심을 모른다.
>
> ― 김종삼, 〈민간인〉

① 구체적 시공간을 제시하여 역사적 배경을 환기한다.
② 남북 왕래가 자유롭지 않던 숨 막히던 상황이다.
③ 아이의 목숨을 앗은 것은 보초를 서던 군인이다.
④ 수심은 물의 깊이뿐만 아니라 근심, 걱정을 뜻한다.

작품 정리 **김종삼, 〈민간인〉**

• 갈래 : 자유시, 주지시
• 성격 : 상징적
• 제재 : 월남의 체험
• 주제 : 분단으로 인한 비극성
• 특징
  ① 냉정하고 객관적인 어조로 비참함을 부각함. '영아 살해'라는 비극을 자신의 판단이나 가치 평가를 하지 않고 냉정하고 객관적인 태도를 유지하고 있다.
  ② 간결한 표현을 통해 민족 분단의 비극성을 극명하게 나타냄.

| 신경림 |

※ 다음 물음에 답하시오.

> (가) 징이 울린다 막이 내렸다.
> 오동나무에 전등이 매어 달린 가설 무대
> 구경꾼이 돌아가고 난 텅 빈 운동장
> 우리는 분이 얼룩진 얼굴로
> 학교 앞 소줏집에 몰려 술을 마신다.
> 답답하고 고달프게 사는 것이 원통하다.
> 꽹과리를 앞장세워 장거리로 나서면
> 따라붙어 악을 쓰는 건 ㉠조무래기들뿐
> ㉡처녀애들은 기름집 담벼락에 붙어 서서
> 철없이 킬킬대는구나.
> 보름달은 밝아 어떤 녀석은
> ㉢꺽정이처럼 울부짖고 또 어떤 녀석은
> ㉣서림이처럼 해해대지만 이까짓
> 산 구석에 처박혀 발버둥친들 무엇하랴.
> 비료 값도 안 나오는 농사 따위야
> 아예 여편네에게나 맡겨 두고
> 쇠전을 거쳐 도수장 앞에 와 돌 때
> 우리는 점점 신명이 난다.
> 한 다리를 들고 날라리를 불거나.
> 고갯짓을 하고 어깨를 흔들거나.
>
> ― 신경림, 〈농무〉

53. ㉠~㉣ 중 다음 시의 주제와 관련하여 시적 화자의 정서를 가장 잘 대변하는 인물은?

2018 지방직 7급

① ㉠
② ㉡
③ ㉢
④ ㉣

54. 〈보기〉를 읽고 (가)에 대한 설명으로 가장 적절하지 않은 것은?
2014 법원직 9급

―〈 보기 〉―

70년대 우리 작가들이 농촌문제의 형상화에 심혈을 기울인 까닭은 농촌이 산업화의 최대 피해자였기 때문이다. 농촌의 황폐화와 저임금·저곡가 체제로 인한 농촌 경제의 파탄, 이농현상으로 인한 급격한 인구 감소 등의 상황은 많은 문학작품의 소재가 되었으며, 작품속에서 농민은 때로 분노하거나 좌절하는 모습으로, 때로는 자각에까지 이르는 모습으로 형상화되었다.

① '쪼무래기들뿐'은 이농으로 인해, 농업을 계승할 젊은 이들이 떠나버린 현실을 보여준다.

② '꺽정이처럼 울부짖'는 모습은, 분노와 좌절을 거쳐 자각에까지 이른 농민의 모습을 형상화한 것이다.

③ '비료값도 안 나오는 농사'의 원인은 '저곡가 체제'에 있는 것으로, 화자가 좌절하는 원인이다.

④ '소'가 전통적으로 농민의 모습을 상징해 왔다는 것을 고려한다면, '도수장'은 농민이 살아가기 힘든 현실을 빗대어 표현한 것이라고 볼 수 있다.

55. ㉠~㉣에 대한 설명으로 옳지 않은 것은?
2019 소방직

㉠ 못난 놈들은 서로 얼굴만 봐도 흥겹다
이발소 앞에 서서 참외를 깎고
목로에 앉아 막걸리를 들이켜면
모두들 한결같이 친구 같은 얼굴들
㉡ 호남의 가뭄 얘기 조합 빚 얘기
약장수 기타 소리에 발장단을 치다 보면
왜 이렇게 자꾸만 서울이 그리워지나
어디를 들어가 섰다라도 벌일까
주머니를 털어 색싯집에라도 갈까
㉢ 학교 마당에들 모여 소주에 오징어를 찢다
어느새 긴 여름 해도 저물어
고무신 한 켤레 또는 조기 한 마리 들고
㉣ 달이 환한 마찻길을 절뚝이는 파장

– 신경림, 〈파장〉

① ㉠: 농민들이 서로에게 느끼는 유대감을 보여 준다.

② ㉡: 농민들이 겪는 여러 가지 어려움이 나타난다.

③ ㉢: 어려움을 극복한 농민들의 흥겨움이 드러난다.

④ ㉣: 농촌의 힘겨운 현실을 시적으로 형상화하고 있다.

[작품 정리] **신경림, 〈농무〉**

• 갈래 : 자유시, 농민시, 서정시
• 시대 : 현대(1971년)
• 제재 : 농무
• 주제 : 산업화에서 소외된 농촌 현실에 대한 농민들의 한(恨)과 분노, 그리고 고뇌 어린 삶
• 특징
① 직설적인 표현으로 화자의 현실 인식을 드러냄.
② 분노가 치미는 상황에 농무를 추는 역설적인 상황이 전개됨.
③ 사건이 전개되는 서사적인 구조
④ 반어법을 통해 분노의 정서를 강조함.
• 구성
– 1~6행 : 공연 후의 음주
– 7~10행 : 장거리에서 농악과 서글픔
– 11~16행 : 농촌 현실에 대한 분노
– 17~20행 : 농무를 통해 울분과 한(恨)의 표출

[작품 정리] **신경림, 〈파장〉**

• 갈래 : 자유시, 서정시
• 시대 : 현대(1970년)
• 제재 : 시골장의 개장과 파장
• 주제 : 황폐해져 가는 농촌 현실을 살아가는 농민들의 애환과 인고의 삶의 모습
• 특징
① 시골장의 개장과 파장이라는 시간적 전개를 활용해 흥겨운 만남에서 울적한 심정을 드러냄.
② 일상적 소재를 통해 농민들의 삶을 진솔하게 표현함.
③ 장터에서 만난 서민들의 모습을 '파장'까지의 시간 경과에 따라 압축적으로 묘사함.
④ '파장' 분위기를 통해 피폐한 농촌에서 살아가는 농민들의 절망감과 삶의 애환을 표현함.

김준태 작가의 대표적인 문학 경향

1980년대

황지우 작가의 대표적인 문학 경향

	김준태	

56. 다음 시의 할머니에게서 얻을 수 있는 삶의 교훈으로 가장 적절한 것은?

2014 지방직 7급

> 산그늘 내린 밭 귀퉁이에서 할머니와 참깨를 턴다.
> 보아 하니 할머니는 슬슬 막대기질을 하지만
> 어두워지기 전에 집으로 돌아가고 싶은 젊은 나는
> 한 번을 내리치는 데도 힘을 더한다.
> 세상사에는 흔히 맛보기가 어려운 쾌감이
> 참깨를 털어내는 일엔 희한하게 있는 것 같다.
> 한 번을 내리쳐도 셀 수 없이
> 쏴아쏴아 쏟아지는 무수한 흰 알맹이들
> 도시에서 십 년을 가차이 살아본 나로선
> 기가 막히게 신나는 일인지라
> 휘파람을 불어가며 몇 다발이고 연이어 털어낸다.
> 사람도 아무 곳에나 한 번만 기분 좋게 내리치면
> 참깨처럼 쏴아쏴아 쏟아지는 것들이
> 얼마든지 있을 거라고 생각하며 정신없이 털다가
> "아가, 모가지까지 털어져선 안 되느니라."
> 할머니의 가엾어하는 꾸중을 듣기도 했다.
>
> 　　　　　　　　　　　　－ 김준태, <참깨를 털면서>

① 지나침을 경계하고 순리를 따라야 한다.
② 자신의 체력을 알고 무리하지 않아야 한다.
③ 다른 대상에 대해 연민의 감정을 가져야 한다.
④ 과거에 연연하지 않고 긍정적으로 살아야 한다.

작품 정리 **김준태, <참깨를 털면서>**

- 갈래 : 자유시, 서정시
- 시대 : 현대(1977년)
- 제재 : 참깨 수확
- 주제 : 순리를 따르는 삶에 대한 깨달음
- 특징
  ① 인물들의 대립적 태도를 통해 바람직한 삶의 가치를 드러냄.
  ② 일상어를 통해 시골 생활의 체험을 형상화함.
  ③ 대조적인 삶의 경험을 통해 인생의 깊은 깨달음을 이야기식으로 표현함.
  ④ 역동적인 의성어를 통해 리듬감과 경쾌감을 드러냄.

	황지우	

57. ㉮, ㉯에 대한 설명으로 가장 적절한 것은?

2017 법원직 9급

> 영화(映畵)가 시작하기 전에 우리는
> 일제히 일어나 애국가를 경청한다.
> 삼천리 화려 강산의
> 을숙도에서 일정한 군(群)을 이루며
> 갈대 숲을 이륙하는 흰 새떼들이
> 자기들끼리 끼룩거리면서 / 자기들끼리 낄낄대면서
> 일렬 이열 삼렬 횡대로 자기들의 세상을
> ㉮이 세상에서 떼어 메고 / 이 세상 밖 어디론가 날아간다.
> 우리도 우리들끼리
> 낄낄대면서 / 깔쭉대면서
> 우리의 대열을 이루며 / 한 세상 떼어 메고
> ㉯이 세상 밖 어디론가 날아갔으면
> 하는데 대한 사람 대한으로 / 길이 보전하세로
> 각각 자기 자리에 앉는다.
> 주저앉는다.
>
> 　　　　　　　　　　－ 황지우, <새들도 세상을 뜨는구나>

① ㉮의 아름다운 모습이 화자가 ㉯를 지향하는 대상을 비웃는 계기가 된다.
② 화자가 ㉯로 지향하는 이유는 ㉮의 획일적이고 강압적인 모습 때문이다.
③ 화자는 ㉮에서의 삶을 지키고 보전하기 위해 ㉯를 잊고 자리에 앉게 된다.
④ ㉯를 향하는 대상은 ㉮에 남아 있는 화자를 부러워한다.

작품 정리 | 황지우, 〈새들도 세상을 뜨는구나〉

• 갈래 : 자유시, 서정시, 참여시
• 시대 : 현대(1983년)
• 제재 : 새
• 주제 : 암울하고 억압적인 현실의 비판과 좌절
• 특징
  ① 냉소적 어조를 토대로 획일적인 현실을 풍자함.
  ② 마지막에 비상하는 '새떼들'과 주저 앉아버리는 '우리'를 대비하여 화자의 좌절감을 강조하고 있음.
  ③ 애국가를 경청하는 '우리'와 자유롭게 비상하는 '흰 새떼들'을 대조하고 있음.
  ④ '삼천리 화려강산'에 반어법이 나와, 암울한 현실을 강조함.
• 구성
  – 1~2행 : 영화 시작 전 애국가의 경청
  – 3~10행 : 자유로운 새떼
  – 11~20행 : 암울한 현실의 이상과 좌절감

이문재 작가의 대표적인 문학 경향

| 이문재 |

58. 윗글의 ㉠~㉢에 대한 이해로 가장 적절한 것은?

2016 교육행정직 9급

산성 눈 내린다
12월 썩은 구름들 아래
㉠ 병실 밖의 아이들은 놀다 간다
성가의 후렴들이 지워지고
산성 눈 하얗게 온 세상 덮고 있다
㉡ 하마터면 아름답다고 말할 뻔했다
캄캄하고 고요하다
그리고 보면 땅이나 하늘
자연은 결코 참을성이 있는 게 아니다
산성 눈 한 뼘이나 쌓인다 폭설이다
당분간은 두절이다
우뚝한 굴뚝, 은색의 바퀴들에
그렇다, 무서운 이 시대의 속도에 치여
㉢ 내 몸과 마음의 서까래
몇 개 소리 없이 내려앉는다

쓰러져 숨 쉬다 보면
실핏줄 속으로 모래 같은 것들 가득
고인다 산성 눈 펑펑 내린다
㉣ 자연은 인간에 대한
기다림을 아예 갖고 있지 않다
펄펄 사람의 죄악이 내린다
하늘은 저렇게 무너지는 것이다

– 이문재, 〈산성 눈 내리네〉

① ㉠ : 밝고 활기찬 미래에 대한 소망을 표상한다.
② ㉡ : 이면의 진실을 은폐하려는 욕망이 드러난다.
③ ㉢ : 현실에 대한 시적 화자의 절망이 시각화되어 있다.
④ ㉣ : 자연을 의인화하여 인간의 조급함을 드러내고 있다.

작품 정리 | 이문재, 〈산성 눈 내리네〉

• 갈래 : 자유시, 생태시
• 시대 : 현대 (2007년)
• 제재 : 산성 눈
• 주제 : 산성 눈에 대한 우려와 현대 문명에 대한 비판
• 특징
  ① 상징적 소재를 활용하여 주제 의식을 드러냄.
  ② 자연을 의인화하여 생태주의적 관점을 드러냄.
  ③ 산성 눈을 통해 인간의 이기적 행위에 대해 경고함.
  ④ 산성 눈을 초래한 환경 파괴의 공포스러운 실상이 드러남.

나희덕 작가의 대표적인 문학 경향

| 나희덕 |

59. ㉠~㉣에 대한 설명으로 가장 적절하지 않은 것은?

2021 소방직

> 너무도 여러 겹의 마음을 가진
> 그 복숭아나무 곁으로
> 나는 왠지 가까이 가고 싶지 않았습니다
> ㉠흰꽃과 분홍꽃을 나란히 피우고 서 있는 그 나무는 아마
> ㉡사람이 앉지 못할 그늘을 가졌을 거라고
> 멀리로 멀리로만 지나쳤을 뿐입니다
> 흰꽃과 분홍꽃 사이에 ㉢수천의 빛깔이 있다는 것을
> 나는 그 나무를 보고 멀리서 알았습니다
> 눈부셔 눈부셔 알았습니다
> 피우고 싶은 꽃빛이 너무 많은 그 나무는
> 그래서 외로웠을 것이지만 외로운 줄도 몰랐을 것입니다
> 그 여러 겹의 마음을 읽는 데 참 오래 걸렸습니다
>
> 흩어진 꽃잎들 어디 먼 데 닿았을 무렵
> ㉣조금은 심심한 얼굴을 하고 있는 그 복숭아나무 그늘에서
> 가만히 들었습니다 저녁이 오는 소리를
>
> — 나희덕, <그 복숭아나무 곁으로>

① ㉠: 외부에서 파악할 수 있는 복숭아나무의 피상적인 모습이다.

② ㉡: 복숭아나무를 바라보는 부정적인 선입견이 드러나 있다.

③ ㉢: 복숭아나무가 가지고 있는 진정한 모습을 드러내고 있다.

④ ㉣: 멀리서도 알아볼 수 있는 복숭아나무의 화려한 모습을 드러내고 있다.

작품 정리 나희덕, ⟨그 복숭아나무 곁으로⟩ (2001)

- 갈래 : 자유시, 서정시
- 성격 : 성찰적, 고백적, 비유적, 여성적
- 제재 : 복숭아나무
- 주제 : 타인을 이해하고 소통하는 마음
- 특징
  ① 경어체를 사용하여 시상을 전개함.
  ② 자연물을 통해 타인과 통합하는 인식의 과정을 보여줌.
  ③ 독백적 어조를 통해 타인의 진정한 모습을 인식하는 과정을 형상화함.
- 해제 : 이 작품은 화자가 복숭아나무에 대한 선입견을 깨고 이해하는 과정을 다루고 있다. 화자는 복숭아나무는 사람이 앉지 못할 그늘을 가졌을 것이라고 생각해 멀리로 지나치지만, 복숭아나무의 여러 겹의 마음을 읽은 후 복숭아나무의 그늘 속으로 들어간다. 화자가 복숭아나무를 이해하고 그늘 속으로 들어가는 것은 타인을 진정으로 이해하는 것을 형상화한 것이다.

60. 다음 시에 대한 설명으로 적절하지 않은 것은?

2014 사회복지직 9급

> 저 아카시아 나무는
> 쓰러진 채로 십 년을 견뎠다
> 몇 번은 쓰러지면서
> 잡목 숲에 돌아온 나는 이제
> 쓰러진 나무의 향기와
> 살아 있는 나무의 향기를 함께 맡는다
> 쓰러진 아카시아를
> 제 몸으로 받아 낸 떡갈나무,
> 사람이 사람을
> 그처럼 오래 껴안을 수 있으랴
> 잡목 숲이 아름다운 건
> 두 나무가 기대어 선 각도 때문이다
> 아카시아에게로 굽어져 간 곡선 때문이다
> 아카시아의 죽음과
> 떡갈나무의 삶이 함께 피워 낸
> 저 연초록빛 소름,
> 십년 전처럼 내 팔에도 소름이 돋는다
>
> — 나희덕, 〈쓰러진 나무〉

① 홀로 존재하는 의연한 자연을 찬미하고 있다.
② 오늘날 현대인의 이기적인 모습을 되돌아보고 있다.
③ 다른 사람을 향한 고귀한 사랑과 희생을 노래하고 있다.
④ 주제를 부각하려고 자연과 인간의 모습을 대비시키고 있다.

61. ㉠의 표현 의도로 가장 적절한 것은?

2018 기상직 9급

> 산 너머 고운 노을을 보려고
> 그네를 힘차게 차고 올라 발을 굴렀지
> 노을은 끝내 어둠에게 잡아먹혔지
> 나를 태우고 날아가던 그넷줄이
> 오랫동안 삐걱삐걱 떨고 있었어
>
> 어릴 때는 나비를 쫓듯
> 아름다움에 취해 땅끝을 찾아갔지
> 그건 아마도 끝이 아니었을지 몰라
> 그러나 살면서 몇 번은 땅 끝에 서게도 되지
> 파도가 끊임없이 땅을 먹어 들어오는 막바지에서
> 이렇게 뒷걸음질 치면서 말야
> 살기 위해서는 이제
> 뒷걸음질만이 허락된 것이라고
> 파도가 아가리를 쳐들고 달려드는 곳
> 찾아 나선 것도 아니었지만
> 끝내 발 디디며 서 있는 땅의 끝,
> 그런데 이상하기도 하지
> 위태로움 속에 아름다움이 스며 있다는 것이
> 땅끝은 늘 젖어 있다는 것이
> ㉠그걸 보려고
> 또 몇 번은 여기에 이르리라는 것이
>
> — 나희덕, 〈땅끝〉

① 자신에 대한 연민을 드러낸다.
② 과거로 회귀하고 싶은 열망을 보여준다.
③ 고난과 고통의 연속인 삶의 고단함을 강조한다.
④ 다시 절망이 와도 굴하지 않겠다는 의지를 드러낸다.

작품 정리 | 나희덕, 〈쓰러진 나무〉

• 갈래 : 자유시, 서정시
• 시대 : 현대 (2002년)
• 제재 : 산성 눈
• 주제 : 아카시아를 떠받치고 있는 떡갈나무에서 느끼는 사랑과 희생
• 특징
  ① 후각적 이미지를 활용하여 시상을 전개함.
  ② 나무의 희생을 통해 인간 사회에 대한 비판적 시각을 드러냄.
  ③ 유사한 통사구조를 반복하여 운율감을 드러냄.
  ④ 화자의 감동을 '소름'이라는 구체적 이미지로 형상화함.

작품 정리 | 나희덕, 〈땅끝〉

• 갈래 : 자유시, 서정시
• 성격 : 역설적, 사색적, 회상적
• 제재 : 땅끝
• 주제 : 절망 끝에 깨달은 삶의 아름다움과 희망
• 특징
  ① 역설법(위태로움 속에 아름다움이 스며 있다)을 통해 대상에 대한 태도 변화를 보여 줌.
  ② 과거 회상으로 시상을 전개함.
  ③ 감각적 이미지를 통해 주제를 강조함.
• 출전 : 《그 말이 잎을 물들였다》(1994)

문태준 작가의 대표적인 문학 경향

| 문태준 |

62. 다음 작품에 대한 설명으로 가장 적절하지 않은 것은?

2019 경찰직 1차

> 산수유나무가 노란 꽃을 터트리고 있다
> 산수유나무는 그늘도 노랗다
> 마음의 그늘이 옥말려든다고 불평하는 사람들은 보아라
> 나무는 그늘을 그냥 드리우는 게 아니다
> 그늘 또한 나무의 한 해 농사
> 산수유나무가 그늘 농사를 짓고 있다
> 꽃은 하늘에 피우지만 그늘은 땅에서 넓어진다
> 산수유나무가 농부처럼 농사를 짓고 있다
> 끌어모으면 벌써 노란 좁쌀 다섯 되 무게의 그늘이다

① 그늘을 나무가 짓는 농사로 본 참신한 발상이 돋보이는 작품이다.

② 사전에 나오지 않는 어휘를 사용하여 여러 의미를 함축적으로 나타내는 효과를 준다.

③ 다른 존재에게 편안함을 제공하는 그늘은 나무가 자라면서 저절로 드리워지는 것이다.

④ 마음의 그늘이 옥말려든다고 불평하는 사람들과 산수유나무가 대비되고 있다.

작품 정리 | 문태준, 〈산수유나무의 농사〉

• 성격 : 상징적, 자연적
• 제재 : 산수유나무의 그늘
• 주제 : 산수유나무의 그늘이 주는 배려와 평안함
• 특징
① 자연물을 보는 참신한 발상이 드러남.
② 산수유나무의 넓은 그늘과 사람들의 좁은 마음의 그늘을 대조하여 베풀 줄 모르는 우리를 반성하게 한다.

| 복합 지문 |

63. (가), (나)에 대한 감상으로 옳지 않은 것은?

2023 국회직 9급

> 오늘 저녁 이 좁다란 방의 흰 바람벽에
> 어쩐지 쓸쓸한 것만이 오고 간다
> 이 흰 바람벽에
> 희미한 십오촉 전등이 지치운 불빛을 내어던지고
> 때글은 다 낡은 무명샤쯔가 어두운 그림자를 쉬이고
> 그리고 또 달디단 따끈한 감주나 한잔 먹고 싶다고
> 생각하는 내 가지가지 외로운 생각이 헤매인다
> 그런데 이것은 또 어인 일인가
> 이 흰 바람벽에
> 내 가난한 늙은 어머니가 있다
> 내 가난한 늙은 어머니가
> 이렇게 시퍼러둥둥하니 추운 날인데 차디찬 물에 손은 담그고 무이며 배추를 씻고 있다
> 또 내 사랑하는 사람이 있다
> 내 사랑하는 어여쁜 사람이
> 어늬 먼 앞대 조용한 개포가의 나즈막한 집에서
> 그의 지아비와 마조 앉어 대구국을 끓여놓고 저녁을 먹는다
> 벌써 어린것도 생겨서 옆에 끼고 저녁을 먹는다
> 그런데 또 이즈막하야 어느 사이엔가
> 이 흰 바람벽엔
> 내 쓸쓸한 얼골을 쳐다보며
> 이러한 글자들이 지나간다

> (가) 나는 이 세상에서 가난하고 외롭고 높고 쓸쓸하니 살어가도록 태어났다
> 그리고 이 세상을 살어가는데
> 내 가슴은 너무도 많이 뜨거운 것으로 호젓한 것으로 사랑으로 슬픔으로 가득찬다
>
> 그리고 이번에는 나를 위로하는 듯이 나를 울력하는 듯이
> 눈질을 하며 주먹질을 하며 이런 글자들이 지나간다

> (나) 하눌이 이 세상을 내일 적에 그가 가장 귀해하고 사랑하는 것들은 모두
> 가난하고 외롭고 높고 쓸쓸하니 그리고 언제나 넘치는 사랑과 슬픔 속에 살도록 만드신 것이다

초생달과 바구지꽃과 짝새와 당나귀가 그러하듯이
그리고 또 '프랑시쓰 쨈'과 '도연명'과 '라이넬
마리아 릴케'가 그러하듯이

– 백석, <흰 바람벽이 있어>

① (가), (나)는 화자의 생각을 정서적으로 표현한 것이다.
② (가)의 글자는 (나)에 비해 화자의 내적 독백에 치우쳐 있다.
③ (나)는 (가)의 반복이면서 심화된 정서를 담고 있다.
④ (나)에는 화자와 동일시하는 대상이 나타나 있다.
⑤ (나)에는 (가)와 달리 화자의 운명을 이겨내고자 하는 의지가 드러난다.

작품 정리 | 백석, <흰 바람벽이 있어> (1941)

- 갈래: 자유시, 서정시
- 성격: 회고적, 의지적
- 제재: 타향에서의 고단한 삶
- 주제: 고단한 삶 속에서도 고결함을 잃지 않으려는 삶의 자세
- 특징
  ① 화자의 내면 풍경과 삶에 대한 성찰의 자세를 형상화하여 표현함.
  ② 감각적 이미지를 사용하여 화자의 정서를 구체적으로 드러냄.
  ③ 의식의 흐름에 따라 시상이 전개됨.
- 해제: 이 작품은 백석이 1941년에 발표한 시이며, 시적 화자는 흰 바람벽에 비친 내면 풍경을 통해 자신의 삶을 성찰하고 그리운 대상을 떠올린다. 이를 통해 어려운 현실을 운명론적으로 수용하려는 화자의 태도와 의지를 드러내고 있으며, 이 작품에서 '흰 바람벽'은 화자의 내면을 비추는 성찰의 매개체 역할을 한다.

64. (가)와 (나)에 대한 설명으로 가장 적절한 것은?

2021 법원직 9급

(가) 동방은 하늘도 다 끝나고
　　비 한 방울 내리잖는 그 땅에도
　　오히려 꽃은 발갛게 피지 않는가
　　내 목숨을 꾸며 쉬임 없는 날이여

　　북(北)쪽 툰드라에도 찬 새벽은
　　눈 속 깊이 꽃맹아리가 옴작거려
　　제비 떼 까맣게 날아오길 기다리나니
　　마침내 저버리지 못할 약속(約束)이여!

　　한바다 복판 용솟음치는 곳
　　바람결 따라 타오르는 꽃성(城)에는
　　나비처럼 취(醉)하는 회상(回想)의 무리들아
　　오늘 내 여기서 너를 불러 보노라

– 이육사, <꽃>

(나) 파란 녹이 낀 구리거울 속에
　　내 얼굴이 남아 있는 것은
　　어느 왕조(王朝)의 유물(遺物)이기에
　　이다지도 욕될까.
　　나는 나의 참회(懺悔)의 글을 한 줄에 줄이자.
　　―만 이십사 년 일 개월을
　　무슨 기쁨을 바라 살아왔던가

　　내일이나 모레나 그 어느 즐거운 날에
　　나는 또 한 줄의 참회록(懺悔錄)을 써야 한다.
　　―그때 그 젊은 나이에
　　왜 그런 부끄런 고백(告白)을 했던가

　　밤이면 밤마다 나의 거울을
　　손바닥으로 발바닥으로 닦아 보자

　　그러면 어느 운석(隕石) 밑으로 홀로 걸어가는
　　슬픈 사람의 뒷모양이
　　거울 속에 나타나 온다.

– 윤동주, <참회록>

① (가)는 (나)와 달리 고백적 어조를 통한 화자의 성찰이 드러난다.
② (가)와 (나)는 색채를 나타내는 시어를 통한 시각적 심상이 드러난다.
③ (가)와 (나)는 시구의 반복을 통해 화자의 감정이 고조됨을 드러내고 있다.
④ (나)는 (가)와 달리 영탄적 어조를 사용하여 화자의 정서를 드러내고 있다.

작품 정리 | 이육사, 〈꽃〉(1945)

• 갈래 : 자유시, 서정시
• 성격 : 상징적, 의지적, 영탄적
• 제재 : 꽃
• 주제 : 독립에 대한 기다림
• 특징
  ① 자연 현상을 통해 독립에 대한 소망을 상징적으로 드
     러냄.
  ② 상반되는 이미지의 시어를 활용하여 주제를 드러냄.
• 해제 : 이 작품은 어려운 현실 속에서도 꽃이 피어날 것을
        확신하는 화자의 의지를 표현한 것이다. 비가 오지
        않는 북쪽 툰드라의 척박한 상황에서도 화자는 봄
        이 오면 꽃이 필 것이라고 믿는다. 꽃은 조국의 광
        복을 상징하는 소재로 새로운 생명이라는 표면적
        의미와 더불어 우리 민족의 자유롭고 희망찬 미래
        를 상징한다.

작품 정리 | 윤동주, 〈참회록〉

• 갈래 : 자유시, 서정시
• 시대 : 근대 (1942년)
• 제재 : 부끄러운 삶 참회
• 주제 : 자기 성찰을 통한 순결성 추구
• 특징
  ① 구리거울(자기 성찰의 매개체), 밤 등의 상징적 시어를
     사용함.
  ② 시간의 이동에 따라 시상을 전개함.
  ③ 1인칭 독백체의 형식을 취함.
  ④ 자신이 처한 현실을 극복하고자 하는 미래 지향적인
     태도가 드러남.
  ⑤ 거울의 상징성을 통해 치열한 자기 성찰의 모습을 보
     여줌.

※ 다음 글을 읽고 물음에 답하시오.

(가) ㉠ⓐ 풀이 눕는다.
비를 몰아오는 ⓑ 동풍에 나부껴
풀은 눕고
드디어 울었다.
날이 흐려서 더 울다가
다시 누웠다.

풀이 눕는다.
바람보다도 더 빨리 눕는다.
바람보다도 더 빨리 울고
ⓒ 바람보다 먼저 일어난다.

날이 흐리고 풀이 눕는다.
발목까지
ⓓ 발밑까지 눕는다.
바람보다 늦게 누워도
바람보다 먼저 일어나고
바람보다 늦게 울어도
바람보다 먼저 웃는다.
날이 흐리고 풀뿌리가 눕는다.

― 김수영, 〈풀〉

(나) ㉡ 해야 솟아라. ⓐ 해야 솟아라. 말갛게 씻은 얼굴 고
운 해야 솟아라. 산 넘어 산 넘어서 어둠을 살라 먹고,
산 넘어서 밤새도록 어둠을 살라 먹고, 이글이글 애띤
얼굴 고운 해야 솟아라.

달밤이 싫여, 달밤이 싫여, 눈물 같은 ⓑ 골짜기에 달밤이
싫여, 아무도 없는 뜰에 달밤이 나는 싫여……

해야, 고운 해야. 네가 오면 네가사 오면 나는 나는 ⓒ
청산(靑山)이 좋아라. 훨훨훨 깃을 치는 청산이 좋아
라. 청산이 있으면 홀로라도 좋아라.

사슴을 따라 사슴을 따라, ⓓ 양지(陽地)로 양지로 사
슴을 따라, 사슴을 만나면 사슴과 놀고.

칡범을 따라 칡범을 따라, 칡범을 만나면 칡범과 놀고……

해야, 고운 해야. 해야 솟아라. 꿈이 아니래도 너를 만
나면, 꽃도 새도 짐승도 한자리 앉아 워어이 워어이
모두 불러 한 자리 앉아, 애띠고 고운 날을 누려 보리라.

― 박두진, 〈해〉

65. (가)의 밑줄 친 ⓐ~ⓓ의 의미로 가장 적절하지 않은 것은?

2014 경찰 2차

① ⓐ은 풀의 나약하고 수동적인 측면을 묘사한 것이다.
② ⓑ은 봄바람으로 풀의 조언자를 의미한다.
③ ⓒ은 풀의 강인함을 나타낸 것이다.
④ ⓓ은 풀이 더 심하게 밑둥까지 쓰러져 눕는다는 뜻이다.

66. ㉠과 ㉡을 비교하여 이해한 내용으로 가장 옳은 것은?

2020 법원직 9급

① ㉠과 ㉡은 화자가 처한 부정적 현실을 상징하는 시어다.
② ㉠과 ㉡은 화자가 가치 있는 대상으로 여기는 의인화된 대상이다.
③ ㉠은 ㉡과 달리 화자가 과거를 회상하고 성찰하게 만든다.
④ ㉡은 ㉠과 달리 화자의 부정적 현실 인식을 긍정적으로 변화시킨다.

---

67. (가), (나)에 모두 적용될 수 있는 설명으로 가장 적절한 것은?

2014 법원직 9급

> (가) 벌레 먹은 두리 기둥, 빛 낡은 단청(丹靑), 풍경(風磬) 소리 날러간 추녀 끝에는 산새도 비둘기도 둥주리를 마구 쳤다. 큰 나라 섬기다 거미줄 친 옥좌(玉座) 위엔 여의주(如意珠) 희롱하는 쌍룡(雙龍) 대신에 두 마리 봉황새를 틀어 올렸다. 어느 땐들 봉황이 울었으랴만, 푸르른 하늘 밑 추석(甃石)을 밟고 가는 나의 그림자. 패옥(佩玉) 소리도 없었다. 품석(品石) 옆에서 정일품(正一品), 종구품(從九品) 어느 줄에도 나의 몸 둘 곳은 바이 없었다. 눈물이 속된 줄을 모를 양이면 봉황새야 구천(九天)에 호곡(呼哭)하리라.
> – 조지훈, 〈봉황수〉
>
> (나) 나는 떠난다. 청동(靑銅)의 표면에서
> 일제히 날아가는 진폭(振幅)의 새가 되어
> 광막한 하나의 울음이 되어 / 하나의 소리가 되어.
>
> 인종(忍從)은 끝이 났는가.
> 청동의 벽에 / '역사'를 가두어 놓은
> 칠흑의 감방에서.
>
> 나는 바람을 타고 / 들에서는 푸름이 된다.
> 꽃에서는 웃음이 되고 / 천상에서는 악기가 된다.
>
> 먹구름이 깔리면 / 하늘의 꼭지에서 터지는
> 뇌성(雷聲)이 되어 / 가루 가루 가루의 음향이 된다.
> – 박남수, 〈종소리〉

① 대상을 의인화하여 표현하였다.
② 역사적 현실에 대한 체험을 표현하였다.
③ 과거의 반성을 통하여 미래를 제시하였다.
④ 전통적 리듬을 변용하여 새로운 리듬을 창조하였다.

작품 정리 | 김수영, 〈풀〉

· 갈래 : 자유시, 주지시, 참여시
· 시대 : 현대(1968년)
· 제재 : 풀
· 주제 : 민중들의 끈질긴 생명력
· 특징
  ① 시상을 대립적으로 전개하여 주제를 강조함.
  ② 대구법과 반복법을 통해 운율감을 형성함.
  ③ 상징적인 의미를 가진 시어를 통해 주제를 나타냄.

작품 정리 | 박두진, 〈해〉

· 갈래 : 산문시, 서정시
· 성격 : 미래 지향적, 상징적
· 제재 : 해
· 주제 : 이상향(화합과 조화)의 세계를 소망함
· 특징
  ① '빛'과 '어둠'의 대립적 이미지를 통해 주제를 강조함.
  ② 상징을 통해 화합에 대한 강렬한 소망을 표현함.
  ③ 의인법을 통해 친근감을 드러냄.

작품 정리 | 조지훈, 〈봉황수〉

· 갈래 : 산문시
· 성격 : 우국적, 전통적
· 제재 : 망한 고궁
· 주제 : 망국(亡國)의 비애
· 특징
  ① 시적 화자의 정서를 봉황새에 이입함.
  ② 선경후정(先景後情)으로 시상을 전개함.
  ③ 사대주의에 대한 화자의 비판 의식이 드러남.
· 출전 : 《문장》(1940)

작품 정리 | 박남수, 〈종소리〉

앞에 수록됨(p. 38)

03 Chapter 소설 이론

출종포 정리하기 ❶ 소설의 서술자와 시점(視點)

관련 교재 ⓨ 족집게 적중노트 p. 140~145
기 출종포 문학 p. 111~114

1. 개념
서술자의 관점, 시각

2. 종류

(1) 1인칭 주인공 시점
① 개념 : 작품 속 주인공인 서술자 '나'가 자신의 내면까지 서술함.

② 특징
- 주인공의 내면 심리가 자세하게 서술됨.
- 독자에게 친근감을 줌.
- 주인공과 서술자의 거리가 가장 가까움.

(2) 1인칭 관찰자 시점
① 개념 : 작품 속 관찰자인 서술자 '나'가 주인공이 처한 사건을 관찰하여 독자들에게 전달함.

② 특징
- 주인공의 내면 심리에 대해 자세히 알기 힘듦.
- 독자의 상상력을 자극함.

(3) 3인칭 전지적 작가 시점
① 개념 : 작품 밖 전지전능한 서술자가 사건의 모든 것을, 인물들의 내면까지도 독자들에게 전달함.

② 특징
- 독자의 능동적인 해석이 제한될 수 있다.
- 편집자적 논평(＝서술자의 개입)이 드러날 수 있다.

> 편집자적 논평이란 전지적인 서술자가 인물이나 사건에 개입하여 자신의 주관적인 감정이나 판단을 작품 전면에 드러내는 것이다.
>
> 예 "길동이 재배 하직하고 문을 나매, 운산(雲山) 첩첩(疊疊)하여 지향(指向)없이 행(行)하니 어찌 가련(可憐)하지 아니하리오."
> ― 허균, 〈홍길동전〉

- 대부분의 고전 소설에 나타난다.

(4) 3인칭 관찰자 시점
① 개념 : 작품 밖 능력 없는 서술자가 인물의 대화와 행동만 독자들에게 전달함.

② 특징
- 주관을 배제하고 객관적인 사실만 전달함.
- 서술자와 인물의 거리가 가장 멂.
- 독자의 상상력을 자극함.

소설의 시점

01. 다음 글의 시점에 대한 설명으로 적절한 것은?

2021 지역인재 9급

집에 오니 어머니는 문간에서 기다리고 있다가 나를 안고 들어왔습니다.

"그 꽃은 어디서 났니? 퍽 곱구나."

하고 어머니가 말씀하셨습니다. 그러나 나는 갑자기 말문이 막혔습니다. '이걸 엄마 드릴라구 유치원서 가져왔어.'

하고 말하기가 어째 몹시 부끄러운 생각이 들었습니다. 그래 잠깐 망설이다가,

"응, 이 꽃! 저, 사랑 아저씨가 엄마 갖다주라구줘."

하고 불쑥 말하였습니다. 그런 거짓말이 어디서 그렇게툭 튀어나왔는지 나도 모르지요.

꽃을 들고 냄새를 맡고 있던 어머니는 내 말이 끝나기가 무섭게 무엇에 몹시 놀란 사람처럼 화닥닥하였습니다. 그러고는 금시에 어머니 얼굴이 그 꽃보다 더 빨갛게 되었습니다. 그 꽃을 든 어머니 손가락이 파르르 떠는 것을 나는 보았습니다. 어머니는 무슨 무서운 것을 생각하는 듯이 방 안을 휘 한번 둘러보시더니,

"옥희야, 그런 걸 받아 오문 안 돼."

하고 말하는 목소리는 몹시 떨렸습니다. 나는 꽃을 그렇게도 좋아하는 어머니가 이 꽃을 받고 그처럼 성을낼 줄은 참으로 뜻밖이었습니다. 어머니가 그렇게도 성을 내는 것을 보니까 그 꽃을 내가 가져왔다고 그러지 않고 아저씨가 주더라고 거짓말을 한 것이 참 잘되었다고 나는 속으로 생각하였습니다. 어머니가 성을 내는 까닭을 나는 모르지만 하여튼 성을 낼 바에는 내게 내는 것보다 아저씨에게 내는것이 내게는 나았기 때문입니다. 한참 있더니 어머니는 나를 방 안으로 데리고 들어와서,

"옥희야, 너 이 꽃 이 얘기 아무보구두 하지 말아라, 응."하고 타일러 주었습니다. 나는,

"응."

하고 대답하면서 고개를 여러 번 까닥까닥하였습니다.

어머니가 그 꽃을 곧 내버릴 줄로 나는 생각하였습니다마는 내버리지 않고 꽃병에 꽂아서 풍금 위에 놓아두었습니다. 아마 퍽 여러 밤 자도록 그 꽃은 거기 놓여 있어서 마지막에는 시들었습니다. 꽃이 다 시들자 어머니는 가위로 그 대는 잘라 내버리고 꽃만은 찬송가 갈피에 곱게 끼워 두었습니다.

— 주요섭, 〈사랑손님과 어머니〉에서

① 주인공이 자신의 이야기를 하면서 다른 인물의 심리도 함께 서술한다.

② 서술자가 작품 외부에서 사건을 서술하여 인물의 내면까지 파악하고 있다.

③ 작품 밖의 서술자가 자신의 주관을 배제하고 객관적인사건을 서술하고 있다.

④ 이야기 속 인물이 서술자가 되어 주인공을 관찰하는 방식으로 서사가 전개되고 있다.

작품 정리 **주요섭, 〈사랑손님과 어머니〉**

- 갈래 : 단편소설
- 성격 : 서정적, 심리적
- 배경
  ① 시간 : 1930년대
  ② 공간 : 어느 마을
- 시점 : 1인칭 관찰자 시점
- 주제 : 봉건적 윤리 의식과 자유 연애 사상 사이에서 갈등하는 모습을 통해 1930년대 시대적 상황을 드러냄.
- 특징
  ① 화자가 어린이기 때문에 심리적 거리를 조정했으며, 적절히 인물들의 감정을 감춤.
  ② 신빙성 없는 화자 : 지적 수준이나 성숙도가 낮은 사람이 화자로 나오는 것으로 보통 나이가 어린 사람이 화자로 등장한다. 이 경우에는 독자들은 서술자의 전달을 100프로 신뢰할 수 없으므로 의혹을 가지게 되거나, 적극적인 상상력을 동원한다.
- 줄거리 : 우리 집에서 나('옥희')는 과부인 어머니와 함께 살고 있었는데, 작고하신 부친의 친구였던 아저씨가 하숙을 하게 되었다. 아저씨는 사랑에서 지내셨으며 나와 금방 친해졌다. 나는 그런 아저씨가 아버지가 되길 바라는 마음에, 아저씨에게 그 말을 건넸더니 아저씨는 부끄러워하며 그런 말 하지 말라고 하셨다. 또한 어머니에게 꽃을 아저씨가 갖다 주라고 하였다며 주었을 때는 어머니의 얼굴도 붉어진다. 나는 잘은 모르지만 어머니와 아저씨 모두 깊은 시름에 빠진 것을 느끼고, 얼마 뒤 어머니가 편지를 넣은 손수건을 아저씨에게 전하고 나서 아저씨가 집을 떠나게 된다. 나는 어머니와 뒷동산에서 아저씨가 타고 갈 기차를 바라본다. 아저씨가 떠난 후 어머니의 풍금 뚜껑은 다시 닫히게 되고, 찬송가의 책갈피에 꽂혀 있던 마른 꽃송이도 버려지게 되며, 매일 사던 달걀도 이제 더는 사지 않게 된다.

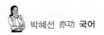

02. 다음 글과 화자의 시점이 가장 유사한 것은?

2020 해경

> 복녀의 송장은 사흘이 지나도록 무덤으로 못 갔다. 왕 서방은 몇 번을 복녀의 남편을 찾아갔다. 복녀의 남편도 때때로 왕 서방을 찾아갔다. 둘의 새에는 무슨 교섭하는 일이 있었다. 사흘이 지났다. 밤중에 복녀의 시체는 왕 서방의 집에서 남편의 집으로 옮겼다.
>
> 그리고 그 시체에는 세 사람이 둘러앉았다. 한 사람은 복녀의 남편, 한 사람은 왕 서방, 또 한 사람은 어떤 한방 의사. 왕 서방은 말없이 돈주머니를 꺼내어, 십 원짜리 지폐 석 장을 복녀의 남편에게 주었다. 한방의의 손에도 십 원짜리 두장이 갔다.
>
> 이튿날 복녀는 뇌일혈로 죽었다는 한방의의 진단으로 공동묘지로 가져갔다.
>
> — 김동인, <감자>

① 단발머리를 나풀거리며 소녀가 막 달린다. 갈밭 사잇길로 들어섰다. 뒤에는 청명한 가을 햇살 아래 빛나는 갈꽃뿐.
　　　　　　　　　　　　　— 황순원, <소나기>

② 어머니가 그 꽃을 곧 내버릴 줄로 나는 생각했습니다마는 내버리지 않고 꽃병에 꽂아서 풍금 위에 놓아두었습니다.
　　　　　　　　— 주요섭, <사랑손님과 어머니>

③ 나는 다시 닭을 잡아다가 가두고 염려는 스러우나 그렇다고 산으로 나무를 하러 가지 않을 수도 없는 형편이었다.
　　　　　　　　　　　　　— 김유정, <동백꽃>

④ 그날 밤에도 몹시 추웠다. 우리는 문을 꼭꼭 닫고 문틈을 헝겊으로 막고 이불을 둘씩 덮고 꼭꼭 붙어서 일찍 잤다.
　　　　　　　　　　　　　— 전영택, <화수분>

⑤ 노인을 안고 있는 농부도, 대학생도, 쭈그려 앉은 아낙네들도, 서울 여자도, 머플러를 쓴 춘심이도 저마다의 손바닥들을 불빛 속에 적셔 두고 망연한 시선을 난로 위에 모은 채 모두들 아무 말도 하지 않았다.
　　　　　　　　　　　　　— 임철우, <사평역>

⑥ 초봉이는 아궁이 앞에 앉아 지금 방에서 어머니와 아버지가 하고 있는 그 이야기가 어떻게 돼가는가 해서 궁금히 생각을 하고 있는데, 삐그럭 중문 소리에 연달아 뚜벅뚜벅 무거운 구두 소리가 들린다.
　　　　　　　　　　　　　— 채만식, <탁류>

03. <보기>에 쓰인 시점에 대한 설명으로 가장 적절한 것은?

2015 기상직 7급

─ (보기) ─

> 명화는 눈을 뜨자마자 반사적으로 휴대폰부터 찾는다. 사실, 그 휴대폰이야말로 명화의 목숨줄이나 다름없다. 잠을 자면서도 명화는 휴대폰을 손에 쥐고 잠드는 버릇이 있다. 언제라도 벨이 울리면 명화는 반사적으로 눈이 떠진다. 명화는 이곳, 가리봉동 조선족의 노래방들에서는 거의 카수로 통했다. 밤이면 이 노래방 저 노래방에서 명화에게 연락이 왔다. 노래방뿐만이 아니었다. 이따금 '소라'나 '민들레'에서도 휴대폰을 통해 아르바이트 제의가 들어오고는 했다. 그러니 명화에게 휴대폰은 없어서는 안 될 생계 수단이 되어주고 있는 것이다. 휴대폰에 새겨진 시간은 오전 10시다. 밤에만 불기가 들어오는 이 여인숙은 이 시간쯤이면 벌써 방바닥의 온기가 거의 사라진다.
>
> 눈은 떠졌지만 명화는 도통 일어날 수가 없다. 몸이 찌뿌드드하고 무거운 것이 아무래도 어젯밤 무리를 하긴 한 모양이다. 목울대 부분이 따끔거리고 아프다. 고질인 편도선이 또 부은 것이 틀림없다. 으슬으슬 춥고 사지가 꼭 누구한테 작신 얻어맞기라도 한 것처럼 욱신거린다. 이럴 때는 병원에 가서 주사 한 대만 맞으면 직방일 텐데, 그 돈조차도 아까워 명화는 그냥 가만히 누워만 있다. 누워 있으면 이상하게 지금 남편이 아닌 옛날 남편 생각이 난다. 지금 남편인 전라도 촌구석 사내 김기석이 얼굴은 안 떠올라도 흑룡강 해림에 두고 온 전 남편 용철이가 생각나는 것이다. 그 용철이와의 사이에 낳았던 아기 생각도 난다. 제 딸 향미한테 못되게 굴지는 않을까. 향미는 얼마나 컸을까. 향미 새엄마 되는 여자는 남편이 한국으로 돈 벌러 간 사이에 명화 남편 용철이와 일을 저질러 버린 터였다.
>
> — 공선옥, <가리봉 연가>

① 서술자가 외부적인 관찰자의 위치에서 서술하는 방법으로 인물과 대상을 객관적으로 묘사할 수 있다.

② 작품 밖의 서술자가 인물의 심리와 태도를 상세히 알려준다.

③ 주인공이 자신의 이야기를 하는 시점으로 인물의 내면을 효과적으로 드러내준다.

④ 작품에 등장하는 부수적 인물 '나'가 주인공의 이야기를 서술하는 시점으로 긴장감을 자아내는 효과를 발휘한다.

소설의 서술상의 특징

04. 다음 글에 대한 이해로 가장 적절한 것은?

2020 지역인재 9급

> 달밤이었으나 어떻게 해서 그렇게 됐는지 지금 생각해도 도무지 알 수 없었다.
> 허 생원은 오늘 밤도 또 그 이야기를 끄집어내려는 것이다. 조 선달은 친구가 된 이래 귀에 못이 박히도록 들어왔다. 그렇다고 싫증을 낼 수도 없었으나 허 생원은 시치미를 떼고 되풀이할 대로는 되풀이하고야 말았다.
> "달밤에는 그런 이야기가 격에 맞거든."
> 조 선달 편을 바라는 보았으나 물론 미안해서가 아니라 달빛에 감동하여서였다. 이지러는 졌으나 보름을 가제 지난 달은 부드러운 빛을 흐붓이 흘리고 있다. 대화까지는 칠십 리의 밤길, 고개를 둘이나 넘고 개울을 하나 건너고 벌판과 산길을 걸어야 된다. 달은 지금 긴 산허리에걸려있다. 밤중을 지난 무렵인지 죽은 듯이 고요한속에서짐승 같은 달의 숨소리가 손에 잡힐 듯이 들리며, 콩포기와옥수수 잎새가 한층 달에 푸르게 젖었다. 산허리는온통메밀밭이어서 피기 시작한 꽃이 소금을 뿌린 듯이흐뭇한달빛에 숨이 막힐 지경이다. 붉은 대궁이 향기같이애잔하고 나귀들의 걸음도 시원하다. 길이 좁은 까닭에세사람은나귀를 타고 외줄로 늘어섰다. 방울 소리가 시원스럽게딸랑딸랑 메밀밭께로 흘러간다. 앞장선 허 생원의이야기소리는 꽁무니에 선 동이에게는 확적히는 안들렸으나, 그는 그대로 개운한 제멋에 적적하지는 않았다.

— 이효석, 〈메밀꽃 필 무렵〉

① 특정 소재를 활용하여 인물 간의 갈등 관계를 드러내고 있다.

② 이야기 속 인물을 서술자로 하여 사건의 현실감이 강화되고 있다.

③ 배경에 대한 세밀한 묘사를 통해 공간적 분위기가 강조되고 있다.

④ 자연물에 대한 비유적인 표현을 통해 사건의 비극성을 암시하고 있다.

작품 정리 | 이효석, 〈메밀꽃 필 무렵〉

- 갈래 : 단편소설, 순수 소설
- 성격 : 낭만적, 탐미적, 시적(서정적)
- 배경
  ① 시간 : 1920년대 어느 여름밤
  ② 공간 : 봉평에서 대화까지의 메밀꽃 핀 달밤의 산길
- 시점 : 1인칭 주인공 시점
- 주제 : 장돌뱅이의 인생 유전과 인연, 인간 본연의 애정 문제
- 특징
  ① 과거의 시간과 현재의 시간이 교차함.
  ② 이중적 구성을 가짐. (허 생원이 회상하는 과거의 추억, 등장인물들이 봉평 장에서 대화 장으로 옮겨가는 현재)
  ③ 사실적이고 감각적인 배경 묘사가 소설 전체의 분위기를 지배함.
- 줄거리 : 봉평장에서 장사가 잘 안 풀려서 심통이 난 '왼손잡이' 허 생원은 조 선달의 끌림을 받아 충줏집으로 간다. 거기서 젊은 장돌뱅이 '동이'를 만나고, 낮부터 술집에서 시간을 보내는 '동이'가 눈엣가시처럼 거슬려 '동이'를 때린다. 그런데 나중에 '동이'가 허 생원에게 나귀가 도망갔다고 알려주고, 허 생원은 '동이'에 대한 생각이 조금 바뀐다. 나귀를 끌고 다음 장터로 가는 길에, 달빛 아래 흐드러지게 핀 메밀꽃을 보며 허 생원은 조 선달에게 옛이야기를 꺼낸다. 돈을 많이 번 적이 있었는데 도박으로 다 날렸고, 여자와도 인연이 없었다고 한다. 그런데 어느 메밀꽃이 핀 여름밤, 목욕하러 개울가에 갔다가 빚쟁이를 피해 도망치는 성 서방네 처녀를 만나 그녀와 관계를 맺게 되었고, 다음 날 처녀는 가족과 함께 사라졌다는 것이다. 이야기를 끝낸 허 생원은 '동이'가 편모와 살고 있음을 알게 되고, 나귀 등에서 떨어져 물에 빠졌을 때 '동이'가 구해준다. 허 생원은 '동이'의 어머니 고향이 봉평이라는 것과 '동이'가 자신처럼 왼손잡이라는 것을 알고 깊은 연민을 느낀다.

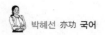

05. 다음 중 아래 글의 내용에 대한 설명으로 가장 적절한 것은?

2022 군무원 7급

> 인제 모든 것은 끝나는 것이다. 얼음장처럼 밑이 차다. 아무 생각도 없다. 전신의 근육이 감각을 잃은 채 이따금 경련을 일으킨다. 발자국 소리가 난다. 말소리도, 시간이 되었나 보다. 문이 삐그더거리며 열리고, 급기야 어둠을 헤치고 흘러 들어오는 광선을 타고 사닥다리가 내려올 것이다. 숨죽인 채 기다린다. 일순간이 지났다. 조용하다. 아무런 동정도 없다. 어쩐 일일까?
>
> ―몽롱한 의식의 착오 탓인가. 확실히 구둣발 소리다. 점점 가까워 오는―정확한―
>
> 그는 몸을 일으키려 애썼다. 고개를 들었다. 맑은 광선이 눈부시게 흘러 들어온다. 사닥다리다.
>
> "뭐 하고 있어! 빨리 나와!"/ 착각이 아니었다. 그들은 벌써부터 빨리 나오라고 고함을 지르며 독촉하고 있었다. 한 단 한 단 정신을 가다듬고, 감각을 잃은 무릎을 힘껏 괴어 짚으며 기어올랐다. 입구에 다다르자 억센 손아귀가 뒷덜미를 움켜쥐고 끌어당겼다. 몸이 밖으로 나가는 순간, 눈 속에서 그대로 머리를 박고 쓰러졌다. 찬 눈이 얼굴 위에 스치자 정신이 돌아왔다. 일어서야만 한다. 그리고 정확히 걸음을 옮겨야 한다. 모든 것은 인제 끝나는 것이다. 끝나는 그 순간까지 정확히 나를 끝맺어야 한다.
>
> ― 오상원, <유예>

① 대화로 인물의 성격을 그리고 있다.
② 주인공의 행동을 통해 주제가 드러나고 있다.
③ 인물들 사이의 갈등이 고조되고 있다.
④ 주인공이 갖는 감정의 흐름에 기대어 서술하고 있다.

작품 정리 ┃ 오상원 <유예>

- 갈래 : 단편 소설, 심리 소설, 전후 소설
- 성격 : 독백적, 실존적
- 배경
  ① 시간 : 6.25 전쟁
  ② 공간 : 어느 산골 마을의 눈 덮인 들판
- 시점 : 1인칭 주인공 시점과 전지적 작가 시점 혼용
- 주제 : 인간의 존재 가치를 말살하는 전쟁의 비극성에 대한 비판
- 특징
  ① 의식의 흐름 기법을 사용하여 서술함.
  ② 호흡이 짧은 현재형 문장을 빈번하게 사용함.
- 줄거리 : 국군 소대장인 '나'는 인민군의 포로가 되어 갇혀 총살을 기다리며 그동안 있었던 사건을 회상한다. '나'는 부대원들과 함께 전투를 치르며 북으로 진격하다가 부대가 전멸하고 혼자 살아남게 된다. 남하하면서 들른 마을에서 인민군들이 아군 병사를 총살하려는 것을 보고 적의 사수를 향해 총을 쏘다가 부상을 당하고 포로가 된다. 포로 심문 과정에서 인민군이 끊임없이 회유하지만 '나'는 거절하고 죽음을 택한다. 유예 시간이었던 한 시간이 지난 후 끌려 나온 '나'는 죽음을 담담히 받아들이고 자신을 잊어서는 안 된다고 다짐하며 눈 쌓인 길을 걸어가다가, 뒤에서 쏜 총에 맞아 죽는다.

06. 다음 소설에서 사용된 문체의 특징에 대한 설명으로 가장 적절하지 않은 것은?

2017 서울시 7급

> 고향집에 돌아와서 농사를 한번 지어 보는디, 뼈에 붙은 농사일이 서툰 사람 먼저 알고 사흘거리 잔상처요 닷새마다 몸살이라, 지게 지면 뒤뚱뒤뚱 지게 목발 따로 놀고, 삽질이며 괭이질에 도리깨질 쟁기질이 어느 하나 고분고분 손에 붙는 일이 없다. 힘 쓰기는 더 쓰는디 쓰는 힘 헛돌아서, 연장도구 부셔 먹고 논밭 두렁 무너지고, 제 몸뚱이 다치기에 넘 몸뚱이 겁주기라… 뼈빠지게 일한다고 뼈빠진 값 다 받을까. 하루 저녁 비바람에 일년 농사 다 망친다.
>
> – 서정인, 〈달궁〉

① 4·4조의 율격은 판소리에서 고도로 구사되는 것으로, 위의 소설은 판소리 문체를 현대적으로 수용하고 있다.

② 3음보격의 반복적인 사용으로 민요적인 느낌을 주며 향토적인 정서를 환기한다.

③ 판소리의 사설과 닮아 있으며 전통적인 정서를 환기시킨다.

④ 사투리를 적절하게 사용하여 민중적 성격을 드러내고 있다.

작품 정리 | 서정인 〈달궁〉

- 갈래 : 장편소설, 연작소설
- 성격 : 복합적, 사실적
- 배경
  ① 시간 : 1960년대 말에서 1970년대 초
  ② 공간 : 서울과 시골
- 시점 : 1인칭 주인공 시점과 전지적 작가 시점 혼용
- 주제 : 여러 인물의 삶의 궤적을 통한 인생의 참모습
- 특징
  ① 연작 소설로 여러 가지 이야기를 같은 비중으로 다룸.
  ② 간결체와 만연체를 혼합하고 서술과 대화의 구별이 뚜렷하지 않음.
- 줄거리 : '인실'이라는 여인의 삶을 중심으로 이야기가 펼쳐지지만, 이는 소설 내용의 일부분이다. 소설의 서두에서 '네거리'라는 제목 아래 한 여자의 죽음이 나온다. 고딩어 '모래밭'이란 제목으로 두 처녀를 태워 주는 운전사의 이야기가 이어지고, '등장가'에는 어느 여자의 넋두리가 나온다. 차에 탔던 두 처녀의 이야기가 '만리포'라는 제목 속에, 또 '다시 네거리'란 제목 아래에서 교통사고를 처리하는 순경과 이 길을 지나가다 호기심을 보이는 운전사의 대화가 이어진다. 운전사는 지방 검사이고, 그 검사는 두 처녀가 타기 전에 또 다른 여인을 자신의 승용차에 태워 주었다. 그 여인은 횟집 여자이며 여인이 죽기 전날 밤 그 검사는 그 횟집에 들른 일이 있었다. 검사는 교통사고 소식을 듣고 병원에 갔다가 죽은 여자가 자신이 태워다 준 여인임을 확인한다. 하지만 그렇다고 하여 운전사, 즉 검사를 비롯한 두 처녀가 '인실'의 생애와 직접적으로 얽혀 있지는 않으며, 이들의 삶은 에피소드가 계속될수록 뚜렷하게 드러나면서 독립된 이야기를 형성한다.

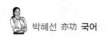
★ **출좋포** 정리하기 ❷ 소설의 사건과 갈등

관련
교재
요 족집게 적중노트 p. 142
기 출좋포 문학 p. 110~111

사건(갈등의 종류)

(1) 외적 갈등

① 인물 vs 인물 : 어떤 까닭으로 두 인물이 겪게 되는 대립

② 인물 vs 사회 : 인물이 속한 사회제도, 구조로 인해 생기는 대립

③ 인물 vs 운명 : 비극적 운명을 타고나서 겪게 되는 대립. 보통 인물이 운명에 패배, 순응하게 된다.

(2) 내적 갈등

한 인물의 마음 속에서 일어나는 분열적인 심리

소설의 사건과 갈등

07. 다음 작품에서 볼 수 있는 주된 갈등은?

2012 서울시 9급 복원

> 인테리……인테리 중에도 아무런 손끝의 기술이 없이 대학이나 전문학교의 졸업증서 한 장을 또는 조그마한 보통 상식을 가진 직업 없는 인테리……해마다 천여 명씩 늘어가는 인테리……뱀을 본 것은 이들 인테리다.
> 부르죠아지의 모든 기관이 포화상태가 되어 더 수효가 아니 느니 그들은 결국 꾀임을 받아 나무에 올라갔다가 흔들리우는 셈이다. 개밥의 도토리다.
> 인테리가 아니었으면 차라리……노동자가 되었을 것인데 인테리인지라 그 속에는 들어갔다가도 도로 달아나오는 것이 99프로다. 그 나머지는 모두 어깨가 축 처진 무직 인테리요, 무기력한 문화 예비군 속에서 푸른 한숨만 쉬는 초상집의 주인 없는 개들이다. 레디메이드 인생이다.
>
> ─ 채만식, 〈레디메이드 인생〉

① 한 개인의 내면적 갈등

② 인간과 인간 사이의 갈등

③ 개인과 사회의 갈등

④ 개인과 자연의 갈등

⑤ 개인과 운명의 갈등

작품 정리 | **채만식, 〈레디메이드 인생〉**

'레디메이드 인생'이란 '기성품(旣成品) 인생'이란 뜻이다. 이는 팔리기를 기다리는 기성품처럼 직업을 기다리는 실업자를 의미한다. 1930년대 경제대공황으로 조선의 경제적 상황도 나빠지자, 고등 교육을 받은 지식인들이라도 직업을 갖지 못해 곤궁하게 살았다. 그 당시의 전형적인 지식인의 모습을 P를 통해 드러내려 하였다.

• 갈래 : 단편소설

• 성격 : 사실적, 풍자적

• 배경

① 시간 : 1930년대의 일제 강점기

② 공간 : 경성

• 시점 : 전지적 작가 시점

• 주제

① 1930년대 일제 강점기 지식인의 고통과 실의의 삶

② 당시 무기력한 지식인 계층에 대한 비판과 풍자, 식민지사회의 구조적 병폐에 대한 비판

• 특징

① 냉소적인 어조를 통해 풍자의 효과를 높임.

② 사회의 구조적 모순으로 인해 실업자가 될 수밖에 없던 식민지의 지식인을 기성품에 빗대어 풍자함.

• 줄거리 : P는 대학을 나왔음에도 극도의 가난에 시달린다. 인텔리였음에도 직장을 구하기 위해 애쓰던 P는 신문사 사장 K에게 채용을 부탁하지만 거절당한다. 집에서 P는 형에게서 편지를 받게 되는데, 9살 아들 창선을 직접 키우라는 내용이었다. P는 아들을 데려오기로 하지만, 인텔리를 만드는 것은 아이의 장래를 망치는 것이라 생각하고는 학교에는 보내지 않기로 결심한다. 마침 찾아온 친구 H와 M을 따라 H의 책을 전당포에 잡힌 돈으로 술을 마신다. 며칠 후 P는 친분이 있던 인쇄소의 문선 과장에게 아들의 견습공으로 채용을 부탁하고, 아들이 서울에 온 다음날 아들을 인쇄소에 맡긴다.

08. 다음 작품에 대한 설명으로 가장 적절한 것은?

2014 국가직 9급

> 그 녀석은 박 씨 앞에 삿대질을 하듯이 또 거센 소리를 질렀다. 검초록색 잠바에 통이 좁은 깜장색 바지 차림의 서른 남짓 되어 보이는 사내였다. 짧게 깎은 앞머리가 가지런히 일어서 있고 손에는 올이 굵은 깜장 모자를 들었다. 칼칼하게 야윈 몸매지만 서슬이 선 눈매를 지녔고, 하관이 빠르고 얼굴색도 까무잡잡하다. 앞니에 금니 두 개를 해 박았다. 구두가 인상적으로 써늘하게 생겼다. 구둣방에 진열되어 있는 구두는 구두에 불과하지만 일단 사람의 발에 신기면 구두도 그 주인의 위인과 더불어 주인을 닮아 가게 마련이다. 끝이 뾰족하고 반들반들 윤기를 내고 있다.
>
> 헤프고, 사근사근하고, 무르고, 게다가 병역 기피자인 박 씨는 대번에 꺼칠한 얼굴이 되었다. 처음부터 나오는 것이 예사 손님 같지는 않다.
>
> "글쎄, 앉으십쇼. 빨리 해 드릴 테니."
>
> "얼마나 빨리 되어? 몇 분에 될 수 있소?"
>
> "허어, 이 양반이 참 급하기도."
>
> "뭐? 이 양반? 얻다 대구 반말이야? 말조심해."
>
> 앉았던 손님 두엇이 거울 속에서 힐끗 쳐다보았다. 그리고 거울 속에서 눈길이 부딪힐 듯하자 급하게 외면을 하였다. 세발대의 두 소년도 우르르 머리들을 이편으로 내밀고 구경을 하고 손이 빈 민 씨와 김 씨도 구석 쪽 빈 이발 의자에 앉아 묵은 신문을 보다가 말고 몸체만을 엉거주춤히 돌렸다.
>
> — 이호철, <1965년, 어느 이발소에서>

① 개인과 사회의 갈등을 중심으로 사건이 전개되고 있다.

② 외모와 말투를 통해서 등장인물의 성격이 드러나고 있다.

③ 초점이 되는 인물의 내면 심리를 중심으로 서술되고 있다.

④ 등장인물 중의 하나인 서술자가 자신의 관점에서 상황을 서술하고 있다.

04 Chapter 시대별 현대 산문 작품

현대 소설

| 안국선 |

01. 다음은 어느 작품의 일부분이다. 이 작품에 대한 설명으로 가장 적절한 것은?

2017 서울시 7급

> 슬프다! 착한 사람과 악한 사람이 거꾸로 되고 충신과 역적이 바뀌었도다. 이같이 천리에 어기어지고 덕의가 없어서 더럽고, 어둡고, 어리석고, 악독하여 금수(禽獸)만도 못한 이 세상을 장차 어찌하면 좋을꼬? 나도 또한 인간의 한 사람이라, 우리 인류 사회가 이같이 악하게 됨을 근심하여 매양 성현의 글을 읽어 성현의 마음을 본받으려 하더니, 마침 서창에 곤히 든 잠이 춘풍에 이익한 바 되매 유흥을 금치 못하여 죽장망혜(竹杖芒鞋)로 녹수를 따르고 청산을 찾아서 한 곳에 다다르니, 사면에 기화요초는 우거졌고 시냇물 소리는 종종하며 인적이 고요한데, 흰 구름 푸른 수풀 사이에 현판(懸板) 하나가 달렸거늘, 자세히 보니 다섯 글자를 크게 썼으되 '금수회의소'라 하고 그 옆에 문제를 걸었는데, '인류를 논박할 일'이라 하였고, 또 광고를 붙였는데, '하늘과 땅 사이에 무슨 물건이든지 의견이 있거든 의견을 말하고 방청을 하려거든 방청하되 각기 자유로 하라' 하였는데, 그 곳에 모인 물건은 길짐승·날짐승·버러지·물고기·풀·나무·돌 등물(等物)이 다 모였더라.

① 연설을 서사의 방법으로 채용하여 계몽적 의도를 효과적으로 숨기고 있다.

② 해방 직후에 나타난 정치소설의 한 변형으로서, 우화적 풍자 형식을 채택하고 있다.

③ 문제를 해결하기 위해 개인적인 회개를 강조하기보다는 구조적이고 근본적인 해결책을 제시하고자 한다.

④ 표면적으로 동물들이 인류의 부패와 타락을 논박하는 형식으로 되어 있으나 실은 이 시기 사회의 비판과 풍자에 초점을 맞추고 있다.

작품 정리 | 안국선, 〈금수회의록〉

- 갈래: 신소설, 우화 소설, 액자 소설, 계몽 소설
- 성격: 풍자적, 우화적, 비판적
- 배경
  ① 시간: 개화기
  ② 공간: 금수들의 회의장
- 시점
  - 외부 서사: 1인칭 주인공 시점
  - 내부 서사: 1인칭 관찰자 시점
- 주제: 인간들의 모순, 비리 그리고 타락성의 비판과 풍자
- 특징
  ① 강한 현실 비판을 담은 작품
  ② 꿈이라는 공간에서 우화 형식을 통해 인간 사회에서의 부정적인 측면들을 풍자함(동물들의 의인화).
  ③ 주장의 설득력을 높이기 위해 고사(故事)를 인용함.
- 줄거리: 인간 사회를 한탄하며 잠이 든 '나'는 꿈에서 금수회의소의 방청객이 된다. 금수회의소에서는 회장의 주도로 인간의 옳고 그름에 대한 주제를 안건으로 내놓았고, 차례대로 까마귀, 여우, 개구리, 벌, 게, 파리, 호랑이, 원앙 등이 등장하여 인간들의 그릇된 점에 대하여 비판하였다. 마지막으로는 사회자가 가장 어리석고 사악한 존재를 인간으로 결론지었다. 방청객으로 금수회의소를 지켜본 '나' 역시 인간이 가장 불쌍한 존재라고 인식하며, 인간의 반성과 회개를 요구한다.

| 이광수 |

02. (가)를 바탕으로 할 때, (나)에 나타난 사랑의 모습으로 적절하지 않은 것은?

2018 지방직 7급

(가) 근대적 연애에서 자기 의사를 중시하는 대등한 개인의 만남과 둘 사이에 타오르는 감정의 비중이 부각된다. 특히 상대방의 모습이 불러일으키는 열정은 결정적으로 중요하다. 전통 사회의 남녀 관계에서 가족 사이의 약속, 상대방에 대한 의존 가능성, 서로의 처지와 상황에 대한 비교 같은 외적 기준이 중시되었던 것과 구별되는 특징이라 할 수 있다.

(나) 옳다, 그렇다. 나는 영채를 구원할 의무가 있다. 영채는 나의 은사의 따님이요, 또 은사가 내 아내로 허락하였던 여자라. 설혹 운수가 기박하여 일시 더러운 곳에 몸이 빠졌다 하더라도 나는 그를 건져 낼 책임이 있다. 내가 먼저 그를 찾아다니지 못한 것이 도리어 한이 되고 죄송하거늘, 이제 그가 나를 찾아왔으니 어찌 모르는 체하고 있으리요. 나는 그를 구원하리라. 구원하여서 사랑하리라. 처음에 생각하던 대로, 만일 될 수만 있으면 나의 아내를 삼으리라. 설혹 그가 기생이 되었다 하더라도 원래 양반의 집 혈속이요, 또 어려서 가정의 교훈을 많이 받았으니 반드시 여자의 아름다운 점을 구비하였으리라. 또 만일 기생이라 하면 인정과 세상도 많이 알았을지요, 시와 노래도 잘할지니, 글로 일생을 보내려는 나에게는 가장 적합하다 하고 형식은 가만히 눈을 떴다. 멍하니 모기장을 바라보고 모기장 밖에서 앵앵하는 모기의 소리를 듣다가 다시 눈을 감으며 싱긋 혼자 웃었다. 아까 영채의 태도는 과연 아름다웠다. 눈썹을 짓고, 향수 내 나는 것이 좀 불쾌하기는 하였으나 그 살빛과 눈찌와 앉은 태도가 참 아름다웠다. 더구나 그 이야기할 때에 하얀 이빨이 반작반작하는 것과 탄식할 때에 잠깐 몸을 틀며 보일 듯 말 듯 양미간을 찌그리는 것이 못 견디리만큼 어여뻤다. 아까 형식은 너무 감격하여 미처 영채의 얼굴과 태도를 자세히 비평할 여유가 없었거니와 지금 가만히 생각하니 영채의 일언일동과 옷고름 맨 모양까지도 어여뻐 보인다. 형식은 눈을 감고 한번 더 영채의 모양을 그리

면서 싱긋 웃었다. 도리어 저 김 장로의 딸 선형이도 그 얌전한 태도에 이르러서는 영채에게 밎지 못한다 하였다. 선형의 얼굴과 태도도 얌전치 아니함이 아니지마는 영채에 비기면 변화가 적고 생기가 적다 하였다.

― 이광수, <무정>

① 영채가 형식에게 원하는 것이 형식의 보호라면, 이를 근대적 사랑이라 보기 어렵다.

② 은사가 아내로 허락하였다는 점을 먼저 생각하는 것을 보면 형식의 영채에 대한 감정은 근대적 사랑이라 보기 어렵다.

③ 자신의 처지에 비추어 시와 노래에 능한 영채의 장점을 호평하는 형식의 생각은 열정과 연결시킬 수 있다.

④ 영채의 외모와 행동을 떠올리며 미소 짓는 장면에서 영채에 대한 형식의 열정을 찾을 수 있다.

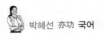

03. 밑줄 친 인물들에 대한 설명으로 가장 적절한 것은?

2015 교육행정직 7급

하룻밤 비에 모든 것을 잃어버리고 발발 떠는 그 네들이 어찌 보면 가련하기도 하지마는 또 어찌 보면 너무 약하고 어리석어 보인다.

그네의 얼굴을 보건댄 무슨 지혜가 있을 것 같지 아니하다. 모두 다 미련해 보이고 무감각(無感覺)해 보인다. 그네는 몇 푼어치 아니 되는 농사한 지식을 가지고 그저 땅을 팔 뿐이다. 이리하여서 몇 해 동안 하나님이 가만히 두면 썩은 볏섬이나 모아 두었다가 는 한번 물이 나면 다 씻겨 보내고 만다. 그래서 그 네는 영구히 더 부(富)하여짐 없이 점점 더 가난하 여진다. 그래서 몸은 점점 더 약하여지고 머리는 점 점 더 미련하여진다. 저대로 내버려 두면 마침내 북 해도의 '아이누'나 다름없는 종자가 되고 말 것 같다.

저들에게 힘을 주어야 하겠다. 지식을 주어야 하겠 다. 그리하여서 생활의 근거를 안전하게 하여 주어 야 하겠다.

"과학(科學)! 과학!"

하고 형식은 여관에 돌아와 앉아서 혼자 부르짖었 다. 세 처녀는 형식을 본다.

"조선 사람에게 무엇보다 먼저 과학을 주어야하겠 어요. 지식을 주어야 하겠어요."

하고 주먹을 불끈 쥐며 자리에서 일어나 방 안으 로 거닌다.

"여러분은 오늘 그 광경을 보고 어떻게 생각하십니까."

이 말에 세 사람은 어떻게 대답할 줄을 몰랐다. 한참 있다가 병욱이가 "불쌍하게 생각했지요."하고 웃으며 "그렇지 않아요?"

한다. 오늘 같이 활동하는 동안에 훨씬 친하여졌다.

"그렇지요. 불쌍하지요! 그러면 그 원인이 어디 있 을까요?"

"물론 문명이 없는 데 있겠지요. 생활하여 갈 힘이 없는 데 있겠지요."

"그러면 어떻게 해야 저들을…… 저들이 아니라 우리들이외다…… 저들을 구제할까요?"

하고 형식은 병욱을 본다. 영채와 선형은 형식과 병욱의 얼굴을 번갈아 본다. 병욱은 자신 있는 듯이

"힘을 주어야지요! 문명을 주어야지요!"

"그리하려면?" / "가르쳐야지요! 인도해야지요!"

"어떻게요?" / "교육으로, 실행으로."

영채와 선형은 이 문답의 뜻을 자세히는 모른다. 물론 자기네가 아는 줄 믿지마는 형식이와 병욱이가 아는 만큼 절실(切實)하게, 깊게, 단단하게 알지는 못한다. 그러나 방금 눈에 보는 사실이 그네에게 산 교훈을 주었다. 그것은 학교에서도 배우지 못할 것 이요, 큰 웅변에서도 배우지 못할 것이었다.

— 이광수, <무정>

① '형식'은 '저들'에 대해 계몽적인 태도를 보이고 있다.
② '병욱'은 현실 문제에 대해 '형식'과 상반된 해법을 가 지고 있다.
③ '영채'는 교육과 문명의 중요성에 대해 확고한 신념 을 가지고 있다.
④ '선형'은 자신이 무능력하다는 것을 깨닫고 괴로워하 고 있다.

작품 정리 | 이광수, <무정>

- 갈래 : 장편소설, 계몽소설, 연재소설
- 성격 : 계몽적, 민족주의적, 설교적, 사실적, 근대적
- 배경
  ① 시간 : 1910년대의 개화기
  ② 공간 : 경성과 평양, 삼량진
- 시점 : 전지적 작가 시점
- 주제 : 신교육을 통한 민족의 계몽과 남녀의 자유연애 사상
- 특징
  ① 우리나라 최초의 근대 장편 소설
  ② 산문체, 언문일치 등을 통해 새로운 문체를 사용함.
  ③ 자유연애 사상과 민족 계몽 사상의 표면화
- 줄거리 : 이형식은 영어 교사였으며 김선형에게 사랑의 감정을 느낀다. 하지만 어린 시절 은사의 딸 박영채가 나타나 이형식에게 사랑을 고백한다. 이형식은 박영채가 기생이 됐기 때문에 아내로 받아들이지 못하는 죄책감, 그리고 김선형에 대한 사랑의 감정에서 갈등을 느낀다. 한편, 박영채는 이형식이 일하던 경성학교의 배 학감에게 순결을 빼앗기게 되고 유서를 남긴 채 자취를 감춘다. 이형식은 박영채를 찾기 위해 평양에 갔으나 박영채를 찾지 못하게 된다. 박영채는 병욱을 만남으로 인해 자살을 단념한 뒤 동경으로 유학을 떠나게 되고, 선형과의 약혼 후 미국으로 유학을 떠나는 이형식은 같은 기차에서 만나게 된다. 형식과 영채는 수재민의 구호 활동을 토대로 교육으로 민족을 계몽할 것을 결심하게 되며 유학길에 떠난다.

04. 다음 글의 서사 전개 방식에 대한 설명으로 적절하지 않은 것은?

2013 국회직 8급

이러한 생각을 하고 앉았을 때에 숭의 곁에는 서슬이 푸른 경관 세 명이 달려왔다. 숭은 깜짝 놀라서 벌떡 일어났다. 셋 중에서 가장 똑똑해 보이는 순사가 바싹 숭의 가슴 앞에 와 서며,

"당신 무엇이오?" 하고 무뚝뚝하게 물었다.

'무엇이오?' 하는 말에 숭은 좀 불쾌했다.

"나 사람이오." 하고 숭도 불쾌하게 대답하였다.

"그런 대답이 어디 있어?" 하고 곁에 섰던 순사가 숭에게 대들었다.

"사람더러 무엇이냐고 묻는 법은 어디 있어?" 하고 숭도 반말로 대답했다.

"이놈아, 그런 말버릇 어디서 배워먹었어?" 하고 곁에 섰던 또 다른 순사가 숭의 따귀를 갈겼다. 연거푸 두 번을 갈기는 판에 숭의 모자가 땅에 떨어졌다.

처음에 숭에게 '당신 무엇이오' 하던 순사가 수첩을 꺼내어 들고,

"성명이 무어?" 하고 신문하는 구조다.

"내가 무슨 죄를 지은 것이 아니거든, 왜 까닭 없는 사람더러 불공하게 말을 하오?" 하고 숭은 뻗대었다.

"아마 이놈이 동네 농민들을 선동을 하여서 농업 기수에게 폭행을 시켰나 보오. 이놈부터 묶읍시다." 하고 한 순사가 일본말로 하였다.

숭은 어쩐 영문을 몰라서 어안이 벙벙하였다. 그러나 이 순사들은 자기를 따라온 것이 아니요, 이 동네 농민과 기수 새에 무슨 갈등이 생겨서 농민들을 잡으러 오는 것임을 짐작하였다. 그러고는 일변은 변호사인 직업의식으로, 또 일변은 자기가 일생을 위해서 바치려는 살여울 동네 농민에게 무슨 중대 사건이 생겼다 하는 의식으로 이 자리에서 쓸데없는 말썽을 일으키는 것이 옳지 아니한 것을 깨달았다.

"나는 오늘 아침차로 서울서 내려온 사람이오. 지금 내 고향인 살여울로 가는 길이오." 하고 역시 일본말로 냉정하게 대답하였다. 숭의 유창하고 점잖은 일본말과 또 냉정한 어조에 수첩을 내어든 순사는 좀 태도를 고쳤다.

"오늘 차에서 내렸소?" 하고 일본말로 좀 순하게 물었다.

"그렇소."

"그랬으면 자네네들 이 사람 보았겠지?" 하고 두 조선 순사를 돌아보았다. 두 순사는 물끄러미 숭을 바라보았다. 그 중에 한 사람이,

"응, 본 것 같소." 하고 싱겁게 대답하였다.

이리해서 급하던 풍운은 지나갔다. 더구나 변호사라는 명함을 보고는 경관들은 좀더 태도를 고쳤다. 숭의 따귀를 때린 순사는 약간 머쓱하기까지 하였다. 숭은 불쾌한 생각이 용이히 가라앉지 않지마는, 이것은 시골에 으레 있는 것으로 생각하고 꿀떡 참았다—아니 참기로 별수가 있으랴마는.

— 이광수, 〈흙〉

① 전지적 위치에 있는 서술자가 사건의 진행 과정을 기술하고 있다.

② 갈등을 유발한 상황이 전개되는 과정을 중심으로 서술하고 있다.

③ 서술자는 부분적으로 사건의 진행 과정에 개입하는 양상을 보여준다.

④ 인물들 간의 대화를 통해서도 사건의 진행 과정이 드러나도록 하고 있다.

⑤ 인물의 심리적인 갈등은 외적인 갈등에 비해 부차적인 대상으로 서술되고 있다.

작품 정리 이광수, 〈흙〉

- 갈래: 농촌 계몽 소설
- 사상: 계몽주의, 민족주의, 귀농(歸農) 사상
- 시점: 전지적 작가 시점
- 구성
  - 발단: 보성 전문 학교 법과에 재학하는 허숭은 여름 방학 동안 야학을 마치고 상경함.
  - 전개: 학교 졸업 후 변호사가 된 허숭은 농촌 운동에 관심이 있어 농촌으로 돌아가고 싶어하나 갑부의 딸인 정선과 결혼하여 서울에서 생활함. 그러나 아내 정순과 불화로 고향인 '살여울'로 낙향하여 고향 사람들을 위해 일함.
  - 위기: 정선의 불륜으로 다시 서울로 올라 왔다가 허숭이 다시 낙향하려고 하자 정선이 자살기도를 하고 그 때문에 그녀는 다리를 잃음. 농민 구제 사업에 전념하던 숭은 고리대금 업자인 정근의 밀고로 투옥되지만 아내 정선이 '살여울'을 지킴.
  - 절정: 작은갑 덕에 마을의 이익을 찾고 정근이 잘못을 시인함.
  - 결말: 김갑진은 허숭의 영향으로 개간 사업을 함.

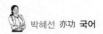

| 김동인 |

05. 밑줄 친 부분의 함축적 의미로 가장 적절한 것은?

2016 지방직 9급

> 그는 피아노를 향하여 앉아서 머리를 기울였습니다. 몇 번 손으로 키를 두드려 보다가는 다시 머리를 기울이고 생각하고 하였습니다. 그러나 다섯 번 여섯 번을 다시 하여 보았으나 아무 효과도 없었습니다. 피아노에서 울려 나오는 음향은 규칙 없고 되지 않은 한낱 소음에 지나지 못하였습니다. 야성? 힘? 귀기? 그런 것은 없었습니다. <u>감정의 재뿐</u>이 있었습니다.
> "선생님, 잘 안 됩니다."
> 그는 부끄러운 듯이 연하여 고개를 기울이며 이렇게 말하였습니다.
> "두 시간도 못 되어서 벌써 잊어버린담?"
> 나는 그를 밀어 놓고 내가 대신하여 피아노 앞에 앉아서 아까 베낀 그 음보를 펴 놓았습니다. 그리고 내가 베낀 곳부터 다시 시작하였습니다.
> 화염! 화염! 빈곤, 주림, 야성적 힘, 기괴한 감금당한 감정! 음보를 보면서 타던 나는 스스로 흥분이 되었습니다.
>
> ― 김동인, 〈광염 소나타〉

① 화려한 기교가 없는 연주
② 악보와 일치하지 않는 연주
③ 도저히 이해할 수 없는 연주
④ 기괴한 감정이 느껴지지 않는 연주

작품 정리 김동인, 〈광염 소나타〉

- 갈래 : 액자 소설, 예술가 소설
- 성격 : 유미적, 예술 지상주의적
- 배경 : 시간적, 공간적으로 제한을 받지 않는 곳(몇 십년 후의 지구상의 어느 곳)
- 시점 : 1인칭 관찰자 시점('백성수'가 서술하는 경우는 1인칭 주인공 시점)
- 주제 : 예술 창조에 대한 욕구와 인간성의 희생
- 구성
  ① 도입 : 서술자가 이 이야기는 세상 어디에서나 있을 수 있다고 함.
  ② 외화 : 음악 비평가 K씨와 교화자 모(某)씨의 예술과 사회 윤리에 관한 대화
  ③ 내화 : 천재 예술가 백성수의 이야기 : '백성수'는 광기 어린 천재적인 음악가로 요절한 백모씨의 유복자이다. 그는 가난한 유년 시절을 보내며 어머니의 병환과 죽음을 맞게 된다. 하지만 천재적인 음악성으로 명작을 낳는다. 하지만 방화, 살인 등의 범죄 행위를 통해 얻은 영감을 통해 작품을 창작한 '백성수'는 결국 경찰에 붙잡혀 정신 병원에 갇힌다.
  ④ 외화 : K씨가 모(某)씨에게 백성수의 편지를 보여 준다. 편지를 읽고 예술과 사회 윤리로 대화를 나눈다.

| 김유정 |

※ 다음 글을 읽고 물음에 답하시오.

(가) 우리 장인님은 약이 오르면 이렇게 손버릇이 아주 못 됐다. 또 사위에게 이 자식 저 자식 하는 이놈의 장인님은 어디 있느냐. 오죽해야 우리 동리에서 누굴 물론하고 그에게 욕을 안 먹는 사람은 명이 짜르다 한다. 조그만 아이들까지도 그를 돌아세 놓고 욕필이(본 이름이 봉필이니까), 욕필이, 하고 손가락질을 할 만치 두루 인심을 잃었다. 하나 인심을 정말 잃었다면 욕보다 읍의 배참봉 댁 마름으로 더 잃었다. 번이 마름이란 욕 잘 하고 사람 잘 치고 그리고 생김 생기길 호박개 같아야 쓰는 거지만 장인님은 외양에 똑 됐다. 장인께 닭 마리나 좀 보내지 않는다든가 애벌논 때 품을 좀 안 준다든가 하면 그 해 가을에는 영락없이 땅이 뚝뚝 떨어진다. 그러면 미리부터 돈도 먹이고 술도 먹이고 안달재신으로 돌아치던 놈이 그 땅을 슬쩍 돌아앉는다.

(나) "장인님! 인젠 저…."

내가 이렇게 뒤통수를 긁고, 나이가 찼으니 성례를 시켜 줘야 하지 않겠느냐고 하면, 그 대답은 늘,

"이 자식아! 성례구 뭐구 미처 자라야지!"

하고 만다.

이 자라야 한다는 것은 내가 아니라 장차 내 안해가 될 점순이의 키 말이다.

내가 여기에 와서 돈 한 푼 안 받고 일하기를 삼 년 하고 꼬박이 일곱 달 동안을 했다. 그런데 미처 못 자랐다니까 이 키는 언제야 자라는 겐지 짜증 영문도 모른다. 일을 좀더 잘 해야 한다든지, 혹은 밥을 (많이 먹는다고 노상 걱정이니까) 좀 덜 먹어야 한다든지 하면 나도 얼마든지 할 말이 많다. 허지만, 점순이가 안죽 어리니까 더 자라야 한다는 여기에는 어째 볼 수 없이 고만 벙벙하고 만다.

(다) 내가 머리가 터지도록 매를 얻어맞은 것이 이 때문이다. 그러나 여기가 또한 우리 장인님이 유달리 착한 곳이다. 여느 사람이면 사경을 주어서라도 당장 내쫓았지, 터진 머리를 불솜으로 손수 지져 주고, 호주머니에 히연한 봉을 넣어 주고 그리고,

"올 갈엔 꼭 성례를 시켜 주마. 암말 말구 가서 뒷골의 콩밭이나 얼른 갈아라."

하고 등을 뚜덕여 줄 사람이 누구냐.

나는 장인님이 너무나 고마워서 어느덧 눈물까지 났다. 점순이를 남기고 이젠 내쫓기려니 하다 뜻밖의 말을 듣고,

"빙장님! 인제 다시는 안 그러겠어유…."

이렇게 맹세를 하며 부랴사랴 지게를 지고 일터로 갔다.

(라) 그러나 이때는 그걸 모르고 장인님을 원수로만 여겨서 잔뜩 잡아다렸다.

"아! 아! 이놈아! 놔라, 놔…."

장인님은 헷손질을 하며 솔개미에 챈 닭의 소리를 연해 질렀다. 놓긴 왜, 이왕이면 호되게 혼을 내 주리라 생각하고 짓궂이 더 댕겼다마는, 장인님이 땅에 쓰러져서 눈에 눈물이 피잉 도는 것을 알고 좀 겁도 났다.

"할아버지! 놔라, 놔, 놔, 놔놔."

그래도 안 되니까,

"얘 점순아! 점순아!"

(마) 이 악장에 안에 있었던 장모님과 점순이가 헐레벌떡 하고 단숨에 뛰어나왔다. 나의 생각에 장모님은 제 남편이니까 역성을 할는지도 모른다. 그러나 점순이는 내 편을 들어서 속으로 고수해서 하겠지…. 대체 이게 웬 속인지(지금까지도 난 영문을 모른다.) 아버질 혼내 주기는 제가 내래 놓고 이제 와서는 달겨들며

"에그머니! 이 망할 게 아버지 죽이네!"

하고 내 귀를 뒤로 잡아당기며 마냥 우는 것이 아니냐. 그만 여기에 기운이 탁 꺾이어 나는 얼빠진 등신이 되고 말았다. 장모님도 덤벼들어 한쪽 귀마저 뒤로 잡아채면서 또 우는 것이다.

— 김유정, 〈봄·봄〉

06. (가)에 대한 이해로 적절하지 않은 것은? 2018 국가직 9급

① 마름의 특성을 동물의 외양에 빗대어 낮잡아 표현했다.
② 비속어와 존칭어를 혼용하여 해학적 표현을 구사했다.
③ 여러 정황을 거론하며 장인의 됨됨이가 마땅치 않음을 드러냈다.
④ 장인과 소작인들 사이의 뒷거래 장면을 생생하게 묘사하여 제시했다.

07. 윗글은 역순행적 구성을 취하고 있다. (나)~(마)를 시간의 순서에 따라 재구성할 때 가장 적절한 것은?

2015 경찰 2차 변형

① (라) → (나) → (마) → (다)
② (라) → (마) → (다) → (나)
③ (나) → (라) → (다) → (마)
④ (나) → (라) → (마) → (다)

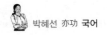

※ 다음 글을 읽고 물음에 답하시오.

(가) 그 전날, 왜 내가 새고개 맞은 봉우리 화전밭을 혼자 갈고 있지 않았느냐. 밭 가생이로 돌 적마다 야릇한 꽃 내가 물쿡물쿡 코를 찌르고 머리 우에서 벌들은 가끔 '붕, 붕.' 소리를 친다. 바위틈에서 샘물 소리밖에 안 들리는 산골짜기니까 맑은 하늘의 봄볕은 이불 속같이 따스하고 꼭 꿈꾸는 것 같다. 나는 몸이 나른하고 몸살(을 아즉 모르지만 병)이 날랴구 그러는지 가슴이 울렁울렁하고 이랬다.

<중략>

그러나 이 날은 웬일인지 성한 밥째루 밭머리에 곱게 나려놓았다. 그리고 또 내외를 해야 하니까 저만큼 떨어져 이쪽으로 등을 향하고 옹크리고 앉어서 그릇 나기를 기다린다. 내가 다 먹고 물러섰을 때, 그릇을 와서 챙기는데 난 깜짝 놀라지 않았느냐. 고개를 푹 숙이고 밥함지에 그릇을 포개면서 날더러 들으래는지 혹은 제 소린지 "밤낮 일만 하다 말 텐가!"

하고 혼자서 좋알거린다.

고대 잘 내외하다가 이게 무슨 소린가 하고 난 정신이 얼떨떨했다. 그러면서도 한편 무슨 좋은 수나 있는가 싶어서 나도 공중을 대고 혼잣말로, "그럼 어떻게?" 하니까, "성예시켜 달라지 뭘 어떻게." 하고 되알지게 쏘아붙이고 얼굴이 발개져서 산으로 그저 도망질을 친다.

(나) 실토이지 나는 점순이가 아츰상을 가지고 나올 때까지는 오늘은 또 얼마나 밥을 담았나 하고 이것만 생각했다. 상에는 된장찌개하고 간장 한 종지, 조밥 한 그릇, 그리고 밥보다 더 수부룩하게 담은 산나물이 한 대접, 이렇다. 나물은 점순이가 틈틈이 해오니까 두 대접이고 네 대접이고 멋대루 먹어도 좋으나, 밥은 장인님이 한 사발 외엔 더 주지 말라고 해서 안 된다. 그런데 점순이가 그 상을 내 앞에 나려놓며 제 말로 지껄이는 소리가 "구장님한테 갔다 그냥 온담 그래!"하고 엊그제 산에서와 같이 되우 좋알거린다. 딴은 내가 더 단단히 덤비지 않고 만 것이 좀 어리석었다, 속으로 그랬다. 나도 저쪽 벽을 향하야 외면하면서 내 말로

"안 된다는 걸 그럼 어떻건담!"

하니까, "쇰을 잡아채지 그냥 뒤, 이 바보야!"

하고 또 얼굴이 빨개지면서 성을 내며 안으로 샐죽하니 뛰들어 가지 않느냐. 이때 아무도 본 사람이 없었게 망정이지 보았다면 내 얼굴이 에미 잃은 황새새끼처럼 가여웁다 했을 것이다.

(다) "아! 아! 이놈아! 놔라, 놔, 놔…….."

장인님은 헷손질을 하며 솔개미에 챈 닭의 소리를 연해 질렀다. 놓긴 왜, 이왕이면 호되게 혼을 내 주리라 생각하고 짓궂이 더 댕겼다마는, 장인님이 땅에 쓰러져서 눈에 눈물이 피잉 도는 것을 알고 좀 겁도 났다. "할아버지! 놔라, 놔, 놔, 놔놔."

그래도 안 되니까, "얘, 점순아! 점순아!"

이 악장에 안에 있었든 장모님과 점순이가 헐레벌떡하고 단숨에 뛰어나왔다. 나의 생각에 장모님은 제 남편이니까 역성을 하는지도 모른다. 그러나 점순이는 내 편을 들어서 속으로 고수해서 하겠지……. 대체 이게 웬속인지(지금까지도 난 영문을 모른다.) 아버질 혼내 주기는 제가 내래 놓고 이제 와서는 달겨들며

"에그머니! 이 망할 게 아버지 죽이네!"

하고 내 귀를 뒤로 잡어댕기며 마냥 우는 것이 아니냐. 그만 여기에 기운이 탁 꺾이어 나는 얼빠진 등신이 되고 말았다. 장모님도 덤벼들어 한쪽 귀마저 뒤로 잡어채면서 또 우는 것이다. 이렇게 꼼짝도 못 하게 해 놓고 장인님은 지게막대기를 들어서 사뭇 나려조졌다. 그러나 나는 구태여 피할랴지도 않고 암만해도 그 속 알 수 없는 점순이의 얼굴만 멀거니 들여다보았다. "이 자식! 장인 입에서 할아버지 소리가 나오도록 해?"

— 김유정, <봄·봄>

08. 윗글에 대한 설명으로 가장 옳지 않은 것은?

2014 법원직 9급

① 희극적인 인물의 모습과 과장되고 우스꽝스러운 갈등 양상이 잘 드러난다.

② 1인칭 주인공 시점으로 사건을 서술하여 독자에게 객관적 신뢰감을 형성한다.

③ 사투리, 토속어, 비속어, 잘 다듬어지지 않은 말투 등을 익살스럽게 사용하고 있다.

④ 1930년대 농촌을 배경으로 미래의 장인과 머슴처럼 대우받는 미래 사위 간의 갈등, '나'와 점순의 순박한 사랑을 해학적으로 그리고 있다.

09. (가)와 (나)의 내용을 참고할 때, (다)에서 점순이가 이중적 태도를 취한 이유로 가장 적절하지 않은 것은?

2014 법원직 9급

① 점순이는 원래 시집가고 싶은 마음이 없었는데, '나'가 결혼하고 싶어 안달하는 모습이 우스워서 놀리려고 장난을 쳤던 거지.

② 점순이가 '나'를 좋아하기는 하지만, 점순이와 '나'의 관계는 아직 부녀 사이의 정만큼 끈끈하게 맺어진 정도는 아니기에 점순이로서는 당연한 행동이지.

③ 아버지가 계속해서 약속을 어기고 그로 인해 자신이 시집을 가지 못하고 있는 상황에서 자기가 직접 아버지께 말씀드리지 못하니까 '나'를 충동질한 것이지.

④ 당시 사회적 상황으로 여자가 직접 결혼과 관련해서 적극적으로 행동하기는 어려웠기 때문에 '나'를 부추겼지만, 결국 팔이 안으로 굽는다고 '점순이'도 아버지 편을 들게 된 것 아닐까?

작품 정리 | 김유정, 〈봄 · 봄〉

- 갈래: 단편소설, 농촌 소설, 순수 소설
- 성격: 토속적, 해학적
- 배경
  ① 시간: 1930년대의 어느 봄
  ② 공간: 강원도의 산골 마을
- 시점: 1인칭 주인공 시점
- 주제: 교활한 장인과 순박하고 우직한 데릴사위 사이의 해학적 갈등
- 특징
  ① 사건의 순서를 시간에 일치시키지 않은, 역순행적 구조를 사용함.
  ② 방언, 비속어 등을 통해 향토적이고 토속적인 정취를 느낄 수 있음.
- 줄거리: '나'는 점순이와 혼례를 올리기로 하였기에 3년 7개월간 보수도 없이 머슴일을 하고 있었다. '나'는 장인이 아직 점순이가 다 크지 않았다는 이유로 혼례를 미루고 있다는 것이 억울하여 구장에게 호소하였으나, 구장도 결국 장인의 편을 들어준다. '나'는 뭉태의 충돌질과 점순이가 혼례를 부추기는 것 때문에 더 이상 참지 못하고 장인과 몸싸움까지 벌이게 된다. 하지만 내 편인줄 알았던 점순이는 아버지의 편을 들어준다. 결국 장인은 가을에 혼례를 약속하였고, '나'는 신이 나서 다시 일을 하러 나간다.

---

10. 윗글에 나타난 서술자에 대한 설명으로 가장 적절한 것은?

2021 경찰 2차

대구에서 서울로 올라오는 차중에서 생긴 일이다. 나는 나와 마주 앉은 그를 매우 흥미 있게 바라보고 또 바라보았다. 두루마기 격으로 기모노를 둘렀고, 그 안에서 옥양목(玉洋木) 저고리가 내어 보이며 아랫도리엔 중국식 바지를 입었다. 그것은 그네들이 흔히 입는 유지 모양으로 번질번질한 암갈색 피륙으로 지은 것이었다. 그리고 발은 감발을 하였는데 짚신을 신었고, 고부가리로 깎은 머리엔 모자도 쓰지 않았다. 우연히 이따금 기묘한 모임을 꾸미는 것이다. 우리가 자리를 잡은 찻간에는 공교롭게 세 나라 사람이 다 모였으니, 내 옆에는 중국사람이 기대었다. 그의 옆에는 일본 사람이 앉아 있었다. 그는 동양 삼국 옷을 한 몸에 감은 보람이 있어 일본말도 곧잘 철철 대이거니와 중국 말에도 그리 서툴지 않은 모양이었다.

(중략)

"이야기를 다하면 무얼 하는기오."

하고 쓸쓸하게 입을 다문다. 나 또한 너무도 참혹한 사람살이를 듣기에 쓴물이 났다.

"자, 우리 술이나 마저 먹읍시다."

하고 우리는 주거니 받거니 한 되 병을 다 말리고 말았다. 그는 취흥에 겨워서 우리가 어릴 때 멋모르고 부르던 노래를 읊조렸다.

볏섬이나 나는 전토(田土)는
신작로(新作路)가 되고요—말마디나 하는 친구는
감옥소로 가고요—
담뱃대나 떠는 노인은
공동묘지 가고요—
인물이나 좋은 계집은
유곽으로 가고요—

① 서술자는 인물의 외양을 묘사하며 독자와의 거리는 멀다.

② 서술자가 주인공의 심리를 제시하며 독자와의 거리는 가깝다.

③ 서술자가 직접 개입하여 사건을 진행하며 인물과의 거리는 멀다.

④ 서술자는 외부 관찰자의 시각으로 사건을 전달하며 인물과의 거리는 멀다.

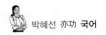

| 현진건 |

※ 다음 글에 대한 설명에 답하시오.
((가)와 (나)는 시간 순서대로 배열된 것이 아닙니다.)

(가) 이때에 빽빽 소리가 응아 소리로 변하였다. 개똥이가 물었던 젖을 빼어 놓고 운다. 운대도 온 얼굴을 찡그려 붙여서 운다는 표정을 할 뿐이다. 응아 소리도 입에서 나는 게 아니고 마치 뱃속에서

나는 듯하였다. 울다가 울다가 목도 잠겼고 또 울 기운조차 시진한 것 같다.

발로 차도 그 보람이 없는 걸 보자 남편은 아내의 머리맡으로 달려들어 그야말로 까치집 같은 환자의 머리를 꺼들어 흔들며,

"이년아, 말을 해, 말을! 입이 붙었어, 이 오라질 년!"

"……."

"으응, 이것 봐, 아무 말이 없네."

"……."

"이년아, 죽었단 말이냐, 왜 말이 없어."

"……."

"으응, 또 대답이 없네. 정말 죽었나버이."

이러다가 누운 이의 흰 창을 덮은, 위로 치뜬 눈을 알아보자마자,

"이 눈깔! 이 눈깔! 왜 나를 바라보지 못하고 천장만 보느냐, 응."

하는 말끝엔 목이 메었다. 그러자 산 사람의 눈에서 떨어진 닭의 똥 같은 눈물이 죽은 이의 뻣뻣한 얼굴을 어룽어룽 적시었다. 문득 김 첨지는 미친 듯이 제 얼굴을 죽은 이의 얼굴에 한데 비비대며 중얼거렸다.

"설렁탕을 사다 놓았는데 왜 먹지를 못하니, 왜 먹지를 못하니…… 괴상하게도 오늘은! 운수가, 좋더니만……."

(나) "남대문 정거장까지 말씀입니까?"

하고 김 첨지는 잠깐 주저하였다. 그는 이 우중에 우장도 없이 그 먼 곳을 철벅거리고 가기가 싫었음일까? 처음 것, 둘째 것으로 고만 만족하였음일까? 아니다, 결코 아니다. 이상하게도 꼬리를 맞물고 덤비는 이 행운 앞에 조금 겁이 났음이다. 그리고 집을 나올 제 아내의 부탁이 마음에 켕기었다. ─ 앞집 마마님한테서 부르러 왔을 제, 병인은 그 뼈만 남은 얼굴에 유일의 생물 같은 유달리 크고 움푹한 눈에 애걸하는 빛을 띠우며,

"오늘은 나가지 말아요. 제발 덕분에 집에 붙어 있어요. 내가 이렇게 아픈데……."

라고 모기 소리같이 중얼거리고 숨을 거르렁거르렁하였다.

…(중략)…

"이 눈깔! 이 눈깔! 왜 나를 바루 보지 못하고 천정만 보느냐, 응?"

하는 말끝엔 목이 메이었다. 그러자, 산 사람의 눈에서 떨어진 닭의 똥 같은 눈물이 죽은 이의 뻣뻣한 얼굴을 어룽어룽 적시인다. 문득 김 첨지는 미친 듯이 제 얼굴을 죽은 이의 얼굴에 한데 부벼대며 중얼거렸다.

"설렁탕을 사다 놓았는데 왜 먹지를 못하니, 왜 먹지를 못하니……괴상하게도 오늘은 운수가 좋더니만……."

─ 현진건, <운수 좋은 날>

11. (가)에 대한 이해로 옳지 않은 것은? 2022 국회직 9급

① 반어적 기법이 나타난다.
② 대화를 통해 등장인물 간의 갈등이 해소되고 있다.
③ 비속어를 사용하여 인물의 삶을 사실적으로 그리고 있다.
④ 음성 상징어를 사용하여 표현의 효과를 높이고 있다.
⑤ '설렁탕'은 비극적 상황을 강조하는 소재이다.

12. (나)에 대한 설명으로 적절하지 않은 것은? 2016 국가직 7급

① 사건의 결말을 암시하는 복선이 나타나 있다.
② 비극적 상황을 심화시키는 소재가 사용되고 있다.
③ 객관적인 서술 태도로 인물의 행동만을 그리고 있다.
④ 행운과 불안감이 교차되면서 긴장감이 조성되고 있다.

작품 정리 │ 현진건, 〈운수 좋은 날〉

- 갈래 : 단편소설, 사실주의 소설
- 성격 : 사실적, 비극적, 반어적
- 배경
  ① 시간 : 일제 강점기의 비오는 겨울날
  ② 공간 : 서울의 빈민가
- 시점 : 전지적 작가 시점(부분적 3인칭 관찰자 시점)
- 주제 : 일제 강점기 하층민의 궁핍하고 비참한 삶의 고발
- 특징
  ① 묘사와 대화를 통해 하층민의 생활을 현장감 있게 보여줌.
  ② 비속어의 사용을 통해 하층민의 생활상에 생동감을 부여함.
  ③ 반어적 표현과 상황적 모순을 사용함.
  ④ 역순행적 구성이 사용됨.
- 줄거리 : 김 첨지는 인력거꾼으로 일을 하는데, 어느 날 행운으로 오랜만에 돈을 많이 벌게 되고 아픈 아내에게 설렁탕을 사줄 생각에 기분이 좋아진다. 하지만 아침 출근길 아픈 아내가 오늘은 제발 가지 말라고 신신당부하던 것이 떠올라 불안해한다. 친구 치삼이와 선술집에서 술을 마시며 김 첨지는 혹시 아내가 죽었을지도 모른다는 생각에 집으로는 발길을 돌리지 못하고 횡설수설한다. 김 첨지는 취중에도 아내가 먹고 싶어하던 설렁탕을 사서 귀가하게 되지만, 아내의 불길한 침묵을 인정하지 못하고 욕설을 내뱉고 소리를 지른다. 끝내 아내의 죽음을 확인한 김 첨지는 슬퍼한다.

13. 윗글에 대한 설명으로 가장 적절한 것은?

2012 법원직 9급

(가) 대구에서 서울로 올라오는 차중에서 생긴 일이다. 나는 나와 마주 앉은 그를 매우 흥미있게 바라보고 또 바라보았다. 두루마기 격으로 기모노를 둘렀고, 그 안에서 옥양목 저고리가 내어 보이며 아랫도리엔 중국식 바지를 입었다. (중략) 그때 나는 그의 얼굴이 웃기보다 찡그리기에 가장 적당한 얼굴임을 발견하였다. 군데군데 찢어진 경성드뭇한 눈썹이 올올이 일어서며, 아래로 축 처지는 서슬에 양미간에는 여러 가닥 주름이 잡히고, (중략) 삼십 세밖에 안되어 보이는 그 얼굴이 10년 가량은 늙어진 듯하였다. 나는 그 신산스러운 표정에 얼마쯤 감동이 되어서 그에게 대한 반감이 풀려지는 듯하였다.

(중략)

"어디서 오시는 길입니까?"

"흠, 고향에서 오누마."하고 그는 휘 한숨을 쉬었다. 그러자, 그의 신세타령의 실마리는 풀려 나왔다.

(나) 그의 고향은 대구에서 멀지 않은 K군 H란 외따른 동리였다. (중략) 넉넉지는 못할망정 평화로운 농촌으로 남부럽지 않게 지낼 수 있었다. 그러나 세상이 뒤바뀌자 그 땅은 전부가 동양 척식 회사의 소유에 들어가고 말았다. (중략) 지금으로부터 9년 전, 그가 열일곱 살 되던 해 봄에(그의 나이는 실상 스물여섯이었다. 가난과 고생이 얼마나 사람을 늙히는가?) 그의 집안은 살기 좋다는 바람에 서간도로 이사를 갔었다. 쫓겨 가는 운명이거든 어디를 간들 신신하랴. (중략) 남의 밑천을 얻어서 농사를 짓고 보니, 가을이 되어 얻는 것은 빈 주먹뿐이었다. 이태 동안을 사는 것이 아니라 억지로 버티어 갈 제, 그의 아버지는 망연히 병을 얻어 타국의 외로운 혼이 되고 말았다.

(다) 그 후 그는 부모 잃은 땅에 오래 머물기 싫었다. 신의주로, 안동현으로 품을 팔다가 일본으로 또 벌이를 찾아가게 되었다. 규슈 탄광에 있어도 보고, 오사까 철공장에도 몸을 담아 보았다. 벌이는 조금 나았으나 외롭고 젊은 몸은 자연히 방탕해졌다. 돈을 모으려야 모을 수 없고 이따금 울화만 치받치기 때문에 한곳에 주접을 하고 있을 수 없었다. 화도 나고 고국 산천이 그립기도 하여서 훌쩍 뛰어나왔다가 오래간만에 고향을 둘러보고 벌이를 구할 겸 서울로 올라가는 길이라 했다.

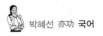

(라) "그래, 이번 길에 고향 사람은 하나도 못 만났 습니까?"

(중략)

"나와 혼인 말이 있던 여자구마."

"하아!" 나는 놀란 듯이 벌린 입이 닫혀지지 않 았다.

(중략)

"암만 사람이 변하기로 어째 그렇게도 변하는 기오? 그 숱 많던 머리가 훌렁 다 벗을졌두마. 눈 을 푹 들어가고 그 이들이들하던 얼굴빛도 마치 유산을 끼얹은 듯하더마."

"서로 붙잡고 많이 우셨겠지요"

"눈물도 안 나오더마. 일본 우동집에 들어가서 둘이서 정종만 열병 때려 뉘고 헤어졌구마."

(중략)

"이야기를 다하면 뭐하는기오." 하고 쓸쓸하게 입을 다문다. 나 또한 너무도 참혹한 사람살이를 듣기에 쓴물이 났다.

"자, 우리 술이나 마자 먹읍시다." 하고 우리는 주거니받거니 한되 병을 다 말리고 말았다. 그는 취흥에 겨워서 우리가 어릴 때 멋모르고 부르던 노래를 읊조렸다.

볏섬이나 나는 전토는 /
신작로가 되고요…… /
말마디나 하는 친구는 /
감옥소로 가고요…… /
담뱃대나 떠는 노인은 /
공동묘지 가고요…… /
인물이나 좋은 계집은 /
유곽으로 가고요……

― 현진건, <고향>

① (가) – 인물의 행적을 요약하기의 방법으로 서술하 여 긴장감을 고조시키고 있다.

② (나) – 보여주기 방식으로 서술하여 서술자와 인물 사이의 객관적 거리를 확보하고 있다.

③ (다) – 서술자가 자신의 경험을 회상하는 방식으로 서술하여 액자식 구성으로 전개하고 있다.

④ (라) – 서술자와 인물의 대화를 통해 인물에 대한 서 술자의 공감과 연대감을 보여준다.

★출좋포 정리하기 요약하기 VS 보여주기

- 요약하기 : 서술자가 사건이나 인물의 심리, 성격 등을 요약해서 전달하므로 사건 전개가 빠르다. 사건이나 인물에 대한 정보를 독자들에게 직접적으로 전달해 준다.
- 보여주기 : 서술자가 인물의 대화나 행동, 외양을 단순 히 관찰하여 전달한다. 외양 묘사나 대화나 행동 전달이 대표적이다. 그대로 전달해주 는 것이므로 사건 전개는 느려진다.

작품 정리 | 현진건, <고향>

- 갈래 : 단편소설, 액자소설
- 성격 : 사실적, 회상적, 현실 고발적
- 배경
  ① 시간 : 일제 강점기
  ② 공간 : 대구발 서울행 기차 안
- 시점
  ① 외부 이야기 : 1인칭 관찰자 시점
  ② 내부 이야기 : 전지적 작가 시점
- 주제 : 일제 강점기 한민족의 참혹한 현실을 고발하며 일 제 치하에서의 일반 민중들의 비참한 삶을 폭로함.
- 특징
  ① 방언을 사용하여 현장감, 생동감을 드러냄.
  ② 서술자의 동정적인 시선과 영탄적인 어조를 효과적으 로 사용하여 농지를 뺏긴 농민들의 참상을 사실적으로 표현함.
  ③ 대화를 통해 내용을 효과적으로 전개함.
  ④ 1920년대의 민족 항일기의 시대를 나타냄.
- 줄거리 : 나는 대구발 서울행 기차안에서 기이하고 천박 한 언행을 보이는 그와 함께 앉았다. 그와 대화 를 나누며 왜 고향에서 떠났는지 물었고, 평화로 운 농부였지만 농토를 잃고 유랑 생활을 시작했 음을 듣게 된다. 그가 오랜만에 고향에 돌아갔었 음에도 고향은 폐허가 되었었으며, 그는 그와 혼 담이 오고가던 여인에게 기구한 인생사를 직접 듣게 된다. 나는 그의 이야기에 공감하며 함께 술을 마시고, 그는 일제에 대한 분노와 현실의 절망으로 어릴 때 부르던 노래를 부른다.

| 이태준 |

14. 윗글에서 알 수 있는 내용으로 적절하지 않은 것은?

2016 국회직 9급

안초시의 소위 영결식이 그 딸의 연구소 마당에서 열리었다.

서참의와 박희완 영감은 술이 거나하게 취해 갔다. 박희완 영감이 무얼 잡혀서 가져왔다는 부의 이 원을 서참의가,

"장례비가 넉넉하니 자네 돈 그 계집애 줄 거 없네."

하고 우선 술집에 들러 거나하게 곱빼기들을 한 것이다.

영결식장에는 제법 반반한 조객들이 모여들었다. 예복을 차리고 온 사람도 두엇 있었다. 모두 고인을 알아 온 것이 아니요, 무용가 안경화를 보아 온 사람들 같았다. 그 중에는, 고인의 슬픔을 알아 우는 사람인지, 덩달아 기분으로 우는 사람인지 울음을 삼키느라고 끽끽 하는 사람도 있었다. 안경화도 제법 눈이 젖어 가지고 신식 상복이라나 공단 같은 새까만 양복으로 관 앞에 나와 향불을 놓고 절하였다. 그 뒤를 따라 한 이십 명 관 앞에 와 꾸벅거리었다. 그리고 무어라고 지껄이고 나가는 사람도 있었다.

그들의 분향이 거의 끝난 듯하였을 때

"에헴!"

하고 얼굴이 시뻘건 서참의도 한마디 없을 수 없다는 듯이 나섰다. 향을 한 움큼이나 집어 놓아 연기가 시커멓게 올려 솟더니 불이 일어났다. 후- 후- 불어 불을 끄고, 수염을 한번 쓰다듬고 절을 했다. 그리고 다시

"헴……"

하더니 조사를 하였다.

"나 서참일세, 알겠나? 흥……자네 참 호살세 호사야…… 잘 죽었으니. 자네 살았으문 이런 호사를 해 보겠나? 인전 안경다리 고칠 걱정두 없구…… 아무튼지……."

하는데 박희완 영감이 들어서더니,

"이 사람 취했네그려."

하며 서참의를 밀어냈다.

박희완 영감도 가슴이 답답하였다. 분향을 하고 무슨 소리를 한마디 했으면 속이 후련히 트일 것 같아서 잠깐 멈칫하고 서 있어 보았으나

"으흐윽……"

하고 울음이 먼저 터져 그만 나오고 말았다.

서참의와 박희완 영감도 묘지까지 나갈 작정이었으나 거기 모인 사람들이 하나도 마음에 들지 않아 도로 술집으로 내려오고 말았다.

— 이태준, 〈복덕방〉

① 안초시는 불의의 사고로 사망했다.
② 안경화는 이름이 꽤 알려진 사람이다.
③ 안초시, 서참의, 박희완 영감은 친구 사이다.
④ 박희완 영감은 생활이 넉넉하지 못한 편이다.
⑤ 서참의는 안경화를 못마땅하게 여긴다.

작품 정리 | 이태준, 〈복덕방〉

- 갈래 : 단편소설, 세태소설
- 성격 : 사실적, 현실비판적
- 배경
  ① 시간 : 1930년대의 일제 강점기
  ② 공간 : 경성 변두리의 복덕방
- 시점 : 전지적 작가 시점
- 주제 : 근대화의 시대상 속에서 소외된 세대의 좌절과 비애
- 특징
  ① 현실에서 소외된 노인들의 삶에서 근대화에 대한 비판적인 모습을 보임.
  ② 세대 간의 가치관 차이와 갈등을 두드러지게 보여줌. (안 초시나 박희완 영감 모두 세상에 대한 정보가 어두운 구세대를 대표하는 인물들이며 안경화는 이기적이며 물질주의적인 신세대를 대표함.)
- 줄거리 : 생활의 기반을 잃은 안 초시, 서 참의, 박희완은 복덕방에서 소일을 하며 살아가는 노인들이다. 박희완을 통해 연변의 개발 정보를 듣게 된 안 초시는 기대를 안고 딸 안경화에게 연변의 부동산 투기를 권한다. 하지만 안경화의 부동산 투자가 실패하자 안 초시에게 모든 비난을 쏟는다. 이에 좌절한 안 초시는 자살하고, 이 죽음을 발견한 서 참의가 안경화를 불러내어 후한 장례를 당부한다. 장례식장에서 안경화와 그 주변인들의 위선적 행동을 보며 서 참의와 박희완은 서러워한다.

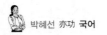

15. 다음 글에 드러난 갈등에 대한 설명으로 가장 적절한 것은?

2016 교육행정직 9급

[앞부분의 줄거리] 창권이네 가족은 고향을 떠나 만주 장자워푸로 이주한 후, 조선인들과 함께 땅을 사서 들판을 논으로 개간하기 위한 봇도랑(수로) 공사에 전념하고 있다.

동리에서도 조선 사람들이 소리를 지르며 나타났다. 창권은 눈이 째지게 놀랐다. 위 구역에서 내려오는 조선 사람 하나가 괭이를 둘러메고 여기 토민들 몰려선 데로 뭐라고 여기 말로 호통을 치면서 그냥 닥치는 대로 찍으려 덤벼드는 것이다. 몰려섰던 토민들은 와 흩어져 버린다. 창권을 둘러쌌던 패들도 슬금슬금 물러선다. 동리에서는 조선 부인네들 몇이 식칼을 들고, 낫을 들고 달려들 나오는 것이다. 낫과 식칼을 보더니 토민들은 제각기 사방으로 흩어져 달아난다. 창권은 사지가 부르르 떨렸다.

'여기선 저럭해야 사나 보다! 아니, 이 봇도랑은 우리 목줄이 아니고 뭐냐!'

…(중략)…

이 장자워푸를 수십 리 둘러 사는 토민들이 한 덩어리가 되어 조선 사람들이 봇도랑 내는 것을 반대하는 것이었다. 반대하는 이유는 극히 단순한 것이었다. 봇도랑을 내어 논을 풀면 그 논에서들 나오는 물이 어디로 가느냐였다. 방바닥 같은 들이라 자기네 밭에 모두 침수가 될 것이니 자기네는 조선 사람들 때문에 농사도 못 짓고 떠나야 옳으냐는 것이다. 너희들도 그 물을 끌어다 벼농사를 지으면 도리어 이익이 아니냐 해도 막무가내였다. 자기넨 벼농사를 지을 줄도 모르거니와 이밥을 못 먹는다는 것이다. 고소하지도 않을 뿐 아니라 배가 아파진다는 것이다. 그럼 먹지는 못하더라도 벼를 장춘으로 가지고 가 팔면 잡곡을 몇 배 살 돈이 나오지 않느냐? 또 벼농사를 지을 줄 모르면 우리가 가르쳐 줄 터이니 그대로 해 보라고 하여도 완강히 반대로만 나가는 것이었다. 그리고 조선 사람이 칼이나 낫으로 덤비면 저희에게도 도끼도 몽둥이도 있다는 투로 맞서는 것이다.

– 이태준, 〈농군〉

① 조선인들과 토민들은 땅의 소유권을 두고 대립하고 있다.

② 조선인들은 대화로, 토민들은 폭력으로 문제를 해결하려 한다.

③ 토민들은 밭농사를 고집하고 조선인들은 논농사를 지으려고 한다.

④ 토민들과 조선인들은 봇도랑 공사 방식을 놓고 의견을 달리하고 있다.

작품 정리 | 이태준, 〈농군〉

일제하의 우리 농민들이 고향에서 쫓겨 나는 현실을 묘사하여 일제 식민정책의 모순을 간접적으로 보여준다. 또한 만주에서의 투쟁을 통해 민족적 저항의식을 강조하는 작가의식을 엿볼 수 있다.

16. (가)에 대한 설명으로 가장 적절한 것은?

2017 지방직 7급

(가) 하루는 나는 "평생소원이 무엇이냐?"고 그에게 물어 보았다. 그는 "그까짓 것쯤 얼른 대답하기는 누워서 떡먹기."

라고 하면서 "평생소원은 자기도 원 배달이 한 번 되었으면 좋겠다."는 것이었다.

남이 혼자 배달하기 힘들어서 한 20부 떼어 주는 것을 배달하고, 월급이라고 원 배달에게서 한 3원 받는 터이라 월급을 20여 원을 받고, 신문사 옷을 입고, 방울을 차고 다니는 원 배달이 제일 부럽노라 하였다.

…(중략)…

그러나 웬일일까, 정말 배달복에 방울을 차고 신문을 들고 들어서는 사람은 황수건이가 아니라 처음 보는 사람이다.

"왜 전엣 사람은 어디 가고 당신이오?"

물으니 그는

"제가 성북동을 맡았습니다."

한다.

"그럼 전엣 사람은 어디를 맡았소?"

하니 그는 픽 웃으며,

"그까짓 반편을 어딜 맡깁니까? 배달부로 쓸려다가 똑똑지가 못하니까 안 쓰고 말었나 봅니다."

한다.

… (중략) …

그런데 요 며칠 전이었다. 밤인데 달포 만에 수건이가 우리 집을 찾아왔다. 웬 포도를 큰 것으로 대여섯 송이를 종이에 싸지도 않고 맨손에 들고 들어왔다. 그는 벙긋거리며

"선생님 잡수라고 사왔읍죠."

하는 때였다. 웬 사람 하나가 날쌔게 그의 뒤를 따라 들어오더니 다짜고짜로 수건이의 멱살을 움켜쥐고 끌고 나갔다. 수건이는 그 우둔한 얼굴이 새하얗게 질리며 꼼짝 못하고 끌려 나갔다.

나는 수건이가 포도원에서 포도를 훔쳐온 것을 직감하였다. 쫓아 나가 매를 말리고 포도 값을 물어 주었다. 포도 값을 물어 주고 보니 수건이는 어느 틈에 사라지고 보이지 않았다.

나는 그 다섯 송이의 포도를 탁자 위에 얹어 놓고 오래 바라보며 아껴 먹었다. 그의 은근한 순정의 열매를 먹듯 한 알을 가지고도 오래 입안에 굴려 보며 먹었다.

(나) 나는 그날 그에게 돈 삼 원을 주었다. 그의 말대로 삼산 학교 앞에 가서 뻐젓이 참외 장사라도 해 보라고. 그리고 돈은 남지 못하면 돌려 오지 않아도 좋다 하였다. ⊙그는 삼 원 돈에 덩실덩실 춤을 추다시피 뛰어나갔다. 그리고 그 이튿날, 선생님 잡수시라굽쇼. 하고 나 없는 때 참외 세 개를 갖다 두고 갔다. 그러고는 온 여름 동안 그는 우리 집에 얼른하지 않았다.

들으니 ⓒ참외 장사를 해 보긴 했는데 이내 장마가 들어 밑천만 까먹었고, 또 그까짓 것보다 한 가지 놀라운 소식은 그의 아내가 달아났단 것이다. 저희끼리 금슬은 괜찮았건만 동서가 못 견디게 굴어 달아난 것이라 한다. 남편만 남 같으면 따로 살림 나는 날이나 기다리고 살 것이나 평생 동서 밑에 살아야 할 신세를 생각하고 달아난 것이라 한다.

그런데 요 며칠 전이었다. 밤인데 달포 만에 수건이가 우리 집을 찾아왔다. ⓒ웬 포도를 큰 것으로 대여섯 송이를 종이에 싸지도 않고 맨손에 들고 들어왔다. 그는 벙긋거리며 첫마디로, 선생님 잡수라고 사 왔습죠. 하는 때였다. 웬 사람 하나가 날쌔게 그의 뒤를 따라 들어오더니 다짜고짜로 수건이의 멱살을 움켜쥐고 끌고 나갔다. 수건이는 그 우둔한 얼굴이 새하얗게 질리며 꼼짝 못하고 끌려 나갔다.

나는 수건이가 포도원에서 포도를 훔쳐 온 것을 직각하였다. 쫓아 나가 매를 말리고 포도값을 물어주었다. 포도값을 물어 주고 보니 수건이는 어느 틈에 사라지고 보이지 않았다. 나는 그 다섯 송이의 포도를 탁자 위에 얹어 놓고 오래 바라보며 아껴 먹었다. ⓔ그의 은근한 순정의 열매를 먹듯 한 알을 가지고도 오래 입안에 굴려 보며 먹었다.

— 이태준, 〈달밤〉

① 현실에 쉽게 좌절하는 무기력한 인물을 조롱하고 있다.
② 서술의 초점을 사건의 논리적 인과관계를 드러내는 데 맞추고 있다.
③ 순박하고 따뜻한 심성을 지닌 인물에 대한 화자의 포용적 태도를 느낄 수 있다.
④ 개인의 삶을 짓밟는 현실의 부조리를 직접적으로 비판하고 있다.

17. (나)의 ⊙~ⓔ에 대한 감상으로 가장 적절하지 않은 것은?
2016 서울시 9급

① ⊙: 황수건의 행위를 통해 참외 장사가 안 될 것을 예측할 수 있다.
② ⓒ: 황수건에 대한 정보가 '나'에 의해 요약적으로 제시되고 있다.
③ ⓒ: 포도는 장사 밑천을 대준 '나'에 대한 황수건의 고마움의 표시이다.
④ ⓔ: 인물을 바라보는 '나'의 호의적인 태도를 읽을 수 있다.

작품 정리 **이태준, 〈달밤〉**

• 갈래: 단편소설
• 성격: 서정적, 애상적
• 배경
　① 시간: 1930년대의 일제 강점기
　② 공간: 서울 성북동
• 시점: 1인칭 관찰자 시점
• 주제: 세상에 적응하지 못하는 황수건에 대한 연민
• 특징
　① 인물의 성격을 드러내는 일화들을 나열함.
　② 묘사를 통해 인물과 사건을 형상화함.
• 줄거리: '나'는 성북동으로 이사오고 황수건이라는 인물을 만나며 이곳이 시골임을 실감한다. 황수건은 정식 배달부가 되길 바라는 신문 보조 배달부였는데 급사에서 쫓겨나고, 그가 형의 집에 얹혀사는 행적을 듣는다. 황수건은 보조 배달부에서도 쫓겨나고 급사로 다시 들어가려고 하나 실패한다. '나'는 황수건에게 삼 원을 주며 참외 장사의 시작을 도와주지만, 참외 장사마저 실패하고 아내마저 가출을 한다. '나'는 밤에 담배를 피우며, 서툴게 노래를 부르는 황수건을 보며 연민을 느낀다.

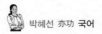

| 이상 |

18. 다음 글에 대한 이해로 가장 적절한 것은?

2023 군무원 9급

> 우리 부부는 숙명적으로 발이 맞지 않는 절름발이인 것이다. 내가 아내나 제 거동에 로직(논리)을 붙일 필요는 없다. 변해(辯解)할 필요도 없다. 사실은 사실대로 오해는 오해대로 그저 끝없이 발을 절뚝거리면서 세상을 걸어가면 되는 것이다. 그렇지 않을까?
>
> 그러나 나는 이 발길이 아내에게로 돌아가야 옳은가 이것만은 분간하기가 좀 어려웠다. 가야 하나? 그럼 어디로 가나?
>
> 이때 뚜— 하고 정오 사이렌이 울렸다. 사람들은 모두 네활개를 펴고 닭처럼 푸드덕거리는 것 같고 온갖 유리와 강철과 대리석과 지폐와 잉크가 부글부글 끓고 수선을 떨고 하는 것 같은 찰나, 그야말로 현란을 극한 정오다.
>
> 나는 불현듯이 겨드랑이가 가렵다. 아하 그것은 내 인공의 날개가 돋았던 자국이다. 오늘은 없는 이 날개, 머릿속에서는 희망과 야심의 말소된 페이지가 딕셔너리(사전) 넘어가듯 번뜩였다.
>
> 나는 걷던 걸음을 멈추고 그리고 어디 한번 이렇게 외쳐 보고 싶었다.
>
> 날개야 다시 돋아라.
> 날자. 날자. 날자. 한 번만 더 날자꾸나.
> 한 번만 더 날아 보자꾸나.
>
> — 이상, 〈날개〉

① 가난한 무명작가 부부의 생활고와 부부애를 다루고 있다.

② 농촌 계몽을 위한 두 남녀의 헌신적 노력과 사랑을 보여준다.

③ 식민지 농촌 사회에서 농민들이 겪는 가혹한 현실을 보여주려 한다.

④ 자아 상실의 무기력한 삶에서 벗어나 본래의 자아를 회복하려는 의지를 보여준다.

작품 정리 | 이상, 〈날개〉

- 갈래 : 단편소설, 심리소설
- 성격 : 고백적, 상징적
- 배경
  ① 시간 : 1930년대의 어느 날
  ② 공간 : 경성의 33번지와 거리
- 시점 : 1인칭 주인공 시점
- 주제 : 자아 분열 속에서 본래의 자아를 회복하고자 하는 내면적 욕구
- 특징
  ① 독백을 통해 주인공의 의식의 흐름에 내용이 전개됨.
  ② 상징적 소재를 통해 식민지 지식인의 어두운 내면을 보여줌.
  ③ 공간의 대조를 통해 인물 간의 차이를 보여줌.
- 줄거리 : 삶의 의욕을 상실한 '나'는, 아내가 외출할 때면 아내의 방에서 놀곤 한다. 손님이 찾아올 때면 아내는 '나'에게 은화를 주고, '나'는 그 은화를 저금통에 모아 두지만 화장실에 빠뜨리고 만다. 어느 날은 외출에서 돌아왔을 때도 아내는 손님과 함께 있었다. 이후에도 '나'는 외출을 하다, 비를 맞고 감기에 걸린다. 아내는 아스피린을 건네주었고, '나'는 잠만 자게 된다. 하지만 그 약은 아스피린이 아닌 아달린(수면제)이라는 사실에 충격을 받는다. 거리를 내 다니다 미츠코시 옥상에서 삶을 되돌아 본다. 정오의 사이렌 소리를 통해 '나'의 의식은 깨어나는 듯한 느낌을 받았고, 날개가 돋기를 간절히 염원한다.

| 박태원 |

19. 두 사람의 대화에 대한 설명으로 적절한 것은?

2016 지방직 9급

> "저어기, 개천에서 올라오는 저 사람이 인제 어딜 가는지 알아내시겠에요?"
>
> "어디, 누구?"
>
> "저거, 땅꾼 아니냐?"
>
> "땅꾼요?"
>
> "거지 대장 말야."
>
> "저건 둘째 대장예요. 근데 지금 어딜 가는지 아시겠에요?"
>
> "인석, 그걸 내가 으떻게 아니?"
>
> 그러면 소년은 가장 자랑스러이,
>
> "인제 보세요. 저어 다리께 가게루 갈 테니."
>
> "어디 ……. 참, 딴은 가게로 들어가는구나. 저눔이 담밸 사러 갔을까?"
>
> "아무것두 안 사구 그냥 나올 테니 보세요. 자아, 다시 돌쳐서서 이쪽으로 오죠?"
>
> "그래 인젠 저눔이 어딜 가누."
>
> "인제, 개천가 선술집으루 들어갈 테니 보세요."
>
> "어디 ……. 참, 딴은 술집으루 들어가는구나. 그래 두 저눔이 가게서 뭐든지 샀겠지, 그냥 거긴 갔다 올 까닭이 있나?"
>
> "왜 들어가는지 아르켜 드릴까요? 저 사람이, 곧잘, 다리 밑으루 들어가서, 게서, 거지들한테 돈을 십 전이구 이십 전이구, 얻어 갖거든요. 그래 그걸루 술두 사 먹구, 밥두 사 먹구 허는데, 그게 거지들이 동냥해 들인 거니, 이십 전이구, 삼십 전이구 간에, 모두 동전 한 푼짜릴 거 아녜요? 근데 저 사람이 동전 가지군 절대 술집엘 안 들어가거든요. 그래 은제든지 꼭 가게루 가서 그걸 모두 십 전짜리루 바꿔 달래서 ……."
>
> — 박태원, 〈천변풍경〉

① 두 사람의 관심사가 달라서 대화가 지속되지 못하고 있다.

② 한 사람이 대화를 주도하면서 상대방의 관심을 끌어들이고 있다.

③ 상대방의 질문에 답하는 가운데 현실의 문제점을 확인하고 있다.

④ 서로 간의 의견 차이를 조정하면서 절충점을 찾아내고 있다.

작품 정리 | 박태원, 〈천변풍경〉

- 갈래 : 장편소설, 세태소설
- 성격 : 관찰적, 삽화(에피소드)적
- 배경
  ① 시간 : 1930년대
  ② 공간 : 서울 청계천
- 시점 : 3인칭 관찰자 시점 + 전지적 작가 시점
- 주제 : 1930년대 청계천 근처 서민들의 삶의 애환
- 특징
  ① 여러 인물들의 이야기를 에피소드식 구성으로 보여줌.
  ② 카메라로 촬영한 듯 장면을 사실적으로 보여줌.
- 줄거리 : 아낙네들은 청계천의 빨래터에서 잡담을 나누고, 이발소의 재봉은 천변 풍경을 지켜본다. 한약국에는 시골청년 창수가 일을 시작한다. 창수는 점점 세속에 물들어가며, 금순은 금광 브로커에 속아 하숙옥에 방치된다. 브로커는 행방불명되고, 그런 금순에게 기미코가 찾아오며 새로운 삶을 갈구한다. 결혼식을 올린 이쁜이는 어머니에게 고단한 시집살이에 대한 신세타령을 한다. 장마가 시작되어 한약국에서 창수가 나가고, 행방불명됐던 브로커는 돌아와서 금순이를 데려가려고 하나 실패한다. 양반댁으로 시집을 간 하나코는, 남편의 외도와 시집살이로 힘들어하며, 서울을 떠난 창수는 돌아와서는 구락부에 취직한다. 하나코는 결혼한 것을 후회한다. 기미코는 금순을 손 주사의 후처로 보내려고 한다. 이쁜이는 결국 남편에게 쫓겨나서 어머니에게 돌아온다. 포목적 주인의 모자가 바람 때문에 개천에 떨어진다.

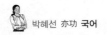

※ 다음 글에 대한 설명에 대해 답하시오.

구보는 한구석에 가 서서 그의 앞에 앉아 있는 노파를 본다. 그는 뉘 집에 드난을 살다가 이제 늙고 또 쇠잔한 몸을 이끌어 결코 넉넉하지 못한 어느 시골, 딸네 집이라도 찾아가는지 모른다. 이미 굳어 버린 그의 안면 근육은 어떠한 다행한 일에도 펴질 턱 없고, 그리고 그의 몽롱한 두 눈은 비록 그의 딸의 그지없는 효양(孝養)을 가지고도 감동시킬 수 없을지 모른다. 노파 옆에 앉은 중년의 시골 신사는 그의 시골서 조그만 백화점을 경영하고 있을 게다. 그의 점포에는 마땅히 주단포목도 있고, 일용 잡화도 있고, 또 흔히 쓰이는 약품도 갖추어 있을 게다. 그는 이제 그의 옆에 놓인 물품을 들고 자랑스러이 차에 오를 게다. 구보는 그 시골 신사가 노파와의 사이에 되도록 간격을 가지려고 노력하는 것을 발견하고, 그리고 그를 업신여겼다. 만약 그에게 얕은 지혜와 또 약간의 용기를 주면 그는 삼등 승차권을 주머니 속에 간수하고 일, 이등 대합실에 오만하게 자리잡고 앉을 게다.

문득 구보는 그의 얼굴에서 부종(浮腫)을 발견하고 그의 앞을 떠났다. 신장염. 그뿐 아니라, 구보는 자기 자신의 만성 위확장을 새삼스러이 생각해 내지 않으면 안 되었다. 그러나 구보가 매점 옆에까지 갔었을 때, 그는 그곳에서도 역시 병자를 보지 않으면 안 되었다. 40여 세의 노동자. 전경부(前頸部)의 광범한 팽륭(澎隆). 돌출한 안구. 또 손의 경미한 진동. 분명한 '바세도우씨' 병. 그것은 누구에게든 결코 깨끗한 느낌을 주지는 못한다. 그의 좌우에는 좌석이 비어 있어도 사람들은 그곳에 앉으려 들지 않는다. 뿐만 아니라, 그에게서 두 칸통 떨어진 곳에 있던 아이 업은 젊은 아낙네가 그의 바스켓 속에서 꺼내다 잘못하여 시멘트 바닥에 떨어뜨린 한 개의 복숭아가, 굴러 병자의 발 앞에까지 왔을 때, 여인은 그것을 쫓아와 집기를 단념하기조차 하였다.

구보는 이 조그만 사건에 문득, 흥미를 느끼고, 그리고 그의 '대학 노트'를 펴 들었다. 그러나 그가, 문 옆에 기대어 섰는 캡 쓰고 린네르 즈메에리 양복 입은 사나이의, 그 온갖 사람에게 의혹을 갖는 두 눈을 발견하였을 때, 구보는 또다시 우울 속에 그곳을 떠나지 않으면 안 된다.

― 박태원, <소설가 구보 씨의 일일>

---

20. 다음 작품에 대한 설명으로 가장 적절하지 <u>않은</u> 것은?
2020 경찰 2차

① 다양한 체험을 통해 인물 간의 극적 갈등이 시작된다.
② 여정을 따라 등장인물의 의식과 내면을 서술하고 있다.
③ 특정 시대의 소재를 등장시켜 시대적 배경을 짐작할 수 있다.
④ 각종 문장부호의 사용을 통해 특정 부분을 주목하게 하고 있다.

21. 윗글에 대한 이해로 가장 적절한 것은? 2022 법원직 9급

① 구보는 '노파'의 가난하고 고된 삶을 상상해 보며, 그녀의 생기 없는 외양에 대해 생각한다.
② 구보는 '중년의 시골 신사'가 삼등 승차권을 가지고 이등대합실에 자리잡고 있는 모습을 목격하고 그를 업신여기고 있다.
③ 구보는 만성 위확장을 앓고 있는 '40여 세의 노동자'가 불결한 느낌을 준다고 생각하지만 그의 곁에 가서 앉는다.
④ 구보는 '양복 입은 사나이'가 온갖 사람을 불신하는 모습을 목격하고 분노를 느낀다.

작품 정리 | 박태원, <소설가 구보 씨의 일일>

- 갈래 : 중편소설, 심리소설, 세태소설, 모더니즘소설
- 성격 : 관찰적, 모더니즘적, 심리적, 묘사적
- 배경 : ① 시간 : 1930년대의 어느 하루
  ② 공간 : 경성 시내
- 시점 : 전지적 작가 시점
- 주제 : 소설가가 보는 1930년대의 경성의 일상과, 예술인으로서의 갈등과 일상적 행복에 대한 소망 등의 내면 의식
- 특징 : ① 당시 서울의 모습을 구체적으로 보여줌.
  ② 공간의 이동에 따른 내용 전개
  ③ 몽타주 기법을 사용하여 한 인물의 내면 의식을 표출함.
- 줄거리 : 소설가 구보는 정오에 경성 시내를 배회하다가 건강 문제에 대해 불안해한다. 동대문행 전차에서 과거에 선을 본 여자를 발견하고 외면한 것을 후회한다. 경성역을 찾아간 구보는 온정이 없는 사람들만 발견한다. 우연히 중학생 시절 열등생이던 동창이 예쁜 여자와 동행한 것을 보게 된다. 이것을 보고는 여자의 허영심에 대하여 생각한다. 다방에서는 기자일을 하는 친구를 만나는데, 친구가 돈을 위해 기사를 작성한다는 것에 연민을 느낀다. 친구와 술을 마시고서는 세상 사람들을 정신병자로 취급하고 싶은 충동이 든다. 새벽 두 시경, 구보는 창작에 전념할 것을 다짐하며 귀가한다.

| 채만식 |

※ 다음 글을 읽고 물음에 답하시오.

(가) 우리 아저씨 말이지요, 아따, 저 거시기, 한참 당년에 무엇이냐 그놈의 것, 사회주의라더냐, 막걸리라더냐, 그걸 하다 징역 살고 나와서 폐병으로 시방 앓고 누웠는 우리 오촌 고모부 그 양반……

뭐, 말도 마시오, 대체 사람이 어쩌면 글쎄……, 내 원! 신세 간 데 없지요.

자, 십 년 적공, 대학교까지 공부한 것 풀어먹지도 못했지요, 좋은 청춘 어영부영 다 보냈지요, 신분(身分)에는 전과자(前科者)라는 붉은 도장 찍혔지요, 몸에는 몹쓸 병까지 들었지요, 이 신세를 해 가지굴랑은 굴속 같은 오두막집 단칸 셋방 구석에서 사시장철 밤이나 낮이나 눈 따악 감고 드러누웠군요.

재산이 어디 집 터전인들 있을 턱이 있나요. 서발 막대 내저어야 짚검불 하나 걸리는 것 없는 철빈인데,

우리 아주머니가, 그래도 그 아주머니가 어질고 얌전해서 그 알뜰한 남편 양반 받드느라 삯바느질이야, 남의 집 품빨래야, 화장품 장사야, 그 칙살스런 벌이를 해다가 겨우겨우 목구멍에 풀칠을 하지요.

어디로 대나 그 양반은 죽는 게 두루 좋은 일인데 죽지도 아니해요. 우리 아주머니가 불쌍해요. 아, 진작 한 나이라도 젊어서 팔자를 고치는 게 아니라, 무슨 놈의 수난 후분을 바라고 있다가 고생을 하는지.

(나) 내 이상과 계획은 이렇거든요.

우리집 다이쇼*가 나를 자별히 귀애하고 신용을 하니까 인제 한 십 년만 더 있으면 한밑천 들여서 따로 장사를 시켜 줄 그런 눈치거든요.

그러거들랑 그것을 언덕삼아 가지고 나는 삼십 년 동안 예순 살 환갑까지만 장사를 해서 꼭 십만 원을 모을 작정이지요. 십만 원이면 죄선* 부자로 쳐도 천석꾼이니, 뭐 떵떵거리고 살 게 아니라구요?

그리고 우리 다이쇼도 한 말이 있고 하니까, 나는 내지인* 규수한테로 장가를 들래요. 다이쇼가 다 알아서 얌전한 자리를 골라 중매까지 서준다고 그랬어요. 내지 여자가 참 좋지요.

나는 죄선 여자는 거저 주어도 싫어요.

구식 여자는 얌전은 해도 무식해서 내지인하고 교제하는 데 안됐고, 신식 여자는 식자나 들었다는 게 건방져서 못쓰고, 도무지 그래서 죄선 여자는 신식이고 구식이고 다 제바리여요.

내지 여자가 참 좋지 뭐. 인물이 개개 일자로 이쁘겠다, 얌전하겠다, 상냥하겠다, 지식이 있어도 건방지지 않겠다, 좀이나 좋아!

그리고 내지 여자한테 장가만 드는 게 아니라 성명도 내지인 성명으로 갈고 집도 내지인 집에서 살고 옷도 내지 옷을 입고 밥도 내지식으로 먹고 아이들도 내지인 이름을 지어서 내지인 학교에 보내고……

내지인 학교라야지 죄선 학교는 너절해서 아이들 버려 놓기나 꼭 알맞지요.

그리고 나도 죄선말은 싹 걷어치우고 국어만 쓰고요.

이렇게 다 생활법식부터도 내지인처럼 해야만 돈도 내지인처럼 잘 모으게 되거든요.

* 다이쇼 : 주인
* 죄선 : 조선
* 내지인 : 일본인

— 채만식, <치숙>

22. (가)에 대한 설명으로 옳은 것은? 2013 서울시 기술직 복원

① 주인공의 눈으로 주변 인물인 '아저씨'를 비판하고 있다.

② 부정적 인물인 '아저씨'를 통해 당대 사회 현실을 드러내고 있다.

③ 서술자가 객관적인 시선으로 인물들을 관찰하고 있다.

④ 역설적인 제목으로 주제를 암시하고 있다.

⑤ 결과적으로 서술자인 '나'의 어리석음을 비판하려는 의도를 담고 있다.

23. (나)에 나타난 서술자에 대한 설명으로 가장 옳은 것은?
2017 서울시 9급

① 서술자가 내지인을 비판함으로써 자기 주장을 강화하고 있다.

② 서술자가 전지적 존재로서 인물과 사건을 모두 조망할 수 있다.

③ 서술자가 작품 속에 등장하는 다른 인물의 내면을 추리하고 있다.

④ 서술자가 신뢰할 수 없는 존재로서, 독자로 하여금 서술자를 비판적으로 바라보게 한다.

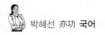

작품 정리 채만식, 〈치숙(癡叔)〉

- 갈래 : 단편소설, 풍자소설
- 성격 : 비판적, 풍자적
- 배경
  ① 시간 : 일제 강점기
  ② 공간 : 경성
- 시점 : 1인칭 관찰자 시점
- 주제 : 일제에 순응하려는 '나'와 사회주의 사상을 좇는 아저씨와의 갈등
- 특징
  ① 신빙성이 없는 서술자를 사용하여 현실에 대해 이중적으로 풍자함.
  ② '나'와 '아저씨'의 가치관 차이를 대화의 형식을 통해 드러냄.
  ③ 판소리 사설과 같은 독백체와 대화체를 통해 풍자의 성격을 드러냄.
  ④ 작가는 '나'를 서술자로 둠으로써 겉으로는 '나'를 긍정하고 치숙을 비판함. 하지만 후반부에서는 설명이나 주관적인 해설 없이 '나'와 '아저씨'의 대화만 보여줌으로써 '나'에 대한 비판을 독자들이 할 수 있게끔 유도함.
  ⑤ '어리석은 숙부(= 치숙)'라는 제목으로 보았을 때에는 '아저씨'를 비판의 대상으로 보고 있으나, 사실 이는 당시 일제 검열을 피하기 위한 것으로, 반어법에 해당함. 주된 비판의 대상은 '나'임.
- 줄거리 : '나'는 사회주의 운동으로 징역을 살다 왔지만 현재 폐병을 앓고 있는 '치숙(어리석은 숙부)'을 소개한다. '나'는 대학교까지 졸업했지만 사회주의를 하다가 전과자가 되고, 심지어 후실까지 둔 '아저씨', 그런 아저씨를 수발하는 '아주머니'를 답답하게 여긴다. '나'는 일본인 밑에서 일하고 있는데, 곧 자립하여 일본에서 살아가고자 한다. 하지만 '아저씨'가 '나'의 계획을 방해하였고, 이런 '나'는 아저씨의 한심함을 정면에서 비판한다. 그런 '나'에게 '아저씨'는 되려 '나'를 비판한다. '나'는 '아저씨' 같은 사람은 사라져야 한다고 생각한다.

※ 다음 글을 읽고 물음에 답하시오.

(가) 이런 일을 생각하면 한생원도 ㉠미상불 다행스럽지 아니한 것은 아니었다. 그러나 오직 그뿐이었다. 독립? 신통할 것이 없었다.

독립이 되기로서니, 가난뱅이 농투성이가 별안간 나으리 주사 될 리 만무하였다. 가난뱅이 농투성이가 남의 세토 얻어 비지땀 흘려 가면서 일 년 농사 지어 절반도 넘는 ㉡도지 물고, 나머지로 굶으며 먹으며 연명이나 하여 가기는 독립이 되거나 말거나 매양 일반일 터이었다.

공출이야 징용이야 하여서 살기가 더럭 어려워지기는, 전쟁이 나면서부터였다. 전쟁이 나기 전에는 일 년 농사 지어 작정한 도지, 실수 않고 물면 ㉢모자라나 따나 아무 시비와 성가심 없이 내 것 삼아 놓고 먹을 수가 있었다.

징용도 전쟁이 나기 전에는 없던 풍도였다. 마음 놓고 일을 하였고, 그것으로써 그만이었지, 달리는 근심 걱정될 것이 없었다.

전쟁 사품에 생겨난 공출이니 징용이니 하는 것이 전쟁이 끝이 남으로써 없어진 다음에야 독립이 되기 전 일본 정치 밑에서도 남의 세토 얻어 도지 물고 나머지나 천신하는 가난뱅이 농투성이에서 벗어날 것이 없을진대, 한갓 전쟁이 끝이 나서 공출과 징용이 없어진 것이 다행일 따름이지, 독립이 되었다고 만세를 부르며 날뛰고 할 흥이 한생원으로는 나는 것이 없었다.

일인에게 빼앗겼던 나라를 도로 찾고, 그래서 우리도 다시 나라가 있게 되었다는 이 잔주도, 역시 한생원에게는 ㉣시뿌듬한 것이었다. 한생원은 나라를 도로 찾는다는 것은 구한국 시절로 다시 돌아 가는 것으로밖에는 달리 생각할 수가 없었다.

한생원네는 한생원의 아버지의 부지런으로 장만한, 열서 마지기와 일곱 마지기의 두 자리 논이 있었다. 선대의 유업도 아니요, 공문서 땅을 거저 주운 것도 아니요, 버젓이 값을 내고 산 것이었다. 하되 그 돈은 체계나 돈놀이로 모은 돈이 아니요, 품삯 받아 푼푼이 모으고 악의악식하면서 모은 돈이었다. 피와 땀이 어린 땅이었다.

그 피땀 어린 논 두 자리에서, 열서 마지기를 한생원네는 산 지 겨우 오 년 만에 고을 원에게 빼앗겨 버렸다.

(나) "그래 일인들이 죄다 내놓구 가는 것을, 백성들더러 돈을 내구 사라구 마련을 했다면서?"

"아직 자세힌 모르겠어두, 아마 그렇게 되기가 쉬우리라구들 하드군요."

해방 후에 새로 난 구장의 대답이었다.

"그런 놈의 법이 어딨단 말인가? 그래, 누가 그렇게 마련을 했는구?"

"나라에서 그랬을 테죠."

"나라?" / "우리 조선 나라요."

"나라가 다 무어 말라비틀어진 거야? 나라 명색이 내게 무얼 해 준 게 있길래, 이번엔 일인이 내 놓구 가는 내 땅을 저이가 팔아먹으려구 들어? 그게 나라야?"

"일인의 재산이 우리 조선 나라 재산이 되는 거야 당연한 일이죠."

"당연?"

"그렇죠."

"흥, 가만 뒤두면 저절루 백성의 것이 될 걸 나라 명색은 가만히 앉었다 어디서 툭 튀어나와 가지구, 걸 뺏어서 팔아먹어? 그따위 행사가 어딨다든가?"

"한 생원은, 그 논이랑 멧갓이랑 길천이한테 돈을 받구 파셨으니깐 임자로 말하면 길천이지 한 생원인가요?"

"암만 팔았어두, 길천이가 내 놓구 쫓겨 갔은깐, 도루 내 것이 돼야 옳지, 무슨 말야. 걸, 무슨 탁에 나라가 뺏을 영으루 들어?"

"한 생원한테 뺏는 게 아니라, 길천이한테 뺏는 거랍니다."

— 채만식, 〈논 이야기〉

24. (가)의 밑줄 친 단어 중 문맥상 의미가 맞지 않는 것은?

2023 군무원 7급

① ㉠: 아닌 게 아니라 과연
② ㉡: 일정한 대가를 주고 빌려 쓰는 논밭이나 집터
③ ㉢: 다소 모자라기는 하더라도
④ ㉣: 달갑지 아니하거나 못마땅하여 시큰둥한

25. (가)의 한생원의 생각과 가장 거리가 먼 것은?

2023 군무원 7급

① 독립이라는 것이 소작농의 삶에 아무런 영향을 끼치지 않는다.
② 해방이 되어도 나라가 사회 모순을 해결하지 못할 것이다.
③ 독립은 구한국 시절로 돌아가는 것과 다를바 없다.
④ 소작농의 궁핍한 삶에는 국가의 책임도 적지 않다.

26. (나)에 대한 설명으로 적절한 것은?

2015 사회복지직 9급

① 독백과 대화를 혼용하여 이야기를 이끌어가고 있다.
② 서술자가 인물의 성격을 직접적으로 평가하고 있다.
③ 특정한 단어를 활용하여 시대적 배경을 나타내고 있다.
④ 작가는 국민의 도덕성과 국가의 비도덕성을 대조하여 보여준다.

작품 정리 | 채만식, 〈논 이야기〉

한 생원을 통해 새 정부의 농업 정책의 잘못을 비판함은 물론, 가난한 농민들은 엉뚱한 모함을 씌워 농토를 빼앗아 가던 구한말 시대나, 일제 강점하에서 일인들에게 농토를 수탈당하던 시대나, 독립을 맞아서 새로운 정부가 들어선 현재나 조금도 나아진 게 없다는 점을 풍자·비판하고 있다.

- 갈래: 단편 소설, 풍자 소설
- 성격: 풍자적, 비판적
- 배경
  ① 시간: 광복 직후
  ② 공간: 군산 부근의 농촌
- 시점: 전지적 작가 시점
- 주제: 해방 이후 국가의 농업 정책에 대한 비판 의식
- 구성
  - 발단: 해방 이후 일인(日人)들이 재산을 놓고 달아나게 되었다고 하여 한 생원은 기대를 한다.
  - 전개: 일제 이전에 고을 수령이 한 생원네 논을 빼앗는다. 동학(東學)에 가담하였다는 누명을 씌운 것이다.
  - 위기: 일제 강점 직후, 한 생원은 나머지 논도 술과 노름으로 진 빚 때문에 일본인에게 팔아 넘긴다.
  - 절정: 해방 이후 한 생원은 일본인에게 팔아 넘긴 논을 찾고 싶어 하나 그 논은 다른 사람에게 소유권이 넘어간 후였다.
  - 결말: 한 생원은 "독립됐다구 했을 제, 내 만세 안 부르기 잘 했지."라고 불평한다.
- 출전: 《해방 문학 선집》(1946)

※ 다음 글에 대한 설명에 대해 답하시오.
(단, 각각의 (가)~(다)는 시간 순서 배열이 아닙니다.)

(가) [앞부분 줄거리] 1930년대 서울, 지주이자 구두쇠인 윤 직원 영감은 손자들이 출세하여 가문을 빛내기를 바란다. 하지만 어느 날 일본 유학 중인 손자 종학이 경시청에 체포되었다는 전보를 받는다.

윤 직원 영감은 팔을 부르걷은 주먹으로 방바닥을 땅 치면서 성난 황소가 영각을 하듯 고함을 지릅니다.
"화적패가 있너냐아? 부랑당 같은 수령(守令)들이 있더냐?
……재산이 있대야 도적놈의 것이요, 목숨은 파리 목숨같던 말세년 다 지나가고오 . 자 부아라, 거리거리 순사요, 골골마다 공명한 정사(政事), 오죽이나 좋은 세상이여…… 남은 수십만 명 동병(動兵)을 히여서, 우리 조선 놈 보호히여 주니, 오죽이나 고마운 세상이여? 으응……? 제 것 지니고 앉아서 편안허게 살 태평 세상, 이걸 태평천하라구 허는 것이여, 태평천하 ! 그런디 이런 태평천하에 태어난 부자 놈의 자식이, 더군다나 왜 지가 떵떵거리구 편안허게 살 것이지, 어찌서 지가 세상 망쳐 놀 부랑당 패에 참섭을 헌담 말이여, 으응?"
땅 방바닥을 치면서 벌떡 일어섭니다. 그 몸짓이 어떻게도 요란스럽고 괄괄한지, 방금 발광이 되는가 싶습니다. 아닌 게 아니라 모여 선 가권들은 방바닥 치는 소리에도 놀랐지만, 이 어른이 혹시 상성이 되지나 않는가 하는 의구의 빛이 눈에 나타남을 가리지 못합니다.
"……착착 깎어 죽일 놈! 그놈을 내가 핀지히여서, 백 년 지역을 살리라구 헐걸! 백 년 지역 살리라구
헐 테여…… 오냐, 그놈을 삼천 석 거리는 직분[分財] 히여 줄라구 히였더니, 오냐, 그놈 삼천 석 거리를 톡톡 팔어서, 경찰서으다가 사회주의 허는 놈 잡어 가두는 경찰서으다가 주어 버릴걸! 으응, 죽일 놈!"

(나) 말대가리 윤용규 그는 삼십이 넘도록 탈망바람으로 삿갓 하나를 의관 삼아 촌 노름방으로 으실으실 돌아다니면서 개평푼이나 뜯으면 그걸로 돌아앉아 투전장이나 뽑기, 방퉁이질이나 하기, 또 그도 저도 못하면 가난한 아내가 주린 배를 틀어쥐고서 바느질품을 팔아 어린 자식과(이 어린 자식이라는 게 그러니까 지금의 윤직원 영감입니다.) 입에 풀칠을 하는 것을 얻어먹고는, 밤이나 낮이나 질펀히 드러누워, 소대성이 여대치게 낮잠이나 자기…… 이 지경으로 반생을 살았습니다. 좀 호협한 구석이 있고 담보가 클 뿐 물론 판무식꾼이구요.

그런데, 그런 게 다 운수라고 하는 건지 어느 해 연분인가는 난데없는 돈 2백 냥이 생겼더랍니다. 시골돈 2백 냥이면 서울 돈으로 2천 냥이요, 그때만 해도 웬만한 새끼부자 하나가 왔다갔다 할 큰 돈입니다.

노름을 해서 딴 돈이라고 하기도 하고, 혹은 그 아내가 친정의 머언 일가집 백부한테 분재를 타온 돈이라고 하기도 하고, 또 누구는 도깨비가 져다 준 돈이라고 하기도 하고 하여 자못 출처가 모호했습니다.

시방이야 가난하던 사람이 불시로 큰 돈이 생기면 경찰서 양반들이 우선 그 내력을 밝히려 들지만, 그때만 해도 60년 저짝 일이니 누가 지날 말로라도 시비 한마딘들 하나요. 그저 그야말로 도깨비가 져다 주었나 보다 하고 한갓 부러워하기나 했지요.

(다) 시아버지 윤직원 영감이 처결하기를, 집안의 살림살이 전권(全權)을 마땅히 물려받아야 할 주부 고 씨는 제쳐 놓고서 한 대(代)를 껑충 건너뛰어 손주 대로 내려가게 했던 것입니다. 고 씨의 며느리 되는 박 씨 즉, 윤직원 영감의 맏손자 며느리가 시할머니의 뒤를 바로 이어서 집안의 안살림을 도맡아 하게 되었던 것입니다. 그러고 보니 묻지 않아도 내가 주부로 들어앉아 며느리를 거느리고 집안 살림을 해 가는 어른이 되겠거니 했던 고 씨는 고만 개밥에 도토리가 되어 버리고, 도리어 시어머니 오 씨 대신에 며느리한테 또다시 시집살이를 하게쯤 된 셈평이었습니다.

― 채만식, <태평천하>

27. (가)에 대한 이해로 적절하지 않은 것은?

2022 지역인재 9급

① '윤 직원'은 편협하고 이기적인 현실 인식을 보이고 있다.
② 서술자는 인물을 묘사하여 인물의 심리적 상태를 제시하고 있다.
③ '윤 직원'은 상속을 통해 가문을 유지하려고 했음을 밝히고 있다.
④ 서술자는 경어체를 사용하여 인물과의 심리적 거리를 가깝게 하고 있다.

28. (나)를 감상한 것으로 적절한 것은? 　2020 국회직 9급

① 현재의 사건을 작중인물이 회상하는 방식으로 제시한다.
② 서술자가 작중인물에 대해 풍자적 거리를 유지하고 있다.
③ 1인칭의 서술자가 작중인물에 대해 객관적으로 평가한다.
④ 판소리에서 창자와 같은 작중인물이 등장해 사건을 주도한다.
⑤ 서술자가 작중인물의 내면에 초점을 맞추어 사건을 서술한다.

29. (다)에 대한 이해로 적절한 것은? 　2012 국가직 9급

① 윤직원 영감은 실망이 컸겠군.
② 시할머니는 자애로운 분인 것 같아.
③ 박 씨는 부유한 집안에서 시집왔겠군.
④ 고 씨의 현재 심경은 아주 절망적일 거야.

작품 정리 | 채만식, 〈태평천하〉

- 갈래 : 중편소설, 풍자소설
- 성격 : 비판적, 풍자적, 반어적
- 배경
  ① 시간 : 1930년대 후반 일제 강점기
  ② 공간 : 경성의 대지주 집안
- 시점 : 전지적 작가 시점
- 주제 : 일제 강점기 윤 직원 일가의 몰락을 통해 식민지 시대의 타락한 삶의 비판
- 특징
  ① 반어적 표현과 희화화를 통해 인물을 풍자함.
  ② 경어체를 통해 서술자가 판소리의 창자(唱者)같은 역할을 함.
- 줄거리 : 윤 직원 영감은 인력거의 삯을 깎으려 하거나 어린 기생을 데리고 다니면서도 인색하다. 윤 직원 영감은 본인의 부친이 구한말 시절 화적들의 습격을 통해 사망했기 때문에, 일제와 결탁하여 돈을 모으고자 한다. 아들 창식은 노름으로 가산을 탕진하고, 군수를 시키고자 했던 손자 종수는 방탕한 삶에 빠진다. 마지막으로 기대를 걸고 있던 다른 손자 종학은 사상 관계로 경찰에 피검되었다는 전보를 받는다. 윤 직원은 이런 태평천하에 종학이 왜 사회주의 운동을 하는지 이해할 수 없어 하며 분노한다.

---

30. [A], [B]의 서사적 기능으로 가장 적절한 것은?

2018 교육행정직 9급

　옛날의 영화가 꿈이 되고, 일조에 몰락하여 가뜩이나 초상집 개처럼 초라한 자기가 또 한번 어깨가 옴츠러듦을 느끼지 아니치 못하였다.
　그런 데다 이 녀석이, 언제 적 저라고 무엄스럽게 굴어 심히 불쾌하였고, 그래서 엔간히 자리를 털고 일어설 생각이 몇 번이나 나지 아니한 것도 아니었다. 그러나 참았다.
[A]　보아하니 큰 세도를 부리는 것이 분명하였다. 잘만 하면 그 힘을 빌려 분풀이와 빼앗긴 재물을 도로 찾을 여망이 있을 듯싶었다. 분풀이를 하고, 더구나 재물을 도로 찾고 하는 것이라면야, 코 뻬뚤이 삼복이는 말고,

그보다 더한 놈한테라도 머리 숙이는 것쯤 상관할 바 아니었다.
　"그러니, 여보게, 미씨다 방……."
　있는 말 없는 말 보태 가며 일장 경과 설명을 한 후에, 백 주사는 끝을 맺기를,
　"어쨌든지 그놈들을 말이네, 그놈들을 한 놈 냉기지 말구섬 죄다 붙잡아다가 말이네, 괴수 놈들일랑 목을 썰어 죽이구, 다른 놈들일랑 뼉다구가 부러지두룩 두들겨 주구, 꿇어앉히구 항복 받구, 그리구 빼앗긴 것 일일이 도루 다 찾구, 집허구 세간 쳐부순 것 말끔 다 물리구……. 그렇게만 해 준다면, 내, 내, 재산 절반 노나 주문세, 절반. 응, 여보게, 미씨다 방."
　"염려 마슈."
　미스터 방은 선뜻 쾌한 대답이었다.
　"진정인가?"
　"머, 지끔 당장이래두, 내 입 한 번만 떨어진다치면, 기관총 들멘 엠피가 백 명이구 천 명이구 들끓어 내려가서, 들이 쑥밭을 만들어 놉니다, 쑥밭을."
　"고마우이!"
　백 주사는 복수하여지는 광경을 선히 연상하면서, 미스터 방의 손목을 덥석 잡는다.
　"백골난망이겠네."
　"놈들을 깡그리 죽여 놀 테니, 보슈."
　"자네라면야 어련하겠나."
　"흰말이 아니라 참 이승만 박사두 내 말 한마디면 고만 다 제바리유."

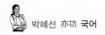
미스터 방은 그러고는 냉수 그릇을 집어 한 모금 물고 꿀쩍꿀쩍 양치를 한다. 웬 버릇인지, 하여간 그는 미스터 방이 된 뒤로, 술을 먹으면서 양치하는 버릇이 생겼다.

[B]

양치한 물을 처치하려고 휘휘 둘러보다, 일어서서 노대로 성큼성큼 나간다.

노대는 현관 정통 위였다.

미스터 방이 그 걸쭉한 양칫물을 노대 아래로 아낌없이 좍 뱉는 바로 그 순간이었다. 그 순간이 공교롭게도, 마침 그를 찾으러 온 S 소위가 현관으로 일단 들어서려 말고(미스터 방이 노대로 나오는 기척이 들렸기 때문에) 뒤로 서너 걸음 도로 물러나,

"헬로."

부르면서 웃는 얼굴을 쳐드는 순간과 그만 일치가 되었다.

"에구머니!"

놀라 질겁을 하였으나 이미 뱉어진 양칫물은 퀴퀴한 냄새와 더불어 백절 폭포로 내리쏟아져 웃으면서 쳐드는 S 소위의 얼굴 정통에 가 좍르르.

"유 데블!"

이 기급할 자식이라고 S 소위는 주먹질을 하면서 고함을 질렀고.

그 주먹이 쳐든 채 그대로 있다가, 일변 허둥지둥 버선발로 뛰쳐나와 손바닥을 싹싹 비비는 미스터 방의 턱을

"상놈의 자식!"

하면서 철컥, 어퍼컷으로 한 대 갈겼더라고.

― 채만식, <미스터 방>

① [A]는 인물 간의 대화를 통해 외적인 갈등을 고조하고 있다.

② [A]는 공간적 배경의 묘사를 통해 비극적인 분위기를 심화하고 있다.

③ [B]는 행동 묘사를 통해 주인공을 희화화하고 있다.

④ [B]는 과거 사건의 요약을 통해 이야기의 전개를 빠르게 하고 있다.

작품 정리 | 채만식, 〈미스터 방〉

'방삼복'이라는 보잘것없는 인물이 '미스터 방'이라는 인물로 인정받게 되는 과정을 통해 광복 직후의 혼란스러운 사회에 교묘히 적응해 가는 기회주의적인 인물의 삶을 희화적이고 풍자적으로 그려 당시의 세태와 인간상을 비판하고 있다.

• 갈래 : 단편 소설, 세태 소설, 풍자 소설
• 성격 : 풍자적, 해학적, 현실 비판적
• 배경
  ① 시간 : 광복 직후
  ② 공간 : 서울
• 시점 : 전지적 작가 시점
• 주제 : 권력을 좇아 자신의 이익을 추구하는 당시의 세태와 인간상 비판
• 특징
  ① 판소리 사설체를 사용하여 서술자의 개입이 자주 나타남.
  ② 풍자와 비판의 대상이 되는 인물의 행적을 사실적으로 드러냄.
• 구성
  ─ 발단 : 십여 년을 타국에서 유랑한 방삼복은 돌아와 서울로 가서 신기료장수 일을 하며 가난하게 지낸다.
  ─ 전개 : 방삼복은 영어를 몇 마디 할 수 있는 능력을 살려 미국 장교(S 소위)에게 접근했다가 그의 통역사가 된다. 그 후 삼복은 미국 장교의 힘을 입어 부와 권세를 얻는 '미스터 방'이 된다.
  ─ 위기 : 어느 날 친일파인 백 주사가 '미스터 방'을 찾아와 독립 후에 재산이 몰수당했다며 자신을 위해 보복해 달라고 부탁한다.
  ─ 절정·결말 : 백 주사에게 허세를 부리던 방삼복은 양칫물을 아무렇게나 뱉었다가 그 뱉은 양칫물이 그를 찾아온 S 소위의 얼굴에 떨어진다. 이에 '미스터 방'은 S 소위에게 턱을 얻어맞고 끝난다.
• 출전 : 《대조》(1946)

31. 다음 글에 대한 이해로 옳은 것은? 2022 국회직 9급

"아니야, S병원으로 가."

철호는 갑자기 아내의 죽음을 생각했던 것이었다. 운전수는 다시 휙 핸들을 이쪽으로 틀었다. 운전수 옆에 앉아 있는 조수애가 한 번 철호를 돌아다보았다. 철호는 뒷자리 한구석에 가서 몸을 틀어박은 채 고개를 뒤로 젖히고 눈을 감고 있었다. 차는 한국은행 앞 로터리를 돌고 있었다. 그때 또 뒤에서 철호가 소리를 질렀다.

"아니야, X경찰서로 가."

눈을 감고 있는 철호는 생각하는 것이었다. 아내는 이미 죽었는데 하고.

이번에는 다행히 차의 방향을 바꿀 필요가 없었다. 그냥 달렸다.

"X경찰서 앞입니다."

철호는 눈을 떴다. 상반신을 벌떡 일으켰다. 그러나 곧 털썩 뒤로 기대고 쓰러져버렸다.

"아니야, 가."

"X경찰섭니다. 손님."

조수 애가 뒤로 몸을 틀어 돌리고 말했다.

"가자."

철호는 여전히 눈을 감고 있었다.

"어디로 갑니까?"

"글쎄, 가!"

"하 참, 딱한 아저씨네."

"……"

"취했나?"

운전수가 힐끔 조수 애를 쳐다보았다.

"그런가 봐요."

"어쩌다 오발탄(誤發彈) 같은 손님이 걸렸어. 자기 갈 곳도 모르게.

－이범선, 〈오발탄〉

① '철호'는 삶의 의지를 점차 회복하고 있다.

② '운전수'는 '철호'에게 공감의 태도를 보이고 있다.

③ '철호'와 '운전수' 사이의 계급 차이가 잘 드러난다.

④ '철호'는 목적지를 정하지 못한 상태이다.

⑤ 'S병원'과 'X경찰서'는 '철호'가 도달하지 못하는 이상향이다.

작품 정리 | 이범선 〈오발탄〉 (1959)

• 갈래 : 현대 소설, 단편 소설
• 성격 : 애상적, 회고적, 현실 고발적
• 배경
  ① 시간 : 6·25 전쟁 직후
  ② 공간 : 서울 해방촌 일대
• 시점 : 전지적 작가 시점 (부분적 3인칭 관찰자 시점)
• 주제 : 6·25 전쟁 후의 황폐한 사회에서 양심적 삶을 살려다 좌절하는 인간의 비극
• 특징
  ① 객관적 묘사를 통해 시대의 궁핍함과 사회의 구조적 문제를 드러냄.
  ② 전쟁으로 파멸해 가는 인간상과 내면의 허무 의식을 표출함.
  ③ 주관의 개입이 절제된 상태에서 대상을 묘사함.
• 줄거리 : 계리사 사무실 서기인 '철호'는 여러 어려움을 안고 살아간다. 음대 출신의 아내, 일자리를 찾지 못해 방황하는 동생 '영호', 양공주가 된 '명숙', 정신 이상이 된 어머니와 함께 월남 가족의 가장으로 생활한다. 집으로 돌아오는 길은 힘겹고, 집안의 상황은 더욱 심각하다. 어머니는 계속해서 고향으로 돌아가자고 외치지만, 현실은 그러지 못함을 '철호'는 알고 있다. 동생 '영호'는 삶에 대해 자신만의 방식을 고집하고, '철호'는 이를 나무란다. 아내는 한때의 아름다움을 잃고 희망조차 갖지 않는 모습에 '철호'는 안타까움을 느낀다. '명숙'은 가족의 관심을 받지 못한 채 생활하고, 가족들의 갈등과 아픔은 밤낮으로 계속된다. 이어 '영호'가 강도 혐의로 경찰에 붙잡힌다는 소식을 듣는다. '철호'는 경찰서를 나서 집으로 돌아가다 아내가 위독하다는 소식에 병원으로 달려간다. 그러나 아내는 이미 세상을 떠났다. 충치로 인한 고통을 느낀 '철호'는 의사의 만류에도 불구하고 이를 모두 뽑는다. 혼란 속에서 '철호'는 방향을 잃고, 택시 운전사는 그를 '오발탄' 같은 손님이라며 불평한다. 차는 목적지 없이 행렬에 합류하고, '철호'는 피를 흘리며 더 큰 혼란 속으로 빠져든다.

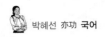

| 김동리 |

※ 다음 글을 읽고 물음에 답하시오.

(가) "오빠, 편히 사시오."

계연은 이미 시뻘겋게 된 두 눈으로 성기의 마지막 시선을 찾으며 하직 인사를 했다. 성기는 계연의 이 말에, 꿈을 깬 듯, 마루에서 벌떡 일어나, 계연의 앞으로 당황히 몇 걸음 어뜩어뜩 걸어오다간, 돌연히 다시 정신이 나는 듯 그 자리에 화석처럼 발이 굳어 버린 채, 한참 동안 장승같이 계연의 얼굴만 멍하게 바라보고 있었다.

"오빠, 편히 사시오."

이렇게 두 번째 하직을 하는 순간까지도, 계연의 그 시뻘건 두 눈은 역시 성기의 얼굴에서 그 어떤 기적과도 같은 구원만을 기다리는 것이었고, 그러나 성기는 그 자리에 그냥 주저앉아 버릴 뻔하던 것을 겨우 버드나무 가지를 움켜잡을 수 있었을 뿐이었다.

계연의 시뻘겋게 상기된 얼굴은, 옥화와 그녀의 아버지가 그들을 지켜보고 있다는 것도 잊은 듯이 성기의 얼굴만 뚫어지게 바라보고 있었으나, 버드나무에 몸을 기대인 성기의 두 눈엔 다만 불꽃이 활활 타오를 뿐, 아무런 새로운 명령도 기적도 나타나지 않았다.

"오빠, 편히 사시오."

하고, 거의 울음이 다 된, 마지막 목소리를 남기고 돌아선 계연의 저만치 가고 있는 항라적삼이, 고운 햇빛과 늘어진 버들가지와 산울림처럼 울려오는 뻐꾸기 울음 속에, 성기는 우두커니 지켜보고 있을 뿐이었다.

(나) 그해 아직 봄이 오기 전, 보는 사람마다 성기의 회춘을 거의 다 단념하곤 하였을 때, 옥화는 이왕 죽고 말 것이라면, 어미의 맘속이나 알고 가라고, 그래, 그 체장수 영감은, 서른 여섯 해 전 남사당을 꾸며와 이 '화개장터'에 하룻밤을 놀고 갔다는 자기의 아버지임에 틀림이 없다는 것과 계연은 그 왼쪽 귓바퀴 위의 사마귀로 보아 자기의 동생임이 분명하더라는 것을 통정하노라면서, 자기의 왼쪽 귓바퀴 위의 같은 검정 사마귀까지를 그에게 보여 주었다.

"나도 처음부터 영감이 '서른 여섯 해 전'이라고 했을 때 가슴이 섬짓하긴 했다. 그렇지만 설마 했지, 그렇게 남의 간을 뒤집어 놀 줄이야 알았나. 하도 아슬해서 이튿날 악양으로 명도까지 불러 봤더니, 요것도 남의 속을 빤히 드려다나 보는 듯이 재줄대는구나, 차라리 망신을 했지."

옥화는 잠깐 말을 그쳤다. 성기는 두 눈에 불을 켜듯한 형형한 광채를 띠고, 그 어머니의 얼굴을 쳐다보고 있었다.

"차라리 몰랐으면 또 모르지만 한 번 알고 나서야 인륜이 있는듸 어쩌겠냐."

그리고 부디 에미 야속타거나 생각지 말라고 옥화는 아들의 뼈만 남은 손을 눈물로 씻었다.

− 김동리, 〈역마〉

32. (가)에 대한 설명으로 가장 적절한 것은? 2017 지방직 7급

① 계연이 하직 인사를 세 번 한 것은 성기와의 인연을 끝내고자 하는 의지가 강함을 의미한다.
② 성기의 말없음은 어떠한 말로도 표현할 수 없는 복잡다단한 성기의 심리를 상징적으로 보여준다.
③ 계연이가 마을을 떠나는 장면의 자연적 배경은 굴곡이 심한 계연의 미래를 암시한다.
④ 성기의 성격과 태도에 대한 작가의 냉소적이고 비판적인 시각을 보여주는 서술이 있다.

33. (나)에 대한 설명으로 가장 적절한 것은? 2012 국회직 8급

① 암시적 방법을 통해 이후의 전개 과정을 드러내고 있다.
② 등장인물의 진술을 통해 문제 상황을 타개해 가고 있다.
③ 대화를 통해 등장인물들을 화해시키고 있다.
④ 복잡한 심리 묘사를 통해 상황의 심각성을 부각하고 있다.
⑤ 과거 회상을 통해 사건 전개의 우연성을 나타내고 있다.

작품 정리 김동리, 〈역마〉

• 갈래: 단편소설, 순수소설
• 성격: 무속적, 운명적, 토속적
• 배경: 전라도와 경상도의 경계에 있는 화개장터
• 시점: 전지적 작가시점
• 주제: 역마살에 순응하는 삶과 인간 구원의 문제
• 특징
① 공간적 배경인 '화개장터'에 상징적 의미를 부여하여 인생과 '길'의 유사성을 보여 줌.
② 전통적인 운명론을 기반으로 개인과 운명의 갈등을 보여 줌.

| 김남천 |

34. 다음 작품에 대한 설명으로 적절하지 않은 것은?

2017 기상직 7급

공범 여섯이 앉아 있는 앞에 머리를 청결하게 깎은 국민복 입은 청년이 서 있었다. 그것이 오시형이었다. 심리는 얼추 끝이 날 모양이었다.

"피고가 학문상으로 도달하였다는 새로운 관념에 대해서 간명히 대답해 보라."

재판장은 온후한 얼굴에 미소를 그리고 질문을 던진다. 서류 위에 법복 입은 두 손을 올려 놓고 그는 오시형이를 내려다보고 있다.

"구라파 사람들은 역사에 대한 하나의 신념을 가지고 있다고 생각합니다. 그들은 역사란 마치 흐르는 물이나 혹은 계단이 진 사다리와 같은 물건이라고 믿고 있습니다. 맨 앞에서 전진하고 있는 것은 구라파의 민족들이요, 그 중턱에서 구라파 민족들이 지나간 과정을 뒤쫓아 따라 가고 있는 것은 아시아의 모든 민족들이요, 맨 뒤에서 쫓아오고 있는 것은 미개인의 민족들이라는 사상이 그것입니다. 고대에서 중세로 근대로 현대로 한 줄기의 물처럼 역사는 흐르고 있다 합니다. 그러니까 설령 그들이 가졌던 구라파 정신이 통일성을 잃고 붕괴하여도 새로운 현대의 세계사를 구상할 수 있고 또 구상하는 민족들은 자기들이라고 생각하고 있습니다. 이것이 역사에 있어서의 말하자면 일원사관일까 합니다. 그러나 이러한 생각에서 떠나서 우리의 손으로 다원사관의 세계사가 이루어지는 날 역사에 대한 이 같은 미망은 깨어지리라고 봅니다. 역사적 현실은 이러한 것을 눈앞에 보여 주고 있습니다."

"그러면 피고의 그러한 생각으로 현재 진행되고 있는 전쟁과 세계사적 동향은 어떻게 포착할 수 있다고 생각하는가?"

피고는 말을 끊고 숨을 돌리듯 하고는 다시 이야기의 머리를 잠깐 돌려 보듯 하였다.

"저의 사상적인 경로를 보면 딜타이의 인간주의에서 하이 데거로 옮아갔다는 느낌이 듭니다. 하이데거가 일종의 인간의 검토로부터 히틀러리즘의 예찬에 이른 것은 퍽 깊은 감명을 주었습니다. 철학이 놓여진 현재의 주위의 상황으로부터 새로운 문제를 집어 올린다는 것은 최근의 우리 철학계의 하나의 동향이라고 봅니다. 와쓰지(和辻) 박사의 풍토 사관적 관찰이나 다나베(田邊) 박사의 저술이 역시 국가, 민족,

국민의 문제를 토구하여 이에 많은 시사를 보이고 있습니다. 제가 과거의 사상을 청산하고 새로운 질서 건설에 의기를 느낀 것은 대충 이상과 같은 학문상 경로로써 이루어졌습니다."

재판장은 만족한 미소를 입술에 띠었다.

— 김남천, <맥>

① 이 소설은 일제 말기의 전쟁 상황을 배경으로 하고 있다.
② 오시형은 문명의 우열을 합리화하는 다원 사관을 지지한다.
③ 오시형은 사상범으로 구속되어 재판을 통해 전향을 표현하였다.
④ 재판장은 국가를 중심으로 한 새로운 질서 건설에 찬성하고 있다.

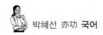

| 김성한 |

※ 다음 글을 읽고 물음에 답하시오.

뒷짐을 묶인 바비도는 종교재판정에 나타났다.

검은 옷을 입은 사교는 가슴에 십자를 그리고 엄숙하게 개정을 선언하였다.

"네가 재봉직공 바비도냐?"

"그렇습니다."

"밤이면 몰래 모여들어서 영역(英譯) 복음서를 읽었다지?"

"그렇습니다."

"그것이 옳다고 생각하느냐."

"옳다고도 그르다고도 생각지 않습니다."

"옳으면 옳구 그르면 그르지 그런 법이 어딨단 말이냐? 똑바루 말해."

"전에는 옳다구 생각했습니다."

"그럼 그렇지, 지금은 그르다구 생각한다는 말이지?"

"그렇지 않습니다."

사교는 상을 찌푸렸다.

"그렇지 않으면 어떻단 말이냐?"

"다 흥미가 없어졌다는 말입니다."

"흥미가 없어지다니, 신성한 교회에 흥미가 없단 말이냐?"

"교회뿐만 아니라 온 인간세상, 나 자신에 대해서까지 흥미가 없어졌습니다."

"오오 이 무슨 독신인고!"

사교는 눈을 감고 외쳤다.

"내가 이렇게 재판을 연 것은 어떻게 해서든지 너를 구하려는 의도에서 나온 것이다. 이 간절한 심정을 살펴서 회개하고 바른대로 대답해라."

"그렇게 간절하걸랑 아뭏지도 않은 사람을 구한다고 수다를 떨지 말고 내버려두시죠."

사교는 온 낯이 새빨개지면서 북받쳐오르는 감정을 억누르고 있었다.

"아뭏지도 않다니?"

"보시는 바와 같이 말짱한 사람을 미치광이 취급을 해서 구하느니 마느니 들볶는 그 심보가 틀렸다는 말입니다."

이런 일에 능란한 사교는 성난 얼굴에서 곧 미소로 변하고, 부드러운 목소리로 묻기 시작하였다.

"처음부터 묻기루 하자, 무슨 마귀의 장난으로 영어 복음서를 읽구 듣구 했지?"

"마귀의 장난이라뇨? 천만에. 우리말루 읽는 것이 왜 그렇게까지 옳지 못하다는 말입니까?"

"교회에서 금하니까 옳지 못허지."

"교회에서 하는 일은 무어든지 다 옳습니까?"

"암 그렇구말구, 교회는 성 페테로(베드로)에서 시작되고 페테로는 직접 그리스도의 위임을 맡으셨으니까."

"그러니까 무조건 옳단 말씀이죠?"

"그렇지, 교회의 명령은 교황의 명령이요, 교황의 명령은 성 페테로의 명령, 성 페테로의 명령은 그리스도의 명령이시니까."

"사실 당신과 이러니저러니 말하고 싶지도 않습니다마는 기왕 말이 났으니 한 가지 더 묻지요, 간통죄를 용서하고 대신 돈 받는 것도 그리스도의 명령인가요?"

"독신두 유분수지 그런 법이 어딨단 말이냐!"

사교는 흥분한 나머지 주먹으로 책상을 쳤다.

"허어, 저의 옆엣집 프란시스코의 처가 당장 당신한테서 지난 봄에 그런 판결을 받지 않았습니까?"

사교는 안색이 홱 변했다.

"암, 더 고칠 수 없는 마귀에 걸려들었구나."

― 김성한, <바비도>

35. 윗글의 주된 갈등에 관한 다음 설명 중 가장 적절한 것은?

2016 법원직 9급

① 비리를 저지르는 수도사와, 이를 폭로하려는 청렴한 수도사 간의 갈등

② '복음서'를 스스로 읽고 이해하려는 백성과 이를 막는 교회와의 갈등

③ '복음서'의 개인 소유를 인정받기 위한 백성과 이를 막는 교회와의 갈등

④ '복음서'에 의거해 감정을 억압하는 교회와 이에 저항하는 백성 간의 갈등

작품 정리 | 김성한, 〈바비도〉

바비도라는 영국인 직공이 당시 종교 권력의 위선과 폭압에 저항해 신념을 지켰던 역사적 사건을 통해, 허위와 폭압에 흔들리지 않는 인간의 치열하고 강인한 의지를 형상화하고 있다.

- 갈래 : 단편 소설, 종교 소설, 역사 소설
- 성격 : 관념적, 이국적, 역사적
- 배경
  ① 시간 : 15세기 초
  ② 공간 : 영국
- 시점 : 전지적 작가 시점(독백 부분은 1인칭 주인공 시점)
- 주제 : 권력의 위선과 폭압에 저항하는 신념에 따라 사는 삶
- 구성
  - 발단 : 헨리 4세 치하의 일이다. 재봉 직공 바비도는 영역 복음서 비밀 독회에 나가지만 영국 순회 재판소는 이단(異端)을 숙청하려고 하였다. 바비도는 자신의 신념을 꺾을 수 없어 죽음을 선택하려 하지만 미래에 불안해한다.
  - 전개 : 바비도는 결국 종교 재판정에서 회개하라고 하지만 그는 이를 거부한다.
  - 위기 · 절정 : 바비도는 스미스필드의 분형장(焚刑場)으로 가게 된다. 태자(太子)의 회유에도 바비도는 신념을 지킨다.
  - 결말 : 군중의 야유 속에서 바비도는 화형 당한다.
- 출전 : 《사상계》(1956)

36. 윗글의 '바비도'와 〈보기〉의 ⓐ가 대화를 나눈다고 할 때, 그 내용으로 가장 적절하지 않은 것은?

2016 법원직 9급

─〈 보기 〉─
ⓐ 내 가슴에 독을 찬지 오래로다
아직 아무도 해한 일 없는 새로 뽑은 독
벗은 그 무서운 독 그만 흩어버리라 한다
나는 그 독이 선뜻 벗도 해할지 모른다 위협하고

독 안차고 살아도 머지않아 너 나 마저 가 버리면
억만(億萬) 세대가 그 뒤로 잠자코 흘러가고
나중에 땅덩이 모지라져 모래알이 될 것임을
"허무한듸!" 독은 차서 무엇 하느냐고?

아! 내 세상에 태어났음을 원망 않고 보낸
어느 하루가 있었던가 "허무한듸!" 허나
앞뒤로 덤비는 이리 승냥이 바야흐로 내 마음을 노리매
내 산 채 짐승의 밥이 되어 찢기우고 할퀴우라 내맡긴 신세임을

나는 독을 품고 선선히 가리라
막음 날 내 외로운 혼(魂) 건지기 위하여

– 김영랑, 〈독을 차고〉

① ⓐ : 우리가 살아가는 현실은 자신의 신념을 끝까지 지키면서 살아가기가 쉽지 않은 곳인 것 같아요.
② 바비도 : 하지만 사람은 모두, 심지어 저 같은 천민조차도 신념을 지니고 살아갈 수 있어야 한다고 생각해요.
③ ⓐ : 어차피 영겁의 세월 속에서는 신념을 지키는 일도 허무할 뿐, 현실에 선선히 따르는 것도 필요합니다.
④ 바비도 : 죽음은 정말 두렵지만, 당신의 시처럼 제 '외로운 혼'을 건지기 위해 저는 신념을 버리지 않겠어요.

작품 정리 | 김영랑, 〈독을 차고〉

앞에 수록됨(p. 55)

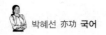

| 최인훈 |

※ 다음 글을 읽고 물음에 답하시오.

(가) "㉠지식인일수록 불만이 많은 법입니다. 그러나, 그렇다고 제 몸을 없애 버리겠습니까? 종기가 났다고 말이지요. 당신 한 사람을 잃는 건, 무식한 사람 열을 잃는 것보다 더 큰 민족의 손실입니다. 당신은 아직 젊습니다. 우리 사회에는 할 일이 태산 같습니다. 나는 당신보다 나이를 약간 더 먹었다는 의미에서, 친구로서 충고하고 싶습니다. 조국의 품으로 돌아와서, 조국을 재건하는 일꾼이 돼 주십시오. 낯선 땅에 가서 고생하느니, 그쪽이 당신 개인으로서도 행복이라는 걸 믿어 의심치 않습니다. 나는 당신을 처음 보았을 때, 대단히 인상이 마음에 들었습니다. 뭐 어떻게 생각지 마십시오. 나는 동생처럼 여겨졌다는 말입니다. 만일 남한에 오는 경우에, 개인적인 조력을 제공할 용의가 있습니다. 어떻습니까?"

명준은 고개를 쳐들고, 반듯하게 된 천막 천장을 올려다본다. 한층 가락을 낮춘 목소리로 혼잣말 외듯 나직이 말할 것이다.

"중립국."

설득자는, 손에 들었던 연필 꼭지로, 테이블을 툭 치면서, 곁에 앉은 미군을 돌아볼 것이다. 미군은, 어깨를 추스르며, 눈을 찡긋하고 웃겠지.

㉡나오는 문 앞에서, 서기의 책상 위에 놓인 명부에 이름을 적고 천막을 나서자, 그는 마치 재채기를 참았던 사람처럼 몸을 벌떡 뒤로 젖히면서, 마음껏 웃음을 터뜨렸다. 눈물이 찔끔찔끔 번지고, 침이 걸려서 캑캑거리면서도 그의 웃음은 멎지 않았다.

준다고 바다를 마실 수는 없는 일. 사람이 마시기는 한 사발의 물. 준다는 것도 허황하고 가지거니 함도 철없는 일. 바다와 한 잔의 물. 그 사이에 놓인 골짜기와 눈물과 땀과 피. 그것을 셈할 줄 모르는 데 잘못이 있었다. ㉢세상에서 뒤진 가난한 땅에 자란 지식 노동자의 슬픈 환상. 과학을 믿은 게 아니라 마술을 믿었던 게지. 바다를 한 잔의 영생수로 바꿔 준다는 마술사의 말을. 그들은 뻔히 알면서 권력이라는 약을 팔려고 말로 속인 꼬임을. 어리석게 신비한 술잔을 찾아 나섰다가, 낌새를 차리고 항구를 돌아보자, 그들은 항구를 차지하고 움직이지 않고 있었다. 참을 알고 돌아온 바다의 난파자들을 그들은 감옥에 가둘 것이다.

<중략>

(나) 은혜의 죽음을 당했을 때, 이명준 배에서는 마지막 돛대가 부러진 셈이다. 이제 이루어 놓은 것에 눈을 돌리면서 살 수 있는 힘이 남아 있지 않다. 팔자소관으로 빨리 늙는 사람도 있는 법이었다. 사람마다 다르게 마련된 몸의 길, 마음의 길, 무리의 길. ㉣대일 언덕 없는 난파꾼은 항구를 잊어버리기로 하고 물결 따라 나선다. 환상의 술에 취해 보지 못한 섬에 닿기를 바라며. 그리고 그 섬에서 환상 없는 삶을 살기 위해서. 무서운 것을 너무 빨리 본 탓으로 지쳐 빠진 몸이, 자연의 수명을 다하기를 기다리면서 쉬기 위해서. 그렇게 해서 결정한, 중립국행이었다.

(나) ㉠아까부터 그는 설득자들에게 간단한 한마디만을 되풀이 대꾸하면서, 지금 다른 천막에서 동시에 진행되고 있을 광경을 그려 보고 있었다. 그리고 그 자리에도 자기를 세워 보고 있었다.

"자넨 어디 출신인가?"

"……."

"음, 서울이군."

설득자는, 앞에 놓인 서류를 뒤적이면서, "중립국이라지만 막연한 얘기요. 제 나라보다 나은 데가 어디 있겠어요. 외국에 가 본 사람들이 한결같이 하는 얘기지만, 밖에 나가 봐야 조국이 소중하다는 걸 안다고 하잖아요? 당신이 지금 가슴에 품은 울분은 나도 압니다. 대한민국이 과도기적인 여러 가지 모순을 가지고 있는 걸 누가 부인합니까? 그러나 대한민국에는 자유가 있습니다. 인간은 무엇보다도 자유가 소중한 것입니다. 당신은 북한 생활과 포로 생활을 통해서 이중으로 그걸 느꼈을 겁니다. 인간은……."

"중립국."

"허허허, 강요하는 것이 아닙니다. 다만 내 나라 내 민족의 한 사람이, 타향 만리 이국땅에 가겠다고 나서서, 동족으로서 어찌 한마디 참고되는 이야기를 안 할 수 있겠습니까? 우리는 이곳에 남한 2천만 동포의 부탁을 받고 온 것입니다. 한 사람이라도 더 건져서, 조국의 품으로 데려오라는……."

"중립국."

"당신은 고등 교육까지 받은 지식인입니다. 조국은 지금 당신을 요구하고 있습니다. 당신은 위기에 처한 조국을 버리고 떠나 버리렵니까?"

㉡"중립국."

<중략>

명준은 고개를 쳐들고, 반듯하게 된 천막 천장을 올려다본다. 한층 가락을 낮춘 목소리로 혼잣말 외듯 나직이 말할 것이다.

"중립국."

설득자는, 손에 들었던 연필 꼭지로, 테이블을 툭 치면서, 곁에 앉은 미군을 돌아볼 것이다. 미군은, 어깨를 추스르며, 눈을 찡긋하고 웃겠지.

나오는 문 앞에서, 서기의 책상 위에 놓인 명부에 이름을 적고 천막을 나서자, ⓒ그는 마치 재채기를 참았던 사람처럼 몸을 벌떡 뒤로 젖히면서, 마음껏 웃음을 터뜨렸다. 눈물이 찔끔찔끔 번지고, 침이 걸려서 캑캑거리면서도 그의 웃음은 멎지 않았다.

(다) 준다고 바다를 마실 수는 없는 일. 사람이 마시기는 한 사발의 물. 준다는 것도 허황하고 가지거니 함도 철없는 일. 바다와 한 잔의 물. 그 사이에 놓인 골짜기와 눈물과 땀과 피. 그것을 셈할 줄 모르는 데 잘못이 있었다. 세상에서 뒤진 가난한 땅에 자란 지식 노동자의 슬픈 환상. 과학을 믿은 게 아니라 마술을 믿었던 게지. 바다를 한 잔의 영생수로 바꿔 준다는 마술사의 말을. 그들은 뻔히 알면서 권력이라는 약을 팔려고 말로 속인 꼬임을. 어리석게 신비한 술잔을 찾아 나섰다가, 낌새를 차리고 항구를 돌아보자, 그들은 항구를 차지하고 움직이지 않고 있었다. ⓔ참을 알고 돌아온 바다의 난파자들을 그들은 감옥에 가둘 것이다. 못된 균을 옮기지 않기 위해서. 역사는 소걸음으로 움직인다.

<중략>

사람이 풀어야 할 일을 한눈에 보여 주는 것? 그것이 '죽음'이다. 은혜의 죽음을 당했을 때, 이명준 배에서는 마지막 돛대가 부러진 셈이다. 이제 이루어 놓은 것에 눈을 돌리면서 살 수 있는 힘이 남아 있지 않다. 팔자소관으로 빨리 늙는 사람도 있는 법이었다. 사람마다 다르게 마련된 몸의 길, 마음의 길, 무리의 길. 대일 언덕 없는 난파꾼은 항구를 잊어버리기로 하고 물결 따라 나선다. 환상의 술에 취해 보지 못한 섬에 닿기를 바라며. 그리고 그 섬에서 환상 없는 삶을 살기 위해서. 무서운 것을 너무 빨리 본 탓으로 지쳐 빠진 몸이, 자연의 수명을 다하기를 기다리면서 쉬기 위해서. 그렇게 해서 결정한, 중립국행이었다.

(라) …… 펼쳐진 부채가 있다. 부채의 끝 넓은 테두리 쪽을, 철학과 학생 이명준이 걸어간다. 가을이다. 겨드랑이에 낀 대학신문을 꺼내 들여다본다. 약간 자랑스러운 듯이. 여자를 깔보지는 않아도, 알 수 없는 동물이라고 여기고 있다.

책을 모으고, 미라를 구경하러 다닌다.

정치는 경멸하고 있다. 그 경멸이 실은 강한 관심과 아버지 일 때문에 그런 모양으로 나타난 것인 줄은 알고 있다. 다음에, 부채의 안쪽 좀더 좁은 너비에, 바다가 보이는 분지가 있다. 거기서 보면 갈매기가 날고 있다. 윤애에게 말하고 있다. 윤애 날 믿어 줘. 알몸으로 날 믿어 줘. 고기 썩는 냄새가 역한 배 안에서 물결에 흔들리다가 깜빡 잠든 사이에, 유토피아의 꿈을 꾸고 있는 그 자신이 있다. 조선인 꼴호즈 숙소의 창에서 불타는 저녁놀의 힘을 부러운 듯이 바라보고 있는 그도 있다. 구겨진 바바리코트 속에 시래기처럼 바랜 심장을 하고 은혜가 기다리는 하숙으로 돌아가고 있는 9월의 어느 저녁이 있다. 도어에 뒤통수를 부딪치면서 악마도 되지 못한 자기를 언제까지나 웃고 있는 그가 있다. 그의 삶의 터는 부채꼴, 넓은 데서 점점 안으로 오므라들고 있었다. 마지막으로 은혜와 둘이 안고 뒹굴던 동굴이 그 부채꼴 위에 있다. 사람이 안고 뒹구는 목숨이 꿈이 다르지 않느니. 어디선가 그런 소리도 들렸다. ⓐ그는 지금, 부채의 사북 자리에 서 있다. 삶의 광장은 좁아지다 못해 끝내 그의 두 발바닥이 차지하는 넓이가 되고 말았다. 자 이제는? 모르는 나라, 아무도 자기를 알 리 없는 먼 나라로 가서, 전혀 새사람이 되기 위해 이 배를 탔다. 사람은, 모르는 사람들 사이에서는, 자기 성격까지도 마음대로 골라잡을 수도 있다고 믿는다. 성격을 골라잡다니! 모든 일이 잘 될 터이었다. 다만 한 가지만 없었다면. 그는 두 마리 새들을 방금까지 알아보지 못한 것이었다. 무덤 속에서 몸을 푼 한 여자의 용기를, 방금 태어난 아기를 한 팔로 보듬고 다른 팔로 무덤을 깨뜨리고 하늘 높이 치솟는 여자를, 그리고 마침내 그를 찾아내고야 만 그들의 사랑을.

돌아서서 마스트를 올려다본다. 그들은 보이지 않는다. 바다를 본다. 큰 새와 꼬마 새는 바다를 향하여 미끄러지듯 내려오고 있다. 바다. 그녀들이 마음껏 날아다니는 광장을 명준은 처음 알아본다. 부채꼴 사북까지 뒷걸음질친 그는 지금 핑그르르 뒤로 돌아선다. ⓑ제정신이 든 눈에 비친 푸른 광장이 거기 있다.

— 최인훈, <광장>

37. (가)의 밑줄 친 ㉠~㉣에 대한 설명으로 가장 적절하지 않은 것은?

2022 군무원 7급

① ㉠은 지식인인 주인공을 남한 사회에 남게 하려고 설득하는 내용이다.

② 주인공이 ㉡과 같은 행동을 보인 이유는 ㉢을 통해 드러나고 있다.

③ ㉢은 지식인들이 '권력'이라는 약에 취해서 전쟁을 일으킨 결과 결국 모두 감옥에 갇히게 될 것이라고 말하는 구절이다.

④ 주인공이 중립국을 선택한 이유는 ㉣에서 난파꾼에 비유된 지식인의 허무감과 ㉢에서 언급했던 '환상'에 대한 회의감 때문으로 나타난다.

38. 윗글 (나)에서 설득자의 말하기 방식으로 가장 적절하지 않은 것은?

2015 법원직 9급

① 조국의 모순점을 솔직히 인정하고 있다.

② 지식인임을 고려하여 차분하게 설득하고 있다.

③ 설득에 실패하자 노골적으로 반감을 드러내고 있다.

④ 조국의 장점을 내세우며 조국애에 호소하고 있다.

39. (다)에 대한 설명으로 가장 적절하지 않은 것은?

2015 법원직 9급

① 전후 현실에서 자유를 추구하는 지성인의 자아반성이 드러나 있다.

② 과거의 사건을 회상하면서 사건의 전말을 설명하고 있는 형식이다.

③ 남북 분단의 비극을 이데올로기 측면에서 본격적으로 다루고 있다.

④ 분단 상황에서 선택에 내몰리는 지식인의 고뇌와 갈등을 그리고 있다.

40. (나)~(다)의 밑줄 친 ㉠~㉣ 구절에 대한 설명 중 바르지 않은 것은?

2015 법원직 9급

① ㉠: 그가 남측 장교에게 설득 당하는 모습을 상상하고 있다.

② ㉡: 중립국임을 반복하는 것은 그의 선택이 단호함을 보여준다.

③ ㉢: 회유를 물리친 통쾌함 이면에는 그의 허탈감이 담겨 있다.

④ ㉣: 그가 남북 권력자들에게 굴종적인 태도를 보이고 있다.

41. (라)의 밑줄 친 ⓐ, ⓑ의 의미로 바르지 않은 것은?

2008 법원직 9급

① ⓐ – 진정한 광장을 찾아 나섰던 주인공의 삶의 과정을 고려해 볼 때, 부채는 '주인공의 삶 자체'를 의미한다.

② ⓐ – '사북 자리'는 '더 이상 물러설 수 없어 선택의 여지가 없는 곳'을 의미한다.

③ ⓑ – 주인공의 적극적 선택의 결과로 얻어진 공간을 의미한다.

④ ⓑ – 이념의 대립과 사상의 갈등이 없는 평안한 휴식처를 의미한다.

작품 정리 | 최인훈, 〈광장〉

- 갈래 : 장편소설, 관념소설, 분단소설, 사회소설
- 성격 : 관념적, 독백적, 철학적, 회고적
- 배경
  ① 시간 : 해방 직후에서 6·25전쟁의 종전까지
  ② 공간 : 남한과 북한, 인도양의 타고르 호 안
- 시점 : 전지적 작가 시점
- 주제 : 이데올로기의 갈등 속에서 이상적 삶과 사회에 대한 추구
- 특징
  ① 상징적인 소재와 배경을 사용함.
  ② 이데올로기적 이념 문제를 본격적으로 다룸.
  ③ 주인공이 회상하는 형식으로 내용을 전개함.
- 줄거리 : 해방 후 명준은 평범한 대학생이었지만 월북한 아버지로 인해 고초를 겪고서 월북을 결행한다. 북한에 도착하였음에도 막상 북한 사회를 체험하자 북한의 이상적 선전과는 달리 왜곡된 이념이 존재하고, 자유가 없음을 알게 된다. 명준은 은혜와의 사랑으로 이를 돌파하려고 하지만 은혜의 유학으로 인해 좌절된다. 6·25 전쟁이 발발하자 인민군으로 참전하게 된 명준은 은혜와 극적으로 만나지만, 은혜는 죽음을 맞이하고 명준은 포로로 잡히게 된다. 포로수용소에서 석방될 때 명준은 제3국을 선택하는데, 인도로 향하는 타고르 호에서 바다에 투신한다.

| 이호철 |

※ 다음 글을 읽고 물음에 답하시오.

[앞부분의 줄거리] 어느 여름 저녁에 '철'은 '나'에게 한국전쟁 때 북한군 포로가 되었던 형제에 관한 이야기를 들려준다. 전쟁이 발발한 후 각각 북한군의 포로가 되어 이송되던 중에 우연히 만나게 된다. 형은 동생을 위해 밥을 얻어 주려고 노력하고, 그런 형의 모습을 본 동생은 바보 같은 형을 이제야 존중하게 된다. 형은 다리가 점점 불편해지고 있었다.

(가) 형은 스물일곱 살이었고 동생은 스물두 살이었다.

형은 둔감했고 위태위태하도록 솔직했고, 결국 조금 모자란 사람이었다.

해방 이듬해 삼팔선을 넘어올 때 모두 긴장해서 숨도 제대로 쉬지 못하는 판에 큰 소리로,

"야하, 이기 바루 그 삼팔선이구나이, 야하."

이래 놔서 일행 모두의 간담을 서늘하게 한 일이 있었다.

(나) 한참 뒤엔 또 동생의 어깨를 그러안으면서,

"야, 칠성아!"

동생의 얼굴을 똑바로 마주 쳐다보기만 했다.

바깥은 바람이 세었다. 거적문이 습기 어린 소리를 내며 열리고 닫히곤 하였다. 문이 열릴 때마다 눈 덮인 초라한 들판이 부유스름하게 아득히 뻗었다.

동생의 눈에선 또 눈물이 비어져 나왔다.

형은 또 벌컥 성을 내며,

"왜 우니, 왜? 흐흐흐."

하고 제 편에서 더 더 울었다.

며칠이 지날수록 형의 걸음은 더 절룩거려졌다. 행렬 속에서도 별로 혼잣소릴 지껄이지 않았다. 평소의 형답지 않게 꽤나 조심스런 낯색이었다. 둘레를 두리번거리며 경비병의 눈치를 흘끔거리기만 했다. 이젠 밤에도 동생의 귀에다 입을 대고 이것저것 지껄이지 않았다. 그러나 먼 개 짖는 소리 같은 것에는 여전히 흠칫흠칫 놀라곤 했다. 동생은 또 참다못해 눈물을 흘렸다. 그러나 형은 왜 우느냐고 화를 내지도 않고 울음을 터뜨리지도 않았다. 동생은 이런 형이 서러워 더 더 흐느꼈다.

(다) 그날 밤, 바깥엔 함박눈이 내렸다.

형은 불현듯 동생의 귀에다 입을 댔다.

"너, 무슨 일이 생겨두 날 형이라구 글지 마라, 어엉"

여느 때답지 않게 숙성한 사람 같은 억양이었다.

"울지두 말구 모르는 체만 해, 꼭."

동생은 부러 큰 소리로,

"야하, 눈이 내린다."

형이 지껄일 소리를 자기가 지금 대신하고 있다고 생각했다.

"······."

그러나 이미 형은 그저 꾹 하니 굳은 표정이었다.

동생은 안타까워 또 울었다. 형을 그러안고 귀에다 입을 대고,

"형아, 형아, 정신 차려."

이튿날, 한낮이 기울어서 어느 영 기슭에 다다르자, 형은 동생의 허벅다리를 쿡 찌르고는 걷던 자리에 털썩 주저앉고 말았다.

형의 걸음걸이를 주의해 보아 오던 한 사람이 뒤에서 따발총을 휘둘러 쏘았다.

형은 앉은 채 앞으로 꼬꾸라졌다. 그 사람은 총을 어깨에 둘러메면서,

"메칠을 더 살겠다구 뻐득대? 뻐득대길."

— 이호철, <나상>

42. 윗글에 대한 다음 설명 중 가장 적절한 것은?

2023 법원직 9급

① 인물의 성격을 상세하게 설명하며 희화화하고 있다.
② 이야기를 외부와 내부로 구성하여 주제를 전달하고 있다.
③ 등장인물의 내적 독백과 갈등을 통해 사건을 전개하고 있다.
④ 사건들을 병렬적으로 제시해 사건을 입체적으로 전달하고 있다.

43. 윗글에 대한 이해로 가장 적절하지 않은 것은?

2023 법원직 9급

① (가)에서 '형'은 모두가 긴장한 상황임을 알고 본인도 긴장하여 아무 소리도 내지 못했다.
② (나)에서 '동생'의 울음을 본 '형'은 울지 말라고 하면서 본인도 울음을 터뜨리고 있다.
③ (나)에서 시간이 지나 '동생'의 귀에 어떤 말도 하지 않는 '형'의 모습을 보며 '동생'은 서러워했다.
④ (다)에서 '형'은 평소와는 다른 억양으로 '동생'에게 자신을 모른 체하라고 했다.

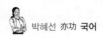

작품 정리 이호철, 〈나상〉 (1961)

- 갈래 : 현대소설, 단편 소설, 액자 소설
- 제재 : 6.25 전쟁(1950)
- 주제 : 극한 상황 속에서의 올바른 삶의 자세에 대한 모색
- 성격 : 비판적, 비극적, 사실적
- 특징
  ① 액자식 구성으로 외화와 내화의 서술 시점이 서로 다름.
  ② 전쟁의 비극과 고통을 통찰력 있게 사실적으로 묘사함.
  ③ 전쟁의 비극성에 그치지 않고 근원적 인간성의 소중함을 보여줌.
- 해제 : 이 작품은 액자식 구성의 현대소설로 북한군의 포로로 잡혀 이송되는 과정에서 우연히 만나 일어난 사건을 통해, 근원적 인간성의 소중함을 보여주고 있다. 동생은 이전엔 형을 형으로 생각하지 않았지만 동생을 위한 형의 진정성을 보고 형에 대한 태도가 이전과 달라진다. 그러나 형은 결국 북한군의 총에 맞고 죽은 후, 포로에서 풀려나 동생은 거기에 적응해 온 살아남은 자들의 영리함이 형의 둔감함과 순진함보다 낫지 않다는 것을 깨달으면서 올바른 인간의 삶의 자세가 무엇인지 보여준다.
- 줄거리 : 어느 여름 저녁 베란다에서 '나'는 '철'에게 한국 전쟁 때 북한군 포로로 잡혀 함께 이송된 형제에 관한 이야기를 듣게 된다. 형은 조금 둔감하고 모자라서 아버지는 형을 단념하였고, 어머니도 형을 불쌍하게 여겼다. 동생마저 그런 형을 형으로 생각하지 않았다. 한국전쟁이 발발한 후 형과 동생은 국군으로 참전했으나 각각 북한군의 포로가 되어 이송되어 가는 길에 서로 만나게 된다. 동생은 어수룩한 행동을 하는 형을 여전히 탐탁하지 않게 여겼지만, 본인을 위해 노력하는 형의 모습을 본 동생은 점점 마음을 열고 형을 존중하게 된다. 형은 시간이 갈수록 다리가 점점 불편해져서 더 절름거리게 되는데 어느날 밤 동생에게 무슨 일이 생겨도 자신을 형으로 여기지 말고 모른 체하라고 신신당부한다. 결국 형은 더 이상 걷지 못하게 되어 북한군의 총에 맞아 죽는다. 여기서 형제의 이야기가 끝이 나고 '철'은 '나'에게 자신의 어릴적 이름이 바로 '칠성'이었다고 말한다.

44. 다음 글에서 '소리'에 대한 이해로 적절하지 않은 것은?

2019 지방직 9급

바깥은 어둡고 뜰 변두리의 늙은 나무들은 바람에 불려 서늘한 소리를 내었다. 처마 끝 저편에 퍼진 하늘에는 별이 총총하게 박혀 있으나, 아스무레한 초여름 기운에 잠겨 있었다. 집은 전체로 조용하고 썰렁했다.

꽝 당 꽝 당.

먼 어느 곳에서는 이따금 여운이 긴 쇠붙이 두드리는 소리가 들려왔다. 밑 거리의 철공소나 대장간에서 벌겋게 단 쇠를 쇠망치로 뚜드리는 소리 같았다.

근처에는 그런 곳은 없을 것이었다. 그렇다면 굉장히 먼 곳일 것이었다. 굉장히 굉장히 먼 곳일 것이었다.

꽝 당 꽝 당.

단조로운 소리이면서 송곳처럼 쑤시는 구석이 있는, 밤중에 간헐적으로 들려오는 그 소리는 이상하게 신경을 자극했다.

"참, 저거 무슨 소리유?"

영희가 미간을 찌푸리면서 말했다.

"글쎄, 무슨 소릴까……."

정애가 심드렁하게 대답했다.

"이 근처에 철공소는 없을 텐데."

"……."

정애는 표정으로만 수긍을 했다.

꽝 당 꽝 당.

그 쇠붙이에 쇠망치 부딪치는 소리는 여전히 간헐적으로 이어지고 있었다. 밤내 이어질 모양이었다. 자세히 그 소리만 듣고 있으려니까 바깥의 선들대는 늙은 나무들도 초여름 밤의 바람에 불려서 그런 것이 아니라 저 소리의 여운에 울려 흔들리고 있었다. 저 소리는 이 방안의 벽 틈서리를 쪼개고도 있었다. 형광등 바로 위의 천장에 비수가 잠겨 있을 것이었다.

– 이호철, 〈닳아지는 살들〉

① '서늘한 소리'는 예사롭지 않은 분위기를 조성하기 시작한다.

② '꽝 당 꽝 당' 소리는 인물의 심리적 상태의 변화를 촉발한다.

③ '단조로운 소리'는 반복적으로 드러남으로써 모종의 의미가 부여된다.

④ '소리의 여운'은 단선적 구성에 변화를 주어 갈등 해소의 기미를 강화한다.

작품 정리 **이호철, 〈닳아지는 살들〉**

월남할 때 두고 온 맏딸을 매일 기다리는 아버지를 중심으로 전개되는 이야기 속에 실향민의 깊은 슬픔과 우리의 분단 상황이 낳은 비극을 담고 있다.

- 갈래 : 단편 소설, 분단 소설
- 성격 : 현실 고발적, 상징적, 연극적
- 배경
  ① 시간 : 5월의 어느 날 저녁부터 자정까지
  ② 공간 : 실향민의 집 안
- 주제 : 분단의 비극과 상처(분단 현실에 적응하지 못하는 이산가족의 모습)
- 시점 : 전지적 작가 시점
- 구성
  - 발단 : 가족들은 평소처럼 월남할 때 두고 온 맏딸을 기다리고 있다.
  - 전개1 : '꽝 당 꽝 당' 하는 쇠붙이 소리에 집 전체에 불안감이 감돈다.
  - 전개2 : 술에 취한 선재를 영희가 부축한다. 영희는 선재에게 도망가자고 호소하며 선재에게 안긴다.
  - 절정 : 종소리가 열두 시를 알리자 가족들이 노인을 본다. 문이 열리며 식모가 도착하자 영희는 식모에게 언니라고 한다. 그러자 아버지는 허우적거리며 나머지 가족들도 일어난다.
  - 결말 : 가족들은 여전히 맏딸을 기다리며 쇠붙이 두드리는 소리도 계속된다.
- 출전 : 《사상계》(1962)

| 김승옥 |

45. 〈보기〉에서 (가)의 ⓐ~ⓕ의 상황을 바르게 이해한 것으로 묶은 것은?

2019 법원직 9급

(가) 사내는 고개를 떨구고 한참 동안 무언지 입을 우물거리고 있었다. 안이 손가락으로 내 무릎을 찌르며 우리는 꺼지는 게 어떻겠느냐는 눈짓을 보냈다. 나 역시 동감이었지만 그때 그 사내가 다시 고개를 들고 말을 계속했기 때문에 우리는 눌러 앉아 있을 수밖에 없었다. "아내와는 재작년에 결혼했습니다. 우연히 알게 되었습니다. 친정이 대구 근처에 있다는 얘기만 했지 한 번도 친정과는 내왕이 없었습니다. ⓐ난 처갓집이 어딘지도 모릅니다. 그래서 할 수 없었어요."

그는 다시 고개를 떨구고 입을 우물거렸다.
ⓑ"뭘 할 수 없었다는 말입니까?" 내가 물었다. 그는 내 말을 못 들은 것 같았다. 그러나 한참 후에 다시 고개를 들고 마치 애원하는 듯한 눈빛으로 말을 이었다. ⓒ"아내의 시체를 병원에 팔았습니다. 할 수 없었습니다. 난 서적 외판원에 지나지 않습니다. 할 수 없었습니다. ⓓ돈 사천 원을 주더군요. 난 두 분을 만나기 얼마 전까지도 세브란스 병원 울타리 곁에 서 있었습니다. 아내가 누워 있을 시체실이 있는 건물을 알아보려고 했습니다만 어딘지 알 수 없었습니다. 그냥 울타리 곁에 앉아서 병원의 큰 굴뚝에서 나오는 희끄무레한 연기만 바라보고 있었습니다. 아내는 어떻게 될까요? 학생들이 해부 실습하느라고 톱으로 머리를 가르고 칼로 배를 째고 한다는데 정말 그러겠지요?" 우리는 입을 다물고 있을 수밖에 없었다. 사환이 다쿠앙과 양파가 담긴 접시를 갖다 놓고 나갔다.

"기분 나쁜 얘길 해서 미안합니다. 다만 누구에게라도 얘기하지 않고서는 견딜 수 없었습니다. 한 가지만 의논해 보고 싶은데, 이 돈을 어떻게 하면 좋을까요? 저는 오늘 저녁에 다 써버리고 싶은데요."

"쓰십시오." 안이 얼른 대답했다.

"이 돈이 다 없어질 때까지 함께 있어 주시겠어요?" 사내가 말했다. 우리는 얼른 대답하지 못했다.

"ⓔ함께 있어 주십시오." 사내가 말했다. 우리는 승낙했다.

"멋있게 한번 써 봅시다."라고 사내는 우리와 만난 후 처음으로 웃으면서, ⓕ그러나 여전히 힘없는 음성으로 말했다.

– 김승옥, 〈서울, 1964년 겨울〉

(보기)
ㄱ. 사내가 ⓒ를 한 이유는 ⓐ 때문이다.
ㄴ. 나는 ⓒ의 상황을 알지 못해 ⓑ로 되묻고 있다.
ㄷ. 사내는 ⓒ의 결과로 ⓓ를 갖게 되었다.
ㄹ. 사내의 ⓓ는 ⓔ를 요청하는 계기가 되고 있다.
ㅁ. 사내가 ⓕ처럼 반응한 것은 ⓔ가 좌절되었기 때문이다.

① ㄱ, ㄴ, ㅁ
② ㄱ, ㄷ, ㄹ
③ ㄱ, ㄴ, ㄷ, ㄹ
④ ㄱ, ㄴ, ㄷ, ㄹ, ㅁ

작품정리 김승옥 〈서울, 1964년 겨울〉

- 갈래: 단편 소설, 모더니즘 소설
- 성격: 현실 고발적, 사실적, 객관적, 상징적, 암시적
- 배경
  ① 시간: 1964년 어느 겨울밤
  ② 공간: 서울
- 시점: 1인칭 주인공 시점
- 주제: 현대 도시인들의 심리적 방황과 인간적 연대감 상실
- 특징
  ① 무의미한 대화의 연속으로 역설적 충격을 줌
  ② 등장인물을 익명화하여 현대 도시인의 불소통을 드러냄.
- 줄거리: 공무원인 '나'와 대학원생 '안'은 선술집에서 만나 서로의 생각을 나누며 참새구이를 먹는다. '나'는 파리에 대한 애착을 '날 수 있고, 동시에 잡힐 수 있기 때문'이라고 말하고, '안'은 '김형'에게 꿈틀거리는 것에 대한 사랑을 묻는다. 버스 안에서 관찰한 여성의 호흡에 대한 이야기를 나누며, 소소한 대화를 이어간다. 무기력해 보이는 사내가 그들에게 어울림을 청하고, 그는 중국집에서 자신의 아내가 죽어 그 시체를 팔았으며, 그 돈을 다 쓰고 싶다고 고백한다. '나'와 '안'은 사내의 부탁을 받아들여 함께 시간을 보낸다. 불구경을 가자는 제안에 소방차를 따라가며 시간을 보내기로 한다. 하지만 불구경은 각자에게 다른 의미로 다가온다. '안'과 '나'는 지루해하지만, 사내는 환각에 사로잡혀 돈을 불길 속에 던져버린다. 사내는 여관에서 자고 싶어 하고, 거짓으로 숙박계를 적은 뒤 각자 방을 잡아 잠을 청한다. 다음 날, '안'은 '나'를 깨워 사내의 죽음을 알리고, 그들은 여관을 도망치듯 떠나며 서로의 늙음을 탄식하며 헤어진다.

| 이청준 |

46. [가], [나]에 대한 설명으로 가장 적절한 것은?

2017 교육행정직 9급

노인이 정말로 내게 빚이 없다는 사실을 잊어버리고 만 것인가. 노인의 말처럼 그건 일테면 노망기가 분명했다. 그런 염치도 못 가릴 정도로 노인은 그렇게 늙어 버린 것이었다. 하지만 나는 굳이 노인의 그런 노망기를 원망할 필요도 없었다. 문제는 서로 간의 빚의 문제였다. 노인에 대해 빚이 없다는 사실만이 내게는 중요했다. 염치가 없어져서건 노망을 해서건 노인에 대해 내가 갚아야 할 빚만 없으면 그만이었다.

—빚이 있을 리 없지. 절대로! 글쎄 노인도 그걸 알고 있으니까 정면으로는 말을 꺼내지 못하질 않던가 말이다.

[가] [어디선가 무덥고 게으른 매미 울음소리가 들렸다. 나는 비로소 마음을 굳힌 듯 오리나무 그늘에서 몸을 힘차게 일으켜 세웠다. 콩밭 아래로 흘러 뻗은 마을이 눈앞으로 멀리 펼쳐져 나갔다. 거기 과연 아직 초가지붕을 이고 있는 건 노인네의 그 버섯 모양 오두막과 아랫동네의 다른 한 채가 전부였다.]

—빌어먹을! 그 지붕 개량 사업인지 뭔지 하필 이런 때 법석들일구?

아무래도 심기가 편할 수는 없었다. 나는 공연히 그 지붕 개량 사업 쪽에다 애꿎은 저주를 보내고 있었다. …(중략)…

"방이 이렇게 비좁은데 그럼 어머니, 이 옷장이라도 어디 다른 데로 좀 내놓을 수 없으세요? 이 옷장을 들여놓으니까 좁은 방이 더 비좁지 않아요."

아내는 마침내 내가 가장 거북스럽게 시선을 피해오던 곳으로 화제를 끌어들이고 있었다.

[나] [바로 그 옷궤 이야기였다. 십칠팔 년 전, 고등학교 1학년 때였다. 술버릇이 점점 사나워져 가던 형이 전답을 팔고 선산을 팔고, 마침내는 그 아버지 때부터 살아온 집까지 마지막으로 팔아 넘겼다는 소식이 들려왔다. K시에서 겨울 방학을 보내고 있던 나는 도대체 일이 어떻게 되어가는지나 알아보고 싶어 옛 살던 마을엘 찾아가 보았다. 집을 팔아 버렸으니 식구들을 만나게 될 기대는 없었지만, 그래도 달리 소식을 알아볼 곳이 없기 때문이었다. 어스름을 기다려 살던 집 골목을 들어서니 사정은 역시 K시에서 듣고 온 대로였다. 집은 텅텅 빈 채였고 식구들은 어디론지 간 곳이 없었다.]

나는 다시 골목 앞에 살고 있던 먼 친척 간 누님을 찾아갔다. 그런데 그 누님의 말을 들으니, 노인이 뜻밖에 아직 나를 기다리고 있다는 것이었다.

"여기가 어디냐. 네가 누군데 내 집 앞 골목을 이렇게 서성대고 있어야 하더란 말이냐."

한참 뒤에 어디선가 누님의 소식을 듣고 달려온 노인이 문간 앞에서 어정어정 망설이고 있는 나를 보고 다짜고짜 나무랐다. 행여나 싶은 마음으로 노인을 따라 문간을 들어섰으나 집이 팔린 것은 분명해 보였다.

그날 밤 노인은 옛날과 똑같이 저녁을 지어 내왔고, 그날 밤을 거기서 함께 지냈다. 그리고 이튿날 새벽 일찍 K시로 나를 다시 되돌려 보냈다. 나중에야 안 일이지만 노인은 그렇게 나에게 저녁밥 한 끼를 지어 먹이고 마지막 밤을 지내게 해 주고 싶어, 새 주인의 양해를 얻어 그렇게 혼자서 나를 기다리고 있었다 했다.

– 이청준, 〈눈길〉

① [가]와 [나]는 동일한 시공간에서 벌어진 사건이다.
② [가]와 [나] 모두 의식의 흐름 기법을 사용하고 있다.
③ [가]에는 장면 묘사가, [나]에는 사건의 요약적 서술이 나타나 있다.
④ [가]는 이야기 밖 서술자가, [나]는 이야기 속 서술자가 사건을 서술하고 있다.

작품 정리 | 이청준, 〈눈길〉

• 갈래 : 단편소설, 순수소설, 귀향소설
• 성격 : 회고적, 상징적
• 배경
 ① 시간 : 1970년대의 겨울
 ② 공간 : 시골
• 시점 : 1인칭 주인공 시점
• 주제 : 갚을 수 없는 어머니의 무한한 사랑에 대한 깨달음
• 특징
 ① 역순행적 구성을 통해 과거의 사실을 드러냄.
 ② 상징적 소재를 사용하여 주제를 드러냄.
• 줄거리 : '나'는 고향집에 왔지만 내일 아침에 올라가기로 결정하였고, 어머니는 아쉬워했으나 금방 체념하였다. 고등학교 1학년 때 형으로 인해 집안이 몰락한 후 '나'와 어머니는 서로 부모와 자식의 노릇을 하지 못한 채 살아왔다. 따라서 '나'는 어머니에게 빚은 없다고 생각하지만, 어머니가 집을 고치고 싶다는 소망을 드러내고 '나'는 이를 외면한다. 그런 '나'의 태도에 불만을 가진 아내는 어머니에게 옛날에 살던 집과 관련된 이야기를 유도하고, '나'는 옛 집에서 어머니와의 마지막 밤에 대한 기억을 더듬는다. '나'는 어머니가 '나'를 떠나보낸 후 홀로 눈길을 되돌아오던 이야기를 하는 것을 듣게 되고, 어머니의 애틋한 사랑을 깨달으며 죄책감에 눈물을 흘린다.

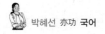

47. (가), (나)에 대한 이해로 가장 적절한 것은?

2018 국가직 7급

(가) 내 개인적인 체험에 불과한 일이기는 하지만, 저 혹독한 6·25의 경험 속의 공포의 전짓불(다른 곳에서 그것에 대해 쓴 일이 있다), 그 비정한 전짓불빛 앞에 나는 도대체 어떤 변신이나 사라짐이 가능했을 것인가. 앞에 선 사람의 정체를 감춘 채 전짓불은 일방적으로 '너는 누구 편이냐'고 운명을 판가름할 대답을 강요한다. 그 앞에선 물론 어떤 변신도 사라짐도 불가능하다. 대답은 불가피하다. 그리고 그 대답이 빗나간 편을 잘못 맞췄을 땐 그 당장에 제 목숨이 달아난다. 불빛 뒤의 상대방이 어느 편인지를 알면 대답은 간단하다. 그러나 이쪽에서 그것을 알 수 없다. 그것을 알 수 없으므로 상대방을 기준하여 안전한 대답을 선택할 수가 없다. 길은 다만 한 가지. 그 대답은 자기 자신의 진실을 근거로 한 선택이 될 수밖에 없다. 그것은 바로 제 목숨을 건 자기 진실의 드러냄인 것이다. 그 밖의 다른 길은 없는 것이다.

– 이청준, <전짓불 앞의 방백>

(나) 한데 요즘 나는 나의 소설 작업 중에도 가끔 그 비슷한 느낌을 경험하곤 한다. 내가 소설을 쓰고 있는 것이 마치 그 얼굴이 보이지 않은 전짓불 앞에서 일방적으로 나의 진술만을 하고 있는 것 같다는 말이다. 문학 행위란 어떻게 보면 가장 성실한 작가의 자기 진술이라고 할 수 있다. 한데 나는 지금 어떤 전짓불 아래서 나의 진술을 행하고 있는지 때때로 엄청난 공포감을 느낄 때가 많다는 말이다. 지금 당신 같은 질문을 받게 될 때가 바로 그렇다……

– 이청준, <소문의 벽>

① (나)와 달리 (가)는, 경험에서 파생된 상징적 장치를 적용하여 사태의 의미를 도출하고 있다.

② (가)와 달리 (나)는, 이념적 대립에 의해 자유를 억압당하는 인물의 고통을 낱낱이 진술하고 있다.

③ (가)와 (나)는, 상호적 소통의 여지가 가로막힌 상황의 공포를 다룸으로써 유사한 의미를 공유하고 있다.

④ (가)와 (나)는, 고립된 채 두려움에 떠는 인물의 행동을 극화함으로써 공통된 주제 의식을 제시하고 있다.

작품 정리 | 이청준, <소문의 벽>

- 갈래 : 중편소설, 액자소설
- 성격 : 실존적, 상징적
- 배경
  ① 시간 : 1960~1970년대
  ② 공간 : 어느 도시
- 시점 : 1인칭 관찰자 시점
- 주제 : 의사 표현의 자유를 억압당한 한 인간의 정신적 상처
- 특징 : '나'가 '박준'의 이야기를 전달하는 외부 이야기와 '박준'의 소설 내용으로 구성된 내부 이야기로 이루어져 있다.
- 줄거리 : 밤늦게 귀가하던 '나'는 누군가에게 쫓기고 있어 도와달라는 남자를 만나고 집으로 데려와 재운다. 다음날 그 남자가 정신 병원에서 탈출한 소설가인 박준인 것을 알게 되고, 일체의 진술을 거부하는 진술 공포증에 걸렸음도 알게 된다. 2년 전만 해도 열심히 작품을 발표하던 박준이 정신병에 걸린 것에 대한 의문을 품고, 그가 쓴 세 편의 소설을 읽는다. 그리고 그 소설들을 통해 그의 병의 원인이 어릴 적, 밤에 전짓불을 들고 들이닥쳐 좌익이냐 우익이냐를 따지던 사내들에 대한 공포심이라는 것을 깨닫게 된다. '나'는 이런 사실을 박준의 담당 의사인 김 박사에게 말하지만, 김 박사는 본인만의 치료 방법을 고집한다. 결국 김 박사는 박준의 진술을 받기 위해 전짓불을 들이대었고, 박준은 다시 병원을 탈출한다. '나'는 박준이 다시 나타날 것인가를 생각하다가 죄책감에 괴로워한다.

※ 다음 글을 읽고 물음에 답하시오.

선 채로 ⊙소설을 다 읽고 나서 나는 비로소 싸늘하게 식은 저녁상과 싸늘하게 기다리고 있는 아주머니를 의식했다.

몸을 씻은 다음 상 앞에 앉아서도 나는 아직 아주머니에게 눈을 주지 않고 있었다. 나의 추리는 완전히 빗나갔다. 그러나 그런 건 괘념할 필요가 없었다. 소설의 마지막에서 형은 퍽 서두른 흔적이 보였지만 결코 지워지지 않는 연필로 그린 듯한 강한 선(線)으로 <얼굴>을 이야기하고 있다. 형이 낮에 나의 그림을 찢은 이유가 거기 있었다. 내일부터 병원 일을 시작하겠다던 말을 알 수 있을 것 같았다. 그리고 동료를 죽였기때문에 천 리 길의 탈출에 성공할 수 있었다던 수수께끼의 해답도 거기 있었다. [중략]

비로소 몸 전체가 까지는 듯한 아픔이 전해 왔다. 그것은 아마 형의 아픔이었을 것이다. 형은 그 아픔 속에서 이를 물고 살아왔다. 그는 그 아픔이 오는 곳을 알고 있는 것이다. 그리하여 그것은 견딜 수 있었고, 그것을 견디는 힘은 오히려 형을 살아 있게 했고 자기를 주장할 수 있게 했다. 그러던 형의 내부는 검고 무거운 것에 부딪혀 지금 산산조각이 나고 있었다.

그렇다고 해도 이제 형은 곧 일을 시작하게 될 것이다. 형은 자기를 솔직하게 시인할 용기를 가지고, 마지막에는 관모의 출현이 착각이든 아니든, 사실로서 오는 것에 보다 순종하여, 관념을 파괴해 버릴 수 있는 힘이 있었다. 무엇보다도 형은 그 아픈 곳을 알고 있었으니까. 어쨌든 형을 지금까지 지켜 온 그 아픈 관념의 성은 무너지고 말았지만, 그만한 용기는 계속해서 형에게 메스를 휘두르게 할 것이다. 그것은 무서운 창조력일 수도 있었다.

그러나 나는 멍하니 드러누워 생각을 모으려고 애를 썼다.

나의 아픔은 어디서 온 것인가. 혜인의 말처럼 형은 6·25의 전상자이지만, 아픔만이 있고 그 아픔이 오는 곳이 없는 나의 환부는 어디인가. 혜인은 아픔이 오는 곳이 없으면 아픔도 없어야 할 것처럼 말했지만, 그렇다면 지금 나는 엄살을 부리고 있다는 것인가.

나의 일은, 그 나의 화폭은 깨어진 거울처럼 산산조각이 나 있었다. 그것을 다시 시작하기 위하여 나는 지금까지보다 더 많은 시간을 망설이며 허비해야 할는지 모른다.

어쩌면 그것은 나의 힘으로는 영영 찾아내지 못하고 말 얼굴 일지도 몰랐다. 나의 아픔 가운데에는 형에게서처럼 명료한 얼굴이 없었다.

— 이청준, <병신과 머저리>

48. 다음 작품에 등장하는 인물들에 대한 설명으로 가장 적절하지 않은 것은?

2019 경찰직 1차

① 형이 맺은 소설의 결말은 동생의 예상을 완전히 벗어나는 것이었다.

② 형은 환자의 죽음과 전쟁으로 인한 상처를 소설 쓰기를 통해 극복한다.

③ 동생은 형이 쓴 소설을 읽으면서 뚜렷하지 않은 자신의 아픔을 돌아본다.

④ 동생은 자신의 아픔을 충분히 이해해 주는 혜인을 단호하게 거부하고 있다.

49. ⊙'소설'이 의미하는 내용으로 가장 적절하지 않은 것은?

2012 서울시 7급 복원

① 형과 나를 직접적으로 연결해주는 매개체

② 형과 나의 갈등을 고조시키는 기폭제

③ 동생인 '나'의 불안정한 심리가 반영된 사물

④ 형이 의사로서의 인생을 포기하도록 하는 계기

⑤ 형이 자신의 상처를 극복하고자 하는 노력의 결과

작품 정리 | 이청준, 〈병신과 머저리〉

- 갈래 : 단편 소설, 액자 소설
- 성격 : 추리적, 심리적, 논리적
- 배경
  ① 외화 : 1960년대의 어느 도시
  ② 내화 : 6·25 전쟁 당시 북한 강계 지역
- 시점
  ① 외화 : 1인칭 주인공 시점
  ② 내화 : 1인칭 주인공 시점과 관찰자 시점의 혼용
- 주제 : 6·25 전쟁 세대인 '형'과 전후 세대인 '나'의 서로 다른 아픔과 그 극복 의지
- 특징
  ① 외화 속 내화가 있는 액자식 구성임.
  ② 작가의 감정 개입이 거의 없음.
- 줄거리 : 형은 6·25 전쟁 때에 동료를 죽이고 탈출한 기억이 있다. 의사인 형은 자신이 수술한 소녀가 죽게 되자 예전의 트라우마로 병원일을 중단하고 소설을 쓴다. 형의 소설에는 '형, 오관모, 김 일병'이 등장하는데 '나'가 우연히 그 소설을 읽게 된다. 오관모는 김 일병을 성적으로 괴롭히다 김 일병이 이용 가치가 없어지자 살해하려 했다. '나'는 이 소설 뒷부분을 형이 김 일병에게 총을 쏴 죽이는 것으로 지어낸다. 그 후 '나'는 애인 혜인이가 결혼하는 날에 이별의 편지를 받는다. 형은 '나'가 쓴 결말을 찢고 형이 오관모를 쏜 것으로 결말을 고친다. 형은 혜인의 결혼식장에서 소설과는 달리 살아있는 오관모를 본 후 소설을 불태우고 자신의 상처의 원인을 자문한다. 이 작품에서 형은 상처의 원인이 분명하지만 동생은 상처의 근원을 알지 못한다. 따라서 형은 소설로써 아픔을 능동적으로 극복하지만 동생은 마지막에도 치유 방법을 찾지 못한다.
- 출전 : 《창작과 비평》(1966)

| 김정한 |

50. 다음 글의 서술자에 대한 설명으로 적절하지 않은 것은?
(정답 4개)
2015 경찰 1차

건우 할아버지와 윤춘삼 씨가 들려 준 조마이섬 이야기는 언젠가 건우가 써 냈던 '섬 얘기'에 몇 가지 기막힌 일화가 붙은 것이었다.

"우리 조마이섬 사람들은 지 땅이 없는 사람들이오. 와 처음부터 없기싸 없었겠소마는 죄다 뺏기고 말았지요. 옛적부터 이 고장 사람들이 젖줄같이 믿어 오는 낙동강 물이 맨들어 준 우리 조마이섬은……."

건우 할아버지는 처음부터 개탄조로 나왔다. 선조로부터 물려받은 땅, 자기들 것이라고 믿어 오던 땅이 자기들이 겨우 철들락말락할 무렵에 별안간 왜놈의 동척(東拓) 명의로 둔갑을 했더란 것이었다.

(중략) "쥑일 놈들"

건우 할아버지는 그렇게 해서 다시 국회의원, 다음은 하천 부지의 매립 허가를 얻은 유력자…… 이런 식으로 소유자가 둔갑되어 간 사연들을 죽 들먹거리더니,

"이 꼴이 되고 보니 선조 때부터 둑을 맨들고 물과 싸워 가며 살아온 우리들은 대관절 우찌 되는기요?

그의 꺽꺽한 목소리에는, 건우가 지각을 하고 꾸중을 듣던 날 "나릿배 통학생임더." 하던 때의 그 무엇인가를 저주하는 듯한 감정이 꿈틀거리고 있는 것 같았다. 얼마나 그들의 땅에 대한 원한이 컸던가를 가히 짐작할 수 있었다.

"섬 사람들도 한번 뻗대 보시지요?"

이렇게 슬쩍 건드려 봤더니 이번엔 윤춘삼 씨가 그 말을 얼른 받는다.

(중략) "내가 그랬소!"

갈밭새 영감은 서슴지 않고 두 손을 내밀었다는 거다. 다행히도 벌써 그때는 둑이 완전히 뭉개지고, 섬을 치덮던 탁류도 빙 에워 돌며 뭉그적뭉그적 빠져나가고 있었다는 것이다.

"정말 우리 조마이섬을 지키다시피 해 온 영감인데…. 살인죄라니 우짜문 좋겠능기요?"

게까지 말하고 나를 쳐다보는 윤춘삼 씨의 벌건 눈에서는 어느덧 닭똥 같은 눈물이 뚝뚝 떨어지기 시작했다.

– 김정한, 〈모래톱 이야기〉

① 작품 속 '나'가 자신이 겪은 갈등을 직접 서술하여 사건의 전모를 드러내고 있다.

② 작품 속 '나'가 자신이 관찰하고 들은 이야기를 토대로 서술하고 있다.

③ 서술자가 인물의 내면 묘사를 통해 인물의 심리 변화를 사실적으로 그려내고 있다.

④ 서술자는 작중 상황과 사건의 전모를 전지적 시점으로 전달하고 있다.

⑤ 외적 갈등 구조를 통해 주제를 형상화하고 있다.

⑥ 대화와 행동을 통해 등장인물의 성격을 드러내고 있다.

⑦ 사건을 순차적으로 묘사해서 인물이 처한 상황을 현장감 있게 그려내고 있다.

⑧ 토속적 어휘와 말투, 비속어의 사용을 통해 섬사람들의 삶을 사실적으로 그려내고 있다.

[작품 정리] 김정한, 〈모래톱 이야기〉

• 갈래 : 단편소설, 농촌소설, 참여소설
• 성격 : 사실적, 현실참여적, 저항적
• 배경
  ① 시간 : 일제 강점기부터 1960년대
  ② 공간 : 낙동강 하류의 조마이섬
• 시점 : 1인칭 관찰자 시점
• 주제 : 소외된 사람들의 비참한 삶과 부조리한 현실에 대한 저항 의식
• 특징
  ① 농촌의 삶을 사실적으로 묘사함.
  ② 부조리한 현실을 고발하는 정신이 드러남.
• 줄거리 : '나'가 관찰한, 20년 전 알았던 조마이섬에 살던 건우와 그 가족들에 대한 이야기다. '나'는 중학교 교사였고 조마이섬에 살던 건우가 비오는 날 지각을 하였다. 건우의 집에 가정 방문을 하였으나, 건우의 부친은 6.25 전쟁에서 전사하였고 삼촌은 고기잡이를 나갔다가 사망하여 할아버지(갈밭새 영감)의 벌이로 생계 유지를 하고 있음을 알게 된다. 돌아오는 길에 전쟁 때 육군 감옥에서 만난 윤춘삼 씨를 통해 갈밭새 영감을 소개받았고, 그들에게 조마이섬 주민들의 애환을 듣게 된다. 그해 처서 무렵 홍수가 났고, 유력자의 엉터리 둑 때문에 섬은 위기에 처한다. 주민들은 더 위험해지기 전 둑을 허물려고 하지만 유력자의 앞잡이가 방해한다. 화가 난 갈밭새 영감은 앞잡이 중 하나를 탁류에 던지고는 경찰에 끌려간다. 폭풍우가 끝난 후 조마이섬은 군대가 정지하고 있다는 소문을 듣게된다.

| 황석영 |

※ 다음 글을 읽고 물음에 답하시오.

(가) 사방이 어두워지자 그들도 얘기를 그쳤다. 어디에나 눈이 덮여 있어서 길을 잘 분간할 수가 없었다. 뒤에 처졌던 백화가 눈 덮인 길의 고랑에 빠져 버렸다. 발이라도 삐었는지 백화는 꼼짝 못하고 주저앉아 신음을 했다. 영달이가 달려들어 싫다고 뿌리치는 백화를 업었다. 백화는 영달이의 등에 업히면서 말했다.

"무겁죠?"

영달이는 대꾸하지 않았다. 백화가 어린애처럼 가벼웠다. 등이 불편하지도 않았고 어쩐지 가뿐한 느낌이었다. 아마 쇠약해진 탓이리라 생각하니, 영달이는 어쩐지 대전에서의 옥자가 생각나서 눈시울이 화끈했다. 백화가 말했다.

"어깨가 참 넓으네요. 한 세 사람쯤 업겠어."

"댁이 근수가 모자라니 그렇다구."

(나) 정 씨 옆에 앉았던 노인이 두 사람의 행색과 무릎 위의 배낭을 눈여겨 살피더니 말을 걸어왔다.

"어디 일들 가슈?" / "아뇨, 고향에 갑니다." / "고향이 어딘데……." / "삼포라구 아십니까?" / "어 알지, 우리 아들놈이 거기서 도자를 끄는데……." / "삼포에서요? 거 어디 공사 벌릴데나 됩니까? 고작해야 ㉠고기잡이나 하구 ㉡감자나 매는데요." / "어허! 몇 년 만에 가는 거요?" / "십 년."

노인은 그렇겠다며 고개를 끄덕였다.

"말두 말우. 거긴 지금 육지야. 바다에 방둑을 쌓아 놓구, 트럭이 수십 대씩 돌을 실어 나른다구." / "뭣 땜에요?" / "낸들 아나. 뭐 관광호텔을 여러 채 짓는담서, 복잡하기가 말할수 없네." / "동네는 그대로 있을까요?" / "그대루가 뭐요. 맨 천지에 공사판 사람들에다 장까지 들어섰는걸." / "그럼 ㉢나룻배두 없어졌겠네요." / "바다 위로 ㉣신작로가 났는데, 나룻배는 뭐에 쓰오. 허허, 사람이 많아지니 변고지. 사람이 많아지면 하늘을 잊는 법이거든."

작정하고 벼르다가 찾아가는 고향이었으나, 정 씨에게는 풍문마저 낯설었다. 옆에서 잠자코 듣고 있던 영달이가 말했다.

"잘 됐군. 우리 거기서 공사판 일이나 잡읍시다."

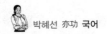

그때에 기차가 도착했다. 정 씨는 발걸음이 내키질 않았다. 그는 마음의 정처를 방금 잃어버렸던 때문이었다. 어느 결에 정 씨는 영달이와 똑같은 입장이 되어 버렸다. 기차는 눈발이 날리는 어두운 들판을 향해서 달려갔다.

– 황석영, <삼포 가는 길>

51. (가)를 읽고 추론한 내용으로 적절하지 않은 것은?

2017 국가직 9급

① '눈 덮인 길의 고랑'은 백화가 신음하는 계기로 작용하기도 한다.

② 등에 업힌 백화는 영달이가 '옥자'를 떠올리는 계기로 작용하기도 한다.

③ 영달이는 '대전에서의 옥자'를, 어린애처럼 생각이 깊지 않은 존재로 인식하고 있다.

④ 백화는 처음에는 영달이의 등에 업히기를 싫어했으나, 영달이의 등에 업힌 이후 싫어하는 내색이 없어 보인다.

52. (나)의 문맥적 성격이 다른 하나는?　2021 군무원 9급

① ㉠　　　　　　② ㉡
③ ㉢　　　　　　④ ㉣

작품 정리 **황석영, <삼포 가는 길>**

- 갈래 : 단편소설, 사실주의소설, 여로소설
- 성격 : 사실적, 현실비판적
- 배경
  ① 시간 : 1970년대의 겨울
  ② 공간 : 공사장에서 삼포로 가는 길
- 시점 : 전지적 작가 시점
- 주제 : 산업화의 과정에서 소외된 계층들의 애환과 연대 의식
- 특징
  ① 한 인물이 고향을 찾아 가는 여로를 중심으로 사건이 전개됨.
  ② 여운을 남기는 방식으로 결말을 구성함.
  ③ 과거와 현재의 장면이 겹치는 복합 구성을 보임.
- 줄거리 : 공사가 중단되자 영달은 밀린 밥값을 떼어먹고 도망친다. 그러다가 정 씨를 만나는데 고향인 삼포를 찾아가고 있었고 둘은 동행하게 된다. 둘은 국밥집에서 술집 작부인 백화의 도망에 대한 이야기를 듣고, 그녀에 대한 만 원의 현상금의 제안을 받게 된다. 둘은 삼포로 가는 기차를 타기 위해 감천으로 향하는 중 백화를 만나게 된다. 둘은 백화의 과거를 들으며 그녀를 이해하게 되었다. 영달에게 호감이 생긴 백화는 기차역에 도착하고 자신의 고향으로 가자고 제안하지만, 영달은 이를 거절하고 갖고 있는 돈을 털어 백화를 혼자 보낸다. 영달과 정 씨는 대합실에서 삼포가 공사판으로 변했다는 이야기를 듣게 되는데, 영달은 공사판 소식에 기뻐하고 정 씨는 고향을 잃었다는 생각으로 실망한다.

53. 다음 글에 대한 설명으로 적절하지 않은 것은?

2015 지방직 9급

소장은 혼자서 빙긋 웃었다. 감독조를 짐짓 3공사 장으로 보내길 잘했다고 그는 생각했다. 사실은 그 들이 없으면 인부들을 통솔하기가 매우 어려운 실정 이었다. 원하는 대로 모두 수걱수걱 들어주고 나면 길 잘못 들인 강아지 새끼처럼 또 무엇을 달라고 보 챌지 몰라 불안할수록, 더욱 감독조는 필요했다. 그 래서 잠잠해질 때까지 당분간 보냈다가 인부들과는 낯선 다른 패들로 교대시킬 뿐이었다. 현재 노임도 올렸고 시간 노동제도 실시하고 있는 척할 수밖에 없지만, 우선 내일의 행사를 위해 숨 좀 돌려보자는 게 그의 속셈이었다. 그 다음엔 주동자들을 먼저 아 무도 모르게 경찰에 데려다가 책임을 물어 따끔하게 본때를 보인 후, 여비나 두둑이 주어 구슬리며 딴 지 방으로 쫓아 보낼 작정이었다. 그의 손에는 쟁의에 참가했던 인부들의 명단이 저절로 들어와 있는 셈이 었다. 그들 불평분자의 절반쯤은 3공사장 인부들과 교대시키고, 나머지는 남겨 두되 각 함바에 뿔뿔이 흩어지게 배당할 거였다. 점차로 시간을 보내면서 하나둘씩 해고해 나갈 것이었다. 차츰차츰 작업량을 늘리고 작업장을 줄여 가면 남는 인부가 많게 될 테 니 열흘도 못 가서 감원할 구실이 생길 거였다. 따라 서 인상되었던 노임을 차츰 낮추며 도급을 계속시키 면서 인부들이 모르는 사이에 전과 같이 나가면 어 항에 물 갈아 넣는 것처럼 인부들은 모두 새 사람으 로 바뀔 것이었다. 소장은 이 모든 일들을 열흘 안으 로 해치우고 원상 복구를 해 놓을 자신이 있었다.

– 황석영, 〈객지〉

① 소장은 내일의 행사를 원만하게 치르려고 한다.
② 소장은 쟁의를 해결할 수 있다는 강한 자신감을 갖고 있다.
③ 소장은 쟁의의 주동자들을 해고할 생각을 갖고 있다.
④ 소장은 감독조를 해체하여 상황을 원상 복구할 계획 이다.

작품 정리 | 황석영, 〈객지〉

• 갈래 : 중편 소설, 노동 소설
• 성격 : 사실적, 현실 비판적
• 배경
 ① 시간 : 1970년대
 ② 공간 : 서해안 간척지 공사 현장
• 시점 : 전지적 작가 시점
• 주제 : 부조리한 현실에 대한 떠돌이 노동자들의 저항
• 줄거리 : 동혁은 제대 후 일자리를 찾아 떠돌다가 간척 공 사장에 취직한다. 그곳에는 공사장 감독이 값싼 노임으로 노동자들을 착취하여 노동자들이 빚에 시달리고 있었다. 이에 그는 대위 등과 함께 쟁 의를 준비한다. 마침 국회 답사단이 오기로 하여 기회를 노렸으나 이를 눈치 챈 회사측은 일방적 인 해고를 통보한다. 이에 불만이 찬 노동자들은 산에서 농성을 벌인다. 하지만 회사 측이 회유하 자 많은 인부들이 산에서 내려가 쟁의는 실패한 다. 그럼에도 동혁은 희망을 놓지 않는다.

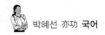

| 조세희 |

54. 윗글의 내용과 가장 일치하는 것은? 2021 법원직 9급

[앞부분 줄거리] 어느 날 수학 교사가 3학년 마지막 수업 시간에 학생들에게 굴뚝 청소를 하고 나온 두 아이에 대한 질문을 던진 후에 뫼비우스의 띠에 대해 설명한다.

행복동의 주민인 앉은뱅이와 꼽추는 어떤 사나이에게 자신들의 아파트 입주권을 한 평당 16만 원에 팔고, 그 사나이는 그 입주권을 다른 사람들에게 36만 원에 판다. 앉은뱅이와 꼽추는 약장수에게서 구한 휘발유 한 통을 들고 사나이가 탄 승용차를 가로막아 선다. 그리고 그를 차에서 끌어내리고 폭력을 행사한 후에 가방에서 20만 원씩 두 뭉치 돈을 꺼낸다.

"이건 우리 돈야."

앉은뱅이가 말했다. 사나이는 다시 고개만 끄덕였다. 그는 앉은뱅이가 뒷좌석의 친구에게 한 뭉치의 돈을 넘겨주는 것을 보았다. 앉은뱅이의 손이 부들부들 떨렸다. 꼽추의 손도 마찬가지로 떨렸다. 두 친구의 가슴은 더 떨렸다. 앉은뱅이는 앞가슴을 풀어 헤쳐 돈 뭉치를 넣더니 단추를 잠그고 옷깃을 여몄다. 꼽추는 웃옷 바른쪽 주머니에 넣었다. 꼽추의 옷에는 안주머니가 없었다. 돈을 챙겨 넣자 내일 할 일들이 머리에 떠올랐다. 앉은뱅이의 머리에도 내일 할 일들이 떠올랐다. 아이들은 천막 안에서 잠을 자고 있었다.

"통을 가져와."

앉은뱅이가 말했다. 그의 손에도 마지막 전깃줄이 들려 있었다. 밖으로 나온 꼽추는 콩밭에서 플라스틱 통을 찾았다. 그는 친구의 얼굴만 보았다. 그 이외에는 정말 아무것도 보지 않았다. 그는 승용차 옆을 떠나 동네를 향해 걷기 시작했다. 유난히 조용한 밤이었다. 불빛 한 점 없어 동네가 어디쯤 앉아 있는지 알 수 없을 정도였다. 그는 이따금 걸음을 멈추고 앉은뱅이가 기어오는 소리를 듣기 위해 귀를 기울였다.

앉은뱅이는 승용차 안에서 몸을 굴려 밖으로 떨어져 나올 것이다. 그는 문을 쾅 닫고 아주 빠르게 손을 놀려 어둠 깔린 황톳길 위를 기어올 것이다. 꼽추는 자기의 평상 걸음과 손을 빠르게 놀렸을 때의 앉은뱅이의 속도를 생각하면서 걸었다.

동네 입구로 들어선 꼽추는 헐린 외딴집 마당가로 가 펌프의 손잡이를 눌렀다. 그는 두 손으로 물을 받아 입을 축였다. 그 손을 웃옷 바른쪽 주머니에 대어 보았다. 앉은뱅이가 가쁜 숨을 몰아쉬며 기어오고 있었다. 꼽추는 앞으로 다가가 앉은뱅이의 얼굴을 들여다보았다. 어두워서 잘 보이지 않았다.

앉은뱅이의 몸에서는 휘발유 냄새가 났다. 꼽추가 펌프를 찧어 앉은뱅이의 얼굴을 씻어 주었다. 앉은뱅이는 얼굴이 쓰라려 눈을 감았다. 그러나 이런 아픔쯤은 아무것도 아니었다. 그는 가슴 속에 들어 있는 돈과 내일 할 일들을 생각했다. 그가 기어온 황톳길 저쪽 끝에서 불길이 솟아 올랐다. 그는 일어서려는 친구를 잡아 앉혔다.

쇠망치를 든 사람들이 왔을 때 꼽추네 식구들은 정말 잘 참았다. 앉은뱅이네 식구들은 꼽추네 식구들보다 대가 약했다. 앉은뱅이는 갑자기 일어서려고 한 친구가 마음에 들지 않았다. 폭발 소리가 들려왔을 때는 앉은뱅이도 놀랐다. 그러나 그것도 잠깐뿐이었다.

<중략>

"이봐, 왜 그래?" / "아무것도 아냐."

꼽추가 말했다. / "겁이 나서 그래?"

앉은뱅이가 물었다. / "아무렇지도 않아."

꼽추가 말했다. / "묘해. 이런 기분은 처음야."

"그럼 잘됐어." / "잘된 게 아냐."

앉은뱅이는 이렇게 차분한 친구의 목소리를 처음 들었다.

"나는 자네와 가지 않겠어." / "뭐!"

"자네와 가지 않겠다구."

"갑자기 무슨 소릴 하는 거야? 내일 삼양동이나 거여동으로 가자구. 그곳엔 방이 많아. 식구들을 안정시켜 놓고우린 강냉이 기계를 끌고 나오면 되는 거야. 모터가 달린 자전거를 사면 못 갈 곳이 없어. 갈현동에 갔던 일 생각 안 나? 몇 방을 튀겼었는지 벌써 잊었어? 밤 아홉시까지 계속 돌려 댔었잖아. 그들은 강냉이를 먹기 위해 튀기러 오는 게 아냐. 옛날 생각이 나서 아이들을 앞세우고 올 뿐야. 그런 델 찾아다니면 돼. 우린 며칠에 한 번씩 집에 돌아가 여편네가 입을 벌릴 정도의 돈을 쏟아 놓아줄 수가 있다구. 그런데 자네는 무슨 생각을 하는 거야?"

"나는 사범을 따라갈 생각야."

"그 약장수?" / "응."

"미쳤어? 그 나이에 무슨 약장사를 하겠다는 거야?"

"완전한 사람은 얼마 없어. 그는 완전한 사람야. 죽을 힘을 다해 일하고 그 무서운 대가로 먹고 살아. 그가 파는 기생충 약은 가짜가 아냐. 그는 자기의 일을 훌륭히 도와줄 수 있는 내 몸의 특징을 인정해 줄 거야."

꼽추는 이렇게 말하고 한 마디 덧붙였다.

"내가 무서워하는 것은 자네의 마음이야."

"그러니까, 알겠네." / 앉은뱅이가 말했다.

"가, 막지 않겠어. 나는 아무도 죽이지 않았어."

"어쨌든." / 꼽추가 돌아서면서 말했다.

"무슨 해결이 나야 말이지."

어둠이 친구를 감싸 앉은뱅이는 발짝 소리밖에 듣지 못했다. 조금 있자 발짝 소리도 들리지 않았다. 그는 아이들이 잠든 천막을 찾아 기어가기 시작했다. 울지 않겠다고 이를 악물었다. 그러나 흐르는 눈물은 어쩔 수 없었다. 그는 이 밤이 또 얼마나 길까 생각했다.

[뒷부분 줄거리] 교사는 학생들에게 지식이 자신이 입을 이익에 맞추어 쓰이는 일이 없기를 당부하고 교실을 나간다.

— 조세희, <뫼비우스의 띠>

① 앉은뱅이는 꼽추보다 먼저 돈을 가지고 승용차 밖으로 나왔다.

② 앉은뱅이와 꼽추는 사나이와 대화를 통해 문제를 해결하고자 했다.

③ 승용차에 탄 사나이는 꼽추와 앉은뱅이의 집을 쇠망치로 부수었다.

④ 꼽추는 약장수가 자신의 정직한 노력으로 대가를 받는 사람이라고 생각했다.

작품 정리 | 조세희, 〈뫼비우스의 띠〉 (1976)

- **갈래**: 단편소설, 연작소설, 액자소설
- **주제**: 산업화 과정에서 겪는 도시 빈민층의 삶의 고통
- **성격**: 비판적, 상징적, 고발적, 우화적
- **배경**
  ① 시간적 배경: 1970년대
  ② 공간적 배경: 서울의 재개발 지역
- **특징**
  ① 우화적 기법을 사용하여 사회의 부조리함을 풍자함.
  ② 인물간의 대화와 행동을 중심으로 사건을 전개함.
  ③ 액자식 구성(외화와 내화)으로 전개함.
- **해제**: 이 작품은 〈난쟁이가 쏘아 올린 작은 공〉의 12편 중 하나로 조세희의 연작 소설이다. 〈난쟁이가 쏘아 올린 작은 공〉은 도시 빈민층을 대표하는 난쟁이 일가의 삶을 통해 산업화 과정(재개발)에서 겪는 도시 빈민층의 삶의 고통과 좌절을 그리고 있다. 작가는 이 작품으로 1970년대 한국 사회의 주요 문제였던 산업화 과정에서의 빈부와 노사 간의 대립을 극적으로 보여주면서 긴장과 이완을 함께 보여주고 있다.
- **줄거리**: 수학 교사가 마지막 수업 시간에 '굴뚝 청소를 하는 두 아이'와 '뫼비우스의 띠'에 대해 설명해 준다. 앉은뱅이와 꼽추는 도시 재개발 과정에서 철거로 인하여 삶의 터전을 잃는다. 삶의 터전도 잃고 이들은 돈도 제대로 받지 못하자 부동산 업자를 찾아가 항의하지만 무시를 당하고 부동산 업자의 거짓말에 화가 나 그를 차에 태운 후 기름을 붓고 불을 질러버린다. 살인을 한 앉은뱅이가 무서워진 꼽추는 앉은뱅이와 같이 가지 않고 자기는 약장수를 따라 떠나겠다고 하고, 둘은 헤어지면서 혼자 남은 앉은뱅이는 눈물을 흘린다. 이야기의 끝으로 수학 교사는 학생들에게 배운 지식을 자신의 이익에 맞추어 쓰는 일이 없기를 당부하면서 교실을 나간다.

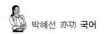

| 윤흥길 |

55. [A]에 대한 설명으로 가장 적절한 것은?

2018 교육행정직 7급

[이전 줄거리] 외할머니는 아들의 전사 통보를 받고, 빨치산을 향해 저주를 퍼붓는다. 이 일로 같은 집에 사는 친할머니의 분노를 산다. 친할머니는 아들이 살아 돌아온다는 점쟁이의 말을 믿고 맞을 준비를 한다. 그러나 아들이 오기로 한 날 아들은 오지 않고 구렁이 한 마리가 집 안으로 들어온다.

[A]
"쉬이! 쉬어이!"
　외할머니의 쉰 목청을 뒤로 받으며 그것은 우물 곁을 거쳐 넓은 뒤란을 어느덧 완전히 통과했다. 다음은 숲이 우거진 대밭이었다.
　"고맙네, 이 사람! 집안일은 죄다 성님한티 맡기고 자네 혼자 몸뗑이나 지발 성혀서면 걸음 펜안히 가소. 뒷일은 아모 염려 말고 그저 펜안히 가소. 증말 고맙네, 이 사람아."
　장마철에 무성히 돋아난 죽순과 대나무 사이로 모습을 완전히 감추기까지 외할머니는 우물 곁에 서서 마지막 당부의 말로 구렁이를 배웅하고 있었다.

　이웃 마을 용상리까지 가서 진구네 아버지가 의원을 모시고 왔다. 졸도한 지 서너 시간 만에야 겨우 할머니는 의식을 회복할 수 있었다.

－ 윤흥길, <장마>

① 내면 묘사를 통해 인물의 심리를 드러내고 있다.
② 사투리를 사용하여 해학적인 분위기를 조성한다.
③ 시점의 변화를 통해 사건의 극적 효과를 노린다.
④ 작중 인물의 행동에 상징적 의미를 부여하고 있다.

작품 정리 윤흥길, <장마>

- 갈래 : 중편소설, 전후소설
- 성격 : 상징적, 토속적, 사실적
- 배경
  ① 시간 : 6·25 전쟁 중의 장마 기간
  ② 공간 : 어느 시골
- 시점 : 1인칭 관찰자 시점
- 주제 : 이념의 대립과 전쟁 중 빚어진 가족 내의 비극과 그 극복
- 특징
  ① 무속 신앙을 통해 전쟁의 상처를 극복하려 함.
  ② 어린 화자를 통해 이데올로기로 인한 비극을 효과적으로 보여줌.
- 줄거리 : 6·25 전쟁으로 인해 할머니와 외할머니의 아들은 각각 인민군과 국군으로 참전한다. 어느 날 국군인 외삼촌의 전사 소식이 전해지고, 할머니와 외할머니의 갈등이 시작된다. 공산주의자를 저주하는 외할머니로 인해 갈등은 심화되고, 할머니는 삼촌이 아무 날 아무 시에 돌아온다는 점쟁이의 말에 따라 삼촌 맞이를 준비한다. 아무 날 아무 시에는 삼촌 대신 커다란 구렁이가 나타나는데 할머니는 이를 보고 기절한다. 외할머니는 구렁이를 달래고 무사히 보낸다. 이 사건 이후 할머니는 외할머니에게 고마움을 표현하며 화해하고 할머니는 세상을 떠난다.

| 박완서 |

56. 다음 소설의 내용으로 볼 때 제목의 뜻을 가장 잘 설명한 것은?

2021 군무원 7급

> 그 후 그들은 자주 우리집에 드나들었다. 그중엔 보위부 군관도 있었는데 오빠에 대해 뭔가 눈치채고 있는 것 같았다. 우리들하고 천연덕스럽게 고향 얘기나 처자식 얘기를 하다가도 갑자기 오빠를 노려보면서 딴사람같이 카랑카랑한 목소리로 동무 혹시 인민군대에서 도주하지 않았소? 한다든가 동무, 혹시 국방군에서 낙오한 게 아니오? 하면 간이 콩알만큼 오그라들었다.
>
> (중략)
>
> 마침내 보위군관이 작별하러 왔다. 그의 작별 방법은 특이했다.
>
> "내가 동무들같이 간사한 무리들한테 끝까지 속을 것 같소. 지금이라도 바른 대로 대시오. 이래도 바른 소리를 못하겠소?"
>
> 그가 허리에 찬 권총을 빼 오빠에게 겨누며 말했다.
>
> "안 된다. 안 돼. 이 노옴 너도 사람이냐? 이 노옴."
>
> 어머니가 외마디 소리를 지르며 그의 팔에 매달렸다. 그가 어머니를 휙 뿌리쳤다.
>
> "이래도 이래도 바른 말을 안 할 테냐? 이래도."
>
> 총성이 울렸다. 다리였다. 오빠는 으, 으, 으, 으, 같은 소리밖에 못냈다.
>
> 또 총성이 울렸다. 같은 말과 총성이 서너 번이나 되풀이됐다. 잔혹하게도 그 당장 목숨이 끊어지지 않게 하체만 겨냥하고 쏴댔다. 오빠는 유혈이 낭자한 가운데 기절해 꼬꾸라지고 어머니도 그가 뿌리쳐 나동그라진 자리에서 처절한 외마디 소리만 지르다가 까무라쳤다.
>
> "죽기 전에 바른말 할 기회를 주기 위해 당장 죽이진 않겠다."
>
> 그 후 군관은 다시 나타나지 않았다. 며칠 만에 세상은 또 바뀌었다. 오빠의 총상은 다 치명상이 아니었는데도 며칠 만에 운명했다. 출혈이 심한 데다 적절한 치료를 받을 수가 없었기 때문이다.
>
>   – 박완서, 〈엄마의 말뚝〉

① 과거의 고통이 현재의 삶에 영향을 주고 있음을 의미한다.

② 엄마의 상처가 가슴에 깊은 뿌리를 내리고 있음을 의미한다.

③ 엄마의 의지가 뿌리 깊은 나무처럼 흔들리지 않음을 의미한다.

④ 오빠와 엄마가 같은 뿌리를 지니고 있음을 의미한다.

작품 정리 | 박완서 〈엄마의 말뚝〉 (1979)

- 갈래 : 전후 소설, 중편 소설, 연작 소설
- 성격 : 자전적, 회상적
- 배경
 ① 시간 : 한국 전쟁 당시와 분단이 고착화 된 시기
 ② 공간 : 서울
- 시점 : 1인칭 주인공 시점
- 주제 : 전쟁이 남긴 상처와 분단 극복의 의지
- 특징
 ① 전쟁의 아픔을 망각해 가는 현실에 대한 비판적 인식
 ② 현재 시점에서 한국 전쟁 당시를 회상하는 내용을 삽입한 역순행적 구성을 취함.
 ③ 세 편의 이야기가 각각 독립된 완결성을 지니면서 서사적으로 연결된 연작 소설임.
- 줄거리 : 나는 어릴 적 아버지를 여의고 오빠의 교육을 구실로 서울로 떠나는 엄마 손에 이끌려 따라가게 된다. 엄마는 교육에의 집념으로 오빠와 나를 삯바느질을 해 가며 키우고, 사대문 안에서 남부럽지 않게 살아갈 날을 기대하면서 오빠를 신앙에 가까운 믿음으로 뒷바라지한다. 그러던 중 인왕산 기슭 달동네에 자그마한 집을 장만하게 되는데 서울에 처음 장만한 집이라 엄마의 애착은 남달랐다. 엄마는 그곳에 말뚝을 세운 것이다. 6·25 전쟁 중에 오빠를 잃은 엄마는 조카들과 노후를 지내던 어느 날 낙상하여 다리 수술을 받고 약물 부작용인 듯한 발작을 일으킨다. 엄마는 수술 후 7년을 더 살고 돌아가시는데 나는 엄마의 유언대로 엄마의 시신을 화장해 고향이 보이는 강화도 바닷가에 장례 지내고자 한다. 하지만 장성한 조카는 주위의 이목과 자신의 사회적 체면을 이유로 들어 매장할 것을 고집하여 조카의 뜻대로 장례를 치른다.

PART 01

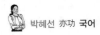

| 이동하 |

57. 다음 작품의 ㉠~㉣에 대한 이해로 적절하지 않은 것은?

2015 교육행정직 9급

나는 꼭 쥐고 있던 돈과 한 잔의 물을 맞바꾸었다. 유리컵 속에 든 물은 짙은 오렌지빛이었다. 손바닥에 닿는 냉기가 갈증을 더 자극했다. 그러나 나는 마시지 않았다. 이 도시와 그 생활이 주는 어떤 경이와 흥분 때문에 실상은 목구멍보다도 가슴이 더 타고 있었다. 나는 유리컵을 조심스럽게 받쳐 든 채 천천히 돌아섰다. 그러고는 두어 걸음을 떼어 놓았다. 물론 나의 ㉠그 어리석은 짓은 용납되지 않았다. 나는 금세 제지를 받았던 것이다.

"이봐, 너 어디로 가져가는 거냐?"

나를 불러 세운 물장수가 그렇게 물었다. 나는 금방 얼굴을 붉히었다. 무언가 잘못을 저지르고 있다고 판단되었기 때문이다.

나는 아무런 대답도 하지 못했다. 그러자 물장수가 다시 말했다.

"잔은 두고 가야지, 너, 시골서 온 모양이로구나. 그렇지?"

나는 단숨에 잔을 비웠다. 숨이 찼다. 콧날이 찡해지고 가슴이 꽉 막혔다. (…중략…) 가슴이 답답하고 머리가 어지러웠다. 속이 메스껍기도 했다. 눈앞의 사물들이 자꾸만 이물스레 출렁거렸다. 이사를 왔다, 하고 나는 막연한 기분으로 중얼댔다. 그래, 도시로 이사를 왔다. 아주 맥 풀린 하품을 토해 내며 새삼 주위를 두리번거렸다. 촘촘히 들어앉은 판잣집들, 깡통 조각과 루핑*이 덮인 나지막한 지붕들, 타고 남은 코크스*덩어리와 검은 탄가루가 낭자하게 흩어져 있는 길바닥들, 온갖 말씨와 형형색색의 입성*을 어지러이 드러내고 있는 주민들, 얼굴도 손도발도 죄다 까맣게 탄 아이들…… ㉡나는 자꾸만 어지럼증을 탔고, 급기야는 속엣것을 울컥 토해 놓고 말았다. 딱한 잔 분량의, 오렌지빛 토사물이었다. (…중략…)

조그만 방 하나가 우리 가족이 차지한 공간의 전부였다. 바닥도 벽도 천장도 죄다 판자 쪽으로 둘러친, 그것은 방이라기보다 흡사 커다란 나무 궤짝 같은 느낌을 주었다. 그나마 세간살이들이 차지하고 남은 공간엔 ㉢도무지 네 식구가 발을 뻗고 누울 재간이 없었다. 나는 결국 윗목에 놓인 장롱 위에다 따로 요때기를 깔고 이층 잠을 자기로 했다.

피곤한 탓이리라. 다들 금세 곯아떨어졌다. 그러나 나는 밤이 깊도록 잠을 이루지 못했다. 허공에 떠 있는 것같이 잠자리가 도무지 불안할뿐더러 속도 계속 편칠 못했다. 게다가 판자벽 하나를 사이에 둔 이웃 방에서부터 밤늦도록 낯선 사람들의 목소리가 건너왔다. 나는 자꾸만 몸을 뒤치었고, 그럴 때마다 낡은 장롱이 삐걱거렸다. 그러다 어느 순간엔가 깜박 무겁고 아득한 잠의 벼랑으로 굴러 떨어졌는데 ㉣기이하게도 그 짧은 순간에 나는 문득 이런 생각을 하고 웃음을 지었다. 우린 어쩌면 장난감 도시로 잘못 이사를 온 건지도 몰라…….

– 이동하, 〈장난감 도시〉

* 루핑: 섬유 방수포의 한 종류
* 코크스: 고체 탄소 연료
* 입성: 옷

① ㉠: 유리컵도 가져가는 '나'의 행위
② ㉡: 낯선 환경에 대한 '나'의 신체적인 반응
③ ㉢: '나'의 열악한 가정 형편
④ ㉣: 도시 생활에 대한 '나'의 만족감

작품 정리 이동하, 〈장난감 도시〉

• 갈래: 중편 소설, 연작 소설, 성장 소설
• 성격: 회상적, 자전적
• 배경
 ① 시간: 6·25 전쟁 직후
 ② 공간: 도시의 판자촌
• 시점: 1인칭 주인공 시점
• 주제: 도시 빈민 소년의 정신적 성장
• 줄거리: 6·25 전쟁 후 '나'는 가족들과 함께 도시 판자촌으로 이사하여 가난하게 살게 된다. 풀빵, 냉차 장사를 하며 먹고 살며, '나'는 학교에서 일진들에게 풀빵을 주면서 겨우 어려움을 면한다. 하지만 더 가난해지자 '나'는 학교를 그만두고 백화점 점원으로 취직한다. 그러던 어느 날 '나'의 아버지는 장물(= 범죄 행위로 부당하게 얻은 남의 물건.)을 운반했다는 이유로 억울하게 징역을 살게 된다. '나'는 이에 울음이 올라왔지만 울지 않고, 벙어리가 어떻게 우는 것인가를 느낀다.

| 김원일 |

58. ㉠과 ㉡에 대한 설명으로 가장 적절한 것은?

2014 국가직 7급

> ㉠도요새 무리를 동진강 삼각주에서 발견했을 때, 나는 마치 헤어진 부모와 동기간과 약혼녀를 만난 듯 반가웠다. 너희들이 휴전선 위의 통천을 거쳐 여기로 날아왔으려니, 하고 대답 없는 물음을 던질 양이면 그만 울컥 사무쳐 오는 향수가 내 심사를 못 견디게 긁어 놓곤 했다. 가져온 술병을 기울이며 나는 새떼들과 많은 이야기를 나누었다. 내가 말하고 내가 새가 되어 대답하는 그런 대화를 누가 이해하리요. 새가 고향 땅의 부모님이 되고, 또는 형제가 되고, 어떤 때는 약혼자가 되어 나에게 들려주던 그 많은 이야기를 나는 기쁨에 들떠, 때때로 설움에 젖어 화답하는 그 시간만이 내게는 살아 있는 진정한 시간이었다. …(중략)… 그래서 지금 보는 바다는 예전보다 파도가 훨씬 높았고 헤엄을 쳐 북상을 하면 며칠 내 고향에 도착할 수 있을 것 같던 그 넓이가 더욱 까마득히 넓게 보였다. 그리고 ㉡철새나 나그네 새는 휴전선을 넘어 자유로이 왕래하건만 나는 그곳으로 갈 수 없다는 안타까움만이 해가 갈수록 내 이마에 깊은 주름을 새길 뿐이었다.
>
> — 김원일, <도요새에 관한 명상>

① ㉠은 '나'에게 고향을 떠올리게 하는 존재이고, ㉡은 '나'와 대비되는 존재이다.

② ㉠은 '나'가 동병상련(同病相憐)의 정서를 느끼는 대상이고, ㉡은 '나'의 감정이 이입된 대상이다.

③ ㉠은 '나'의 내적 갈등이 해소될 것임을 암시하는 소재이고, ㉡은 '나'의 내적 갈등을 심화시키는 소재이다.

④ ㉠은 '나'에게 고향에 대한 향수를 불러일으키는 대상이고, ㉡은 '나'에게 고향에 대한 향수를 식게 하는 존재이다.

작품 정리 김원일, 〈도요새에 관한 명상〉

- 갈래 : 중편 소설, 환경 소설, 가족 소설
- 성격 : 비판적, 사실적, 생태학적
- 배경
  ① 시간 : 1970년대 후반(회상 부분은 6·25 전쟁 전후)
  ② 공간 : 동진강 유역(도요새의 도래지)
- 시점 : 1인칭 주인공 시점(인물별) → 전지적 작가 시점
- 주제 : 분단 현실의 비극과 산업화로 인한 환경오염에 따른 인간성 회복
- 특징 : 전체 4부로 되어 있으며 각각 시점이 다름.
- 줄거리
  - 1부 : 〈병식의 시점〉 '나'(병식)는 재수생이지만 강가에서 새를 잡아서 번 돈으로 유흥 생활을 한다. 형(병국)은 촉망받는 인재였지만 학생 운동을 하다가 퇴학당했는데 '나'(병식)는 형(병국)에게 실망한다.
  - 2부 : 〈병국의 시점〉 '나'(병국)는 대학에서 제적을 당한 후 낙향하여 자책감으로 고통 받는다. 그러다가 환경 문제와 동진강 새 떼에 관심이 가 동진강의 자연 파괴 원인을 밝히려고 노력한다.
  - 3부 : 〈아버지의 시점〉 '나'(아버지)는 북에 가족을 두고 왔다. '나'는 억척스러운 아내와 성격 차이로 갈등을 한다. 한편 아들 병국이 낸 진정서로 비료 회사 사람들과 군인들이 찾아온다. '나'는 병국에게 자연 파괴의 심각성에 대한 이야기를 들으며 병식이가 새 밀렵을 한다는 사실을 듣게 된다.
  - 4부 : 〈전지적 작가 시점〉 병국은 새 밀렵을 하지 말라는 대화로 병식과 다툰다. 병국은 술집 안에서 통일에 대한 아버지의 기대를 듣고 도요새의 비상을 바라며 가지만 도요새를 놓치고 만다.
- 출전 : 《한국문학》(1979)

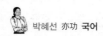

| 임철우 |

59. 다음 글의 밑줄 친 부분에 대한 설명으로 가장 적절한 것은?

2015 지방직 7급

> 사람들은 약속이나 한 듯 말을 잊었다. 어쩌면 그들은 열차를 기다리고 있다는 사실조차 망각하고 있는 것인지도 모른다. 중년 사내는 담배를 입에 문 채 성냥불을 댕기려다 말고 멍하니 난로의 불빛을 들여다보고 있다. 노인을 안고 있는 농부도, 대학생도, 쭈그려 앉은 아낙네들도, 서울 여자도, 머플러를 쓴 춘심이도 저마다의 손바닥들을 불빛 속에 적셔 두고 망연한 시선을 난로 위에 모은 채 모두들 아무 말도 하지 않았다. 저만치 홀로 떨어져 앉아 있는 미친 여자도 지금은 석고상으로 고요히 정지해 있다. 이따금 노인의 기침 소리가 났고, 난로 속에서 톱밥이 톡톡 튀어 올랐다.
>
> "흐유, 산다는 게 대체 뭣이간디……."
>
> 불현듯 누군가 나직이 내뱉었다.
>
> 그러자 사람들은 그 말꼬리를 붙잡고 저마다 곰곰이 생각해 보기 시작한다. 정말이지 산다는 게 도대체 무엇일까…….
>
> 중년 사내에겐 산다는 일이 그저 벽돌담 같은 것이라고 여겨진다. 햇볕도 바람도 흘러들지 않는 폐쇄된 공간. 그곳엔 시간마저도 아무런 흔적을 남기지 않는다. 마치 이 작은 산골 간이역을 빠른 속도로 무심히 지나쳐 가 버리는 특급 열차처럼……. 사내는 그 열차를 세울 수도 탈 수도 없다는 것을 잘 알고 있다. 그러면서도 여전히 기다릴 도리밖에 없다는 것, 그것이 바로 앞으로 남겨진 자기 몫의 삶이라고 사내는 생각한다.
>
> ─ 임철우, <사평역>

① 등장인물들이 서로 갈등하는 계기의 역할을 한다.
② 등장인물들이 자신의 삶을 기구하게 만드는 원인의 역할을 한다.
③ 등장인물들이 자신의 삶을 되돌아보도록 하는 촉매의 역할을 한다.
④ 등장인물들이 자신의 삶을 사회적 문제로 인식하는 매개체의 역할을 한다.

작품 정리 임철우, 〈사평역〉

- 갈래 : 단편 소설
- 성격 : 성찰적, 회상적
- 배경
  ① 시간 : 1970 ~ 1980년대
  ② 공간 : 시골 간이역 대합실
- 시점 : 전지적 작가 시점
- 주제 : 간이역 대합실에서 나누는 민중들의 애환과 교감
- 특징
  ① 〈사평역에서〉라는 시에 상상력을 가미하여 소설로 만듦.
  ② 여러 인물의 내면이 자세히 묘사됨.
- 줄거리 : 추운 겨울 시골 간이역 대합실에서 삶에 소외된 사람들이 난로에 몸을 녹이며 자신의 삶을 떠올린다. 30대 중반의 농부와 그의 아픈 아버지, 시국 사건으로 대학에서 제적된 청년, 교도소에서 나온 지 얼마 안 된 중년 사내 등의 사연이 나온다. 그들은 고달픈 자신의 삶을 가슴에 가진 채 톱밥 난로의 불빛을 바라본다. 야간 완행열차가 두 시간 연착한 이후에야 도착하고 사람들은 각자의 삶으로 떠난다.
- 출전 : 《민족과 문학》(1983)

| 최일남 |

60. 다음 글에 대한 설명으로 가장 적절하지 않은 것은?

2016 경찰직 1차

정작 문제가 터진 건 손님들이 돌아가고 난 후였다. 아들은 민 노인을 하얗게 질린 얼굴로 다잡았다. 아버지는 왜 체면을 판판이 우그러뜨리느냐는 게 항변의 줄거리였다. 그 녀석들은 아버지의 북소리를 꼭 듣고 싶어서 청한 것이 아니라, 그 북을 통해 자기의 면목이나 위치를 빈정대기 위해서 그러는 것임을 왜 모르냐고, 민 노인의 괜찮은 기분을 구석으로 떠밀어 조각을 내었다. 아들 옆에서 입을 꼭 다물고 있는 며느리는, 차라리 더 많은 힐난을 내쏘고 있음을 민 노인은 모르지 않았다. 아들 내외는 요컨대 아버지가 그냥 보통 노인네로 머물러 있기를 바랐다.

〈중략〉

"다음 주 토요일 오후, 우리 서클 아이들이 봉산탈춤 발표회를 갖기로 했거든요. 학교 축제의 하나예요."

"그런데?"

민 노인의 물음에는, 그것과 나와 무슨 상관이냐는 뜻이 포함되어 있었다.

"할아버지께서 북장단을 맡아 주셨으면 하구요."

"뭐라구? 그건 나와 번지수가 달라. 해 본 적도 없구."

"한두 번만 맞춰 보시면 될 건데요."

"연습까지 하고? 아서라. 더구나 늬 애비가 알면 큰일난다."

"염려 마세요. 저하고 비밀만 지키면 되잖아요. 애들한테도 다 말해 놨구, 지도 교수의 허락도 받았다구요."

"임마, 그건 너희들끼리 해도 되잖아. 나까지 끌어내지 않아도."

"누가 그걸 모르나요. 자리를 더 좀 빛내 보자 이겁니다."

"나는 무대나 안방에만 앉아 봤지, 넓은 마당에서는 북을 쳐 본 경험이 없어."

"그게 그거 아닙니까. 말을 안 꺼냈다면 몰라도, 이제 와서 제 체면도 좀 봐 주셔야죠."

"이 녀석들 보게. 애비는 애비대로 내 북 때문에 제 체면이 깎인다는 판에, 자식은 또 북으로 체면을 세워 달라니 무슨 조홧속인지 어지럽다."

"아버지와 저와는 생각이 다르니까요."

"그 말도 못 알아듣겠다."

"설명하자면 길구요. 이번 일은 꼭 좀 해 주셔야겠습니다. 이런 말씀드리기는 뭣하지만, 제딴에는 모처럼 할아버지께서 신바람 내실 기회를 드리자는 의미도 있습니다."

"얼씨구. 이 녀석 봐라."

① 손자 '성규'는 자신의 입장을 내세워 협조를 부탁하고 있다.

② '민 노인'의 아들은 '민 노인'과의 관계보다 자신의 체면을 중시한다.

③ '민 노인'은 아들과 며느리가 자신을 탐탁지 않게 여기는 것을 알고 있다.

④ 손자 '성규'는 일이 끝난 후 받게 될 혜택을 제시하며 '민 노인'을 설득하고 있다.

작품 정리 **최일남, 〈흐르는 북〉**

• 갈래 : 단편 소설, 가족사 소설
• 성격 : 사실적, 비판적
• 배경
  ① 시간 : 1980년대
  ② 공간 : 서울의 한 아파트, 대학교
• 시점 : 전지적 작가 시점
• 주제 : 세대간 갈등과 그 극복(예술과 삶에 대한 인식의 차이)
• 특징
  ① '북'이라는 중심 소재로 세대 간 갈등 양상을 보여 줌.
  ② 갈등 해소를 제시하지 않아 여운을 줌.
• 줄거리 : 예술인이었던 민 노인은 성공한 아들의 집에 얹혀산다. 하지만 아들이 반대하여 북을 치지 못한다. 민 노인은 손자 성규에게서 탈춤 발표회 때 북을 쳐 달라는 부탁을 받고, 연습 후에 공연에 참여한다. 민 노인은 탈춤 공연 도중에 신명과 감동을 느낀다. 하지만 아들 내외는 이러한 민 노인을 탓하고 성규는 아버지와 갈등한다. 얼마 후 민 노인은 성규가 데모로 잡혔다는 소식을 듣고 성규의 데모가 자신과 관련이 있다고 생각하며 북을 친다.
• 출전 : 《문학사상》(1986)

| 최명희 |

61. 다음 글에 대한 설명으로 가장 적절한 것은?

2014 지방직 7급

> 진주, 산호, 비취, 청옥, 백옥, 밀화의 구슬들이 일룽거리는 촛불 빛을 받아 오색의 빛을 찬연하게 뿜는다.
>
> 금방이라도 좌르르 소리를 내며 쏟아질 것처럼 소담한 구슬 무더기가 꽃밭이라도 되는가. 실낱같이 가냘픈 가지 끝에서 청강석나비가 날개를 하염없이 떨고 있다.
>
> 큰 비녀를 감으며 양 어깨 위로 드리워져 가슴으로 흘러내린 고운 검자주 비단 앞 댕기도 보이지 않게 떨리고 있다.
>
> 앞 댕기에 물려진 금박과 진주, 산호 구슬들이 파르르 빛을 떤다.
>
> 마당을 가득 채우며 넘치던 웃음소리, 부산한 발자국 소리, 그리고 사랑에서 간간이 터지던 홍소의 소리들도 이제는 잠잠하다.
>
> 온 집안을 뒤덮던 음식 냄새조차도 싸늘한 밤공기에 씻기운 듯 어느 결에 차갑게 가라앉아 있다.
>
> 점봉이네가 부엌 바라지를 걸어 잠그는 삐이거억 소리가 난 것도 벌써 한참 전의 일이다.
>
> 밤이 깊을 대로 깊은 모양이다.
>
> 그러나 방 안의 두 사람은 아직도 말이 없다.
>
> — 최명희, 〈혼불〉

① 여주인공의 당당함을 드러내기 위해 사물들을 구체적으로 묘사하고 있다.
② 서사 시간의 흐름을 지연하는 서술자의 감정 이입이 강하게 나타나 있다.
③ 서술자가 관찰한 사실을 감각적으로 묘사하면서 담담하게 서술하고 있다.
④ 간결한 문체를 사용하여 서사 정보를 보다 명확하게 보여 준다.

작품 정리 최명희, 〈혼불〉

- 갈래 : 장편 소설, 대하 소설, 가족사 소설
- 성격 : 전통적, 묘사적
- 배경
  ① 시간 : 일제 강점기인 1930년대
  ② 공간 : 전라도 남원의 매안 마을
- 시점 : 전지적 작가 시점
- 주제 : 가문을 지키는 여인들의 삶을 통해 드러나는 우리 민족의 얼과 혼
- 줄거리 : 이씨 문중의 종부(宗婦) 청암 부인은 양반촌인 매안 마을의 실질적인 지배자이다. 그녀는 열아홉에 과부가 되어 조카 이기채를 양자로 맞고 몰락한 이씨 문중을 일으킨다. 이기채의 아들 강모는 사촌 여동생 강실을 좋아한다. 하지만 결국 연상인 허효원과 결혼한다. 강모는 징병을 피해 만주로 옮기고 청암 부인은 병으로 죽는다. 거멍굴의 상민들은 노예로 굴렀던 한을 풀려고 한다. 상민 충복은 이에 강실을 범한다. 강실은 결국 자살 시도를 하지만 실패해 춘복의 아이를 임신한다. 몰락되는 가문이지만 강모는 감감무소식이어서 효원은 강모 없이 아이를 낳는다. 이에 효원이 청암 부인 이후로 가문을 지켜야 했다.
- 출전 : 《혼불》(2001)

| 성석제 |

62. 다음 글에 대한 설명으로 가장 적절한 것은?

2016 교육행정직 7급

황만근의 어머니와 아들, 조손은 입맛이 까다로워 비린 반찬이 없으면 먹지를 않는가 하면 비린 반찬이 있으면 밥상머리에서 돌아앉았다. 한 끼에 두 번 상을 차리는 일이 예사였다. 어머니 한 상, 아들 한 상이었고 본인은 상이 없이 먹었다. 황만근은 하루 일이 끝나면 반드시 경운기에 고기를 매달고 집으로 돌아왔다. 일을 하는 동안 논 주변에서 잡은 붕어나 메기, 미꾸라지, 혹은 메뚜기, 방아깨비라도 짚에 꿰어 들어왔다. 동네에서 이따금 잡는 소나 돼지, 개, 닭, 오리, 토끼 같은 가축 모두 숨을 끊는 것에서부터 내장을 손질하고 뼈에서 살을 발라내는 포정(庖丁)의 업(業)에는 황만근이 반드시 필요했다. 스스로의 필요에 의해 오래도록 자주 하다 보니 어느새 전문가가 된 것이었다. 그는 그런 일을 해 주고 얻어 온 고기를 뜨고 굽고 찌고 데치고 삶고 끓이는 데도 이골이 났다. 어쩌다 그가 만든 음식에 숟가락을 대 본 사람은 이구동성으로 감탄을 하게 마련이었다. 그리고 나서는 남녀노소를 막론하고 "희한할세, 바보가." 하는 말을 덧붙이는 것을 잊지 않았다. 그는 만들어져 있는 조미료를 몰랐지만 재료가 가지고 있는 맛을 흠뻑 우려내어 조화를 시킬 줄 알았다.

황만근은 또한 책에 나오는 예(禮)는 몰라도 염습과 산역(山役)같이 남이 꺼리는 일에는 누구보다 앞장을 섰고 동네 사람들도 서슴없이 그에게 그런 일을 맡겼다. 똥구덩이를 파고 우리를 짓고 벽돌을 찍는 일 또한 황만근이 동네 사람 누구보다 많이 했다. 마을 길 풀 깎기, 도랑 청소, 공동 우물 청소……. 용왕제에 쓸 돼지를 산채로 묶어서 내다가 싫다고 요동질하는 돼지에게 때때옷을 입히는, 세계적으로 유례가 드문 일에는 그가 최고의 전문가였다. 동네의 일, 남의 일, 궂은일에는 언제나 그가 있었다. 그런 일에 대한 대가는 없거나(동네일인 경우), 반값이거나(다른 사람의 농사일을 하는 경우), 제값이면(경운기와 함께하는 경우) 공치사가 따랐다.

"반근아, 너는 우리 동네 아이고 어데 인정 없는 대처 읍내 같은 데 갔으마 진작에 굶어 죽어도 죽었다. 암만 바보라도 고마와할 줄 알아야 사람이다. 아나 어른이나 너한테는 다 고마운 사람인께 상 찡그리지 말고 인사 잘하고 다니라. 아이?"

황만근은 황재석 씨의 이런 긴 사설을 들을 때조차 벙글거렸다. 일이 끝나면 굽신굽신 인사를 했다. 춤을 추듯이, 흥겹게.

　　　　　　　　　　　　　　　 － 성석제, 〈황만근은 이렇게 말했다〉

① 해학적인 진술에서 작가의 개성이 드러나고 있다.
② 고조되는 갈등을 전지적 시점에서 표현하고 있다.
③ 주인공은 농사, 도축, 염습 등 여러 분야에서 전문성을 지닌 장인으로 대우받고 있다.
④ 주인공을 대하는 동네 사람들의 태도에서 물질 만능주의에 대한 비판적 시각을 확인할 수 있다.

작품 정리　성석제, 〈황만근은 이렇게 말했다〉

- 갈래: 단편 소설, 농촌 소설
- 성격: 향토적, 해학적, 풍자적
- 배경
  ① 시간: 1997년
  ② 공간: '신대리'라는 농촌 마을
- 시점: 전지적 작가 시점
- 주제: 빚으로 얼룩진 농촌의 현실과 '황만근을 대하는 마을 사람들'을 통해 볼 수 있는 메말라가는 인정
- 특징
  ① 어수룩하고 우직한 인물을 대하는 현대인들을 통해 이기적인 세태를 풍자함.
  ② 주인공이 죽을 때까지를 보여주는 '전(傳)'의 양식을 창조적으로 재구성함.
- 줄거리: 황만근이 실종됐다. 그러한 소식에 마을 사람들이 황만근의 집으로 왔다. 하지만 민 씨만 그를 진심으로 걱정하고 다른 사람들은 신경 쓰지 않는다. 황만근은 어려서부터 말투가 바보 같고 행동이 엉뚱해서 마을 사람들에게 놀림을 받았다. 하지만 실제로 황만근은 누구보다도 성실하고 인정이 많았다. 그는 어머니와 아들을 최선을 다해 돌보며 마을의 온갖 궂은일도 도맡아 한다. 이장은 농민 궐기 대회를 앞둔 전날 밤 황만근에게 군청까지 경운기를 타고 참가해 달라는 무리한 부탁을 한다. 황만근은 민 씨와 술을 마시며 큰돈을 벌기 위해 무리해서 농사를 짓고 그러다 빚을 내는 이웃들의 태도를 비판한다. 그러고는 민 씨가 자는 동안 경운기를 몰고 군청으로 떠났지만 그 후로 돌아오지 않은 것이다. 결국 황만근은 죽었음이 밝혀졌다. 경운기를 몰고 돌아오는 길에 사고를 당했다고 한다. 민 씨는 바보 같았지만 따뜻한 삶을 살았던 황만근을 긍정적으로 평가한 묘지명을 쓴다.
- 출전: 《동서문학》

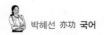

희곡 : 연극의 대본, 시나리오 : 영화의 대본

63. 다음 글에 대한 설명으로 옳지 않은 것은?

2019 국가직 9급

> 해설자 : (관객들에게 무대와 등장인물을 설명한다.)
> 이곳은 황야입니다. 이리 떼의 내습을 알리
> 는 망루가 세워져 있죠. 드높이 솟은 이 망
> 루는 하늘로 둘러싸여 있습니다. 하늘은 연
> 극의 진행에 따라 황혼, 초승달이 뜬 밤, 그
> 리고 아침으로 변할 겁니다. 저기 위를 바라
> 보십시오. 파수꾼이 앉아 있습니다. 높은 곳
> 에서 하늘을 등지고 있기 때문에 그는 언제
> 나 시커면 그림자로만 보입니다. 그는 내가
> 태어나기 전부터 파수꾼이었습니다. 나의
> 늙으신 아버지께서도 어린 시절에 저 유명
> 한 파수꾼의 이야기를 들으셨다 합니다.
>
> — 이강백, <파수꾼>

① 공간적 배경은 망루가 세워져 있는 황야이다.
② 시간적 배경은 연극의 진행에 따라 변한다.
③ 해설자는 무대 위의 아버지를 소개한다.
④ 파수꾼의 얼굴은 분명하게 알 수 없다.

64. 밑줄 친 ㉠~㉤에 대한 설명으로 옳지 않은 것은?

2019 국회직 8급

> 촌장 : 이것, 네가 보낸 거니?
> 다 : 네, 촌장님.
> 촌장 : 나를 이곳에 오도록 해서 고맙다. 한 가지 유감
> 스러운 건, 이 ㉠편지를 가져온 운반인이 도중
> 에서 읽어 본 모양이더라. '이리 떼는 없고, ㉡
> 흰 구름뿐.' 그 수다쟁이가 사람들에게 떠벌리
> 고 있단다. 조금 후엔 모두들 이곳으로 몰려올
> 거야. 물론 네 탓은 아니다. 몰려오는 사람들
> 은, 말하자면 불청객이지. 더구나 그들은 화가
> 나서 도끼라든가 망치를 들고 올 거다.
> 다 : 도끼와 망치는 왜 들고 와요?

> 촌장 : 망루를 부수려고 그러겠지. 그 성난 사람들만
> 오지 않는다면 난 너하구 ㉢딸기라도 따러
> 가고 싶다. 난 어디에 딸기가 많은지 알고 있
> 거든. 이리 떼를 주의하라는 ㉣팻말 밑엔 으
> 레히 잘 익은 딸기가 가득하단다.
> 다 : 촌장님은 이리가 무섭지 않으세요?
> 촌장 : 없는 걸 왜 무서워하겠냐?
> 다 : 촌장님도 아시는군요?
> 촌장 : 난 알고 있지.
> 다 : 아셨으면서 왜 숨기셨죠? 모든 사람들에게,
> 저 ㉤덫을 보러 간 파수꾼에게, 왜 말하지 않
> 는 거예요?
>
> — 중략 —
>
> 촌장 : 얘야, 이리 떼는 처음부터 없었다. 없는 걸 좀
> 두려워한다는 것이 뭐가 그렇게 나쁘다는 거
> 냐? 지금까지 단 한 사람도 이리에게 물리지
> 않았단다. 마을은 늘 안전했어. 그리고 사람들
> 은 이리 떼에 대항하기 위해서 단결했어. 그
> 들은 질서를 만든 거야. 질서, 그게 뭔지 넌 알
> 기나 하니? 모를 거야, 너는. 그건 마을을 지
> 켜 주는 거란다. 물론 저 충직한 파수꾼에겐
> 미안해. 수천 개의 쓸모없는 덫들을 보살피고
> 양철 북을 요란하게 두들겼다. 허나 말이다,
> 그의 일생이 그저 헛되다고만 할 순 없어. 그
> 는 모든 사람들을 위해 고귀하게 희생한 거야.
> 난 네가 이러한 것들을 이해해 주기 바란다.
> 만약 네가 새벽에 보았다는 구름만을 고집한
> 다면, 이런 것들은 모두 허사가 된다. 저 파수
> 꾼은 늙도록 헛북이나 친 것이 되구, 마을의 질
> 서는 무너져 버린다. 얘야, 넌 이렇게 모든 걸
> 헛되게 하고 싶진 않겠지?

① ㉠: 촌장이 황야로 오게 된 계기
② ㉡: 진실, 이리 떼의 실체
③ ㉢: 진실을 왜곡하여 얻은 부정한 대가
④ ㉣: 사람들에게 진실을 알리는 단서
⑤ ㉤: 공포를 조장하기 위해 만들어 낸 장치

작품 정리 | **이강백, 〈파수꾼〉**

- 갈래 : 단막극, 풍자극
- 성격 : 풍자적, 교훈적, 상징적, 우화적
- 배경
  ① 시간 : 근대
  ② 공간 : 황야에 있는 망루
- 주제 : 1970년대 권력의 위선과 허위를 폭로
- 특징
  ① 이솝 이야기를 바탕으로 현실을 우의적으로 그림.
  ② 상징성이 강한 인물과 소재를 사용함.
- 줄거리 : 1970년대의 정치 상황은 공포감을 앞세워 개인의 자유를 침해하던 시기였다. 그 당시의 상황을 공포감으로 마을을 통제하는 촌장의 행동에 비유했다. 이 작품에서 파수꾼 가와 나는 '이리 떼가 몰려온다.'라고 거짓을 외친다. 파수꾼 다는 진실을 밝히고자 했지만 결국 촌장의 회유에 빠져 양철 북을 두드린다. 결국 무너지는 파수꾼 다의 모습을 통해 독자는 연민과 분노를 느낀다.
- 출전 : 《현대 문학》(1974)

※ 다음 글을 읽고 물음에 답하시오.

명서	처음, 그 애에게서 물건이 온 게로구먼.
명서	뭘까?
명서 처	세상에 귀신은 못 속이는 게지! 오늘 아침부터 이상한 생각이 들더니, 이것이 올려구 그랬던가 봐. 당신은 우환이니 뭐니 해도……
명서	(소포의 발송인의 이름을 보고) 하아 하! 이건 네 오래비가 아니라 삼조(三祚)가……
명서 처	아니, 삼조가 뭣을 보냈을까? 입때 한 마디 소식 두 없던 애가…… (소포를 끌러서 궤짝을 떼어 보고)
금녀	(깜짝 놀라) 어마나!
명서 처	(자기의 눈을 의심하듯이) 대체 이게…… 이게? 에그머니, 맙소사! 이게 웬 일이냐?
명서	(되려 멍청해지며, 궤짝에 쓰인 글자를 읽으며) 최명수의 백골.
금녀	오빠의?
명서 처	그럼, 신문에 난 게 역시! 아아, 이 일이 웬 일이냐? 명수야! 네가 왜 이 모양으로 돌아왔느냐? (백골 상자를 꽉 안는다.)
금녀	오빠!

명서	나는 여태 개 돼지같이 살아 오문서, 한 마디 불평두 입밖에 내지 않구 꾸벅꾸벅 일만 해 준 사람이여. 무엇 때문에, 무엇 때문에 내 자식을 이 지경을 맨들어 보내느냐? 응, 이 육실헐 눔들! (일어서려고 애쓴다.)
금녀	(눈물을 씻으며) 아버지! (하고 붙든다.)
명서	놓아라, 명수는 어디루 갔니? 다 기울어진 이 집을 뉘게 남겨 두구 이눔은 어딜?
금녀	아버지! 아버지!
명서	(궤짝을 들고 비틀거리며) 이눔들아, 왜 뼉다구만 내게 갖다 맽기느냐? 내 자식을 죽인 눔이 이걸마저 처치해라! (세진하여 쓰러진다. 궤짝에서 백골이 쏟아진다. 받은 기침, 한동안)
명서 처	(흩어진 백골을 주우며) 명수야, 내 자식아! 이 토막에서 자란 너는 백골이나마 우리를 찾아 왔다. ㉠인제는 나는 너를 기다려서 애태울 것두 없구, 동지 섣달 기나긴 밤을 울어 새우지 않아두 좋다! 명수야, 이제 너는 내 품 안에 돌아왔다.
명서	… 아아, 보기 싫다! 도루 가져가래라!
금녀	아버지, 서러 마세유. 서러워 마시구 이대루 꾹 참구 살아 가세유. 네, 아버지! 결코 오빠는 우릴 저버리진 않을 거예유. 죽은 혼이라도 살아 있어, 우릴 꼭 돌봐 줄 거예유. 그 때까지 우린 꾹 참구 살아 가세요. 예, 아버지!
명서	… 아아, 보기 싫다! 도루 가지구 가래라! (금녀의 어머니는 백골을 안치하여 놓고, 열심히 무어라고 중얼거리며 합장한다. 바람소리 적막을 찢는다.)

– 유치진, 〈토막〉

65. 윗글에 대한 설명으로 알맞지 않은 것은?

2010 법원직 9급

① 이 글은 대사와 행동이 중심이 되는 희곡에 해당한다.
② 실제로 무대에 등장하지 않는, 부재적(不在的) 주인공(명수)의 백골을 통해 주제를 상징하고 있다.
③ 등장인물 중 금녀는 미래지향적이고 의지적인 성향을 보이고 있다.
④ 결말부에 제시된 바람소리는 갈등의 해소를 암시하는 효과음이다.

66. 명서 처의 대사 ㉠과 표현이나 발상이 가장 유사한 것은?

2010 법원직 9급

① 나 보기가 역겨워 / 가실 때에는 / 죽어도 아니 눈물 흘리오리다.

② 그리운 그의 얼굴 다시 찾을 수 없어도 / 화사한 그의 꽃 / 산에 언덕에 피어날지어이.

③ 낙엽은 폴란드 망명 정부의 지폐 / 포화(砲火)에 이 지러진 / 도룬 시의 가을 하늘을 생각케 한다.

④ 아아, 님은 갔지마는 나는 님을 보내지 아니하였습니다. / 제 곡조를 못 이기는 사랑의 노래는 님의 침묵을 휩싸고 돕니다.

수필

67. 다음 글에 대한 설명으로 옳지 않은 것은?

2016 사회복지직 9급

> 내가 어려서 최초로 대면한 중국 음식이 자장면이고 (자장면이 정말 중국의 전통적인 음식인지 어떤지는 따지지 말자.), 내가 맨 처음 가 본 내 고향의 중국집이 그런 집이고, 이따금 흑설탕을 한 봉지씩 싸 주며 "이거 먹어해, 헤헤헤." 하던 그 집주인이 그런 사람이어서, 나는 중국 음식이라면 우선 자장면을 생각했고 중국집이나 중국 사람은 다 그런 줄로만 알고 컸다.
>
> …(중략)…
>
> 그러나 적어도 우리 동네와 내 직장 근처에만은 좁고 깨끗지 못한 중국집과 내 어리던 날의 그 장궤(掌櫃) 같은 뚱뚱한 주인이 오래오래 몇만 남아 있었으면 한다.
>
> — 정진권, 〈자장면〉

① 일상적인 소재를 통해 추억을 회상하고 있다.

② 기억을 중심으로 편안하게 경험을 서술하고 있다.

③ 대상의 소박함과 정겨움을 중심으로 서술하고 있다.

④ 대상을 의인화하여 바람직한 삶의 자세를 이끌어 내고 있다.

작품 정리 유치진, 〈토막〉

- 갈래 : 장막극, 비극, 사실주의 극
- 성격 : 비판적, 현실 고발적, 사실적
- 배경
  ① 시간 : 1920년대
  ② 공간 : 어느 가난한 농촌
- 제재 : 일제 강점기 한국 농촌의 현실과 비참한 삶
- 주제 : 일제의 가혹한 억압과 수탈의 참상 고발
- 특징
  ① 사실주의 희곡의 전형임.
  ② 상징적인 배경을 설정함.
- 줄거리 : 가난한 농부인 명서네 가족은 일본으로 돈을 벌러 간 아들 명수가 많은 돈을 부쳐 보내 주리라는 희망을 갖고 있다. 명수가 독립운동을 하다 투옥되었다는 소식에 희망은 사라지고, 명서의 처는 정신 이상 증세를 일으킨다. 명서네의 궁핍은 더욱 심해지고, 명서의 처는 아들 명수가 종신 징역을 살지도 모른다는 말에 거의 실성 상태에 이르게 된다. 명서네 가족은 명수의 백골이 담긴 소포를 받게 되어 오열하고, 금녀가 부모를 위로하면서 막이 내린다.
- 출전 : 《문예 월간》(1931∼1932)

작품 정리 정진권, 〈자장면〉

- 갈래 : 경수필
- 성격 : 회고적, 서정적
- 제재 : 자장면
- 주제 : 따뜻한 인간미가 사라져 가는 현대 사회에 대한 안타까움.
- 특징
  ① '자장면'이라는 일상적인 소재로 추억을 회상함.
  ② 독자와 대화하는 것처럼 서술함.
- 출전 : 《자장면》(1965)

68. 다음 밑줄 친 ㉠이 ㉡에 대해 느낀 감정으로 볼 수 없는 것은?

2016 국회직 9급

오늘따라 ㉠나 혼자 집에 남아 있기가 싫어 남편과 함께 대학으로 놀러 나가는 길이었소. 집에서 대학까지 5리는 착실히 되건만 그 늙고 어수룩한 ㉡인력거꾼은 에누리도 없이 10전을 불렀소. 북경처럼 인력거 많고 북경처럼 인력거 삯이 싼 데가 세계에 둘도 없을 게요.

이 늙은 인력거꾼은 큰길까지 채 나가기도 전부터 기침에 가슴이 메어 뛰지를 못하는 것이었소. 내 인력거가 늦어지는 까닭에 남편의 교수 시간이 늦을까 봐 마음이 조마조마해 나는 "부싱(不行)"이라고 골을 내고는 인력거를 멈추고 다른 젊고 튼튼한 인력거꾼을 골라 탔소.

그 늙은이는 아무 대꾸도 없이 내가 주는 동전 세 닢을 — 세 닢이래야 겨우 1전밖에 안 되는 것을 — 받고서는 그도 싫단 말도 없이 그 젊은 인력거꾼을 부러운 듯이 바라보며 비실비실 길가로 가서 앉는 것이었소.

(중략)

지금쯤 이 찬 밤에 어느 담 모퉁이에서 그 늙고 마른 다리를 주무르며 기침에 목이 메어 있는지! 아니 영영 내 마음의 빚은 갚지도 못한 채 이 밤 안으로 세상을 떠날지도 모르오.

밤이 지나고 아침이 오면 이 밤에 이렇게 마음 쓰려 하는 것도 다 잊고 또다시 그 굶주리는 인력거꾼들에게 단돈 한 닢이라도 깎아 주려고 또다시 나는 인색을 부리고 살진 친구들을 위해서는 오히려 자진해서 내 주머니를 풀 것이오.

이것도 세상 살아가는 모순 중의 하나인가 보오.

① 인력거꾼이 인력거 삯을 싸게 불러 만족스럽다.
② 인력거꾼을 다시 만날까 봐 불안하다.
③ 인력거꾼에게 야박하게 대접해 미안하다.
④ 인력거꾼의 건강이 악화될까 걱정된다.
⑤ 인력거꾼이 인력거를 못 끌어서 짜증이 난다.

69 밑줄 친 바와 같이 말한 이유를 적절히 추리한 것은?

2014 사회복지직 9급

환공이 당상(堂上)에 앉아 글을 읽노라니 정하(庭下)에서 수레를 짜던 늙은 목수가 톱질을 멈추고, "읽으시는 책이 무슨 책이오니까?" 물었다.

환공 대답하기를, "옛 성인의 책이라." 하니, "그럼 대감께서 읽으시는 책도 역시 옛날 어른들의 찌꺼기올시다그려." 한다. 공인(工人)의 말투로 너무 무엄하여 환공이 노기를 띠고, "그게 무슨 말인가? 성인의 책을 찌꺼기라 하니 찌꺼기 된 연유를 들어야지, 그렇지 못하면 살려 두지 않으리라." 하였다. 늙은 목수 자약(自若)하여 아래와 같이 아뢰었다 한다.

"저는 목수라 치목(治木)하는 예를 들어 아뢰오리다. 톱질을 해보더라도 느리게 당기면 엇먹고 급하게 당기면 톱이 박혀 내려가질 않습니다. 그래 너무 느리지도, 너무 급하지도 않게 당기는 데 묘리(妙理)가 있습니다만, 그건 손이 익고 마음에 통해서 저만 알고 그렇게 할 뿐이지 말로 형용해 남에게 그대로 시킬 수는 없습니다. 아마 옛적 어른들께서도 정말 전해 주고 싶은 것은 모두 이러해서 품은 채 죽은 줄 아옵니다. 그렇다면 지금 대감께서 읽으시는 책도 옛사람의 찌꺼기쯤으로 불러 과언이 아닐까 하옵니다."

환공이 물론 턱을 끄덕였으리라 믿거니와 설화(說話)나 문장이나 그것들이 한 묘(妙)의 경지(境地)의 것을 발표하는 기구(器具)로는 너무 무능한 것임을 요새 와 점점 절실하게 느끼는 바다. 선승(禪僧)들의 불립문자설(不立文字說)에 더욱 일깨워짐이 있다.

— 이태준, <일분어(一分語)>

① 실천하지 않는 지식은 죽은 지식이나 마찬가지이기 때문이다.
② 인간의 생각이나 느낌을 언어로 표현하는 데는 한계가 있기 때문이다.
③ 현재의 상황이 중요할 뿐 지나간 과거의 일은 무의미한 것이기 때문이다.
④ 인간의 육체적 노동은 진실된 것이지만 정신적 노동은 그렇지 않기 때문이다.

작품 정리 이태준 <일분어>

- 갈래 : 수필
- 주제 : 말과 문자의 본질적 한계
- 해제 : 이 작품은 1930년대 중후반에 창작된 수필이다. 말이나 문자가 갖는 본질적 한계에 대한 깨달음을 드러내고 있으며 십분심사 일분어의 의미에서 시작하여 생각을 말로 다 하지 못하는 경우가 많다는 한계에 관한 인식을 드러낸다. 또한 이조 제기의 좋은 느낌을 제대로 표현하지 못한다는 자신의 경험을 말한 후 제환공과 노목수의 고사를 떠올리고 불립문자설에 대한 깨달음을 드러내고 있다.

정답 및 해설 p. 360

2022

01. 다음 글에 대한 이해로 적절하지 않은 것은?

2022 국가직 9급

정거장에 나온 박은 수염도 깎은 지 오래어 터부룩한 데다 버릇처럼 자주 찡그려지는 비웃는 웃음은 전에 못 보던 표정이었다. 그 다니는 학교에서만 지싯지싯※ 붙어 있는 것이 아니라 이 시대 전체에서 긴치 않게 여기는, 지싯지싯 붙어 있는 존재 같았다. 현은 박의 그런 지싯지싯함에서 선뜻 자기를 느끼고 또 자기의 작품들을 느끼고 그만 더 울고 싶게 괴로워졌다.

한참이나 붙들고 섰던 손목을 놓고, 그들은 우선 대합실로 들어왔다. 할 말은 많은 듯하면서도 지껄여 보고 싶은 말은 골라낼 수가 없었다. 이내 다시 일어나 현은,

"나 좀 혼자 걸어 보구 싶네."

하였다. 그래서 박은 저녁에 김을 만나 가지고 대동강가에 있는 동일관이란 요정으로 나오기로 하고 현만이 모란봉으로 온 것이다.

오면서 자동차에서 시가도 가끔 내다보았다. 전에 본 기억이 없는 새 빌딩들이 꽤 많이 늘어섰다. 그중에 한 가지 인상이 깊은 것은 어느 큰 거리 한 뿌다귀*에 벽돌 공장도 아닐 테요 감옥도 아닐 터인데 시뻘건 벽돌만으로, 무슨 큰 분묘와 같이 된 건축이 웅크리고 있는 것이다. 현은 운전사에게 물어보니, 경찰서라고 했다.

— 이태준, <패강랭>

* 지싯지싯: 남이 싫어하는지는 아랑곳하지 아니하고 제가 좋아하는 것만 짓궂게 자꾸 요구하는 모양
* 뿌다귀: '뿌다구니'의 준말로, 쑥 내밀어 구부러지거나 꺾어져 돌아간 자리

① '현'은 예전과 달라진 '박'의 태도가 자신의 작품 때문이라고 생각하고 있다.

② '현'은 자신과 비슷한 처지에 있는 '박'을 통해 자신을 연민하고 있다.

③ '현'은 새 빌딩들을 보고 도시가 많이 변화하고 있음을 인지하고 있다.

④ '현'은 시뻘건 벽돌로 만든 경찰서를 보고 암울한 분위기를 느끼고 있다.

작품 정리 **이태준 <패강랭>**

• 갈래 : 단편 소설
• 성격 : 현실 비판적, 서정적
• 배경
  ① 시간 : 1930년대
  ② 공간 : 평양
• 시점 : 전지적 작가 시점
• 주제 : 일제에 의해 말살되어 가는 전통에 대한 애정과 민족의식
• 특징
  ① 일제 강점기의 참혹함을 담담한 문체로 드러냄
  ② 인물들 간의 대화를 사실적으로 묘사하여 현장감을 드러냄.
• 줄거리 : '현'은 친구이자 고등 보통학교 조선어 교사인 '박'이 조선어 축소 정책으로 학교에서 설 자리를 잃어간다는 편지를 받는다. '현'은 슬퍼 보이는 자연 풍경에 쓸쓸함을 느끼고 몰라보게 달라진 평양 시가지의 모습과 여인들의 머릿수건이 사라진 현실을 보고 슬퍼한다. 그는 통일관에서 친구 '박'과 '김'을 만나고 오래전에 인연이 있었던 기생 '영월'도 만난다. '현'과 '김'은 여인들의 머릿수건에 대하여 언쟁을 벌이고, '박'은 영월의 노래를 듣고 눈물을 글썽이면서 노래를 이어받아서 부른다. '김'은 기생들과 서양 춤을 추는데 '현'은 그런 '김'을 못마땅해한다. 실속을 찾으라는 '김'에게 '현'은 컵을 던지며 화를 낸다. '현'은 고요한 대동강의 밤 강물을 바라보며 슬픔에 젖는다.

02. 다음 글에 대한 감상으로 적절하지 않은 것은?

2022 지방직 9급

"같이 가시지. 내 보기엔 좋은 여자 같군."

"그런 거 같아요."

"또 알우? 인연이 닿아서 말뚝 박구 살게 될지. 이런 때 아주 뜨내기 신셀 청산해야지."

영달이는 시무룩해져서 역사 밖을 멍하니 내다보았다. 백화는 뭔가 쑤군대고 있는 두 사내를 불안한 듯이 지켜보고 있었다. 영달이가 말했다.

"어디 능력이 있어야죠."

"삼포엘 같이 가실라우?"

"어쨌든……."

영달이가 뒷주머니에서 꼬깃꼬깃한 오백 원짜리 두 장을 꺼냈다.

"저 여잘 보냅시다."

영달이는 표를 사고 삼립빵 두 개와 찐 달걀을 샀다. 백화에게 그는 말했다.

"우린 뒤차를 탈 텐데……. 잘 가슈."

영달이가 내민 것들을 받아 쥔 백화의 눈이 붉게 충혈되었다. 그 여자는 더듬거리며 물었다.

"아무도…… 안 가나요?"

"우린 삼포루 갑니다. 거긴 내 고향이오."

영달이 대신 정 씨가 말했다. 사람들이 개찰구로 나가고 있었다. 백화가 보퉁이를 들고 일어섰다.

"정말, 잊어버리지…… 않을게요."

백화는 개찰구로 가다가 다시 돌아왔다. 돌아온 백화는 눈이 젖은 채로 웃고 있었다.

"내 이름 백화가 아니에요. 본명은요…… 이점례예요."

여자는 개찰구로 뛰어나갔다. 잠시 후에 기차가 떠났다.

— 황석영, 〈삼포 가는 길〉

① 정 씨는 영달이 백화와 함께 떠날 것을 권유했군.

② 백화는 영달의 선택이 어떤 것일지 몰라 불안했군.

③ 영달은 백화를 신뢰할 수 없었기 때문에 같이 떠나지 않았군.

④ 백화가 자신의 본명을 말한 것은 정 씨와 영달에 대한 고마움의 표현이었군.

작품 정리 | 황석영, 〈삼포 가는 길〉

앞에 수록됨(p. 132)

---

03. 다음 글에 대한 이해로 적절하지 않은 것은?

2022 지방직 7급

"공부를 많이 한 사람이 어째 해남 대흥사에 있나? 서울 조계사에 있어야지 ……." "에이, 대흥사도 대찰(大刹)이에요." "그래도 중들의 중앙청은 역시 조계사 아닌가?" "스님들에게 중앙청이 어디 있어요? 그거 싫다고 떠난 사람들인데." "그래서 가짜가 많다고 ……." "네?" "책은 많이 썼는가?" "책이라뇨?" "스님들이 책 많이 쓰지 않나, 요즘?" "에이, 지명 스님은 그런 거 안 써요." "그러면 테레비에는 나와?" "테레비에도 안 나와요. 지명 스님, 그런 거 할 사람이 아니에요." "그러면 라디오에는? 요새는 불교방송이라는 라디오 방송도 생겼다는데?" "나대는 스님이 아니라니까요." "에이, 그러면 공부 많이 한 스님이 아니야." "네?"

그는 내 인내를 시험해 보기로 작정했던 모양인가? 이유 없이 따귀를 한 대 맞은 느낌이었다.

… (중략) …

나는, 정말이지 가만히 있을 수가 없었다.

"이 세상에는 학생을 가르치는 교수도 있고, 더 잘 가르칠 수 있도록 그런 교수를 가르치는 교수도 있어요. 이 세상에는 중생을 제도하는 스님도 있고 더 잘 제도할 수 있도록 그런 스님을 가르치는 스님도 있어요. 텔레비전 시청자나 라디오 청취자에게 적합한 지식을 가진 사람도 있고, 텔레비전이나 라디오에 나갈 사람을 가르치는 사람도 있어요." "에이, 그것은 못 나간 사람들이 만들어 낸 변명이야."

— 이윤기, 〈숨은그림찾기1 – 직선과 곡선〉

① '나'의 입장에서 볼 때 '조계사'와 '대흥사'는 우열의 관계가 아니다.

② '나'의 입장에서 볼 때 '책'을 쓰는 것은 '공부 많이 한 스님'이 갖추어야 할 조건이다.

③ '그'의 입장에서 볼 때 '지명 스님'은 '못 나간 사람들'에 속한다.

④ '그'의 입장에서 볼 때 '중앙청'에 있는 스님들은 '중앙청'이 아닌 곳에 있는 스님들보다 '공부를 많이 한 사람'이다.

작품 정리 | 이윤기, 〈숨은그림찾기1 – 직선과 곡선〉

- **요약**: 가난한 문인인 '나'는 부유하지만 몰상식한 '하 사장'을 폄하하고 얕잡아 보다가 정작 비판받아야 할 사람이 자신임을 깨닫고 부끄러움을 느낀다.
- **갈래**: 현대소설, 중편소설
- **성격**: 교훈적, 비판적
- **시점**: 1인칭 주인공 시점
- **주제**: 타인에 대한 편견을 버리고 자신을 겸손하게 돌아보는 자세
- **특징**: ① 비판의 대상이 '하 사장'에서 '나'로 전환되며 편견에서 벗어나야 한다는 주제 의식을 드러냄
  ② 인간에 대한 편견(직선)과 인물의 숨겨진 면모(곡선)를 상징적 소재로 표현함

박혜선 국어
개념도 새기는 기출
문학&독해

02

고전 문학

정답 및 해설 p. 362

향가

01. '아ᅀᆞᄂᆞᆯ 엇디 ᄒᆞ릿고'에 담긴 서정적 자아의 정서로 알맞은 것은?

亦功 출제

東京明期月良	식불 ᄇᆞᆯ긔 ᄃᆞ래
夜入伊遊行如可	밤드리 노니다가
入良沙寢矣見昆	드러ᅀᅡ 자리 보곤
脚烏伊四是良羅	가ᄅᆞ리 네히어라
二兮隱吾下於叱古	둘흔 내 해엇고
二兮隱誰支下焉古	둘흔 뉘 해언고
本矣吾下是如馬於隱	本ᄃᆡ 내 해다마ᄅᆞᆫ
奪叱良乙何如爲理古	아ᅀᆞᄂᆞᆯ 엇디 ᄒᆞ릿고

— 처용, 〈처용가〉

① 회의
② 체념
③ 원망
④ 분노

02. 다음 작품에 대한 이해로 적절하지 않은 것은?

2022 지역인재 9급

흐느끼며 바라보매

이슬 밝힌 달이

흰 구름 따라 떠간 언저리에

모래 가른 물가에

기랑(耆郞)의 모습이올시 수풀이여.

일오(逸烏)내 자갈 벌에서

낭(郞)이 지니시던

마음의 갓을 좇고 있노라.

아아, 잣나무 가지가 높아

눈이라도 덮지 못할 고깔이여.

— 충담사, 〈찬기파랑가〉

① 기파랑의 부재로 인한 화자의 신세를 한탄하고 있다.
② 10구체 향가로서 내용상 세 부분으로 구성되어 있다.
③ 기파랑의 고매한 인품을 구체적인 자연물에 비유하고 있다.
④ 낙구의 감탄사를 통해 감정을 집약하면서 시상을 마무리하고 있다.

작품 정리 │ 처용, 〈처용가〉

- 갈래: 8구체 향가, 축사(逐邪)의 노래
- 성격: 주술적, 무가(巫歌)
- 시대: 신라 49대 헌강왕(9세기 후반)
- 제재: 역병을 일으키는 신
- 주제: 아내와 동침한 역신을 물러가게 함
- 어조: 체념과 관용의 어조
- 출전: 《삼국유사》 권 2 〈처용랑 망해사〉

작품 정리 │ 충담사 〈찬기파랑가〉

- 갈래: 10구체 향가
- 시대: 신라 경덕왕 때
- 제재: 기파랑의 인격
- 주제: 기파랑에 대한 예찬과 그를 따르고자 하는 마음
- 특징
  ① 기파랑의 인품을 자연물의 속성에 비유함.
  ② 선명한 색채 대비를 활용하여 주제 의식을 드러냄.
  ③ 기파랑을 추모하고 그리워하는 마음을 서정적으로 드러냄.
  ④ 고도의 비유와 상징을 활용하여 세련되게 표현함

03. 〈보기〉의 ㉠~㉣에 대한 설명으로 가장 옳지 않은 것은?

2021 서울시 9급

┌─(보기)──────────────┐

생사(生死) 길은

예 있으매 머뭇거리고,

나는 간다는 말도

못다 이르고 어찌 갑니까.

어느 가을 ㉠이른 바람에

이에 저에 떨어질 잎처럼,

㉡한 가지에 나고

가는 곳 모르온저.

㉢아아, ㉣미타찰(彌陀刹)에서 만날 나

도(道) 닦아 기다리겠노라.

　　　　　　　　– 월명사, 〈제망매가(祭亡妹歌)〉

└───────────────────┘

① ㉠은 예상보다 빠르게 닥쳐온 불행을 의미한다.

② ㉡은 친동기 관계라는 것을 의미한다.

③ ㉢은 다른 향가 작품에서는 찾기 어려운 생생한 표현 이다.

④ ㉣은 불교적 세계관을 보여준다.

고려시대

고려 가요

★**출좋포** 정리하기

┌──────────────────────────────┐

1. 고려 가요(장가(長歌), 속요(俗謠), 여요(麗謠))

(1) 개념

　　고려 시대 평민들이 부르던 민요적 정형시

(2) 특성

　① 전승 방법: 구전되다가 조선 시대에 궁중악으로 기록 되었다.

　② 향유 계층: 평민 계층이었기 때문에 미상이 많았다.

　③ 형식

　　– 3음보, 3·3·2조

　　– 분연체(이상곡 사모곡 등은 단연시로 예외)

　　– 후렴구(여음구, 조흥구, 감탄사):

　　　운율 형성(경쾌함),

　　　분연의 기능,

　　　작품의 통일성 부여,

　　　궁중 음악이었음의 증거

　④ 내용

　　– 남녀 간의 사랑과 이별(남녀상열지사로 삭제 당함)

　　– 자연 친화

　　– 삶의 고단함(지배층 비판)

└──────────────────────────────┘

┌──────┐
│작품 정리│ **월명사 〈제망매가(祭亡妹歌)〉**
└──────┘

• 갈래 : 10구체 향가

• 시대 : 신라 경덕왕 때

• 제재 : 누이의 죽음

• 주제 : 죽은 누이에 대한 추모

• 특징

　① 문학적 비유에 의한 시적 형상화가 탁월함.

　② 가장 정제되고 세련된 10구체 향가의 전형을 보여줌.

　③ 불교적 믿음으로 슬픔을 극복하는 태도가 드러남.

　④ 혈육의 죽음에서 느끼는 인간 운명의 허무함과 무상감 을 드러냄.

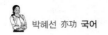

04. 밑줄 친 ㉠~㉤의 함축적 의미가 유사한 것으로 묶인 것은?

德으란 곰븨예 받줍고 福으란 림븨예 받줍고

德이여 福이라 호늘 나슥라 오소이다

아으 動動다리

正月ㅅ 나릿 므른 아으 어져 녹져 ᄒ논ᄃᆡ

누릿 가온ᄃᆡ 나곤 몸하 ᄒ올로 녈셔

아으 動動다리

二月ㅅ 보로매 아으 노피 현 ㉠燈ㅅ블 다호라

萬人 비취실 즈싀샷다

아으 動動다리

三月 나며 開ᄒᆞᆫ 아으 滿春 ᄃᆞᆯ욋고지여

ᄂᆞ미 브롤 즈슬 디녀 나샷다

아으 動動다리

四月 아니 니저 아으 오실셔 ㉡곳고리 새여

므슴다 錄事니믄 녯 나를 닛고신뎌

아으 動動다리

五月 五日애 아으 수릿날 아ᄎᆞᆷ 藥은

즈믄힐 長存ᄒ살 藥이라 받줍노이다

아으 動動다리

六月ㅅ 보로매 아으 별해 ᄇᆞ론 ㉢빗 다호라

도라보실 니믈 젹곰 좃니노이다

아으 動動다리

七月ㅅ 보로매 아으 百種 排ᄒᆞ야 두고

니믈 ᄒᆞᆫ ᄃᆡ 녀가져 願을 비숩노이다

아으 動動다리

八月ㅅ 보로ᄆᆞᆫ 아으 嘉俳나리마른

니믈 뫼셔 녀곤 오늘낤 嘉俳샷다

아으 動動다리

九月 九日애 아으 藥이라 먹논

黃花고지 안해 드니 새셔 가만ᄒᆞ애라

아으 動動다리

十月애 아으 져미연 ㉣ᄇᆞ롯 다호라

것거 ᄇᆞ리신 後에 디니실 ᄒᆞᆫ 부니 업스샷다

아으 動動다리

十一月ㅅ 봉당 자리예 아으 汗衫 두퍼 누워

슬홀ᄉᆞ라온뎌 고우닐 스싀옴 녈셔

아으 動動다리

十二月ㅅ 분디남ᄀᆞ로 갓곤 아으 나ᅀᆞᆯ 盤잇 져 다호라

니믜 알픠 드러 얼이노니 ㉤소니 가재다 므ᄅᆞᆸ노이다

아으 動動다리

① ㉠, ㉡ ② ㉠, ㉤
③ ㉡, ㉢ ④ ㉢, ㉣
⑤ ㉣, ㉤

작품 정리 | 고려가요 〈동동〉

- 갈래: 고려 속요, 고려가요
- 시대: 고려시대
- 제재: 열두 달의 특성과 세시 풍속
- 주제: 임에 대한 송축과 연모
- 성격: 민요적, 서정적
- 특징
  ① 임과 화자의 모습과 처지를 다양한 소재에 빗대어 표현함.
  ② 총 13연으로 첫 연(서사)과 나머지 12연의 정서가 이질적이며 각 연의 시상들이 일관적이지 않음.
  ③ 동일한 후렴구를 사용하여 연을 구분하고 운율감을 형성함.
  ④ 영탄법, 설의법, 직유법, 은유법을 사용하여 화자의 정서를 드러냄.
  ⑤ 세시 풍속에 따라 사랑의 감정을 감각적으로 드러냄.

05. 위 시의 화자가 지닌 정서나 태도와 가장 유사한 것은?

2017 국회직 8급

> 내 님믈 그리ᅀᄋ와 우니다니
>
> 山(산) 졉동새 난 이슷ᄒᆞ요이다
>
> 아니시며 거츠르신 ᄃᆞᆯ 아으
>
> 잔월효성(殘月曉星)이 아ᄅᆞ시리이다
>
> 넉시라도 님은 ᄒᆞᆫᄃᆡ 녀져라 아으
>
> 벼기더시니 뉘러시니잇가
>
> 과(過)도 허믈도 천만(千萬) 업소이다
>
> 물힛마리신뎌
>
> ᄉᆞᆯ읏븐뎌 아으
>
> 니미 나ᄅᆞᆯ ᄒᆞ마 니ᄌᆞ시니잇가
>
> 아소 님하 도람 드르샤 괴오쇼셔

① 추강(秋江)에 밤이 드니 물결이 차노매라
　낙시 드리치니 고기 아니 무노매라
　무심한 달빛만 싣고 빈 배 저어 오노라

② 내 일 망녕된 줄 나라하여 모를 손가
　이 마음 어리기도 님 위한 탓이로세
　아무가 아무리 일러도 임이 헤아리소서

③ 천만 리 머나먼 길에 고운님 여의읍고
　내 마음 둘 데 없어 냇가에 앉았으니
　저 물도 내 안 같아야 울어 밤길 예놋다.

④ 수양산(首陽山) 바라보며 이제(夷齊)를 한(恨)하노라
　주려 죽을진들 채미(採薇)도 하는 것가
　비록애 푸새엣것인들 긔 뉘 땅에 났다니

⑤ 흥망(興亡)이 유수(有數)하니 만월대(滿月臺)도 추초
　(秋草)로다
　오백 년 왕업이 목적(牧笛)에 부쳐시니
　석양에 지나는 객이 눈물계워 하노라

06. [가]와 [위 시]에 관한 설명으로 가장 적절하지 않은 것은?

2016 경찰 1차

> [위 시] 살어리 살어리랏다 청산(青山)애 살어리랏다.
> 멀위랑 ᄃᆞ래랑 먹고 청산(青山)애 살러리랏다.
> 얄리얄리 얄랑셩 얄라리 얄라
>
> 우러라 우러라 새여 자고 니러 우러라 새여.
> 널라와 시름 한 나도 자고 니러 우니로라.
> 얄리얄리 얄랑셩 얄라리 얄라
>
> 가던 새 가던 새 본다 믈 아래 가던 새 본다.
> 잉 무든 장글란 가지고 믈 아래 가던 새 본다.
> 얄리얄리 얄랑셩 얄라리 얄라
>
> 이링공 뎌링공 ᄒᆞ야 나즈란 디내와손뎌,
> 오리도 가리도 업슨 바므란 쏘 엇디 오리라.
> 얄리얄리 얄랑셩 얄라리 얄라
>
> [가] ᄃᆞᆯ하 노피곰 도ᄃᆞ샤
> 　　어긔야 머리곰 비취오시라
> 　　어긔야 어강됴리
> 　　아으 다롱디리
> 　　져재 녀러신고요
> 　　어긔야 즌 ᄃᆡ를 드ᄃᆡ욜셰라
> 　　어긔야 어강됴리
> 　　어느이다 노코시라
> 　　어긔야 내 가논 ᄃᆡ 졈그ᄅᆞᆯ셰라
> 　　어긔야 어강됴리
> 　　아으 다롱디

① [가]와 [위 시]는 동일한 시구를 반복하여 리듬감을
　드러내고 있다.

② [가]는 행상 나간 남편의 무사 귀환을, [위 시]는 자신
　의 처지에 대한 부정적 인식을 드러내고 있다.

③ [가]와 [위 시]는 현실의 삶에 토대를 두고 있는 작품
　으로서 한글로 기록되어 전해지고 있다.

④ [가]는 특정 대상에 감정을 이입하여 심화된 정서를
　드러내고 [위 시]는 대립적인 이미지를 지닌 시어를
　활용하여 정서를 강조하고 있다.

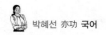

※ 다음 글을 읽고 물음에 답하시오.

(가) 셔경(西京)이 아즐가 셔경(西京)이 셔울히마르는

　　위 두어령셩 두어령셩 다링디리

　　닷곤 딕 아즐가 닷곤 딕 쇼셩경 고외마른

　　위 두어령셩 두어령셩 다링디리

　　여히므론 아즐가 여히므론 질삼뵈 브리시고

　　위 두어령셩 두어령셩 다링디리

　　괴시란딕 아즐가 괴시란딕 우러곰 좃니노이다

　　위 두어령셩 두어령셩 다링디리

　　구스리 아즐가 구스리 바회예 디신들

　　위 두어령셩 두어령셩 다링디리

　　긴힛쓴 아즐가 긴힛쓴 그츠리잇가 나는

　　위 두어령셩 두어령셩 다링디리

　　즈믄 히를 아즐가 즈믄 히를 외오곰 녀신들

　　위 두어령셩 두어령셩 다링디리

　　신(信)잇둔 아즐가 신(信)잇둔 그츠리잇가 나는

　　위 두어령셩 두어령셩 다링디리

　　대동강(大同江) 아즐가 대동강(大同江) 너븐디 몰라셔

　　위 두어령셩 두어령셩 다링디리

　　빅 내여 아즐가 빅 내여 노흔다 샤공아

　　위 두어령셩 두어령셩 다링디리

　　네 가시 아즐가 네 가시 럼난디 몰라셔

　　위 두어령셩 두어령셩 다링디리

　　녈 빅예 아즐가 녈 빅예 연즌다 샤공아

　　위 두어령셩 두어령셩 다링디리

　　대동강(大同江) 아즐가 대동강(大同江) 건넌편 고즐여

　　위 두어령셩 두어령셩 다링디리

　　빅 타들면 아즐가 빅 타들면 것고리이다 나는

　　위 두어령셩 두어령셩 다링디리

　　　　　　　　　　－ 작자 미상, <서경별곡(西京別曲)>

(나) 딩아 돌하 당금(當今)에 계샹이다

　　딩아 돌하 당금(當今)에 계샹이다

　　션왕셩딕(先王聖代)예 노니ᄋ와지이다

　　삭삭기 셰몰애 별헤 나는

　　삭삭기 셰몰애 별헤 나는

　　구은 밤 닷 되를 심고이다

　　그 바미 우미 도다 삭나거시아

　　그 바미 우미 도다 삭나거시아

　　유덕(有德)ᄒ신 님 여희ᄋ와지이다

　　옥(玉)으로 련(蓮)ㅅ고즐 사교이다

　　옥(玉)으로 련(蓮)ㅅ고즐 사교이다

　　바회 우희 졉듀(接柱)ᄒ요이다

　　그 고지 삼동(三同)이 퓌거시아

　　그 고지 삼동(三同)이 퓌거시아

　　유덕(有德)ᄒ신 님 여희ᄋ와지이다

　　므쇠로 *텰릭을 몰아 나는

　　므쇠로 텰릭을 몰아 나는

　　텰스(鐵絲)로 주롬 바고이다

　　그 오시 다 헐어시아

　　그 오시 다 헐어시아

　　유덕(有德)ᄒ신 님 여희ᄋ와지이다

　　므쇠로 한 쇼를 디여다가

　　므쇠로 한 쇼를 디여다가

　　텰슈산(鐵樹山)애 노호이다

　　그 쇠 텰초(鐵草)를 머거아

　　그 쇠 텰초(鐵草)를 머거아

　　유덕(有德)ᄒ신 님 여희ᄋ와지다

　　구스리 바회예 디신들

　　구스리 바회예 디신들

긴힛단 그츠리잇가

즈믄 히룰 외오곰 녀신둘

즈믄 히룰 외오곰 녀신둘

신(信)잇단 그츠리잇가

— 작자 미상, 〈정석가(鄭石歌)〉

* 텰릭 : 철릭. 무관이 입던 공복(公服).

07. 다음 밑줄 친 부분 중에서 (가)의 대동강과 가장 유사한 성격을 지닌 것은? 2022 법원직 9급

① 살어리 살어리랏다 <u>청산(靑山)</u>애 살어리랏다

　멀위랑 드래랑 먹고, 청산(靑山)애 살어리랏다

　얄리얄리 얄랑셩 얄라리 얄라

② <u>수양산(首陽山)</u> 브라보며 이제(夷齊)를 한(恨)ᄒ노라

　주려 주글진들 채미(採薇)도 ᄒᄂ것가

　비록애 푸새엣 거신들긔 뉘 싸헤 낫ᄃ니

③ <u>추강(秋江)</u>에 밤이 드니 물결이 차노매라

　낚시 드리우니고기 아니 무노매라

　무심(無心)한 달빛만 싣고 빈 배 저어오노라

④ 비 갠 둑에 풀빛이 고운데

　<u>남포</u>에서 임 보내며 슬픈 노래 부르네

　대동강 물이야 언제나 마르려나

　이별 눈물해마다 푸른 물결 보태나니

작품 정리 ▌ 작자 미상, 〈서경별곡(西京別曲)〉

· 갈래 : 고려 속요, 고려가요
· 시대 : 고려시대
· 제재 : 임과의 이별
· 주제 : 이별의 정한
· 특징
① 고려 속요의 기본적인 3음보의 율격을 지니고 있음.
② '아즐가'라는 악률을 맞추기 위한 여음구와 '위 두어렁 셩 두어렁셩 다링디리'의 북소리를 나타내는 의성어인 후렴구를 반복하여 리듬감을 형성함.
③ 반복법, 설의법, 비유법을 사용해 화자의 정서(감정)를 효과적으로 표현함.
④ 각 연마다 슬픔, 사람, 원망 등의 다양한 정서를 드러냄.

작품 정리 ▌ 작자 미상, 〈정석가(鄭石歌)〉

· 갈래 : 고려가요
· 시대 : 고려 시대
· 제재 : 사랑하는 임에 대한 사랑
· 주제 : 사랑하는 임에 대한 변함없는 사랑, 왕의 만수무강 과 나라의 태평성대 기원
· 성격 : 서정적, 민요적, 연정적, 송축적
· 표현
① 불가능한 상황을 전제하는 역설적 표현으로(2-5연) 임과의 영원한 사랑을 소망하는 시적 화자의 정서가 효과적으로 드러남.
② '덕이 있으신 임을 이별하고 싶습니다'에 반어법을 사 용하여 헤어지지 않겠다는 의지를 강조함.
③ 설의적 표현을 통해 임에 대한 사랑을 강조함.
④ '딩아 돌하'에 돈호법이 드러남.
⑤ 병렬적인 구성으로 각 연이 독립적임.
⑥ 후렴구를 통해 주제를 강조함.

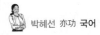
한시

08. 다음 글을 감상한 내용으로 적절하지 않은 것은?

2023 지방직 7급

> (가) 翩翩黃鳥 펄펄 나는 꾀꼬리
> 　　雌雄相依 암수 서로 정다운데
> 　　念我之獨 외롭구나 이내 몸은
> 　　誰其與歸 누구와 함께 돌아갈까
> 　　　　　　　　　　　　　　　　　- 유리왕, 〈黃鳥歌〉
>
> (나) 秋風唯苦吟 가을바람에 오직 애써 시만 읊을 뿐
> 　　世路少知音 세상길에 날 아는 이 거의 없는데
> 　　窓外三更雨 창밖에는 한밤중 하염없는 비
> 　　燈前萬里心 등불 앞엔 만리를 달리는 마음
> 　　　　　　　　　　　　　　　　　- 최치원, 〈秋夜雨中〉

① (가)의 '黃鳥'는 화자에게 외로움을 유발한다.

② (나)의 '秋風'은 화자에게 외로움과 고뇌를 불러일으킨다.

③ (가)의 화자는 '相依'를 바라고, (나)의 화자는 '知音'을 그리워한다.

④ (가)의 화자는 '與歸'를 지향하려 하고, (나)의 화자는 '萬里心'을 벗어나려 한다.

작품 정리 | 유리왕, 〈황조가〉

- 주제 : 사랑하는 임을 잃은 슬픔
- 정서와 태도
  ① 사랑하는 임을 잃은 슬픔을 드러냄.
  ② 이별의 정한을 드러냄.
- 표현상 특징
  ① 객관적 상관물을 매개로 임을 잃은 슬픔을 형상화함.
  ② 선경후정의 방식으로 시상을 전개함.
- 해제 : 이 작품은 '삼국사기'에 4언 4구의 한시로 번역되어 전하는 고대 가요로, 고구려 제2대 왕인 유리왕이 지었다고 알려져 있다. 집단적 성격의 고대 가요가 개인 서정시로 넘어가는 단계의 작품으로 추정되며 작가가 알려진 우리나라 서정 시가중에는 가장 오래된 것이다. 사랑하는 임을 잃은 슬픔과 외로움을 자연물인 '꾀꼬리'를 매개로 형상화하고 있는데, 암수가 정다운 괴꼬리와 외로운 화자의 처지가 대비되면서 화자의 정서가 효과적으로 드러나 있다.

작품 정리 | 최치원, 〈추야우중(秋夜雨中)〉

- 주제 : 타국에서의 깊은 향수
- 정서와 태도
  ① 타국에서 느끼는 외로움
  ② 세상이 자신을 알아주지 않음을 탄식함.
- 표현상 특징
  ① 자연물을 통해서 화자의 정서를 드러냄.
  ② 제목에서 가을과 밤, 비의 조합으로 시의 전체적인 분위기를 조성함.
- 해제 : 이 작품은 통일 신라 말기의 문장가 최치원이 쓴 5언 절구의 한시이다. 최치원은 6두품 출신으로 당나라에 유학하고 고국으로 돌아와 신라의 정치 개혁을 위해 의견을 제시했으나, 이것이 받아들여지지 않자 가야산에서 은거하다가 생을 마감했다고 전해진다. 이 작품의 주제는 창작 시기에 따라 두 가지로 해석될 수 있다. 최치원이 당나라에 머무는 동안 창작된 것으로 볼 경우 소외받는 이방인으로 쓸쓸하게 지내던 최치원이 고국을 그리워하는 마음을 표현한 것으로 해석된다. 최치원이 신라에 돌아온 후 창작된 것으로 볼 경우 고국에 돌아왔으나 자신의 능력을 발휘할 수 없어 좌절한 지식인이 세상에 대해 느끼는 거리감을 드러낸 것으로 볼 수 있다.

09. ㉠~㉢ 중 적절하지 않은 것은?　　　2022 지방직 7급

寂寞荒田側 적막한 묵정밭 가에
繁花壓柔枝 만발한 꽃이 보드라운 가지를 누르네
香經梅雨歇 향기는 장맛비 지나면 옅어지고
影帶麥風欹 그림자는 보리바람 맞으면 흔들리겠지
車馬誰見賞 수레 탄 사람들이 누가 보아 주리
蜂蝶徒相窺 벌과 나비만 기웃거리는구나
自慚生地賤 천한 땅에 태어난 것 부끄러우니
堪恨人棄遺 사람들에게 버림받은 것 어찌 원망하리오
　　　　　　　　　　　 – 최치원, <촉규화(蜀葵花)>

　　이 시는 최치원이 당나라 유학 시절, 관직에 오르기 전에 지은 것으로 추정된다. 길가의 촉규화에 자신을 투영하여 출중한 능력에도 원하는 바를 성취할 수 없었던 서글픈 처지를 노래하였다. ㉠이 시에서 "만발한 꽃"은 작가 자신이 지니고 있는 빼어난 능력을 가리킨다고 할 수 있다. 그러나 능력이 있다고 해서 곧바로 등용될 수 있는 것은 아니었는데, ㉡그에게는 자신의 능력을 알아보고 등용의 기회를 부여해 줄 "수레 탄 사람들"이 필요했다. 뿐만 아니라 ㉢"수레 탄 사람들"과 자신을 이어줄 수 있는 "벌과 나비" 역시 절실했다. 이 작품에서 ㉣"천한 땅"은 시적 대상인 촉규화가 피어난 곳을 의미하기도 하고 작가 자신이 태어난 땅을 의미하기도 한다.

① ㉠　　　　　　　　　② ㉡
③ ㉢　　　　　　　　　④ ㉣

---

10. 다음 작품의 정서와 가장 유사한 것은?

雨歇長堤草色多
비 갠 긴 둑에 풀빛 더욱 짙어졌는데

送君南浦動悲歌
남포(南浦)에서 임 보내니 슬픈 노래 울린다.

大同江水何時盡
대동강 물은 언제나 다할 것인고?

別淚年年添綠波
해마다 흘린 이별의 눈물이 푸른 물결에 더해지니.
　　　　　　　　　　　 – 정지상, <송인(送人)>

① 청산(靑山)는 엇뎨ᄒᆞ야 만고(萬古)애 프르르며
　유수(流水)는 엇뎨ᄒᆞ야 주야(晝夜)애 긋디 아니는고
　우리도 그치디 마라 만고상청(萬古常靑) 호리라.
② 백구(白鷗)ㅣ야 말 무러보쟈 놀라지 마라스라
　명구승지(名區勝地)를 어듸 어듸 ᄇᆞ렷ᄂᆞ니
　날ᄃᆞ려 자세(仔細)히 닐러든 네와 게 가 놀리라.
③ 어져 내 일이야 그릴 줄을 모로ᄃᆞ냐
　이시라 ᄒᆞ더면 가랴마ᄂᆞᆫ제 구ᄐᆡ야
　보내고 그리ᄂᆞᆫ정(情)은 나도 몰라 ᄒᆞ노라.
④ 강호(江湖)에 녀름이 드니 초당(草堂)에 일이 업다
　유신(有信)ᄒᆞᆫ 강파(江波)ᄂᆞᆫ 보내ᄂᆞ니 ᄇᆞ람이로다
　이 몸이 서늘ᄒᆡ옴도 역군은(亦君恩)이샷다.

작품 정리 | 최치원, <촉규화>

- 요약 : 자신을 촉규화에 빗대어 훌륭한 능력을 갖춘 자신을 알아주지 않는 현실을 한탄한 한시
- 갈래 : 한시, 오언절구
- 성격 : 비유적, 비판적
- 제재 : 촉규화
- 주제 : 자신을 알아주지 않는 현실에 대한 한탄
- 특징
  ① 선경후정으로 시상이 전개됨.
  ② 자연물을 통해 화자의 쓸쓸한 처지와 한을 드러냄.
  ③ 다양한 비유와 상징을 활용하여 시적 의미를 드러냄.

작품 정리 | 정지상, <송인(送人)>

- 갈래 : 한시, 7언 절구
- 주제 : 이별의 슬픔
- 특징
  ① 도치법, 과장법, 설의법을 사용하여 주제를 강조함.
  ② 인간사와 자연사를 대조하여 슬픈 정서를 강조함.

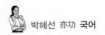

조선시대

시조

★출좋포 정리하기

1. 조선 전기

(1) 내용

① 완전 초
- 회고가(懷古歌): 고려 왕조가 멸망하는 상황에서 느끼는 안타까움을 노래함.
- 절의가(節義歌): 스러진 고려 왕조에 대한 그리움과 탄식, 절개를 노래함.

② 조선 전기(관념적이고 유교적인 내용)

양반들의 유교적 절의 /
자연 친화(강호가도(江湖歌道), 유유자적(悠悠自適)) /
사랑과 이별

(2) 형식

① 주로 양반 계층이 노래를 불렀기 때문에 '평시조' 형식 (3장 6구 45조 내외, 4음보율, 3(4)·4조의 음수율)

② 평시조가 2수 이상 연결된 '연시조' 형식

2. 조선 후기

임진왜란 이후, 평민 계급의 의식의 성장, 산문 정신, 실학 정신 또한 발휘되었다.
이로 인해 비교적 길이가 짧던 평시조의 형식이 파괴되기 시작했다.

(1) 내용(현실적이고 구체적인 내용)

① 양반뿐만 아니라 기생과 평민으로 향유 계층이 확대되어 솔직한 생활 감정을 드러냄

② 남녀 간의 사랑과 이별 / 지배계급에 대한 비판과 풍자 고달픈 삶의 해학

(2) 형식

엇시조, 사설시조와 같이 형식이 파괴된 형태가 보이기 시작했다. 중장이 특히 비정상적으로 길어진 형태를 보인다.

---

11. 다음 시조에 대한 이해로 적절하지 않은 것은?

2021 지방직 7급

> 흔 손에 막디잡고 또 흔 손에 가싀 쥐고
> 늙는 길 가싀로 막고 오는 백발(白髮) 막디로 치려터니
> 백발(白髮)이 제 몬져 알고 즈럼길노 오더라
>
> — 우탁

① 인생의 덧없음을 관조적으로 표현하고 있다.

② 대상을 의인화하여 생동감 있게 표현하고 있다.

③ 거스를 수 없는 자연의 섭리를 해학적으로 표현하고 있다.

④ 인간의 한계를 드러내어 운명은 거부할 수 없음을 표현하고 있다.

작품 정리 우탁, 〈흔 손에 막디 잡고〉

- 요약: 늙음을 막아 보려는 마음을 해학적으로 표현한 시조
- 갈래: 평시조
- 성격: 해학적
- 제재: 백발
- 주제: 늙음에 대한 한탄
- 특징
  ① 추상적 관념(늙음)을 구체적 소재(백발)로 형상화함.
  ② 늙음에 대한 서글픔을 해학적으로 표현함.

12. 다음 시조에 대한 설명으로 가장 옳은 것은?

2017 서울시 사회복지직 9급

> 까마귀 싸우는 골에 백로야 가지 마라
> 성낸 까마귀 흰빛을 새울세라
> 청강(淸江)에 일껏 씻은 몸을 더럽힐까 하노라

① 작자는 정몽주의 아버지로 알려져 있다.
② 색의 대비를 통해 까마귀를 옹호하고 있다.
③ '새울세라'는 '고칠까봐 두렵구나'로 해석할 수 있다.
④ 수사법상 비유법을 사용하고 있다.

13. 〈보기〉의 시에 대한 설명으로 가장 옳지 않은 것은?

2019 서울시 9급

> ┌─ 〈보기〉─
> 首陽山(수양산) 바라보며 夷齊(이제)를 恨(한)ᄒ노라.
> 주려 주글진들 採薇(채미)도 ᄒ는 것가.
> 비록애 푸새엣 거신들 긔 뉘 짜헤 낫드니.

① 시인은 사육신의 한 명이다.
② 중의법을 사용하고 있다.
③ 중국의 고사를 인용하고 있다.
④ 단종의 죽음에 대한 복수를 다짐하고 있다.

작품 정리 ┃ 정몽주의 모친, 〈가마귀 ᄊᆞ호ᄂᆞᆫ 골에〉

> 까마귀 싸우는 골짜기에 백로야 가지 마라.
> 성난 까마귀 흰빛 시기하니
> 맑은 강물에 깨끗이 씻은 몸 더럽힐까 걱정하노라.

• 주제 : 아들 정몽주에게 절의를 지키고 이성계 일파를 조
　　　　심하라고 당부함.
• 시적 상황 : 정몽주가 이성계 무리와 맞서고 있음.
• 정서와 태도 : 정몽주에게 의리, 절개를 지킬 것을 부탁.
• 특징
　① 까마귀와 백로에 색채 대비가 드러나 주제를 강조함.
　② 청강(淸江)에 좋이 시슨 몸'이라는 구절은 정몽주가 지
　　켜야 할 가치관을 보여줌.

작품 정리 ┃ 성삼문, 〈수양산(首陽山) 바라보며〉

> 수양산 바라보며 백이와 숙제를 한탄한다.(탓한다.)
> 차라리 굶어 죽을지언정 고사리를 캐어 먹었단 말인가.
> 고사리 푸성귀일망정 그것은 뉘 땅에 난 것인가.
> (주나라 땅에서 난 게 아닌가.)

• 시적 상황 : 단종을 복위시키려 세조에 저항하는 상황
• 정서와 태도 : 단종에 대한 절개과 충의를 지키려 함.
• 특징
　① 굳은 의지와 절개를 보여주려고 중의법, 설의법을 사
　　용함.
　② 함축적인 시어로 풍자적으로 상황을 제시함.
　③ '이제(夷齊)를 한(恨)ᄒ노라'는 백이, 숙제를 비판하여
　　그들보다 본인이 더 절의를 지킴을 강조하는 시구임.
　　백이, 숙제는 주나라의 녹을 안받고 수양산에서 고사
　　리를 먹으며 목숨을 유지했는데 결국 고사리도 주나라
　　에서 난 것이 아니냐는 뜻으로, 본인이라면 고사리도
　　안먹고 죽었을 것이라고 말하여 자신의 굳은 지조와
　　절개를 강조하고 있음.
• 주제 : 죽음도 감당하겠다는 굳건한 의지와 절개

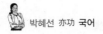

14. 다음 (가)와 (나)에 대한 설명으로 적절하지 않은 것은?

2018 통합소방직

> (가) 이 몸이 주거 가셔 무어시 될고 ᄒᆞ니,
>   봉래산(蓬萊山) 제일봉(第一峯)에 낙락장송(落落長松) 되야 이셔,
>   백설(白雪)이 만건곤(滿乾坤)ᄒᆞᆯ 제 독야청청(獨也靑靑)ᄒᆞ리라.
>   — 성삼문의 시조
>
> (나) 가마귀 눈비 마ᄌ 희는 듯 검노ᄆᆡ라.
>   야광명월(夜光明月)이 밤인들 어두오랴.
>   님 향(向)ᄒᆞᆫ 일편단심(一片丹心)이야 고칠 줄이 이시랴.
>   — 박팽년의 시조

① (가)의 '백설'과 (나)의 '눈비'는 혼란스러운 시대 현실을 의미한다.

② (가)의 '독야청청'과 (나)의 '일편단심'은 삶의 태도 면에서 유사하다.

③ (가)의 '낙락장송'과 (나)의 '야광명월'은 화자가 긍정적으로 인식하는 대상이다.

④ (가)의 '이 몸'과 (나)의 '님'은 화자가 변치 않는 절개를 다짐하고 있는 대상이다.

작품 정리 박팽년, 〈가마귀 눈비 마ᄌ〉

> 까마귀 눈비 맞아 흰 듯 검구나.
> 한밤중에 빛나는 밝은 달이 밤 된들 어둡겠느냐.
> 임 향한 일편단심 바꿀 일 있겠느냐?

• 주제 : 임금(단종)에 대한 변치않는 충절
• 시적 상황 : 난세에도 충성심을 지키고 있음.
• 정서와 태도 : 충신, 간신의 구별이 어려운 현실을 풍자해 일편단심의 마음을 드러냄.
• 특징
  ① 설의법 사용을 통해 충절에 대한 본인의 의지를 드러냄.
  ② 대조되는 두 시어(가마귀, 야광명월)와 명과 암의 이미지를 통해 대상을 풍자하고 우회적으로 주제를 드러냄.
  ③ '일편단심(一片丹心)'이라는 시어를 통해 단종에 대한 충절의 마음이 변치 않을 것임을 드러냄.
• 문학사적 의의 : 사육신(死六臣)중 한 명인 박팽년의 시조로, 변함없는 충절의 마음을 표현한 절의가(絶義歌)임.

작품 정리 성삼문, 〈이 몸이 주거 가셔〉

> 이 몸 죽고 나서 무엇이 될까 생각해 보니,
> 봉래산 가장 높은 봉우리에 우뚝 솟은 소나무 되어서
> 흰 눈이 온 세상 뒤덮을 때 홀로 푸른 빛 발하리라.

• 주제 : 죽음을 각오하고 지키는 굳은 절개
• 시적 상황 : 단종을 복위시키려다 들켜 처형당하는 상황
• 정서와 태도 : 단종을 향한 굳건한 태도와 충의
• 특징
  ① 비유와 상징을 통해서 굳은 의지와 절개를 우의적으로 나타냄.
  ② 소나무라는 자연물을 소재로 사용하여 시상을 전개함.
  ③ '독야청청(獨也靑靑)'은 세조의 왕위 찬탈에 대항하는 지조, 절개를 지키겠다는 화자의 다짐을 드러냄.

15. 〈보기〉의 두 시조에 대한 설명으로 가장 옳지 않은 것은?

2019 서울시 9급

> ─(보기)─
>
> (가) 임 그린 상사몽이 ㉠실솔의 넋이 되어
> 　　 가을철 깊은 밤에 임의 방에 들었다가
> 　　 날 잊고 깊이 든 잠을 깨워 볼까 하노라.
>
> (나) 이 몸이 죽어져서 ㉡접동새 넋이 되어
> 　　 이화 핀 가지 속잎에 싸였다가
> 　　 밤중만 살아서 우리 임의 귀에 들리리라.

① ㉠은 귀뚜라미를 뜻한다.
② (가), (나) 모두 임에 대한 그리움을 노래하고 있다.
③ ㉡은 울음소리가 돌아갈 귀(歸), 촉나라 촉(蜀), '귀촉 귀촉'으로 들려 귀촉도라고도 한다.
④ (가), (나)의 작가는 모두 미상이다.

16. ㉠에 들어갈 시조로 적절한 것은?

2017 국가직 9급 생활 안전 분야

> 우리말에서 공간적 개념은 흔히 시간적 개념으로 바뀌어 표현되곤 한다. 예컨대 공간 표현인 '뒤'가 시간 표현으로 '나중'을 의미하기도 한다. 한편 문학 작품에서 시간적 개념이 공간적 개념으로 바뀌어 표현되는 경우도 있다. 그 예로 다음 시조를 보자.
>
> ┌──────────┐
> │ 　　㉠　　 │
> └──────────┘

① 山은 녯 山이로되 물은 녯 물이 안이로다
　　晝夜에 흘으니 녯 물이 이실쏜야
　　人傑도 물과 굿ᄋᆞ야 가고 안이 오노ᄆᆡ라
② 冬至ㅅᄃᆞᆯ 기나긴 밤을 한 허리를 버혀 내여
　　春風니불 아릭 서리서리 너헛다가
　　어론 님 오신 날 밤이여든 구뷔구뷔 펴리라
③ 靑山은 내 뜻이오 綠水는 님의 情이
　　綠水흘러간들 靑山이야 變홀손가
　　綠水도 靑山을 못 니져 우러 예어 가는고
④ 어져 내 일이야 그릴 줄을 모로ᄃᆞ냐
　　이시랴 ᄒᆞ더면 가랴마는 제 구ᄐᆞ여
　　보내고 그리는 情은 나도 몰라 ᄒᆞ노라

PART 02

──────────

작품 정리 │ 박효관, 〈님 그린 상사몽(相思夢)이〉

> 임을 그리워하는 꿈이 귀뚜라미의 넋 되어서
> 기나긴 가을밤 임의 방에 들었다가
> 날 잊고 깊이 든 잠 깨워 볼까 하노라.

• 주제: 임을 향한 간절한 그리움과 사랑.
• 시적 상황: 임과 헤어지고 나서 임을 만나고 싶은 마음을 드러냄.
• 정서와 태도: 임을 원망하면서도 그리워함.
• 특징
　① '귀뚜라미'라는 구체적 소재를 형상화해서 추상적인 감정인 연정(戀情)을 드러냄.
　② '귀뚜라미'는 화자의 분신으로 의인화됨.
　③ '실솔(蟋蟀)의 넋'은 임을 향한 그리움을 귀뚜라미에 이입시키며 귀뚜라미의 넋이 되어서라도 임과 함께하고 싶다는 화자의 심정을 드러냄.

작품 정리 │ 황진이, 〈동지(冬至)ㅅᄃᆞᆯ 기나긴 밤을〉

> 동짓달 기나긴 밤의 한가운데를 베어 내어
> 봄바람같이 따뜻한 이불 속에 서리서리 넣어 뒀다가
> 정든 임 오시는 날 밤이 되거든 굽이굽이 펴리라.

• 주제: 임을 그리워하고 사랑함을 드러냄.
• 시적 상황: 사랑하는 사람과 이별한 상황
• 정서와 태도: 절실하게 임을 기다리며 임을 그리워하는 모습이 미래를 상상하는 것을 통해 표현됨.
• 특징
　① 음성 상징어를 통해 긴장감과 긴장 풀림을 동시 표현함.
　② 임과 오래 있고 싶음을 추상적 개념의 구체화로 표현함.
　③ '동지(冬至)ㅅᄃᆞᆯ 기나긴 밤'은 홀로 있는 시간을 의미하여 임을 그리워하는 마음을 강조함.

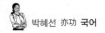

17. ㉠의 함축적 의미로 가장 적절한 것은?

2018 교육행정직 9급

> 두류산(頭流山) 양단수(兩端水)를 녜 듯고 이제 보니
> 도화(桃花) 뜬 묽은 믈에 산영(山影)조ᄎ 잠겻셰라
> 아희야 ㉠무릉(武陵)이 어듸오 나는 옌가 ᄒ노라
>
> — 조식

① 고향(故鄕)　　　② 낙원(樂園)
③ 오지(奧地)　　　④ 정상(頂上)

작품 정리 | 조식, 〈두류산(頭流山) 양단수(兩端水)를〉

> 지리산 양단수 예전에 듣고 이제 와 보니
> 복숭아 꽃이 뜬 맑은 물에 산 그림자도 잠겼구나.
> 아이야, 무릉도원 어디냐, 나는 여기인가 하노라.

• 주제: 지리산 양단수에 와서 느낀 자연 풍경을 찬양함.
• 시적 상황: 지리산 양단수에서 자연을 누리고 있음.
• 정서와 태도: 아름다운 자연의 풍경을 보면서 마치 무릉
　　　　　　　도원에 온 듯하다고 느낌.
• 특징
　① 자문자답 방식을 통하여 자연의 아름다움에 매료된 화
　　자의 정서를 드러냄.
　② 종장의 '무릉(武陵)'은 《도화원기(桃花園記)》에 나오는
　　이상적인 세상으로 지리산 양단수의 아름다움을 표현
　　한 것임.

---

18. 다음 시조에 대한 설명으로 가장 적절한 것은?

2017 국가직 7급

> 머귀 잎 지고야 알겠도다 가을인 줄을
> 세우청강(細雨淸江) 서느럽다 밤 기운이야
> 천리에 님 이별하고 잠 못 들어 하노라

① 이별한 임에 대한 원망의 감정이 선명하게 나타나
　있다.
② 반어법을 동원하여 가을의 정취를 잘 나타내고 있다.
③ 점강법을 활용하여 계절 감각을 섬세하게 드러내고
　있다.
④ 이별한 임을 잊지 못하는 안타까운 심정이 잘 나타나
　있다.

---

19. 다음을 근거로 할 때, 평시조 종장의 율격에 맞지 않는
것은?

2017 국가직 7급 생활 안전 분야

> 4음절로 된 음보(音步)를 '평음보(平音步)'라 하고 3
> 음절(또는 그 이하)로 된 것을 '소음보', 5음절 이상으
> 로 된 것을 '과음보'라 하면, 평시조 종장의 율격은 '소
> 음보 + 과음보 + 평음보 + 소음보'로 설명할 수 있다.

① 人間을 도라보니 머도록 더욱 됴타
② 千里에 외로온 꿈만 오락가락 ᄒ노매
③ 多情도 病인 냥ᄒ여 좀 못 드러 ᄒ노라
④ 님 向ᄒᆫ 一片丹心이야 가실 줄이 이시랴

---

20. 다음 시조에 대한 설명으로 적절하지 않은 것은?

2017 지방직 9급

> 재 너머 셩권농(成勸農) 집의 술 닉닷 말 어제 듯고
> 누은 쇼 발로 박차 언치 노하 지즐ᄐ고
> 아히야 네 권농 겨시냐 뎡좌슈(鄭座首) 왔다 ᄒ여라

① 화자는 소박한 풍류를 즐기며 살고 있다.
② '박차'라는 표현에서 역동성과 생동감을 느낄 수 있다.
③ '언치 노하'는 엄격한 격식을 갖추려는 태도를 드러
　낸다.
④ '아히'는 화자의 의사를 간접적으로 전달하는 존재이
　면서도, 대화체로 이끄는 영탄적 어구이다.

작품 정리 | 정철, 〈재너머 성권롱 집에~〉

> 언덕 너머에 성권농 집에 술 익었다는 말 어제 듣고
> 누운 소를 발로 박차고 담요 덮고 그 위 올라 타고
> 아이야, 네 성권농이 계시냐, 정좌수 왔다 전하여라.

• 주제: 친구를 만나서 함께 술 마시며 즐기고픔.
• 시적 상황: 술 익은 소식에 소 타고 성권농 집을 방문함.
• 정서와 태도: 성권농 집에 방문해 술마시며 흥취를 만끽
　　　　　　　하고 싶음.
• 특징
　① 중장과 종장 사이 소를 타고 나서 친구 집을 방문한
　　과정이 생략되어 시상 전개 속도를 빠르게 함. 이를
　　통해 친구를 만나고 싶은 화자의 마음을 해학적으로
　　드러냄.
　② 초장의 '술'은 성권농 집에 가는 동기를 만들어주며,
　　전원생활의 풍류 역시 느끼게 함.
• 문학사적 의의: 송강 정철이 유배 중에 근처에 살고 있는
　　　　　　　　성혼의 집에 방문하는 모습을 시조로 표
　　　　　　　　현한 작품

21. 화자가 처한 상황과 가장 유사한 것은?

2017 법원직 9급

> 어져 내 일이여 그릴 줄을 모로드냐
> 이시라 ᄒᆞ더면 가랴마ᄂᆞᆫ 제 구틔야
> 보내고 그리ᄂᆞᆫ 情(정)은 나도 몰라 ᄒᆞ노라
>
> — 황진이

① 추강(秋江)에 밤이 드니 물결이 차노매라
　낚시 드리치니 고기 아니 무노매라
　무심(無心)한 달빛만 싣고 빈 배 저어 오노라

② ᄆᆞᄋᆞᆷ이 어린 後(후)ㅣ니 ᄒᆞᄂᆞᆫ 일이 다 어리다
　만중운산(萬重雲山)에 어느 님 오리마ᄂᆞᆫ
　지ᄂᆞᆫ 닙 부ᄂᆞᆫ 바람에 행여 권가 ᄒᆞ노라

③ 청산(靑山)은 내 뜻이오 녹수(綠水)ᄂᆞᆫ 님의 정(情)이
　녹수(綠水) 흘러간든 청산(靑山)이야 변(變)ᄒᆞᆯ손가
　녹수(綠水)도 청산(靑山)을 못 니져 우러 예어 가ᄂᆞᆫ고

④ 청산리(靑山裏) 벽계수(碧溪水)ㅣ야 수이 감을 자랑마라
　일도창해(一到滄海)ᄒᆞ면 도라오기 어려오니
　명월(明月)이 만공산(滿空山)ᄒᆞ니 수여 간들 엇더리

22. 두 작품에 대한 설명으로 가장 적절하지 않은 것은?

2017 경찰 1차 여경

> (가) ᄆᆞᄋᆞᆷ이 어린 後(후)ㅣ니 ㉠ᄒᆞᄂᆞᆫ 일이 다 어리다
> 　萬重雲山(만중운산)에 ㉡어ᄂᆞ 님 오리마ᄂᆞᆫ
> 　지ᄂᆞᆫ 닙 부ᄂᆞᆫ 바람에 行(ᄒᆡᆼ)혀 권가 ᄒᆞ노라
>
> (나) 어져 내 일이야 ㉢그릴 줄을 모로드냐
> 　㉣이시랴 ᄒᆞ더면 가랴마ᄂᆞᆫ 제 구틔여
> 　보내고 그리ᄂᆞᆫ 情ㄴ(정)은 나도 몰라 ᄒᆞ노라

① (가), (나)의 'ᄒᆞ노라'의 주체는 모두 화자 자신이다.
② (가), (나) 모두 임을 기다리는 마음을 나타내고 있다.
③ (가)에서 화자는 깊고 먼 곳에 있는 임이 자신에게
　오기를 기다리고 있다.
④ (나)에는 앞뒤로 연결이 되어 중의적으로 해석될 수
　있는 부분이 있다.

23. ㉠~㉣에 대한 설명으로 적절하지 않은 것은?

2015 국가직 9급

> 삼동(三冬)에 ㉠베옷 입고 암혈(巖穴)에 ㉡눈비 맞아
> 구름 낀 볕뉘도 쬔 적이 없건마는
> ㉢서산에 해 지다 하니 ㉣눈물겨워 하노라.

① ㉠: 화자의 처지나 생활을 추측할 수 있게 한다.
② ㉡: 화자와 중심 대상 사이를 연결하는 매개체이다.
③ ㉢: 화자가 머물고 있는 공간과 구별되는 공간이다.
④ ㉣: 상황에 대한 화자의 감정이 직접 표출되고 있다.

작품 정리 | 조식, 〈삼동(三冬)에 베옷 입고〉

> 한겨울 베옷 입고, 바위굴에서 눈비 맞고 있으며
> 구름 사이 비치는 햇살도 쬔 적 없지만
> 서산에 해가 졌다(= 임금이 승하하였다)는 소식 들으니
> 눈물 나는구나.

- 주제: 임금(중종)의 승하에 대한 슬픔과 안타까움.
- 시적 상황: 임금(중종)이 승하했다는 이야기를 들음.
- 정서와 태도: 임금(중종)의 승하를 슬퍼하고 안타까워함.
- 특징
　① 격조 높은 표현으로 군신유의(君臣有義)를 드러냄.
　② 화자의 처지, 시적 상황을 드러내려고 비유와 상징을
　　사용함.
　③ 초장의 '뵈옷'과 '암혈(巖穴)'은 화자가 어떤 벼슬도 하
　　지 않음을 나타낸 표현임. 임금의 은총을 받지 않았어
　　도 임금의 승하를 슬퍼하는 모습은 화자의 충정심을
　　알게 함.
- 문학사적 의의: 임금(중종)이 승하했다는 소식에 슬퍼하
　며 지은 연군가(戀君歌)임.

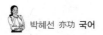

24. 다음 시조에 나타난 특징으로 적절한 것은?

2015 기상직 9급

> 여긔를 뎌긔 삼고 뎌긔를 예 삼고져
> 여긔 뎌긔를 멀게도 삼길시고
> 이 몸이 胡蝶이 되어 오명 가명 ᄒ고져
>
> — 김구(金絿)

① 불가능한 것을 비유로 들어 작가의 마음을 표현하였다.
② 영원한 삶에 대한 소망을 선인의 고사를 통해 드러내고 있다.
③ 반의어를 통해 변하는 것과 변하지 않는 것의 대립을 표상하고 있다.
④ 농촌을 시적 공간으로 삼아 전원 생활의 흥취를 묘사하고 있다.

25. 다음 시조에 대한 설명으로 옳지 않은 것은?

2014 국가직 7급

> 길 위에 두 돌부처 벗고 굶고 마주 서서
> 바람비 눈서리를 맞도록 맞을망정
> 人間의 離別을 모르니 그를 불워하노라.

① 돌부처에 대한 신앙을 풍자하고 있다.
② 작자가 전달하려는 메시지는 마지막 줄에 있다.
③ 무정의 존재에 빗대어 작자의 감정을 표현했다.
④ 한 줄은 모두 네 개의 호흡 단위(음보)로 끊어진다.

작품 정리 정철, 〈길 우희 두 돌부텨〉

> 길 위 두 돌부처가 옷 벗고 밥 굶고 마주 서서
> 바람, 비, 눈, 서리 맞을 대로 맞을망정
> 인간 세상의 이별 모르니 그를 부러워하노라.

• 주제 : 이별이 주는 슬픔
• 시적 상황 : 돌부처를 보고 있는 상황
• 정서와 태도 : 돌부처는 이별을 모르는 존재라 부러워 함.
• 특징
  ① 이별의 슬픔을 구체화하고자 바람, 비, 눈, 서리가 주는 시련과 대비함.
  ② 인간의 상황과 돌부처를 대조하였음.
  ③ '그를 불워ᄒ노라'는 이별의 고통을 강조하는 것으로 이는 돌부처가 이별의 아픔을 모르기에 이 구절을 통해 강조함.

26. 다음 시조에 대한 설명으로 적절하지 않은 것은?

2013 기상직 9급

> 반중(盤中) 조홍(早紅)감이 고와도 보이나다.
> 유자(柚子)가 아니라도 품음직도 하다마는,
> 품어 가 반길 이 없을 새 글로 설워하나이다.
>
> — 박인로, 〈조홍시가(早紅柿歌)〉

① '조홍감'이 창작의 계기가 된다.
② 독자에게 생전에 효도를 다하자는 교훈을 준다.
③ '유자' 관련 고사는 주제를 효과적으로 부각시킨다.
④ 주제와 관련된 한자 성어는 맥수지탄(麥秀之嘆)이다.

작품 정리 박인로, 〈반중(盤中) 조홍(早紅)감이〉

> 소반에 놓인 붉은 감 고와 보이는구나.
> 비록 유자 아니라도 품어 갈 마음 있지만
> 품어 가도 반겨주실 부모님 안 계시니 서러워하노라.

• 주제 : 돌아가신 부모님을 그리워함. (효도와 관련)
• 시적 상황 : 감을 보며 돌아가신 부모님을 생각함.
• 정서와 태도 : 부모님을 회상하며 효를 다하지 못함을 슬퍼함.
• 특징
  ① 중국 고사를 인용하여 정서를 나타냄.
    육적의 '회귤 '고사 : 육적이 부모를 위해 귤을 품에 숨겼다는 내용
  ② '조홍감'이라는 연상의 매개체를 활용함.
  ③ '반기리 업슬식', '설워ᄒ노이다'는 상황, 심리를 직접적으로 드러낸 시구임.
• 문학사적 의의 : '조홍시가'라는 연시조의 첫 수로, 박인로의 시조 중 뛰어난 문학성을 지닌다고 평가받음.

27. 〈보기〉의 시조에 대한 설명으로 옳지 않은 것은?

2019 서울시 9급

─〈보기〉─
우는 거시 벅구기가 프른 거시 버들숩가.
이어라 이어라
漁어村촌 두어 집이 닛 속의 나락들락.
至지국恩총 至지국恩총 於어思ㅅ臥와
말가흔 기픈 소희 온갇 고기 쮜노느다.

년닙희 밥 싸 두고 반찬으란 쟝만 마라.
닫 드러라 닫 드러라
靑청蒻약笠립은 써 잇노라, 綠녹蓑사衣의 가져오나.
至지국恩총 至지국恩총 於어思ㅅ臥와
無무心심흔 白백鷗구는 내 좃는가 제 좃는가.

① 임금에 대한 그리움을 함축적으로 표현하고 있다.
② 청각적 이미지를 활용하고 있다.
③ 대구법을 사용하고 있다.
④ 후렴구를 제외하면 전형적인 3장 6구의 시조 형식을 갖추고 있다.

28. 위 작품에 대한 설명으로 가장 적절하지 않은 것은?

2018 경찰직 2차

(가) 믈외(物外)예 조흔 일이 어부 싱애(生涯) 아니러냐
빈 떠라 빈 떠라
어옹(漁翁)을 운디 마라 그림마다 그렷더라
지국총(至匊恩) 지국총(至匊恩) 어ㅅ와(於思臥)
ㅅ시(四時) 흥(興)이 흔가지나 츄강(秋江)이 은듬이라

(나) 간밤의 눈 갠 후(後)에 경믈(景物)이 달란고야
이어라 이어라
압희는 만경류리(萬頃琉璃) 뒤희는 천텹옥산(千疊玉山)
지국총(至匊恩) 지국총(至匊恩) 어ㅅ와(於思臥)
션계(仙界)ㄴ가 불계(佛界)ㄴ가 인간(人間)이 아니로다

① 사계절을 배경으로 각각 10수씩 읊은 40수의 연시조이다.
② "지국총(至匊恩) 지국총(至匊恩) 어ㅅ와(於思臥)"라는 여음이 전편에 공통적으로 사용되었다.
③ 조선 후기의 시조 문학을 대표하는 맹사성의 작품이다.
④ (가)는 가을, (나)는 겨울을 각각 배경으로 한다.

작품 정리 윤선도, 〈어부사시사(漁父四時詞)〉

• 주제 : 사계절 자연 풍경을 보며 느끼는 흥취
• 시적 상황 : 섬, 바다에서 여유롭게 풍류를 누리고 있음.
• 정서와 태도 : 자연을 감상하면서 흥을 느끼며 속세를 멀리하고 있음.
• 표현상 특징
① 고려 가요의 영향으로 인하여 노를 저을 때 나는 소리(지국총지국총)와 노를 젓는 사람이 힘을 줄 때 내는 소리를 후렴구로 사용한 것이나, 배를 이용하는 데 필요한 동작을 명령조로 표현한 여음구가 있다는 것에서는 다른 평시조나 연시조와는 다름.
② '흥(興)'은 자연에 대한 감상을 집약적으로 드러낸 것으로 윤선도의 작품 세계를 꿰뚫음과 동시에 윤선도 본인이 자연을 느끼는 감정을 드러내는 표현임.
③ 각 계절의 10수는 배의 출항과 귀항하는 과정을 순서에 따라 보여주고 있고, 아름다운 섬의 경치와 속세를 대비시키고 그것에 대한 흥취를 우리말로 묘사함.

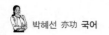

※ 다음 글을 읽고 물음에 답하시오.

(가) 이 듕에 시름 업스니 漁父의 생애이로다.
    一葉扁舟를 萬頃波에 띄워 두고
    人世를 다 니젯거니 날 가는 줄를 안가.

(나) 구버는 千尋綠水 도라보니 萬疊靑山
    十丈紅塵이 언매나 フ렛는고.
    江湖애 月白ᄒ거든 더옥 無心하얘라.

(다) 靑荷애 바블 뽓고 綠柳에 고기 쎄여
    蘆荻花叢애 비 미아두고
    一般淸意味를 어늬 부니 아르실고

(라) 山頭에 閒雲이 起하고 水中에 白鷗이 飛이라.
    無心코 多情ᄒ니 이 두 것이로다.
    一生에 시름을 잊고 너를 조차 노로리라.

(마) 長安을 도라보니 北闕이 千里로다.
    漁舟에 누어신들 니즌 스치 이시랴.
    두어라 내 시름 아니라 濟世賢이 업스랴.

29. 밑줄 친 시어 가운데 이미지가 나머지와 다른 하나는?

2019 국회직 8급

① 千尋綠水   ② 十丈紅塵
③ 蘆荻花叢   ④ 閒雲
⑤ 白鷗

30. (마)와 〈보기〉에 대한 설명으로 가장 옳은 것은?

2018 서울시 7급

─〈보기〉──
동풍이 건들부니 믉결이 고이 닌다
돋 드라라 돋 드라라
동호를 도라보며 서호로 가쟈스라
지국총 지국총 어사와
압뫼히 디나가고 뒫뫼히 나아온다

① (마), 〈보기〉 모두 어부(漁夫)가 지은 노래이다.
② (마), 〈보기〉의 화자는 모두 어촌 생활에 만족하고
   있다.
③ (마)의 화자는 나라에 대한 걱정을 하지 않고 있다.
④ 〈보기〉는 어촌의 풍경을 역동적으로 그려내고 있다.

작품 정리 │ 이현보, 〈어부단가〉

• 주제: 자연 속에서의 유유자적하며 나라를 걱정함.
• 시적 상황: 어부가 배 타고 자연을 벗 삼고 흥취를 느낌.
• 정서와 태도: 한가롭고 여유로운 삶을 즐기지만 나라 걱
             정 또한 잊지 않음.
• 특징
  ① 추상적으로 자연을 묘사함.
  ② 한자어를 이용해 의미를 함축적으로 제시함.
  ③ 〈제2수〉와 〈제4수〉에 나오는 '무심(無心)'은 속세에 미
     련이 없음을 의미해 인간 세상을 잊고 살려는 화자의
     태도를 보여준다. 하지만 〈제5수〉에는 '장안'과 '북궐'
     을 의식하는 것을 통해 속세에 대한 미련을 볼 수 있
     다. 또한 임금에 대한 걱정을 보이므로 화자가 속세에
     서 완전히 벗어나지 못했음을 보여준다.

31. 위의 시조를 읽고 쓴 감상으로 적절하지 않은 것은?

2016 지방직 7급

(가) 當時예 녀던 길흘 몃 히를 버려 두고
    어듸 가 든니다가 이제아 도라온고
    이제아 도라오나니 년듸 ᄆᆞᆷ 마로리

(나) 靑山은 엇뎨ᄒ야 萬古애 프르르며
    流水는 엇뎨ᄒ야 晝夜애 긋디 아니는고
    우리도 그치디 마라 萬古常靑호리라

                    — 이황, 〈도산십이곡〉

ㄱ. 현실에 안주하지 않고 계속해서 새로운 도전거
   리를 찾아가는 모습은 정말 인상 깊었다.
ㄴ. 자연을 경시하고 개발의 대상으로만 바라보는
   현대인들은 자연을 섬세히 관찰하여 그 속에서
   교훈을 이끌어내는 화자의 태도를 본받을 필요
   가 있다.
ㄷ. 자신의 과거를 성찰하며 앞으로의 다짐을 하는
   화자의 태도는 오늘날 앞만 보며 달려가는 우리
   들에게 꼭 필요한 자세인 것 같다.
ㄹ. 나도 화자처럼 이전까지의 삶을 반성하여 앞으
   로 한눈팔지 않고 학문에 전념하는 삶을 살기로
   다짐했다.

① ㄱ   ② ㄴ
③ ㄷ   ④ ㄹ

작품 정리 이황, 〈도산십이곡(陶山十二曲)〉

> (가) 그 당시 가던 길을 몇 해씩이나 버려두고 어디 가
>   다니다가 이제야 돌아왔는가?
>   이제야 돌아왔으니 딴 마음을 먹지 않으리.
>
> (나) 청산은 어찌하여 영원히 푸르며
>   흐르는 물은 어찌하여 밤낮으로 그치지 않는가?
>   우리도 그치지 말아 언제나 푸르리라.

• 주제: 자신을 도야하고 학문 수양에 정진하겠다는 각오
• 시적 상황: 도산 서원의 주변 풍경을 보며 학문 수양에
  정진하겠다는 의지를 나타냄.
• 정서와 태도: 도산 서원에서 살아감에 만족하면서도 학
  문 수양에 정진하려고 함.
• 특징
  ① 주제를 부각시키고자 반복과 설의, 대구를 사용함.
  ② 9수와 10수에 연쇄법이 사용됨.
    까다롭고 난해한 한자어를 다수 사용함.

32. (가)와 (나)에 대한 설명으로 적절하지 않은 것은?

2015 교육행정직 7급

> (가) 네 집 상사(喪事)는 얼마나 준비했나
>   네 딸 서방을 언제 맞아 시집 보내려나
>   내게도 없을지라도 돌보고자 하노라
>
> (나) 이고 진 저 늙은이 짐 풀어 나를 주오
>   나는 젊었거니 돌이라 무거울까
>   늙기도 서럽다커늘 짐을조차 지실까
>
>   – 정철, 〈훈민가〉

① (가)의 '네'와 (나)의 '늙은이'는 교화의 대상으로 나
   타나 있다.
② (가)의 '내'와 (나)의 '나'는 타인에 대해 우호적인 태
   도를 가진 인물로 그려지고 있다.
③ (가)와 (나) 모두 백성들의 일반적인 삶을 상황으로
   설정하고 있다.
④ (가)와 (나) 모두 바람직한 공동체의 모습을 보여 주
   고 있다.

33. 다음 글에서 밑줄 친 부분의 예로 가장 적절한 것은?

2013 기상직 9급

> 돕는 삶의 궁극적인 의의는 개인이 자신이 속한
> 사회의 복리에 기여하는 것이다. 공공의 복리, 공동
> 의 선을 의식하고 이의 구현을 지향하는 태도가 그
> 사회로부터 존중되고 평가되어야 한다. 이를 위해서
> 는 행위의 도덕적 범주를 확장하는 것이 중요하다.
> 개인－가족－지역사회－국가－세계와 인류, 그리고
> 마침내 생태계에까지 기여의 대상을 넓혀 나가는 것
> 이다.

① 오늘도 다 새었다. 호미 메고 가자꾸나.
   내 논 다 매거든 네 논 좀 매어 주마.
   올 길에 뽕 따다가 누에 먹여 보자꾸나.
② 이화에 월백ㅎ고 은한이 삼경인 제
   일지춘심을 자규(子規)야 알랴마는
   다정도 병인양하여 좀 못 드러 하노라.
③ 동기로 세 몸 되어 한 몸같이 지내다가
   두 아운 어디 가서 돌아올 줄 모르는고
   날마다 석양 문외에 한숨 겨워 하노라.
④ 재 넘어 성 권롱 집에 술 익단 말 어제 듣고,
   누은 소 발로 박차 언치 놓아 지즐 타고,
   아희야 네 권롱 계시냐 정 좌수 왔다 하여라.

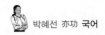

34. 다음 시조에 드러난 주제적 정서를 가장 잘 표현할 수 있는 한자성어는?

2015 국회직 9급

> 슬프나 즐거오나 옳다 하나 외다 하나
> 내 몸의 해올 일만 닦고 닦을 뿐이언정
> 그 밧긔 여남은 일이야 분별(分別)할 줄 이시랴
>
> 〈제1수〉
>
> 내 일 망녕된 줄 내라 하여 모랄 손가
> 이 마음 어리기도 님 위한 탓이로세
> 아뫼 아무리 일러도 임이 혜여 보소서
>
> 〈제2수〉
>
> 추성(秋城) 진호루(鎭胡樓) 밧긔 울어 예는 저 시내야
> 무음 호리라 주야(晝夜)에 흐르는다
> 님 향한 내 뜻을 조차 그칠 뉘를 모르나다
>
> 〈제3수〉
>
> 뫼흔 길고 길고 물은 멀고 멀고
> 어버이 그린 뜻은 많고 많고 하고 하고
> 어디서 외기러기는 울고 울고 가느니
>
> 〈제4수〉
>
> 어버이 그릴 줄을 처엄부터 알아마는
> 님군 향한 뜻도 하날이 삼겨시니
> 진실로 님군을 잊으면 그 불효(不孝)인가 여기노라.
>
> 〈제5수〉
>
> — 윤선도, 〈견회요〉

① 석별지정(惜別之情) ② 견권지정(繾綣之情)
③ 연독지정(吮犢之情) ④ 자유지정(自有之情)
⑤ 연군지정(戀君之情)

작품 정리 | 윤선도, 〈견회요(遣懷謠)〉

- 주제 : 부모를 그리워하며 임금에게도 변함없이 충성함.
- 시적 상황 : 유배지에 있는 상황
- 정서와 태도 : 유배지에서 임금을 그리워하고 결백함을 호소함.
- 특징
  ① 주제를 강조를 위해 대조, 반복법을 사용함.
  ② 정서를 효과적으로 드러내려고 시내와 외기러기를 통해 감정을 이입시킴.
  ③ 각 연은 독립적이지만 전체 주제 안에서는 유기적 연관성을 지니며 통일성도 나타냄.
  ④ 〈제1수〉의 '내 몸의 해올 일만 닦고 닦을 뿐', 〈제2수〉의 '님 위한 탓', 〈제3수〉의 '님 향한 내 뜻'은 자신의 굳은 신념과 임금에 대한 충성으로 인해 유배를 가게 됨을 드러냄.
  ⑤ 〈제4수〉의 '어버이 그린 뜻'은 부모를 그리워함을 드러내고 〈제5수〉의 '님군 향한 뜻'은 부모에 대한 그리움과 임금에 대한 그리움의 마음은 하나일 수밖에 없음을 강조하며 연군의 마음을 드러냄.
- 문학사적 의의 : 윤선도의 뛰어난 문학적 역량으로 만든 유교 사상이 담긴 작품으로 유배지에서 느낀 정서를 표현함.

35. 자연을 대하는 시인의 태도가 〈보기〉와 가장 유사한 것은?

2012 국회직 9급

┌─〈보기〉─────────────────┐
│ 靑山은 엇뎨ᄒᆞ야 萬古애 프르르며
│ 流水는 엇뎨ᄒᆞ야 晝夜애 긋디 아니ᄂᆞᆫ고
│ 우리도 그치디 마라 萬古常靑ᄒᆞ리라
└────────────────────┘

① 강산(江山) 좋은 경(景)을 힘센 이 다툴 양이면
　 내 힘과 내 분으로 어이하여 얻을쏜이.
　 진실로 금(禁)할 이 없을새 나도 두고 노니노라.
② 짚 방석(方席) 내지 마라 낙엽(落葉)엔들 못 앉으랴
　 솔불 켜지 마라 어제 진 달 돋아 온다.
　 아이야, 박주산채(薄酒山菜)ㄹ 망정 없다 말고 내어라
③ 추강(秋江)에 밤이 드니 물결이 차노매라.
　 낚시 드리우니 고기 아니 무노매라.
　 무심(無心)한 달빛만 싣고 빈 배 저어 오노매라.
④ 국화야, 너난 어이 삼월 춘풍 다 지내고,
　 낙목한천(落木寒天)에 네 홀로 피었나니.
　 아마도 오상고절(傲霜孤節)은 너 뿐인가 하노라
⑤ 공산(空山)에 우난 접동, 어난 어이 우짖난다.
　 너도 날과 같이 무음 이별하였나냐.
　 아모리 피나게 운들 대답이나 하더냐.

36. 다음 중 화자가 자연을 바라보는 태도가 다른 것은?

2016 기상직 9급

① 청하(靑荷)애 바ᄇᆞᆯ 빳고 녹류(綠柳)에 고기 ᄭᅦ여
　 노적화총(蘆荻花叢)에 빈 ᄆᆡ야 두고
　 일반청의미(一般淸意味)를 어늬 부니 아ᄅᆞ실가
② 짚 방석(方席) 내지 마라 낙엽(落葉)엔들 못 안즈랴
　 솔불 혀지 마라 어제 진 ᄃᆞᆯ 도다 온다
　 아히야 박주산채(薄酒山菜)ㄹ망정 업다 말고 내여라
③ 백설(白雪)이 ᄌᆞ자진 골에 구르미 머흐레라
　 반가온 매화(梅花)ᄂᆞᆫ 어늬 곳에 픠엿ᄂᆞᆫ고
　 석양(夕陽)에 홀로 셔 이셔 갈 곳 몰라 ᄒᆞ노라
④ 말 업슨 청산(靑山)이요, 태(態) 업슨 유수(流水)ㅣ로다
　 갑 업슨 청풍(淸風)이요, 님ᄌᆞ 업슨 명월(明月)이라
　 이 중(中)에 병(病) 업슨 이 몸이 분별(分別) 업시 늙으리라

37. 다음 시조와 가장 유사한 정서가 나타난 것은?

2015 서울시 9급

┌──────────────────────┐
│ 방안에 혓는 촛불 눌과 이별 ᄒᆞ엿관ᄃᆡ
│ 것츠로 눈물 디고 속 타는 줄 모르는고
│ 뎌 촛불 날과 갓트여 속 타는 줄 모로도다
└──────────────────────┘

① 이화에 월백ᄒᆞ고 은한이 삼경인 제
　 일지춘심을 자규야 알랴마ᄂᆞᆫ
　 다정도 병인냥ᄒᆞ여 ᄌᆞᆷ 못 드러 ᄒᆞ노라　　　　－ 이조년
② ᄒᆞᆫ 손에 막ᄃᆡ 잡고 ᄯᅩ ᄒᆞᆫ 손에 가싀 쥐고
　 늙는 길은 가싀로 막고 오는 백발은 막ᄃᆡ로 치엿튼이
　 백발이 제 몬져 알고 지름길로 오건야　　　　－ 우탁
③ 이화우 훗ᄲᅮ릴 제 울며 잡고 이별ᄒᆞᆫ 님
　 추풍낙엽에 저도 날 싱각ᄂᆞᆫ가
　 천리에 외로운 ᄭᅮᆷ만 오락가락 ᄒᆞ노매　　　　－ 계랑
④ ᄆᆞᄋᆞᆯ 사ᄅᆞᆷ들아 올흔 일 ᄒᆞᄌᆞᆨ스라
　 사ᄅᆞᆷ이 되어 나셔 올티옷 못ᄒᆞ면
　 ᄆᆞ쇼를 갓 곳갈 싀워 밥머기나 다르랴
　　　　　　　　　　　　　　－ 정철, 〈훈민가〉 제8수

작품 정리 | 이정보, 〈국화야, 너는 어이〉

• 주제: 선비가 가진 지조와 절개를 예찬함.
• 시적 상황: 추운 가을에도 꽃을 피운 국화를 바라봄.
• 정서와 태도: 굳은 절개를 지키는 국화를 예찬함.
• 특징
　① 국화의 기상을 효과적으로 드러내고자 봄과 가을이란
　　 계절을 대비시킴.
　② 대상에 대한 친근감을 드러내고자 의인법을 사용함.
　③ '오상고절(傲霜孤節)'로 국화의 지조, 절개를 예찬함.
• 문학사적 의의: 이정보가 은거 생활을 할 때 소동파의 시
　　　　　　　　 구를 생각하며 지어낸 작품임.

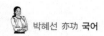

38. 다음 중 시적 화자의 정서가 〈보기〉의 시와 가장 가까운 것은?

2013 국회직 8급

> ᄆ음이 어린 後(후)ㅣ니 ᄒᄂ 일이 다 어리다
> 萬重雲山(만중운산)에 어니 님 오리마는
> 지ᄂ 닙 부ᄂ ᄇ람에 行(ᄒᆡᆼ)혀 긘가 ᄒ노라

① 風霜이 섯거 친 날에 ᄀ 픠온 黃菊花를
　金盆에 ᄀ득 다마 玉堂에 보네오니,
　桃李야, 곳이오냥 마라, 님의 ᄠᆮ을 알괘라.　　– 송순

② 말업슨 靑山이오 態업슨 流水ㅣ로다
　갑업슨 淸風과 임ᄌ업슨 明月이로다
　이듕에 일업슨 니몸이 分別업시 늙그리라.　　– 성혼

③ 靑草 우거진 골에 ᄌᄂ다 누엇ᄂ다
　紅顔을 어듸 두고 白骨만 뭇쳣ᄂ다
　盞 잡아 勸ᄒ리 업스니 글을 슬허 ᄒ노라.　　– 임제

④ 묏버들 갈히 것거 보내노라 님의손디
　자시ᄂ 窓 밧긔 심거 두고 보쇼셔
　밤비예 새닙 곳 나거든 날인가도 너기쇼셔　　– 홍랑

⑤ 늙고 病든 情은 菊花에 붓쳐두고
　실갓치 헛튼 愁心 黑葡萄에 붓쳐노라
　귀밋틔 흣나는 白髮은 一長歌에 붓쳣노라.　　– 김수장

39. 다음 시조의 화자와 유사한 태도를 보이는 작품은?

2014 국회직 9급

> 十年을 經營ᄒ여 草廬 三間 지여 내니
> 나 ᄒᆫ 간 ᄃᆞᆯ ᄒᆫ 간에 淸風 ᄒᆫ 간 맛져 두고
> 江山은 들일 ᄃᆡ 업스니 둘러 두고 보리라

① 말 업슨 靑山이오 態 업슨 流水ㅣ로다
　갑 업슨 淸風과 님자 업슨 明月이라
　이 中에 病 업슨 내 몸이 分別 업시 늙그리라

② 菊花는 무슴 일노 三月春風 다 바리고
　落木寒天에 네 홀노 푸엿ᄂ다
　아마도 傲霜孤節은 너ᄲᆞᆫ인가 ᄒ노라

③ ᄆ음이 어린 後ㅣ니 ᄒᄂ 일이 다 어리다
　萬重雲山에 어니 님 오리마는
　지ᄂ 닙 부ᄂ ᄇ람에 ᄒᆡᆼ혀 긘가 ᄒ노라

④ 간밤의 부던 ᄇ람에 눈서리 치단 말가
　落落長松이 다 기우러 가노미라
　ᄒ물며 못다 핀 곳이야 닐러 므슴 ᄒ리오

⑤ 靑草 우거진 골에 자ᄂ다 누엇ᄂ다
　紅顔을 어듸 두고 白骨만 무쳣ᄂ이
　盞 자바 勸ᄒ리 업스니 그를 슬허ᄒ노라

40. 시적 화자의 정서가 다음 시조와 가장 유사한 것은?

2012 국회직 8급

> 귓도리 져 귓도리 에엿부다 져 귓도리
> 어인 귓도리 지는 둘 새는 밤의 / 긴 소릐 쟈른 소릐
> 節節이 슬픈 소릐 / 제 혼자 우러녜어 / 紗窓 여윈
> 줌을 솔드리도 씨오는고나
> 두어라 제 비록 微物이나 無人洞房에 내 뜻 알리는
> 너쑨인가 ᄒ노라

① 마음이 咫尺이면 千里라도 咫尺이오
  마음이 千里오면 咫尺도 千里로다
  우리는 各在千里오나 咫尺인가 ᄒ노라

② 져 빅셩의 거동 보소 지고 싯고 드러와셔
  한 셤 쏠를 밧치랴면 두 셤 쏠리 부독이라
  약간 농수 지엿슨들 그 무엇슬 먹즈 ᄒ리

③ 둘 쓰쟈 비 써나니 인졔 가면 언졔 오리
  萬頃蒼波에 가는듯 도라옴새
  밤中만 至菊悤소릐예 이긋는듯 ᄒ여라

④ 東窓이 밝앗느냐 노고지리 우지진다
  소 치는 兒孩 놈은 상긔 아니 니럿나냐
  지 너머 스릭 긴 밧츨 언제 갈녀 ᄒ느니

⑤ 잔 들고 혼자 안자 먼 뫼흘 브라보니
  그리던 님이 오다 반가 옴이 이리 ᄒ랴
  말슘도 우움도 아녀도 몯내 됴하 ᄒ노라

41. 〈보기〉의 밑줄 친 부분과 가장 가까운 내용을 담은 시조는?

2019 서울시 9급

─〈보기〉─

> 성현의 경전을 읽고 자기를 돌이켜 보아서 환히 이해되지 않는 것이 있거든 모름지기 성현이 준 가르침이란 반드시 사람이 알 수 있고 행할 수도 있는 것에 대하여 말한 것임을 생각하라. 성현의 말과 나의 소견이 다르다면 이것은 내가 힘쓴 노력이 철저하지 못한 까닭이다. 성현이 어찌 알기 어렵고 행하기 어려운 것으로 나를 속이겠는가? <u>성현의 말을 더욱 믿어서 딴 생각이 없이 간절히 찾으면 장차 얻는 바가 있을 것이다.</u>

① 십년 ᄀ온 칼이 갑리(匣裏)에 우노믜라.
  관산(關山)을 브라보며 째째로 믄져 보니
  장부(丈夫)의 위국공훈(爲國功勳)을 어늬째에 드리올고
    ― 이순신

② 구곡(九曲)은 어드믜고 문산(文山)에 세모(歲暮)커다.
  기암괴석(奇巖怪石)이 눈속에 뭇쳣셰라.
  유인(遊人)은 오지 안이ᄒ고 볼껏업다 ᄒ드라.
    ― 이이, 〈고산구곡가〉

③ 강호(江湖)에 겨월이 드니 눈 기픠 자히 남다.
  삿갓 빗기 쓰고 누역으로 오슬 삼아,
  이 몸이 칩지 아니ᄒ옴도 역군은(亦君恩)이샷다.
    ― 맹사성, 〈강호사시가〉

④ 고인(古人)도 날 못 보고 나도 고인 못 봬.
  고인을 못 봐도 녀든 길 알픠 잇ᄂ.
  녀든 길 알픠 잇거든 아니 녀고 엇졀고
    ― 이황, 〈도산십이곡〉

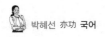

42. 다음 중 화자가 복수로 설정된 것은? 2013 국회직 8급

① 頭流山 兩端水를 녜 듯고 이제 보니,
　桃花 뜬 맑은 물에 山影조차 잠겨셰라.
　아희야, 武陵이 어디미오, 나는 옌가 ᄒᆞ노라.

② 호미도 놀히언마ᄅᆞᄂᆞᆫ 낟ᄀᆞ티 들 리도 업스니이다.
　아바님도 어이어신마ᄅᆞᄂᆞᆫ
　위 덩더둥셩 어마님ᄀᆞ티 괴시리 업세라.
　아소 님하, 어마님ᄀᆞ티 괴시리 업세라.

③ 싀어마님 며ᄂᆞ라기 낫바 벽 바흘 구루지 마오
　빗에 바든 며ᄂᆞ린가 갑세 쳐 온 며ᄂᆞ린가 밤나모 서근 등걸에
　휘초리 나니ᄀᆞ치 알살픠선 싀아버님, 볏 뵌 쇳똥ᄀᆞ치 되죵고신
　싀어마님 三年 겨론 망태에 새 송곳 부리ᄀᆞ치 샢죡ᄒᆞ신
　싀누이님 唐피 가론 밧티 돌피 나니ᄀᆞ치 싀노란 욋곳 ᄀᆞᆺᄐᆞᆫ
　피똥 누는 아들 ᄒᆞ나 두고,
　건 밧티 메곳 ᄀᆞᆺᄐᆞᆫ 며ᄂᆞ리를 어듸를 낫바 ᄒᆞ시ᄂᆞᆫ고.

④ ᄒᆞᄅᆞᆷ밤 서리김의 기러기 우러 녈 제
　危樓에 혼자 올나 水晶簾을 거든마리
　東山의 ᄃᆞᆯ이 나고 北極의 별이 뵈니
　님이신가 반기니 눈물이 절로 난다.
　淸光을 쥐여 내여 鳳凰樓의 븟티고져.
　樓 우희 거러 두고 八荒의 다 비최여
　深山窮谷을 졈낫ᄀᆞ티 밍그소셔.

⑤ 두터비 ᄑᆞ리를 물고 두험 우희 치ᄃᆞ라 안자
　것넌산 ᄇᆞ라보니 白松骨이 떠 잇거늘, 가슴이 금즉ᄒᆞ여 풀덕
　쮜여 내ᄃᆞᆺ다가 두험 아래 잣바지거고.
　모쳐라, 놀낸 낼싀망졍 에헐질 번ᄒᆞ괘라.

작품 정리 〈두터비 ᄑᆞ리를 물고〉

두꺼비가 파리를 물고 두엄 위에 뛰어올라가 앉아
건너편 산을 바라보니 흰 송골매가 떠 있거늘 가슴이 섬뜩
하여 펄쩍 뛰어 내닫다가 두엄 아래 자빠졌구나.
마침 날랜 나이기에 망정이지 하마터면 피멍 들 뻔했구나.

→ 약자인 파리를 물고 두엄 위에 있던 두꺼비가 자기보다
　강한 백송골을 보고 놀라 도망가다가 자빠짐. 탐관오리
　(두꺼비)의 횡포와 허장성세에 대해 풍자함.

---

43. 다음 고시조들은 일부 표현을 현대식 어투로 다듬은 것이다. 이들 중 그 성격(화자가 그리워하는 대상)이 다른 하나를 고르면? 2018 국회직 9급

① 어져 내 일이야 그릴 줄을 모르던가
　이시라 하더면 가랴마는 제 구태여
　보내고 그리는 정은 나도 몰라 하노라.

② 철령 높은 봉에 쉬어 넘는 저 구름아.
　고신원루를 비 삼아 뿌려다가
　임 계신 구중심처에 뿌려본들 어떠리

③ 동짓달 기나긴 밤을 한 허리를 베어 내여
　춘풍 이불 아래 서리서리 넣었다가
　어론님 오신 날 밤이거든 구비구비 펴리라.

④ 이화우 흩뿌릴 제 울며 잡고 이별한 임
　추풍낙엽에 저도 날 생각하는가
　천리에 외로운 꿈은 오락가락 하노라.

⑤ 묏 버들 가려 꺾어 보내노라 임에게,
　주무시는 창 밖에 심어두고 보옵소서
　밤비에 새 잎 나거든 나인가 여기소서

작품 정리 이항복, 〈철령(鐵嶺) 높은 봉(峰)에〉

철령 높은 봉우리에 겨우 쉬었다 넘는 저 구름아!
임금의 총애 잃고 귀양길 오르는 외로운 신하의 서러움
맺힌 눈물을 비를 대신하여 띄워 가지고 가서,
임금 계신 깊은 대궐 안으로 뿌리는 것 어떠하겠는가?

- 주제 : 임금을 향한 변함없는 충성심
- 시적 상황 : 폐모론을 반대함으로 인하여 함경도 북청으로 유배가는 상황
- 정서와 태도 : 유배 가는 것이 원망스럽고 슬프며 분함.
- 특징
　① 화자가 지닌 고단하고 어려운 마음을 구름에 투영함.
　② 구름의 이동성을 이용해 화자와 임금을 연결시킴.
　③ '고신원루(孤臣寃淚)'는 '임금을 떠나간 신하의 한이 맺힌 눈물'이라는 뜻으로 유배가는 분통과 억울의 마음을 호소하면서도 임금에 대한 사모의 마음 역시 드러냄.
- 문학사적 의의 : 광해군 시대에 인목대비 폐위시키는 것에 반대하다가 함경도 북청에 유배를 가면서 지은 시임.

사설시조

44. 〈보기〉의 ㉠~㉣ 중 가리키는 대상이 나머지 셋과 다른 것은?

2021 해경 2차

┌─ (보기) ─────────────────────
댁들아 ㉠<u>동난지이</u> 사오 저 장사야 네 ㉡<u>물건</u> 그 무엇 이라 외치는가 사자

외골내육(外骨內肉) 양목(兩目)이 상천(上天) 전행후행(前行後行), 소(小)아리 팔족(八足) 대(大)아리 이족(二足) ㉢<u>청장</u> 아스슥하는 동난지이 사오

장사야 너무 거북하게 외치지 말고 ㉣<u>게젓</u>이라 하려무나
└──────────────────────────

① ㉠
② ㉡
③ ㉢
④ ㉣

작품 정리 | 작자미상, 〈댁들에 동난지이 사오〉

- 갈래 : 사설시조
- 제재 : 게젓(동난지이)을 사고 파는 모습
- 주제 : 현학적 태도와 허장성세를 비판
- 성격 : 풍자적, 해학적
- 특징
  ① 대화체와 감각적 의성어(아스슥)를 사용하여 생동감을 유발함.
  ② 해학적으로 표현하면서 게젓장수의 태도를 풍자함.
- 해제 : 이 작품은 게젓장수와 동네 사람의 대화로 이루어진 사설시조이다. 게젓장수가 동난지이를 사라고 하자 동네 사람이 파는 물건이 무엇인지 물어본다. 중장에서 게젓장수가 게의 모습과 게젓의 맛을 장황하게 묘사하니 종장에서 게젓이라고 하면 될 것을 왜 거북하게 말하느냐고 핀잔을 주는데, 이를 통해 게젓장수의 태도를 풍자하고 있다.

---

45. 다음 시의 표현방식에 대한 설명으로 가장 적절하지 않은 것은?

2019 법원직 9급

┌────────────────────────
창(窓) 내고쟈 창을 내고쟈 이 내 가슴에 창 내고쟈
고모장지 셰살장지 들장지 열장지 암돌져귀 수돌져귀 비목걸새 크나큰 쟝도리로 쑥짝 바가 이 내 가슴에 창 내고쟈
잇다감 하 답답홀 제면 여다져 볼가 ㅎ노라.
　　　　　　　　　　　 － 사설시조, 작가 미상
└────────────────────────

---

① 웃음을 통해 비애와 고통을 극복하려는 우리나라 평민 문학의 한 특징이 엿보인다.

② 초·중·종장이 모두 율격을 무시한 형태의 시조로, 평시조에서 사설시조로 나아가는 작품의 성향을 나타내 주고 있다.

③ 구체적 생활 언어와 친근한 일상적 사물을 수다스럽게 열거함으로써 괴로움을 강조하는 수법은 반어적으로 웃음을 유발한다.

④ 특히 중장에서 여러 종류의 문과 문고리들을 열거하고 있는데, 이것은 화자의 답답한 심정을 강조하면서 동시에 화자가 처한 현실을 극복하고자 하는 의지의 표현으로도 볼 수 있다.

---

46. 위 시를 이해한 내용으로 가장 적절하지 않은 것은?

2019 법원직 9급

┌────────────────────────
두터비 ᄑᆞ리를 물고 두험 우희 치ᄃᆞ라 안자
것넌 산(山) ᄇᆞ라보니 백송골(白松骨)이 ᄯᅥ잇거늘 가슴이 금즉ᄒᆞ여 풀떡 ᄠᅱ여 내ᄃᆞᆺ다가 두험 아래 잣바지거고
모쳐라 늘낸 낼싀만졍 에헐질 번ᄒᆞ괘라.
　　　　　　　　　　　 － 사설시조, 작가 미상
└────────────────────────

① 어휘면에서는 '백송골, 두험, 금즉하여, 풀덕 뛰어, 잣바지 거고, 모쳐라' 등 서민적인 일상어를 구사하고 있다.

② 자신보다 강하거나 높은 위치에 있는 사람에게는 꼼짝 못하면서도 자기 자신을 위로하는 두꺼비의 모습에서 솔직하지 못한 위선을 엿볼 수 있다.

③ 두꺼비는 약자에게는 군림하고 강자에게는 비굴한 존재로 그려지고 있으며, 특히 황급히 도망가려다 실수를 하고도 자기 합리화를 하는 모습에서 비판의 대상임을 알 수 있다.

④ 이 노래는 '파리'와 '두터비', '백송골'의 세 계층을 통해서 권력 구조의 비리를 우회적으로 잘 나타내고 있는 작품으로, 종장에서 화자를 바꾸어 풍자의 효과를 높이고 있다.

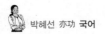

47. 다음 시조에 대한 설명으로 가장 적절한 것은?

2018 국가직 7급

> 쳣쳣 常 평홀 平 통홀 通 보뷔 寶字
> 구멍은 네모지고 四面이 둥그러셔 쩍뒤글 구으러 간
> 곳마두 반기는고나
> 엇더타 죠고만 金죠각을 두챵이 닷토거니 나는 아니
> 죠회라

① 조선 후기의 첨예한 신분 갈등이 제재를 통해 드러나고 있다.

② 의인화된 제재와 대화하는 형식을 통해 주제를 표현하고 있다.

③ 제재에 대한 일반적 반응과 시적 화자의 반응이 대조되고 있다.

④ 화자의 심화된 내적 갈등을 보여 주기 위해 대립적 성격의 소재를 활용하고 있다.

48. 위 시조에 사용된 표현 기법이 나타나지 않은 것은?

2018 기상직 9급

> 나모도 돌도 바히 업슨 뫼헤 매게 쪼친 가토릐 안과
> 大川바다 한가온대 一千石 시른 비에 노도 일코 닷
> 도 일코 농총도 근코 돗대도 것고 치도 싸지고 부람
> 부러 물결치고 안개 뒤섯거 조즛진 날에 갈길은 千
> 里萬里 나믄듸 四面이 거머어득 져믓 天地寂寞 가치
> 노을 썻는듸 水賊 만난 都沙工의 안과,
> 엇그제 님 여흰 내 안히야 엇다가 フ을흐리오.

① 너의 넋은 수녀보다도 더욱 외롭구나.

② 청와대와 백악관이 긴밀한 연락을 취하고 있다.

③ 기상청은 동작구에, 서울시에, 나아가 대한민국에 속해 있다.

④ 우리의 국토는 그대로 우리의 역사이며, 철학이며, 시이며, 정신입니다.

작품 정리 〈상평통보〉

> 상평통보(常平通寶)는,
> 구멍은 네모지고 사면이 둥글어서 땍때굴 굴러다니기도
> 잘하여, (돌고돌아) 가는 곳마다 반기는구나.
> 어째서 조그만 그 쇳조각을 머리가 터지도록 다투느냐,
> 나는 별로 좋아하지 않는다.

• 갈래 : 고시조, 사설시조, 해학가, 풍자가
• 주제 : 황금만능주의를 비웃음(18세기)
• 구성
　- 초장 : 상평통보만 있으면 떳떳하고 평등하며 누구에게나 통하는 보내라고 한다.
　- 중장 : 일반인들의 상평통보에 대한 긍정적 반응
　- 종장 : 화자의 상평통보에 대한 부정적 반응

49. (가)와 (나)의 공통점으로 가장 적절한 것은?

2019 소방직

> (가) 십년(十年)을 경영(經營)ᄒ여 초려삼간(草廬三間)
> 　　지여 내니
> 　　나 ᄒᆞᆫ 간 ᄃᆞᆯ ᄒᆞᆫ 간에 청풍(淸風) ᄒᆞᆫ 간 맛져 두고
> 　　강산(江山)은 들일 듸 업스니 둘러 두고 보리라
> 　　　　　　　　　　　　　　　　　　　- 송순의 시조
>
> (나) 동지(冬至)ㅅᄃᆞᆯ 기나긴 밤을 한 허리를 버혀 내여
> 　　춘풍(春風) 니불 아릐 서리서리 너헛다가
> 　　어론 님 오신 날 밤이여든 구뷔구뷔 펴리라
> 　　　　　　　　　　　　　　　　　　　- 황진이의 시조

① 한자 어휘를 활용해 유교적 이념을 드러내고 있다.

② 선경후정(先景後情)으로 시적 분위기를 고조시키고 있다.

③ 의지적 어조의 종결 어미로 화자의 의도를 강화하고 있다.

④ 물아일체(物我一體)의 삶을 살고자 하는 화자의 정서가 나타나 있다.

50. (가)와 (나)의 화자가 지닌 공통된 태도로 가장 적절한 것은?

2018 교육행정직 9급

> (가) 두류산(頭流山) 양단수(兩端水)를 녜 듯고 이제 보니
> 도화(桃花) 뜬 묽은 물에 산영(山影)조차 잠겻세라
> 아희야 무릉(武陵)이 어듸오 나는 옌가 ᄒ노라
>
> — 조식
>
> (나) 들길은 마을에 들자 붉어지고
>
> 마을 골목은 들로 내려서자 푸르러졌다
> 바람은 넘실 천 이랑 만 이랑
> 이랑 이랑 햇빛이 갈라지고
> 보리도 허리통이 부끄럽게 드러났다
> 꾀꼬리는 여태 혼자 날아 볼 줄 모르나니
> 암컷이라 쫓길 뿐
>
> 수놈이라 쫓을 뿐
> 황금 빛난 길이 어지럴 뿐
> 얇은 단장하고 아양 가득 차 있는
>
> 산봉우리야 오늘 밤 너 어디로 가 버리련?
>
> — 김영랑, <오월>

① 바라보고 있는 풍경에서 자연의 아름다움을 느끼고 있다.

② 자연의 섭리와 자신의 삶을 대조하면서 결핍감을 느끼고 있다.

③ 조만간 일어날 자연 환경의 변화에 대한 기대감을 보이고 있다.

④ 자연으로부터 멀어진 인간의 삶에 대해 회의적인 시선을 보내고 있다.

51. 다음 글에 대한 이해로 가장 적절한 것은?

2018 국가직 9급

> (가) 내 마음 베어 내어 저 달을 만들고져
> 구만 리 장천(長天)의 번듯이 걸려 있어
> 고운 님 계신 곳에 가 비추어나 보리라
>
> (나) 열다섯 아리따운 아가씨가
> 남부끄러워 이별의 말 못 하고
> 돌아와 겹겹이 문을 닫고는
> 배꽃 비친 달 보며 흐느낀다

① (가)와 (나)에서 '달'은 사랑하는 마음을 임에게 전달하는 매개체이다.

② (가)의 '고운 님'과, (나)의 '아리따운 아가씨'는 화자가 사랑하는 대상이다.

③ (가)의 '나'는 적극적인 태도로, (나)의 '아가씨'는 소극적인 태도로 정서를 드러낸다.

④ (가)의 '장천(長天)'은 사랑하는 임이 머무르는 공간이고, (나)의 '문'은 사랑하는 임에 대한 마음을 숨기는 공간이다.

52. (가)~(라)에 대한 설명으로 적절하지 않은 것은?

2019 지방직 9급

> (가) 고인(古人)도 날 몯 보고 나도 고인(古人) 몯 뵈
> 　　　고인(古人)을 몯 뵈도 녀던 길 알픽 잇닉
> 　　　녀던 길 알픽 잇거든 아니 녀고 엇멸고
>
> (나) 술은 어이ᄒᆞ야 됴ᄒᆞ니 누룩 섯글 타시러라
> 　　　국은 어이ᄒᆞ야 됴ᄒᆞ니 염매(鹽梅) 틀 타시러라
> 　　　이 음식 이 뜯을 알면 만수무강(萬壽無疆)ᄒᆞ리라
>
> (다) 우레ᄀᆞ치 소ᄅᆞ나는 님을 번기ᄀᆞ치 번뜻 만나
> 　　　비ᄀᆞ치 오락기락 구름ᄀᆞ치 헤여지니
> 　　　흉중(胸中)에 ᄇᆞ룸ᄀᆞ튼 ᄒᆞᆫ숨이 안기 피듯 ᄒᆞ여라
>
> (라) 하하 허허 흔들 내 우음이 졍 우움가
> 　　　하 어쳑 업서셔 늣기다가 그리 되게
> 　　　벗님ᄂᆡ 웃디들 말구려 아귀 픠여디리라

① (가): 연쇄법을 활용하여 고인의 길을 따르겠다는 의지를 드러내고 있다.

② (나): 문답법과 대조법을 활용하여 임의 만수무강을 기원하고 있다.

③ (다): 'ᄀᆞ치'를 반복적으로 표현하여 운율감을 더하고 있다.

④ (라): 냉소적 어조를 통해 상대에 대한 불편한 심기를 표출하고 있다.

53. (가)~(라)에 대한 설명으로 가장 적절하지 않은 것은?

2014 법원직 9급

> (가) 방(房) 안에 혓는 촉(燭)불 눌과 이별(離別)하엿관딕
> 　　　겟츠로 눈물 디고 속 타는 줄 모르는고.
> 　　　뎌 촉(燭)불 날과 갓트여 속 타는 줄 모로도다.
> 　　　　　　　　　　　　　　　　　　　– <이개의 시조>
>
> (나) 十年(십 년)을 經營(경영)ᄒᆞ야 草廬三間(초려 삼간) 지여 내니
> 　　　나 ᄒᆞᆫ 간 ᄃᆞᆯ ᄒᆞᆫ 간에 靑風(청풍) ᄒᆞᆫ 간 맛져 두고,
> 　　　江山(강산)은 드릴 듸 업스니 둘너 두고 보리라.
> 　　　　　　　　　　　　　　　　　　　– <송순의 시조>
>
> (다) 冬至(동지)ㅅ돌 기나긴 밤을 한 허리를 버혀 내여
> 　　　春風(춘풍) 니불 아래 서리서리 너헛다가
> 　　　어론님 오신 날 밤이여든 구뷔구뷔 펴리라
> 　　　　　　　　　　　　　　　　　　　– <황진이의 시조>
>
> (라) 江湖(강호)에 봄이 드니 미친 興(흥)이 절로 난다.
> 　　　濁醪溪邊(탁료계변)에 錦鱗魚(금린어)ㅣ 안주로다.
> 　　　이 몸이 閑暇(한가)히옴도 亦君恩(역군은)이샷다.
> 　　　　　　　　　　　– <맹사성, 강호사시가(江湖四時歌) 제1수>

① (가): 무생물을 생물로 치환하여 표현하고 있다.

② (나): 선경후정의 방식을 통해 자연에 대한 사랑을 보여주고 있다.

③ (다): 추상적인 개념인 시간을 구체적 사물로 형상화하여 표현하였다.

④ (라): 화자가 자연을 즐기면서도 그것이 궁극적으로 임금의 은혜라고 여기는 태도로 볼 때, 유교적 가치관이 반영되었다.

54. (가)와 (나)의 공통점으로 가장 적절한 것은?

> (가) 이화(梨花)에 월백(月白)ᄒ고 은한(銀漢)이 삼경(三更)인 제
>   일지춘심(一枝春心)을 자규(子規) ㅣ 야 아랴마는
>   다정(多情)도 병(病)인 냥ᄒ여 ᄌᆞᆷ 못 드러 ᄒ노라
>   – 이조년
>
> (나) 님이 오마 ᄒ거늘 저녁밥을 일 지어 먹고
>   중문(中門) 나셔 대문(大門) 나가 지방(地方)
>   우희 치ᄃᆞ라 안자 이수(以手)로 가액(加額)ᄒ고
>   오ᄂᆞᆫ가 가ᄂᆞᆫ가 건넌 산(山) ᄇᆞ라보니 거머횟들
>   셔 잇거늘 져야 님이로다 보션 버서 품에 품고
>   신 버서 손에 쥐고 곰븨님븨 님븨곰븨 쳔방지
>   방 지방쳔방 즌 듸 ᄆᆞ른 듸 ᄀᆞᆯ희지 말고 워렁
>   충창 건너가셔 졍(情)엣 말 ᄒᆞ려 ᄒᆞ고 겻눈을
>   흘긧 보니 상년(上年) 칠월(七月) 열사흔날 ᄀᆞᆯ
>   가 벅긴 주추리 삼대 솔드리도 날 소겨다
>   모쳐라 밤일싀 만졍 힝혀 낫이런들 ᄂᆞᆷ 우일 번
>   ᄒᆞ괘라
>
>   – 작자 미상

① 밤으로 설정된 배경이 주제와 호응하고 있다.
② 음성 상징어를 사용하여 생동감을 부여하고 있다.
③ 색채를 대비하여 시적 대상을 감각적으로 형상화하고 있다.
④ 자연물에 감정을 이입하여 자연 친화적 태도를 드러내고 있다.

55. (가)와 (나)에 대한 설명으로 가장 적절한 것은?

> (가) 산수간(山水間) 바회 아래 뛰집을 짓노라 ᄒᆞ니
>   그 모론 ᄂᆞᆷ들은 운ᄂᆞᆫ다 혼다마ᄂᆞᆫ
>   어리고 햐암의 뜻의ᄂᆞᆫ 내 분(分)인가 ᄒ노라
>   〈제1수〉
>
>   보리밥 풋ᄂᆞ믈을 알마초 머근 후(後)에
>   바횟 긋 믉ᄀᆞ의 슬ᄏᆞ지 노니노라
>   그 나믄 녀나믄 일이야 부를 줄이 이시랴
>   〈제2수〉
>
>   – 윤선도, 〈만흥(漫興)〉에서
>
> (나) 창(窓) 내고쟈 창(窓)을 내고쟈 이내 가슴에 창
>   (窓) 내고쟈
>   고모장지 셰살장지 들장지 열장지 암돌져귀 수
>   돌져귀 비목걸새 크나큰 쟝도리로 쌍쌍 바가
>   이내 가슴에 창(窓) 내고쟈
>   잇다감 하 답답홀 제면 여다져 볼가 ᄒ노라
>   – 작자 미상

① (가)는 (나)와 달리 주변에서 쉽게 볼 수 있는 소재로 이상세계를 염원하고 있다.
② (가)는 (나)와 달리 반어법을 사용하여 주제를 효과적으로 전달하고 있다.
③ (나)는 (가)와 달리 기발한 발상을 통해 문학성을 획득하고 있다.
④ (나)는 (가)와 달리 정형적인 틀을 지니고 있다.

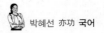

56. (가)~(다)에 대한 이해로 가장 적절한 것은?

2017 교육행정직 7급

> (가) 내 只음 버혀 내어 뎌 둘을 밍글고져
> 　　구만리(九萬里) 장천(長天)의 번드시 걸려 이셔
> 　　고온 님 계신 고되 가 비최여나 보리라
> 　　　　　　　　　　　　　　　　　　　　　　－ 정철
>
> (나) 님 그린 상사몽(相思夢)이 실솔(蟋蟀)*의 넉시 되야
> 　　추야장(秋夜長) 깁픈 밤에 님의 방(房)에 드럿다가
> 　　날 닛고 깁피든 줌을 씨와 볼ㄱ까 ᄒ노라
> 　　　　　　　　　　　　　　　　　　　　　　－ 박효관
>
> (다) 어이 못 오던가 무슴 일노 못 오던가
> 　　너 오는 길에 무쇠 성(城)을 쏫고 성(城) 안에
> 　　담쏫고 담 안에 집을 짓고 집 안에 두지 노코
> 　　두지 안에 궤(櫃)를 노코 그 안에 너를 필자형
> 　　(必字形)으로 결박(結縛)ᄒ여 너코 쌍배목*의
> 　　걸쇠 금(金) 거북 자물쇠로 슈긔슈긔* 잠가 잇
> 　　더냐 네 어이 그리 아니 오더니
> 　　흔 히도 열두 들이오 흔 둘 셜흔 늘의 날 와 볼
> 　　흘니*업스랴
> 　　　　　　　　　　　　　　　　　　　　　　－ 작자 미상

　*실솔(蟋蟀) : 귀뚜라미
　*쌍배목 : 쌍으로 된 문고리를 거는 쇠
　*슈긔슈긔 : 쑥쑥 혹은 깊이깊이
　*흘니 : 하루가

① (가)에서는 객관적 상관물을 통해 화자의 마음을 표현하고 있다.

② (나)에서는 자연물을 통해 화자와 임 사이의 거리감을 부각하고 있다.

③ (다)에서는 연쇄법을 통해 화자의 위급한 상황을 드러내고 있다.

④ (가), (나), (다)에서는 단정적인 어조를 사용하여 주제를 강조하고 있다.

57. (가)~(다)에 대한 이해로 적절하지 않은 것은?

2016 교육행정직 7급

> (가) 오백년 도읍지를 필마(匹馬)로 도라드니
> 　　산천(山川)은 의구(依舊)ᄒ되 인걸(人傑)은 간되 업다
> 　　어즈버 태평연월(太平烟月)이 숨이런가 ᄒ노라
> 　　　　　　　　　　　　　　　　　　　　　　－ 길재
>
> (나) 픗줌의 꿈을 꾸어 십이루(十二樓)에 드러가니
> 　　옥황(玉皇)은 우스시되 군선(群仙)이 꾸짇ᄂ다
> 　　어즈버 백만 억(百萬億) 창생(蒼生)을 어늬 결의 물으리
>
> 　　하늘히 이지러진 제 므슴 술(術)로 기워낸고
> 　　백옥루(白玉樓) 중수(重修)홀 제 엇던 장인이 일워낸고
> 　　옥황끠 술와 보쟈 ᄒ더니 다 몯ᄒ야 오나다
> 　　　　　　　　　　　　　　　　　－ 윤선도, <몽천요>
>
> (다) 꿈에 뵈는 님이 신의(信義) 업다 ᄒ건마ᄂ
> 　　탐탐이 그리올 제 꿈 아니면 어이 보리
> 　　져 님아 꿈이라 말고 ᄌ로ᄌ로 뵈시쇼
> 　　　　　　　　　　　　　　　　　　　　　　－ 명옥

① (가), (나)는 모두 대조를 통해 시적 상황을 나타낸다.

② (나), (다)는 모두 자연물에 비유하여 주제를 암시한다.

③ (가)에서 화자의 행위는 시의 분위기를 드러내고, (나)에서 설의법은 화자의 정서를 강조한다.

④ (가)에는 특정한 공간적 배경이 제시되어 있으나, (다)에는 공간적 배경이 제시되어 있지 않다.

58. (가)와 (나)에 대한 설명으로 가장 적절한 것은?

2018 교육행정직 7급

(가) 술리 닉어거니 벗지라 업슬소냐
블닉며 틱이며 혀이며 이아며
오가짓 소릭로 醉興(취흥)을 빈야거니
근심이라 이시며 시름이라 브터시랴
누으락 안즈락 구부락 져츠락 을프락 파람호락
노혜로 노니니
天地(천지)도 넙도넙고 日月(일월) 혼가ᄒ다
義皇(희황)을 모올녀니 니적이야 긔로괴야
神仙(신선)이 엇더턴지 이 몸이야 긔로고야
　　　　　　　　　　　　　　　　　－ 송순, <면앙정가>

(나) 神仙(신선)과 道士(도사)들은 長生不死(장생불
사) ᄒ는 術(술)을 어더
餐朝霞而療飢(찬조하이료기)*ᄒ며 飲月露而洗
心(음월로이세심)*이로되
우리는 風塵間(풍진간) 百歲人生(백세인생)이라
玉食魚肉湯(옥식어육탕)이 긔 分(분)인가 ᄒ노라
　　　　　　　　　　　　　　　　　－ 김수장

＊ 餐朝霞而療飢(찬조하이료기) : 아침 안개를 먹어 요기하다.
＊ 飲月露而洗心(음월로이세심) : 달 이슬을 마시고 마음을 씻다.

① (가)는 설의를, (나)는 문답을 활용하고 있다.
② (가)는 열거를, (나)는 대조를 활용하고 있다.
③ (가)는 시각적, (나)는 청각적 심상이 드러나고 있다.
④ (가)는 원경에서 근경으로, (나)는 근경에서 원경으로 시상이 변화하고 있다.

가사

59. 다음 시가의 양식적 특징에 대한 설명으로 가장 적절한 것은?

2017 서울시 7급

인심이 ᄂ츳 ᄀᄐ야 보도록 새롭거늘

세사는 구롬이라 머흐도 머흘시고

엊그제 비즌 술이 어도록 니건ᄂ니

잡거니 밀거니 슬ᄏᆞ장 거후로니

ᄆᆞ음의 미친 시름 져그나 ᄒᆞ리ᄂ다

거문고 시옭 언저 풍입송 이아고야

손인동 주인인동 다 니저 ᄇᆞ려셰라

① 조선 왕조의 창업과 번영을 송축하기 위하여 만들어졌다.
② 10구체의 경우 당대의 귀족, 지배층의 정신 세계를 노래하였다.
③ 조선 후기의 시정(市井)에서 직업적, 반직업적 소리꾼에 의해 가창된 노래이다.
④ 시조와 상보적인 관계를 형성하면서 활발하게 창작되었다.

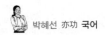

상춘곡

※ 다음 글을 읽고 물음에 답하시오.

(가) ㉠紅塵(홍진)에 뭇친 분네 이내 生涯(생애) 엇더ᄒᆞᆫ고.

녯 사ᄅᆞᆷ 風流(풍류)를 미츨가 뭇 미츨가.

天地間(천지간) 男子(남자)몸이 날만ᄒᆞᆫ 이 하건마ᄂᆞᆫ,

山林(산림)에 뭇쳐 이셔 至樂(지락)을 ᄆᆞᄅᆞᆯ 것가.

數間茅屋(수간모옥)을 碧溪水(벽계수) 앏픠 두고,

松竹(송죽) 鬱鬱裏(울울리)예 風月主人(풍월 주인) 되여셔라.

엇그제 겨을 지나 새봄이 도라오니,

桃花杏花(도화 행화)는 夕陽裏(석양리)예 픠여 잇고,

綠楊芳草(녹양 방초)는 細雨中(세우 중)에 프르도다.

칼로 ᄆᆞᆯ아 낸가, 붓으로 그려 낸가,

造化神功(조화 신공)이 物物(물물)마다 헌ᄉᆞ롭다.

수풀에 우ᄂᆞᆫ 새ᄂᆞᆫ 春氣(춘기)를 ᄆᆞᆺ내 계워 소리마다 嬌態(교태)로다.

物我一體(물아일체)어니, ㉡興(흥)이ᄋᆡ 다ᄅᆞᆯ소냐.

柴扉(시비)예 거러보고, 亭子(정자)애 안자 보니,

逍遙吟詠(소요 음영)ᄒᆞ야, 山日(산일)이 寂寂(적적)ᄒᆞᆫᄃᆡ,

閑中眞味(한중진미)를 알 니 업시 호재로다.

(나) 이바 니웃드라, 山水 구경 가쟈ᄉᆞ라.

踏靑(답청)으란 오ᄂᆞᆯ ᄒᆞ고, 浴沂(욕기)란 來日(내일) ᄒᆞ새.

아ᄎᆞᆷ에 採山(채산)ᄒᆞ고, ㉢나조ᄒᆡ 釣水(조수)ᄒᆞ새.

ᄀᆞᆺ 괴여 닉은 술을 葛巾(갈건)으로 밧타 노코,

곳나모 가지 것거, 수 노코 먹으리라.

和風(화풍)이 건듯 부러 綠水(녹수)를 건너오니,

淸香(청향)은 잔에 지고, 落紅(낙홍)은 옷새 진다.

樽中(준중)이 뷔엿거든 날ᄃᆞ려 알외여라.

小童(소동) 아ᄒᆡᄃᆞ려 酒家(주가)에 술을 믈어,

얼운은 막대 집고, 아ᄒᆡᄂᆞᆫ 술을 메고,

微吟緩步(미음 완보)ᄒᆞ야 시냇ᄀᆞ의 호자 안자,

明沙(명사) 조흔 믈에 잔 시어 부어 들고,

淸流(청류)를 굽어보니, 써오ᄂᆞ니 桃花(도화) l 로다.

武陵(무릉)이 갓갑도다, 져 ᄆᆡ이 권 거인고.

松間(송간) 細路(세로)에 杜鵑花(두견화)를 부치 들고,

㉣峰頭(봉두)에 급피 올나 구름 소긔 안자 보니,

千村萬落(천촌 만락)이 곳곳이 버러 잇ᄂᆡ

煙霞日輝(연하 일휘)ᄂᆞᆫ 錦繡(금수)를 재펏ᄂᆞᆫ 듯.

엇그제 검은 들이 봄빗도 有餘(유여)홀샤.

ⓐ功名(공명)도 날 ᄭᅴ우고, 富貴(부귀)도 날 ᄭᅴ우니,

淸風明月(청풍 명월) 外(외)예 엇던 벗이 잇ᄉᆞ올고,

簞瓢陋巷(단표누항)에 훗튼 혜음 아니 ᄒᆞᄂᆡ.

아모타, 百年行樂(백년 행락)이 이만ᄒᆞᆫᄃᆞᆯ 엇지ᄒᆞ리.

– 정극인, <상춘곡>

60. 윗글에 대한 설명으로 가장 적절하지 않은 것은?

2014 법원직 9급

① 계절의 변화에 따른 대상의 차이에 주목하고 있다.
② 속세를 떠나 자연 속에서 자연과 동화된 삶을 자랑스럽게 여긴다.
③ 설의법, 의인법, 직유법 등의 여러 가지 표현 기법을 사용하고 있다.
④ 화자의 시선 이동이 좁은 공간에서 넓은 공간으로 옮겨지면서 확대되고 있다.

61. ㉠~㉣에 대한 설명으로 가장 적절한 것은?

2014 법원직 9급

① ㉠은 작가와 대조되는 삶을 살고 있는 사람들로서, 화자가 안타까움을 느끼는 대상이다.
② ㉡은 '흥'이 이에 미치겠는가라는 의미로, 자연이 인간보다 우위에 있음을 드러낸다.
③ ㉢은 '저녁에 낚시하세'라는 뜻으로, 문제 해결에 있어 선공후사(先公後私)의 태도를 견지하는 모습을 보여준다.
④ ㉣과 같은 백성의 삶에 대한 관심은, 위정자로서의 책임감이 반영된 결과이다.

62. **(나)에 대한 설명으로 옳지 않은 것은?** 2018 국회직 9급

① 이런 글의 갈래를 '서정 가사', '정격 가사', '양반 가사'라고 한대. 서정적인 내용을 정해진 격식에 따라서 양반이 지어서 그런 건가 봐.

② 맞아. 가사는 길게 쓴 시조라고 볼 수도 있는 건가 봐. 그래서 '운문체'이기도 하고 '가사체'이기도 한다고 해.

③ 어디 보자. 글 내용으로 볼 때 주제는 봄의 완상(玩賞)과 안빈낙도(安貧樂道)가 맞겠지?

④ 그렇지. 이 글엔 설의법, 의인법, 풍유법, 대구법, 직유법 등 여러 표현 기교를 사용했네.

⑤ 조선시대 사대부 가사의 작품으로 송순의 <면앙정가>와 함께 은일 가사라고 불리기도 한 대.

작품 정리 │ 정극인, 〈상춘곡(賞春曲)〉

• 갈래 : 서정 가사, 정격 가사, 양반 가사
• 시대 : 조선 성종(15세기)
• 제재 : 봄의 풍경
• 주제 : 봄의 풍경과 안빈낙도
• 성격 : 서정적, 묘사적, 자연친화적, 예찬적
• 특징
  ① 대구법을 통해 운율을 형성함.
  ② 의인법을 통해 주제를 강조함.
  ③ 무릉도원 고사를 인용하여 이상향을 강조함.
  ④ 결사의 주객전도(主客顚倒)의 표현을 통해 주제를 강조함.
  ⑤ 3(4) · 4조, 4음보 연속체
  ⑥ 공간 이동과 확장에 따른 시상 전개
• 출전 : 《불우헌집》

---

63. **ⓐ와 유사한 발상 및 표현을 찾아볼 수 없는 것은?**
2014 법원직 9급

① 자고 일어나면 머리맡의 촛불은 이미 없어지고
  하얗고 딱딱한 옷을 입은 빈 병만 우두커니 나를 쳐다본다.
  　　　　　　　　　　　　　　　　－ 기형도, 〈10월〉

② 남여(藍興) 완보(緩步)호야 산영루(山暎樓)의 올나호니,
  영롱(玲瓏) 벽계(碧溪)와 수성(數聲) 제조(啼鳥)는 이별(離別)을 원(怨)하는 듯 　－ 정철, 〈관동별곡(關東別曲)〉

③ 번개와 같이 떨어지는 물방울은
  취할 순간조차 마음에 주지 않고
  나타(懶惰)와 안정을 뒤집어 놓은 듯이
  높이도 폭도 없이 떨어진다. 　　　－ 김수영, 〈폭포〉

④ 노신이여
  이런 밤이면 그대가 생각난다.
  온- 세계가 눈물에 젖어 있는 밤
  상해 호마로 어느 뒷골목에서
  쓸쓸히 앉아 지키던 등불
  등불이 나에게 속삭거린다.
  여기 하나의 상심한 사람이 있다.
  여기 하나의 굳세게 살아온 인생이 있다.
  　　　　　　　　　　　　　　　　－ 김광균, 〈노신〉

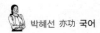
면앙정가

64. 다음 글에 나타난 시적 화자의 정서와 가장 유사한 것은?

2018 지방직 7급

> 흰 구름 뿌연 연하(煙霞) 푸른 것은 산람(山嵐)이라
>
> 천암만학(千巖萬壑)을 제 집으로 삼아 두고
>
> 나명셩 들명셩 일히 구는지고
>
> 오르거니 내리거니 장공(長空)에 떠나거니 광야(廣野)로 건너거니
>
> 푸르락 붉으락 옅으락 짙으락
>
> 사양(斜陽)과 섞어지어 세우(細雨)조차 뿌리는가.
>
> …(중략)…
>
> 초목 다 진 후의 강산(江山)이 매몰커늘
>
> 조물(造物)이 헌사하여 빙설(氷雪)로 꾸며 내니
>
> 경궁요대(瓊宮瑤臺)와 옥해은산(玉海銀山)이 안저(眼底)의 벌렸구나.
>
> 건곤(乾坤)도 가암열사* 간 데마다 경이로다.
>
> — 송순, 〈면앙정가〉
>
> * 가암열사 : 풍성하다는 뜻

① 수간모옥(數間茅屋)을 벽계수(碧溪水) 앞에 두고 송죽(松竹) 울울리(鬱鬱裏)에 풍월주인(風月主人) 되어셔라.
② 이 술 가져다가 사해(四海)에 고루 나누어 억만창생(億萬蒼生)을 다 취(醉)케 만든 후에 그제야 고쳐 만나 또 한 잔 하잤고야.
③ 모첨(茅簷) 찬 자리에 밤중만 돌아오니 반벽청등(半壁靑燈)은 눌 위하여 밝았는고.
④ 종조추창(終朝惆愴)하며 먼 들을 바라보니 즐기는 농가(農歌)도 흥(興) 없어 들리나다.

작품 정리 | 송순, 〈면앙정가(俛仰亭歌)〉

송순이 전남 담양에 면앙정(정자)를 짓고 쓴 가사이다.
- 갈래: 양반 가사, 은일 가사, 강호 한정가
- 성격: 풍류적, 묘사적, 자연 친화적
- 연대: 조선 중종(16세기)
- 운율: 3(4)·4조, 4음보 연속체
- 제재: 면앙정 주변의 자연
- 주제: 자연 친화와 임금의 은혜에 대한 감사
- 특징
  ① 비유·대구·반복 등의 다양한 표현 방법을 사용함.
  ② 사계절의 흐름에 따른 면앙정 주변의 풍경의 변화를 나타내며 즐기는 강호가도 가사의 대표작
- 의의: 조선 전기 시가의 핵심인 강호가도를 확립한 노래
- 출전: 《면앙집》

관동별곡

※ 다음 글을 읽고 물음에 답하시오.

(가) 昭쇼陽양江강 느린 믈이 어드러로 든단 말고.
孤고臣신 去거國국에 白뵉髮발도 하도 할샤.
東동州쥐 밤 계오 새와 北븍寬관亭뎡의 올나흐니,
三삼角각山산 第뎨一일峯봉이 흐마면 뵈리로다.
弓궁王왕 大대闕궐 터희 烏오鵲쟉이 지지괴니,
千쳔古고 興흥亡망을 아는다, 몰ㅇ는다.
ⓐ淮회陽양 녜 일홈이 마초아 ㄱ틀시고.
汲급長댱孺유 風풍彩치를 고텨 아니 볼 게이고.

(나) 營영中듕이 無무事ㅅ흐고 時시節졀이 三삼月월인 제,
花화川쳔 시내길히 楓풍岳악으로 버더 잇다.
行힝裝장을 다 썰티고 石셕逕경의 막대 디퍼,
百뵉川쳔洞동 겨틔 두고 萬만瀑폭洞동 드러가니,
銀은 ㄱ튼 무지게, 玉옥 ㄱ튼 龍룡의 초리,
ⓑ섯돌며 쐄는 소릐 十십里리의 ㅈ자시니,
들을 제는 우레러니 보니는 눈이로다.

(다) 開기心심臺딕 고텨 올나 衆듕香향城성 ㅂ라보며,
萬만二이千쳔峯봉을 歷녁歷녁히 혀여흐니
峰봉마다 밋쳐 잇고 긋마다 서린 긔운,
ⓒ뫍거든 조티 마나, 조커든 뫍디 마나.
뎌 긔운 흐터 내야 人인傑걸을 문돌고쟈.
形형容용도 그지업고 體톄勢셰도 하도 할샤.
天텬地디 삼기실 제 自ㅈ然연이 되연마는,
이제 와 보게 되니 有유情졍도 有유情졍흐샤.

(라) 毗비盧로峰봉 上샹上샹頭두의 올라 보니 긔 뉘신고.
東동山산 泰태山산이 어느야 놉돗던고.
魯노國국 조븐 줄도 우리는 모르거든,
넙거나 넙은 天텬下하 엇찌흐야 젹닷 말고.
어와 뎌 디위를 어이흐면 알 거이고.
오르디 못흐거니 느려가미 고이홀가.

(마) 山산中듕을 미양 보랴, 東동海히로 가쟈스라.
藍남輿여 緩완步보흐야 山산映영樓누의 올나흐니,
玲녕瓏농 碧벽溪계와 數수聲성 啼데鳥됴는 離니別별
을 怨원흐는 듯,
旌졍旗긔를 썰티니 五오色식이 넘노는 듯,
鼓고角각을 섯부니 海히雲운이 다 것는 듯.
鳴명沙사길 니근 믈이 醉취仙션을 빗기 시러,
바다흘 겻틔 두고 海히棠당花화로 드러가니,
白뵉鷗구야 ㄴ디 마라, 네 버딘 줄 엇디 아는.

(바) ⓓ이 술 가져다가 四ㅅ海히예 고로 ㄴ화,
億억萬만 蒼창生싱을 다 醉취케 밍근 後후의,
그제야 고텨 맛나 쏘 흔 잔 흐쟛고야.
ⓓ말 디쟈 鶴학을 트고 九구空공의 올나가니,
空공中듕 玉옥簫쇼 소리 어제런가 그제런가.
나도 줌을 씨여 바다흘 구버보니,
기픠를 모르거니 ㄱ인들 엇디 알리.
明명月월이 千쳔山산萬만落낙의 아니 비쵠 딕 업다.

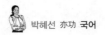

65. 다음은 가사 문학의 일반적인 특징을 정리한 것이다. 윗 글과 가장 관련이 없는 것은?

2016 법원직 9급

> 가사는 ㉮4음보격 연속체 율문의 운문 문학의 일종이면서도 다양한 내용들을 폭넓게 수용한다는 점에서 일반적인 서정시와 판이한 갈래다. 특히, 양반 가사의 경우에는 ㉯자기의 체험과 흥취를 낭만적으로 표현하거나 ㉰자신의 정치적 신념을 보다 자유롭게 노래하거나 ㉱벼슬길이 막힌 것에 대한 좌절감을 문학으로 승화하고자 하기도 했다.

① ㉮   ② ㉯
③ ㉰   ④ ㉱

66. ⓐ~ⓓ에 관한 풀이로 가장 적절한 것은?

2016 법원직 9급

① ⓐ: 회양, 네가 이룬 것이 (내가 강원도 관찰사를 하며 이룰 것과) 마침 같구나
② ⓑ: 섞어 돌며 뿜어낸다는 소문이 십리 밖에도 자자하게 퍼져 있으니
③ ⓒ: 맑거든 좋지 말거나 좋거든 맑지 말거나 할 것이지 (맑고도 좋은 기운을 가졌구나)
④ ⓓ: 말이 끝나자 학을 타고 높고 아득한 하늘로 올라가니

67. 〈관동별곡〉의 다음 내용에 대한 설명으로 가장 적절하지 않은 것은?

2019 경찰직 1차

> 小쇼香향爐노 大대香향爐노 눈 아래 구버보고,
> 正졍陽양寺ᄉ 眞진歇헐臺ᄃᆡ 고텨 올나 안존마리,
> 盧녀山산 眞진面면目이 여긔야 다 뵈ᄂ다.
> 어와, 造조化화翁옹이 ㉠헌ᄉ토 헌ᄉ홀샤.
> 늘거든 ᄲᅱ디 마나, 셧거든 솟디 마나.
> 芙부蓉용을 고잣ᄂ 듯, 白ᄇᆡ玉옥을 믓것ᄂ 듯,
> 東동溟명을 박ᄎᄂ 듯, ㉡北북極극을 괴왓ᄂ 듯.
> 놉흘시고 望망高고臺ᄃᆡ, 외로올샤 穴혈望망峯봉이
> 하늘의 추미러 므ᄉ 일을 ᄉ로리라
> 千쳔萬만劫겁 디나ᄃ록 구필 줄 모ᄅᄂ다.
> 어와 너여이고, 너 ᄀᄐ니 ᄯᅩ 잇ᄂ가.

① ㉠을 현대어로 풀이하면 '야단스럽기도 야단스럽구나'이다.
② ㉡의 지시적 대상은 '북극성'이지만 '임금'을 의미하기도 한다.
③ 수사법 중에서 은유법, 과장법, 대구법, 반어법이 사용되었다.
④ 금강산 봉우리들의 모습에 지조와 절개를 지닌 충신으로서 작가 자신을 견주고 있다.

68. ㉠~㉣에 대한 풀이로 가장 적절한 것은?

2014 국가직 9급

> ㉠天텬根근을 못내 보와 望망洋양亭뎡의 올은말이, 바다 밧근 하ᄂᆞᆯ이니 하ᄂᆞᆯ 밧근 므서신고. ㉡ᄀᆞ득 노흔 고래, 뉘라셔 놀래관ᄃᆡ, 블거니 ᄲᆞᆷ거니 어즈러이 구ᄂ디고. ㉢銀은山산을 것거 내여 六뉵龍합의 ᄂᆞ리ᄂᆞᆫ 듯, 五오月월 長댱天텬의 ㉣白ᄇᆡ雪셜은 므ᄉ 일고.
>
> — 정철, 〈관동별곡〉

① ㉠ – 은하수   ② ㉡ – 성난 파도
③ ㉢ – 태백산   ④ ㉣ – 흰 갈매기

69. 다음 중 밑줄 친 ㉠~㉤ 부분의 의미를 잘못 설명한 것은?

2012 국회직 9급

> ㉠江강湖호애 病병이 깁퍼 竹듁林님의 누엇더니,
> 關관東동八팔百빅里니에 方방面면을 맛디시니, 어
> 와 聖셩恩은이야 가디록 罔망極극ᄒ다. 延연秋츄門
> 문 드리ᄃ라 慶경會회 南남門문 브라보며, 下하直직
> 고 믈너나니 ㉡玉옥節졀이 알픠 셧다. 平평丘구驛역
> 믈을 ᄀ라 黑흑水슈로 도라드니, 蟾셤江강은 어듸메
> 오, 雉티岳악이 여긔로다. 昭쇼陽양江강 ᄂ린 믈이
> 어드러로 든단 말고. ㉢孤고臣신 去거國국에 白빅髮
> 발도 하도 할샤. 東동州쥐 밤 계오 새와 北븍寬관亭
> 녕의 올나ᄒ니, 三삼角각山산 第뎨一일峯봉이 ᄒ마
> 면 뵈리로다. ㉣弓궁王왕 大대闕궐 터희烏오鵲쟉이
> 지지괴니, 千쳔古고 興흥亡망을 아ᄂ다, 몰ᄋᄂ다.
> ㉤淮회陽양 녜 일홈이 마초아 ᄀ틀시고. 汲급長댱孺
> 유 風풍彩치를 고텨 아니 볼 게이고.

① ㉠ 자연을 사랑하는 마음이 깊음을 말한다.
② ㉡ '옥절'은 옥으로 만든 부신(符信)으로 예전에, 관직을 제수할 때에 받던 증서이다.
③ ㉢ 외로운 신하가 임금의 곁을 떠나니 백발(걱정)이 많음을 말한다.
④ ㉣ 궁예의 대궐 터에 까마귀가 지저귀는데, 지금은 고인이 된 궁예에게 천고의 흥망을 아는지, 모르는지를 묻고 있다.
⑤ ㉤ 선정(善政)을 베풀고 싶은 화자의 포부를 드러낸 부분이다.

70. 다음 ㉠~㉣ 중 "先天下之憂而憂, 後天下之樂而樂"과 가장 밀접한 표현은?

2014 국가직 7급

> 松根을 볘여 누어 픗줌을 얼픗 드니,
> 쑴애 ᄒ사ᄅ이 날ᄃ려 닐온 말이,
> 그딕를 내 모ᄅ랴, ㉠上界예 眞仙이라.
> 黃庭經一字를 엇디 그릇 닐거 두고,
> 人間의 내려와셔 우리를 ᄯ로ᄂ다.
> 져근덧 가디 마오. 이 술 ᄒ잔 머거 보오.
> ㉡北斗星기우려 滄海水부어 내여,
> 저 먹고 날 머겨ᄂ늘 서너 잔 거후로니,
> 和風이 習習ᄒ야 兩腋을 추혀 드니,
> 九萬里長空애 져기면 ᄂ리로다.
> 이 술 가져다가 四海예 고로 ᄂ화,
> ㉢億萬蒼生을 다 醉케 밍근 後의,
> 그제야 고텨 맛나 ᄯ 흔잔 ᄒ쟛고야.
> 말 디쟈 鶴을 ᄐ고 九空의 올나가니,
> 空中玉簫소리 어제런가 그제런가.
> 나도 줌 ᄋᆯ 씌여 바다흘 구버 보니,
> ㉣기픠를 모르거니 ᄀ인들 엇디 알리.
> 明月이 千山萬落의 아니 비쵠 딕 업다.
>
> — 정철, 〈관동별곡〉

① ㉠   ② ㉡
③ ㉢   ④ ㉣

작품 정리 | 정철, 〈관동별곡(關東別曲)〉

• 시대: 조선 선조 13년(16세기 말)
• 제재: 금강산과 관동 팔경
• 주제: 금강산, 관동 팔경 유람, 백성을 생각하는 마음
• 성격: 서정적
• 특징
  ① 비유적(영탄법, 생략법, 대구법) 표현을 사용함.
  ② 3(4)·4조, 4음보 연속체
  ③ 우리말을 아름답게 사용한 가사
  ④ 객관적 경치 묘사를 넘어선 서정 가사
  ⑤ 중국 고사를 인용
• 출전: 《송강가사》

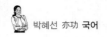
사미인곡

71. 윗글에 나타난 화자의 상황 및 정서와 가장 유사한 것은?

2017 지방직 7급

(가) 이 몸 삼기실 제 님을 조차 삼기시니,
　　호싱 緣연分분이며 하늘 모를 일이런가.
　　나 호나 졈어 잇고 님 호나 날 괴시니,
　　이 무음 이 스랑 견졸 딕 노여 업다.
　　平평生싱애 願원호요딕 호딕 녜쟈 호얏더니,
　　늙거야 므스 일로 외오 두고 글이는고.
　　엇그제 님을 뫼셔 廣광寒한殿뎐의 올낫더니,
　　그 더딕 엇디호야 下하界계예 느려오니,
　　올 저긔 비슨 머리 얼킈연 디 三삼年년일쇠.
　　臟연脂지粉분 잇닉마는 눌 위호야 고이 홀고.
　　무음의 미친 실음 疊텹疊텹이 싸혀 이셔, 짓닉니
　　한숨이오 디닉니 눈물이라.
　　人인生싱은 有유限호호딕 시름도 그지업다.
　　無무心심호 歲세月월은 믈 흐르 듯 호는고야.
　　炎염涼냥이 째를 아라 가는 듯 고텨 오니,
　　듯거니 보거니 늣길 일도 하도 할샤.

(나) 東동風풍이 건듯 부러 積젹雪셜을 헤텨 내니,
　　窓창 밧긔 심근 梅미花화 두세 가지 픠여셰라.
　　굿득 冷닝淡담호딕 暗암香향은 므스 일고.
　　黃황昏혼의 돌이 조차 벼마틱 빗최니,
　　늣기는 듯 반기는 듯 님이신가 아니신가.
　　뎌 梅미花화 것거 내여 님 겨신 딕 보내오져.
　　님이 너를 보고 엇더타 너기실고.

(다) 곳 디고 새 닙 나니 綠녹陰음이 질렷는딕,
　　羅나幃위 寂젹寞막호고 繡슈幕막이 뷔여 잇다.
　　芙부蓉용을 거더 노코 孔공雀쟉을 둘러 두니,

굿득 시름 한딕 날은 엇디 기돗던고.
鴛원鴦앙錦금 버혀 노코 五오色식線션 플텨
내여, 금자히 견화이셔 님의 옷 지어 내니,
手슈品품은 크니와 制졔度도도 구줄시고.
珊산瑚호樹슈 지게 우희 白빅玉옥函함의 다마 두고,
님의게 보내오려 님 겨신 딕 브라보니,
山산인가 구롬인가 머흐도 머흘시고.
千쳔里리 萬만里리 길히 뉘라셔 추자 갈고.
니거든 여러 두고 날인가 반기실가.

(라) 흐릭밤 서리김의 기러기 우러녈 제,
　　危위樓루에 혼자 올나 水슈晶졍簾념을 거든마리,
　　東동山산의 돌이 나고 北븍極극의 별이 뵈니,
　　님이신가 반기니 눈믈이 절로 난다.
　　淸청光광을 픠워 내여 鳳봉凰황樓누의 븟티고져.
　　樓누 우희 거러 두고 八팔荒황의 다 비최여,
　　深심山산 窮궁谷곡 졈낫구티 뎅그쇼셔.

(마) 乾건坤곤이 閉폐塞식호야 白빅雪셜이 호 비친 제,
　　사룸은 크니와 놀새도 긋처 잇다.
　　瀟쇼湘상 南남畔반도 치오미 이러커든
　　玉옥樓누 高고處쳐야
　　더옥 닐너 므슴호리.
　　陽양春츈을 부처 내여 님 겨신 딕 쏘이고져.
　　茅모簷쳠 비쵠 히를 玉옥樓누의 올리고져.
　　紅홍裳상을 니믜츠고 翠취袖슈를 반만 거더
　　日일暮모脩슈竹듁의 혬가림도 하도 할샤.
　　댜른 히 수이 디여 긴 밤을 고초 안자,
　　靑쳥燈등 거른 겻틱 鈿뎐箜공篌후 노하 두고,
　　숨의나 님을 보려 틱 밧고 비겨시니,
　　鴛앙鴦금도 추도 출샤 이 밤은 언제 샐고.

(바) ㅎㄹ도 열두 째, 흔 둘도 셜흔 날,

　　져근덧 싱각 마라 이 시름 닛쟈 ㅎ니,

　　ㅁ음의 미쳐이셔 骨골髓슈의 쎄텨시니,

　　扁편鵲쟉이 열히 오다 이 병을 엇디 ㅎ리.

　　어와 내 병이야 이 님의 타시로다.

　　출하리 싀어디여 범나븨 되오리라.

　　곳나모 가지마다 간 딕 죡죡 안니다가,

　　향 므든 눌애로 님의 오시 올므리라.

　　님이야 날인 줄 모르셔도 내 님 조추려 ㅎ노라.

　　　　　　　　　　　　　　　－ 정철, 〈사미인곡〉

① 서방님 병(病) 들여 두고 쓸 것 없어

　종루 저자에 다리 팔아 배 사고 감 사고 유자 사고 석류 샀다.

　아차차 잊었구나. 오화당(五花糖)을 잊어 버렸구나.

　수박에 슐 꽂아 놓고 한숨계워 하노라.　　　－ 김수장

② 갓나희들이 여러 층(層)이오매

　송골매도 같고 줄에 앉은 제비도 같고 백화원리(百花園裡)에 두루미도 같고 녹수파란(綠水波瀾)에 비오리도 같고 따헤 퍽 앉은 소리개도 같고 썩은 등걸에 부엉이도 같데.

　그려도 다 각각 임의 사랑이니 개(皆) 일색(一色)인가 하노라.　　　－ 작가 미상 또는 김수장

③ 공명도 날 꺼리고 부귀도 날 꺼리니

　청풍명월 외에 어떤 벗이 있사올꼬.

　단표누항에 허튼 혜음 아니하니

　아모타 백년행락이 이만한들 어떠하리.

　　　　　　　　　　　　　　　－ 정극인, 〈상춘곡〉

④ 내 임을 그리워하여 울고 있나니

　산 접동새 난 비슷하요이다.

　아니시며 거츠르신 것을

　아으 잔월효성이 알으시리이다.　　　－ 정서, 〈정과정〉

정리하기 충신연주지사(忠臣戀主之詞)란?

충성스러운 신하가 임금을 사모하는 노래.
'임금'은 여성에 사랑받는 '임'으로,
'신하'는 여성 화자로 그려진다.

작품 정리 | 정철, 〈사미인곡(思美人曲)〉

- 갈래 : 양반 가사, 서정 가사
- 시대 : 조선 선조(16세기 말)
- 제재 : 연군지정(戀君之情)
- 주제 : 임금을 향한 변하지 않는 마음(충성)과 사랑
- 성격 : 서정적, 여성적
- 특징
  ① 시간의 흐름(계절 변화)에 따른 시상 전개
  ② 비유와 상징을 사용
  ③ 3(4) · 4조, 4음보 연속체
- 의의
  ① 〈속미인곡〉의 전편으로 두 편 모두 가사 문학의 대표적인 작품으로 평가됨.
  ② 우리말을 아름답게 작품에 녹임.
  ③ 정서의 〈정과정곡〉의 맥을 이음.
- 출전 : 《송강가사》

속미인곡

※ 다음 글을 읽고 물음에 답하시오.

> 뎨 가는 뎌 각시 본 듯도 ᄒᆞ뎌이고
>
> ㉠천상(天上) 백옥경(白玉京)을 엇디ᄒᆞ야 이별(離別)ᄒᆞ고
>
> 히 다 뎌 뎌믄 날의 눌을 보라 가시ᄂᆞᆫ고
>
> 어와 네여이고 이내 스셜 드러 보오
>
> 내 얼굴 이 거동이 님 괴얌즉 ᄒᆞ가마ᄂᆞᆫ
>
> 엇딘디 날 보시고 네로다 녀기실ᄉᆡ
>
> 나도 님을 미더 군ᄠᅳ디 전혀 업서
>
> 이리야 교ᄐᆡ야 어즈러이 ᄒᆞ돗던디
>
> 반기시ᄂᆞᆫ 놋비치 녜와 엇디 다ᄅᆞ신고
>
> 누어 ᄉᆡᆼ각ᄒᆞ고 니러 안자 혜여ᄒᆞ니
>
> ㉡내 몸의 지은 죄 뫼ᄀᆞ티 빠혀시니
>
> 하ᄂᆞᆯ히라 원망ᄒᆞ며 사ᄅᆞᆷ이라 허믈ᄒᆞ랴
>
> 셜워 플텨 혜니 조믈(造物)의 타시로다
>
> 글란 ᄉᆡᆼ각 마오 ᄆᆞ친 일이 이셔이다
>
> 님을 뫼셔 이셔 님의 일을 내 알거니
>
> 믈 ᄀᆞ튼 얼굴이 편ᄒᆞ실 적 몃 날일고
>
> 춘한(春寒) 고열(苦熱)은 엇디ᄒᆞ야 디내시며
>
> ㉢추일(秋日) 동천(冬天)은 뉘라셔 뫼셧ᄂᆞᆫ고
>
> 죽조반(粥早飯) 조석(朝夕) 뫼 녜와 ᄀᆞ티 셰시ᄂᆞᆫ가
>
> 기나긴 밤의 ᄌᆞᆷ은 엇디 자시ᄂᆞᆫ고
>
> 님 다히 소식(消息)을 아므려나 아쟈 ᄒᆞ니
>
> 오늘도 거의로다 ᄂᆡ일이나 사ᄅᆞᆷ 올가
>
> 내 ᄆᆞ음 둘 ᄃᆡ 업다 어드러로 가쟛 말고
>
> 잡거니 밀거니 놉픈 뫼희 올라가니
>
> 구롬은 ᄏᆞ니와 안개ᄂᆞᆫ 므ᄉᆞ 일고
>
> 산천(山川)이 어둡거니 일월(日月)을 엇디 보며
>
> 지척(咫尺)을 모ᄅᆞ거든 천리(千里)를 ᄇᆞ라보랴
>
> 출하리 믈ᄀᆞ의 가 ᄇᆡᆺ길하나 보랴 ᄒᆞ니

> ᄇᆞ람이야 믈결이야 어둥졍 된뎌이고
>
> 샤공은 어ᄃᆡ 가고 븬 ᄇᆡ만 걸렷ᄂᆞᆫ고
>
> 강천(江川)의 혼쟈 셔셔 디ᄂᆞᆫ 히ᄅᆞᆯ 구버보니
>
> 님 다히 소식이 더옥 아득ᄒᆞ뎌이고
>
> 모쳠(茅簷) 춘 자리의 밤듕만 도라오니
>
> 반벽청등(半壁靑燈)은 눌 위ᄒᆞ야 ᄇᆞᆰ갓ᄂᆞᆫ고
>
> 오ᄅᆞ며 ᄂᆞ리며 헤쓰며 바자니니
>
> 져근덧 역진(力盡)ᄒᆞ야 풋ᄌᆞᆷ을 잠간 드니
>
> 정성(精誠)이 지극ᄒᆞ야 ᄭᅮᆷ의 님을 보니
>
> 옥(玉) ᄀᆞ튼 얼구리 반(半)이나마 늘거셰라
>
> ᄆᆞᄋᆞᆷ의 머근 말ᄉᆞᆷ 슬ᄏᆞ장 ᄉᆞᆲ쟈 ᄒᆞ니
>
> 눈믈이 바라 나니 말ᄉᆞᆷ인들 어이ᄒᆞ며
>
> 정(情)을 못다 ᄒᆞ야 목이조차 메여ᄒᆞ니
>
> 오뎐된 계셩(鷄聲)의 ᄌᆞᆷ은 엇디 ᄭᆡ돗던고
>
> ㉣어와 허ᄉᆞ(虛事)로다 이 님이 어ᄃᆡ 간고
>
> 결의 니러 안자 창(窓)을 열고 ᄇᆞ라보니
>
> 어엿븐 그림재 날 조ᄎᆞᆯ ᄲᅮᆫ이로다
>
> 출하리 싀여디여 ㉮낙월(落月)이나 되야이셔
>
> 님 겨신 창(窓) 안히 번드시 비최리라
>
> 각시님 ᄃᆞᆯ이야ᄏᆞ니와 ㉯구즌비나 되쇼셔
>
> — 정철, <속미인곡(續美人曲)>

72. **위 작품에 대한 설명으로 가장 적절한 것은?**

2016 국회직 8급

① 우리말의 아름다움을 잘 살린 대표적인 시조 문학이다.
② 지은이는 이 작품을 짓고 다시 대화체의 속편을 지었다.
③ 한자어와 고사가 덜 사용되고 진솔한 심정을 간절히 표현했다.
④ 3·4(4·4)조의 4음보 연속체이며 서사와 본사 2단 구성으로 되어 있다.
⑤ 버림받은 여인의 처지를 체념과 절망의 독백조로 읊고 있다.

73. ⊙~⊜에 대한 설명으로 적절하지 않은 것은?

2017 법원직 9급

① ⊙: 상대방이 하늘로부터 내려온 존재임을 드러내고
있다.

② ⓛ: 자신의 잘못으로 발생한 문제임을 드러내고 있다.

③ ⓒ: 자신을 대신해 임을 모시는 사람에 대한 원망을
드러내고 있다.

④ ⊜: 탄식을 통해 화자의 허탈한 심정을 드러내고
있다.

74. ㉮와 ㉯를 비교한 것으로 가장 적절한 것은?

2017 법원직 9급

① ㉮와 ㉯는 임에 대한 화자의 원망을 드러내는 소재
이다.

② ㉮와 ㉯는 임과 화자 사이를 가로막는 장애물을 상징
한다고 볼 수 있다.

③ ㉮에 비해 ㉯는 임에 대한 적극적 사랑의 모습을 드
러낼 수 있는 소재이다.

④ ㉯에 비해 ㉮는 화자의 소망이 이루어지기 힘든 것임
을 드러내고 있다.

작품 정리 | 정철, 〈속미인곡(續美人曲)〉

• 갈래: 서정 가사, 양반 가사
• 시대: 조선 선조(16세기 말)
• 제재: 사랑하는 임에 대한 그리움
• 주제: 임금에 대한 사랑과 충성, 임금에 대한 그리움
• 성격: 서정적, 여성적
• 특징
① 대화 형식의 내용 구성(갑녀와 을녀의 대화)
② 우리말을 아름답게 작품에 녹임.
③ 3(4)·4조, 4음보 연속체
④ 전통적인 순종적 여성 화자
• 출전: ≪송강가사≫

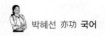
박혜선 亦功 국어

규원가

※ 다음 시를 읽고 물음에 답하시오.

(가) 엇그제 저멋더니 ㅎ마 어이 다 늘거니.

少年行樂(소년행락) 생각ㅎ니 일러도 속절업다.

늘거야 서른 말슴 ㅎ자니 목이 멘다.

父生母育(부생모육) 辛신苦고ㅎ야 이 내 몸 길러 낼 제,

公공候후配비匹필은 못 바라도 君군子子好호逑구 願ㅎ더니,

三生(삼생)의 怨원業업이오 月下(월하)의 緣연分분으로

長장安안遊유俠협 경박자(輕薄子)를 꿈곧치 만나 잇서,

當時(당시)의 用心(용심)ㅎ기 살어름 디디는 듯,

三五(삼오) 二八(이팔) 겨오 지나 天然麗質(천연여질) 절로 이니,

이 얼골 이 態度(태도)로 百年期約(백년기약)ㅎ얏더니,

年光(연광)이 훌훌ㅎ고 造物(조물)이 多다猜시ㅎ야,

봄바람 가을 믈이 뵈오리 북 지나듯.

雪설鬢빈花화顔안 어딘 두고 面目可憎(면목 가증)되거 고나.

내 얼골 내 보거니 어느 임이 날 괼소냐.

스스로 慚참愧괴ㅎ니 누구를 怨원望망ㅎ리.

三三五五(삼삼오오) 冶야遊유園원의 새 사람이 나단 말가.

곳 피고 날 저물 제 定處(정처) 업시 나가 잇어,

白馬(백마) 金금鞭편으로 어딘어딘 머무는고.

遠近(원근)을 모르거니 消息(소식)이야 더욱 알랴.

因緣(인연)을 긋쳐 신들 싱각이야 업슬소냐.

얼골을 못 보거든 그립기나 마르 려믄.

열 두 째 김도 길샤 설흔 날 支離(지리)ㅎ다.

玉窓(옥창)에 심근 梅花(매화) 몃 번이나 픠여 진고.

겨울 밤 차고 찬 제 자최눈 섯거 치고,

여름날 길고 길 제 구즌 비는 무스 일고 三春花柳(삼춘 화류) 好時節(호시절)에 景物(경물)이 시름업다.

가을 둘 방에 들고 蟋실蟀솔이 床(상)에 울 제,

긴 한숨 디ㄴ 눈물 속절업시 헴만 만타.

아마도 모진 목숨 죽기도 어려울사.

(나) ⊙천상의 견우 직녀 은하수 막혔어도

칠월칠석 일년일도(一年一度) 실기(失期)치 아니커든

우리 님 가신 후는 무슴 Ⓐ약수(弱水) 가리었기에

오거나 가거나 소식조차 그쳤는고

난간의 비겨 서서 ⓒ님 계신 데 바라보니

초로(草露)는 맺혀 있고 모운(暮雲)이 지나갈 제

죽림(竹林) 푸른 곳에 ⓒ새 소리 더욱 설다

세상의 설운 사람 수 없다 하려니와

박명(薄命)한 홍안(紅顔)이야 날 같은 이 또 있을까

ⓔ아마도 이 님의 탓으로 살동말동 하여라

– 허난설헌, <규원가(閨怨歌)>

75. 위 작품에 대한 설명으로 적절하지 않은 것은?

2016 기상직 7급

① 시간의 흐름을 비유적으로 표현하고 있다.
② 화자는 자신의 늙음에 대해 한탄하고 있다.
③ 자연물을 활용하여 독수공방의 외로움을 부각하고 있다.
④ 화자는 임(남편)과의 만남을 유교적인 시각에서 받아들이고 있다.

76. ⊙~ⓔ에 대한 독자의 이해가 적절한 것은?

2015 사회복지직 9급

① ⊙: 같은 처지의 존재이기에 화자에게 위안이 된다.
② ⓒ: 화자의 시선에는 '님'과의 재회에 대한 확신이 담겨 있다.
③ ⓒ: 화자의 과거 회상을 촉발하는 구실을 한다.
④ ⓔ: '님'에 대한 화자의 원망이 직접적으로 드러나 있다.

작품 정리 허난설헌, 〈규원가(閨怨歌)〉

- 갈래 : 규방 가사(내방 가사)
- 시대 : 조선 중기
- 제재 : 여인으로 사는 삶에 대한 한(恨)
- 주제 : 남성 중심인 세상에서 살아가는 여인이 느끼는 삶에 대한 한(恨)
- 성격 : 원망적, 체념적, 한탄적
- 특징
  ① 3·4(4·4)조, 4음보 연속체
  ② 다양한 고사를 이용
  ③ 여러 대상에 화자의 감정을 이입
- 의의
  ① 현전하는 최고(最古)의 여류 가사, 내방 가사, 규방 가사
  ② 남성 귀족층에게 한정되었던 가사 작곡이 여성으로까지 확장됨.
- 구성
  - 기 : 나이 든 자신의 모습을 한탄함, 인생무상
  - 승 : 사랑하는 임에 대한 원망과 슬픈 마음
  - 전 : 거문고를 통해 외로움을 달램.
  - 결 : 사랑하는 임을 기다리며 운명을 탓함.
- 출전 : 《고금가곡》

고공가

77. '고공'이 조정의 신하를 비유한다고 볼 때, ㉠~㉣에 대한 이해로 적절하지 않은 것은? 2016 국가직 7급

> 집의 옷 밥을 두고 빌어먹는 저 고공(雇工)아
>
> 우리 집 기별을 아느냐 모르느냐
>
> 비 오는 날 일 없을 때 새끼 꼬면서 이르리라
>
> ㉠처음의 한어버이 살림살이 하려할 때
>
> 인심(仁心)을 많이 쓰니 사람이 절로 모여
>
> 풀 베고 터를 닦아 큰집을 지어 내고
>
> 써레 보습 쟁기 소로 전답(田畓)을 기경(起耕)하니
>
> 올벼논 텃밭이 ㉡여드레갈이로다
>
> 자손(子孫)에 전계(傳繼)하여 대대(代代)로 내려오니
>
> 논밭도 좋거니와 고공도 근검터라
>
> 저희마다 농사지어 부유하게 살던 것을
>
> 요사이 고공들은 생각이 어이 아주 없어
>
> 밥 사발 크나 작으나 동옷이 좋고 궂으나
>
> 마음을 다투는 듯 ㉢호수(戶首)를 시기하는 듯
>
> 무슨 일 감겨들어 흘깃할깃 하는가
>
> 너희들 일 아니하고 시절(時節)조차 사나워
>
> 가뜩이나 내 세간이 줄어지게 되었는데
>
> 엊그제 ㉣화강도(火强盜)에 가산(家産)이 탕진하니
>
> 집하나 불타 버리고 먹을 것이 전혀 없다
>
> 크나큰 세간을 어찌하여 일으키려느냐
>
> 김가 이가 고공들아 새 마음 먹으려무나
>
> — 허전, 〈고공가(雇工歌)〉

① ㉠ : 태조 이성계   ② ㉡ : 조선 팔도
③ ㉢ : 임금   ④ ㉣ : 왜적

78. 〈보기〉를 참고하여 ㉠~㉣에 대해 설명한 내용으로 적절하지 않은 것은?

2019 소방직

> 집의 옷밥을 언고 들먹는 져 고공(雇工)아,
> 우리 집 긔별을 아는다 모로는다.
> 비 오는 늘 일 업슬 지 숫쏘면셔 니로리라.
> ㉠ 처음의 한어버이 사롬스리 흐려 흘 지,
> 인심(仁心)을 만히 쓰니 사롬이 졀로 모다,
> ㉡ 플 샛고 터을 닷가 큰 집을 지어 내고,
> 셔리 보십 장기 쇼로 전답(田畓)을 긔경(起耕)ᄒ니,
> ㉢ 오려논 터밧치 여드레 ᄀ리로다.
> 자손(子孫)에 전계(傳繼)ᄒ야 대대(代代)로 나려오니,
> 논밧도 죠커니와 고공(雇工)도 근검(勤儉)터라.
> 저희마다 여름지어 가움여리 사던 것슬,
> 요스이 고공(雇工)들은 헴이 어이 아조 업서,
> 밥사발 큰나 쟈그나 동옷시 죠코 즈나,
> ㉣ ᄆ옴을 둣호는 둣 호슈을 싀오는 둣,
> 무슴 일 걈드러 흘긧할긧 ᄒ느슨다.

─ (보기) ─

이 작품은 조선 왕조의 창업부터 임진왜란 직후의 역사를 농사일이나 집안 살림에 빗대는 방식을 활용하고 있다. 특히 제 역할을 하지 않고 서로 시기하고 반목하는 요즘 고공들의 행태를 질책하고 있다.

① ㉠: 태조 이성계가 조선 왕조를 창업한 사실과 관련지을 수 있다.
② ㉡: 나라의 기초를 닦은 조선 왕조의 모습과 관련지을 수 있다.
③ ㉢: 조선의 땅이 외침으로 인해 피폐해진 현실과 관련지을 수 있다.
④ ㉣: 신하들이 서로 다투고 시기하는 상황과 관련지을 수 있다.

> **작품 정리** │ 허전, 〈고공가(雇工歌)〉
>
> 고공(雇工)은 머슴을 의미한다. 작가는 머슴을 내세워 임진왜란 이후에 자신의 이득만 따지는 신하들의 부패상을 간접적으로 비판하고 고발한다. 이를 통해 정치 현실을 개선하고 다시 충정을 펴고자 하였다. 처음 한 할아버지(이성계)가 나라를 열고 여드레갈이(조선 8도)의 살림을 차리고 조선 전기에는 인심을 많이 베풀어 신하들이 근검했다. 하지만 임진왜란 이후의 머슴들은 밥 사발의 크고 작음과 의복의 좋고 나쁨을 다툴 뿐이다. 얼마 전에 화강도(왜적)가 쳐들어왔으니 더욱 협력해야 하는데 이권 다툼만 하는 것이다. 그런 현실을 탄식하다 보니 새끼 한 사리를 다 꼬았다는 것이다.

─────────

탄궁가

79. (가)와 (나)를 비교한 설명으로 적절한 것은?

2018 지방직 9급

> (가) 문밖에 가랑비 오면 방 안은 큰비 오고 부엌에
> 불을 때면 천장은 굴뚝이요 흙 떨어진 윗대궁
> 기 바람은 살 쏜 듯이 들이불고 틀만 남은 헌
> 문짝 멍석으로 창과 문을 막고 방에 반듯 드러
> 누워 가만히 바라보면 천장은 하늘별자리를 그
> 려놓은 그림이요, 이십팔수(二十八宿)를 세어
> 본다. 이렇게 곤란이 더욱 심할 제, 철모르는 자
> 식들은 음식 노래로 조르는데, 아이고, 어머니!
> 나는 용미봉탕에 잣죽 좀 먹었으면 좋겠소.
>
> (나) 한 달에 아홉 끼를 얻거나 못 얻거나
> 십 년 동안 갓 하나를 쓰거나 못 쓰거나
> 안표누공(顔瓢屢空)인들 나같이 비었으며
> 원헌(原憲)의 가난인들 나같이 심할까.
> 봄날이 길고 길어 소쩍새가 재촉커늘
> 동쪽 집에 따비 얻고 서쪽 집에 호미 얻어
> 집 안에 들어가 씨앗을 마련하니
> 올벼 씨 한 말은 반 넘어 쥐 먹었고
> 기장 피 조 팥은 서너 되 붙었거늘
> 많고 많은 식구 이리하여 어이 살리.
>
> ※ 윗대궁기: 나뭇가지 등으로 엮어 흙을 바른 벽에 생긴 구멍
> 　안표누공(顔瓢屢空): 공자(孔子)의 제자 안회(顔回)의 표주박이
> 　자주 빔원헌(原憲): 공자의 제자

① (가)와 달리 (나)는 읽을 때의 리듬이 규칙적이다.
② (가)와 (나)는 모두 상황을 사실적으로 묘사하고 있다.
③ (가)와 (나)는 현재의 상황을 운명으로 수용하고 있다.
④ (가)는 상황을 긍정적으로, (나)는 부정적으로 인식하고 있다.

작품 정리 정훈, 〈탄궁가(嘆窮歌)〉

- 갈래: 가사
- 배경: 조선 중기
- 주제: 가난에서 벗어날 수 없는 자신의 처지를 원망하고 탄식함, 결국엔 안빈낙도를 추구함.
- 구성
  - 서사(1~6행): 궁핍한 생활에 대한 한탄
  - 본사1(7~12행): 농사짓기조차 어려운 집안 상황
  - 본사2(13~21행): 가난한 살림에 종들에게조차 업신여김을 당함.
  - 본사3(22~28행): 명절조차 지낼 수 없을 만큼 가난함.
  - 결사(29~42행): 가난한 처지에 체념하고 가난을 수용함.
- 특징: 삼순구식도 어렵고 십 년 동안 한번이라도 갓을 쓰기 어렵다, 농사 도구를 이웃에게 빌리는 내용 등을 구체적으로 서술하고 있다.

누항사

※ 다음 글을 읽고 물음에 답하시오.

[가] 쇼 혼 적 듀마 ᄒᆞ고 엄섬이 ᄒᆞᄂᆞᆫ 말삼

친절ᄒᆞ라 너긴 집의 둘 업슨 황혼의 허위허위 다라 가셔,

구디 다든 문(門) 밧긔 어득히 혼자 서셔

큰 기춤 아함이를 양구(良久)토록 ᄒᆞ온 후(後)에,

어와 긔 뉘신고 염치(廉恥) 업산 ᄂᆡ옵노라.

㉠초경(初更)도 거읜ᄃᆡ 긔 엇지 와 겨신고.

㉡연년(年年)에 이러ᄒᆞ기 구차(苟且)ᄒᆞᆫ 줄 알건마ᄂᆞᆫ

㉢쇼 업슨 궁가(窮家)애 혜염 만하 왓삽노라.

공ᄒᆞ나나 갑시나 주엄 즉도 ᄒᆞ다마ᄂᆞᆫ,

다만 어제 밤의 거넨 집 져 사ᄅᆞᆷ이,

목 불근 수기치(雉)을 옥지읍(玉脂泣)게 ᄭᅮ어 ᄂᆡ고,

간 이근 삼해주(三亥酒)을 취(醉)토록 권(勸)ᄒᆞ거든,

이러한 은혜(恩惠)을 어이 아니 갑흘넌고.

내일(來日)로 주마 ᄒᆞ고 큰 언약(言約) ᄒᆞ야거든,

실약(失約)이 미편(未便)ᄒᆞ니 사셜이 어려왜라.

㉣실위(實爲) 그러ᄒᆞ면 혈마 어이ᄒᆞᆯ고.

헌 먼덕 수기 스고 측 업슨 집신에 설피설피 믈너 오니,

풍채(風採) 저근 형용(形容)애 @ᄀᆡ 즈칠 ᄲᅮᆫ이로다.

[나] 와실(蝸室)에 드러간들 잠이 와사 누어시랴.

북창(北牕)을 비겨 안자 ᄉᆡ배ᄅᆞᆯ 기다리니,

무정(無情)ᄒᆞᆫ ⓑ대승(戴勝)은 이ᄂᆡ 한(恨)을 도우ᄂᆞ다.

종조(終朝) 추창(惆悵)ᄒᆞ야 먼 들흘 바라보니,

즐기ᄂᆞᆫ 농가(農歌)도 흥(興) 업서 들리ᄂᆞ다.

세정(世情) 모른 한숨은 그칠 줄을 모르ᄂᆞ다.

아까온 져 소뷔는 볏보님도 됴홀세고.

가시 엉긘 묵은 밧도 용이(容易)케 갈련마ᄂᆞᆫ,

허당 반벽(虛堂半壁)에 슬ᄃᆡ업시 걸려고야.

춘경(春耕)도 거의거다 후리쳐 더뎌 두쟈.

강호(江湖)ᄒᆞᆫ ᄭᅮᆷ을 ᄭᅮ언지도 오릭러니,

구복(口腹)이 위루(爲累)ᄒᆞ야 어지버 이져떠다.

첨피기욱(瞻彼淇燠)혼ᄃᆡ 녹죽(綠竹)도 하도 할샤.

유비군자(有斐君子)들아 낙ᄃᆡ ᄒᆞ나 빌려스라.

노화(蘆花) 깁픈 곳애 명월 청풍(明月淸風) 벗이 되야,

님ᄌᆡ 업슨 풍월강산(風月江山)애 절로절로 늘그리라.

무심(無心)ᄒᆞᆫ 백구(白鷗)야 오라 ᄒᆞ며 말라 ᄒᆞ랴.

다토리 업슬손 다문 인가 너기로라.

[다] 무상(無狀)ᄒᆞᆫ 이 몸애 무슨 지취(志趣) 이스리마ᄂᆞᆫ,

두세 이렁 밧논를 다 무겨 더뎌 두고,

이시면 죽(粥)이오 업시면 굴물망졍,

남의 집 남의 거슨 전혀 부러 말렷스라.

ᄂᆡ 빈천(貧賤) 슬히 너겨 손을 혜다 물너가며,

남의 부귀(富貴) 불리 너겨 손을 치다 나아오랴.

인간(人間) 어닉 일이 명(命) 밧긔 삼겨시리.

빈이무원(貧而無怨)을 어렵다 ᄒᆞ건마ᄂᆞᆫ

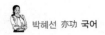

닉 생애(生涯) 이러호딕 설온 뜻은 업노왜라.

단사표음(簞食瓢飮)을 이도 족(足)히 너기로라.

평생(平生) 흔 뜻이 온포(溫飽)애는 업노왜라.

태평천하(太平天下)애 충효(忠孝)를 일을 삼아

화형제(和兄弟) 신붕우(信朋友) 외다 흐리 뉘 이시리

그 밧긔 남은 일이야 삼긴딕로 살렷노라

– 박인로, 〈누항사〉

80. [가]의 ⓐ긔와 가장 유사한 역할을 하는 소재를 [나]에서 찾으면?

2015 법원직 9급

① 대승 ② 가시
③ 노화 ④ 백구

81. ㉠~㉢ 중 화자가 다른 하나는?

2015 법원직 9급

① ㉠ ② ㉡
③ ㉢ ④ ㉣

82. 윗글의 내용과 일치하는 것은?

2015 법원직 9급

① 화자의 이웃은 이전에 나에게 소를 빌려준다고 말을 했었다.

② 화자는 소를 빌리기 위해 수꿩과 술을 들고 이웃집에 찾아 갔다.

③ 화자는 들려오는 농가(農歌)를 들으며 마음에 위로를 받고 있다.

④ 화자는 소를 빌리지 못했지만 농사를 짓고자 결심하고 있다.

83. ⓐ과 ⓑ에 대한 설명으로 적절한 것은?

2019 국가직 9급

① ⓐ는 실재하는 존재물이고, ⓑ는 상상적 허구물이다.

② ⓐ는 화자의 절망을 나타내고, ⓑ는 화자의 희망을 나타낸다.

③ ⓐ는 화자의 내면을 상징하고, ⓑ는 화자의 외양을 상징한다.

④ ⓐ는 화자의 초라함을 부각시키고, ⓑ는 화자의 수심을 깊게 한다.

작품 정리 | 박인로, 〈누항사(陋巷詞)〉

• 주제 : 안빈낙도, 안분지족한 삶을 살고자 하는 선비의 모습 / 빈이무원, 단사표음의 삶의 자세

 – 빈이무원(貧而無怨) : 가난하지만 세상을 원망(怨望)하지 않음.
  (貧 가난할 빈 而 말 이을 이
  無 없을 무 怨 원망할 원)

 – 단사표음(簞食瓢飮) : '한 소쿠리의 밥과 표주박의 물'이라는 뜻으로, 소박한 삶을 이르는 말
  (簞 소쿠리 단 食 밥 사
  瓢 바가지 표 飮 마실 음)

• 성격 : 고백적, 사실적, 사색적

• 특징 : 농촌 삶 속에서 사용하는 단어들과 어려운 한자어들로 기록됨, 대화체가 보임

• 의의 : 조선 후기의 새로운 방향성을 제시하는 가사

일동장유가

84. 다음 작품에 대한 설명으로 적절하지 않은 것은?

2015 교육행정직 7급

> 장풍에 돛을 달아 육선(六船)이 함께 떠나
>
> 삼현(三絃)과 군악 소리 산해(山海)를 진동하니
>
> 물속의 어룡(魚龍)들이 응당히 놀라도다
>
> 해구(海口)를 얼핏 나서 오륙도를 뒤로 하고
>
> 고국을 돌아보니 야색(夜色)이 창망(滄茫)하여
>
> 아무것도 아니 뵈고 연해변진(沿海邊鎭) 각 포(浦)에
>
> 불빛 두어 점이 구름 밖에 뵐 만하니
>
> ― 김인겸, 〈일동장유가〉

① 환송의 성대함이 과장되게 표현되어 있다.

② 육지의 모습이 원경(遠景)으로 그려지고 있다.

③ 고국을 떠나는 부담이 계절감으로 표현되고 있다.

④ 출항과 항해가 시간의 흐름에 따라 나타나고 있다.

농가월령가

85. 아래 시는 농가월령가의 일부이다. 아래에 나온 내용은 음력 몇 월을 노래한 것인가?

2014 서울시 7급

> 인가(人家)의 요긴한 일 장 담는 정사로다.
>
> 소금을 미리 받아 법대로 담그리라.
>
> 고추장 두부장도 맛맛으로 갖추하소.
>
> 전산에 비가 개니 살진 향채 캐오리라.
>
> 삽주 두릅 고사리며 고비 도랏 어아리를
>
> 일분은 엮어 달고 이분은 묻혀 먹세.
>
> 낙화를 쓸고 앉아 병술로 즐길 적에
>
> 산처의 준비함이 가효가 이뿐이라.

① 2월   ② 3월

③ 4월   ④ 5월

⑤ 6월

작품 정리 | 김인겸, 〈일동장유가〉

- 갈래 : 가사, 장편 기행 가사
- 성격 : 사실적, 직설적, 묘사적
- 시대 : 조선 영조 40년(1764년)
- 제재 : 일본 유람
- 주제 : 일본 유람의 경험
- 특징
  ① 외국을 여행한 기행 가사
  ② 정확한 시간과 정확한 사건 및 사실에 근거한 여정에 따른 전개
  ③ 날카로운 비판과 유머러스함, 실학적 사고 등이 나타남.
  ④ 3·4(4·4)조, 4음보 연속체
- 의의
  ① 현존하는 최장편의 양반가사(8000여 구 이상)
  ② 조선 후기 기행 가사 대표작 중 하나
- 출전 : 《일동장유가》 필사본

작품 정리 | 정학유, 〈농가월령가〉

- 갈래 : 서정 가사, 월령체 가사, 장편 가사
- 성격 : 교훈적, 계몽적, 실용적
- 시대 : 조선 헌종
- 제재 : 각 달과 절기에 있는 농가 일과 세시 풍속
- 주제 : 각 달과 절후에 있는 세시 풍속과 농가의 일을 농민들에게 깨우쳐 가르치고자 함.
- 특징 : 감탄형, 명령형 어미를 사용
- 의의
  ① 월령가 중 가장 길이가 긴 작품
  ② 조선 시대의 농촌 생활과 관련된 풍부하고 구체적인 어휘들의 사용으로 훗날 연구에 도움이 됨.
- 출전 : 《가사육종》

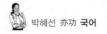
시집살이 노래

※ 다음 글을 읽고 물음에 답하시오.

형님 온다 / 형님 온다 / 분고개로 / 형님 온다.

형님 마중 누가 갈까 형님 동생 내가 가지.

형님 형님 사촌 형님 시집살이 어떱뎁까?

이애 이애 그 말 마라 시집살이 개집살이.

앞밭에는 당추 심고 뒷밭에는 고추 심어,

고추 당추 맵다 해도 시집살이 더 맵더라.

둥글둥글 수박 식기(食器) 밥 담기도 어렵더라.

도리도리 도리소반(小盤) 수저 놓기 더 어렵더라.

오 리(五里) 물을 길어다가 십 리(十里) 방아 찧어다가,

아홉 솥에 불을 때고 열두 방에 자리 걷고,

외나무다리 어렵대야 시아버니같이 어려우랴?

나뭇잎이 푸르대야 시어머니보다 더 푸르랴?

시아버니 호랑새요 시어머니 꾸중새요,

동세 하나 할림새요 시누 하나 뾰족새요,

시아지비 뾰중새요 남편 하나 미련새요,

자식 하난 우는 새요 나 하나만 썩는 샐세.

귀먹어서 삼 년이요 눈 어두워 삼 년이요,

말 못 해서 삼 년이요 석 삼 년을 살고 나니,

배꽃 같던 요내 얼굴 호박꽃이 다 되었네.

삼단 같던 요내 머리 비사리춤이 다 되었네.

백옥 같던 요내 손길 오리발이 다 되었네.

열새 무명 반물치마 눈물 씻기 다 젖었네.

두 폭붙이 행주치마 콧물 받기 다 젖었네.

울었던가 말았던가 베갯머리 소(沼) 이겼네.

그것도 소이라고 거위 한 쌍 오리 한 쌍

쌍쌍이 때 들어오네.

198　제2편 고전 문학

86. 이 노래에 대한 설명으로 가장 적절하지 않은 것은?

2021 경찰2차

① 후렴이 없는 4음보 연속체 민요이다.

② 고된 시집살이를 익살과 해학으로 표현했다.

③ 과장, 대구, 은유, 언어유희의 표현기법이 쓰였다.

④ 상황을 풍자적으로 그려 자기 반성적 태도가 나타난다.

87. 이 노래를 연극으로 각색할 때 가장 적절하지 않은 것은?

2021 경찰 2차

① 시집간 형님을 반갑게 맞이하는 동생의 모습

② 둥글게 생긴 작은 밥상에 어렵게 상차림을 하는 모습

③ 울고 있는 여인 뒤에서 몰래 다독여 주는 남편의 모습

④ 뻣뻣한 머리칼을 만지며 결혼 전 자신을 상상하는 모습

작품 정리 | 작자미상, 〈시집살이 노래〉

• 갈래 : 민요
• 제재 : 시집살이
• 주제 : 시집살이의 괴로움
• 성격 : 서민적, 여성적, 해학적, 풍자적
• 특징
① 다양한 소재와 평범한 일상어들을 사용함.
② 사촌과의 대화하는 방식을 사용하여 시집살이의 괴로움을 드러냄.
③ 과장, 대구와 대조, 반복과 열거, 언어유희 등 다양한 표현기법이 쓰임.
• 해제 : 이 작품은 남성 중심의 봉건적인 대가족 제도의 구속에 얽매여 여자가 겪어야 하는 시집살이의 괴로움을 드러내고 있다. 서민들의 애환을 그린 민중의 노래로 시집살이의 불만과 부녀자들의 한을 잘 보여주고 있다. 전체적으로 사촌과의 대화하는 방식으로 구성되어 있으며, 시집 식구들과 남편에 대한 원망과 자신의 신세에 대한 한탄을 사실적으로 드러나 있으며, 마지막에는 고된 시집살이를 체념하는 태도를 보여주고 있다.

봉선화가

88. ⊙~@을 이해한 내용으로 적절하지 않은 것은?

2018 법원직 9급

> 백옥섬 좋은 흙에 종종이 심어 내니
>
> 춘삼월 지난 후에 향기 없다 웃지 마소
>
> ⊙취한 나비 미친 벌이 따라올까 저허하네
>
> 정정한 저 기상을 여자밖에 뉘 벗할고
>
> <중략>
>
> ⓒ단단히 봉한 모양 춘나옥자 일봉서를 왕모에게 부치는 듯
>
> 춘면을 늦게 깨어 차례로 풀어 놓고
>
> 옥경대를 대하여서 팔자미*를 그리려니
>
> 난데없는 붉은 꽃이 가지에 붙었는 듯
>
> 손으로 우희려니 분분히 흩어지고
>
> 입으로 불려 하니 섞인 안개 가리었다
>
> 여반(女伴)을 서로 불러 낭랑이 자랑하고
>
> ⓒ꽃 앞에 나아가서 두 빛을 비교하니
>
> 쪽 잎의 푸른 물이 쪽빛보다 푸르단 말이 아니 옳을손가
>
> 은근히 풀을 매고 돌아와 누웠더니
>
> 녹의홍상 일여자가 표연히 앞에 와서
>
> 웃는 듯 찡그리는 듯 사례는 듯 하직는 듯
>
> 몽롱이 잠을 깨어 정녕이 생각하니
>
> 아마도 꽃 귀신이 내게 와 하직한다
>
> 수호*를 급히 열고 꽃 수풀을 점검하니
>
> 땅 위에 붉은 꽃이 가득히 수놓았다.
>
> 암암이 슬퍼하고 낱낱이 주워 담아
>
> 꽃다려 말 붙이니 그대는 한치 마소
>
> 세세연년의 꽃빛은 의구하니
>
> 하물며 그대 자취 내 손에 머물렀지
>
> @동원의 도리화는 편시춘을 자랑 마소

> 이십 번 꽃바람의 적막히 떨어진들 뉘라서 슬퍼할고
>
> 규중에 남은 인연 그대 한 몸뿐이로세
>
> 봉선화 이 이름을 뉘라서 지어낸고 일로 하여 지어서라
>
> — 작자 미상, <봉선화가>

* 차환: 주인을 가까이에서 모시는 젊은 계집종
* 여공: 부녀자들이 하던 길쌈질
* 파사국: 페르시아
* 팔자미: 몹시 성내어 얼굴을 일그러뜨렸을 때의 눈썹을 이르는 말
* 수호: 수를 놓은 휘장으로 가린 문

① ⊙: 경박한 남자를 비유적으로 표현해 봉선화의 정숙함을 드러내고 있다.

② ⓒ: 미화된 표현을 통해 정성스럽게 종이와 실로 손가락을 봉하는 모습을 표현하고 있다.

③ ⓒ: 관용적 표현을 통해 봉선화 꽃물의 색보다 봉선화 꽃잎의 색이 아름답다는 생각을 나타내고 있다.

④ @: 두 대상에 대한 화자의 상반된 태도를 통해 화자와 봉선화와의 인연을 드러내고 있다.

작품 정리 | **작자 미상, <봉선화가>**

• 갈래: 규방 가사(내방 가사)
• 시대: 조선시대
• 제재: 봉선화
• 주제: 봉선화에 대한 여인의 깊은 정감
• 특징
 ① 봉선화 물을 들이는 과정에 따라 시상이 전개됨.
 ② 직유법을 사용하여 생생하게 묘사함.
 ③ 여성의 고유한 풍속을 소재로 함.
 ④ 봉선화에 대한 정감과 예찬을 진솔하게 드러냄.

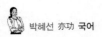

조선시대

한시

89. 위 글에 나타난 표현상의 특징으로 옳지 않은 것은?

새로 거른 막걸리 젖빛처럼 뿌옇고

新篘濁酒如湩白

큰 사발에 보리밥, 높기가 한 자로세

大碗麥飯高一尺

밥 먹자 도리깨 잡고 마당에 나서니

飯罷取耞登場立

검게 탄 두 어깨 햇볕 받아 번쩍이네

雙肩漆澤翻日赤

옹헤야 소리 내며 발맞추어 두드리니

呼邪作聲擧趾齊

삽시간에 보리 낟알 온 사방에 가득하네

須臾麥穗都狼藉

주고 받는 노랫가락 점점 높아지는데

雜歌互答聲轉高

보이느니 지붕까지 나는 보리 티끌

但見屋角紛飛麥

그 기색 살펴보니 즐겁기 짝이 없어

觀其氣色樂莫樂

마음이 몸의 노예 되지 않았네

了不以心爲形役

낙원이 먼 곳에 있는 게 아닌데

樂園樂郊不遠有

무엇하러 고향 떠나 벼슬길에 헤매리오

何苦去作風塵客

― 정약용, <보리타작>

① 감각적 심상을 통해 시적 장면을 생생하게 전달하고 있다.

② 소박한 소재를 사용함으로써 농촌의 현실을 진솔하게 그려 내고 있다.

③ 과장을 통해 대상에 대한 시적 화자의 감정을 효과적으로 전달하고 있다.

④ 반어를 통해 화자가 지닌 삶의 가치와 지향을 우회적으로 드러내고 있다.

고려시대

고전 소설의 이해

01. 이 글에 대한 이해로 옳지 않은 것은?   2020 의무소방원

공방의 성질이 탐욕에 물들어서 부끄러운 구석이 별로 없었다. 재정을 도맡아 관리하게 되자 원금과 이자를 가볍게 했다 무겁게 했다 하는 등 법을 저울질해 분별하기를 좋아하였다. 그러면서 생각하기를, "나라를 편하게 해 주는 데는 꼭 예전처럼 흙을 굽거나 쇠를 부어 넣는 기술만 있는 것은 아니야."하고, 백성을 상대로 사소한 이익을 다투게 되자 물가는 내리거니 오르거니 했다. 곡식을 천히 여기고 돈을 중히 생각하니 백성들로 하여금 근본을 버리고 말단을 따르게 함으로써 농사를 가로막게 되었다. 이때 간관들이 여러 번 상소하여 따지려 하였지만 위에서 들어 주지 아니하였다.

<중략>

때는 공방이 몰락한 지 이미 오래라, 조정에서는 사방에 흩어져 옮겨 있던 그의 문도들을 물색하여 찾아서 다시 기용하였다. 그랬던 까닭에 그의 재간과 방법이 개원·천보의 사이에 크게 행하여졌고, 황제의 조서로 그에게 벼슬을 추증하였다.

사신(史臣)은 말한다.

"남의 신하가 된 몸으로서 두 마음을 품고 큰 이익만을 좇는 자를 어찌 충성된 사람이라 고하랴. 공방이 올바른 법과 좋은 주인을 만나서, 정신을 집중시켜 자기를 알아주었던 나라의 은혜를 적지않게 입었다. 그러면 의당 국가를 위하여 이익을 일으켜 주고, 해를 덜어 주어서 임금의 은혜로운 대우에 보답했어야 했다. 그런데도 공방은 나라의 권세를 독차지하고 사리사욕을 채웠으니, 이는 신하로서 지녀야 할 마음가짐에 어긋난다."

– 임춘, <공방전>

① 의인화된 대상을 통해 주제를 드러내고 있다.
② 직접 제시를 통해 주인공의 성격을 드러내고 있다.
③ 주인공의 신이한 행적을 강조해 영웅적 면모를 드러낸다..
④ 사신(史臣)의 이야기를 통해 작가의 생각을 드러내고 있다.

작품 정리 임춘, <공방전>

<공방전>은 돈(엽전)을 의인화한 가전이다. 돈의 폐단과 인간의 탐욕을 풍자한 작품이다. 임춘이 불우한 처지에서 일생을 마친 문신이었다는 점을 보면 돈이 무신들에게 집중되어 고난을 겪어야 했던 세태에 대해 불만을 토로하고자 함을 알 수 있다.

주인공 이름인 '공방(孔方)'은 겉으로 둥글고 가운데에 네모난 구멍이 있는 엽전의 형상에서 따왔다. '공방'은 욕심이 많고 염치가 없는 부정적인 존재이다. 백성들에게 농업을 멀리하고 오직 돈을 좇는 일에 집중하게 만든다. 또한 이해관계를 따져 문란하게 어울리게 한다. 이러한 점에서 '공방'은 탐욕적인 인간을 의인화하여 잘못된 사회상을 풍자하고, 이를 경계하도록 깨우침을 주고자 하는 존재임을 알 수 있다. 이 작품은 사물을 의인화하여 그 가계(家系)와 생애 및 성품을 전기(傳記) 형식으로 기록한 하였다.

※ 다음 작품을 읽고 물음에 답하시오.

(가) 잔을 씻어 다시 술을 부으려 하는데 ㉠갑자기 석양에 막대기 던지는 소리가 나거늘 괴이하게 여겨 생각하되, '어떤 사람이 올라오는고.' 하였다. 이윽고 한 중이 오는데 눈썹이 길고 눈이 맑고 얼굴이 특이하더라. 엄숙하게 자리에 이르러 승상을 보고 예하여 왈,

"산야(山野) 사람이 대승상께 인사를 드리나이다."

승상이 이인(異人)인 줄 알고 황망히 답례하여 왈,

"사부는 어디에서 오신고?"

중이 웃으며 왈,

"평생의 낯익은 사람을 몰라보시니 귀인이 잘 잊는다는 말이 옳도소이다."

승상이 자세히 보니 과연 낯이 익은 듯하거늘 문득 깨달아 능파 낭자를 돌아보며 왈,

"소유가 전에 토번을 정벌할 때 꿈에 동정 용궁에 가서 잔치하고 돌아오는 길에 남악에 가서 놀았는데 한 화상이 법좌에 앉아서 불경을 강론하더니 노부께서 바로 그 노화상이냐?"

중이 박장대소하고 말하되,

"옳다. 옳다. 비록 옳지만 ㉡꿈속에서 잠깐 만나본 일은 생각하고 ㉢십 년을 같이 살던 일은 알지 못하니 누가 양 장원을 총명하다 하더뇨?"

승상이 어리둥절하여 말하되,

"소유가 ㉣열대여섯 살 전에는 부모 슬하를 떠나지 않았고, 열여섯에 급제하여 줄곧 벼슬을 하였으니 동으로 연국에 사신을 갔고 서로 토번을 정벌한 것 외에는 일찍이 서울을 떠나지 않았으니 언제 사부와 십 년을 함께 살았으리요?"

중이 웃으며 왈,

"상공이 아직 춘몽에서 깨어나지 못하였도소이다."

승상이 왈,

"사부는 어떻게 하면 소유를 춘몽에서 깨게 하리요?"

중이 왈,

"어렵지 않으니이다."

하고 손 가운데 돌 지팡이를 들어 난간을 두어 번 치니 갑자기 사방 산골짜기에서 구름이 일어나 누대 위에 쌓여 지척을 분변하지 못했다. 승상이 정신이 아득하여 마치 꿈에 취한 듯하더니 한참 만에 소리 질러 말하되,

"사부는 어찌 소유를 정도로 인도하지 않고 환술(幻術)로 희롱하나뇨?"

대답을 듣기도 전에 구름이 날아가니 중은 간 곳이 없고 좌우를 돌아보니 여덟 낭자 또한 간 곳이 없는지라.

(나) 말을 맞지 못하여서 구름이 걷히니 호승이 간 곳이 없고, 좌우를 돌아보니 팔 낭자가 또한 간 곳이 없는지라 정히 경황(驚惶)하여 하더니, 그런 높은 대와 많은 집이 일시에 없어지고 제 몸이 한 작은 암자 중의 한 포단 위에 앉았으되, 향로(香爐)에 불이 이미 사라지고, 지는 달이 창에 이미 비치었더라.

스스로 제 몸을 보니 일백여덟 낱 염주(念珠)가 손목에 걸렸고, 머리를 만지니 갓 깎은 머리털이 가칠가칠하였으니 완연히 소화상의 몸이요, 다시 대승상의 위의(威儀) 아니니, 정신이 황홀하여 오랜 후에 비로소 제 몸이 연화 도량(道場) 성진 행자인 줄 알고 생각하니, 처음에 스승에게 수책(受責)하여 풍도(酆都)로 가고, 인세(人世)에 환도하여 양가의 아들 되어 장원 급제 한림학사 하고, 출장입상(出將入相)하여 공명신퇴(功名身退)하고, 양 공주와 육 낭자로 더불어 즐기던 것이 다 하룻밤 꿈이라. 마음에 이 필연(必然) 사부가 나의 염려(念慮)를 그릇함을 알고, 나로 하여금 이 꿈을 꾸어 인간 부귀와 남녀 정욕(情欲)이 다 허사인 줄 알게 함이로다.

(다) 급히 세수하고 의관을 정제하며 방장에 나아가니 다른 제자들이 이미 다 모였더라.

대사 소리하여 묻되,

"성진아, 인간 부귀를 지내니 과연 어떠하더뇨?"

성진이 고두하며 눈물을 흘려 가로되,

"성진이 이미 깨달았나이다. 제자 불초하여 염려를 그릇 먹어 죄를 지으니, 마땅히 인세에 윤회할 것이어늘, 사부 자비하사 하룻밤 꿈으로 제자의 마음 깨닫게 하시니, 사부의 은혜를 천만 겁이라도 갚기 어렵도소이다."

대사 가로되,

"네 승흥하여 갔다가 흥진하여 돌아왔으니 내 무슨 간예함이 있으리오? 네 또 이르되 인세에 윤회할 것을 꿈을 꾸다 하니, 이는 인세와 꿈을 다르다 함이니, 네 오히려 꿈을 채 깨지 못하였도다."

– 김만중, <구운몽>

02. (가)에 대한 이해로 가장 적절한 것은? 2018 국가직 9급

① '승상'은 꿈에 남악에서 '중'을 보았던 기억을 떠올리며 낯이 익은 듯하다고 여기기 시작한다.

② '승상'은 본디 남악에서 '중'의 문하생으로 불도를 닦던 승려였음을 인정한 뒤 꿈에서 깨게 된다.

③ '승상'은 '중'이 여덟 낭자를 사라지게 한 환술을 부렸음을 확인하고서 그의 진의를 의심한다.

④ '승상'은 능파 낭자와 어울려 놀던 죄를 징벌한 이가 '중'임을 깨닫고서 '중'과의 관계를 부정하게 된다.

03. ㉠~㉣을 사건의 시간 순서에 따라 가장 적절하게 배열한 것은? 2018 국가직 9급

① ㉠ → ㉢ → ㉣ → ㉡

② ㉠ → ㉣ → ㉢ → ㉡

③ ㉢ → ㉣ → ㉡ → ㉠

④ ㉣ → ㉢ → ㉡ → ㉠

작품 정리 | 김만중, 〈구운몽〉

- 갈래 : 몽자류(夢字類) 소설, 양반 소설, 영웅 소설
- 주제 : 인생의 허무함과 불도에 정진
- 배경
  - 현실 : 당나라 때 중국 남악 형산 연화봉 동정호
  - 꿈 : 당나라 서울과 변방
- 성격 : 불교적, 전기적, 이상적
- 특징
  ① '발단 – 전개 – 위기 – 절정 – 결말'의 구조를 취함.
  ② 전지적 작가 시점
  ③ '꿈 – 현실 – 꿈'의 환몽적 구조를 취함.
  ④ 불교의 공(空)사상, 윤회사상을 바탕으로 하고 유교와 도교의 사상도 나타나 있음.
- 구성
  - 발단 : 육관 대사가 팔선녀의 아름다움에 매료된 성진을 인간 세계로 내쫓음.
  - 전개 : 인간 세계에서 성진은 양소유로 태어남.
  - 위기 : 성진은 입신양명하고 부귀를 누리며 두 부인과 여섯 첩을 거느리고 삶.
  - 절정 : 인생 말미에 양소유가 허무함을 느끼고 불교에 귀의하고자 하니 육관 대사가 꿈에서 깨움.
  - 결말 : 꿈에서 깬 성진이 깨달음을 얻고 팔선녀와 함께 불교에 귀의함.
- 의의 : 몽자류(夢字類) 소설의 시초

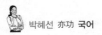

04. 다음 글에 대한 이해로 적절하지 않은 것은?

2020 지역인재 9급

> 어느 날 저녁 최 씨가 이생에게 말했다.
> "세 번이나 좋은 시절을 만났지만, 세상일은 뜻대로 되지 않고 어그러지기만 하네요. 즐거움이 다하기도 전에 갑자기 슬픈 이별이 닥쳐오니 말이에요."
> 그러고는 마침내 오열하기 시작하였다. 이생은 깜짝 놀라서 물었다.
> "무슨 일로 그러시오?"
> 최 씨가 대답하였다.
> "저승길의 운수는 피할 수가 없답니다. 하느님께서 저와 당신의 연분이 아직 끝나지 않았고 또 저희가 아무런 죄악도 저지르지 않았음을 아시고 이 몸을 환생시켜 당신과 지내며 잠시 시름을 잊게 해 주신 것이었어요. 그러나 인간 세상에 오랫동안 머물면서 산 사람을 미혹시킬 수는 없답니다."
> 최 씨는 시녀를 시켜 술을 올리게 하고는 '옥루춘'에 맞추어 노래를 부르면서 이생에게 술을 권하였다.
>
> 창과 방패가 눈에 가득한 싸움터
> 옥이 부서지고 꽃도 흩날리고 원앙도 짝을 잃네.
> 여기저기 흩어진 해골을 그 누가 묻어 주랴.
> 피에 젖어 떠도는 영혼 하소연할 곳 없어라.
>
> ― 김시습, 〈이생규장전〉

① 최 씨는 이생과 다시 이별하게 되어 슬퍼하고 있다.
② 최 씨가 이생과 재회하게 된 것은 하느님의 뜻이었다.
③ 최 씨는 죽었다가 환생하여 인간 세상에 머물게 되었다.
④ 최 씨는 노래를 통해 이생과 다시 만날 것을 기약하고 있다.

작품 정리 | 김시습, 〈이생규장전〉

- 갈래 : 고전 소설(한문 소설, 전기 소설, 명혼 소설, 염정 소설, 낭만 소설)
- 시대 : 조선 세조
- 제재 : 이성 간의 사랑
- 주제 : 전기적, 비극적, 염정적, 낭만적
- 배경 : 고려 공민왕, 송도(개성)
- 성격 : 죽음을 넘어선 이성 간의 사랑
- 특징
  ① '발단 ― 전개 ― 위기 ― 절정 ― 결말'의 구조를 취함.
  ② 전지적 작가 시점
  ③ 줄거리 중간에 시를 삽입하여 인물들의 심리가 효과적으로 드러남.
  ④ 우리나라를 배경으로 한 우리나라 인물이 등장한 자주적 성격을 지닌 작품이다.
  ⑤ 두 연인의 사랑 ― 이별 ― 결혼 ― 사별 ― (죽은 자와 산 자의)재회 ― 영원한 이별
  ⑥ 인물의 죽음 전후로 구성된 이중적 구조의 소설
- 구성
  - 발단 : 양반집의 이생(李生)은 서당에 다녀 오던 중 최 씨 집안의 최랑을 만나고 반하게 된다.
  - 전개 : 두 사람은 시를 주고 받으며 사랑을 더 다지는데, 이씨 부모는 이들의 사이를 반대하게 되어 결국 헤어지게 된다. 이에 최랑은 상사병에 걸려 죽기 직전이 되자 최랑의 부모가 이생의 부모를 설득하여 두 사람이 부부가 된다.
  - 위기 : 행복하던 결혼 생활도 잠시. 곧 홍건적의 난이 일어났다. 이생은 목숨을 건졌으나, 최랑은 절개를 지키다가 홍건적에게 살해 당한다.
  - 절정 : 이생이 돌아오자 최랑은 환신(幻身)이 되어 돌아오고, 이생은 그녀가 죽은 줄 알았지만 3년 동안 행복하게 사랑한다.
  - 결말 : 하지만 최랑은 이제 가야 한다며 장사 지내 줄 것을 부탁하며 이생과 이별한다. 이생은 아내의 제사를 지낸 후 병들어 죽는다.
- 의의 : 국문학 소설의 시초
- 출전 : 《금오신화(金鰲新話)》

05. 다음 글에서 두드러지게 사용된 표현방식과 거리가 먼 것은? (정답 2개) 2020 군무원 7급 + 2013 국회직 9급

> 남원(南原)에 양생(梁生)이란 사람이 있었다. 어린 나이에 부모를 여의고 만복사(萬福寺) 동쪽에서 혼자 살았다. 방 밖에는 배나무 한 그루가 있었는데, 바야흐로 봄을 맞아 배꽃이 흐드러지게 핀 것이 마치 옥나무에 은이 매달린듯하였다. 양생은 달이 뜬 밤이면 배나무 아래를서성이며 낭랑한 목소리로 이런 시를 읊조렸다.
>
> 쓸쓸히 한 그루 나무의 배꽃을 짝해
> 달 밝은 이 밤 그냥 보내다니 가련도 하지.
> 청춘에 홀로 외로이 창가에 누웠는데
> 어디서 들려오나 고운 님 피리 소리
>
> 외로운 비취새 짝없이 날고
> 짝 잃은 원앙새 맑은 강에 몸을 씻네.
> 내 인연 어딨을까 바둑알로 맞춰 보고
> 등불로 점을 치다 시름겨워 창에 기대네
>
> — 김시습, <만복사저포기>

① 대상에 빗대어 인물의 처지를 드러내고 있다.
② 계절의 배경과 인물의 정서가 밀접하게 관련되어 있다.
③ 인물이 처한 상황과 정조는 이별에서 비롯된 것이다.
④ 우연과 같은 운명에 기대어 살아가는 인물의 태도가 나타나 있다.
⑤ 주인공은 고독한 처지에 놓여 있다.
⑥ 사건 전개에 비현실적인 내용이 들어 있다.
⑦ 인물의 내면이 시를 통하여 표출되고 있다.
⑧ 고난과 고난 극복의 서사가 이어지고 있다.
⑨ 작품 배경이 수사적 표현으로 그려지고 있다.

작품 정리 김시습, <만복사저포기(萬福寺樗蒲記)>

- 갈래 : 한문 소설, 전기(傳奇) 소설, 명혼(冥婚) 소설
- 성격 : 비극적, 전기적(傳奇的), 낭만적, 환상적
- 시점 : 전지적 작가 시점
- 배경 : 전라도 남원
- 제재 : 남녀 간의 사랑
- 주제 : 생사(生死)를 초월한 남녀 간의 애절한 사랑
- 특징
  ① 중간에 시를 삽입하여 인물의 심리를 강조함.
  ② 불교의 연(緣) 사상과 윤회 사상이 나타남.
- 줄거리 : 양생은 전라도 남원에서 혼자 외롭게 살아가고 있었다. 어느날 만복사(萬福寺)의 부처와 저포 놀이에서 내기를 하다 이긴 후 여인을 만난다. 여인은 차림새가 인간 세상이 아닌 듯했는데 양생은 여인의 집에 가 즐거운 시간을 보낸다. 여인은 양생에게 은그릇을 주면서 절로 가는 길목에서 자신을 기다리라고 한다. 그대로 행하자 양생은 여인의 부모를 만나게 되었다. 하지만 이미 여인은 죽었음을 알게 되었다. 결국 양생은 절에서 여인과 잿밥을 먹고 이별한다. 양생은 모든 재산을 팔아 여인의 명복을 빌어주고 지리산으로 들어갔는데 그가 어떻게 되었는지 아무도 모른다.
- 연대 : 조선 세조 때
- 출전 : 《금오신화(金鰲新話)》

06. ㉠~㉣에 대한 풀이로 옳지 않은 것은? 2017 국가직 9급

> 빌기를 다 함에 지성이면 감천이라 황천인들 무심할까. 단상의 오색구름이 사면에 옹위하고 산중에 ㉠백발 신령이 일제히 하강하여 정결케 지은 제물 모두 다 흠향한다. 길조(吉兆)가 여차(如此)하니 귀자(貴子)가 없을쏘냐. 빌기를 다한 후에 만심 고대하던 차에 일일은 한 꿈을 얻으니, ㉡천상으로서 오운(五雲)이 영롱하고, 일원(一員) 선관(仙官)이 청룡(青龍)을 타고 내려와 말하되,
>
> "나는 청룡을 다스리던 선관이더니 익성(翼星)이 무도(無道)한 고로 상제께 아뢰되 익성을 치죄하야 다른 방으로 귀양을 보냈더니 익성이 이걸로 함심(含心)하야 ㉢백옥루 잔치 시에 익성과 대전(對戰)한 후로 상제전에 득죄하여 인간에 내치심에 갈 바를 모르더니 남악산 신령들이 부인 댁으로 지시하기로 왔사오니 부인은 애휼(愛恤)하옵소서."
>
> 하고 타고 온 청룡을 오운 간(五雲間)에 방송(放送)하며 왈,
>
> "㉣일후 풍진(風塵) 중에 너를 다시 찾으리라."
>
> 하고 부인 품에 달려들거늘 놀래 깨달으니 일장춘몽이 황홀하다.
>
> 정신을 진정하야 정언주부를 청입(請入)하야 몽사를 설화(說話)한대 정언주부가 즐거운 마음 비할 데 없어 부인을 위로하야 춘정(春情)을 부쳐 두고 생남(生男)하기를 만심 고대하더니 과연 그달부터 태기 있어 십 삭이 찬 연후에 옥동자를 탄생할 제, 방 안에 향취 있고 문 밖에 서기(瑞氣)가 뻗질러 생광(生光)은 만지(滿地)하고 서채(瑞彩)는 충천하였다.
>
> …(중략)…
>
> 이때에 조정에 두 신하가 있으니 하나는 도총대장 정한담이요, 또 하나는 병부상서 최일귀라. 본대 천상 익성으로 자미원 대장성과 백옥루 잔치에 대전한 죄로 상제께 득죄하여 인간 세상에 적강(謫降)하여 대명국 황제의 신하가 되었는지라 본시 천상지인(天上之人)으로 지략이 유여하고 술법이 신묘한 중에 금산사 옥관도사를 데려다가 별당에 거처하게 하고 술법을 배웠으니 만부부당지용(萬夫不當之勇)이 있고 백만군중대장지재(百萬軍中大將之才)라 벼슬이 일품이요 포악이 무쌍이라 일상 마음이 천자를 도모코자 하되 다만 정언주부인 유심의 직간을 꺼려하고 또한 퇴재상(退宰相) 강희주의 상소를 꺼려 주저한 지 오래라.
>
> — <유충렬전>

① ㉠: 길조(吉兆)가 일어날 것임을 암시한다.
② ㉡: '부인'이 꾼 꿈의 상황이다.
③ ㉢: '선관'이 인간 세상에 귀양을 오게 되는 계기이다.
④ ㉣: '남악산 신령'이 후일 청룡을 타고 천상 세계로 복귀할 것임을 암시한다.

작품 정리 작자 미상, 〈유충렬전〉

- 갈래 : 국문 소설, 영웅 소설, 군담 소설, 적강 소설
- 성격 : 영웅적, 전기(傳奇)적, 비현실적
- 시점 : 전지적 작가 시점
- 배경
  ① 시간 : 중국 명나라 시대
  ② 공간 : 명나라
- 주제 : 유충렬의 영웅적 인생
- 특징
  ① 주인공이 적강한 것으로 하여 천상계와 지상계(이원적 공간)이 나옴.
  ② 유교, 불교, 도교 사상을 바탕으로 함.
  ③ 병자호란 이후 청나라에게 당한 것을 허구적으로라도 보상받고 설욕하고 싶은 민중의 욕구를 반영함. 청나라에 대한 적개심도 드러남.
- 줄거리 : 유심은 명나라 고관이다. 하지만 오랫동안 자식이 없어 기도를 하자 신비한 태몽을 꾸고는 충렬을 낳는다. 한편 유심은 간신 정한담에 의해 억울하게 귀양 가게 된다. 정한담은 충렬 모자를 살해하려고 했으나 충렬의 모가 꿈을 꿔 위기를 넘긴다. 후에 충렬은 강희주의 사위가 되지만 강희주도 정한담에 의해 귀양을 간다. 이에 충렬은 아내와 헤어져 도승에게 가서 도술을 습득한다. 간신 정한담이 남적과 북적과 역모를 일으켜 천자를 죽이려 하자 충렬이 천자를 구출한다. 후에 유배지의 아버지 유심과 장인을 구하고 아내와 부귀공명을 누린다.
- 의의 : 영웅 소설의 전형적 요소를 갖춘 대표적인 작품임.
- 어휘
  - 흠향(歆饗) : 신명(神明)이 제물을 받음.
  - 션관(仙官) : 신선 세계의 관원
  - 익성(翼星) : 천상의 성관(星官)
  - 홈심(含心)하야 : 나쁜 마음을 품어
  - 이휼(愛血) : 사랑하고 불쌍히 여김.
  - 방송(放送) : 보냄. 구속한 이를 풀어서 자유롭게 함.

07. 〈보기〉를 참조하여 윗글을 감상한 내용으로 적절하지 않은 것은?

2016 교육행정직 7급

부인이 생각을 내어 삭발위승(削髮僞僧)하고 웅과 주점에 들어 밤을 지내더니 홀연 요란하고 화광이 충천한지라. 놀라 담을 넘어 도망하여 생각하니 웅을 버리고 왔는지라. 가슴 두드리며 웅을 부르니 도적이 점점 가까이 오고 어두운 곳에 길을 분변치 못하더니 언덕 밑에 작은 집이 있거늘 들어가 의지하여 도적 지나기를 기다리더라.

이때 웅이 잠이 깊었더니 홀연 잡아 내치거늘 놀라 보니 무수한 도적이라. 대경하여 모친을 찾으니 간데없고 도적이 행장을 탈취하여 가거늘 붙들고 울며 왈,

"행장은 다 가져가도 그 속의 족자는 주고 가라."

하니 도적이 짐을 풀고 보니 과연 족자와 전냥이 있거늘 화상만 가지고 행장을 주니 웅이 더욱 애걸 왈,

"다른 것은 다 가져가도 화상은 주고 가라."

하며 통곡하니 도적이 그 정성을 보고 왈,

"뉘 화상이관데 그대도록 구는다?"

웅 왈,

"부처 화상이니 오늘 스승을 뫼시고 주점에 들었더니 스승도 잃고 또 불상을 잃으면 절에도 용납지 못하리니 그대 등은 불길한 것을 주고 가소서."

도적이 그러히 여겨 주고 가거늘 웅이 사례하고 모친을 부르고 우니 밤이 깊어 길을 모르는지라.

이때 부인이 비각에 숨어 앉았더니 완연히 승상이 와 이르되,

"웅이 이 앞으로 지나거늘 부인은 어찌 모르느뇨?"

부인이 놀라 눈을 떠 보니 아무도 없고 침침하여 어딘 줄 모르고 통곡하더니 문득 아이 우는 소리 나거늘 자세히 들으니 완연한 웅이라. 급히 부르니 웅이 모친의 소리를 듣고 반겨 서로 만나매 부인이 유체(流涕) 왈,

"네 어찌 화를 면했느뇨?"

웅이 울며 부친 화상 찾은 사연을 고하니 부인이 또 현몽(現夢) 사연을 이르고 앉았더니 날이 밝거늘 보니 비각이라. 자세히 보니 '충신 병부상서 안찰사 조공 아무 만세 불망비'라 하였거늘 모자 비를 붙들고 통곡하다가 웅이 위로 왈,

"부친 비각이 어찌 이곳에 있나니잇고?"

부인 왈,

"비를 보니 곧 위국지경이라. 너의 부친이 병부상서로 있을 때 위왕 두침이 찬역(簒逆)하매 천병이 두침을 죽인 후 삼 년을 크게 가무니 천자 네 부친으로

순안어사를 하이시매 각도에 순행하여 민심을 진정하고 비를 얻어 오곡이 풍성하매 이때 백성이 송덕하는 비를 세우고 축원한다 하더니 이곳에 와 볼 줄 어찌 뜻하였으리요."

하고 슬퍼하더라.

– 작자 미상, 〈조웅전〉

〈 보기 〉

영웅소설의 주인공은 선한 존재로서 악한 존재에 의해 파괴된 국가와 가문을 원상 복구해야 한다는 사명감을 지닌다. 또한 그는 조상의 가호와 백성의 지지로 임무를 성공적으로 수행하여 결국 사필귀정의 원리를 구현한다.

① 부친의 화상을 지키려는 모습에서 가문에 대한 조웅의 책임감을 느낄 수 있군.

② 화상을 돌려주는 도적의 모습에서 조웅 가문에 대한 백성의 지지를 확인할 수 있군.

③ 비각에서의 현몽은 선친 조 승상이 조웅 모자를 돌보고 있음을 보여 주는군.

④ 모친에게 들은 만세불망비의 유래는 국가에 대한 조웅의 사명감을 환기하겠군.

작품 정리 작자 미상, 〈조웅전〉

- 주제 : 진충보국(盡忠報國: 충성을 다하여 나라의 은혜를 갚음.)과 자유연애
- 특징
  ① 영웅 소설
  ② 한시를 삽입하여 인물의 감정이나 생각을 드러냄.
  ③ 유교, 불교, 도교 사상이 나타남.
- 줄거리 : 조웅의 아버지는 중국 송(宋)나라의 승상이었다. 하지만 간신 이두병의 참소로 억울하게 음독자살하였다. 이에 조웅 모자는 간신 이두병을 피해 도망다닌다. 천자가 죽자, 이두병은 태자를 계량도로 유배 시키고 자신이 스스로 천자가 된다. 조웅 모자는 힘들게 떠돌아 다니다가 월경 대사를 만난다. 조웅은 월경 대사에게 술법과 글을 배운다. 조웅은 강선암의 월경 대사를 떠나 화산 도사로부터 조웅검(삼척검)을 받고, 철관 도사로부터 무술과 도술을 전도 받고 용마까지 얻는다. 조웅은 강선암으로 어머니를 보러 가는 중에 장 소저를 만나 결혼을 약속한다. 이때, 서번이 위국을 침략한다는 소식에 조웅은 위국으로 위왕과 함께 서번군을 이긴다. 그 후 태자를 구하고, 중국으로 와서 간신 이두병 무리를 없앤다. 조웅은 위왕과 합동하여 수십 만 대군으로 이두병을 죽이고 다시 태자를 천자로 올린다. 그 후 조웅은 서번의 왕이 된다.

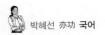

08. 다음 글에 대한 설명으로 적절하지 않은 것은?

2015 사회복지직 9급

> 부인이 울며 말하기를,
> "나는 죽어 귀히 되어 인간 생각 아득하다. 너의 아버지 너를 키워 서로 의지하였다가 너조차 이별하니 너 오던 날 그 모습이 오죽하랴. 내가 너를 보니 반가운 마음이야 너의 아버지 너를 잃은 설움에다 비길쏘냐? 너의 아버지 가난에 절어 그 모습이 어떠하며 아마도 많이 늙었겠구나. 그간 수십 년에 재혼이나 하였으며, 뒷마을 귀덕 어미 네게 극진하지 않더냐."
> 얼굴도 대어 보고 손발도 만져 보며,
> "귀와 목이 희니 너의 아버지 같기도 하다. 손과 발이 고운 것은 어찌 아니 내 딸이랴. 내 끼던 옥지환도 네가 지금 가졌으며, '수복강녕', '태평안락' 양편에 새긴 돈 붉은 주머니 청홍당사 벌매듭도, 애고, 네가 찼구나. 아버지 이별하고 어미를 다시 보니 두 가지 다 온전하기 어려운 건 인간 고락이라. 그러나 오늘 나를 다시 이별하고 너의 아버지를 다시 만날 줄을 네가 어찌 알겠느냐?"

– 작자 미상, 〈심청전〉

① 과거 회상을 통하여 작중 인물 간의 갈등을 표출한다.
② 작중 인물의 말에서 사건의 비현실성이 드러난다.
③ 설의법을 활용하여 내면의 심경을 토로하고 있다.
④ 모녀 관계에 대한 부인의 자기 확신이 분명하게 드러난다.

작품 정리 | 작자 미상, 〈심청전〉

- 갈래 : 판소리계 소설
- 성격 : 교훈적, 비현실적, 우연적
- 배경
  ① 시간 : 명나라 시대
  ② 공간 : 황주 도화동
- 시점 : 전지적 작가 시점
- 주제 : 부모에 대한 지극한 효성
- 특징
  ① 판소리 '심청가'가 소설로 정착된 판소리계 소설
  ② '수궁'이라는 비현실적 공간이 배경으로 등장하고 옥황상제와 같은 초월적 존재들이 등장하여 환상적 성격을 드러냄.
  ③ 인물의 심리 상태가 효과적으로 전달됨.
- 줄거리 : 명나라 시대 황주 도화동에 심학규라는 이가 살았는데, 그는 어려서부터 앞을 못 보는 맹인이었다. 심봉사는 곽씨 부인과 혼인하여 정성을 들여 아이를 가지게 되었는데 그 아이가 '심청'이다. 심청이 태어난 후 곽씨 부인은 병들어 죽게 되고 심봉사는 마을 사람들의 도움으로 심청을 키우게 된다. 심청이 15세 되었을 때, 장승상댁으로 가서 일을 해주고 집안의 생계를 이끌어 나간다. 어느 날 심봉사는 몽운사 화주승이 심봉수에게 공양미 삼백석을 부처님께 드리면 눈을 뜰 수 있다고 하고 심봉사는 덜컥 공양미를 드린다고 약속해 버린다. 심봉사의 고민을 알게 된 심청은 뱃사람들에게 인당수의 제물이 되겠다고 한 후 공양미를 받고 팔려 나간다. 인당수에 빠진 심청은 용왕의 도움으로 연꽃 봉우리에 담겨 세상 밖으로 나와 황후가 된다. 한편, 심청이 죽은 후 심봉사는 뺑덕어미를 만나 재산을 탕진하고 집에서 쫓겨난다. 궁에서 맹인 잔치가 열린다는 소식에 심봉사는 힘겹게 궁에 도착해 심청과 재회한다. 그는 너무 기쁜 나머지 앞이 보이게 되고, 심청과 함께 궁에서 영화를 누린다.

09. ㉠~㉣ 중 서술자가 개입되어 있지 않은 것은?

2019 국가직 9급

> 이때 춘향이는 사령이 오는지 군노가 오는지 모르고 주야로 도련님을 생각하여 우는데, ㉠생각지 못할 우환을 당하려 하니 소리가 화평할 수 있겠는가. 한때나마 빈방살이 할 계집아이라 목소리에 청승이 끼어 자연히 슬픈 애원성이 되니 ㉡보고 듣는 사람의 심장인들 아니 상할 것인가. 임 그리워 서러운 마음 밥맛없어 밥 못 먹고 불안한 잠자리에 잠 못 자고 도련님 생각으로 상처가 쌓여 피골이 상접하고 양기가 쇠진하여 진양조 울음이 되어 노래를 부른다. 갈까 보다 갈까 보다, 임을 따라 갈까 보다. 천 리라도 갈까 보다. 만 리라도 갈까 보다. 바람도 쉬어 넘고 수진이 날진이 해동청 보라매도 쉬어 넘는 높은 고개 동선령 고개라도 임이 와 날 찾으면 신발 벗어 손에 들고 아니 쉬고 달려가리. ㉢한양 계신 우리 낭군 나와 같이 그리워하는가, 무정하여 아주 잊고 나의 사랑 옮겨다가 다른 임을 사랑하는가? ㉣이렇게 한참을 서럽게 울 때 사령 등이 춘향의 슬픈 목소리를 들으니 목석이라도 어찌 감동을 받지 않겠는가? 봄눈 녹듯 온몸에 맥이 탁 풀렸다.
>
> — 작자 미상, 〈춘향전〉

① ㉠   ② ㉡

③ ㉢   ④ ㉣

10. (가)에 나타난 춘향과 신관 사또의 말하기 방식에 대한 설명으로 옳은 것은?

2017 지방직 7급

> (가) 신관이 분부하되 "네 본읍 기생으로 도임 초에 현신 아니 하기를 잘 했느냐?"
>
> 춘향이 아뢰되 "소녀 구관 사또 자제 도련님 뫼신 후에 대비정속한 고로 대령치 아니하였나이다."
>
> 신관이 증을 내어 분부하되 "고이하다. 너 같은 노류장화가 수절이란 말이 고이하다. 네가 수절하면 우리 마누라는 기절할까? 요망한 말 말고 오늘부터 수청 거행하라."
>
> 춘향이 여쭙되 "만 번 죽사와도 이는 봉행치 못할소이다."
>
> 신관의 말이 "네 잡말 말고 분부대로 거행하여라."
>
> 춘향이 여쭙되 "고언에 충신은 불사이군이요, 열녀는 불경이부라 하오니 사또께서는 응당 아실지라. 만일 국운이 불행하여 난시를 당하오면 사또께서는 도적에게 굴슬 하시리이까?" 신관이 이 말을 듣고 크게 화를 내며 강변의 덴 소 날뛰듯하며 춘향을 바삐 형추하라 하니

① 신관 사또는 춘향에게 회유의 말과 겁박의 말을 번갈아 사용했다.

② 신관 사또는 춘향의 정서적 거부감을 없애려고 희화적 표현을 사용했다.

③ 춘향은 양시론적 입장에서 자신의 주장을 정당화하는 화법을 구사했다.

④ 춘향은 자신의 정당성을 뒷받침하고 신관 사또의 부당성을 부각하는 화법을 구사했다.

작품 정리 **작자 미상, 〈춘향전〉**

- 갈래: 판소리계 소설, 고전 소설
- 주제: 표면 — 여인의 지조와 신분을 초월한 사랑
  이면 — 신분 상승 욕구, 부패한 탐관오리 비판
- 특징: 설화를 근원으로 보는데 설화는 입에서 입으로 전해져 내려와 적층성이 있었다. (적층성이란 한 개인의 창작물이 아닌, 여러 사람의 이야기가 합쳐지는 성격을 의미한다.)
- 줄거리: 이몽룡은 남원 부사의 아들인데, 그네를 타는 춘향을 보고 반하여 서로 백년가약한다. 하지만 이몽룡의 아버지가 서울로 부임되면서 둘은 이별한다. 남원에 변학도가 사또로 오며 춘향에게 수청을 강요하고 춘향은 이를 거부한 후 감옥에 갇힌다. 이몽룡은 장원 급제 후 암행어사가 되어 남원에 가서 거지 행세를 통해 춘향의 절개를 시험한다. 몽룡이의 어사출두 끝에 춘향과 상봉한다. 춘향은 결국 열녀 표창을 받고 몽룡과 행복하게 산다.

11. ⓐ~ⓓ에 대한 설명으로 가장 적절하지 않은 것은?

2017 경찰직 1차

어사또 들어가 단좌(端坐)하여 좌우를 살펴보니, 당상(堂上)의 모든 수령 다담을 앞에 놓고 ⓐ진양조 양양(洋洋)할 제 어사또 상을 보니 어찌 아니 통분하랴, 모 떨어진 개상판에 닥채저붐, 콩나물, 깍두기, 막걸리 한 사발 놓았구나. 상을 발길로 탁 차 던지며 운봉의 갈비를 직신, / ⓑ"갈비 한 대 먹고지고,"

"다라도 잡수시오." / 하고 운봉이 하는 말이

"이러한 잔치에 풍류로만 놀아나서 맛이 적사오니 차운(次韻) 한 수식하여 보면 어떠하오?" / "그 말이 옳다."

<중략>

운봉이 반겨 듣고 필연(筆硯)을 내어 주니 좌중(座中)이 다 못하여 글 두 귀(句)를 지었으되, 민정(民情)을 생각하고 본관의 정체(政體)를 생각하여 지었겄다.

"금준미주(金樽美酒)는 천인혈(千人血)이요, 옥반가효(玉般佳肴)는 만성고(萬姓膏)라. 촉루락시(燭淚落時) 민루락(民淚落)이요, 가성고처(歌聲高處) 원성고(怨聲高)라."

ⓒ이 글의 뜻은, "금동이의 아름다운 술은 일만 백성의 피요, 옥소반의 아름다운 안주는 일만 백성의 기름이라. 촛불 눈물 떨어질 때 백성 눈물 떨어지고, 노랫소리 높은 곳에 원망 소리 높았더라."

렇듯이 지었으되, 본관은 몰라보고 운봉이 이 글을 보며 내념(內念)에 / ⓓ'아뿔싸, 일이 났다.'

이 때, 어사또 하직하고 간 연후에 공형(公兄) 불러 분부하되,

"야야, 일이 났다."

－ 작자 미상, <춘향전>

① ⓐ: 잔치에 어울리는 비교적 빠른 장단을 일컫는다.
② ⓑ: 언어유희적 표현에 의해 해학성이 나타난다.
③ ⓒ: 서술자가 개입하는 편집자적 논평이 나타난다.
④ ⓓ: 운봉은 걸인이 어사또라는 것을 눈치채고 있다.

12. ㉠~㉣에 대한 설명으로 옳지 않은 것은?

2021 지방직 9급

이때는 오월 단옷날이렷다. 일 년 중 가장 아름다운 시절이라. ㉠이때 월매 딸 춘향이도 또한 시서 음률이 능통하니 천중절을 모를쏘냐. 추천을 하려고 향단이 앞세우고 내려올 제, 난초같이 고운 머리 두 귀를 눌러 곱게 땋아 봉황 새긴 비녀를 단정히 매었구나. … (중략) … 장림 속으로 들어가니 ㉡녹음방초 우거져 금잔디 좌르르 깔린 곳에 황금 같은 꾀꼬리는 쌍쌍이 날아든다. 버드나무 높은 곳에서 그네 타려 할 때, 좋은 비단 초록 장옷, 남색 명주 홑치마 훨훨 벗어 걸어 두고, 자주색 비단 꽃신을 썩썩 벗어 던져두고, 흰 비단 새 속옷 턱밑에 훨씬 추켜올리고, 삼 껍질 그넷줄을 섬섬옥수 넌지시 들어 두 손에 갈라 잡고, 흰 비단 버선 두 발길로 훌쩍 올라 발 구른다. … (중략) … ㉢한 번 굴러 힘을 주며 두 번 굴러 힘을 주니 발밑에 작은 티끌 바람 쫓아 펄펄, 앞뒤 점점 멀어 가니 머리 위의 나뭇잎은 몸을 따라 흔들흔들. 오고갈 제 살펴보니 녹음 속의 붉은 치맛자락 바람결에 내비치니, 높고 넓은 흰 구름 사이에 번갯불이 쏘는 듯 잠깐 사이에 앞뒤가 바뀌는구나. … (중략) … 무수히 진퇴하며 한참 노닐 적에 시냇가 반석 위에 옥비녀 떨어져 쟁쟁하고, '비녀, 비녀' 하는 소리는 산호채를 들어 옥그릇을 깨뜨리는 듯. ㉣그 형용은 세상 인물이 아니로다.

－ 작자 미상, <춘향전>

① ㉠: 설의적 표현을 통해 춘향이도 천중절을 당연히 알 것이라는 점을 서술하고 있다.
② ㉡: 비유법을 사용하고 음양이 조화를 이룬 아름다운 봄날의 풍경을 서술하고 있다.
③ ㉢: 음성상징어를 사용하여 춘향의 그네 타는 모습을 시각적으로 서술하고 있다.
④ ㉣: 서술자의 편집자적 논평을 통해 춘향이의 내면적 아름다움을 서술하고 있다.

13. 다음 글에 서술된 인물의 성격이나 상황적 행위에 대한 설명으로 옳지 않은 것은?

2017 국회직 8급

> 배 비장은 궤에 들어가 몸을 숨기고 남편으로 가장한 방자가 꿈 이야기를 하며 궤를 버려야 한다고 말하고 일부러 바다에 버리는 척 꾸민다. 배 비장이 알몸으로 썩 나서며 그래도 소경 될까 염려하여 두 눈을 잔뜩 감으며 이를 악물고 왈칵 냅다 짚으면서 두 손을 헤우적헤우적하여 갈 제 한 놈이 나서며 이리 해라, 한참 이 모양으로 헤어갈 제 동헌 댓돌에다 대궁이를 딱 부딪치니 배 비장이 눈에 불이 번쩍 나서 두 눈을 뜨며 살펴보니, 동헌에 사또 앉았고 대청에 삼공형(三公兄)이며 전후좌우에 기생들과 육방 관속 노령배(奴令輩)가 일시에 두 손으로 입을 막고 참는 것이 웃음이라. 사또 웃으면서 하는 말이, "자네 저것이 웬일인고?" 배 비장 어이없어 고개를 숙일 뿐이더라.
>
> – 작자 미상, 〈배비장전〉

① 작중 인물이 자신의 본성을 찾아가는 과정을 그리고 있다.

② 배 비장은 자신이 실제로 궤 속에 갇혀 바다에 빠졌다고 생각한다.

③ 나머지 사람들은 모두 연극을 하고 있는 셈이고 중심 인물만 진지한 상황이다.

④ 배 비장이 옷을 입지 않은 것은 인물의 본성이 적나라하게 드러남을 상징적으로 보여준다.

⑤ 다른 사람들이 모두 알고 있는 것을 정작 중심 인물은 깨닫지 못하고 있을 때 상황적 아이러니가 발생함을 보여준다.

작품 정리 | **작자 미상, 〈배비장전〉**

• 주제 : 관료들의 비리와 위선을 풍자

• 줄거리 : 배비장은 어머니와 부인 앞에서 여자에 유혹 당하지 않겠다는 맹세를 한다. 제주도를 떠나는 정 비장이 기생 애랑과 이별하며 재산을 털리며 이빨까지 뽑히는 것을 보자 배비장은 비웃는다. 이에 방자와 여자에게 유혹 당하지 않는 내기를 한다. 하지만 어느 봄날 야외 놀이판에서 교태를 부리는 기생 애랑에게 빠지고 방자의 적극적인 주선으로 애랑과의 정을 키운다. 애랑의 집까지 가지만 결국 방자에 의해 쫓겨간다. 궤짝에 숨었으나 결국 목사와 관리들이 지켜보는 가운데서 알몸으로 궤짝에서 나오게 되어 배비장은 비웃음거리가 되어 위선이 폭로된다.

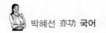

14. 다음 글에 대한 이해로 가장 적절한 것은?

2019 지방직 9급

유 소사가 말하기를, "신부(新婦)가 이제 내 집에 들어왔으니 어떻게 남편을 도울꼬?"

사씨 대답하여 말하기를, "첩(妾)이 일찍 아비를 여의고 자모(慈母)의 사랑을 입사와 본래 배운 것이 없으니 물으시는 말씀에 대답치 못하옵거니와 어미 첩을 보낼 제 중문(中門)에 임(臨)하여 경계하여 말씀하시기를 '반드시 공경(恭敬)하며 반드시 경계(警戒)하여 남편을 어기오지 말라.' 하시니 이 말씀이 경경(耿耿)하여 귓가에 있나이다."

유 소사가 말하기를, "남편의 뜻을 어기오지 말면 장부(丈夫) 비록 그른 일이 있을지라도 순종(順從)하랴?"

사씨 대 왈, "그런 말이 아니오라 부부(夫婦)의 도(道) 오륜(五倫)을 겸(兼)하였으니 아비에게 간(諫)하는 자식이 있고 나라에 간하는 신하 있고 형제(兄弟) 서로 권하고 붕우(朋友) 서로 책(責)하나니 어찌 부부라고 간쟁(諫諍)치 않으리이까? 그러나 자고로 장부(丈夫) 부인(婦人)의 말을 편청(偏聽)하면 해로움이 있삽고 유익(有益)함이 없으니 어찌 경계 아니 하리이까?"

유 소사가 모든 손님을 돌아보며 말하기를, "나의 며느리는 가히 조대가*에 비할 것이니 어찌 시속(時俗) 여자가 미칠 바리오."라고 하였다.

― 김만중, 〈사씨남정기〉

* 조대가: 『한서(漢書)』를 지은 반고(班固)의 누이동생인 반소(班昭). 학식이 뛰어나고 덕망이 높아 왕실 여성의 스승으로 칭송이 자자했다.

① 사씨의 어머니는 딸이 남편에게 맞섰던 일을 비판하고 있다.
② 사씨는 홀어머니를 모시느라 제대로 배우지 못한 것을 안타까워하고 있다.
③ 사씨는 부부의 예에 따라, 남편이 잘못하면 이를 지적해야 한다고 생각한다.
④ 유 소사는 며느리와의 대화를 통해, 효성이 지극한 사씨의 모습에 흡족해 하고 있다.

작품 정리 김만중, 〈사씨남정기(謝氏南征記)〉

- 갈래 : 국문 소설, 가정 소설
- 시대 : 조선 숙종 15~18년(1689 ~ 1692)
- 제재 : 일부다처제
- 주제 : 처첩 간의 갈등과 사 씨의 고행, 인과응보
- 배경 : 중국 명나라 초기, 중국 북경 금릉 순천부
- 성격 : 권선징악(사필귀정)
- 특징
  ① '발단 – 전개 – 위기 – 절정 – 결말'의 구조를 취함.
  ② 전지적 작가 시점
  ③ 작품에 나타난 당대 상황에 대한 날카로운 비판을 숨기기 위해 명나라를 배경으로 하였다.
- 구성
  – 발단 : 중국 명나라 때 유현의 아들로 태어난 유연수는 젊은 나이에 한림학사를 제수받는다.
  – 전개 : 유연수(유 한림)는 모든 것이 뛰어난 사씨와 결혼하나, 자식이 없어 교활한 교씨를 첩으로 맞이한다. 교씨는 아들을 낳자 사씨에게 억울한 누명을 씌운다. 결국 유 한림은 사씨를 쫓아내고 교씨를 정부인으로 삼는다.
  – 위기 : 교씨는 동청과 바람을 피우며 유 한림에게 누명을 씌워 유배시킨다.
  – 절정 : 조정에서 유 한림의 억울함을 풀어 다시 올라오게 하고, 동청을 처형한다.
  – 결말 : 유 한림은 잘못을 깨닫고 사씨를 찾다가 사씨와 만난다. 그는 교활한 교씨를 처형하고 사씨를 다시 정부인으로 맞이한다.
- 의의 : 처첩 간의 갈등을 소설화한 최초의 작품으로 가정 소설의 효시가 됨.
- 출전 : 《해재신해계동유동찰판》

15. 위 작품을 통해 알 수 있는 등장인물에 대한 설명으로 적절하지 않은 것은?
2019 기상직 9급

　　이때 돈놀이하는 자들이 대체로 머리꽂이, 옥비취, 의복, 가재도구 및 가옥·전장(田庄)·노복 등의 문서를 저당잡고서 본값의 십분의 삼이나 십분의 오를 쳐서 돈을 내주기 마련이었다. 그러나 광문이 빚보증을 서주는 경우에는 담보를 따지지 아니하고 천금(千金)이라도 당장에 내주곤 하였다.

(중략)

　　광문은 나이 마흔이 넘어서도 머리를 땋고 다녔다. 남들이 장가가라고 권하면, 하는 말이,
　　"잘생긴 얼굴은 누구나 좋아하는 법이다. 그러나 사내만 그런 것이 아니라 비록 여자라도 역시 마찬가지다. 그러기에 나는 본래 못생겨서 아예 용모를 꾸밀 생각을 하지 않는다." 하였다.
　　남들이 집을 가지라고 권하면,
　　"나는 부모도 형제도 처자도 없는데 집을 가져 무엇하리. 더구나 나는 아침이면 소리 높여 노래를 부르며 저자에 들어갔다가, 저물면 부귀한 집 문간에서 자는 게 보통인데, 서울 안에 집 호수가 자그만치 팔만 호다. 내가 날마다 자리를 바꾼다 해도 내 평생에는 다 못 자게 된다." 하였다.
　　서울 안에 명기(名妓)들이 아무리 곱고 아름다워도, 광문이 성원해 주지 않으면 그 값이 한 푼어치도 못 나갔다. 예전에 궁중의 우림아(羽林兒), 각 전(殿)의 별감(別監), 부마도위(駙馬都尉)의 청지기들이 옷소매를 늘어뜨리고 운심(雲心)의 집을 찾아간 적이 있다. 운심은 유명한 기생이었다. 대청에서 술자리를 벌이고 거문고를 타면서 운심더러 춤을 추라고 재촉해도, 운심은 일부러 늑장을 부리며 선뜻 추지를 않았다. 광문이 밤에 그 집으로 가서 대청 아래에서 어슬렁거리다가, 마침내 자리에 들어가 스스로 상좌(上坐)에 앉았다. 광문이 비록 해진 옷을 입었으나 행동에는 조금의 거리낌도 없이 의기가 양양하였다. 눈가는 짓무르고 눈꼽이 끼었으며 취한 척 구역질을 해 대고, 헝클어진 머리로 북상투(北髻)를 튼 채였다. 온 좌상이 실색하여 광문에게 눈짓을 하며 쫓아내려고 하였다. 광문이 더욱 앞으로 나아가 무릎을 치며 곡조에 맞춰 높으락낮으락 콧노래를 부르자, 운심이 곧바로 일어나 옷을 바꿔 입고 광문을 위하여 칼춤을 한바탕 추었다. 그리하여 온 좌상이 모두 즐겁게 놀았을 뿐 아니라, 또한 광문과 벗을 맺고 헤어졌다.

－ 박지원, 〈광문자전〉

① '광문'은 남녀평등 의식을 갖고 있다.
② '광문'은 사람을 보는 안목이 있다.
③ '운심'은 외모보다는 내면을 중시한다.
④ '운심'은 고고한 성격을 갖고 있으며 익살과 기지가 있다.

작품 정리 | 박지원, 〈광문자전〉

- 주제
  ① 광문의 정직하고 신의 있는 삶
  ② 권모술수가 판을 치는 사회 비판
- 특징
  ① 주인공의 일화를 삽화 형식으로 나열하여 조선 후기 사회의 모습을 사실적으로 묘사함.
  ② 거지인 주인공의 인품을 예찬함으로써 상대적으로 양반 사회에 대한 풍자 효과를 높임.
- 줄거리 : 광문은 걸인들의 우두머리이다. 그는 병든 거지 아이를 죽였다는 억울한 누명에 동료들에게 쫓겨난다. 이에 광문은 도망치는 도중에 도둑으로 오해 받아 주인에게 잡힌다. 주인은 오해였음을 알고 그를 풀어준다. 그러자 광문은 다시 돌아가 버려진 죽은 아이의 시신을 수습한다. 이를 목격한 주인은 이에 감동하여 약국을 운영하는 부자에게 추천하여 광문은 약국에서 일하게 된다. 어느 날 부자의 돈이 없어지는데 광문이 의심을 받는다. 하지만 이는 오해였음이 밝혀지자 부자는 광문에게 사과하고 그의 덕을 칭찬하여 광문은 유명해진다. 광문은 못난 얼굴로 40세가 넘도록 장가도 가지 않고 분수에 만족하며 산다. 도도한 기생 운심마저 광문의 장단에 맞춰 춤을 추면서 함께 어울린다.

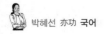

※ 다음 글을 읽고 물음에 답하시오.

[앞부분의 줄거리] 북곽 선생(北郭先生)이라는 명망이 높은 선비가 열녀로 칭송 받는 젊은 과부인 동리자의 방에서 정을 통하려 했다. 이때 과부의 다섯 아들이 북곽 선생을 여우로 의심하여 몽둥이를 들고 방 안으로 들이닥쳐 북곽 선생은 귀신인 척 연기하며 도망치다가 똥구덩이에 빠진 후 범을 만나게 된다.

범이 이맛살을 찌푸리고 구역질을 하며 코를 막은 채 얼굴을 외면하고 말한다.
　㉠"아이구! 그 선비, 냄새가 참 구리기도 하구나."

〈중략〉

범이 꾸짖으며 답한다.
"에잇! 가까이 다가오지 말렸다. 전에 내 듣기로 유(儒)*란 유(諛)*라 하더니 과연 그렇구나. 네가 평소에는 세상의 온갖 나쁜 이름을 끌어모아 제멋대로 내게 갖다 붙이더니만, 지금은 서둘러 면전에서 아첨을 늘어놓으니 그 따위 말을 대체 누가 믿겠느냐?

〈중략〉

이들을 잡아들이고 벌하기 위해 제 아무리 오랏줄이나 도끼, 톱 등을 써 대도 인간의 악행은 당최 그칠 줄을 모른다. 밧줄이나 먹바늘, 도끼나 톱 따위가 횡행하니, 악행이 그칠 리가 없다. ㉡범의 세상에는 본래 이런 형벌이 없는데, 이로써 보면 범의 본성이 인간보다 더 어질다는 뜻이 아니겠느냐?"

〈중략〉

북곽 선생이 숨을 죽이고 명령을 기다렸으나 오랫동안 아무 동정이 없기에 참으로 황공해서 절하고 조아리다가 머리를 들어 우러러보니, 이미 먼동이 터 주위가 밝아 오는데 범은 간 곳이 없었다. 그때 새벽 일찍 밭 갈러 나온 농부가 있었다. ㉢"선생님, 이른 새벽에 들판에서 무슨 기도를 드리고 계십니까?"

북곽 선생은 엄숙히 말했다.
　㉣"성현(聖賢)의 말씀에 '하늘이 높다 해도 머리를 아니 굽힐 수 없고, 땅이 두텁다 해도 조심스럽게 딛지 않을 수 없다.' 하셨느니라."

— 박지원, '호질(虎叱)'

* 유(儒): 선비.
* 유(諛): 아첨함.
* 오상(五常): 인(仁), 의(義), 예(禮), 지(智), 신(信)의 오행[오교(五敎)나 오륜(五倫)을 가리키기도 함.]
* 사강(四綱): 사람을 규제하는 네 가지 도덕인 예(禮), 의(義), 염(廉), 치(恥)

16. 윗글의 내용에 대한 이해로 가장 옳지 않은 것은?
　2020 법원직 9급

① 범은 인간이 말로는 선을 권하지만 악을 일삼는 자가 많다고 주장한다.
② 북곽 선생은 남들이 자신을 알아볼까 두려워 괴이한 모습으로 도망쳤다.
③ 범은 평소와 다르게 아첨하는 북곽 선생의 말을 믿을 수 없다고 생각한다.
④ 북곽 선생은 인간의 본성과 범의 본성을 비교하며 범에게 목숨을 구걸했다.

17. ㉠~㉣에 대한 설명으로 가장 옳은 것은?
　2020 법원직 9급

① ㉠: 본심을 숨기고자 상대에게 거부감을 드러내고 있다.
② ㉡: 자랑거리를 내세우며 상대가 따르도록 강요하고 있다.
③ ㉢: 자신을 낮추며 상대를 흠모하는 마음을 드러내고 있다.
④ ㉣: 상황이 바뀌자 비굴함을 숨기기 위해 허세를 부리고 있다.

작품 정리 박지원, 〈호질(虎叱)〉

• 주제: 양반의 위선과 부도덕성 풍자
• 특징
　① 우의적 수법을 사용함.
　② 인물의 행위를 희화화하여 제시함.
　③ 실학사상을 바탕으로 인간의 부정적인 삶을 비판함.
• 줄거리: 북곽 선생은 학자로 유명하고 동리자는 수절을 잘하는 과부로 유명하다. 하지만 이들은 밀회를 즐긴다. 어느 날 동리자의 아들이 동리자와 방에 있는 북곽 선생을 여우로 의심하여 쫓아간다. 이에 북곽 선생은 도망가다 똥구덩이에 빠지는데 이 때 범을 마주친다. 범은 북관 선생의 위선과 인간들의 부패를 꾸짖는다. 북곽 선생은 범에게 비굴하게 살려달라고 빌다가 새벽에 부지런히 일하러 나온 농부와 만나게 되자 위선을 떨며 변명을 한다.

18. 〈보기〉를 참고할 때, ㉠~㉣ 중 성격이 다른 것은?

2019 법원직 9급

┌─〈보기〉────────────────────
서술자는 자신의 시각에서 이야기를 직접 서술하거나, 인물의 시각에서 인물의 경험과 인식을 반영하여 서술한다. 즉 '서술'은 서술자가 담당하지만 '시각'은 서술자의 것일 수도, 인물의 것일 수도 있다는 것이다.
└────────────────────────────

(가) 말을 그치며 홍련 형제 일어나 절하고 청학을 타고 반공에 솟아 가거늘, 부사가 그 말을 들으매 낱낱이 분명하니 자기가 흉녀에게 속은 줄 깨닫고 더욱 분노하여 날 새기를 기다려 새벽에 좌기를 베풀고 좌수 부부를 성화같이 잡아들여 각별 다른 말은 묻지 아니하고 ㉠그 낙태한 것을 바삐 들이라 하여 살펴본 즉 낙태한 것이 아닌 줄 분명하매 좌우를 명하여 그 낙태한 것의 배를 가르라 하니 좌우가 영을 듣고 칼을 가지고 달려들어 배를 가르니 그 속에 쥐똥이 가득하였거늘 허다한 관속이 이를 보고 다 흉녀의 흉계인 줄 알아 저마다 꾸짖으며, 홍련 형제가 애매히 처참하게 죽음을 가장 불쌍히 여기더라.

(나) "저의 무지 무식하온 죄는 성주의 처분에 있사오나 비록 시골의 변변하지 못한 어리석은 백성이온들 어찌 사리와 체모를 모르리잇고. 전실 장씨 불쌍히 죽고 두 딸이 있사오매 부녀가 서로 위로하여 세월을 보내옵더니 후사를 아니 돌아보지 못하여 후처를 얻사온즉 비록 어질지 못하오나 연하여 세 아들을 낳사오매 마음에 가장 기뻐하옵더니 하루는 제가 나갔다가 돌아온즉 흉녀가 문득 발연변색하고 하는 말이, '장화의 행실이 불측하여 낙태하였으니 들어가 보라.' 하고 이불을 들추매 제가 놀라 어두운 눈에 본즉, ㉡과연 낙태한 것이 적실하오매 미련한 소견에 전혀 깨닫지 못하는 중 더욱 전처의 유언(遺言)을 아득히 잊고 흉계(凶計)에 빠져 죽인 것이 분명하오니 그 죄 만 번 죽어도 사양치 아니하나이다."

(다) "소첩의 몸이 대대 거족으로 문중이 쇠잔하고 가세 탕패하던 차 좌수가 간청하므로 그 후처가 되오니 전실의 양녀가 있사오되 그 행동거지 심히 아름다옵기에 친자식같이 양육하여 이십에 이르는 저의 행사가 점점 불측하여 백가지 말에

한 말도 듣지 아니하고 성실치 못할 일이 많사와 원망이 심하옵기로 때때로 저를 경계하고 타일러 아무쪼록 사람이 되게 하옵더니 하루는 ㉢저희 형제의 비밀한 말을 우연히 엿든사온즉 그 흉패한 말이 측량치 못할지라 마음에 가장 놀랍사와 가부더러 이른즉 반드시 모해하는 줄로 알 듯하여 다시금 생각하여 저를 먼저 죽여 내 마음을 펴고자 하여 가부를 속이고 죽인 것이 옳사오니 자백하오매 법에 따라 처치하시려니와 첩의 아들 장쇠는 이 일로 말미암아 천벌을 입어 이미 병신이 되었으니 죄를 사하소서."

(라) 각설, 배 좌수가 국가 처분으로 흉녀를 능지하여 두 딸의 원혼을 위로하나 오히려 쾌한 것이 없으매 오직 여아의 애매히 죽음을 주야로 슬퍼하여 그 형용을 보는 듯 목소리를 듣는 듯 거의 미치기에 이를 듯하여 다만 다음 세상에 다시 부녀 지의를 맺음을 종일 축원하는 중 집안에 살림할 이 없으매 그 지향할 곳이 더욱 없어 부득이 혼처를 구할새 향족 윤광호의 딸을 취하니 ㉣나이 십팔 세요, 용모와 재질이 비상하고 성품이 또한 온순하여 자못 숙녀의 풍도가 있는지라.

— 작자 미상, 〈장화홍련전(薔花紅蓮傳)〉

① ㉠　　　　　　　　　② ㉡
③ ㉢　　　　　　　　　④ ㉣

작품 정리 | 작자 미상, 〈장화홍련전〉

좌수(座首) 배무룡(裵武龍)은 장씨와 장화와 홍련을 낳는다. 하지만 장씨는 일찍 세상을 떠나고 후취로 허씨를 데려온다. 하지만 허씨는 교활하고 흉악해 두 딸을 학대했다. 결국 계모의 구박으로 장화는 연못에서 자살하고 홍련 또한 언니를 그리워하다 연못에 빠져 죽는다. 이후 억울한 자매의 원혼이 부사를 찾아가나 부임하는 부사들 모두 죽는다. 그러나 담이 큰 정동우가 부임하게 되고 정동우는 자매의 이야기를 들은 후 계모를 처형하고 자매의 무덤을 만들어준다. 그 후 배좌수는 재장가를 들고 장화 홍련의 현신인 쌍동녀를 낳는다. 그 후 이들은 거부 집안과 혼인하여 행복하게 살게 되었다.

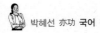

19. ㉠~㉣에 대한 설명으로 적절하지 않은 것은?

2018 법원직 9급

허생은 묵적골에 살았다. 곧장 남산(南山) 밑에 닿으면, 우물 위에 오래된 은행나무가 서 있고, 은행나무를 향하여 사립문이 열렸는데, 두어 칸 초가는 비바람을 막지 못할 정도였다. 그러나 허생은 글 읽기만 좋아하고, 그의 처가 남의 바느질품을 팔아서 입에 풀칠을 했다. 하루는 그의 처가 몹시 배가 고파서 울음 섞인 소리로 말했다.

㉠"당신은 평생 과거(科擧)를 보지 않으니, 글을 읽어 무엇합니까?"

허생은 웃으며 대답했다.

"나는 아직 독서를 익숙히 하지 못하였소."

㉡"그럼 장인바치 일이라도 못 하시나요?"

"장인바치 일은 본래 배우지 않은 걸 어떻게 하겠소?"

"그럼 장사는 못 하시나요?"

"장사는 밑천이 없는 걸 어떻게 하겠소?"

처는 왈칵 성을 내며 소리쳤다.

"밤낮으로 글을 읽더니 기껏 '어떻게 하겠소?' 소리만 배웠단 말씀이오? 장인바치 일도 못 한다, 장사도 못 한다면, 도둑질이라도 못 하시나요?"

허생은 읽던 책을 덮어 놓고 일어나면서,

㉢"아깝다. 내가 당초 글 읽기로 십 년을 기약했는데, 인제 칠 년인걸……."

하고 획 문밖으로 나가 버렸다.

<중략>

이때, 변산(邊山)에 수천의 군도(群盜)들이 우글거리고 있었다. 각 지방에서 군사를 징발하여 수색을 벌였으나 좀처럼 잡히지 않았다. 군도들도 감히 나가 활동을 못 해서 배고프고 곤란한 판이었다. 허생이 군도의 산채를 찾아가서 우두머리를 달래었다.

"천 명이 천 냥을 빼앗아 와서 나누면 하나 앞에 얼마씩 돌아가지요?"

"일 인당 한 냥이지요."

"모두 아내가 있소?"

"없소."/"논밭은 있소?"

군도들이 어이없어 웃었다.

"땅이 있고 처자식이 있는 놈이 무엇 때문에 도둑이 된단 말이오?"

"정말 그렇다면, 왜 아내를 얻고, 집을 짓고, 소를 사서 논밭을 갈고 지내려 하지 않는가? 그럼 도둑놈 소리도 안 듣고 살면서, 집에는 부부의 낙(樂)이 있을 것이요, 돌아다녀도 잡힐까 걱정을 않고 길이 의식의 요족을 누릴텐데."

㉣"아니, 왜 바라지 않겠소? 다만 돈이 없어 못 할 뿐이지요."

허생은 웃으며 말했다.

"도둑질을 하면서 어찌 돈을 걱정할까? 내가 능히 당신들을 위해서 마련할 수 있소. 내일 바다에 나와 보오. 붉은 깃발을 단 것이 모두 돈을 실은 배이니, 마음대로 가져가구려."

허생이 군도와 언약하고 내려가자, 군도들은 모두 그를 미친놈이라고 비웃었다. 이튿날, 군도들이 바닷가에 나가 보았더니, 과연 허생이 삼십만 냥의 돈을 싣고 온 것이었다. 모두들 대경(大驚)해서 허생 앞에 줄지어 절했다.

"오직 장군의 명령을 따르겠소이다."

<하략>

– 박지원, <허생전>

① ㉠: 허생의 처가 생각하는 글 읽기의 목적은 입신양명이고 이는 그녀의 실용적 학문관을 보여주는 것이다.

② ㉡: 허생의 처가 생각하는 바람직한 직업을 허생에게 추천하고 있다.

③ ㉢: 글 읽기에 대한 허생의 관점이 드러난 부분으로 허생은 도를 이루기 위해 글 읽기를 한 것이다.

④ ㉣: 돈의 필요성에 대해 인식한 부분으로 이 시대에도 상업 자본에 대한 근대적 자각이 있었음을 확인할 수 있다.

작품 정리 | **박지원, 〈허생전(許生傳)〉**

- 갈래 : 고전 소설(한문 소설, 풍자 소설)
- 성격 : 풍자적, 비판적, 냉소적, 실학적
- 시대 : 조선 시대
- 제재 : 허생의 비범한 삶
- 주제 : 무능력한 사대부를 신랄하게 비판하며 지배층이 깨닫고 개선하기를 요구함.
- 배경 : 조선 17세기 중반 효종, 국내(한반도 전역)와 국외 (무인도, 장기도)
- 특징
  ① '발단 – 전개 – 위기 – 절정 – 결말'의 구조를 취함.
  ② 전지적 작가 시점
  ③ 미완성의 결말 구조
- 구성
  - 발단 : 더이상 생활고를 참을 수 없는 아내의 질책에 집을 나간 허생
  - 전개 : 변 씨에게 돈을 빌려 매점매석과 빈 섬 경영을 통해 돈을 벎.
  - 위기 : 허생과 변 씨의 친목, 허생에게 이완을 소개시 켜주는 변 씨
  - 절정 : 허생이 현실 개혁할 수 있는 좋은 방법을 제시 하나 이완이 거절, 그를 쫓아냄.
  - 결말 : 종적을 감춘 허생
- 의의 : 실학사상을 기반으로 당시 사회의 모순을 비판 및 풍자함.
- 출전 : 《열하일기(熱河日記)》 중 〈옥갑야화(玉匣夜話)〉

20. '㉠ 군자의 논평'과 '㉡ 매화외사의 논평'을 비교한 내용 으로 가장 적절한 것은?　　　2018 법원직 9급

〈앞부분 줄거리〉 유광억은 영남 합천 사람으로 글을 잘 지 었다. 과거를 보는 사람을 대신하여 글을 써 주며 생계를 꾸 려 나갔는데, 날이 갈수록 유광억의 이름이 나라 안에 퍼졌 다. 이 소문을 들은 경시관과 경상 감사는 과거 시험에서 유 광억의 글을 가려낼 수 있는지를 두고 내기를 한다.

〈중략〉

유광억은 군에서 구속되어 감영으로 송치될 판이 었다. 그는 두려운 마음에 스스로 생각했다.
'나야말로 과거 법규를 해치는 도적이니, 감영으로 가더라도 역시 죽을 것이다. 차라리 가지 않는 게 낫 겠다.'
그는 밤에 친척을 모아 놓고 한껏 술을 마셔 댔다. 그리고는 몰래 강물로 나가 몸을 던져 죽었다. 경시 관은 이 소식을 듣고는 애석하게 여겼다. 사람들 가 운데 그의 재주를 아깝게 여기지 않는 이가 없었다. 군자는 이렇게 논평했다.
㉠ "유광억은 과거 법규를 해친 죄과 때문에 죽은 것이니, 마땅한 일이다."
매화외사는 다음과 같이 말한다.
㉡ 천하에는 팔지 못할 물건이 없다. 몸을 팔아 남 의 노예가 되는 자도 있다. 심지어 가느다란 터럭과 형체가 없는 꿈에 이르기까지도 모두 사고판다. 그 러나 아직 마음을 팔았다는 일은 없었다. 어찌 물건 치고 다 팔 수 있거늘, 마음이라 하여 팔지 못하겠는 가? 유광억 같은 자는 바로 그 마음을 판 자가 아니 겠는가?
아! 누가, 천하에서 가장 천박한 매매를 글 읽는 자 가 하리라고 생각하겠는가? 법으로 따지면 '주는 자 나 받는 자나 같은 죄'이로다.

– 이옥, 〈유광억전〉

① 군자는 유광억의 죽음을 합당한 결정이라 생각하였 고, 매화외사는 유광억이 죽은 것을 안타깝게 여겼다.
② 군자는 유광억의 죽음이 당위적인 이유를 설명하였 고, 매화외사는 유광억의 죽음이 우연적인 것이었음 을 설명하였다.
③ 군자는 유광억의 죽음을 개인적인 측면에서 평가하 고 있고, 매화외사는 유광억의 죽음을 사회적인 문제 로 확장시켜 평가하고 있다.
④ 군자는 유광억의 죽음에 대해 간단하게 논평하였고, 매화외사는 유광억의 죽음이 사회에 미치는 영향을 자세하게 따지며 논평하였다.

작품 정리 이옥, 〈유광억전〉

가난하고 지위가 낮아 시험지의 답안까지 팔았던 주인공 유광억의 불법적, 비도덕적 행위와 함께 세상에 팔지 못할 물건이 없게 된 시대 현실의 타락상을 동시에 비판하고 있다.

- 갈래: 고전 소설, 세태 소설
- 성격: 현실 비판적, 경세적
- 연대: 조선 정조 때
- 시점: 전지적 작가 시점
- 배경
  ① 시간: 조선 시대
  ② 공간: 영남 합천과 서울
- 주제: 과거 시험 부정행위를 통해 보는 부패한 시대상 비판
- 특징
  ① 특정 인물의 행위를 통해 당대의 부정적 세태를 드러냄.
  ② 일화에 대한 작가의 논평을 제시하여 주제 의식을 부각함.
- 줄거리: 가난한 유광억은 지체가 낮지만 과시를 잘하여 부잣집에 돈을 받은 후 대리 답안을 만들어 준다. 유광억이 유명해지자 경상 감사와 경시관은 유광억의 글 찾기 내기를 하지만 우수 답안에는 유광억이란 이름이 없었다. 이에 진실을 밝히기 위해 유광억을 잡아오라 하지만 이에 유광억은 무서워 자살한다. 자본이면 마음까지 파는 행위가 나타났음을 비판하며 양심을 파는 것뿐 아니라 그것을 요구하는 것도 잘못됐음을 드러낸다.
- 출전: 《담정총서(潭庭叢書)》 중 〈매화외사(梅花外史)〉

21. 윗글에 대한 이해로 가장 적절한 것은?

2018 교육행정직 7급

화설이라. 이때 숙향이 부모를 잃고 의지할 데 없이 혼자 떠돌아다니며 우니, 그 울음소리에 사람의 심신이 다 녹는 듯하더라. 얼마 후 붉은 새 한 마리가 날아와 숙향의 무릎 위에 앉아 울다가 날아갔다. 숙향이 그 새를 따라 여러 산을 넘어가니, 한 마을이 나타났다. 숙향이 마을로 들어서면서 어미를 부르며 우니, 사람들이 보고 불쌍히 여겨 물었다.

"네 부모는 어디 있느냐?"

숙향이 한참 울다가 겨우 정신을 차려 말하기를,

"어머니가 내일 와서 데려가마 하고 가더니, 오지 않나이다."

하고 통곡하니, 숙향을 보고 눈물을 흘리지 않는 사람이 없었다.

사람들이 숙향의 얼굴이 하도 곱고 어여뻐서 저마다 데려가 기르고자 하되, 저희들도 피란하느라 동서분주하는 터라 데려가지는 못하고 밥을 먹이며 위로했다.

"우리도 산속으로 피란을 가니, 울지만 말고 아무 데로나 가거라."

— 작자 미상, 〈숙향전〉

① 서술자의 개입이 드러나 있다.
② 인물 간 갈등을 통해 극적 긴장감을 조성하고 있다.
③ 배경 묘사를 통해 인물의 성격 변화를 드러내고 있다.
④ 대화 속에 고사(故事)를 인용하여 인물이 처한 쓸쓸한 상황을 부각하고 있다.

작품 정리 작자 미상, 〈숙향전〉

- 갈래: 염정 소설, 적강 소설, 영웅 소설
- 성격: 도교적, 초현실적, 낭만적
- 시점: 전지적 작가 시점
- 배경
  ① 시간: 중국 송나라 때
  ② 공간: 형초 땅
- 제재: 숙향과 이선의 사랑
- 주제: 고난을 극복한 숙향과 이선의 사랑
- 특징
  ① 천상계의 인물인 주인공이 지상계로 내려와, 천상계와 지상계의 이원적 공간이 나타남.
  ② 영웅의 일대기 구조가 나타나지만 주인공 숙향은 영웅의 능력이 없다.
- 줄거리: 김전과 장씨는 명산대찰에 빌어 겨우 숙향을 낳는다. 하지만 숙향이 도적의 난으로 어린 숙향을 잃어버린다. 숙향은 사슴의 덕에 장 승상의 양녀로 성장하는데 이를 질투한 종 사향의 음모로 쫓겨나 강에 몸을 던진다. 이런 숙향을 김전이 구해줬던 용녀(=거북이)가 구해준다. 이리저리 떠돌다가 죽을 고비에 처하지만 화덕진군이 구해주어 마고 할미와 살게 된다. 숙향의 수를 본 이선은 자신의 꿈과 같은 수에 놀라 고모의 도움으로 숙향과 인연을 맺는다. 그러나 이선의 아버지 이상서는 낙양 태수 김전에게 숙향을 죽이도록 명한다. 설상가상으로 숙향은 마고 할미를 잃고 자살하려 하나 키우던 삽살개 덕분에 이선과 만난다 이후 숙향은 장 승상과 아버지 김전도 만난다. 한편, 이선은 황제의 불사약을 구한 후 양왕의 딸과도 결혼한다. 이선과 숙향은 하늘로 돌아간다.
- 출전: 경판본 《숙향전(淑香傳)》

※ 다음 글을 읽고 물음에 답하시오.

(가) 길동이 ⊙체읍주왈(涕泣奏曰), "이 불초한 동생 길동이 본래 부형(父兄)의 훈계를 듣지 말고자 함이 아니오라, ⓛ팔자 기박하여 천생(賤生)됨이 평생 한(恨)일뿐더러 가(家) 중에 시기하는 사람을 피하여 정처 없이 다니다가 천만 몽매(蒙昧)로 몸이 ⓒ적당(賊黨)에 빠져 잠시 생애를 붙였더니, 죄명이 이에 미치었사오니 명일에 소제(小弟) 잡은 연유를 장계하옵고, 소제를 결박하여 나라에 바치옵소서." 하며, 담화로 날을 새우고 평명(平明)에 감사 길동을 철쇄로 결박하여 보낼새 ⓡ참연(慘然)히 낯빛을 고치고 하염없이 눈물을 흘리더라.

(나) 길동이 "형님께서는 염려하지 마시고, 내일 소제(小弟)를 잡아 보내시되, 장교 중에 부모와 처자 없는 자를 가리어 소제를 호송하시면 좋은 묘책이 있습니다."라고 말하였다. 감사가 그 뜻을 알고자 하나 길동이 대답을 아니 하니, 감사가 그 생각을 알지 못해도 호송원을 그 말과 같이 뽑아 길동을 호송해 한양으로 올려 보냈다.

　조정에서 길동이 잡혀 온다는 말을 듣고 훈련도감의 포수 수백을 남대문에 매복시키고는, "길동이 문 안에 들어오거든 일시에 총을 쏘아 잡으라." 하고 명했다.

　이때에 길동이 풍우같이 잡혀 오지만 어찌 그 기미를 모르리오. 동작 나루를 건너며 '비 우(雨)' 자 셋을 써 공중에 날리고 왔다. 길동이 남대문 안에 드니 좌우의 포수가 일시에 총을 쏘았지만 총구에 물이 가득하여 할 수 없이 계획을 이루지 못했다.

　길동이 대궐 문 밖에 다다라 자기를 잡아온 장교를 돌아보면서 말하기를, "너희는 날 호송하여 이곳까지 왔으니 문죄 당해 죽지는 아니하리라." 하고, 수레에서 내려 천천히 걸어갔다. 오군영(五軍營)의 기병들이 말을 달려 길동을 쏘려 했으나 말을 아무리 채찍해 몬들 길동의 축지하는 법을 어찌 당하랴. 성 안의 모든 백성들이 그 신기한 수단을 헤아릴 수 없더라.

－ 허균, 〈홍길동전〉

22. 문맥을 고려하여 (가)의 ⊙~ⓡ을 가장 적절하게 감상한 것은?
2017 서울시 사회복지직 9급

① ⊙: 길동이 상대를 속이기 위해 거짓 웃음을 짓고 있군.
② ⓛ: 길동이 부형의 훈계를 듣지 않은 것을 한탄하고 있군.
③ ⓒ: 길동의 죄명을 유추할 수 있는 단서라고 하겠군.
④ ⓡ: 길동이 감사를 결박하고서 슬픈 표정을 짓고 있군.

23. (나)에 대한 설명으로 적절하지 않은 것은?
2017 국가직 9급 생활 안전 분야

① 서술자가 길동의 장면 묘사에 직접적으로 개입하고 있다.
② 호송하는 장교를 배려하는 길동의 면모가 드러나고 있다.
③ 비현실적 요소를 도입하여 길동의 남다름을 나타내고 있다.
④ 길동이 수레에서 탈출하는 모습을 비유적으로 표현하고 있다.

작품 정리 | 허균, 〈홍길동전〉

• 제재: 인간평등에 기반한 적서 차별의 철파와 이상국 건설의 소망
• 주제: 적서 차별
• 배경: 조선 시대, 조선국과 율도국
• 성격: 현실비판적, 영웅적, 전기적
• 특징
　① '발단 － 전개 － 위기 － 절정 － 결말'의 구조를 취함.
　② 전지적 작가 시점
　③ 현실의 사회적 모순을 개혁시키고자 함.
　④ 영웅적 인물이 등장하며 강한 전기적 요소가 나타남.
• 의의
　① 최초의 우리말(국문) 소설
　② 현실의 사회적 모순을 지적한 사회 소설의 선구적 역할을 하는 작품
• 출전: 《홍길동전》

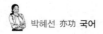
24. 윗글에 대한 이해로 가장 적절한 것은?

2017 교육행정직 9급

승지가 이 말을 듣고 춘풍의 처를 귀하게 보아 매일 사랑하시더니, 천만의외로 김 승지가 평양 감사가 되었구나. 춘풍 아내, 부인 전에 문안하고 여쭈되,

"승지 대감, 평양 감사 하였사오니 이런 경사 어디 있사오리까?"

부인이 이른 말이,

"나도 평양으로 내려갈 제, 너도 함께 따라가서 춘풍이나 찾아보아라."

하니 춘풍 아내 여쭈되,

"소녀는 고사하옵고 오라비가 있사오니 비장으로 데려가 주시길 바라나이다."

대부인이 이른 말이,

"네 청이야 아니 듣겠느냐? 그리하라."

허락하고 감사에게 그 말을 하니 감사도 허락하고,

"회계 비장 하라."

하니 좋을시고, 좋을시고.

춘풍의 아내, 없던 오라비를 보낼쏜가? 제가 손수 가려고 여자의 의복을 벗어 놓고 남복으로 치레하되

…(중략)…

이때 회계 비장이 춘풍의 하는 일을 다른 사람에게 탐문했구나. 하루는 비장이 추월의 집을 찾아갈 제, 사또께 아뢰고 천천히 찾아가니, 춘풍의 거동이 기구하고 볼 만하다. 봉두난발 덥수룩한데 얼굴조차 안 씻어 더러운 때가 덕지덕지. 십 년이나 안 빤 옷을 도롱도롱 누비어서 그렁저렁 얽어 입었으니, 그 추한 형상에 뉘가 아니 침을 뱉으리요? 춘풍이 제 아내인 줄을 꿈에나 알랴마는 비장이야 모를 쏜가.

분한 마음 감추고 추월의 방에 들어가니, 간사한 추월이는 회계 비장 호리려고 마음먹어 회계 비장 엿보면서 교태하여 수작타가 각별히 차담상을 차려 만반진수 들이거늘, 비장이 약간 먹고 사환하는 걸인 놈을 상째로 내어 주며 하는 말이,

"불쌍하다. 저 걸인 놈아. 네가 본디 걸인이냐? 어이 그리 추물이냐?"

춘풍이 엎드려 여쭈되,

"소인도 경성 사람으로서 그리되었으니 사정이야 어찌 다 말씀드리리까마는 나리님 잡수시던 차담상을 소인 같은 천한 놈에게 상째 물려 주시니 태산 같은 높은 은덕 감사무지하여이다."

비장이 미소하고 처소로 돌아와서 수일 후에 분부하여, 춘풍이를 잡아들여 형틀 위에 올려 매고,

"이놈, 너 들어라. 네가 춘풍이냐? 너는 웬 놈으로 막중한 나랏돈 호조 돈을 빌려 쓰고 평양 장사 내려와서 사오 년이 지나가되 일 푼 상납 아니하기로 호조에서 공문을 내려 '너를 잡아 죽이라.' 하였으니 너는 죽기를 사양치 말라."

하고 사령에게 호령하여,

"각별히 매우 쳐라."

하니, 사령이 매를 들고 십여 대를 중장하니, 춘풍의 약한 다리에서 유혈이 낭자한지라. 비장이 내려다보고 또 치려 하다가 혼잣말로 '차마 못 치겠다.' 하고 사령을 불러,

"너 매 잡아라. 춘풍아 너 들어라. 그 돈을 다 어찌하였느냐? 투전을 하였느냐? 주색에 썼느냐? 돈 쓴 곳을 아뢰어라."

춘풍이 형틀 위에서 울면서 여쭈되,

"소인이 호조 돈을 내어 쓰고 평양에 내려와서 내 집 주인 추월이와 일 년을 함께 놀고 나니 한 푼도 없어지고 이 지경이 되었으니, 나리님 분부대로 죽이거나 살리거나 하옵소서."

— 작자 미상, 〈이춘풍전〉

① '대부인'은 '춘풍 아내'의 청을 흔쾌히 들어주고자 한다.
② '김 승지'는 '춘풍 아내'가 오라비 대신 비장이 될 것을 알고 허락한다.
③ '추월'은 자신의 정체를 속여 '비장'을 돌려보내려 한다.
④ '춘풍'은 자신이 경성 사람임을 '비장'에게 숨기고자 한다.

작품 정리 　작자 미상, 〈이춘풍전〉

• 주제 : 가부장제 비판, 주체적인 여성상의 제시
• 줄거리 : 이춘풍은 무능력하여 재산을 잃고 방탕하게 살았다. 반면 이춘풍의 아내가 열심히 일하여 세간이 넉넉해졌다. 이에 춘풍은 아내를 윽박질러 평양으로 장사를 떠난다. 그러나 평양으로 가서 이춘풍은 기생 추월에게 돈을 탕진한다. 이에 아내는 회계 비장으로 남장을 하여 새로 부임하는 평안 감사를 따라 간다. 아내가 추월을 징벌한 후, 돈 이천오백 냥을 다시 춘풍에게 준다. 춘풍은 그것도 모르고 집으로 돌아와 아내에게 돈을 벌었다며 큰소리를 친다. 이때 아내는 비장으로 나타나 반대로 춘풍에게 음식을 해달라 하고 춘풍은 허둥지둥댄다. 아내는 결국 자신의 정체를 알려주고 춘풍은 자신의 행동을 반성하고 개과천선한다.

25. 윗글에 대한 이해로 적절하지 않은 것은?

유영은 차고 온 술병을 풀어 술을 모두 마시고는 취하여 돌을 베개 삼아 바위 한 켠에 누웠다. 얼마 뒤 술이 깨어 눈을 들어 보니 놀던 사람들이 다 흩어지고 없었다. 산은 달을 토하고 안개는 버들잎을 감싸고 바람은 꽃잎에 살랑 불었다. 그때 한 줄기 가녀린 목소리가 바람을 타고 들려왔다. 유영이 이상하게 여겨 일어나 보니 소년 한 사람이 젊은 미인과 정답게 마주 앉아 있었다.

…(중략)…

김 진사가 눈물을 거두고 감사의 뜻을 표하며 이렇게 말했다.

"우리 두 사람 모두 원한을 품고 죽었기에 염라 대왕은 우리가 죄 없이 죽은 것을 가련히 여겨 인간 세상에 다시 태어나게 하려 했습니다. 그러나 지하의 즐거움도 인간 세계보다 덜하지 않거늘 하물며 천상의 즐거움이야 말해 무엇 하겠습니까? 이 때문에 우리는 인간 세계에 태어나기를 소망하지 않았습니다.

…(중략)…

유영이 말했다.

"그렇다면 그대들은 모두 천상에 계신 분들인가요?"

김 진사가 말했다.

"우리 두 사람은 본래 천상의 신선으로, 오랫동안 옥황상제를 곁에서 모시고 있었지요. 그러던 어느 날 상제께서 태청궁에 납시어 내게 동산의 과실을 따오라는 명을 내리셨습니다. 나는 반도와 경실과 금련자를 많이 따서 사사로이 운영에게 몇 개를 주었다가 발각되고 말았습니다. 그래서 속세로 유배되어 인간 세상의 고통을 두루 겪는 벌을 받았지요.

…(중략)…

유영이 취하여 깜빡 잠이 들었다. 잠시 뒤 산새 울음소리에 깨어 보니, 안개가 땅에 가득하고 새벽빛이 어둑어둑하며 사방에는 아무도 보이지 않는데 다만 김 진사가 기록한 책 한 권이 남아 있을 뿐이었다. 유영은 서글프고 하릴없어 책을 소매에 넣고 집으로 돌아왔다. 유영은 책을 상자 속에 간직해 두고 때때로 열어 보며 망연자실하더니 침식을 모두 폐하기에 이르렀다. 그 후 명산을 두루 유람하였는데, 그 뒤로 어찌 되었는지는 알 수 없다.

― 작자 미상, 〈운영전〉

① 상세한 배경 묘사를 통해 천상계와 현실계가 연결되어 있음을 드러내고 있다.
② 꿈을 깬 후 보이는 유영의 행동에는 작가 의식이 간접적으로 드러나 있다.
③ 두 사람의 과거를 김 진사가 직접 들려주는 방식을 통해 실제감을 높여 주고 있다.
④ 유영이 꿈속에서 운영과 김 진사를 만났다가 꿈을 깨는 몽유 구조를 사용하고 있다.

작품 정리 | 작자 미상, 〈운영전〉

• 주제: 신분을 초월한 남녀의 비극적 사랑
• 특징: 외화 ─ 내화의 액자식 구성으로 되어 있음.
• 구성
  ─ 외화: 선비 유영이 텅빈 안평 대군의 집터에서 술을 마시다 잠이 든 후 운영과 김 진사를 만나 그들의 과거 사랑 이야기를 듣는다.
  ─ 내화: 운영은 안평 대군의 궁녀였다. 그러나 시를 쓰던 김 진사를 만나 사랑하는 사이가 되어 편지도 쓰고 밤마다 궁에서 정을 나눈다. 결국 안평 대군에게 들키자 도망치려 한다. 안평 대군은 동료 궁녀들을 문책하게 되고 이에 운영은 자살하고 김 진사는 따라 죽는다.
  ─ 외화: 유영이 졸다가 깨어 보니 그 일을 기록한 책만 있었다.

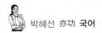
26. 다음 글에 대한 설명으로 적절하지 않은 것은?

2016 교육행정직 9급

> [앞부분의 줄거리] 금주령이 시행되던 때, 한성부는 한 양반집에서 술을 빚는다는 고발을 받고 다모를 시켜 그 집을 수색하였다. 다모는 음식을 넘기지 못하는 남편의 약으로 쓰려고 술을 빚었다는 주인 여자의 딱한 사정을 들었다. 다모가 항아리의 술을 버리고 술 담근 것을 누가 알고 있는지 묻자, 주인 여자는 아침에 방문한 시동생에게 술을 대접했다고 답했다.
>
> 다모(茶母)가 한성부로 돌아오는데, 젊은 생원이 뒷짐을 진 채 네거리에서 서성이며 이예(吏隷)*를 기다리고 있었다. 그의 용모를 보니 주인 여자가 일러 준 시동생과 같았다. 다모는 손을 들어 그의 뺨따귀를 치며 꾸짖었다. "당신도 양반이오? 양반 명색에 몰래 술을 빚었다고 제 형수를 고자질하여 포상금이나 받아먹으려고 들다니."
>
> 큰 거리의 사람들이 깜짝 놀라 이 광경을 둘러서 구경하느라 담을 쌓고 있었다. 이예는 성이 나서 다모를 보고 소리쳤다. "네 어찌 주인 여자의 사주를 받아서 몰래 술 빚은 사실을 감춰 주고 도리어 고발한 자를 때린단 말이냐?" 그리고는 다모의 머리채를 잡고 주부* 앞으로 끌고 가서 아뢰었다. 주부가 다모를 힐책하자 다모는 사실대로 자백하였다. 주부는 짐짓 노하여 명했다. "네가 술 빚은 죄를 숨겨 준 것은 실로 용서할 수 없다. 곤장 20대를 가하도록 하라."
>
> 유시(酉時)*에 관아가 파하자 주부는 조용히 다모를 불러 열 꿰미의 돈을 주며 말했다. "네가 죄를 숨겨 준 일을 내가 용서하면 법이 서지 못한다. 그래서 태형(笞刑)을 받도록 한 것이다. 그러나 너는 의로운 사람이다. 내가 너를 가상히 여긴 까닭에 상으로 주는 것이다."
>
> 다모는 그 돈을 받아 가지고 밤에 남산 아래 양반집으로 다시 찾아갔다.
>
> ⋯(중략)⋯
>
> 주인 여자는 한편으로 부끄러워하고 한편으로 기뻐하며 돈을 받으려 하지 않았다. "다모의 동정을 받아 내가 징벌을 면하게 된 것만 해도 더없이 감사하거늘 무슨 낯에 상금까지 받겠는가?"
>
> 다모는 주인 여자 앞에 돈을 놓아두고는 뒤도 돌아보지 않고 돌아갔다.

> 외사씨(外史氏)가 말한다. 좋은 사람이 없다는 말은 유덕(有德)한 사람이 하는 얘기가 아니라는 옛사람의 말이 있다. 다모 같은 사람이야말로 '좋은 사람'이라고 할 수 있지 않겠는가.
>
> – 송지양, 〈다모전(茶母傳)〉

* 이예: 아전에 딸린 하인.
* 주부: 한성부 소속 관원.
* 유시: 오후 5~7시.

① 인륜적 가치를 중시하는 시대적 관점에서 서술되었다.
② 지위가 낮은 인물의 행위가 전(傳)의 서술 대상이 되었다.
③ 사건을 서술하는 데에 대화와 행동의 제시가 중심이 되고 있다.
④ 가족까지 고발하게 하는 포상금 제도에 대한 비판이 표면화되었다.

작품 정리 송지양, 〈다모전(茶母傳)〉

• 주제 : 힘 없는 할머니의 잘못을 눈감아 주고, 부도덕한 양반을 질책하는 다모의 덕성
• 줄거리 : 다모 김조이는 치안 및 범법자 단속 일을 하는 인물이다. 어느 날 단속을 나가 몰락 양반가의 주인 할머니가 법을 어기고 밀주를 빚은 할머니를 검거했다. 하지만 이는 남편의 병구완을 위한 것임이 밝혀지자 눈 감아 준다. 대신 포상금을 노리고 형수를 이른 시동생을 혼내준다. 주부는 원칙을 어긴 다모를 태형에 처하나 다모의 의협심에 감동하여 몰래 상금을 준다. 그 후 다모는 돈을 할머니에게 주며 밀주를 빚지 말라고 당부하였다.

27. 다음 글의 등장인물에 대한 설명으로 적절하지 않은 것은?

2015 지방직 9급

양반이라는 말은 선비 족속의 존칭이다. 강원도 정선군에 한 양반이 있었는데, 그는 어질면서도 글 읽기를 좋아하였다. 군수가 새로 부임하면 반드시 그 집에 몸소 나아가서 경의를 표하였다. 그러나 그는 집안이 가난해서 해마다 관가에서 환곡을 빌려 먹다 보니 그 빚이 쌓여서 천 석에 이르렀다. 관찰사가 각 고을을 돌아다니다가 이곳의 환곡 출납을 검열하고는 매우 노하여, "어떤 놈의 양반이 군량을 이렇게 축내었느냐?"라고 하였다. 그리고는 명령을 내려 그 양반을 잡아 가두라고 하였다. 군수는 마음속으로 그 양반이 가난해서 갚을 길이 없는 것을 불쌍히 여겼지만 그렇다고 해서 가두지 않을 수도 없었다.

그 양반은 밤낮으로 훌쩍거리며 울었지만 별다른 대책도 생각해 낼 수 없었다. 그런 상황에서 그의 아내가 몰아 세우기를, "당신은 한평생 글 읽기를 좋아했지만 관가의 환곡을 갚는 데 아무런 도움이 못 되는구려. 양반 양반하더니 양반은 한 푼 가치도 못 되는구려."라고 하였다.

— 박지원, <양반전>

① 양반은 자구책을 마련하지 못하고 있다.
② 군수는 양반에게 측은지심을 느끼고 있다.
③ 관찰사는 공평무사하게 일을 처리하고 있다.
④ 아내는 남편에 대해 외경하는 마음을 지니고 있다.

작품 정리 | 박지원, <양반전>

• 배경: 조선 후기, 강원도 정선
• 성격: 풍자적, 고발적, 비판적, 사실적
• 제재: 양반 신분의 매매와 허례허식
　① 첫 번째 매매 증서: 형식에 얽매여 허례허식하는 기득권층의 모습
　② 두 번째 매매 증서: 양반들의 특권 의식
• 주제
　① 선비의 도를 상실한 무능하고 부정부패를 일삼는 양반들을 풍자 및 비판
　② 돈으로 신분을 사려고 하는 부자의 우매함을 풍자
• 줄거리 : 정선군에 한 양반은 학식이 풍부하고 착했지만 경제적으로 무능했다. 하여 이 양반은 관가에서 환자를 꿔 먹었는데, 환곡이 천 석에 달하자 이를 알게 된 감사가 노하게 된다. 이에 양반을 잡아들이라고 하는데, 양반은 무능력하여 울기만 했다. 이 소식을 들은 부자는 자신의 신분이 낮을 것을 안타까워하며 자신이 양반의 신분을 사겠다고 한다. 이에 군수는 부자를 칭찬하며 매매 증서를 써주는데, 부자는 양반의 의무가 나열된 것을 듣고 불만을 보인다. 이에 군수는 양반들의 특권을 나열하는 증서를 써주자, 오히려 부자는 양반들이 도둑과 같다며 양반되기를 포기한다.
• 의의
　① 당대 상황과 부패한 사회 계층을 풍자함.
　② 실학사상이 드러남.
• 출전: 《연암집(燕巖集)》 중 <방경각외전(放璚閣外傳)>

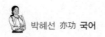

28. 다음 글의 내용과 시적 상황이 가장 유사한 것은?

2015 지방직 9급

> 이때는 추구월망간(秋九月望間)이라. 월색이 명랑하여 남창에 비치고, 공중에 외기러기 응응한 긴 소리로 짝을 찾아 날아가고, 동산의 송림 사이에 두견이 슬피 울어 불여귀를 화답하니, 무심한 사람도 마음이 상하거든 독수공방에 눈물로 세월을 보내는 송이야 오죽할까. 송이가 모든 심사를 저버리고 책상 머리에 의지하여 잠깐 졸다가 기러기 소리에 놀라 눈을 뜨고 보니, 남창에 밝은 달 허리에 가득하고 쓸쓸한 낙엽송은 심회를 돕는지라, 잊었던 심사가 다시 가슴에 가득해지며 눈물이 무심히 떨어진다. 송이가 남창을 가만히 열고 달빛을 내다보며 위연탄식 하는데,
>
> "달아, 너는 내 심사를 알리라. 작년 이때 뒷동산 명월 아래 우리 임을 만났더니, 달은 다시 보건마는 임을 어찌보지 못하는고. 심양강의 탄금녀는 만고문장 백낙천을 달 아래 만날 적에, 설진심중무한사(說盡心中無限事)를 세세히 하였건마는, 나는 어찌 박명하여 명랑한 저 달 아래서 부득설진심중사(不得說盡心中事)하니 가련하지 아니할까. 사람은 없어 말하지 못하나, 차라리 심중사를 종이 위에나 그리리라."
>
> 하고, 연상을 내어 먹을 흠씬 갈고 청황모 무심필을 듬뿍 풀어 백능화주지를 책상에 펼쳐 놓고, 섬섬옥수로 붓대를 곱게 쥐고 탄식하면서 맥맥이 앉았다가, 고개를 돌려 벽공의 높은 달을 두세 번 우러러보더니, 서두에 '추풍감별곡(秋風感別曲)' 다섯 자를 쓰고, 상사가 생각 되고, 생각이 노래 되고, 노래가 글이 되어 붓끝을 따라오니, 붓대가 쉴 새 없이 쓴다.
>
> — <채봉감별곡>

① 임이여 물을 건너지 마오 / 임은 기어이 물을 건너갔네 / 물에 빠져 돌아가시니 / 이제 임이여 어이할꼬.

— 백수 광부의 아내, <공무도하가>

② 가위로 싹둑싹둑 옷 마르노라 / 추운 밤 열 손가락 모두 굳었네 / 남 위해 시집갈 옷 항상 짓건만 / 해마다 이내 몸은 홀로 잔다네. — 허난설헌, <빈녀음>

③ 펄펄 나는 저 꾀꼬리 / 암수 서로 정다운데 / 외로울사 이내 몸은 / 누구와 함께 돌아갈꼬.

— 유리왕, <황조가>

④ 비 개인 긴 언덕에 풀빛 짙은데 / 님 보내는 남포에는 서러운 노래 퍼지네 / 대동강 물은 언제나 마를까 / 이별의 눈물 해마다 푸른 물결 더하니.

— 정지상, <송인>

작품 정리 **작자 미상, <채봉감별곡>**

• 주제 : 권세에 굴하지 않는 순결하고 진실한 사랑

• 특징

　① 주체적인 근대적 여성이 등장함.

　② 매관매직의 부패상을 보여줌.

• 줄거리 : 채봉은 평양에 사는 김 진사의 딸이다. 그녀는 장필성과 시를 주고받으며 혼인을 약속한다. 하지만 부패한 김 진사는 허 판서에게 벼슬을 사는 대신 딸 채봉을 첩으로 주기로 한다. 채봉은 허 판서와의 혼인을 거부하지만 김 진사 부부는 재산을 모두 처분하고 서울로 떠난다. 채봉은 이에 도망치고 김 진사 부부는 도중에 도적을 만나 재산을 빼앗긴다. 대노한 허 판서는 김 진사를 가두고 이에 채봉은 기생 '송이'가 되어 아버지를 구하려 한다. 이 감사는 기생 송이를 들여 문서를 처리하는 일을 맡긴다. 장필성은 채봉을 만나기 위해 이방으로 자원하고 이 감사는 둘을 다시 이어준다. 허 판서는 결국 역모죄로 망하고 채봉과 장필성은 결혼한다.

수필

※ 다음 글을 읽고 물음에 답하시오.

'수오재(守吾齋)*'라는 이름은 큰형님이 자기 집에 붙인 이름이다. 나는 처음에 이 이름을 듣고 이상하게 생각했다. "나와 굳게 맺어져 있어 서로 떨어질 수 없는 사물 가운데 나[吾]보다 더 절실한 것은 없다. 그러니 굳이 지키지 않아도 어디로 가겠는가. 이상한 이름이다."

내가 장기로 귀양 온 뒤에 혼자 지내면서 곰곰이 생각해 보다가, 하루는 갑자기 이 의문점에 대해 해답을 얻게 되었다. 나는 벌떡 일어나서 말했다.

"천하 만물 가운데 지킬 것은 하나도 없지만, 오직 나[吾]만은 지켜야 한다. 내 밭을 지고 달아날 자가 있는가. 밭은 지킬 필요가 없다. 내 집을 지고 달아날 자가 있는가. 집도 지킬 필요가 없다.

〈중략〉

그런데 오직 ㉠나[吾]라는 것만은 잘 달아나서, 드나드는 데 일정한 법칙이 없다. 아주 친밀하게 붙어 있어서 서로 배반하지 못할 것 같다가도, 잠시 살피지 않으면 어딘지 못 가는 곳이 없다. 이익으로 꾀면 떠나가고, 위험과 재앙이 겁을 주어도 떠나간다.

〈중략〉

나는 나를 잘못 간직했다가 잃어버렸던 자다. 어렸을 때 과거가 좋게 보여서, 10년 동안이나 과거 공부에 빠져들었다.

그러다가 결국 처지가 바뀌어 조정에 나아가 검은 사모관대*에 비단 도포를 입고, 12년 동안이나 대낮에 미친 듯이 큰길을 뛰어다녔다. 〈중략〉"

그러나 나[吾]는 끝내 멍하니 움직이지 않으며 돌아갈 줄을 몰랐다. 얼굴빛을 보니 마치 얽매인 곳에 있어서 돌아가고 싶어도 돌아가지 못하는 것 같았다. 그래서 결국 붙잡아 이곳에 함께 머물렀다. 이때 둘째 형님도 나[吾]를 잃고 나를 쫓아 남해 지방으로 오는데, 역시 나[吾]를 붙잡아서 그곳에 함께 머물렀다.

오직 내 큰형님만 나[吾]를 잃지 않고 편안히 단정하게 수오재에 앉아 계시니, 본디부터 지키는 것이 있어서 나[吾]를 잃지 않았기 때문이 아니겠는가. 이게 바로 큰형님이 그 거실에 수오재라고 이름 붙인 까닭일 것이다.

〈하략〉

― 정약용, 〈수오재기〉

＊수오재 : 나를 지키는 집
＊사모관대 : 벼슬아치의 예복

---

29. 윗글의 서술상 특징으로 가장 적절하지 않은 것은?
2023 법원직 9급

① 글쓴이가 얻은 깨달음의 내용을 열거를 통해 제시하고 있다.
② 대상에 대한 의문을 타인과의 문답 과정을 통해 해소하고 있다.
③ 옛 성현의 말을 인용하여 자신의 주장에 설득력을 높이고 있다.
④ 서두에 대상에 대한 의문을 제시함으로써 독자의 흥미를 유발하고 있다.

30. ㉠에 대한 설명으로 가장 적절한 것은? 2023 법원직 9급

① 누가 훔쳐 가기 쉬운 밭과 달리, 스스로 달아나기를 잘한다.
② 나를 옹색하게 만드는 옷과 달리, 유혹에 쉽게 떠나가지 않는다.
③ 널리 퍼져 없애기 어려운 책과 달리, 살피지 않으면 금세 달아난다.
④ 누군가 가져가면 돌아오지 않는 양식과 달리, 떠났다가도 곧 돌아온다.

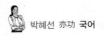

31. 〈보기〉의 작품에 대한 설명으로 가장 옳지 않은 것은?

2023 서울시 9급

─〈 보기 〉────────────────

　홍색(紅色)이 거룩하여 붉은 기운이 하늘을 뛰놀더니, 이랑이 소리를 높이 하여 나를 불러,
　"저기 물 밑을 보라."
　외치거늘. 급히 눈을 들어 보니, 물 밑 홍운(紅雲)을 헤치고 큰 실오라기 같은 줄이 붉기가 더욱 기이(奇異) 하며, 기운이 진홍(紅) 같은 것이 차차 나와 손바닥 넓이 같은 것이 그믐밤에 보는 숯불 빛 같더라. 차차 나오더니, 그 위로 작은 회오리밤 같은 것이 붉기가 호박(琥珀) 구슬 같고, 맑고 통랑(通)하기는 호박도곤 더 곱더라.
　그 붉은 위로 홀홀 움직여 도는데, 처음 났던 붉은 기운이 백지(白紙) 반장(張) 넓이만치 반듯이 비치며, 밤 같던 기운이 해 되어 자차 커 가며, 큰 쟁반만 하여 불긋불긋 번듯번듯 뛰놀며, 적색(赤色)이 온 바다에 끼치며, 먼저 붉은 기운이 자자 가시며, 해 흔들며 뛰놀기 더욱 자주 하며, 항 같고 독 같은 것이 좌우(左右)로 뛰놀며, 황홀(恍惚)히 번득여 양목(兩目)이 어지러우며, 붉은 기운이 명랑(明朗)하여 첫 홍색을 헤치고, 천중(天中)에 쟁반 같은 것이 <u>수레바퀴</u> 같아 물속으로부터 치밀어 받 치듯이 올라붙으며, 항·독 같은 기운이 스러지고, 처음 붉어 걸을 비추던 것은 모여 소 허처럼 드리워져 물속에 풍덩 빠지는 듯싶더라.
　일색(色)이 조요(照耀)하며 물결의 붉은 기운이 차차 가시며, 일광(日光)이 청랑(淸朗)하니, 만고천하(萬古 天下)에 그런 장관은 대두(頭)할 데 없을 듯하더라.
　짐작에 처음 백지(白紙) 반장(半張)만치 붉은 기운은 그 속에서 해 장차 나려고 어리어 그리 붉고, 그 회오리밤 같은 것은 진짓 일색을 뽑아 내니 어린 기운이 차차 가시며, 독 같고 항 같은 것은 일색이 몹시 고운 고(故)로, 보는 사람의 안력(眼力)이 황홀(恍惚)하여 도무지 헛기운인 듯싶더라.

───────────────────────

① 여성 작가의 작품으로 한글로 쓰여 전해지고 있다.
② 해돋이의 장면을 감각적이고 생동감 있게 묘사하고 있다.
③ 현실 세계에서 있음직한 이야기를 허구적으로 구성한 갈래이다.
④ '회오리밤', '큰 쟁반', '수레바퀴'는 동일한 대상을 비유적으로 표현한 것이다.

작품 정리 | 의유당 김씨, 〈동명일기〉

- 갈래 : 기행문, 고전 수필
- 주제 : 귀경대에서 바라본 해돋이의 아름다움
- 성격 : 비유적, 묘사적, 사실적, 주관적
- 해제 : 이 작품은 조선 영조 때 쓰인 고전 수필로 귀경대에서의 체험을 그린 기행문이다. 남편이 함흥 판관으로 부임하자 같이 따라가서 그곳을 유람하면서 해돋이와 달맞이를 보고 느낀 바와 아름다움을 그린 수필이다. 귀경대에서 해돋이를 구경하기까지의 여정을 사실적인 묘사를 통해 드러내고 있고 특이한 소재들과 함께 탁월한 표현력과 관찰력을 보여주고 있다는 점에서 문학성이 뛰어난 작품으로 평가받고 있다. 특히 시간의 흐름에 따라 전반부에는 일출의 장관에 기대와 일출을 기다리는 과정이 드러나며, 후반부에는 섬세한 수법과 사실적이고 세련된 문체들로 실제로 관찰한 해돋이 장면을 잘 표현하고 있다.

MEMO

박혜선 국어
개념도 새기는 기출
문학&독해

03

독해

01 Chapter [화법] 말하기 방식

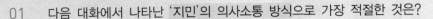

01 다음 대화에서 나타난 '지민'의 의사소통 방식으로 가장 적절한 것은?

02 두 사람의 대화에 적용된 공감적 듣기의 방법이 아닌 것은?

 정리하기 말하기 방식 이론

 관련 교재 요 족집게 적중노트 p. 152~153 기 출종포 독해 p. 20~21

1. 말하기 방식

(1) 언어적 표현

- 비언어(非言語)적 표현 : 언어가 아닌 표정, 몸짓, 눈짓 등으로 생각이나 감정을 드러내는 것
- 반언어(半言語)적 표현 : 언어의 반(半)으로, 강약, 높낮이, 억양 등으로 생각이나 감정을 드러내는 것

(2) 공감적 듣기

개념	대화 상대의 말을 분석하고 비판하기보다는 일단 상대방의 관점에서 문제를 바라보고 이해하려고 노력하는 것을 말한다.
방법	① 질문을 통해 격려하기 ② 맞장구 치기 ③ 고개 끄덕이기 ④ 상대말의 말을 요약하기 ⑤ 상대방의 말을 재진술하기

2. 간접 발화

: 자신의 의도를 직접적으로 전달하는가.
자신의 의도를 간접적으로 전달하는가.

구분	개념	예시
직접 발화		
간접 발화		

★출좋포 적용 말하기 방식 파악하기

❶ 화법에서 꼭 집중해야 하는 부분
발문, 선택지에 나온 주어를 잘 읽어야 한다.
화자에 따라 눈동자가 가는 위치가 달라지기 때문이다.

❷ 부정 발문인 경우
선택지를 먼저 충분히 읽는다. → 제시문을 독해하면서 내용이 일치하는 선택지들을 소거하며 적절한 답을 골라 낸다.

❸ 긍정 발문인 경우
선택지가 길다면 바로 제시문을 읽되, '말하기 방식'에 초점을 맞추며 읽는다.

대표 亦功 기출

제3편 독해 CH.01 [화법] 말하기 방식

01. (가)~(라)의 말하기 전략으로 적절하지 않은 것은?

2023 지역인재 9급

> (가) 지난달 제 친구는 퇴근 후 오토바이를 타고 집으로 돌아가다가 사고를 당했습니다. 그 친구는 어떻게 사고가 일어났는지도 기억하지 못할 정도로 심한 뇌진탕을 입어 2개월 동안 병원에서 치료를 받았습니다.
>
> (나) 매년 2천여 명이 오토바이를 타다가 머리를 다쳐 심각한 정도의 두뇌 손상을 입고 고생합니다. 오토바이 사망 사고 원인의 80%가 두뇌 손상입니다. 콘크리트 지면에서는 30cm 이하의 높이에서도 뇌진탕을 일으킬 수 있습니다.
>
> (다) 오토바이를 타는 사람은 헬멧을 착용하여 머리를 보호할 수 있습니다. 헬멧의 착용은 두뇌 손상의 위험을 90% 정도 줄여 줍니다. 저는 헬멧을 쓰는 것이 보기에도 좋지 않고 거추장스럽다고 여겼습니다. 그렇지만 친구의 사고 후 헬멧을 쓰는 것이 현명한 일이라고 생각하여 오토바이를 탈 때면 항상 헬멧을 착용합니다.
>
> (라) 만약 오토바이를 타는 모든 사람이 헬멧을 착용한다면 오토바이 사고로 인한 신체 피해를 75% 줄일 수 있습니다. 여러분은 오토바이가 주는 즐거움과 편리함을 안전하게 누릴 수 있게 됩니다. 안전을 위해서 헬멧을 반드시 착용하시기 바랍니다.

① (가)는 실제 사건을 사례로 들어 청자의 주의를 끌고 있다.
② (나)는 통계 정보를 제시하여 문제의 심각성을 부각하고 있다.
③ (다)는 헬멧을 썼을 때의 긍정적인 면보다 부정적인 면을 강조하고 있다.
④ (라)는 문제 해결 방안에 따른 청자의 이익과 청자에게 요구하는 행동을 명확하게 제시하고 있다.

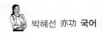

02. 다음 대화에 나타난 말하기 방식을 설명한 것으로 적절하지 않은 것은?

2023 국가직 9급

> 백 팀장: 이번 워크숍 장면을 사내 게시판에 올리는 게 좋겠어요. 워크숍 내용을 공유하면 좋을 것 같아서요.
>
> 고 대리: 전 반대합니다. 사내 게시판에 영상을 공개하는 것은 부담스러워요. 타 부서와 비교될 것 같기도 하고요.
>
> 임 대리: 저도 팀장님 말씀대로 정보를 공유한다는 취지는 좋다고 생각해요. 다만 다른 팀원들의 동의도 구해야 할 것 같고, 여러 면에서 우려되긴 하네요. 팀원들 의견을 먼저 들어 보고, 잘된 것만 시범적으로 한두 개 올리는 것이 어떨까요?

① 백 팀장은 팀원들에 대한 유대감을 드러내는 표현을 사용하며 자신의 바람을 전달하고 있다.

② 고 대리는 백 팀장의 제안에 반대하는 이유를 명시적으로 밝히며 백 팀장의 요청을 거절하고 있다.

③ 임 대리는 발언 초반에 백 팀장 발언의 취지에 공감하여 백 팀장의 체면을 세워 주고 있다.

④ 임 대리는 대화 참여자의 의견을 묻는 의문문을 사용하여 자신의 의견을 간접적으로 드러내고 있다.

03. ㉠~㉣의 말하기 방식을 설명한 내용으로 가장 적절한 것은?

2023 지방직 9급

> 김 주무관: AI에 대한 국민 이해도를 높이기 위해 설명회를 개최할 필요가 있다고 생각해요.
>
> 최 주무관: ㉠저도 요즘 그 필요성을 절감하고 있어요.
>
> 김 주무관: ㉡그런데 어떻게 준비해야 효과적으로 전달할 수 있을지 고민이에요.
>
> 최 주무관: 설명회에 참여할 청중 분석이 먼저 되어야겠지요.
>
> 김 주무관: 청중이 주로 어떤 분야에 관심이 있는지 알면 준비할 때 유용하겠네요.
>
> 최 주무관: ㉢그럼 청중의 관심 분야를 파악하려면 청중의 특성 중에서 어떤 것들을 조사하면 좋을까요?
>
> 김 주무관: ㉣나이, 성별, 직업 등을 조사할까요?

① ㉠: 상대의 의견에 대해 공감을 표현하고 있다.

② ㉡: 정중한 표현을 사용하여 직접 질문하고 있다.

③ ㉢: 자신의 반대 의사를 우회적으로 드러내고 있다.

④ ㉣: 의문문을 통해 상대의 의견을 반박하고 있다.

04. 다음 대화를 분석한 내용으로 적절하지 않은 것은?

2023 지방직 9급

> 은지: 최근 국민 건강 문제와 관련해 '설탕세' 부과 여부가 논란인데, 나는 설탕세를 부과해야 한다고 생각해. 그러면 당 함유 식품의 소비가 감소하게 되고, 비만이나 당뇨병 등의 질병이 예방되니까 국민 건강 증진에 도움이 되기 때문이야.
>
> 운용: 설탕세를 부과하면 당 소비가 감소한다고 믿을 만한 근거가 있니?
>
> 은지: 세계보건기구 보고서를 보면 당이 포함된 음료에 설탕세를 부과하면 이에 비례해 소비가 감소한다고 나와 있어.
>
> 재윤: 그건 나도 알아. 그런데 설탕세 부과가 질병을 예방한다는 것은 타당하지 않아. 여러 연구 결과를 보면 당 섭취와 질병 발생은 유의미한 상관관계가 없어.

① 은지는 첫 번째 발언에서 화제를 제시하고 있다.

② 운용은 은지의 주장에 반대하고 있다.

③ 은지는 두 번째 발언에서 자신의 주장에 대한 근거를 제시하고 있다.

④ 재윤은 은지가 제시한 주장의 근거를 부정하고 있다.

05. 다음 대화에서 나타난 '지민'의 의사소통 방식으로 가장 적절한 것은?

2022 국가직 9급

> 정수 : 지난번에 너랑 같이 들었던 면접 전략 강의가 정말 유익했어.
>
> 지민 : 그랬어? 나도 그랬는데.
>
> 정수 : 특히 아이스크림 회사의 면접 내용이 도움이 많이 됐어.
>
> 지민 : 맞아. 그중에서도 두괄식으로 답변하라는 첫 번째 내용이 정말 인상적이더라. 핵심 내용을 먼저 말하는 전략이 면접에서 그렇게 효과적일 줄 몰랐어.
>
> 정수 : 어! 그래? 나는 두 번째 내용이 훨씬 더 인상적이었는데.
>
> 지민 : 그랬구나. 하긴 아이스크림 매출 증가에 관한 통계 자료를 인용해서 답변한 전략도 설득력이 있었어. 하지만 초두 효과의 효용성도 크지 않을까 해.
>
> 정수 : 그렇긴 해.

① 자신의 면접 경험을 예로 들어 상대방을 설득하고 있다.

② 상대방의 약점을 공략하며 상대방의 이견을 반박하고 있다.

③ 상대방의 견해를 존중하면서 자신의 의견을 제시하고 있다.

④ 상대방과의 갈등 해소를 위해 자신의 감정을 표현하고 있다.

06. 다음 대화에 대한 설명으로 가장 적절한 것은?

2022 지방직 9급

> A : 예은 씨. 오늘 회의 내용을 팀원들에게 공유해 주시면 좋겠네요.
>
> B : 네. 알겠습니다. 팀장님, 오늘 회의 내용을 요약 정리해서 메일로 공유하면 되겠지요?
>
> A : (고개를 끄덕이며) 맞습니다.
>
> B : 네. 그럼 회의 내용은 개조식으로 요약하고, 팀장님을 포함해서 전체 팀원에게 메일로 보내도록 하겠습니다.
>
> A : 예은 씨. 그런데 개조식으로 회의 내용을 요약하는 방식에는 문제가 있지 않을까요?
>
> B : (고개를 끄덕이며) 그렇겠네요. 개조식으로 요약할 경우 회의 내용이 과도하게 생략되어 이해가 어려울 수 있겠네요.

① A는 B에게 내용 요약 방식을 제안하고 있다.

② A와 B는 대화 중에 공감의 표지를 드러내며 상대방의 말을 듣고 있다.

③ B는 회의 내용 요약 방식에 대한 A의 문제 제기에 대해 자신이 다른 입장임을 드러내고 있다.

④ A는 개조식 요약 방식이 회의 내용을 과도하게 생략하여 이해에 어려움을 줄 수 있다고 명시하고 있다.

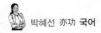

07. 다음 대화에 대한 설명으로 적절한 것은?

2021 지방직 9급

A : 지난번 제안서 프레젠테이션을 마친 후 "검토하고 연락드리겠습니다."라고 답변을 받았는데 아직 별다른 연락이 없어서 고민이에요.

B : 어떤 연락을 기다리신다는 거예요?

A : 해당 사업에 관하여 제 제안서를 승낙했다는 답변이잖아요. 그런데 후속 사업 진행을 위해 지금쯤 연락이 와야 할 텐데 싶어서요.

B : 글쎄요. 보통 그런 상황에서는 완곡하게 거절하는 의사 표현이라 볼 수 있어요. 그리고 해당 고객이 제안서 내용은 정리가 잘되었지만, 요즘 같은 코로나 시기에는 이전과 동일한 사업적 효과가 있을지 궁금하다고 말한 것을 보면 알 수 있죠.

A : 네, 기억납니다. 하지만 궁금하다고 말한 것이지 사업을 수용하지 않는다는 것은 아니지 않나요? 답변을 할 때도 굉장히 표정도 좋고 박수도 쳤는데 말이죠. 목소리도 부드러웠고요.

---

① A와 B는 고객의 답변에 대해 제안서 승낙이라는 의미로 동일하게 이해한다.

② A는 동일한 사업적 효과가 있을지 궁금하다는 표현을 제안한 사업에 대한 부정적 평가라고 판단한다.

③ B는 고객이 제안서에 의문을 제기한 내용을 근거로 고객의 답변에 대해 판단한다.

④ A는 비언어적 표현을 바탕으로 하여 고객의 답변을 제안서에 대한 완곡한 거절로 해석한다.

08. 다음 대화에서 '정민'의 의사소통 방식으로 가장 적절한 것은?

2020 국가직 9급

상수 : 요즘 짝꿍이랑 사이가 별로야.

정민 : 왜? 무슨 일이 있었어?

상수 : 그 애가 내 일에 자꾸 끼어들어. 사물함 정리부터 내 걸음걸이까지 하나하나 지적하잖아.

정민 : 그런 일이 있었구나. 짝꿍한테 그런 말을 해 보지 그랬어.

상수 : 해 봤지. 하지만 그때뿐이야. 아마 나를 자기 동생처럼 여기나 봐.

정민 : 나도 그런 적이 있어. 작년의 내 짝꿍도 나한테 무척이나 심했거든. 자꾸 끼어들어서 너무 힘들었어. 네 얘기를 들으니 그때가 다시 생각난다. 그런데 생각을 바꿔 보니 그게 관심이다 싶더라고. 그랬더니 마음이 좀 편해졌어. 그리고 짝꿍과 솔직하게 얘기를 해 봤더니, 그 애도 자신의 잘못된 점을 고치더라고.

상수 : 너도 그랬구나. 나도 생각을 바꾸려고 노력해 보고, 짝꿍하고 진솔한 대화를 나눠 봐야겠어.

---

① 상대방의 입장을 고려해 용서함으로써 갈등을 해결하고 있다.

② 자신의 경험을 들어 상대방이 해결점을 찾을 수 있도록 돕고 있다.

③ 상대방의 약점을 비판하면서 자신의 장점을 최대한 부각하고 있다.

④ 상대방이 말하는 내용을 경청하면서 그 타당성을 평가하고 있다.

09. 다음에서 설명한 공감적 대화로 가장 적절한 것은?

2020 국가직 7급

대화는 화자와 청자 간에 이루어지는 상호 교섭적 행위이다. 공감적 대화를 하기 위해서는 상대방이 무엇을 생각하고 느끼고 필요로 하는지에 대해 귀 기울여 들을 수 있어야 한다. 진정한 공감은 상대방에게 잘못을 지적하거나 해결책을 제시하거나 조언을 해 주는 것이 아니라 상대방의 경험을 존중하고 이해해 주는 것이다.

① 가: 요즘 집중력이 떨어지는 것 같아.
　나: 음, 요즘 날씨 때문에 더 그렇지? 네가 중요하다고 생각하는 시기에 집중력이 떨어진다니 속이 상하겠구나.
② 가: 시험 날짜가 다가오니 불안한 마음이 들어.
　나: 안정감을 가져 봐. 많이 지쳐서 그럴 수 있으니 며칠 쉬면서 생각해 보면 어떨까?
③ 가: 계속 공부를 하니 지치는 것 같아.
　나: 몸이 지치면 공부를 하기가 더 힘들어지지. 고민만 하지 말고 좋은 방법을 찾아봐.
④ 가: 이번에는 좋은 결과가 나오지 않을 것 같아.
　나: 지금이 얼마나 중요한 시기인데 그런 얘길 하니? 마음을 다잡고 일단 최선을 다해 봤으면 좋겠구나.

10. ㉠~㉣의 발화 상황에 대한 설명으로 적절한 것은?

亦功 출제

동석: (혜선이가 창문을 열어 줄 것을 바라는 마음에서) ㉠ <u>여름이라 오후가 되면 더 심한 거 같아. 진짜 덥다! 그렇잖니?</u>
혜선: ㉡ <u>정말 그렇구나. 땀이 나네</u> (그러고는 가만히 있는다.)
동석: ㉢ <u>(혜선을 바라보며) 미안한데 창문 좀 열어 줘. 온도 좀 낮추자.</u>
혜선: 그래. (창문을 열며) 아까 그 말이 창문 열어 달라는 말이었구나. 내가 눈치 없었지?
동석: 괜찮아. 그럴 수도 있지. ㉣ <u>교실 밖에 좀 나가 있을까?</u>
혜선: 그래. (밖으로 나가는 자세를 취하며) 그게 좋겠다.

① ㉠: 창문을 열어달라는 의도가 담긴 직접 발화이다.
② ㉡: 동석의 발화를 직접 발화로 이해한 결과이다.
③ ㉢: 발화자가 자신의 의도를 우회적으로 드러내는 간접 발화이다.
④ ㉣: 교실 밖으로 함께 나가자는 의도가 담긴 직접 발화이다.

11. 다음 글을 참고할 때, 〈보기〉에서 아이의 말에 대한 엄마의 말이 '반영하기'에 해당하는 것은?

2017 지방직 9급 추가

적극적인 듣기의 방법에는 '요약하기'와 '반영하기'가 있다. 화자가 자신의 상태에 대해 직접적으로 말하는 경우에는 요약하기와 같은 재진술이 가능하지만 그렇지 않으면 불가능하다. 한편 반영하기는 상대의 생각을 수용하고 상대의 현재 상태에 감정 이입을 하여 의미를 재구성하는 방법으로, 상대를 이해하고 있다는 청자의 적극적인 표현이기 때문에 원활한 의사소통에 도움이 된다.

─〈보기〉─
아이: 엄마, 모레가 시험인데 내일 꼭 치과에 가야 하나요?
엄마: _____

① 너, 치과에 가기가 싫어서 그러지?
② 네가 치료보다 시험에 집중하고 싶구나.
③ 내일 꼭 치과에 가야 하는지가 궁금했구나.
④ 약속은 지켜야 하는 거니까 치과에 가야겠지.

02 Chapter [화법] 공손성의 원리

정답 및 해설 p. 387

 대표 출좋포 발문 체크

01   ㉠~㉣은 '공손하게 말하기'에 대한 설명이다. ㉠~㉣을 적용한 B의 대답으로 적절하지 않은 것은?

02   '손님'의 말에 나타난 공손성 원리로 가장 적절한 것은?

출좋포 정리하기 공손성의 원리(필기하세요. 적용 포인트입니다.)

관련 교재   요 족집게 적중노트 p. 154
          기 출좋포 독해 p. 33

요령의 격률	
관용의 격률	
찬동의 격률	
겸양의 격률	
동의의 격률	

제3편 독해 CH.02 [화법] 공손성의 원리

01. ㉠~㉣은 '공손하게 말하기'에 대한 설명이다. ㉠~㉣을 적용한 B의 대답으로 적절하지 않은 것은?

2021 국가직 9급

> ㉠ 자신을 상대방에게 낮추어 겸손하게 말해야 한다.
> ㉡ 상대방의 처지를 고려하여 상대방이 부담을 갖지 않도록 말해야 한다.
> ㉢ 상대방이 관용을 베풀 수 있도록 문제를 자신의 탓으로 돌려 말해야 한다.
> ㉣ 상대방의 의견에서 동의하는 부분을 찾아 인정해 준 다음에 자신의 의견을 말해야 한다.

① ㉠ ─ A: "이번에 제출한 디자인 시안 정말 멋있었어."
　　　 └ B: "아닙니다. 아직도 여러모로 부족한 부분이 많습니다."

② ㉡ ─ A: "미안해요. 생각보다 길이 많이 막혀서 늦었어요."
　　　 └ B: "괜찮아요. 쇼핑하면서 기다리니 시간 가는 줄 몰랐어요."

③ ㉢ ─ A: "혹시 내가 설명한 내용이 이해 가니?"
　　　 └ B: "네 목소리가 작아서 내용이 잘 안 들렸는데 다시 한 번 크게 말해 줄래?"

④ ㉣ ─ A: "가원아, 경희 생일 선물로 귀걸이를 사 주는 것은 어때?"
　　　 └ B: "그거 좋은 생각이네. 하지만 경희의 취향을 우리가 잘 모르니까 귀걸이 대신 책을 선물하는 게 어떨까?"

02. 다음 대화에서 밑줄 친 부분의 표현 효과에 대한 설명으로 적절한 것은?

2020 지방직 9급

> 김 대리: 늦어서 죄송합니다. 일이 좀 많았습니다.
> 이 부장: <u>괜찮아요. 오랜만에 최 대리하고 오붓하게 대화도 나누고 시간 가는 줄 몰랐네요. 허허허.</u>
> 김 대리: 박 부장님은 오늘 못 나오신다고 전해 달라셨어요.
> 이 부장: 그럼, 우리끼리 출발합시다.

① 자신과 상대방의 의견 차이를 최소화한다.
② 상대방에게 부담이 되는 표현을 최소화한다.
③ 화자 자신에게 혜택을 주는 표현을 최소화한다.
④ 상대방에 대한 비방을 최소화하고 칭찬을 최대화한다.

03. 다음에서 설명한 '겸양의 격률'을 사용한 대화문은?

2017 국가직 7급

> '공손성의 원리'는 대화 참여자들 사이에서 공손하고 예의 바르게 말을 주고받는 태도를 중시하는 이론이다. 이 원리는 '요령', '관용', '찬동', '겸양', '동의'의 격률로 구성되어 있는데, 이 중 우리 선조들은, 상대방의 칭찬을 그대로 받아들이기 보다는 자신을 낮추어 말하는 것을 미덕으로 여긴 '겸양의 격률'을 중요하게 생각했다.

① 가: 집이 참 좋네요. 구석구석 어쩌면 이렇게 정돈이 잘 되어 있는지…. 사모님 살림 솜씨가 대단하신데요.
　 나: 그렇게 말씀해 주시니 고맙습니다.
② 가: 정윤아, 날씨도 좋은데 우리 놀이공원이나 갈래?
　 나: 놀이공원? 좋지. 그런데 나는 오늘 뮤지컬 표를 예매해 둬서 어려울 것 같아.
③ 가: 제가 귀가 안 좋아서 그러는데 죄송하지만 조금만 더 크게 말씀해 주시겠어요?
　 나: 제 목소리가 너무 작았군요. 죄송합니다.
④ 가: 유진아, 너는 노래도 잘하고 운동도 잘하고 못하는 게 없구나.
　 나: 아니에요. 특별히 잘하는 것도 없는데요. 아직 많이 부족합니다.

04. '손님'의 말에 나타난 공손성 원리로 가장 적절한 것은?

2017 교육행정직 9급

> 손님: 바쁘실 텐데 초대해 주셔서 감사합니다. 음식이 참 맛있네요. 요리 솜씨가 이렇게 좋으시니 정말 부럽습니다.
> 주인: 뭘요, 과찬이세요. 맛있게 드셨다니 감사합니다.

① 상대방에 대한 비난을 최소화하고 칭찬의 표현을 최대화한다.
② 상대방에 대한 부담은 최소화하고 혜택의 표현을 최대화한다.
③ 자신에 대한 혜택은 최소화하고 부담의 표현을 최대화한다.
④ 자신에 대한 칭찬은 최소화하고 비난의 표현을 최대화한다.

[화법] 협력의 원리

정답 및 해설 p. 388

대표 출좋포 발문 체크

01 다음 글을 근거로 할 때, 〈보기〉의 대화에서 ㉡의 대답이 갖는 특징으로 적절하지 않은 것은?

02 다음 대화에서 밑줄 친 부분을 지키지 않은 사례로 적절한 것은?

출좋포 정리하기 [화법] 협력의 원리

관련 교재 요 족집게 적중노트 p. 155
기 출좋포 독해 p. 43

양의 격률	필요한 만큼의 적당한 양의 정보만 제공하기 예 혜선: 어디 살아? 상익: 우주 중에 지구이고 지구 안의 한국이고 한국 안에 서울이며 서울 안에 동작구이고 노량진동 47-1 1001동 1504호야.
질의 격률	진실한 정보만 말하기(거짓말 ×) 예 민지: 내 남친이야^^ 멋있지? 혜선: (별로인데) 응. 정말 멋있다.
태도의 격률	간결하고 명확하게 말하기(모호 ×, 중의 ×) 예 혜선: 성우 씨가 유리 씨 옆에 앉아도 될까요? 성우: 괜찮아요. 혜선: ???? (앉겠다는 건가 안 앉겠다는 건가…?) 예 상익: 이제 곧 국가직인데 어떻게 대비시켜 줄 거야? 아주 떨려 죽겠어. 혜선: 일단은 역공 기출로 대비를 할 건데, 문법 위주로 해야 하나 문학 위주로…? 아님 독해?? 화법과 작문??
관련성의 격률	대화의 맥락과 관련되는 말을 하기 예 혜선: 내일 벚꽃 보러 갈까? 공유: 드라마 촬영이 너무 바빠. 혜선: ??? (그래서 본다는 거야 안 본다는 거야)

* 양의 격률, 질의 격률, 태도의 격률은 질문에 대해 '관련성'이 있는 답변이라는 것을 기억해야 한다.

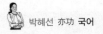

대표 亦功 기출

제3편 독해 CH.03 [화법] 협력의 원리

01. 다음 글을 근거로 할 때, 〈보기〉의 대화에서 ⓒ의 대답이 갖는 특징으로 적절하지 않은 것은?

2016 국가직 9급

그라이스(Grice)는 원활한 대화 진행을 위한 요건으로 네 가지의 '협력의 원리'를 제시한 바 있다. 첫째, 주고받는 대화의 목적에 필요한 만큼만 정보를 제공하고 필요 이상의 정보를 제공하지 말라는 양의 격률이다. 둘째, 진실한 정보만을 제공하도록 노력하고 증거가 불충한 것은 말하지 말라는 질의 격률이다. 셋째, 해당 대화 맥락과 관련되는 말을 하라는 관련성의 격률이다. 넷째, 모호하거나 중의적인 표현을 피하고 간결하고 조리 있게 말하라는 태도의 격률이다. 그러나 모종의 효과를 위해 이 네 가지의 격률을 위배하는 일은 일상 대화에서 빈번하게 이루어지는데, 일반적으로 언중들은 그것을 자연스럽게 받아들일 뿐 아니라 때에 따라서는 협력의 원리를 지키는 것이 예의에 어긋난 경우도 많다.

─〈보기〉─
대화(1) ㉠ : 체중이 얼마나 되니?
　　　　 ㉡ : 55 kg인데 키에 비해 가벼운 편입니다.
대화(2) ㉠ : 얼마 전 시민 운동회가 있었다며?
　　　　 ㉡ : 응. 백 미터 달리기에서 비행기보다 빠른
　　　　　　 사람을 봤어.
대화(3) ㉠ : 너 몇 살이니?
　　　　 ㉡ : 형이 열일곱 살이고, 저는 열다섯 살이지
　　　　　　 요.
대화(4) ㉠ : 점심은 뭐 먹을래?
　　　　 ㉡ : 생각해 보고 마음 내키는 대로요.

① 대화(1): 관련성의 격률을 위배하였다.
② 대화(2): 질의 격률을 위배하였다.
③ 대화(3): 양의 격률을 위배하였다.
④ 대화(4): 태도의 격률을 위배하였다.

02. 다음 대화에서 밑줄 친 부분을 지키지 않은 사례로 적절한 것은?

亦功 출제

협력의 원리란 대화 참여자가 대화의 목적에 최대한 기여할 수 있도록 서로 협력해야 한다는 것이다. 그 중 태도의 격률이란 모호하거나 중의적인 표현을 피하고 간결하고 조리 있게 말해야 한다는 것이다.

① 역공 : 준비물을 가져오지 않은 사람 손들어볼까?
　 합격 : 선생님, 오늘 짝 바꾸는 날이에요.
② 역공 : BTS 신곡 들어 봤니? 요새 그 노래 안 들어본
　　　　 사람 없다더라.
　 합격 : (노래를 들어본 적 없지만) 응, 어제 집에서 들
　　　　 어 봤는데, 또 차트 석권할 거 같더라.
③ 역공 : 이번 주 일요일에 같이 떡볶이 먹으러 갈래?
　 합격 : 떡볶이 좋지. 그런데 피자도 맛있을 것 같기
　　　　 도 하고, 하지만 어제 피자를 먹었으니까 떡
　　　　 볶이를 먹을까? 어제 TV 보니까 치킨도 맛있
　　　　 겠더라.
④ 역공 : 너 영어 시험 범위 어디까지인지 아니?
　 합격 : 국어는 3단원부터 6단원까지, 영어는 교과서
　　　　 8쪽부터 67쪽까지, 한국사는 45쪽부터 72쪽까
　　　　 지야.

04 Chapter [작문] 조건에 부합한 선지 찾기

대표 출좋포 발문 체크

01   다음 조건에 따라 토론 논제를 수정한 것으로 가장 적절한 것은?

02   '해양 오염'을 주제로 연설을 한다고 할 때, 다음에 제시된 조건을 모두 충족한 것은?

03   다음의 여러 조건에 가장 잘 맞는 토론 논제는?

출좋포 적용

관련 교재 기 출좋포 독해 p. 50~51

1. 〈조건〉을 먼저 확인한다.

2. 〈조건〉에서 눈으로 바로 확인이 가능한 형식적 조건과 내용을 꼭 읽어야 해서 시간이 오래 걸리는 내용적 조건을 나눈다.

3. 형식적 조건을 기준으로 삼아 그 형식적 조건이 적용되지 않는 것을 소거한다.

4. 소거한 나머지 중 내용적 조건이 잘 맞는 것을 선택한다.

---

01. 다음 조건에 따라 토론 논제를 수정한 것으로 가장 적절한 것은?

2023 지역인재 9급

> • 쟁점이 하나여야 한다.
> • 긍정과 부정의 입장을 명확히 구분할 수 있어야 한다.
> • 찬성 측의 입장을 담아 완결된 긍정문으로 진술해야 한다.
> • 범위를 특정하기 어려운 부정확한 표현을 사용해서는 안 된다.

① 주말에 운동장을 주민들에게 개방해야 한다.
   ⇨ 주말에 운동장을 주민들에게 개방하면 안 된다.
② 교내에서 무분별한 간식 소비를 금지해야 한다.
   ⇨ 교내에서 과도한 간식 소비를 금지해야 한다.
③ 청소년의 여가 활동으로 적절한 것은 무엇인가?
   ⇨ 청소년의 여가 활동으로 적절한 운동을 제안해 보자.
④ 학생들의 휴대폰 사용과 교복 착용에 관련된 규정을 개정해야 한다.
   ⇨ 학생들의 휴대폰 사용 규정을 개정해야 한다.

02. 다음의 여러 조건에 가장 잘 맞는 토론 논제는?

2019 국가직 9급

> • 긍정 평서문으로 제시되어야 한다.
> • 찬성과 반대의 대립이 분명하게 나타나야 한다.
> • 쟁점이 하나여야 한다.
> • 찬성이나 반대 어느 한 편에 유리하게 작용하는 정서적 표현을 사용해서는 안 된다.

① 징병제도는 유지해야 한다.
② 정보통신망법을 개선할 수는 없다.
③ 야만적인 두발 제한을 폐지해야 한다.
④ 내신 제도와 논술 시험을 개혁해야 한다.

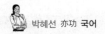

03. '개나리꽃이 활짝 피어 있는 모습'을 표현하고자 한다. 〈보기〉의 의도를 잘 반영하여 표현한 것은? 亦功 출제

─(보기)─
가. 개나리꽃이 핀 모습을 인간 현상에 비추어 표현한다.
나. 유추와 비유의 효과를 살린다.
다. 가치의 요소를 여운있게 드러낸다.

① 춤으로 치면 독무(獨舞)가 아니라 군무(群舞)이며, 운동으로 치면 화려함이 돋보이는 개인 경기가 아니라 일사불란한 짜임으로 이루어진 단체 경기이다. 나를 내세우지 않고 전체를 빛낸다.

② 줄기마다 노란 꽃이 일제히 피어 늘어진 모습은 황금의 폭포요, 빛의 물결이다. 황금이 저렇게 흘러내리는 곳이 우리 인간가까이에 있다는 것은 분명히 축복(祝福)이다.

③ 매연에 찌든 도시에서도 조그마한 언덕배기라도 있으면 어김없이 피어나는 모습이 대견하다. 공해를 이기는 강한 생명력은 나약(儒弱)한 현대인에게는 좋은 교훈이 된다.

④ 겨울이 끝나기 무섭게 가장 화려한 빛으로 피어서 인간에게 마침내 봄이 오고 있음을 가장 가까이서 알려 준다. 새 계절을 알리면서도 금세 지고 말아 늘 아쉽다.

04. 〈보기〉와 관련된 문구를 〈조건〉에 맞게 썼을 때 가장 적절한 것은? 亦功 출제

─(보기)─
반려 동물 보호에 대한 사회적 관심을 환기하고 보호 활동에의 참여를 촉구하는 홍보가 수반되어야 할 것이다.

─(조건)─
1. 반려 동물 보호에 대한 관심을 환기하고 보호 활동에의 참여를 촉구하는 내용을 담을 것.
2. 대구를 활용할 것.

① 반려 동물 복지에 빨간 불이 켜졌습니다. 이제는 정부가 나서서 초록 불을 켤 때입니다.

② 당신의 마음이 열려야, 당신의 손길이 닿아야 반려 동물 유기와 학대를 끝낼 수 있습니다.

③ 좋을 때만 반려 동물이라고 생각하지는 않나요? 당신의 반려동물과 눈을 맞춰 주세요.

④ 동물 학대는 먼 곳에 있지 않습니다. 반려 동물 학대를 감시하는 보안관이 되어 주세요.

05. '삶의 태도'와 관련된 다짐을 짧은 글을 써 보려고 한다. 〈보기 1〉의 관점과 〈보기 2〉의 표현 기법을 모두 살린 문안으로 가장 적절한 것은? 亦功 출제

(보기 1)
"과거의 생각과 행동이 현재의 자기를 만든다. 따라서 미래는 현재의 자신이 무엇을 생각하고 어떻게 행동하느냐에 달려 있는 것이다."

(보기 2)
• 국화처럼 은은한 향기를 지닌 엄마가 그립다.
• 바구니에는 사과, 배, 감, 귤, 석류 등 먹음직스러운 과일이 담겨 있었다.

① 얼음처럼 냉정하게 나 자신을 바라보자. 자신의 사소한 단점까지도 찾아내어 고치려고 노력하는 사람만이 큰일을 이룰 수 있다.

② 나를 만들어 가는 것이 인생이다. 끊임없는 반성, 성실한 노력, 그리고 꿈과 열정이 나를 만든다. 나는 인생이라는 집을 짓는 건 축가와 같다.

③ 과거나 현재의 처지, 환경, 운명을 너무 무겁게 짊어지려 하지 말자. 오로지 미래만을 위해 깨어 있는 사람이 되자. 미래는 준비하는 자의 것이다.

④ 나 자신을 믿고, 나의 미래를 확신하고, 나만의 철학을 갖고 행동하자. 삶에 대한 신념과 철학이 없으면 성공하지도 행복하지도 못할 것이다.

05 Chapter [작문] 개요(도표, 그림) 활용, 내용 생성

[작문] 개요(도표, 그림) 활용, 내용 생성

대표 출좋포 발문 체크

01 '청소년 인터넷 중독의 현황과 문제 해결'에 대한 글을 작성하고자 한다. 글의 내용으로 포함하기에 적절하지 않은 것은?

02 다음은 '청소년의 디지털 중독의 폐해와 해결 방안'이라는 주제로 글을 쓰기 위한 개요이다. 수정·보완하기 위한 방안으로 적절하지 않은 것은?

출좋포 적용 [작문] 개요(도표, 그림) 활용, 내용 생성

❶ 이런 타입에서 가장 집중해야 하는 부분

마찬가지로 발문에 나타난 '주제'를 잘 확인해야 한다. 아예 '내용'이 적절하지 않은 항목도 있을 수 있기 때문이다. 하지만 제일 중요한 것은 개요 안에 있는 기호화된 항목들을 잘 보아야 한다는 것이다.

① 문제점과 해결 방안에 대한 개요인 경우에는 1:1 대응이 되는지 확인해야 한다.
보통 두 기호가 대응되어야 한다. 문제점이 a라면 해결 방안은 A인 경우가 있다.
② 개요의 상위 항목이 하위 항목을 잘 포함하는 항목인지, 상위 항목 아래의 항목들이 상위 항목과 관련이 있는 항목인지 파악해야 한다.
③ 개요 결론에 빈칸이 있는 경우, 앞선 항목들을 모두 포괄한 주제문이 들어가야 한다.
④ 도표나 그림 문제의 경우, 텍스트와 도표와 그림을 잘 비교해 가며 읽어야 한다.

❷ 부정 발문인 경우

선택지 4개 중 3개가 정답 선택지이므로 선택지를 먼저 읽는다.
선택지 ①을 읽고 ㉠을 읽은 후 'O/X'를 판별한다.
선택지 ②을 읽고 ㉡을 읽은 후 'O/X'를 판별한다.
선택지 ③을 읽고 ㉢을 읽은 후 'O/X'를 판별한다.
선택지 ④을 읽고 ㉣을 읽은 후 'O/X'를 판별한다.

❸ 긍정 발문인 경우

선택지 4개 중 3개가 틀린 선택지이므로 개요 먼저 읽는다.

제3편 독해 CH.05 [작문] 개요(도표, 그림) 활용, 내용 생성

01. 〈보기〉와 같은 글의 개요에서, 제목과 결론에 들어갈 내용으로 가장 적절한 것은? 亦功 출제

〈보기〉
제목 : (　　　　　　　⊙　　　　　　　)
서론 : 텔레비전 프로그램이 시청률이 높은 오락 프로그램 위주로 편성되어 있다.
본론 : 1. 시청률은 광고료의 액수를 좌우한다.
　　　 2. 방송사의 경영진은 광고료 수입을 올리기 위해 교양 프로그램을 선호한다.
　　　 3. 방송사의 경영진은 텔레비전 프로그램 편성에 강력한 영향력을 행사하려 한다.
　　　 4. 방송은 상업성뿐 아니라 공익성도 지니고 있다.
결론 : (　　　　　　　ⓛ　　　　　　　)

① ⊙ 프로그램 편성과 방송사의 역할
　 ⓛ 방송사는 좋은 프로그램 보기 운동을 선도해야 한다.
② ⊙ 프로그램 시청자
　 ⓛ 시청자는 좋은 프로그램에 성원을 보내야 한다.
③ ⊙ 시청자의 권리와 의무
　 ⓛ 시청자가 프로그램 편성에 적극적으로 참여해야 한다.
④ ⊙ 프로그램 편성과 방송사 경영
　 ⓛ 텔레비전 프로그램 편성이 방송사 경영진의 방침에 종속되어서는 안 된다.

02. 〈보기〉와 같이 '한류(韓流)의 장기적 육성 방안'에 대한 개요를 작성하였다. 개요 수정 및 자료 제시 방안으로 적절하지 않은 것은? 亦功 출제

〈보기〉
Ⅰ. 서론
　1. ⊙아시아 각국에서 한국 문화에 대한 관심의 증폭
　2. 한류를 장기적으로 육성하기 위한 전략의 필요성
Ⅱ. 본론
　1. 한류 육성의 의의
　　가. 아시아 속의 한국 위상 제고
　　나. ⓛ경제적인 파급 효과
　2. 상황에서의 한류의 문제점
　　가. 정부 차원에서의 지원 부족
　　나. 한 분야에만 열풍
　　다 상업적 목적에 치중
　3. 한류의 지원 및 육성 방안
　　가. ⓒ기업을 중심으로 한류 지원 방안 수립
　　나. 다양하게 개발하여 보급
　　다. ┃　　　　　ⓔ　　　　　┃
Ⅲ. 결론
　: 한류에 대한 전망과 제언

① ⊙: 중국, 대만, 홍콩, 일본, 베트남 등의 아시아 각국에서 불고 있는 한류 열풍을 사례로 한다.
② ⓛ: 아시아 각국에서 한국으로 많은 문화가 수출 되고 있음을 근거 자료로 제시한다.
③ ⓒ: 'Ⅱ-2-가'를 고려하여 '정부 차원에서의 지원 방안 수립'으로 수정한다.
④ ⓔ: 'Ⅱ-2-다'를 고려하여 '진정한 의미의 문화 교류라는 측면에서 접근'이라는 내용을 추가한다.

PART 03

03. 다음은 '탈춤의 세계화 방안'을 주제로 작성한 개요이다. 개요를 수정·보완하기 위한 방안으로 적절하지 않은 것은?

亦功 출제

> 주제: 탈춤의 세계화 방안을 마련하자.
> Ⅰ. 서론: 탈춤이 세계적으로 인정받지 못하고 있는 현실
> Ⅱ. 본론
>   1. 탈춤이 세계화 되어야 하는 필요성
>   가. 우리나라 민속극의 발전 과정 ········ ㉠
>   나. 탈춤의 세계 문화로서의 특징
>   다. 전통문화의 특징 ···················· ㉡
>   2. 탈춤의 세계화를 저해하는 원인
>   가. 탈춤의 중요성에 대한 인식 부족
>   나. 탈춤 관련 홍보 상품 및 연계 프로그램의 개발 ························· ㉢
>   3. 탈춤의 보존과 세계화를 위한 방안
>   가. 국내외 정기 공연 개최를 통한 사회적인 관심 제고
>   나. 정부 차원에서의 적극적인 지원 미비
> Ⅲ. 결론: 탈춤의 세계화를 위한 방안의 촉구 ·· ㉣

① ㉠은 주제에서 벗어난 내용이므로 '탈춤의 특징과 가치'로 바꾼다.

② ㉡은 상위 항목과의 관계를 고려하여 '탈춤의 세계화로 얻을 수 있는 효과'로 바꾼다.

③ ㉢은 'Ⅱ.-2'에 포함되지 않으므로 'Ⅱ- 3- 나'와 서로 위치를 바꾼다.

④ ㉣은 결론의 내용으로 적절하지 못하므로 '탈춤의 세계화를 통한 민족적 자부심 고취'로 바꾼다.

'주제'와 맞지 않는 내용을 고르는 경우

04. '코로나 바이러스 전염의 현황과 문제 해결'에 대한 글을 작성하고자 한다. 글의 내용으로 포함하기에 적절하지 않은 것은?

亦功 출제

① 집단 면역이 되기 전까지는 조심해야 할 장소를 정확히 전달하고 실생활에서 필요한 유의사항들을 제시한다.

② 코로나 바이러스의 강한 전염력에 대한 통계를 활용하여 해당사안이 시급히 해결되어야 할 문제임을 강조한다.

③ 코로나 바이러스 감염자의 경로가 노출되어 사생활이 침해받고 있는 사례를 제시한다.

④ 코로나 바이러스 백신에 대한 전문가의 의견을 인용하여 해당 문제에 대한 해결방안을 제시한다.

05. 〈동양 연극과 서양 연극의 차이점〉에 관한 글을 쓰려고 한다. '관객과 무대와의 관계'라는 항목에 활용할 수 없는 것은?

亦功 출제

① 서양의 관객이 공연을 예술 감상의 한 형태로 본다면, 동양의 관객은 공동체적 참여를 통하여 함께 즐기고 체험한다.

② 서양 연극의 관객이 정숙한 분위기 속에서 격식을 갖추고 관극(觀劇)을 하는 데 비하여, 동양 연극의 관객은 매우 자유분방한 분위기 속에서 관극한다.

③ 서양 연극은 지적인 이론이나 세련된 대사로 이해되는 텍스트 중심의 연극이라면, 동양 연극은 노래와 춤과 언어가 삼위일체가 되는 형식을 지닌다.

④ 서양 연극과는 달리, 동양 연극은 공연이 시작되는 순간부터 관객이 신명나게 참여하고, 공연이 끝난 후의 뒤풀이에도 관객, 연기자 모두 하나가 되어 춤판을 벌이는 것이 특징이다.

출좋포 적용 잘못된 내용 고쳐 쓰기

관련 교재 **기** 출좋포 독해 p. 64~67

❶ 이런 타입에서 가장 집중해야 하는 부분

발문에 나온 대로 '문맥에 맞게 수정'하는 것이므로 ㉠~㉣의 **❶_____**에 반드시 **❷_____**가 있음을 깨달아야 한다. 내용 고쳐쓰기 문제의 경우 '**❸___**' 구문이 쓰인 경우가 대부분이므로 두 개념의 **❹____**을 잘 파악하며 읽자.

❷ 긍정 발문인 경우

선택지 4개 중 3개가 **❺___** 선택지이므로 절대로 **❻_____**를 먼저 봐서는 안 된다.

오히려 선택지를 먼저 보면 **❼_____**이 생긴 채로 글을 읽을 수 있기 때문이다.

❸ 출제자가 좋아하는 오답 패턴(필수!)

선택지 하나만 옳고 나머지는 틀리게 고친 것이라는 것은 기존의 제시문 ㉠~㉣이 문맥에 **❽_____**이 굉장히 높다는 것을 의미한다.

따라서 ㉠~㉣이 오히려 **❾___** 표현임을 감안하고 읽어야 하며, 흐름에 따라 읽다가 **❿___** 표현이 나오면 그때 해당 선택지를 보고 **⓫_____** 확인을 하는 것이 좋다.

Answer

❶ 앞뒤 문맥 ❷ 객관적인 단서 ❸ 대조 ❹ 차이점 ❺ 틀린 ❻ 선택지 ❼ 잘못된 편견 ❽ 옳을 확률 ❾ 옳은 ❿ 이상한 ⓫ 잘 고쳤는지

---

01. 우리말의 어법에 맞고, 의미가 정확한 문장은?

2021 국회직 8급

① 지하철 공사가 이제 시작됐으니, 언제 개통될지는 불투명하다.

② 수출 증대를 위해서는 이 제품의 장점과 단점을 보완해야 한다.

③ 그 문제를 논의하자면 오후에는 팀원 전체가 모여 회의를 가질 겁니다.

④ 다행히 비상문이 열려져 있어 인명 피해가 크지 않았습니다.

⑤ 선배가 농담으로 한 말이 그에게 큰 상처를 입혔습니다.

02. 어법에 맞는 문장은?

2015 지방직 7급

① 인간은 자연을 지배하기도 하고 복종하기도 한다.

② 북극의 빙하는 수십 년 내에 없어질 것으로 예측되어졌다.

③ 국가 경쟁력을 높이는 요소 중 하나는 인문학적 상상력이다.

④ 교육부는 새 교과서를 편찬함에 있어서 전인교육의 충실화에 두었다.

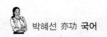

03. 다음은 공공기관 홈페이지에서 볼 수 있는 글이다. 밑줄 친 부분을 고쳐 쓴 것으로 적절하지 않은 것은?

2014 기상직 9급

① 이번 개편을 통해 부서 간 협조가 원활하도록 <u>조직이 짜여 있어</u> 이제 시민 여러분들이 보다 쉽게 건의를 할 수 있게 되었습니다. → <u>조직이 짜여져 있어</u>

② 이 게시판은 인터넷을 통하여 국민의 생생한 현장의 목소리를 듣고 <u>이를 국정에 반영하고자 개설하였습니다.</u> → <u>이를 국정에 반영하고자 개설한 것입니다.</u>

③ 저희 ○○○는 모든 국민의 삶의 질을 향상시키기 위하여 <u>다음과 같은 정책 과제를 중점 추진하겠습니다.</u> → <u>다음과 같은 정책 과제를 중점적으로 추진하겠습니다.</u>

④ 저희는 제반 법률적·행정적 조치 기한을 충실하게 준수하되, <u>가능한 신속히 조사를 마치도록</u> 노력하겠습니다. → <u>가능한 한 신속히 조사를 마치도록</u>

04. 가장 자연스러운 문장은?

2015 국가직 7급

① 그는 이 문제에 대해 가능한 충실히 논의해 왔다.

② 이 물건은 후보 공천 시점에 보낸 것인지도 모른다.

③ 디지털 텔레비전 시대에는 고화질의 화면은 물론 다양한 정보도 손쉽게 얻을 수 있다.

④ 지금까지는 문제를 회피하기만 했지만 이제는 이와 같은 관례를 깨뜨릴 때도 되었다는 생각이다.

05. ㉠~㉣을 어법에 맞게 고친 것으로 적절하지 않은 것은?

2014 지방직 9급

선생님, 그동안 안녕하셨어요? 선생님과 함께 생활했던 시간이 엊그제 같은데 벌써 졸업한 지 반 년이 지났습니다. 전 아직도 선생님과 함께했던 소중한 시간들을 잊지 못하고 있습니다. 선생님과 함께 ㉠<u>운동도, 도시락도 먹던</u> 기억이 고스란히 남아 있습니다. 그리고 종례 시간마다 해 주셨던 말씀은 제 인생에서 중요한 지침이 되고 있습니다. 특히 선생님께서 고3 때 아무리 어려운 상황에서도 ㉡<u>희망을 잃지 않았다는</u> 말은 당시 저에게 큰 도움이 되었습니다. 제가 대학에 들어 온 이후 취미를 갖게 되었는데, ㉢<u>기악부 동아리에서 악기를 연주하고 있다는 것입니다.</u> 고등학교 시절에는 공부에 쫓겨 엄두도 못 냈었는데 지금은 여유롭게 음악에 몰두할 수 있어서 좋습니다. 조만간 꼭 찾아뵐게요. ㉣<u>항상 건강 조심하십시오.</u>

① ㉠: '운동도 하고, 도시락도 먹던'으로 바꾸어 필요한 성분을 모두 갖춘다.

② ㉡: '희망을 잃지 않으셨다는 말씀은'으로 바꾸어 높임 표현을 바르게 한다.

③ ㉢: '그것은 기악부 동아리에서 악기를 연주하는 일입니다.'로 바꾸어 주어와 서술어가 호응을 이루도록 한다.

④ ㉣: '조심하다'는 명령형으로 쓰일 수 없으므로 해요체 '조심하세요'를 사용한다.

06. ㉠~㉣ 중 어색한 곳을 찾아 수정하는 방안으로 가장 적절한 것은?

2023 지방직 9급

조선 후기에 서학으로 불린 천주학은 '학(學)'이라는 말에서도 짐작할 수 있듯이 ㉠종교적인 관점에서보다 학문적인 관점에서 받아들여졌다. 당시의 유학자 중 서학 수용에 적극적인 이들까지도 서학을 무조건 따르자고 ㉡주장하지는 않았는데, 서학은 신봉의 대상이 아니라 분석의 대상이었기 때문이다. 그들은 조선 사회를 바로잡고 발전시키기 위해 새로운 학문과 지식이 필요하다고 생각했지만, 외부에서 유입된 사유 체계에는 양명학이나 고증학 등도 있어서 서학이 ㉢유일한 대안은 아니었다. 그들은 서학을 검토하며 어떤 부분은 수용했지만, 반대로 어떤 부분은 ㉣지향했다.

① ㉠: '학문적인 관점에서보다 종교적인 관점에서'로 수정한다.
② ㉡: '주장하였는데'로 수정한다.
③ ㉢: '유일한 대안이었다'로 수정한다.
④ ㉣: '지양했다'로 수정한다.

07. ㉠~㉣의 고쳐쓰기로 적절하지 않은 것은?

2022 지방직 9급

파놉티콘(panopticon)은 원형 평면의 중심에 감시탑을 설치해 놓고, 주변으로 빙 둘러서 죄수들의 방이 배치된 감시 시스템이다. 감시탑의 내부는 어둡게 되어 있는 반면 죄수들의 방은 밝아 교도관은 죄수를 볼 수 있지만, 죄수는 교도관을 바라볼 수 없다. 죄수가 잘못했을 때 교도관은 잘 보이는 곳에서 처벌을 가한다. 그렇게 수차례의 처벌이 있게 되면 죄수들은 실제로 교도관이 자리에 ㉠있을 때조차도 언제 처벌을 받을지 모르는 공포감에 의해서 스스로를 감시하게 된다. 이렇게 권력자에 의한 정보 독점 아래 ㉡다수가 통제된다는 점에서 파놉티콘의 디자인은 과거 사회 구조와 본질적으로 같았다.

현대사회는 다수가 소수의 권력자를 동시에 감시할 수 있는 시놉티콘(synopticon)의 시대가 되었다. 시놉티콘에 가장 크게 기여한 것은 인터넷의 ㉢동시성이다. 권력자에 대한 비판을 신변 노출 없이 자유롭게 표현할 수 있게 되었기 때문이다. 정보화 시대가 오면서 언론과 통신이 발달했고, ㉣특정인이 정보를 수용하고 생산하게 되었다. 그로 인해 사회에서 일어나는 일에 대한 비판적 인식 교류와 부정적 현실 고발 등 네티즌의 활동으로 권력자들을 감시하는 전환이 일어났다.

① ㉠을 '없을'로 고친다.
② ㉡을 '소수'로 고친다.
③ ㉢을 '익명성'으로 고친다.
④ ㉣을 '누구나가'로 고친다.

PART 03

08. ㉠~㉣을 문맥을 고려하여 수정한 것으로 가장 적절한 것은?

2022 지방직 7급

　　농촌의 모습을 주된 소재로 삼는 A 드라마에 결혼 이주여성이 등장한다는 것은 그녀들이 직면한 여러 문제들을 다룰 기회가 마련되었다는 점에서 일단은 긍정적이다. 하지만 ㉠그녀들이 농촌에 정착하는 과정에서 경험하게 되는 다양한 문제들을 단순화할 수 있는 위험성도 내포하고 있다.

　　이 드라마에는 모문화와 이문화 사이의 차이로 인해 힘겨워하는 여성, 민족적 정체성에 혼란을 겪는 여성, 아이의 출산과 양육 문제로 갈등을 겪는 여성 등이 등장한다. 문제는 이 드라마에서 이러한 갈등의 원인을 제대로 규명하는 것보다는 ㉡부부간의 사랑이나 가족애를 통해 극복하는 낭만적인 해결 방식을 주로 선택한다는 데에 있다.

　　예를 들어, ○○화에서는 여성 주인공이 아이의 태교 문제로 내적 갈등을 겪다가 결국 자신의 생각을 포기함으로써 그 갈등이 해소된 것처럼 마무리된다. 태교에 대한 문화적 차이가 주된 원인이었지만, 이 드라마에서는 그것에 주목하기보다 ㉢남편과 갈등을 일으키는 여성 주인공의 모습을 부각하여 사랑과 이해에 기반한 순종과 순응을 결혼이주여성이 갖추어야 할 덕목으로 묘사한 것이다.

　　이 드라마에서 ㉣이러한 강요된 선택과 해소되지 않은 심적 갈등이 사실대로 재현되지 않음으로써 실질적인 원인은 은폐되고 여성의 일방적인 양보와 희생을 통해 해당 문제들이 성급히 봉합된다. 이는 어디까지나 한국인의 시선으로만 결혼이주여성과 다문화가정을 바라보고 있기 때문이다.

① ㉠을 "그녀들이 농촌에 정착하는 과정에서 경험하게 되는 다양한 문제들을 탐색할 수 있는 가능성도"로 고친다.

② ㉡을 "시댁 식구를 비롯한 한국인들과의 온정적인 소통을 통해 극복하는 구체적인 해결 방식"으로 고친다.

③ ㉢을 "남편의 의견을 따르는 여성 주인공의 모습"으로 고친다.

④ ㉣을 "이러한 억압적 상황과 해소되지 않은 외적 갈등이 여과 없이 노출됨으로써"로 고친다.

09. ㉠~㉣을 문맥에 맞게 수정하는 방안으로 적절한 것은?

2022 국가직 9급

　　난독(難讀)을 해결하려면 정독을 해야 한다. 여기서 말하는 정독은 '뜻을 새겨 가며 자세히 읽음', 즉 '정교한 독서'라는 뜻으로 한자로는 '精讀'이다. '精讀'은 '바른 독서'를 의미하는 '正讀'과 ㉠소리는 같지만 뜻이 다르다. 무엇이 정교한 것일까? 모든 단어에 눈을 마주치면서 제대로 인식하는 것이다. 이와 같은 ㉡정독(精讀)의 결과로 생기는 어문 실력이 문해력이다. 문해력이 발달하면 결국 독서 속도가 빨라져, '빨리 읽기'인 속독(速讀)이 가능해진다. 빨리 읽기는 정독을 전제로 할 때 빛을 발한다. 짧은 시간에 같은 책을 제대로 여러 번 읽을 수 있기 때문이다. 그래서 문해력의 증가는 '정교하고 빠르게 읽기', 즉 ㉢정속독(正速讀)에서 일어나게 되어 있다. 정독이 생활화되면 자기도 모르게 정속독의 경지에 오르게 된다. 그런 경지에 오른 사람들은 뭐든지 확실히 읽고 빨리 이해한다. 자연스레 집중하고 여러 번 읽어도 빠르게 읽으므로 시간이 여유롭다. ㉣정독이 빠진 속독은 곧 빼먹고 읽는 습관, 즉 난독의 일종임을 잊지 말아야 한다.

① ㉠을 '다르게 읽지만 뜻이 같다'로 수정한다.

② ㉡을 '정독(正讀)'으로 수정한다.

③ ㉢을 '정속독(精速讀)'으로 수정한다.

④ ㉣을 '속독이 빠진 정독'으로 수정한다.

10. ㉠~㉣을 문맥에 맞게 수정하는 방안으로 적절하지 않은 것은?

亦功 출제

> 영화 <보리밭을 흔드는 바람>(2006)은 식민 지배로 엉망이 된 제도를 바로잡으려 하는 젊은이들의 투쟁을 그려낸 켄 로치 감독의 작품이다. 1920년대를 배경으로 한 이 영화에서 주인공 데이미먼은 영국군의 폭압으로 인해 친구가 목숨을 잃는 현장을 목격한다. 이를 계기로 그는 식민주의 청산을 위해 ㉠투쟁할 것을 포기한다. 하지만 투쟁 과정에서 데이미먼은 아일랜드인 밀고자를 처형하거나 ㉡독립 형태를 두고 형과 대립하는 등 고통스러운 과정을 경험한다. 이렇듯 영화 속 아일랜드 청년들의 무장 투쟁은 ㉢모순적인 것이 아니라 낭만으로 가득한 서사에 가깝다. 켄 로치는 이 영화를 통해 정의 구현 방법을 고민하고 '어떤 혁명이어야 하는가?'라는 묵직한 물음을 던진다. 식민지 민족해방 운동은 독립 운동이므로 초기에는 모두가 한 목표로 협력할 수 있지만, 시간이 지남에 따라 필연적으로 ㉣외부세계와의 갈등에 직면할 수 있기 때문이다.

① ㉠을 '투쟁할 것을 결심한다.'로 수정한다.

② ㉡을 '독립 형태를 두고 형과 협력하는 등'으로 수정한다.

③ ㉢을 '낭만적인 것이 아니라 모순으로 가득한'으로 수정한다.

④ ㉣을 '내부 갈등에 직면할 수 있기 때문이다.'로 수정한다.

07 Chapter 서술 방식

정답 및 해설 p. 392

★ 대표 발문 체크

01 다음에서 제시한 글의 전개 방식의 예로 가장 적절한 것은?

02 다음 글의 주된 서술 방식은?

03 다음 글에 대한 설명으로 적절하지 않은 것은?

★ 적용 서술 방식 문제 맞히기

관련 교재 ⓡ 족집게 적중노트 p. 156~158
ⓖ 출좋포 독해 p. 72~74

❶ 주된 '서술 방식' 긍정 발문 유형

1. 정의, 예시, 인과, 열거, 비교, 대조, 분류, 분석, 유추 등의 서술 방식(= 내용 전개 방식)의 개념을 먼저 잘 숙지해야 한다. 이 단어들이 모두 선택지에 나오기 때문이다. 비슷하지만 전혀 다른 개념인 '정의와 지정', '분류와 분석', '비교와 대조'의 서술 방식도 잘 구별해야 한다.

2. 제시문의 내용 전개 방식을 고르는 문제 유형의 경우에는 제시문의 주된 설명 방식을 파악한 후에 선택지를 확인한다. 공부를 하는 입장에서 기출을 분석할 때에는 반드시 각각의 선택지가 어떠한 서술 방식으로 표현되었는지도 꼼꼼히 확인하여야 한다. 또 시험에 나올 수 있기 때문이다.

❷ '서술상의 특징' 부정 발문 유형

1. 하나의 제시문을 주고 그 안에 나타나는 지엽적인 서술상의 특징을 파악하는 문제 유형이다.

2. 이 경우에는 선택지의 길이가 짧은 경우가 많기 때문에 제시문과 선택지를 번갈아 보며 눈을 왔다 갔다 하면서 참인 선택지를 소거하며 적절하지 않은 답을 찾아가야 한다.

대표 亦功 기출

제3편 독해 CH.07 서술 방식

01. 다음 글에 나타나는 서술 방식은? 2023 지역인재 9급

> 우리는 웹을 더 이상 주체적으로 서핑하지 않는다. 웹에 올라탄 이들을 특정 방향으로 휩쓰는 어떤 조류에 올라탔을 뿐이다. 그 조류의 이름은 개인화 추천 알고리즘이다. 페이스북뿐만 아니라 우리가 대부분의 시간을 보내는 유튜브, 아마존, 인스타그램, 트위터 같은 인터넷 사이트는 우리가 누구인지를 읽어 내고, 그것에 맞춰 특정한 방향으로 우리를 계속해서 끌고 간다.

① 예시　　　　　② 대조
③ 서사　　　　　④ 인용

02. 위 글의 설명 방식에 해당하는 것을 〈보기〉에서 골라 가장 바르게 묶은 것은? 2023 군무원 7급

> 주자학이란 무엇일까? 주자학은 한마디로 주자(朱子, 1130 ~ 1200)가 새롭게 해석한 유학이라 할 수 있다. 공자와 맹자의 말씀은 "자신을 누르고 예의에 맞게 행동하라[극기복례(克己復禮)].", "사람들에게 진심으로 대하고 늘 배려하라 [충서(忠恕)]."처럼, 도덕 교과서에나 나올 법한 소박한 가르침에 지나지 않았다. 주자는 이를 철학적으로 훨씬 더 세련되게 다듬었다. 주자학에는 태극 이론, 음양(陰陽), 이기(理氣), 심성론(心性論) 등 어려운 용어가 많이 나온다. 이를 여기서 조목조목 풀어 설명할 필요는 없을 듯하다. 단지 주자가 이런 이론들을 만든 이유는 "자연 과학과 심리학의 도움으로 도덕 이론을 더 정확하게 설명하기위해서"였다는 정도만 이해하면 될 것이다.

> 주자의 가르침 가운데 신진 사대부들의 마음을 사로잡았던 구절은 크게 두 가지다. 첫째는 위기지학(爲己之學)의 이념이다. 공부의 목적은 성인(聖人)이 되는 데 있지, 출세하여 부귀영화를 누리기 위함이 아니라는 뜻이다. 이러한 위기지학 정신은 신진 사대부들에게 큰 힘을 주었다. 음서(蔭敍)로 권력을 얻던 귀족 자제들과 달리,그들은 피나는 '공부'를 거쳐 관직에 들어선 자들이다. 위기지학의 이념에 따르면, 이들이야말로 자신의 인품을 갈고닦은 사람들이 아닌가!

> 둘째는 주자가 강조한 격물치지(格物致知) 정신이다. 인격 수양을 위해서는 먼저 사물을 연구하고[격물(格物)] 세상 만물의 이치를 깨달아[치지(致知)] 무엇이 진정 옳고 그른지 명확히 알아야한다. 이때 사물을 연구한다는 것은 사실을 잘 관찰하고 분석한다는 의미가 아니다. 이미 공자와 맹자 같은 옛 성현들이 이런 작업을 완벽하게해 놓았으므로, 후대 사람들은 이들이 남긴 글을깊이 되새기기만 하면 된다.

> 그렇다면 공자의 말씀을 가장 깊고 넓게 알고 있었던 사람들은 누구일까? 다름 아닌 신진 사대부로, 이들은 과거를 보기 위해 공자의 말씀을 새기고 또 새겼다. 결국 격물치지란 바로 신진 사대부들이 우월한 자들임을 보여 주는 핵심 이론이 되는 셈이다. 주자의 가르침은 이처럼 유학 사상으로 무장한 신진 사대부들이 사회 지도층이 되어야 함을 입증하는 강력한 근거가 되었다.

─〈보기〉─
ㄱ. 유추의 방법으로 대상의 특징을 밝히고 있다.
ㄴ. 묻고 답하는 방식을 통해 논의를 전개하고 있다.
ㄷ. 어려운 용어를 풀어 써서 독자의 이해를 돕고 있다.
ㄹ. 은유와 상징을 통해 자신의 생각을 드러내고 있다.

① ㄱ, ㄷ　　　　　② ㄱ, ㄹ
③ ㄴ, ㄷ　　　　　④ ㄴ, ㄹ

03. 다음 글의 주된 서술 방식은?

2022 지방직 9급

> 이지러는 졌으나 보름을 가제 지난 달은 부드러운 빛을 흐붓이 흘리고 있다. 대화까지는 칠십 리의 밤길. 고개를 둘이나 넘고 개울을 하나 건너고, 벌판과 산길을 걸어야 된다. 길은 지금 긴 산허리에 걸려 있다. 밤중을 지난 무렵인지 죽은 듯이 고요한 속에서 짐승 같은 달의 숨소리가 손에 잡힐 듯이 들리며, 콩 포기와 옥수수 잎새가 한층 달에 푸르게 젖었다.

① 묘사　　　　　② 설명
③ 유추　　　　　④ 분석

04. 다음 글에 사용된 서술 방식으로 적절하지 않은 것은?

2022 간호직 8급

> 최근 3차 흡연에 대한 관심이 높아지고 있다. 3차 흡연이란 담배 연기를 직접 맡지 않고도 몸이나 옷, 카펫, 커튼 등에 묻은 담배 유해 물질을 통해 흡연 효과를 나타내는 것을 말하는데, 본인이 직접 담배를 피우지 않고도 흡연 효과를 갖는다는 점에서 2차 흡연과 같지만 흡연자에게 근접해 있어 담배 연기를 함께 맡는 2차 흡연과는 다르다.
>
> 3차 흡연도 심각한 피해를 낳는다. 3차 흡연 물질에 노출된 생쥐에게 비알코올성 지방간이 증가하고, 폐에서는 과도한 콜라겐이 생성되었으며, 사이토카인 염증 반응이 나타났다. 이런 증상은 간경변과 간암, 폐기종, 천식 등을 일으킨다. 또 3차 흡연 환경에 노출된 생쥐들의 경우 상처가 생겼을 때, 치유되는 시간이 더 오래 걸리고 과잉 행동 장애가 나타났다.

① 개념 정의　　　② 인과
③ 열거　　　　　④ 문제 해결

05. ㉠을 설명한 방식으로 적절한 것은?

2021 지방직 7급

> 담배가 해로운데도 ㉠담배를 피우는 이유는 무엇일까? 첫째, 담배 피우는 모습이 멋있고 어른스럽다고 생각하는 것이다. 요즘은 담배를 마약과 같이 부정적으로 보는 시각이 크지만 과거에는 담배에 대해 긍정적인 인식이 있었다.
>
> 둘째, 담배를 피우면 정신이 안정되어 집중이 잘된다고 생각하는 점도 있다. 이것은 담배를 피움으로써 니코틴 금단 증상이 해소되기 때문인 것으로, 담배를 안 피우는 사람에 비해 더 안정되거나 집중이 잘되는 것은 아니다.
>
> 셋째, 담배를 피우는 이유는 니코틴 의존에도 있다. 체내에 니코틴이 없어지면 여러 가지 금단 증상으로 불안하고 초조해지는 등 고통스럽고, 이 고통 때문에 담배를 끊기 어렵다.
>
> 넷째, 담배를 피우는 이유에는 습관도 있다. 주위에 재떨이, 라이터, 꽁초 등이 눈에 보이면 자기도 모르게 담배에 손이 가고, 식후나 술을 마실 때도 습관적으로 담배 생각이 나서 피우게 된다.

① 정의　　　　　② 분석
③ 서사　　　　　④ 비교

06. 〈보기〉의 주된 설명 방식이 사용된 것으로 가장 옳은 것은?

2020 서울시 9급

> ─ 보기 ─
> 우리는 좋지 않은 사람을 곧잘 동물에 비유한다. 욕에 동물이 많이 등장하는 것도 동물을 나쁘게 보기 때문이다. 하지만 정말 인간이 동물보다 좋은(선한) 것일까? 베르그는 오히려 "나는 인간을 알기 때문에 동물을 사랑한다."고 말하며 이를 부정한다. 인간은 인간을 속이지만 동물은 인간을 속이지 않는다는 것을 알고 인간에게 실망한 사람들이 동물에게 더 많은 애정을 보인다. 인간보다 더 잔인한 동물이 없다는 것은 인간의 역사가 증명하고 있다. 필요 없이 다른 동물을 죽이는 일을 인간 외 어느 동물이 한단 말인가?

① 교사의 자기계발, 학부모의 응원, 교육 당국의 지원 등이 어우러져야 좋은 교육이 가능해진다. 이는 신선한 재료, 적절한 조리법, 요리사의 정성이 합쳐져 맛있는 음식이 만들어지는 것과 같다.

② 의미를 지닌 부호를 체계적으로 배열한 것을 기호라고 한다. 수학, 신호등, 언어 등이 모두 여기에 속한다. 꿀이 있음을 알리는 벌들의 춤사위도 기호라고 할 수 있는 것이다.

③ 바이러스는 세균에 비해 크기가 작으며 핵과 이를 둘러싼 단백질이 전부여서 세포라고 할 수 없다. 먹이가 있는 곳이라면 어디에서라도 증식할 수 있는 세균과 달리, 바이러스는 살아있는 생명체를 숙주로 삼아야만 번식을 할 수 있다.

④ 나물로 즐겨 먹는 고사리는 꽃도 피지 않고 씨앗도 만들지 않는다. 고사리는 홀씨라고도 하는 포자로 번식한다. 고사리와 고비 등을 양치식물이라 하는데 생김새가 양(羊)의 이빨과 비슷하다고 하여 붙은 이름이다.

---

07. 밑줄 친 부분의 주된 설명 방식은?　　2019 지방직 7급

> 보살은 자기 자신이 불경의 체험 내용인 보리를 구하려고 노력하는 동시에 일체의 타인에게도 그의 진리를 체득시키고자 정진하는 인간이다. 그러므로 보살은 나한과 같은 자리(自利)를 위하여 보리를 구하는 자가 아니고 어디까지든지 이타(利他)를 위하여 활동하는 것이다. 나한이 개인적 자각인 데 대하여 보살은 사회적 자각에 입각한 것이니, 나한은 언제든지 개인 본위이고 개인 중심주의인 데 대하여 보살은 사회 본위이고 사회 중심주의인 것이다.

① 유추　　　　　　② 묘사
③ 예시　　　　　　④ 대조

---

08. 다음 글의 주된 설명 방식이 적용된 것으로 가장 적절한 것은?　　2018 국가직 9급

> 문학이 구축하는 세계는 실제 생활과 다르다. 즉 실제 생활은 허구의 세계를 구축하는 데 필요한 재료가 되지만 이 재료들이 일단 한 구조의 구성 분자가 되면 그 본래의 재료로서의 성질과 모습은 확연히 달라진다. 건축가가 집을 짓는 것을 떠올려 보자. 건축가는 어떤 완성된 구조를 생각하고 거기에 필요한 재료를 모아서 적절하게 집을 짓게 되는데, 이때 건물이라고 하는 하나의 구조를 완성하게 되면 이 완성된 구조의 구성 분자가 된 재료들은 본래의 재료와 전혀 다른 것이 된다.

① 르네상스 시대의 화가들은 원근법을 사용하여 세상을 향한 창과 같은 사실적인 그림을 그렸다. 현대 회화를 출발시켰다고 평가되는 인상주의자들이 의식적으로 추구한 것도 이러한 사실성이었다.

② 소설을 구성하는 요소는 물론 많지만 그중에서도 인물, 배경, 사건을 들 수 있다. 인물은 사건의 주체, 배경은 인물이 행동을 벌이는 시간과 공간, 분위기 등이고, 사건은 인물이 배경 속에서 벌이는 행동의 세계이다.

③ 목적을 지닌 인생은 의미 있다. 목적 없이 살아가는 사람은 험난한 인생의 노정을 완주하지 못한다. 목적을 갖고 뛰어야 마라톤에서 완주가 가능한 것처럼 우리의 인생에서도 목표를 가지고 꾸준히 노력하는 사람이 성공한다.

④ 신라의 육두품 출신 가운데 학문적으로 출중한 자들이 많았다. 가령, 강수, 설총, 녹진, 최치원 같은 사람들은 육두품 출신이었다. 이들은 신분적 한계 때문에 정계보다는 예술과 학문 분야에 일찌감치 몰두하게 되었다.

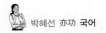
09. 다음 글에서 설명한 '정의'에 가장 적절한 것은?

2016 지방직 7급

> 글에서 다루게 되는 대상을 명확하게 규정해 주는 방법을 정의라고 한다. 이때 정의하고자 하는 대상을 피정의항이라고 하고, 그 나머지 진술 부분을 정의항이라고 한다. 정의를 할 경우에는 다음 사항에 유의해야 한다. 첫째, 개념을 명확하게 드러낼 수 있도록 풀이해야 한다. 둘째, 정의하고자 하는 대상이나 개념이 정의항에서 되풀이되어서는 안 된다. 셋째, 정의항이 부정적인 진술로 나타나서는 안 된다. 넷째, 대상에 대한 묘사나 해석은 정의가 아니다.

① 책이란 지식만을 보존해 두는 것이 아니다.
② 입헌 정치란 헌법에 의하여 행해지는 정치이다.
③ 딸기는 빨갛고 씨가 박혀 있는 달콤한 과일이다.
④ 문학은 언어로 인간의 사상과 감정을 표현한 예술이다.

③ 난생 처음 제주 여행을 하였다. 오전에 일찍 성산 일출봉에 올라 아침 해가 떠오르는 것을 보았고, 내려와선 첫 배로 우도에 들어갔다. 해변의 모래가 유리가루처럼 잘지 않고 알이 굵었다. 점심 무렵에는 우도에서 나와 근처 식당에서 전복죽을 먹었다.
④ 재생 에너지에는 수력, 지열, 풍력 등이 있다. 수력은 가장 전통적인 재생 에너지로서 일찍이 많이 이용되었다. 지열은 우리나라의 지각이 지질학적으로 비교적 안정적이어서 그리 많지 않다. 풍력은 최근 비약적으로 발전하고 있다.

10. 다음의 글과 같은 방식으로 서술된 것으로 가장 적절한 것은?

2017 경찰 1차 여경

> 국가 지정 문화재는 국보, 보물, 사적, 명승 등으로 나눌 수 있다. 국보는 보물에 해당하는 문화재 중 그 가치가 크고 유례가 드문 것이고, 보물은 건조물·전적·서적·회화·공예품 등의 유형 문화재 중 중요한 것이다. 사적은 기념물 중 유적·신앙·정치·국방·산업 등으로서 중요한 것이고, 명승은 기념물 중 경승지로서 중요한 것이다. 이외에도 천연기념물, 중요 무형 문화재, 중요 민속 문화재도 국가 지정 문화재에 속한다.

① 비빔국수를 만들기 위해 애호박, 당근, 양파, 오이는 채를 썰어 준비하고, 달걀은 얇게 부친 후 채를 썹니다. 양념장 재료를 잘 섞어 양념장을 만들고, 국수를 삶은 후 찬물에 헹구어 물기를 뺍니다. 준비된 재료를 고루 무쳐서 고명을 얹으면 비빔국수가 완성됩니다.
② 신사임당은 1504년에 아버지 신명화와 어머니 용인 이씨 사이에서 태어났다. 1522년 19세에 이원수와 결혼하였는데 결혼 후 몇 달 뒤 아버지가 세상을 떠났다. 1536년에는 아들 이율곡을 낳았다.

11. 다음 글의 글쓰기 방식에 대한 설명으로 적절한 것은?

2019 지방직 9급

> 멕시코의 환경 운동가로 유명한 가브리엘 과드리는 1960년대 이후 중앙아메리카 숲의 25 % 이상이 목초지 조성을 위해 벌채되었으며 1970년대 말에는 중앙아메리카 전체 농토의 2/3가 축산 단지로 점유되었다고 주장했다. 실제로 1987년 이후로도 멕시코에만 1,497만 3,900 ha의 열대 우림이 파괴되었는데, 이렇게 중앙아메리카의 열대림을 희생하면서까지 생산된 소고기는 주로 유럽과 미국으로 수출되었다. 그렇지만 이 소고기들은 지방분이 적고 미국인의 입맛에 그다지 맞지 않아 대부분 햄버거의 재료로 사용되었다.

① 예측할 수 없는 결과를 나열하여 사태의 심각성을 알리고 있다.
② 전문 용어의 뜻을 쉽게 풀이하여 독자의 이해를 돕고 있다.
③ 이론적 근거를 나열하여 주장의 전문성을 강화하고 있다.
④ 통계 수치를 활용하여 논거의 타당성을 높이고 있다.

12. 다음 글에 대한 설명으로 가장 적절한 것은?

2015 지방직 9급

노동 시장은 생산물 시장과 본질적으로 유사하지만, 생산물 시장이나 타 생산요소 시장과 다른 특징을 지니고 있다. 그중 가장 중요한 특징은 인간이 상품의 일부라는 점이다. 생산물 시장에서 일반 재화는 구매자와 판매자 간에 완전한 이전이 가능하고, 수요자와 공급자는 상대방이 누구인가에 대해 전혀 신경 쓸 필요 없이 오로지 재화 그 자체의 가격과 품질을 고려하여 수요·공급 의사를 결정한다. 그러나 노동 시장에서 노동이라는 상품은 공급자 자신과 분리될 수 없기 때문에 노동의 수요자와 공급자는 단순히 물건을 사고파는 것 이상의 인간적 관계를 맺게 되고, 수요·공급에 있어서 봉급, 부가 급여, 직업의 사회적 명예, 근무 환경, 직장의 평판 등 가격 이외의 비경제적 요소가 많은 영향을 미친다. 따라서 노동 시장은 가격의 변화에 따라 수요·공급이 유연성 있게 변화하지 않는 동시에 수요·공급의 불균형이 발생해도 가격의 조절 기능이 즉각적으로 작동하지 않는다.

① 여러 이론을 토대로 노동 시장에 대한 다양한 관점을 소개하고 있다.
② 여러 사례를 근거로 삼아 노동 시장에 대한 통념을 비판하고 있다.
③ 대비의 방식을 사용하여 노동 시장이 가지는 특징을 설명하고 있다.
④ 노동 시장에 관한 기존의 논의를 분석하여 새로운 주장을 제시하고 있다.

13. (가)와 (나)의 공통점으로 적절하지 않은 것은?

2021 지방직 7급

(가) 월영암에 사는 탁대사가 냇물에 몸을 씻고 바위 위에 앉아 좌선을 하고 있었다. 이때 하루 종일 먹이를 얻지 못하고 굶은 호랑이가 무슨 먹잇감이 없나 하고 찾다가, 알몸의 사람이 오뚝하게 앉아 있는 것을 보고 너무 먹음직스러워 감격했다. 그래서 이런 좋은 것을 그대로 먹으면 감동이 적다고 생각하고, 산 뒤편의 숲속으로 들어갔다. 호랑이는 기분이 좋아 머리를 들어 공중을 향해 크게 웃기도 하고, 앞발을 들어 허공에 휘젓기도 하고, 고개를 좌우로 돌려 소리쳐 웃기도 했다. 한참 동안 이러고 나오니, 이미 날이 저물고 반석 위의 중은 벌써 돌아가고 없었다. 호랑이의 웃음이여, 정말로 웃음거리가 되고 말았구나.

(나) 봉황(鳳凰)의 생일잔치에 온갖 새들이 다 와서 축하하는데, 박쥐는 오지 않았다. 그래서 봉황이 박쥐를 꾸짖어 말하기를, "너는 내 밑에 있는 새이면서 왜 그렇게 방자하냐?" 하고 문책했다. 이에 박쥐는 "나는 발로 기어 다니는 짐승 무리이니 어찌 새인 당신에게 하례를 하겠습니까?"라고 말했다. 뒤에 기린(麒麟)의 생일잔치에 모든 짐승이 와서 하례했는데, 역시 박쥐는 나타나지 않았다. 그래서 기린이 불러 꾸짖으니 박쥐는, "나는 날개가 있어 새의 무리이니 짐승인 당신에게 어찌 축하하러 가겠습니까?" 하고 말하였다. 세상에서 일을 피해 교묘하게 면하는 사람이여, 참으로 '박쥐의 일'이라 하겠구나.

① 화자의 말을 통해 대상을 조소하고 있다.
② 일화를 통해 대상의 성격을 드러내고 있다.
③ 반어적 표현을 통해 대상을 비판하고 있다.
④ 우화적 설정을 통해 대상을 인격화하고 있다.

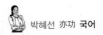

14. (가)와 (나)의 표현상 특징을 이해한 것으로 적절하지 않은 것은?

2020 국가직 7급

(가) 한국 아이스하키가 북한을 제압, 동메달을 추가했다. 한국 팀은 13일 쓰키사무 실내 링크에서 벌어진 동계 아시안게임 아이스하키 최종 경기에서 북한을 6 대 5로 제치고 1승 2패를 마크, 일본 중국에 이어 3위에 입상했다. 당초 열세가 예상됐던 한국 팀은 이날 필승의 정신력으로 똘똘 뭉쳐 1피리어드 초반부터 파상적인 공격을 펴던 중 3분쯤 첫 골을 성공시키면서 기세를 높였다.

(나) 아이스하키 남북 대결에서 한국이 예상을 뒤엎고 6 대 5로 승리, 동계 아시안게임 동메달을 획득했다. 한국 팀은 13일 삿포로 쓰키사무 실내 링크에서 열린 북한 팀과의 경기에서 초반 수비 치중에 기습 공격 작전이 적중하면서 승세를 타기 시작, 한 차례의 동점도 허용하지 않고 경기를 끝냈다. 한국 팀은 이로써 북한 팀과의 대표 대결에서 3승 1패로 앞섰다.

① (가)는 '제압', (나)는 '승리'라는 말을 사용한 것으로 보아 (나)는 (가)보다 경기 결과를 객관적인 태도로 표현했어.

② (가)는 '필승의 정신력으로 똘똘 뭉쳐', (나)는 '수비 치중에 기습 공격 작전이 적중하면서'라는 말을 사용한 것으로 보아 (가)는 (나)보다 선수들의 의욕을 강조했어.

③ (가)는 '당초 열세가 예상됐던', (나)는 '예상을 뒤엎고'라는 말을 사용한 것으로 보아 (가)와 (나) 모두 경기 전에 한국 팀의 실력이 북한 팀의 실력보다 낮게 평가되었음을 표현했어.

④ (가)는 '3위에 입상했다', (나)는 '동메달을 획득했다'라는 말을 사용한 것으로 보아 (가)와 (나) 모두 아쉬운 경기 결과였음을 강조했어.

15. ㉠과 ㉡에 대한 진술 방식으로 적절하지 않은 것은?

2020 지방직 7급

㉠예술의 본질은 무엇인가를 표현하는 것이다. 이 말은 예술이 ㉡과학과 마찬가지로 일종의 설명적 기능을 하고 있다는 것이다. 예술가는 자신의 언어를 통해서 대상에 대한 자신의 생각이나 느낌을 전달한다. 특히 낭만적인 예술가들은 예술의 기능을 본질적으로 표현에 있다고 보고, 예술의 기능이 과학의 기능과 질적으로 다르지 않다고 하였다. 과학이나 예술은 다 같이 우리들이 경험하고 있는 사물 현상에 질서를 주는 방법이라는 것이다. 과학이나 예술의 목적이 진리를 밝히는 데 있으며, 그들의 언어가 갖는 의미는 그 언어가 가리키는 지시 대상에서 찾아진다는 것이다.

그러나 예술의 언어가 과학의 언어처럼 지시적 기능을 갖고 있다는 사실은 예술에 대한 오해에서 비롯된 것이다. 다빈치의 「모나리자」는 모나리자라는 여인을 모델로 했다고 하더라도, 그러한 인물을 지시하고 표현했기 때문에 예술이 되는 것은 아니다. 이 예술 작품은 실재 인물과 상관없이 표현의 결과물로서 존재한다. 이처럼 예술 작품은 의미를 갖는 언어 뭉치로서 존재하는 것이다. 예술이 '말할 수 없는 것을 말하는 것'이라는 견해도 여기에서 비롯된다.

① ㉠에 대한 예시를 들고 있다.
② ㉠에 대한 개념을 밝히고 있다.
③ ㉠과 ㉡의 공통점을 기술하고 있다.
④ ㉠과 ㉡을 인과적으로 분석하고 있다.

08 Chapter 중심 화제, 주제, 제목 찾기

대표 출좋포 발문 체크

01 다음에서 제시한 다음 글의 제목으로 가장 적절한 것은?

출좋포 정리하기 중심 화제, 주제, 제목 찾기

관련교재 ② 출좋포 독해 p. 102

❶ 중심 화제를 찾기

1. 가장 많이 ❶_____.

2. ❷_____를 내림

3. 따옴표 (❸____, ❹____)

4. ❺_____

❷ 중심 화제의 중요 정보

1. 문단의 중심 문장을 찾아야 한다.
   ('❻_____, ❼_____'의 역접 부사.
   '❽_____, ❾_____'의 전환 부사,
   '❿_____, ⓫_____, ⓬_____, 즉, ⓭_____'의
   환언 부사
   '⓮_____, ⓯_____, ⓰_____'의 결과 부사)

2. 짧은 제시문의 경우에는 앞부분에 중심 화제가 제시되는 경우가 많다.

3. 2문용을 모두 포괄하는 제목으로 골라야 한다.

4. 너무 구체적인 예시, 꾸미는 말보다는 일반적인 설명이 더 중요하다.

❸ 출제자가 오답 선택지를 만드는 방법

1. 화제를 지나치게 넓게 ⓱_____하는 단어 넣기

2. 화제의 여러 측면 중에서 ⓲_____에 해당하는 단어 넣기
   화제보다 ⓳_____하거나 ⓴_____적인 단어를 넣기

3. 화제의 다른 ㉑_____의 단어 넣기

4. 제시문과 ㉒_____ 내용의 그럴듯한 단어 넣기

5. 1, 2문단 중에서 ㉓_____에만 나온 내용의 단어 넣기

Answer

❶ 반복 ❷ 정의 ❸ ' ❹ ' ❺ 문제제기 ❻ 그러나 ❼ 하지만 ❽ 그런데
❾ 한편 ❿ 이처럼 ⓫ 이렇게 ⓬ 다시 말하면 ⓭ 이와 같이 ⓮ 따라서
⓯ 그래서 ⓰ 그러므로 ⓱ 포괄 ⓲ 일부 ⓳ 특수 ⓴ 구체 ㉑ 초점
㉒ 일치되지 않는 ㉓ 1문단 혹은 2문단

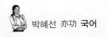
01. 다음 기사의 주장을 가장 잘 표현한 것은?

2023 군무원 7급

> 은폐가 쉬운 가정 내 아동학대에 대응하기 위해 만들어진 아동학대처벌법이 학교에도 일괄 적용되면서 교사가 학생의 문제행동을 지적하거나 제지하는 일까지 아동학대로 신고하는 일이 잦아졌다는 것이다. 아동학대 신고만으로도 학교장 판단에 따라 직위해제나 담임 교체 조치를 당하거나 경찰 조사를 받아야 하고, 이는 교사들의 사기 저하와 생활지도 포기로 이어진다.

① 교사들의 강압적 태도가 야기한 문제점
② 교사들의 교직 만족도 하락의 원인
③ 교사들의 직권남용과 교직 태만의 원인
④ 교사들의 아동학대에 대한 실태

02. 아래의 글을 읽고 '한국 정원의 특징'을 표현한 것으로 가장 적절한 말은?

2023 군무원 7급

> 중국의 4대 정원을 보면, 이화원과 피서산장은 정원이 아니라 거대한 공원이라는 표현이 더 맞다. 졸정원과 유원은 사가(私家)의 정원으로서 평평한 대지에 담을 치고 그 안에 자연을 인공적으로 재현한 것으로 특유의 웅장함과 기이함이 있다. 그러나 창덕궁 후원과 같은 그윽한 맛은 찾아볼 수 없다.
>
> 일본에서는 교토의 천황가에서 지은 가쓰라 이궁(桂離宮, 가쓰라리큐)과 지천회유식 정원인 천룡사(천룡사, 덴류지), 석정(石庭)으로 유명한 용안사(龍安寺, 료안지) 같은 사찰 정원이 명원으로 꼽힌다. 이곳들은 인공의 정교로움과 아기자기한 디테일을 자랑하고, 거기에다 무사도(武士道), 다도(茶道), 선(禪)의 이미지를 구현한 독특한 미학이 있다. 그러나 일본의 정원은 자연을 다듬어서 꾸민 조원(造園)으로 정원의 콘셉트 자체가 다르고 우리 같은 자연적인 맛이 없다.

> 중국과 일본의 정원도 자연과의 어우러짐을 중시했다. 그런 정원을 원림(園林)이라고 부른다. 원림을 경영하는 데에는 울타리 바깥의 자연 경관을 정원으로 끌어들이는 차경(借景)이 중요한 요소로 작용한다. 그러나 우리 원림에서는 자연 경관을 빌려오는 차경 정도가 아니라 자연 경관 자체가 정원의 뼈대를 이룬다. 인공적인 조원이 아니라 자연 경관을 경영하는 것이다. 산자락과 계곡이 즐비한 자연 지형에서 나온 우리만의 독특한 정원 형식이다.
>
> 한국의 이러한 전통 정원을 두고 우리나라의 한 건축학자는 "자연을 해석하고 적극적인 경관으로 건축화한 것"이라고 설명하였으며, 우리나라를 방문한 프랑스 건축가 협회 회장 로랑 살로몽은 "한국의 전통 건축물은 단순한 건축물이 아니라 자연이고 풍경이다. 인위적으로 세운 것이 아니라 자연 위에 그냥 얹혀 있는 느낌이다. 그런 점에서 한국의 전통 건축은 미학적 완성도가 아주 높다고 생각한다."라고 우리나라 전통 정원의 특징을 설명하였다.

① 자연과 인공의 조화(調和)
② 자연 경관의 경영(經營)
③ 자연의 차경(借景)
④ 자연의 재현(再現)

03. 다음 중 위 글의 제목으로 가장 적절한 것은?

2023 군무원 9급

2016년 3월을 생생히 기억한다. 알파고가 사람을 이겼다. 알파고가 뭔가 세상에 파란을 불러일으키지 않을까, 라고 상상하고 있던 시기였다. 이른바 '알파고 모멘텀' 이후 에이아이(AI) 산업은 발전했지만, 기대만큼 성장했다고 보긴 어렵다. 킬러 애플리케이션(Killer Application)이 나오지 않았기 때문이다. 에이아이(AI) 챗봇이 상용화됐지만, 알파고가 줬던 놀라움만큼은 아니다.

2022년 11월 또 다른 모멘텀이 등장했다. 오픈 에이아이(OpenAI)의 챗지피티(ChatGPT)다. 지금은 1억 명 이상이 챗지피티를 사용하고 있다. '챗지피티 모멘텀'이라고 불릴 만하다. 챗지피티가 알파고와 다른 점은 대중성이다. TV를 통해 알파고를 접했다면, 챗지피티는 내가 직접 체험할 수 있다.

많은 사람이 챗지피티는 모든 산업에 지각변동을 불러일으킬 것으로 기대한다. 챗지피티는 그 자체로 킬러 애플리케이션이다. 챗지피티는 알려진 바와 같이 2021년 9월까지 데이터만으로 학습했다. 그 이후 정보는 반영이 안 됐다. 챗지피티만으로는 우리가 원하는 답변을 얻기 힘들 수 있다. 오픈 에이아이는 챗지피티를 왜 이렇게 만들었을까?

챗지피티는 '언어 모델'이다. '지식 모델'은 아니다. 챗지피티는 정보를 종합하고 추론하는 능력은 매우 우수하지만, 최신 지식은 부족하다. 세상 물정은 모르지만, 매우 똑똑한 친구다. 이 친구에게 나도 이해하기 어려운 최신 논문을 주고, 해석을 부탁해 볼 수 있지 않을까? 챗지피티에 최신 정보를 전달하고, 챗지피티가 제대로 답변하도록 지시하는 일은 중요하다. 다양한 산업에 챗지피티를 적용하기 위해서도 그렇다. 챗지피티가 추론할 정보를 찾아 오는 시맨틱 검색(Semantic Search), 정확한 지시를 하는 프롬프트 엔지니어링(Prompt Engineering), 모든 과정을 조율하는 오케스트레이터(Orchestrator), 챗지피티와 같은 대형 언어 모델 (Large Language Model)을 필요에 맞게 튜닝하는 일 등 서비스 영역에서 새로운 사업 기회를 찾을 수 있다.

챗지피티와 같은 대형 언어 모델 기반의 에이아이 산업 생태계는 크게 세 개다. 첫째, 오픈에이아이, 마이크로소프트, 구글과 같이 대형 언어 모델 자체를 제공하는 원천기술 기업, 둘째, 대형 언어 모델이 고객 요청에 맞게 작동하도록 개선하는 서비스기업,

셋째, 특정 도메인에서 애플리케이션을제공하는 기업이다. 현재 대형 언어 모델을 만드는빅테크 기업들이 주목받고 있지만, 실리콘밸리에서는 스케일에이아이(ScaleAI), 디스틸에이아이(Distyl AI), 퀀티파이(Quantiphi) 등 서비스기업들이 부상 중이다. 실제 업무에 활용하기엔원천기술만으로는 부족하기 때문이다. 엘지씨엔에스(LG CNS)도 서비스 기업이다. 우리나라에서도 많은 서비스 기업이 나와서 함께 국가 경쟁력을 높여 나가기를 기대해 본다.

① 챗지피티, 이제 서비스다
② 알파고 모멘텀, 그 끝은 어디인가?
③ 챗지피티야말로 킬러 애플리케이션이다
④ 대형 언어 모델 자체를 제공하는 빅테크기업에 주목하라

04. 다음 글의 제목으로 가장 적절한 것은?

2022 군무원 7급

경제 주체들은 시장을 통해 필요한 재화를 얻거나 제공하며, 재화가 자신들에게 유리하게 배분되도록 노력한다. 그러나 시장을 통한 재화의 배분이 어렵거나 시장 자체가 존재하지 않는 경우도 있다. 이때, 시장 제도를 적절히 설계하면 경제 주체들의 이익을 최대한 충족시키면서 재화를 효율적으로 배분할 수 있는데, 이를 '시장 설계'라고 한다. 시장 설계의 방법은 양방향 매칭과 단방향 매칭이 있다. 양방향 매칭은 두 집합의 경제 주체들을 서로에 대해 갖고 있는 선호도를 최대한 배려하여 쌍으로 맺어주는 것이다. 그리고 단방향 매칭은 경제 주체들이 지니고 있는 재화를 재분배하여 더 선호하는 재화를 선택할 수 있는 방법을 찾는 것이다. 결국 양방향 매칭은 경제 주체들 간의 매칭을, 단방향 매칭은 경제 주체에게 재화를 배분하는 매칭을 찾는 것이라고 할 수 있다.

① 시장 설계와 방법　　② 재화 배분과 방법
③ 매칭의 선택과 방법　　④ 경제 주체와 매칭

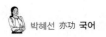

05. 다음 글의 중심 내용으로 가장 옳은 것은?

2021 군무원 9급

이제 우리는 세계의 변방이 아니다. 세계화는 점점 더, 과거와는 분명 다르게 우리가 주목과 관심의 대상이 되는 방향으로 진행되고 있다. 이제 한국은 더 이상 '작은 나라'라고만 생각하지 않게 되었다. 한국인의 예술성을 세계에서 인정하고 있는 지금 이 시기에 가장 중요한 것은 무엇일까? 그 무엇보다 시급한 것이 바로 '전략'이다. 지금이야말로 세계 시장에 우리의 예술을 알릴 수 있는 기회가 왔고, 우리만의 전략이 필요한 시기가 왔다.

한국인의 끼는 각별하다. 신바람, 신명풀이가 문화유전자로 등록되어 있는 민족이다. 게다가 신이 나면 어깨춤 덩실덩실 추던 그 어깨 너머로 쓱 보고도 뚝딱 뭔가 만들어낼 줄 아는 재주와 감각도 있고, 문화선진국의 전문가들도 감탄하는 섬세한 재능과 디테일한 예술적 취향도 있다. 문화예술의 시대를 맞은 오늘날, 우리가 먹거리로 삼을 수 있고 상품화할 수 있는 바탕들이 다 갖추어진 유전자들이다. 선진이 선진이고 후진이 후진이면 역사는 바뀌지 않는다. 선진이 후진 되고 후진이 선진 될 때 시대가 바뀌고 새로운 역사가 시작되는 법이다. 우리 앞에 그런 전환점이 놓여 있다.

① 주어진 현실에 안주하는 실리감각
② 다가오는 미래에 대한 희망찬 포부
③ 냉엄한 국제질서에 따른 각박한 삶
④ 사라져 가는 미풍양속에 대한 아쉬움

06. 다음 글의 제목으로 가장 적절한 것은?

2021 군무원 7급

박목월 시인이 1959년에 쓴 작품이다. 그때 한국의 1인당 국민소득은 81달러였고 한국사회는 전반적으로 가난했다. 시인은 협소한 방에서 밤이 깊도록 글을 쓴다. 원고료를 벌기 위해 의무적으로 쓰는 글이다. 용변을 보려고 복도를 지나는데 단칸방에 옹기종기 모여 잠을 자고 있는 식구들이 보인다. 그들의 잠은 깊고 평화롭지만 어딘지 서글퍼 보인다. 난방이 제대로 안 된 방에서 잠자는 어린것들의 발이 "포름쪽쪽"하게 얼어 있다. 이 말에 아버지의 연민이 담겨 있다. 자신도 "눈과 얼음의 길을 걸어" 여기까지 왔다고 말한다. 가족들을 위해 생활에 몸을 굽히고 굴욕을 감내하는, 그러면서도 미소를 지을 수밖에 없는 아버지의 모습을 솔직하게 표현했다. 그러면서도 자신의 감정을 과장되게 드러내지 않았다. 자연이 시의 주제가 되는 것은 흔한 일이지만 가난이 시의 주제가 되는 것은 드문 일이다. 박목월은 가난을 인간적 훈기로 감싸 안으면서 연민의 어조를 통해 시인의 격조가 어떠해야 하는지를 보여주었다.

① 시인의 진심과 격조
② 자연의 시와 가난의 시
③ 가난이 주는 굴욕감
④ 연민과 평화의 정신

07. 다음 글의 제목으로 적절한 것은?　　　2021 국회직 8급

철로 옆으로 이사를 가면 처음 며칠 밤은 기차가 지나갈 때마다 잠에서 깨지만 시간이 흘러 기차 소리에 친숙해지면 그러지 않는다. 왜 그럴까? 귀에서 포착한 소리 정보가 뇌에 전달되는 과정에서 물리학적인 음파의 속성은 서서히 의미를 가진 정보로 바뀐다. 이 과정에서 감정을 담당하는 변연계에도 정보가 전달되어 모든 소리는 의식적이든 무의식적이든 감정을 유발한다. 또 소리 정보 전달 과정은 기억 중추에도 연결되어 있어서 현재 들리는 모든 소리는 기억된 소리와 비교된다. 친숙하며 해가 없는 것으로 기억되어 있는 소리는 우리의 의식에 거의 도달하지 않는다. 그래서 이미 익숙해진 기차 소음은 뇌에 전달은 되지만 의미없는 자극으로 무시된다. 동물들은 생존하려면 자기에게 중요한 소리를 들을 수 있어야 한다. 특히 즉각적인 반응을 보여야 하는 경우에는 더욱 그렇다. 그래서 동물들은 자신의 천적이나 먹이 또는 짝짓기 상대방이 내는 소리는 매우 잘 듣는다. 사람도 같은 방식으로 반응한다. 아무리 시끄러운 소리에도 잠에서 깨지 않는 사람이라도 자기 아기의 울음소리에는 금방 깬다. 이는 인간이 소리를 듣는다는 것은 외부의 소리가 귀에 전달되는 것을 그대로 듣는 수동적인 과정이 아니라 소리가 뇌에서 재해석되는 과정임을 의미한다. 자기 집을 청소할 때 들리는 청소기의 소음은 견디지만 옆집 청소기소음은 참기 어려운 것도 그 때문이다.

① 소리의 선택적 지각
② 소리 자극의 이동 경로
③ 소리의 감정 유발 기능
④ 인간의 뇌와 소리와의 관계
⑤ 동물과 인간의 소리 인식 과정 비교

08. 다음은 오늘날의 커뮤니케이션의 특수한 방식에 대하여 쓴 글이다. 해당 방식의 구체적인 내용이 분명하게 드러나는 제목을 붙이고자 할 때, 다음 중 가장 적절한 것은?　　　2017 기상직 9급

오늘날의 커뮤니케이션은 꽤 세련된 방식으로 이루어진다. 안부를 묻는 것도, 새해 인사도, 정치적 의견을 피력하는 것도, 물건을 사는 것도, 합격이나 불합격, 해고 통지도 모두 온라인으로 해결한다. 사람 얼굴이 보이지 않으니 행동이나 표정을 살필 일도 없고, 목소리도 들을 수 없으니 그 미묘한 마음의 디테일 역시 읽을 일이 없다. 그런 커뮤니케이션에서는 감정의 낭비가 없다. 이모티콘으로 최소한의 감정을 전달하지만 그런 문자 감정 기호는 지나치게 과장되거나 축소돼 진실성이 결여돼 있다. 그런 모든 감정 기호는 사실은 위안과 안심의 기호다. 문자 기호 커뮤니케이션에서는 격앙된 감정을 자제한다.

화를 내거나 우울한 기분을 전하는 기호조차 귀엽게 포장된다. 정말 화를 내고 싶으면 이모티콘이 아니라 욕을 써 버리면 되지만 온라인 커뮤니케이션에서 가장 금기시되는 것은 세련되지 못한 감정을 드러내는 것이므로 비난을 면하기 어렵다. 사실 진짜 욕, 진짜 화, 진짜 슬픔, 진짜 불안을 기호화한 이모티콘은 아직 보지 못했다. 따라서 조금씩 다른 그 모든 감정 기호는 사실 '좋아요'의 아류일 뿐이다. 온라인 커뮤니케이션의 두드러진 특징은 기억된다는 것이 아니라 기록된다는 것이다. 문자 기호의 커뮤니케이션은 소리 기호의 커뮤니케이션보다 더 큰 책임이 따르며, 따라서 절제와 세련됨을 요구한다.

① 오늘날의 커뮤니케이션
② 이모티콘의 의미와 기능
③ 위안과 안심의 감정 기호
④ 감정을 감추는 세련된 기호

09 Chapter 중심 내용 찾기

정답 및 해설 p. 396

대표 출좋포 발문 체크

01 다음 글의 결론으로 가장 적절한 것은?

02 다음 글에서 결론적으로 주장하는 바로 가장 적절한 것은?

03 〈보기〉에서 말하고자 하는 바로 가장 적절한 것은?

04 다음 발화에 나타난 주장으로 가장 적절한 것은?

출좋포 적용 중심 내용 찾기

 관련교재 21 출좋포 독해 p. 114

1. (가)~(라)의 중심 내용을 찾는 문제가 나오는 경우에는 (가)를 읽고 선택지 ①을 판단하고 (나)를 읽고 ②를 판단하는 순서로 문제를 풀어야 한다.

2. 중심 화제가 중심 내용 안에 그대로 포함되거나, 다른 말로 바뀌어 표현될 수 있다.
   중심 화제는 주로 정의를 내리는 대상이거나 따옴표가 찍혀 있거나 많이 등장하는 말이다.

3. 제시문에서 의문을 제기하는 경우에는 그에 대한 답변이 중심 내용이 될 수 있다.

4. 2문단일 경우 두 번째 문단에 '그러나, 하지만'이 나오면 두 번째 문단에 중심 내용이 나올 확률이 크다.

5. 지엽적이거나 세부적인 내용이 아니라 글 전체를 포괄하는 내용이 중심 내용이 된다.

대표 亦功 기출

제3편 독해 CH.09 중심 내용 찾기

01. 다음은 〈보기〉에 제시된 글의 핵심 내용을 정리한 것이다. 가장 잘 이해한 것은?

2023 군무원 7급

─〈 보기 〉─

'무엇인가', '어떠한 것인가'라는 물음에 대응하는 내용이 '질'이고 '어느 정도'라는 물음에 대응하는 내용이 '양'이다. '책상이란 무엇인가' 또는 '책상이 어떠한 것인가'를 알기 위해 사전에서 '책상'을 찾으면, "책을 읽거나 글을 쓰는 상"으로 나와 있다. 이것이 책상을 의자와 찬장 및 그 밖의 유사한 사물들과 구분해 주는 책상의 '질'이다. 예를 들어 "이 책상의 높이는 어느 정도인가?" 라고 물으면 "70cm이다"라고 답한다. 이 때 말한 '70cm'가 바로 '양'이다. 그런데 책상의 높이는 70cm가 60cm로 되거나 40cm로 된다고 하더라도 그것이 책상임에는 변함이 없다. 성인용 책상에서 아동용 책상으로, 의자달린 책상에서 앉은뱅이 책상으로 바뀐다고 하더라도 그것이 '책을 읽거나 글을 쓰는 상'으로서의 기능은 수행할 수 있기 때문이다. 그러나 책상의 높이를 일정한 한도가 넘는 수준, 예컨대 70cm를 1cm로 낮추어 버리면 그 책상은 나무판에 가까운 것으로 변하여 책상의 기능을 수행할 수 없게 되어 더 이상 책상이라 할 수 없게 될 것이다.

① 양의 변화는 질의 변화를 초래하고 질의 변화는 양의 변화를 이끈다.
② 양의 변화가 누적되면 질의 변화가 일어나므로 양의 변화는 변화된 양만큼 질의 변화를 이끈다.
③ 양의 변화는 일정한 한도 내에서 질의 변화를 이끌지 못하지만 어느 한도를 넘으면 질의 변화를 초래한다.
④ 양의 변화든 질의 변화든 변화는 모두 본래의 상태로 환원되는 과정이기 때문에 두 변화는 본질적으로 동일하다.

02. 다음 글의 주제로 가장 적절한 것은?

2022 지방직 9급

예전에 '혐오'는 대중에게 관심을 끄는 말이 아니었지만, 요즘에는 익숙하게 듣는 말이 되었다. 이는 과거에 혐오가 존재하지 않았다는 말이 아니다. 단지 최근 몇 년 사이에 이 문제가 폭발하듯 가시화되었다는 뜻이다. 혐오 현상은 외계에서 뚝 떨어진 괴물이 만들어 낸 것이 아니라, 거기엔 자체의 역사와 사회적 배경이 반드시 선행한다.

이 문제를 바라볼 때 주의 사항이 있다. 혐오나 증오라는 특정 감정에 집착해선 안 된다는 것이다. 혐오가 주제인데 거기에 집중하지 말라니, 얼핏 이율배반처럼 들리지만 이는 매우 중요한 포인트다. 왜 혐오가 나쁘냐고 물어보면 많은 사람들은 이렇게 답한다. "나쁜 감정이니까 나쁘다.", "약자와 소수자를 차별하게 만드니까 나쁘다." 이 대답들은 분명 선량한 마음에서 나온 것이다. 하지만 문제의 성격을 오인하게 만들 수 있다. 혐오나 증오라는 감정에 집중할수록 우린 '달을 가리키는 손가락만 바라보는' 잘못을 범하기 쉬워진다.

인과관계를 혼동하면 곤란하다. 우리가 문제시하고 있는 각종 혐오는 자연 발생한 게 아니라 사회적으로 형성된 감정이다. 사회문제의 기원이나 원인이 아니라, 발현이며 결과다. 더 정확히 말하자면 혐오는 증상이다. 증상을 관찰하는 일은 중요하지만 거기에만 매몰되면 곤란하다. 우리는 혐오나 증오 그 자체를 사회악으로 지목해 도덕적으로 지탄하는 데서 그치지 말아야 한다.

① 혐오 현상에는 인과관계가 존재하지 않는다.
② 혐오 현상은 선량한 마음으로 바라보아야 한다.
③ 혐오 현상을 만들어 내는 근본 원인을 찾아야 한다.
④ 혐오라는 감정에 집중할수록 사회문제는 잘 보인다.

03. 다음 글의 결론으로 가장 적절한 것은? 2021 지방직 9급

인공지능(AI)은 비즈니스 패러다임을 획기적으로 바꾸고 있다. 인공지능은 생물학 분야에도 광범위하게 영향을 미칠 것이며, 애완동물이 인공지능(AI)으로 대체될 수도 있을 것이다. 인공지능(AI)은 스스로 수학도 풀고 글도 쓰고 바둑을 두며 사람을 이길 수도 있다. 어느 영화에서처럼 실제로 인간관계를 대신할 수도 있다. 인공지능(AI)은 배우면서 성장할 수도 있다. 인공지능(AI)이 사람보다 똑똑해질 수 있을지도 모른다.

인공지능(AI)이 사람보다 똑똑해질 수 있는지는 차치하고, 인공지능(AI)이 사람을 게으르게 만들 수도 있지 않을까? 이 게으름은 우리의 건강과 행복, 그리고 일상생활의 패턴을 바꿔 놓을 수도 있다.

인공지능(AI)이 앱을 통해 좀 더 편리한 삶을 제공하여 사람의 뇌를 어떻게 바꾸는지를 일상에서 보여 주는 대표적 사례가 바로 GPS다. 불과 몇 년 전만 해도 지도를 보고 스스로 거리를 가늠하고 도착 시간을 계산했던 운전자들은 이 내비게이션의 등장으로 어디에서 어떻게 가라는 기계 속 음성에 전적으로 의존하기 시작했다. 예전의 방식으로도 충분히 잘 찾아가던 길에서조차 습관적으로 내비게이션을 켠다. 이것이 없으면 자주 다니던 길도 제대로 찾지 못하고 멀쩡한 어른도 길을 잃는다.

이와 같이 기계에 의존해서 인간이 살아가는 사례는 오늘날 우리의 두뇌가 게을러진 것을 보여 주는 여러 사례 가운데 하나일 뿐이다. 삶을 더 편하게 해 준다며 지름길을 제시하는 도구들이 도리어 우리의 기억력과 창조력을 퇴보시키고 있다. 인간을 태만하고 나태하게 만들어 뇌의 가장 뛰어난 영역인 상상력을 활용하지 않도록 만드는 것이다.

① 인간의 인공지능(AI)에 대한 독립성은 지속적으로 증가하게 될 것이다.
② 인공지능(AI)으로 인해 인간의 두뇌가 게을러지는 부작용이 발생하게 될 것이다.
③ 인공지능(AI)은 인간을 능가하는 사고력을 가질 것이다.
④ 인공지능(AI)은 궁극적으로 상상력을 가지게 될 것이다.

04. 다음 발화에 나타난 주장으로 가장 적절한 것은?

2020 지방직 7급

신어(新語)에 대해 말할 때, 보통 유행어나 비속어, 은어와 같은 한정된 대상을 떠올리는 경우가 많습니다. 그런데 신어 연구의 대상은 특정한 범주의 언어, 소수 집단의 언어에 한정되지 않습니다. 어려운 전문 용어는 의사소통의 효율성이나 교육적 목적을 위해 순화된 신어로 대체할 필요가 있는데, 특히, 상당수의 전문 용어는 신어에 대한 정책적인 고려가 필요해 보입니다. 예를 들어 '좌창(痤瘡)'이라는 의학 용어를 대체한 '여드름'은 일상생활뿐만 아니라 전문 분야에서도 신어로 자리를 잡았습니다. 이와 같은 신어는 전문 용어의 순화에도 일정한 역할을 하고 있습니다. 이는 신어 연구가 단지 새로운 어휘와 몇 가지 주제를 나열하는 연구를 넘어서 한국어 조어론 전반에 대한 연구로 확장되어야 하는 이유이기도 합니다. 이러한 신어의 영역은 대중이 생산하는 '자연 발생적 신어'의 영역과 더불어 '인위적인 신어'의 영역으로 논의되어야 합니다.

① 신어에서 비속어나 은어가 빠져야 한다.
② 신어는 연구 대상과 영역을 확장해야 한다.
③ 자연 발생적인 신어에 대한 정책적 고려가 필요하다.
④ 신어는 의사소통의 효율성을 위해 그 범주를 특정해야 한다.

05. 다음 글에서 결론적으로 주장하는 바로 가장 적절한 것은?

2019 지방직 7급

사회 관계망 서비스(SNS)는 개인의 알 권리를 충족하거나 사회적 정의 실현을 위해 생각과 정보를 공유할 수 있도록 돕는다는 면에서 긍정적인 가치를 인정받는다. 그러나 도덕적 응징이라는 미명하에 개인의 신상 정보를 무차별적으로 공개하는 범법 행위가 확산되면서 심각한 사회 문제가 일고 있는 것이 사실이다. 법적 처벌이 어렵다면 도덕적으로 응징해서라도 죄를 물어야 한다는 누리꾼들의 요구가, '모욕죄'나 '사이버 명예 훼손죄' 등으로 처벌될 수 있는 범죄 행위 수준의 과도한 행동으로 이어지는 경우를 우려해야 하는 상황인 것이다.

특히 사회적 비난이 집중된 사건의 경우, 공익을 위한다는 생각으로 사건의 사실 여부를 제대로 확인하지도 않은 채 개인 신상 정보부터 무분별하게 유출하는 행위가 끊이지 않고 있어 문제의 심각성이 커지고 있다. 그로 인해 개인의 사생활 침해와 인격 훼손은 물론, 개인 정보가 범죄에 악용되는 부작용이 발생하고 있다. 따라서 사회 관계망 서비스를 이용하여 정보를 공유할 때에는, 개인의 사생활을 침해하거나 인격을 훼손하는 정보를 유출하는 것은 아닌지 각별한 주의를 기울일 필요가 있다.

① 정보 공유를 통해 사회 정의를 실현할 수 있다.
② 정보 유출로 공공의 이익이 훼손되는 경우는 없다.
③ 공유된 정보는 사실 관계를 확인할 수 있어야 한다.
④ 정보 공유 과정에서 개인의 인권이 침해당해서는 안 된다.

06. 다음 글의 주제로 가장 적절한 것은?

2019 경찰 1차

옛 학자는 반드시 스승이 있었으니, 스승이라 하는 것은 도(道)를 전하고 학업(學業)을 주고 의혹을 풀어 주기 위한 것이다. 사람이 나면서부터 아는 것이 아닐진대 누가 능히 의혹이 없을 수 있으리오. 의혹하면서 스승을 따르지 않는다면 그 의혹된 것은 끝내 풀리지 않는다. 나보다 먼저 나서 그 도(道)를 듣기를 진실로 나보다 먼저라면 내 좇아서 이를 스승으로 할 것이요, 나보다 뒤에 났다 하더라도 그 도(道)를 듣기를 또한 나보다 먼저라고 하면 내 좇아서 이를 스승으로 할 것이다. 나는 도(道)를 스승으로 하거니, 어찌 그 나이의 나보다 먼저 나고 뒤에 남을 개의(介意)하랴! 이렇기 때문에 귀한 것도 없고 천한 것도 없으며, 나이 많은 것도 없고 적은 것도 없는 것이요, 도(道)가 있는 곳이 스승이 있는 곳이다.

① 스승은 도(道)를 전하고 의혹을 풀어 주는 사람이다.
② 도(道)가 있는 사람이면 나이에 관계없이 스승으로 삼을 수 있다.
③ 의혹되는 바가 있으면 스승을 좇아서 그 의혹된 것을 풀어야 한다.
④ 나보다 먼저 난 이가 도(道)를 듣지 못했다면 그는 생이지지자(生而知之者)가 아니다.

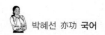
07. 다음 글의 필자가 말하고자 하는 바로 가장 적절한 것은?

2016 기상직 9급

언어 기호는 과연 의미를 제대로 전달하는 수단일까? 이런 의문을 처음 제기한 사람은 프랑스의 구조 언어학자인 소쉬르다. 그는 기호를 의미하는 것(기표, signifiant)과 의미되는 것(기의, sifinfiè)으로 구분하고, 양자의 관계가 생각하는 것처럼 그렇게 필연적이지 않다고 주장한다. 언어 기호가 지시 대상을 가리킨다고 보는 전통적인 관점을 뒤집은 것이다. 나무라는 말이 나무를 가리키고 바위라는 말이 바위를 가리키는 것은 당연한데, 대체 소쉬르는 무슨 말을 하는 걸까? 그는 스피노자의 말을 빌려 "개는 짖어도 개라는 낱말은 짖지 않는다."고 말한다. 그의 말은 마당에서 뛰노는 실제의 개(기의)를 개라는 이름(기표)으로 불러야 할 필연적인 이유가 없다는 뜻이다. 개를 소나 닭으로 바꿔 불러도 아무런 상관이 없다.

그렇다면 개를 개라고 부르게 된 이유는 무엇일까? 사실 그런 이유는 없다. 그것은 순전한 우연이다. 개를 개라고 부르는 것은 개라는 낱말이 지시하는 대상, 즉 실제 개와 관계가 있는 게 아니라 단지 언어 체계에서 정해진 약속일 따름이다. 여기서 소쉬르는 '차이'라는 중요한 개념을 끄집어낸다. 개는 소나 닭이 아니기 때문에 개인 것이다. 차이란 실체가 아니라 관계를 나타내는 용어다. 따라서 중요한 것은 실체적 사고가 아니라 관계적 사고이다. 기호의 의미를 결정하는 것은 실체가 아니라 다른 기호들과의 관계(차이)다. 그런데 관계는 실체에 가려 눈에 잘 띄지 않는다. 우리는 실체적 사고에 익숙하기 때문에 실체의 배후에 숨은 관계를 포착하지 못한다. 기호를 실체로 간주하면 기호와 지시 대상을 무의식적으로 일체화하기 때문에 그 기호의 본래 의미를 알려주는 맥락을 놓치게 되며, 이른바 '행간의 의미'를 이해하지 못하게 된다.

① 기호를 해석할 때에는 기호 자체보다는 기호를 둘러싼 맥락을 파악해야 한다.
② 어떤 단어가 기의는 같지만 기표가 다른 경우는 언어학적으로 있을 수 없다.
③ 기의와 기표가 자의적인 관계에 있다는 전통적 주장은 수정되어야 한다.
④ 행간의 의미를 이해하기 위해서는 무의식적으로 실체적 사고가 작동되어야 한다.

08. 다음 글의 중심 내용으로 가장 적절한 것은?

2016 지방직 9급

영어에서 위기를 뜻하는 단어 'crisis'의 어원은 '분리하다'라는 뜻의 그리스어 '크리네인(Krinein)'이다. 크리네인은 본래 회복과 죽음의 분기점이 되는 병세의 변화를 가리키는 의학 용어로 사용되었는데, 서양인들은 위기에 어떻게 대응하느냐에 따라 결과가 달라진다고 보았다. 상황에 위축되지 않고 침착하게 위기의 원인을 분석하여 사리에 맞는 해결 방안을 찾을 수 있다면 긍정적 결과가 나올 수 있다는 것이다. 한편, 동양에서는 위기(危機)를 '위험(危險)'과 '기회(機會)'가 합쳐진 것으로 해석하여, 위기를 통해 새로운 기회를 모색하라고 한다. 동양인들 또한 상황을 바라보는 관점에 따라 위기가 기회로 변모될 수도 있다고 본 것이다.

① 위기가 아예 다가오지 못하게 미리 대처해야 한다.
② 위기 상황을 냉정하게 판단하고 긍정적으로 받아들인다.
③ 위기가 지나갔다고 해서 반드시 기회가 오는 것은 아니다.
④ 욕심에서 비롯된 위기를 통해 자신의 상황을 되돌아봐야 한다.

10 Chapter 내용 불일치, 내용 추론 불일치

대표 출종포 발문 체크

01 다음 글에 대한 이해(＝견해)로 적절하지 않은 것은?

02 다음 글에 대한 추론으로 적절하지 않은 것은?

03 다음 글의 시사점으로 옳지 않은 것은?

04 다음 글을 통해 알 수 없는 것은?

출종포 적용 내용 불일치, 내용 추론 불일치 유형

관련교재 🔟 출종포 독해 p. 122~123

❶ 이 유형은 눈을 크게 뜨고 읽으면 ❶_____에 답이 있다!
절대 틀리면 안 되는 유형이므로 긴장하지 말고 단서를 찾아서 빠르게 소거해야 한다.

❷ 부정 발문의 경우
1. 4개 중 3개가 ❷_____ 선택지이므로 바로 ❸_____를 읽어준 후 선택지를 보는 것이 낫다.
   ❹_____에 힌트가 많기 때문이다.
2. 간혹 선택지의 길이가 ❺____고 ❻_____하면 ❼_____을 먼저 보는 것도 괜찮다.

❸ 선택지의 초점어를 찾는 방법
1. 선택지를 먼저 볼 때에는 분석적으로 선지를 ❽____부분으로 나누는 것이 좋다.
2. 제시문에서 특히 눈에 띄는 ❾_____, ❿_____, ⓫_____이 나오면 미리 체크해 놓으면 좋다.

❹ 보통 제시문을 꼼꼼히 읽고 선택지를 고르면 바로 답이 나오거나 2개 정도가 헷갈린다. 답이 헷갈리는 경우에는 그 선지를 언급한 부분 정도는 기억이 나므로 눈으로 확인하고 참과 거짓을 판별하면 된다.

❺ 출제자의 오답 선택지 만드는 방법
1. ⓬_____ 혼동(⓭_____ 혼동)의 오류 (대조 구문 多)
   − A이론의 설명인데 B이론의 설명인 것처럼 함.
   예 A는 b했다. (X) (사실은 'B는 b했다'가 옳음)
2. ⓮_____의 오류
   예 아예 비교 자체를 한 적이 없는 경우
   예 A보다는 B (X) (사실은 'B보다는 A'가 옳음)
3. ⓯_____의 오류
   어떤 현상에 대한 ⓰_____을 잘못 파악한 경우

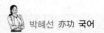

4. ❶____의 오류

> 예 크다 (사실은 '작다'가 옳음)
> 예 남쪽 (사실은 '북쪽'이 옳음)
> 예 많다 (사실은 '적다'가 옳음)

5. ❶_____의 오류

6. ❶____의 오류

'❷____', '❷_____', '❷____', '❷___', '❷___'과 같이 ❷_____적인 내용

> 예 그러므로 고급 포도주 주요 생산지는 보르도나 부르고뉴처럼 너무 덥지도 않고 너무 춥지도 않은 곳이다. 다만 달콤한 백포도주의 경우는 샤토 디켐(Château d'Yquem)처럼 뜨거운 여름 날씨가 지속하는 곳에서 명품이 만들어진다.

❻ 출제자가 내용 일치 선택지를 만드는 방법

1. 제시문의 내용을 단어를 많이 바꾸지 않고 그대로 선택지로 만듦

2. 제시문의 특정 단어나 구절을 다른 표현으로 바꿔 선택지로 만듦

Answer

❶ 제시문 ❷ 정답 ❸ 선택지 ❹ 선택지 ❺ 길 ❻ 복잡 ❼ 제시문 ❽ 2 ❾ 숫자 ❿ 고유 명사 ⓫ 사람 이름 ⓬ 주체 ⓭ 객체 ⓮ 비교 ⓯ 인과
⓰ 원인 ⓱ 반대 ⓲ 미언급 ⓳ 극단 ⓴ 항상 ㉑ 모두 ㉒ 오직 ㉓ 뿐 ㉔ 만 ㉕ 극단

대표 亦功 기출

제3편 독해 CH.10 내용 불일치, 내용 추론 불일치

01. 다음 글의 내용과 부합하지 않는 것은? 2023 국가직 9급

> 과학 혁명 이전 아리스토텔레스 철학은 로마 가톨릭교의 정통 교리와 결합되어 있었기 때문에 오랜 시간 동안 지배적인 영향력을 발휘하였다. 천문 분야 또한 예외는 아니었다. 아리스토텔레스의 세계관을 따라 우주의 중심은 지구이며, 모든 천체는 원운동을 하면서 지구의 주위를 공전한다는 천동설이 정설로 자리 잡고 있었다. 프톨레마이오스가 천체들의 공전 궤도를 관찰하던 도중, 행성들이 주기적으로 종전의 운동과는 반대 방향으로 움직인다는 관찰 결과를 얻었을 때도 그는 이를 행성의 역행 운동을 허용하지 않는 천동설로 설명하고자 하였다. 그래서 지구를 중심으로 공전하는 원 궤도에 중심을 두고 있는 원, 즉 주전원(周轉圓)을 따라 공전 궤도를 그리면서 행성들이 운동한다고 주장하였다.
>
> 과학과 아리스토텔레스 철학의 결별은 서서히 일어났다. 그 과정에서 일어난 가장 중요한 사건은 1543년 코페르니쿠스가 행성들의 운동 이론에 관한 책을 발간한 일이다. 코페르니쿠스는 천체의 중심에 지구 대신 태양을 놓고 지구가 태양의 주위를 공전한다고 주장하였다. 태양을 우주의 중심에 둔 코페르니쿠스의 지동설은 행성들의 운동에 대해 프톨레마이오스보다 수학적으로 단순하게 설명하였다.

① 과학 혁명 이전 시기에는 천동설이 정설로 받아들여졌다.
② 프톨레마이오스의 주전원은 지동설을 지지하고자 만든 개념이다.
③ 천동설과 지동설은 우주의 중심을 어디에 두느냐에 따라 구분된다.
④ 행성의 공전에 대한 프톨레마이오스의 설명은 코페르니쿠스의 설명보다 수학적으로 복잡하였다.

02. 다음 글을 이해한 내용으로 적절하지 않은 것은?
2023 국가직 9급

> 사람의 '지각과 생각'은 항상 어떤 맥락, 관점 혹은 어떤 평가 기준이나 가정하에서 일어난다. 이러한 맥락, 관점, 평가 기준, 가정을 프레임이라고 한다. 지각과 생각은 인간의 모든 정신 활동을 뜻한다. 따라서 우리의 모든 정신 활동은 진공 상태에서 일어나는 것이 아니라, 어떤 맥락이나 가정하에서 일어난다. 한마디로 우리가 프레임이라는 안경을 쓰고 세상을 보고 있음을 의미한다. 간혹 어떤 사람이 자신은 어떤 프레임의 지배도 받지 않고 세상을 있는 그대로, 객관적으로 본다고 주장한다면, 그 주장은 진실이 아닐 것이다.

① 인간의 정신 활동은 프레임 없이 일어나지 않는다.
② 프레임은 인간이 세상을 바라볼 때 어떤 편향성을 가지게 한다.
③ 인간의 지각과 사고를 확장하는 과정에서 프레임은 극복해야 할 대상이다.
④ 프레임은 인간의 정신 활동에 영향을 미치는 어떤 맥락이나 평가 기준이다.

PART 03

03. 다음 글에서 추론한 내용으로 적절하지 않은 것은?

2023 지방직 9급

우리는 개별적으로 고립된 채 살아가는 존재일 수 없다. 사회 속에서 여럿이 모여 '복수(複數)'의 상태로 살아갈 수밖에 없는 존재라는 것이다. 복수의 상태로 살아가는 우리는 종(種)적인 차원에서 보면 보편적이고 동등한 존재이다. 그러나 우리는 각각 유일무이성을 지닌 '단수(單數)'이기도 하다. 즉 모든 인간은 개인으로서 고유한 인격체라는 특수성을 지닌다. 사회 속에서 우리는 보편적 복수성과 특수한 단수성을 겸비한 채 살아가고 있는 셈이다. 바로 이러한 이유로 우리는 다원적 존재이다. 이러한 존재들로 구성된 다원적 사회에서는 어떠한 획일화도 시도되어서는 안 된다. 우리가 이 같은 사회에서 살아가기 위해서는 타인을 포용하는 공존의 태도가 필요하다. 공동체 정화 등을 목적으로 개별적 유일무이성을 제거하는 것은 우리가 살아가는 사회의 다원성을 파괴하는 일이다.

① 우리는 고립된 상태에서 '단수'로 살아가는 존재가 아니다.
② 우리는 다원성을 지닌 존재로서 포용적으로 공존해야 한다.
③ 개인의 유일무이성을 보존하려는 제도는 개인의 보편적 복수성을 침해한다.
④ 개인의 특수한 단수성을 제거하려는 시도는 사회의 다원성을 파괴하는 결과로 이어질 수 있다.

04. 다음 글에서 추론한 내용으로 적절하지 않은 것은?

2023 지방직 9급

프랑스에서 의무교육 제도를 실시하면서 정규학교에 입학하기 어려운 지적장애아, 학습부진아를 가려내고자 하였다. 이에 기초 학습 능력 평가를 목적으로, 1905년 최초의 IQ 검사가 이루어졌다. 이 검사를 통해 비로소 인간의 지능을 구체적으로 수치화하고 객관적으로 비교할 수 있게 되었다.

이후 오랫동안 IQ가 높으면 똑똑한 사람, 그렇지 않으면 머리가 좋지 않고 학습에도 부진한 사람으로 판단했다. 물론 IQ가 높은 아이는 그렇지 않은 아이에 비해 읽기나 계산 등 사고 기능과 관련된 과목에서 높은 성취도를 보이는 경우가 많다. 이는 IQ 검사가 기초 학습에 필요한 최소 능력인 언어 이해력, 어휘력, 수리력 등을 측정하기 때문이다. 학습의 기초 능력을 측정하는 IQ 검사에서 높은 점수를 받은 아이는 동일한 능력을 측정하는 학업 평가에서도 높은 점수를 받을 가능성이 크다. 하지만 문제는 IQ 검사가 인간의 지능 중 일부만을 측정한다는 점이다.

① 최초의 IQ 검사는 학습 능력이 우수한 아이를 고르기 위해 시행되었다.
② IQ 검사가 만들어지기 전에는 인간의 지능을 수치로 비교할 수 없었다.
③ IQ가 높은 아이라도 전체 지능은 높지 않을 수 있다.
④ IQ가 높은 아이가 읽기 능력이 좋을 확률이 높다.

05. 다음 글은 글쓰기의 자세에 대한 것이다. (가)~(마)에 대한 이해로 적절하지 않은 것은? 2023 국회직 8급

> (가) 이 세상 모든 사물 가운데 귀천과 빈부를 기준으로 높고 낮음을 정하지 않는 것은 오직 문장뿐이다. 그리하여 가난한 선비라도 무지개같이 아름다운 빛을 후세에 드리울 수 있으며, 아무리 부귀하고 세력 있는 자라도 문장에서는 모멸당할 수 있다.
>
> (나) 배우는 자는 마땅히 자기 역량에 따라 알맞게 쓸 뿐이다. 억지로 남을 본떠서 자기 개성을 잃어버리지 않도록 하는 것이야말로 글쓰기의 본령이다.
>
> (다) 글이란 것은 뜻을 나타내면 그만일 뿐이다. 제목을 놓고 붓을 잡은 다음 갑자기 옛말을 생각하고 억지로 고전의 사연을 찾으며 뜻을 근엄하게 꾸미고 글자마다 장중하게 만드는 것은 마치 화가를 불러서 초상을 그릴 적에 용모를 고치고 나서는 것과 같다.
>
> (라) 문장에 뜻을 두는 사람들이 첫째로 주의할 것은 자기를 속이지 않는 것이다. 자기를 속이지 않는 것에서 출발하면 마음이 이치에 통하고 온갖 관찰력이 환하게 밝아질 것이다.
>
> (마) 대체 글이란 조화다. 마음속에서 이루어진 문장은 반드시 정교하게 되나 손끝으로 이루어진 문장은 정교하게 되지 않으니, 진실로 그러하다.

① (가) : 글쓰기에서 훌륭한 문장은 빈부귀천에 따라 높고 낮음이 정해진다.

② (나) : 글쓰기에서 중요한 것은 남과는 다른 자기만의 개성을 표현하는 것이다.

③ (다) : 글에서 중요한 것은 꾸미는 것보다 뜻을 정확하게 나타내는 것이다.

④ (라) : 글쓰기에서 중요한 것은 진솔하게 표현하는 것이다.

⑤ (마) : 글은 마음으로부터 이뤄져 조화를 이루는 것이 중요하다.

06. 다음 글에서 알 수 있는 내용으로 적절하지 않은 것은? 2023 지역인재 9급

> 편의점이 동네를, 도시를, 그리고 세상을 덮고 있다. 인구 대비 편의점 밀도를 따질 경우 편의점의 최초 발상지인 미국은 물론 편의점의 최대 발흥지였던 일본과 대만을 제치고 대한민국이 목하 세계 최고 수준이다. 우리나라는 편의점 1개당 일일 평균 방문객이 359명이라는데, 이는 하루 평균 880만 명 이상이 출입한다는 것을 의미한다. 전국 방방곡곡으로 편의점이 확산되는 가운데, 웬만한 길가나 건물에서 편의점을 만나기란 파출소나 우체국 찾기보다 훨씬 쉬워졌다. 시나브로 편의점이 우리 일상에 성큼 들어와 있는 것이다.
>
> 현재 우리나라에서 아파트가 국민 주택이라면 편의점은 국민 점포라 해도 과언이 아니다. 그런데 편의점은 결코 단순한 점포에 그치는 것이 아니다. 편의점의 시작은 분명히 소매 유통업이었지만, 그 끝이 어디일지는 누구도 장담하지 못하는 상태다. 편의점은 일상에 필요한 대부분의 상품과 서비스를 판매하면서 주변 상권을 흡수 통일하고 있을 뿐 아니라 금융이나 치안, 복지 등에 관련된 공적 영역으로도 적극 진출하고 있다. 편의점이 자임하는 문화적 기능도 크게 확대되고 있다. 이제 일상 대화에서도 편의점 아르바이트나 편의점 창업이라는 말이 자연스럽게 오간다. 이처럼 언제부턴가 우리에게 편의점은 삶의 일부가 되었다.

① 편의점은 한국에서 일상에 가까운 시설이 되었다.

② 편의점은 한국에서 미국과 일본, 대만보다도 인구 대비 밀도가 높다.

③ 편의점은 한국에서 공적 영역으로 진출하면서 새로운 진입 장벽에 부딪혔다.

④ 편의점은 한국에서 일상 대화에서의 화제가 될 만큼 삶의 일부가 되었다.

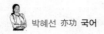

07. 다음 글에서 추론한 것으로 적절하지 않은 것은?

2023 지역인재 9급

도파민은 쾌락, 욕망, 동기 부여, 감정, 운동 조절 등에 영향을 미치는 뇌의 신경 전달 물질이다. 스웨덴 아르비드 칼손 박사는 도파민이 과다하면 조현병이 발생하고, 지나치게 적으면 우울증이 생기는 인간의 두뇌 현상을 의학적으로 규명한 바 있다. 도파민은 생명 유지에 필수적이지만, 끊임없이 더 많은 쾌락과 자극을 추구하게 하여 각종 중독과 병리적 현상을 유발하기도 한다. 어떤 행동을 할 때 일정한 감각적 자극을 받으면 도파민이 분비되면서 만족감을 느끼고, 그 행동이 습관화된다. 도파민에 휩싸인 뇌가 그 자극에 적응하면, 더 많은 자극을 요구하게 된다. 최근 미국에서는 소셜미디어나 게임 중독에서 벗어나기 위해 도파민 단식에 돌입하는 사람들이 나타났다. 인간의 심리적 본능과 취약점을 노린 디지털 서비스 이용 방식에 대한 성찰에서 출발한 도파민 단식 방법은 가능한 한 모든 감각적 자극을 최소화하기 위하여 디지털 기기의 사용은 물론 음악 감상이나 격렬한 운동 등의 활동을 전면 중단하고, 가벼운 독서와 간단한 스트레칭 그리고 실내 산책 등으로 소일하는 것이다.

① 도파민이 과다하면 우울증에 시달릴 수 있겠군.
② 도파민 단식 방법으로 격렬한 운동을 중단할 수도 있겠군.
③ 뇌가 감각적 자극에 적응하면 더 강력한 쾌락을 추구하겠군.
④ 디지털 서비스 이용 과정에서 인간의 심리적 본능과 취약점이 드러날 수도 있겠군.

08. 다음 글에 대한 독자의 반응으로 적절하지 않은 것은?

2023 지역인재 9급

미국의 법학자 선스타인에 따르면, "나는 네 의견에 동의하지 않는다."라고 말하지 않는 사람들은 집단의 의견에 동조하거나 자기 의견을 강화하며 그곳에 안주한다. 그런 사람들은 자기 합리화에 몰두하거나 상호 비방만을 일삼게 된다. 이러한 상황에서 벗어나기 위해서는 반대 의견을 내고 기꺼이 논쟁하는 사람들이 필요하다. 생산적인 논쟁에 나서는 사람들이 많아진다면 우리 사회의 의견 스펙트럼은 지금보다 다양해질 것이다. 논쟁이 활발한 사회의 경우에는 의견 스펙트럼의 중간층이 두껍다. 반면에 의견 양극화와 쏠림 현상이 두드러진 사회에서는 의견 스펙트럼의 양극단만 보일 뿐 중간층은 보이지 않는다. 왜냐하면 그런 사회에서는 집단 간 공유되지 않는 정보가 많아지고 소수 의견을 가진 사람들은 침묵하게 되기 때문이다. 따라서 이러한 사회는 의견이 제시되지 않고 논쟁이 없는 곳이 되기 쉽다.

① 논쟁을 회피하는 사람들은 자기 합리화에 빠지기 쉽겠군.
② 의견 양극화가 심화되면 소수 의견을 가진 사람들은 침묵하겠군.
③ 의견 스펙트럼의 중간층이 좁다면 논쟁이 활발하게 이루어지지 않겠군.
④ 의견 양극화로 인한 갈등을 해소하기 위해서는 반대 의견 개진을 최소화해야 하겠군.

09. 다음 글에 대한 이해로 적절하지 않은 것은?

2022 국가직 9급

아동이 부모의 소유물 또는 종족의 유지나 국가의 방위를 위한 수단으로 간주되었던 전근대사회에서는 아동의 권리에 대한 인식이 존재하지 않았다. 산업혁명으로 봉건제도가 붕괴되고 자본주의가 탄생한 근대사회에 이르러 구빈법에 따른 국가 개입과 민간단체의 자발적인 참여로 아동보호가 시작되었다.

1922년 잽 여사는 아동권리사상을 담아 아동권리에 대한 내용을 성문화하였다. 이를 기초로 1924년 국제연맹에서는 전문과 5개의 조항으로 된 「아동권리에 관한 제네바 선언」을 채택하였다. 여기에는 "아동은 물질적으로나 정신적으로 정상적인 발달을 위해 필요한 조건이 충족되어야 한다."라든지 "아동의 재능은 인류를 위해 쓰인다는 자각 속에서 양육되어야 한다." 등의 내용이 포함되었다.

그러나 여기에서도 아동은 보호의 객체로만 인식되었을 뿐 생존, 보호, 발달을 위한 적극적인 권리의 주체로 인식되지는 않았다. 최근에 와서야 국제사회의 노력에 힘입어 아동은 보호되어야 할 수동적인 존재에서 자신의 권리를 주장할 수 있는 능동적인 존재로 자리매김할 수 있게 되었다. 1989년 유엔총회에서 채택된 「아동권리협약」이 그것이다.

우리나라는 이를 토대로 2016년 「아동권리헌장」 9개 항을 만들었다. 이 헌장은 '생존과 발달의 권리', '아동이 최선의 이익을 보장 받을 권리', '차별 받지 않을 권리', '자신의 의견이 존중될 권리' 등 유엔의 「아동권리협약」의 네 가지 기본 원칙을 포함하고 있다. 또한 전문에는 아동의 권리와 더불어 "부모와 사회, 국가와 지방자치단체는 아동의 이익을 최우선으로 고려해야 하며, 다음과 같은 아동의 권리를 확인하고 실현할 책임이 있다."라고 명시하여 아동을 둘러싼 사회적 주체들의 책임을 명확히 하였다.

① 아동의 권리에 대한 인식은 근대 이후에 형성되었다.
② 「아동권리헌장」은 「아동권리협약」을 토대로 만들어졌다.
③ 「아동권리에 관한 제네바 선언」, 「아동권리협약」, 「아동권리헌장」에는 모두 아동의 발달에 대한 내용이 들어가 있다.
④ 「아동권리에 관한 제네바 선언」은 아동을 적극적인 권리의 주체로 인식함으로써 아동의 권리에 대한 진전된 성과를 이루었다.

10. 다음 글에 대한 이해로 적절하지 않은 것은?

2021 국가직 9급

언어마다 고유의 표기 체계가 있는데, 이는 읽기 과정에 영향을 미친다. 알파벳 언어는 표기 체계에 따라 철자 읽기의 명료성 수준이 달라진다. 철자 읽기가 명료하다는 것은 한 글자에 대응되는 소리가 규칙적이어서 글자와 소리의 대응이 거의 일대일이라는 것을 의미한다. 그 예로 이탈리아어와 스페인어가 있다. 이 두 언어의 사용자는 의미를 전혀 모르는 새로운 단어를 발견하더라도 보자마자 정확한 발음을 할 수 있다. 이에 비해 영어는 철자 읽기의 명료성이 낮은 언어이다. 영어는 발음이 아예 나지 않는 묵음과 같은 예외도 많은 편이고 글자에 대응하는 소리도 매우 다양하다.

한편 알파벳 언어를 읽을 때 사용하는 뇌의 부위는 유사하지만 뇌의 부위에 의존하는 방식에는 차이가 있다. 영어와 이탈리아어를 읽는 사람은 동일하게 좌반구의 읽기 네트워크를 사용한다. 하지만 무의미한 단어를 읽을 때 영어를 읽는 사람은 암기된 단어의 인출과 연관된 뇌 부위에 더 의존하는 반면 이탈리아어를 읽는 사람은 음운 처리에 연관된 뇌 부위에 더 의존한다. 왜냐하면 무의미한 단어를 읽을 때 이탈리아어를 읽는 사람은 규칙적인 음운 처리 규칙을 적용하는 반면에, 영어를 읽는 사람은 암기해 둔 수많은 예외들을 떠올리기 때문이다.

① 알파벳 언어의 철자 읽기는 소리와 표기의 대응과 관련되는데, 각 소리가 지닌 특성은 철자 읽기의 명료성을 판단하는 기준이 된다.
② 영어 사용자는 무의미한 단어를 읽을 때 좌반구의 읽기 네트워크를 활용하면서 암기된 단어의 인출과 연관된 뇌 부위에 더욱 의존한다.
③ 이탈리아어는 소리와 글자의 대응이 규칙적이어서 낯선 단어를 발음할 때 영어에 비해 철자 읽기의 명료성이 높다.
④ 영어는 음운 처리 규칙에 적용되지 않는 예외들이 많아서 스페인어에 비해 소리와 글자의 대응이 덜 규칙적이다.

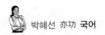

11. 글쓴이의 견해에 부합하지 않는 것은?

2020 국가직 9급

사물 인터넷(IoT, Internet of Things)의 정의로 '수십 억 개의 사물이 서로 연결되는 것'이라고 설명하는 것은 그리 유용하지 않다. 사물 인터넷이 무엇인지 이해하기 위해서는 '사물'에서 출발하기보다는 '인터넷'에서 출발하는 것이 좋다. 인터넷이 전 세계의 컴퓨터를 서로 소통하도록 만든다는 생각이 실현된 것이라면, 사물 인터넷은 이제 전 세계의 사물들을 '컴퓨터로 만들어' 서로 소통하도록 만든다는 생각을 실현하는 것이다. 컴퓨터는 본래 전원이 있고 칩이 있고, 이것이 통신 장치와 프로토콜을 갖게 되어 연결된 것이다. 그렇다면 이제는 전원이 있었던 전자 기기나 기계 등은 그 자체로, 전원이 없었던 일반 사물들은 새롭게 센서와 배터리, 통신 모듈이 부착되면서 컴퓨터가 되고 이렇게 컴퓨터가 된 사물들이 그들 간에 또는 인간의 스마트 기기와 네트워크로 연결되는 것이다.

현재의 인터넷과 사물 인터넷의 차이를, 혹자는 사람이 개입되는 것은 사물 인터넷이 아니라고 이야기하면서 엄격한 M2M(Machine to Machine)이라는 개념에 근거해 설명한다. 또 혹자는 사물 인터넷이 실현되려면 사람만큼 사물이 판단할 수 있어야 한다고 주장하면서 사물의 지능성을 중요시하는 경우도 있는데, 두 가지 모두 그릇된 것이다. 사물 인터넷을 제대로 이해하려면 기존 인터넷과의 차이점에 주목하기보다는 오히려 공통점을 인식하는 것이 더 중요하다. 컴퓨터를 서로 연결하는 수준에서 출발한 것이 기존의 인터넷이라면, 이제는 사물 각각이 컴퓨터가 되고, 그 사물들이 사람과 손쉽게 닿는 스마트폰, 스마트 워치 등과 서로 소통하는 것이다.

① 사물 인터넷의 개념을 파악하기 위해서는 기존 인터넷과의 공통점을 이해하는 것이 필요하다.
② 센서와 배터리, 통신 모듈 등을 갖춘 사물들이 네트워크로 연결되어 사물 인터넷으로 기능한다.
③ 사물 인터넷은 사람 수준의 지능을 가진 사물들이 네트워크상에서 인간의 개입 없이 서로 소통하는 것으로 정의된다.
④ 사물 인터넷은 컴퓨터가 아니었던 사물도 네트워크로 연결될 수 있다는 점에서 기존의 인터넷과 다르다.

12. 다음 글의 내용과 부합하지 않는 것은?

2018 국가직 9급

세잔이, 사라졌다고 느낀 것은 균형과 질서의 감각이다. 인상주의자들은 순간순간의 감각에만 너무 사로잡힌 나머지 자연의 굳건하고 지속적인 형태는 소홀히했다고 느꼈던 것이다. 반 고흐는 인상주의가 시각적 인상에만 집착하여 빛과 색의 광학적 성질만을 탐구한 나머지 미술의 강렬한 정열을 상실하게 될 위험에 처했다고 느꼈다. 마지막으로 고갱은 그가 본 인생과 예술 전부에 대해 철저하게 불만을 느꼈다. 그는 더 단순하고 더 솔직한 어떤 것을 열망했고 그것을 원시인들 속에서 발견할 수 있으리라고 기대했다. 이 세 사람의 화가가 모색했던 제각각의 해법은 세 가지 현대 미술 운동의 이념적 바탕이 되었다. 세잔의 해결 방법은 프랑스에 기원을 둔 입체주의(cubism)를 일으켰고, 반 고흐의 방법은 독일 중심의 표현주의(expressionism)를 일으켰다. 고갱의 해결 방법은 다양한 형태의 프리미티비즘(primitivism)을 이끌어 냈다.

① 세잔은 인상주의가 균형과 질서의 감각을 잃었다고 생각했다.
② 고흐는 인상주의가 강렬한 정열을 상실할 위험에 처했다고 생각했다.
③ 고갱은 인상주의가 충분히 솔직하고 단순했다고 생각했다.
④ 세잔, 고흐, 고갱은 인상주의의 문제를 극복하고자 각자 새로운 해결 방법을 모색했다.

13. 다음 글에 나타난 필자의 견해로 볼 수 없는 것은?

2017 국가직 9급 추가

서양에서 주인공을 '히어로(hero)', 즉 '영웅'이라고 부른 것은 고대 서사시나 희곡의 소재가 되던 주인공들이 초인간적인 능력을 가진 인물들이었기 때문이다. 신화적 세계관 속에서 영웅들은 신과 밀접한 관계를 맺거나 신의 후손이기도 하였다.

신화와 달리 문학 작품은 인물의 행위를 단일한 것으로 통일시킨다. 영웅들의 초인간적이고 신적인 행위는 차차 문학 작품의 구조에 제한되어 훨씬 인간화되었다. 문학 작품의 통일된 구조에 적합하지 않은 것은 대폭 수정되거나 제거되는 수밖에 없었다.

아리스토텔레스는 비극이 '보통보다 우수한 인물'을 모방한다고 하였는데, 이는 문학의 인물이 신화의 영웅이 아닌 보통의 인간임을 지적한 것이다. 극의 주인공은 작품의 통일성을 기하는 데 기여하는 중심적인 인물이면 된다고 한 것으로 볼 수 있다.

낭만주의 및 역사주의 비평가들은 작중 인물을 실제 인물인 양 따로 떼어 내어, 그의 개인적인 역사를 재구성해 보려고도 하였다. 그들은 영웅이라는 표현 대신 '성격(인물, character)'이라는 개념을 즐겨 썼는데, 이 용어는 지금도 비평계에서 애용되고 있다.

① 영웅이라는 말은 고대의 예술적 조건과 자연스럽게 관련된다.
② 신화의 영웅은 문학 작품에 와서 점차 인간화되었다.
③ 아리스토텔레스가 말한 '보통보다 우수한 인물'은 신화적 영웅과 다르다.
④ 역사주의 비평가들은 작중 인물을 역사적 영웅으로 재평가하려고 했다.

14. 다음 글의 내용과 부합하지 않는 것은?

2015 국가직 9급

글의 기본 단위가 문장이라면 구어를 통한 의사소통의 기본 단위는 발화이다. 담화에서 화자는 발화를 통해 '명령', '요청', '질문', '제안', '약속', '경고', '축하', '위로', '협박', '칭찬', '비난' 등의 의도를 전달한다. 이때 화자의 의도가 직접적으로 표현된 발화를 직접 발화, 암시적으로 혹은 간접적으로 표현된 발화를 간접 발화라고 한다.

일상 대화에서도 간접 발화는 많이 사용되는데, 그 의미는 맥락에 의존하여 파악된다. '아, 덥다.'라는 발화가 '창문을 열어라.'라는 의미로 파악되는 것이 대표적인 예이다. 방 안이 시원하지 않다는 상황을 고려하여 청자는 창문을 열게 되는 것이다. 이처럼 화자는 상대방이 충분히 그 의미를 파악할 수 있다고 판단될 때 간접 발화를 전략적으로 사용함으로써 의사소통을 원활하게 하기도 한다.

공손하게 표현하고자 할 때도 간접 발화는 유용하다. 남에게 무언가를 요구하려는 경우 직접 발화보다 청유 형식이나 의문 형식의 간접 발화를 사용하면 공손함이 잘 드러나기도 한다.

① 발화는 구어를 통한 의사소통의 기본 단위이다.
② 간접 발화의 의미는 언어 사용 맥락에 기대어 파악된다.
③ 간접 발화가 직접 발화보다 화자의 의도를 더 잘 전달한다.
④ 요청할 때 청유문이나 의문문을 사용하면 더 공손해 보이기도 한다.

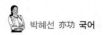

15. 〈보기〉를 읽고 조선 후기 방각본 소설에 대해 추론한 것으로 가장 적절하지 않은 것은?

2018 서울시 7급

─〈보기〉─

방각본 소설은 작품을 나무판에 새긴 뒤 그것을 종이로 찍어낸 소설책을 말한다. 주로 민간인이 돈을 벌기 위해 만들었다. 방각본 소설은 종이와 나무의 공급이 비교적 원활하고, 인구가 많아 독자의 수요가 많은 서울과 전주 지역에서 주로 간행되었다. 그중 서울에서 간행된 것을 경판본, 전주에서 간행된 것을 완판본이라고 부른다. 안성에서 간행된 것도 있으나 그 대부분은 경판을 안성에서 찍어낸 것이다.

① 한 작품 당 여러 판본이 만들어졌을 것이다.

② 방각본 소설책은 제작된 지역에서만 유통되었을 것이다.

③ 이익 산출이 중요하기 때문에 제작 비용에 민감했을 것이다.

④ 분량이 긴 작품은 품과 제작 비용이 많이 들어 새기기 어려웠을 것이다.

16. 다음 글에서 추론한 내용으로 적절하지 않은 것은?

2021 지방직 7급

고대 로마에서 사람들의 평균 수명은 불과 21세였다. 아동기를 넘긴 성인은 보통 70~80세 정도 살았지만 출생아의 1/3이 1세 전에, 그 이후 살아남은 아이의 절반이 10세 전에 사망했다. 이렇게 아동 사망률이 높았던 것은 미생물로 인한 질병 때문이었는데, 이를 밝혀 치료의 길을 연 사람은 파스퇴르였다.

파스퇴르는 1861년 미생물이 활동한 결과로 발효가 일어난다는 것을 밝히고, 이후 음식물의 발효나 부패가 공기 중의 미생물 때문에 일어남을 증명했다. 이는 음식물에서 저절로 새로운 생명체가 생겨나 음식물을 발효·부패시킨다는 자연발생설을 반박하고 미생물의 존재를 명확히 한 것이었다. 1863년에는 음식물의 맛과 질감을 변화시키지 않으면서 살균하는 방법인 '파스퇴리제이션(pasteurization)'을 발견했다. 이것은 끓는점보다 낮은 온도에서 장시간 가열하는 방식으로, 우유의 경우 밀폐한 채로 63~65℃에서 30분 정도 가열하는 살균법이다.

이러한 연구에 이어 파스퇴르는 사람과 가축에게 생기는 질병의 원인이 미생물임을 밝혔다. 나아가 이를 예방할 수 있는 백신을 처음으로 만들어 사용하고 치료법도 제시하였다. 광견병, 탄저병 등에 대한 연구는 그의 큰 업적으로 남아 있다.

① 고대 로마인의 평균 수명이 낮았던 것은 아이들이 질병으로 많이 죽었던 것이 한 원인이었다.

② 파스퇴르는 음식물의 발효와 부패에 대해 자연발생설을 부인하였다.

③ 끓는점 이하로 가열하는 파스퇴리제이션 살균법은 음식물의 맛과 질감을 높인다.

④ 파스퇴르의 미생물 연구는 질병으로 인한 아이들의 사망률을 줄이는 데에 기여했다.

17. 다음 글을 통해 추론한 것으로 적절하지 않은 것은?

2020 국가직 7급

로컬푸드(local food)는 일차적으로 일정한 지역을 기준으로 해당 지역에서 생산되는 농식품을 의미한다. 로컬푸드를 물리적 거리로써 구체적으로 규정하는 경우 좁게는 반경 50 km, 넓게는 반경 100 km의 농촌 지역 내에서 생산되는 농식품을 지칭하곤 한다. 그렇다고 해서 로컬푸드가 이 정도의 물리적 거리나 농촌을 중심으로 한 지역사회의 농식품에 국한되는 것은 아니다. 일본은 행정구역을 중심으로 로컬푸드를 규정하는 경향이 있고, 미국의 경우 넓게는 반경 160 km 정도 내에서 생산되는 농식품으로까지 확대하기도 한다. 이는 생산·유통·소비에 있어서 건강성, 신뢰성, 친환경성 등이 유지될 수 있는 거리를 고려한 것이다.

로컬푸드가 일정한 거리 이내에서 생산된 농식품을 의미하는 것이라면, 로컬푸드 운동은 친환경적이고 자립적이며 지속 가능한 먹거리를 생산·유통·소비하고자 하는 공동체적 노력을 일컫는다. 농업의 해체와 식품 안전성의 위기가 만나는 접점은 로컬푸드 운동이 발아하는 배경이 된다. 전통적인 농업은 관련 인구 감소, 농촌 경제 영세화, '종자에서 식탁까지' 지배하는 거대 자본의 위협을 받고 있다. 농약의 과다 사용으로 인해 식품은 물론 자연환경이 위기에 처하게 되었다. 이러한 문제점에 대응하기 위해 친환경 먹거리 생산과 건강한 소비를 연결하고, 나아가 지역 정체성을 강화하는 등 대안적 공동체 운동으로 선순환시키려는 노력이 로컬푸드 운동으로 나타났다.

① 로컬푸드의 범위는 경제적 요소를 고려해서 규정될 수 있다.

② 식품 안전성에 주목하는 로컬푸드 운동은 환경보호 운동과도 밀접한 관련을 지닌다고 볼 수 있다.

③ 지역적 정체성을 드러내는 하나의 전략으로 해당 지역에서 산출되는 로컬푸드를 활용할 수 있다.

④ 지역 농가가 거대 자본에 의존하여 생산과 소비를 연결하려는 시도는 로컬푸드 운동의 일환일 수 있다.

18. 다음은 선조 28년 7월에 사헌부에서 올린 보고문이다. 이를 통해 추론할 수 있는 사헌부의 견해로 적절하지 않은 것은?

2018 국가직 7급

우리나라는 여러 대 태평을 누리는 동안 문물은 융성하고 교화의 도구는 남김없이 모두 갖추어졌습니다. 선비들은 예법으로 자신을 단속했고, 백성들은 충과 효에 스스로 힘썼습니다. 관혼상제의 법도는 옛날보다 못하지 않았고, 임금을 버리고 어버이를 무시하는 말은 세상에 용납되지 않았습니다. 그러므로 효도로 다스리는 세상에서 윤리에 죄를 얻는 사람이 거의 없었습니다.

난리[임진왜란]를 겪은 뒤로는 금방(禁防)이 크게 무너져 불온한 마음을 품는가 하면, 법도에 벗어나는 말을 외치기도 합니다. 오직 제 몸의 우환만 알고, 부모의 기른 은혜를 까맣게 잊은 나머지 저 들판과 진펄에 매장되지 못한 시신이 버려져 있는가 하면, 상복을 입은 자가 고깃국을 먹는 것을 가리지 않았습니다. 식견이 있는 사람도 이렇게 하거늘, 무지한 이들이야 어떠하겠습니까? 효자의 집안에서 충신을 찾을 수 있는 법인데, 그 어버이를 이처럼 박대한다면 의리를 따라 나라를 위해 죽는 사람은 눈을 씻고 보아도 찾을 수 없을 것입니다.

① 효를 실천하지 않는 이가 나라를 위해 희생할 리 없다.

② 시신을 매장하지 않는 장례 방식이 임진왜란 이후 생겨났다.

③ 전란 이후에 사람들 사이에서 중요한 법도가 무시되고 있다.

④ 무지한 이들은 식견 있는 이들에 비해 윤리적 과오에 더 취약하다.

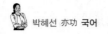

19. 다음 글에서 추론할 수 있는 내용으로 적절하지 않은 것은?

2018 국가직 9급

'포스트휴먼'은 그 기본적인 능력이 근본적으로 현재의 인간을 넘어서기 때문에 현재의 기준으로는 더 이상 인간이라 부를 수 없는 존재를 가리키는 표현이다. 스웨덴 출신의 철학자 보스트롬은 건강 수명, 인지, 감정이라는, 인간의 세 가지 주요 능력 중 최소한 하나 이상의 능력에서 현재의 인간이 도달할 수 있는 최대한의 한계를 엄청나게 넘어설 경우 이를 '포스트휴먼'으로 부르자고 제안하였다.

현재 가장 뛰어난 인간이 가질 수 있는 지능보다 훨씬 더 뛰어난 지능을 가지며, 더 이상 질병에 시달리지 않고, 노화가 완전히 제거되어서 젊음과 활력을 계속 유지하는 어떤 존재를 생각해 볼 수 있다. 이 존재는 스스로의 심리 상태에 대한 조절도 자유롭게 할 수 있어서 피곤함이나 지루함을 거의 느끼지 않으며, 미움과 같은 감정을 피하고, 즐거움, 사랑, 미적 감수성, 평정 등의 태도를 유지한다. 이러한 존재가 어떤 존재일지 지금은 정확하게 상상하기 어렵지만 현재 인간의 상태로 접근할 수 없는 새로운 신체나 의식 상태에 놓여 있을 것임은 분명하다.

이러한 포스트휴먼은 완전히 인위적으로 만들어진 인공지능일 수도 있고, 신체를 버리고 슈퍼컴퓨터 안의 정보 패턴으로 살기를 선택한 업로드의 형태일 수도 있으며, 또는 생물학적 인간에 대한 개선들이 축적된 결과일 수도 있다. 만약 생물학적 인간이 포스트휴먼이 되고자 한다면 유전공학, 신경약리학, 항노화술, 컴퓨터-신경 인터페이스, 기억 향상 약물, 웨어러블 컴퓨터, 인지 기술과 같은 다양한 과학 기술을 이용해 우리의 두뇌나 신체에 근본적인 기술적 변형을 가해야만 할 것이다. '포스트휴먼'은 '내가 이런 능력을 가지고 있었으면 얼마나 좋을까' 하고 누구나 한 번쯤 상상해 보았을 법한 슈퍼 인간의 모습을 기술한 용어이다.

① 포스트휴먼 개념에 따라 제시되는 미래의 존재는 과학 기술의 발전 양상에 따른 영향을 현재의 인간에 비해 더 크게 받을 것이다.
② 포스트휴먼 개념은 인간의 신체적 결함을 다양한 과학 기술을 이용해 보완하여 기술적 한계를 극복한 새로운 인간형의 탄생에 귀결될 것이다.
③ 포스트휴먼은 인간의 현재 상태를 뛰어넘는 능력을 가진 새로운 존재일 것으로 예측되지만 그 형태가 어떠할지 여하는 다양한 가능성에 열려 있다.
④ 포스트휴먼은 건강 수명, 인지 능력, 감정 등의 측면에서 현재의 인간보다 뛰어나기 때문에 포스트휴먼 사회에서는 인간에 대한 개념이 새로 구성될 것이다.

20. 다음 글에 대한 추론으로 적절하지 않은 것은?

2019 지방직 7급

인류 역사는 끊임없이 변화를 거듭해 왔다. 그 변화의 굽이들 속에서 사람들의 세계관이나 가치관 또한 다양하게 바뀌었다. 어느 세기에는 종교적 믿음이 모든 것을 지배하기도 했고, 어느 때는 이성이 가장 중요한 위치를 차지했으며, 또 어느 시점에서는 전 인류가 기계 문명을 근간으로 한 산업화를 지향하기도 했다. 그리고 21세기가 되었다. 이 세기는 첨단 과학과 정보 통신 기술의 비약적인 발달로 과거 그 어느 때보다 변화의 진폭이 클 것으로 예상되었으며 변화된 모습이 실로 드러나고 있다. 이러한 지속적인 변화의 배경에는 늘 인간의 열망과 상상력이 가로놓여 있었다.

과학 기술의 진보와 이에 발맞춘 눈부신 문명의 진전 과정에서 인간의 열망과 상상력이 우선하였다. 과연 인간이 욕망하지 않고 상상하지 않았다면 이 문명 세계의 많은 것들을 창조하고 혁신할 수 있었을까? 하늘을 날고 싶어 하는 욕망이 없었다면 비행기는 발명되지 못했을 것이며, 좀 더 빠른 이동 수단을 원하지 않았다면 자동차는 나오지 않았을 것이다. 이제껏 상상력은 인류 문명을 가동시켜 온 원동력이었으며 현재 또한 그러하다.

그런 가운데 21세기 디지털 테크놀로지와 신과학들은 이러한 상상력의 위상을 다시 생각하게 한다. 사람들이 실현이 불가능하다고 여겨 공상 수준에 그쳤던 일들이 실로 구현되는 상황이 펼쳐지곤 한다. 3D, 아바타, 사이보그, 가상현실, 인공 생명, 유전 공학, 나노 공학 등 21세기 최첨단 과학 기술에 힘입어 상상력의 지평이 넓어졌다. 과거 시대들이 무엇인가를 상상하고 그것을 만들어 가는 기술을 개발하는 시간들이었다면, 21세기는 상상하는 것을 곧 이루어 낼 수 있는 시대가 된 것이다.

① 현재의 인간이 추구하는 가치를 불변의 절대적 가치로 인정할 수는 없다.
② 인류 역사의 변화 과정에서 인간의 열망과 상상력이 끼친 영향이 크다.
③ 인류 역사의 변화 중에도 인간의 상상력을 바탕으로 실현된 세계의 모습은 변함이 없었다.
④ 21세기에 접어들어 과학 기술과 상상력의 위상 관계에 변화가 일고 있다.

21. 다음 글을 통해 알 수 있는 내용으로 적절하지 않은 것은?
2014 국가직 9급

우리나라를 찾는 외국인들이 가장 즐겨 찾는 곳은 이태원이다. 여기서 '원(院)'이란 이곳이 과거에 여행자들을 위한 휴게소였다는 것을 말해 준다. 사리원, 조치원 등의 '원'도 마찬가지이다. 조선 전기에는 여행자가 먹고 자고 쉴 수 있는 휴게소를 '원'이라고 불렀다. 1530년에 발간된 「신증동국여지승람」에 따르면 원은 당시 전국에 무려 1,210개나 있었다고 한다.

조선 전기에도 여행자를 위한 편의 시설은 잘 갖추어져 있었다. 주요 도로에는 이정표와 역(驛), 원(院)이 일정한 원칙에 따라 세워졌다. 10리마다 지명과 거리를 새긴 작은 장승을 세우고, 30리마다 큰 장승을 세워 길을 표시했다. 그리고 큰 장승이 있는 곳에는 역과 원을 설치했다. 주요 도로마다 30리에 하나씩 원이 설치되다 보니, 전국적으로 1,210개나 될 정도로 많아진 것이다.

역이 국가의 명령이나 공문서, 중요한 군사 정보의 전달, 사신 왕래에 따른 영송(迎送)과 접대 등을 위해 마련된 교통 통신 기관이었다면, 원은 그런 일과 관련된 사람들을 위해 마련된 일종의 공공 여관이었다. 원은 주로 공공 업무를 위한 여관이었지만 민간인들에게 숙식을 제공하기도 했다.

원은 정부에서 운영했기 때문에 재원도 정부에서 마련했는데, 주요 도로인 대로와 중로, 소로 등에 설치된 원에는 각각 원위전(院位田)이라는 땅을 주어 운영 경비를 마련하도록 했다. 그렇다면 누가 원을 운영했을까? 역에는 종육품 관리인 찰방(察訪)이 파견되어 여러 개의 역을 관리하며 역리와 역노비를 감독했지만, 원에는 정부가 일일이 관리를 파견할 수 없었다. 그래서 대로변에 위치한 원에는 다섯 가구, 중로에는 세 가구, 소로에는 두 가구를 원주(院主)로 임명했다. 원주는 승려, 향리, 지방 관리 등이었는데 원을 운영하는 대신 각종 잡역에서 제외시켜 주었다.

조선 전기에는 원 이외에 여행자를 위한 휴게 시설이 따로 없었으므로 원을 이용하지 못하는 민간인 여행자들은 여염집 대문 앞에서 "지나가는 나그네인데, 하룻밤 묵어 갈 수 있겠습니까?"라고 물어 숙식을 해결할 수밖에 없었다. 그러나 임진왜란과 병자호란을 거치면서 점사(店舍)라는 민간 주막이나 여관이 생기고, 관리들도 지방 관리의 대접을 받아 원의 이용이 줄어들게 되면서 원의 역할은 점차 사라지고 지명에 그 흔적만 남게 되었다.

① 여행자는 작은 장승 두 개를 지나 10리만 더 가면 '역(驛)'이 나온다는 것을 알았을 것이다.
② '원(院)'을 운영하는 승려는 나라에서 요구하는 각종 잡역에서 빠졌을 것이다.
③ 외국에서 사신이 오면 관리들은 '역(驛)'에서 그들을 맞이하거나 보냈을 것이다.
④ 민간인 여행자들도 자유롭게 '원(院)'에서 숙식을 해결했을 것이다.

11 Chapter

내용 일치, 내용 추론 일치

정답 및 해설 p. 401

01 다음 글을 이해한 내용으로 가장 적절한 것은?

02 다음 글에서 추론할 수 있는 것은?

03 다음 글에서 알 수 있는 것은?

04 다음 글의 시사점으로 적절한 것은?

01. 다음 글을 이해한 내용으로 적절한 것은?

2023 국가직 9급

디지털 트윈은 현실 세계와 똑같은 가상의 세계이다. 최근 주목받고 있는 메타버스와 개념은 유사하지만 활용 목적의 측면에서 구별된다. 메타버스는 가상 세계와 현실 세계가 융합된 플랫폼으로 이용자들에게 새로운 경제·사회·문화적 경험을 제공하는 데 목적을 둔다. 반면 디지털 트윈은 현실 세계에 존재하는 사물, 공간, 환경, 공정 등을 컴퓨터상에 디지털 데이터 모델로 표현하여 똑같이 복제하고 실시간으로 서로 반응할 수 있도록 한다. 그래서 디지털 트윈의 이용자는 가상 세계에서의 시뮬레이션을 통해 미래 상황을 예측할 수 있게 된다. 디지털 트윈에 대한 수요가 증가하면서 관련 시장도 확대되고 있으며, 국내외의 글로벌 기업들은 여러 산업 분야에서 디지털 트윈을 도입하여 사전에 위험 요소를 제거하고 수익 모델의 효율성을 높이고 있다. 디지털 트윈이 이렇게 주목받는 이유는 안정성과 경제성 때문인데 현실 세계를 그대로 옮겨 놓은 가상 세계에 데이터를 전송, 취합, 분석, 이해, 실행하는 과정은 실제 실험보다 매우 빠르고 정밀하며 안전할 뿐 아니라 비용도 적게 든다.

① 디지털 트윈을 활용함에 따라 글로벌 기업들의 고용률이 향상되었다.

② 디지털 트윈의 데이터 모델은 현실 세계의 각종 실험 모델보다 경제성이 낮다.

③ 디지털 트윈에서의 시뮬레이션으로 현실 세계의 위험 요소를 찾아내고 방지할 수 있다.

④ 디지털 트윈은 현실 세계의 이용자에게 새로운 문화적 경험을 제공하는 데 목적이 있다.

02. 다음 글에 대한 이해로 적절한 것은?

2023 국회직 8급

표현적 글쓰기는 왜 그렇게 효과가 있을까? 우리가 흔히 경시하는 고통스러운 감정을 마주해야 되기 때문이다. 우리는 자수성가를 칭송하고 강인한 사람을 미화하는 세상에 살고 있다. 이 문화적 메시지와 그것이 우리에게 가하는 모든 압박 때문에 우리는 우리의 욕구를 간과하도록 배운다. 심지어 나약하다는 느낌을 갖거나 힘든 감정을 품었다고 스스로를 혐오하기도 한다. 표현적 글쓰기는 종일 꾹꾹 참고 발설하지 않은 취약한 측면을 찾아내고 그것에 대해 경청할 기회를 주기 때문에 효과가 있는 것이다.

또한 글쓰기 과정이 다른 사람을 염두에 두지 않았다는 점도 매우 중요하다. 우리는 보통 타인이 볼 글을 쓸 때, 스스로 검열하고 글이 충분히 좋은지에 관심을 두게 된다. 그러나 표현적 글쓰기는 그렇지 않다. 두서없고, 누가 읽기에도 적합하지 않은 글을 쓴 후 버리면 된다. 이것은 자신이 가진 모든 감정과 교감하는 데 도움을 줄 수 있다.

① 표현적 글쓰기는 고통스러운 감정을 피하는 데 효과가 있다.

② 표현적 글쓰기는 자수성가를 칭송하고 강인한 사람을 미화하는 데 필요하다.

③ 표현적 글쓰기는 타인을 의식하여 스스로 검열하는 특징을 지닌다.

④ 표현적 글쓰기는 참고 발설하지 않은 것에 대해 경청할 기회를 준다.

⑤ 표현적 글쓰기는 두서없이 편하게 써서 간직하도록 고안되었다.

03. 다음 글을 이해한 내용으로 가장 적절한 것은?

2023 국가직 9급

전 세계를 대표하는 항공기인 보잉과 에어버스의 중요한 차이점은 자동조종시스템의 활용 정도에 있다. 보잉의 경우, 조종사가 대개 항공기를 조종간으로 직접 통제한다. 조종간은 비행기의 날개와 물리적으로 연결되어 있어서 어떤 상황에서도 조종사가 조작한 대로 반응한다. 이와 다르게 에어버스는 조종간 대신 사이드스틱을 설치하여 컴퓨터가 조종사의 행동을 제한하거나 조종에 개입할 수 있게 설계되었다. 보잉에서는 조종사가 항공기를 통제할 수 있는 전권을 가지지만 에어버스에서는 컴퓨터가 조종사의 조작을 감시하고 제한한다.

보잉과 에어버스의 이러한 차이는 기계를 다루는 인간을 바라보는 관점이 서로 다른 데서 비롯된다. 보잉사를 창립한 윌리엄 보잉의 철학은 "비행기를 통제하는 최종 권한은 언제나 조종사에게 있다."이다. 시스템은 불안정하고 완벽하지 않기 때문에 컴퓨터가 조종사의 판단보다 우선시될 수 없다는 것이다. 반면 에어버스의 아버지라고 불리는 베테유는 "인간은 실수할 수 있는 존재"라고 전제한다. 베테유는 이런 자신의 신념을 토대로 에어버스를 설계함으로써 조종사의 모든 조작을 컴퓨터가 모니터링하고 제한하게 만든 것이다.

① 보잉은 시스템의 불완전성을, 에어버스는 인간의 실수 가능성을 고려하여 설계되었다.
② 베테유는 인간이 실수할 수 있는 존재라고 보지만 윌리엄 보잉은 그렇지 않다고 본다.
③ 에어버스의 조종사는 항공기 운항에서 자동조종시스템을 통제하고 조작한다.
④ 보잉의 조종사는 자동조종시스템을 사용하지 않고 항공기를 조종한다.

04. 다음 글을 이해한 내용으로 가장 적절한 것은?

2023 국가직 9급

루카치는 그리스 세계를 신과 인간의 결합 정도를 가리키는 '총체성' 개념을 기준으로 세 시대로 구분하였다. 첫 번째 시대에서 후대로 갈수록 총체성의 정도는 낮아진다. 첫째는 총체성이 완전히 구현되어 있는 '서사시의 시대'이다. 호메로스의 『일리아드』와 『오디세이아』에서는 신과 인간의 세계가 하나로 얽혀 있다. 인간들이 그리스와 트로이 두 패로 나뉘어 전쟁을 벌일 때 신들도 인간의 모습을 하고 두 패로 나뉘어 전쟁에 참여했다. 둘째는 '비극의 시대'이다. 소포클레스나 에우리피데스의 비극에서는 총체성이 흔들려 신과 인간의 세계가 분리된다. 하지만 두 세계가 완전히 분리되지는 않고 신탁이라는 약한 통로로 이어져 있다. 비극에서 신은 인간의 행위에 직접 개입하지 않고 신탁을 통해서 자신의 뜻을 그저 전달하는 존재로 바뀐다. 셋째는 플라톤으로 대표되는 '철학의 시대'이다. 이 시대는 이미 계몽된 세계여서 신탁 같은 것은 신뢰할 수 없게 되었다. 신과 인간의 세계가 완전히 분리됨으로써 신의 세계는 인격적 성격을 상실하여 '이데아'라는 추상성의 세계로 바뀐다. 신의 세계와 인간의 세계는 그 사이에 어떤 통로도 존재할 수 없는, 절대적으로 분리된 세계가 되었다.

① 계몽사상은 서사시의 시대에서 철학의 시대로의 전환을 이끌었다.
② 플라톤의 이데아는 신탁이 사라진 시대의 비극적 세계를 표현한다.
③ 루카치는 각기 다른 기준에 따라 그리스 세계를 세 시대로 구분하였다.
④ 에우리피데스의 비극에 비해 『오디세이아』에서는 신과 인간의 결합 정도가 높다.

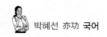

05. 다음 글에 서술된 '나이브 아트'에 대한 설명으로 적절한 것만을 〈보기〉에서 모두 고르면? 2023 국회직 8급

정규 미술 교육을 받지 않고, 어떤 화파에도 영향을 받지 않은 예술 경향을 나이브 아트라고 한다. 우리말로 소박파라고도 불리지만 특정한 유파를 가리키기보다 작가의 경향을 가리키는 말이다.

나이브 아트는 개인적인 즐거움을 주제로 형식에 얽매이지 않는 특징을 보인다. 우리에게 잘 알려진 나이브 아트 예술가로는 앙리 루소, 앙드레 보샹, 모리스 허쉬필드, 루이 비뱅, 그랜마 모지스 등이 있다. 이들은 서양 미술의 기본 규칙인 원근법, 명암법, 구도 등에 구속되지 않는 평면적 화면, 단순하지만 강렬한 색채, 자세한 묘사 등을 특징으로 보여 준다.

전업 화가가 아닌 본업이 따로 있어 낮은 취급을 받던 아웃사이더 예술이었지만, 독일 출신의 컬렉터이자 비평가 빌헬름 우데가 루소, 보샹 등의 화가들을 발굴하며 하나의 예술 영역으로 자리 잡는다. 이후 나이브 아트는 피카소와 같은 기존 미술의 권위와 전통에 반하는 그림을 그리려는 화가들의 주목을 받으며 현대미술의 탄생에도 적지 않은 영향을 끼쳤다.

─〈보기〉─
ㄱ. 나이브 아트에 속하는 화가로 루소, 보샹 등이 있다.
ㄴ. 나이브 아트는 특정한 유파를 가리킨다.
ㄷ. 나이브 아트 작가들은 서양 미술의 기본 규칙을 따르고자 한다.
ㄹ. 현대미술은 나이브 아트의 탄생에 결정적인 영향을 끼쳤다.

① ㄱ
② ㄷ
③ ㄱ, ㄴ
④ ㄴ, ㄷ
⑤ ㄱ, ㄷ, ㄹ

06. 다음 글에 대한 이해로 적절한 것은? 2023 지역인재 9급

재물은 비유하자면 우물이다. 우물에서 물을 퍼내면 물이 가득 차지만, 길어 내지 않으면 물이 말라 버린다. 마찬가지로 비단옷을 입지 않으므로 나라에는 비단을 짜는 사람이 없고, 그 결과로 베를 짜는 여인의 모습을 볼 수 없게 되었다. 조잡한 그릇을 트집 잡지 않고 물건을 만드는 기교를 숭상하지 않기에 나라는 공장과 도공, 풀무장이가 할 일이 사라졌고, 그 결과 기술이 사라졌다. 나아가 농업은 황폐해져 농사짓는 방법이 형편없고, 상업을 박대하므로 상업 자체가 실종되었다. 사농공상 네 부류의 백성이 누구나 할 것 없이 다 가난하게 살기 때문에 서로를 구제할 길이 없다. 나라 안에 보물이 있어도 쓰지 않아 다른 나라로 흘러간다.

— 박제가, 〈시장과 우물〉

① 농업의 성행과 비교하여 상업의 위축을 경고하고 있다.
② 상품 공급 부족으로 소비가 줄어드는 현상을 설명하고 있다.
③ 독자의 이해를 돕기 위해 경제 활동을 일상생활에 비유하고 있다.
④ 다른 나라와 교류하지 않아 기술이 실종되고 있음을 분석하고 있다.

07. 글쓴이의 견해에 부합하는 것은?   2022 국가직 9급

문화란 공동체의 구성원들이 공유하는 생각과 행동 양식의 총체라고 할 수 있다. 문화를 연구하는 사람들의 주된 관심사는 특정 생각과 행동 양식이 하나의 공동체 안에서 전파되는 기제이다.

이에 대한 견해 중 하나는 문화를 생각의 전염이라는 각도에서 바라보는 것이다. 예컨대, 리처드 도킨스는 '밈(meme)'이라는 개념을 통해 생각의 전염 과정을 설명하고자 했다. 그에 따르면 문화는 복수의 밈으로 이루어져 있는데, 유전자에 저장된 생명체의 주요 정보가 번식을 통해 복제되어 개체군 내에서 확산되듯이, 밈 역시 유전자와 마찬가지로 공동체 내에서 복제를 통해 확산된다.

그러나 문화 전파의 기제를 설명하는 이론으로는 밈 이론보다 의사소통 이론이 더 적절해 보인다. 일례로, 요크셔 지역에 내려오는 독특한 푸딩 요리법은 누군가가 푸딩 만드는 것을 지켜본 후 그것을 그대로 따라 하는 방식으로 전파되었다기보다는 요크셔 푸딩 요리법에 대한 부모와 친척, 친구들의 설명을 통해 입에서 입으로 전파되고 공유되었을 가능성이 크다.

생명체의 경우와 달리 문화는 완벽하게 동일한 형태로 전파되지 않는다. 전파된 문화와 그것을 수용한 결과는 큰 틀에서는 비슷하더라도 세부적으로는 다를 수밖에 없다. 다시 말해 요크셔 지방의 푸딩 요리법은 다른 지방의 푸딩 요리법과 변별되는 특색을 지니는 동시에 요크셔 지방 내부에서도 가정이나 개인에 따라 약간씩의 차이를 보인다. 이는 푸딩 요리법의 수신자가 발신자가 전해 준 정보에다 자신의 생각을 덧붙였기 때문인데, 복제의 관점에서 문화의 전파를 설명하는 이론으로는 이와 같은 현상을 설명하기 어렵다. 반면, 의사소통 이론으로는 설명 가능하다. 이에 따르면 사람들은 자신이 들은 이야기를 남에게 전달할 때 들은 이야기에다 자신의 생각을 더해서 그 이야기를 전달하기 때문이다.

① 문화의 전파 기제는 밈 이론보다는 의사소통 이론으로 설명하는 것이 적절하다.
② 의사소통 이론에 따르면 문화의 수용 과정에는 수용 주체의 주관이 개입하지 않는다.
③ 의사소통 이론에 따르면 특정 공동체의 문화는 다른 공동체로 복제를 통해 전파될 수 있다.
④ 요크셔 푸딩 요리법이 요크셔 지방의 가정이나 개인에 따라 세부적인 차이를 보이는 현상은 밈 이론에 의해 설명할 수 있다.

08. 다음 글의 내용을 이해한 것으로 가장 적절한 것은?

2022 군무원 7급

1950년 아인슈타인의 특수 상대성 이론이 발표되기 전까지 물리학자들은 시간과 공간을 별개의 독립적인 물리량으로 보았다. 공간은 상대적인 물리량인 데 비해, 시간은 절대적인 물리량으로서 공간이나 다른 어떤 것의 변화에 의해 변하지 않는다는 것이다. 하지만 아인슈타인은 시간도 상대적인 물리량으로 보고, 시간과 공간을 합쳐서 4차원 공간, 즉 시공간(spacetime)이라고 하였다. 이 시공간은 시간과 공간으로 서로 구별되지 않는다. 다만 이 시공간은 시간에 해당하는 차원이 한 방향으로만 진행한다는 한계가 있기 때문에 제한적인 4차원 공간이라는 특징이 있다.

① 아인슈타인의 시공간은 시간과 공간으로 구별되어 존재했다.
② 아인슈타인 등장 전까지 시간과 공간은 독립적인 물리량이 아니었다.
③ 아인슈타인 등장 전까지 시간은 상대적인 물리량으로 변화 가능한 것이었다.
④ 아인슈타인의 시공간은 시간에 해당하는 차원이 한 방향으로만 진행되었다.

09. 다음 중 버크의 견해로 가장 적절한 것은?

2022 군무원 7급

18세기 영국의 사상가 버크는 프랑스 혁명의 과정을 지켜보면서, 국민 대중에 대하여 회의를 갖게 되었다. 일반 국민이란 무지하고 교육을 받지 못한 다수를 의미하기 때문에 그다지 신뢰할 만하지 않다는 이유에서이다. 그래서 그는 계약에 의해 선출된 능력 있는 대표자가 국민을 대신하여 지도자로서 국가를 운영케 하는 방식의 대의제를 생각해냈다. 재산이 풍족하여 교육을 충분히 받아 사리에 밝은 사람들이 그렇지 못한 다수 사람들의 이익을 위해 행동하는 편이 훨씬 효율적이라고 생각한 것이다. 그가 말하는 대의제란 지도자가 성숙한 판단과 계몽된 의식을 가지고 국민을 대신하여 일하는 것을 요체로 한다. 여기서 대의제의 본질은 국민을 대표하기보다 국민을 대신한다는 의미에 가깝다. 즉 버크는 대중이 그들 자신을 위한 유·불리의 이해관계를 알지 못한다는 가정을 전제로, 분별력 있는 지도자가 독립적 판단을 통해 국가를 이끌어가야 한다고 했던 것이다. 버크에 따르면 국민은 지도자와 상호 '신의 계약'을 체결했다기보다는 '신탁 계약'을 했다는 것이다. 그러므로 지도자에게는 개별 국민들의 요구와 입장을 성실하게 경청해야 할 의무 대신에, 국민 전체의 이익이 무엇인가를 스스로 판단해서 대신할 의무가 있다. 그는 만약 지도자가 국민의 의견을 좇아 자신의 판단을 단념한다면 그것은 국민에게 봉사하는 것이 아니라 국민을 배신하는 것이라고 했다.

① 지도자는 국민 다수의 의견을 따라야 한다.
② 국민은 지도자에게 자신의 모든 권리를 위임한다.
③ 성공적인 대의제를 위해서는 탁월한 지도자를 선택하는 국민의 자질이 중요하다.
④ 국민은 지도자를 선택한 이후에도 다수결을 통해 지도자의 결정에 대한 수용과 비판의 지속적인 태도를 보여 주어야 한다.

10. 다음 글에서 추론한 내용으로 가장 적절한 것은?

2019 국가직 7급

애리조나주 북부의 나바호 인디언과 유럽계 미국인은 오랜 세월에 걸쳐 서로의 시간 개념을 적응시키고자 노력해 왔다. 나바호인에게 시간은 공간과 같다. 즉 지금 여기만이 실재하며 미래라는 것은 현실감을 거의 주지 못한다. 나바호 마을에서 성장한 나의 옛 친구는 그 점을 다음과 같이 표현했다.

"자네도 알다시피 나바호인은 말[馬]을 사랑하고 경마로 내기하기를 즐기지. 그런데 만약 나바호인에게 '자네 지난 독립기념일에 플래그스태프에서 경주를 온통 휩쓸었던 내 말을 기억하지?' 하고 물었을 때, '그럼, 기억하고말고.' 하면서 그 말을 아주 잘 알고 있다는 듯이 끄덕인다 해도 그에게 다시, '그 말을 다음 가을에 자네에게 주겠네.' 하고 말하면 그는 낙담한 표정으로 돌아서서 가 버릴 것이네. 그러나 만약 '내가 방금 타고 온 저 비루먹은 말 알지? 영양실조에다 안짱다리인 저 늙은 말을 해진 안장과 함께 자네에게 줄게. 저놈을 타고 가게나.' 하고 말하면, 그 나바호인은 희색이 만면하여 악수를 청한 다음 자신의 새 말에 올라타서 사라질 것이네. 나바호인은 눈앞에 보이는 선물만을 실감할 뿐, 장래의 이익에 대한 약속은 고려할 가치조차 느끼지 못하는 것이지."

① 나바호인은 기억력이 좋아서 기념일에 선물을 잘 챙긴다.
② 나바호인은 지금 여기만이 실재한다는 인식으로 약속을 잘 지키지 않는다.
③ 나바호인은 앞으로 투자 가치가 있는 마을 구획정리 사업에는 긍정적이지 않다.
④ 나바호인은 기마민족으로 말에 대한 애착이 강하고 말을 최상의 선물로 간주한다.

12 Chapter 접속어 추론

정답 및 해설 p. 403

대표 출종포 발문 체크

01 (가)~(라)에 들어갈 말로 가장 적절한 것은?

02 다음 글의 ㉠~㉢에 들어갈 접속 부사로 가장 적절한 것은?

03 ㉠과 ㉡에 가장 알맞은 접속어는?

출종포 정리하기 접속 부사의 기능과 역할

관련 교재 요 족집게 적중노트 p. 159~161
기 출종포 독해 p. 152~153

❶ 그러나, 하지만, 그렇지만, 반면

> 과학은 인간의 이성으로 진리를 추구해 가는 가장 합리적인 방법이기에 그 결론은 우리가 얻을 수 있는, 가장 신뢰할 수 있는 결론이라고 해야 할 것이다. 그러나 이것은 인간의 이성으로 얻은 결론이므로 인간이라는 한계를 뛰어넘을 수는 없다.

❷ 그런데, 한편

> 이 작품을 잘 들여다보면 해골이 잠든 듯 살포시 눈을 감은 아래쪽 두상의 볼을 물어뜯고 있는데, 언뜻 보면 죽음이 삶을 잠식하는 듯하다. 그런데 작가는 해골을 붉은색 계열의 빛깔로 표현하였다. 흔히 떠올리는 백골의 이미지와는 동떨어져 있다.

❸ 그리고, 또한, 뿐만 아니라, 게다가

> 금속활자는 결코 대량 인쇄를 목적으로 한 것이 아니었다. 목판은 일단 새겨지기만 하면 수요가 많은 책을 복제하는 데 유리했지만, 새로운 수요에 재빨리 대응하기에는 속도가 너무나 더디었다. 또한 책의 종 수만큼 별도의 목판을 제작해야 하는 번거로움이 있었다.

❹ 그래서, 그러므로, 따라서, 그렇기 때문에

> 음식은 매우 강력한 변칙범주이다. 왜냐하면 음식은 자연과 문화, 나와 타인, 내적 세계와 외적 세계라는 매우 중요한 영역의 경계를 지속적으로 넘나들기 때문이다. 따라서 문화적으로 중요한 의미를 지닌 행사들은 늘 식사 대접을 통해 표현되었고, 날로 먹는 문화에서 익혀 먹는 문화로 변형되는 과정 역시 가장 중요한 문화적 과정 중의 하나였다.

❺ 예를 들어, 예컨대, 이를테면, 가령

> 다른 고전들에 비추면, 「논어」라는 책 이름은 이상하다. 동양 고전들은 주로 그 주인공을 책 제목으로 삼는다. 예컨대 「맹자」의 주인공은 맹자요, 「장자」의 주인공은 장자다. 한비자가 주인공인 책도 「한비자」요, 순자가 주인공인 책 제목은 「순자」다.

❻ 이처럼, 다시 말하면, 즉, 요컨대, 결국

> '아낭케'는 고대 그리스 신화에서 피할 수 없는 운명이나 필연성 등을 상징하는 여신으로 등장한다. 이처럼 신화적 상상력으로 세계의 현상들을 바라보는 관점이 지배적이었던 시기에 아낭케는 '운명으로서의 필연'이라는 의미를 가지고 있었다.

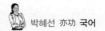

❻ 또는, 혹은

네거티비즘은 결코 건축 행위를 하지 말자는 뜻이 아니다. 적극적으로 건축 행위를 하되 긍정적인 면과 밝은 면, **또는** 인간 중심적인 면이나 건축주의 요청만을 고려하기 때문에 건축 설계에서 제외되기 쉬운 중요한 측면들을 신중하게 고려하자는 것이 네거티비즘의 뜻이다.

❼ 만약~한다면

돌연변이는 세균끼리의 접합을 통해 전달되기도 한다. 접합은 인접한 세균 사이에서 유전 형질의 교환이 일어나는 것을 의미한다. 그리고 세균은 다른 세균이나 죽은 세균을 흡수할 수도 있다. **만약** 흡수되는 세균이 항생제에 대한 내성을 지니고 있었다면, 이로 말미암아 그 세균을 흡수한 세균도 내성을 지니게 되는 것이다.

❽ 물론 ~하지만

대기 중 이산화탄소 흡수를 위한 산림 조성에 힘써 왔지만, 우리가 놓치고 있는 이산화탄소 흡수원이 있습니다. 바로 연안 생태계입니다. **물론** 연안 생태계의 역할이 얼마나 크겠냐고 의문을 제기하는 분도 계실 것입니다. **하지만** 연안 생태계를 구성하는 갯벌과 염습지의 염생 식물, 식물성 플랑크톤 등은 광합성을 통해 대기 중 이산화탄소를 흡수하는데, 산림보다 이산화탄소 흡수 능력이 뛰어납니다.

❾ 왜냐하면

누군가가 "엔진을 멈추어야 한다."라고 말하면, 그것은 비현실주의적입니다. **왜냐하면** 타이타닉 호라는 배는 전진하도록 되어 있어서 전진하지 않으면 저마다의 일거리가 없어지기 때문입니다.

2017 지방직 9급 추가

★출좋포 적용 亦功 접속어 추론 방법

'빈칸에 들어갈 접속어' 찾기

1. 먼저 혜선 쌤과 함께 접속어의 의미 관계를 정확하게, 제대로 공부해야 한다.

2. 제시문 안에서 접속어를 기준으로 앞뒤 문장의 의미 관계를 파악한다. (여기에서 중요한 것은 절대로 아래에 선택지에 있는 접속어를 먼저 봐서는 안 된다는 것이다. 먼저 선지의 접속어를 보고 넣어보면 모두 말이 되기 때문이다!!)

3. 의미 관계를 확인한 후에는 빈칸에 들어갈 접속어를 스스로 생각해 본 후에 선지에서 접속어를 선택해야 한다.
   두 문장의 내용이 반대인지, 인과 관계인지, 예시 관계인지, 나열 관계인지. 요약 관계인지에 따라 접속어를 넣으면 된다.

4. 보통 묻는 접속어가 3–4개 정도 되므로,
   정말 들어가면 안 되는 접속어들을 소거해버리는 식으로 정답을 찾아낼 수 있다.

대표 亦功 기출

제3편 독해 CH.12 접속어 추론

---

01. 다음 글의 (가)와 (나)에 들어갈 적절한 말을 순서대로 바르게 짝지은 것은?

2023 군무원 9급

비즈니스 화법에서는 상사에게 보고할 때 결론부터 말하라고 한다. 이것도 맞는 말이다. 그렇지 않아도 바쁜데 주저리주저리 이야기를 길게 늘어놓으면 짜증이 난다. ___(가)___ 현실은 인간관계의 미묘한 심리가 복잡하게 얽혀 있는 비즈니스 사회다. 때로는 일부러 결론을 뒤로미뤄 상대의 관심을 끌게 만들어야 할 때도있다. 예를 들어, 회사에서의 라이벌 동료와의 관계처럼 자기와 상대의 힘의 균형이 미묘할 때이다.

당신과 상사, 당신과 부하라는 상하관계가 분명한 경우는 대응이 항상 사무적이 된다. 사무적인 관계에서는 쓸데없는 시간과 노력을 들이지 않아도 된다. ___(나)___ 같은 사내의 인간관계라도 라이벌 동료가 되면 일을 원활하게 해나가는 것만이 능사는 아니다. 권력 관계에서의 차이가 없는 만큼 미묘한 줄다리기가 필요하다. 이렇게 권력관계가 미묘한 상대와의 대화에서 탁월한 최면 효과를 발휘하는 것이 '클라이맥스 법'이다. 비즈니스 현장에서뿐만아니라 미묘한 줄다리기를 요하는 연애 관계에서도 초기에는 클라이맥스 법이 그 위력을 발휘한다.

① 그러므로 – 그러므로

② 하지만 – 하지만

③ 하지만 – 그러므로

④ 그러므로 – 하지만

---

02. ⑦~ⓒ에 들어갈 적절한 접속어를 순서대로 나열한 것은?

2017 국가직 9급 추가

역사의 연구는 개별성을 추구하는 것이라고 할 수가 있다. (㉠) 구체적인 과거의 사실 자체에 대해 구명(究明)을 꾀하는 것이 역사학인 것이다. (㉡) 고구려가 한족과 투쟁한 일을 고구려라든가 한족이라든가 하는 구체적인 요소들을 빼 버리고, 단지 "자주적 대제국이 침략자와 투쟁하였다."라고만 진술해 버리는 것은 한국사일 수가 없다. (㉢) 일정한 시대에 활약하던 특정한 인간 집단의 구체적인 활동을 서술하지 않는다면 그것을 역사라고 말할 수 없는 것이다.

	㉠	㉡	㉢
①	즉	가령	요컨대
②	가령	한편	역시
③	이를테면	역시	결국
④	다시 말해	만약	그런데

03. ㉠~㉢에 들어갈 말을 바르게 연결한 것은?

2017 지방직 9급 추가

많은 사람들에게 유일한 현실은 '타이타닉 호'라는 배뿐입니다. 타이타닉 호 속에는 판에 박은 일상사가 있습니다. (㉠) 선원은 엔진에 연료를 넣지 않으면 안 되고, 배가 전진하기 위해서는 온갖 기계를 확실히 관리하지 않으면 안 됩니다. 모두 각자 일상사를 가지고 있고 그것을 계속하는 사람이 현실주의자입니다.

누군가가 "엔진을 멈추어야 한다."라고 말하면, 그것은 비현실주의적입니다. 왜냐하면 타이타닉 호라는 배는 전진하도록 되어 있어서 전진하지 않으면 저마다의 일거리가 없어지기 때문입니다. 오늘날 세계 경제에 퍼져 있는 현실주의는 바로 그러한 현실주의라고 생각됩니다. 현실주의적인 경제학자가 타이타닉 호에 "전속력으로!"라는 명령을 하려고 합니다. 이것이 타이타닉 호의 논리입니다.

이 논리는 타이타닉 호가 전 세계라는 점을 전제로 성립합니다. 마찬가지로 경제학자의 논리도 세계 경제 시스템 이외에 아무런 현실이 없다고 한다면 합리적인 논리라고 할 수 있습니다. (㉡) 타이타닉 호의 바깥에는 바다가 있고 빙산이 있습니다. 세계 경제의 바깥에는 재난이 있습니다. 바로 이것이 문제입니다. 여기서 타이타닉 호의 비유가 갖는 한계를 알 수 있는데, 타이타닉 호의 경우는 하나의 빙산이 있고, 장래에 배가 거기에 부딪힌다는 것입니다.

그러나 우리들의 세계 경제 시스템은 장래에 빙산이 기다리고 있는 게 아닙니다. 재난은 이미 시작되었습니다. (㉢) 차례차례 빙산에 부딪히고 있는 중입니다.

	㉠	㉡	㉢
①	그리고	그러면	만약
②	그리고	그렇지만	만약
③	예를 들면	그러면	말하자면
④	예를 들면	그렇지만	말하자면

04. 다음 글의 ㉠~㉢에 들어갈 접속 부사로 가장 적절한 것은?

2017 국회직 9급

공장에서 식품을 생산하여 가능한 한 많은 먹을거리를 안정적으로 공급받기 위해 사람들이 기울여 온 노력은 지구촌에 자본주의 시대가 열린 이후 지속적으로 이어져 온 지상과제 중 하나이다. (㉠) 오늘날 사람들은 우주시대에 어떻게 먹을거리를 해결할 것인가라는 문제에 대해 더욱 많은 관심을 보이기도 한다. (㉡) 21세기는 먹을거리에 관한 한 '풍요의 시대'가 될 것이라는 낙관적 입장이 주류를 이루는 듯하다. (㉢) 오늘날 우리의 현실은 풍요의 시대가 '약속된 하느님의 뜻'인 것 같지 않다. 일부에서는 유전자 조작에 의해 생산된 콩이나 돼지고기를 먹은 우리가 과연 온전할 것인가에 대한 의구심이 유전자 조작 식품에 대한 반발로 이어지고 있다.

	㉠	㉡	㉢
①	그래서	그러나	그렇지만
②	그런데	그리고	심지어
③	그러나	심지어	그리고
④	심지어	그래서	하지만
⑤	하지만	그래서	그러나

05. ㉠~㉣에 들어갈 말로 가장 적절한 것은?

2015 국가직 7급

태평양전쟁이 격화되자 일제는 식민지 조선 내에서 황국 신민화정책을 강화함과 동시에 일본인으로서의 투철한 국가관과 '국민'의식을 주입하는 데 주력하게 되었다. (㉠) '국민'이란 말이 일본 내에서 실체적인 함의를 지니게 된 것은 청일전쟁 이후였다. (㉡) 이 경우 천황 아래 모두가 평등한 신민, 즉 일본의 '국민'으로서 재탄생하여야 한다는 당위적 명제는 다른 면에서는 '비국민'으로 낙인 찍힐지도 모른다는 불안감을 조장하는 일이기도 했다. (㉢) 이러한 사정은 식민지 조선 내에서도 마찬가지로 작용하였다. (㉣) '국민'의식의 강조는 이때까지만 해도 여전히 민족적인 이질감을 유지하고 있었던 조선인들에게는 심리적인 포섭의 원리인 동시에 '비국민'으로서의 공포감을 동반한 강력한 배제의 원리로 작용하였던 셈이다.

	㉠	㉡	㉢	㉣
①	사실	그런데	그리고	요컨대
②	사실	게다가	또한	그러므로
③	실제로	또한	게다가	요컨대
④	실제로	그러나	그리고	그러므로

06. ㉠과 ㉡에 가장 알맞은 접속어는?

2014 국회직 9급

언어의 기능은 의사소통이다. 즉, 우리가 일상생활을 할 때 주위의 사람들과 의사소통을 하게 하는 것이 언어의 주요 기능이며, 실상 언어 발생의 동기와 목적이 의사소통의 필요성에 있었다고 볼 수 있다. 인류문화가 아주 원시적이었던 선사 시대에는 단순한 의사소통만으로 언어가 그 기능을 다 발휘할 수 있었다. (㉠) 인간의 사회구조가 점점 더 복잡해지고 인류문화가 발달하면서, 눈앞에 보이는 청자와의 직접적인 의사소통뿐만 아니라, 화자의 음성이 미치지 못하는 거리나 시간에 처해 있는 보이지 않는 청자와 의사소통을 해야 할 필요성이 생기게 되었다. 부족국가가 형성되고, 정치체제가 성립되면서 지방 행정관에게 명령을 전달할 필요성도 생겼고, 자기가 습득한 기술이나 지식을 후손에게 전해 주고 싶은 마음도 생겼고, 보이지 않는 독자를 위해 시나 소설을 짓고 싶은 마음도 생기기도 하였다. 전화도 녹음기도 비디오도 없었던 시절, 발성하자마자 한 리(里)도 못 가 자취 없이 사라져 버리는 음성은 간접적인 의사소통에는 전혀 부적당한 매개체였다. (㉡) 시간과 공간의 장애를 초월해서 의사를 전할 수 있는 언어의 매개체를 모색하였고, 그 결과 문자가 나오게 되었다.

㉠	㉡
① 그런데 – 그리고	
② 그러나 – 그리하여	
③ 그런데 – 하지만	
④ 그리고 – 그래서	
⑤ 그러나 – 그리고	

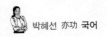

07. 괄호 안에 들어갈 알맞은 접속어를 순서대로 나열한 것은?

2012 지방직 9급

각 시대는 그 시대의 특징을 나타내는 문학이 있다고 한다. 우리나라도 무릇 사천 년이 넘는 생활의 역사를 가진 만큼 그 발전 시기마다 각각 특색을 가진 문학이 없을 수 없고, 문학이 있었다면 그 중추가 되는 것은 아무래도 시가문학이라고 볼 수밖에 없다. (㉠) 대개 어느 민족을 막론하고 인간 사회가 성립하는 동시에 벌써 각자의 감정과 의사를 표시하려는 욕망이 생겼을 것이며, 삼라만상의 대자연은 자연 그 자체가 율동적이고 음악적이라고 할 수 있기 때문이다. 다시 말하면 인간이 생활하는 곳에는 자연적으로 시가가 발생하였다고 할 수 있다. (㉡) 사람의 지혜가 트이고 비교적 언어의 사용이 능란해짐에 따라 종합 예술제의 한 부분으로 있었던 서정문학적 요소가 분화·독립되어 제요나 노동요 따위의 시가의 원형을 이루고 다시 이 집단적 가요는 개인적 서정시로 발전하여 갔으리라 추측된다. (㉢) 다른 나라도 마찬가지이겠지만 우리 문학사상 시가의 지위는 상당히 중요한 몫을 지니고 있다.

	㉠	㉡	㉢
①	왜냐하면	그리고	그러므로
②	그리고	왜냐하면	그러므로
③	그러므로	그리고	왜냐하면
④	왜냐하면	그러나	그럼에도 불구하고

08. ㉠~㉣에 알맞은 접속어를 순서대로 나열한 것은?

2011 국회직 8급

사람은 왜 춤을 출 수 있는가? 살아 있기에 춤을 춘다. 살아 있을 뿐만 아니라 또 '제대로' 살아 있도록 하는 생명의 자기 충일의 욕구 때문에 춤추는 것이다. 춤만큼 살아 있음을 스스로 확인시켜 주는 문화나 예술이 있는지 생각해 보라.

(㉠) 춤은 사람만이 추는 것은 아니다. 흔히 파도가 '춤춘다'는 말을 한다. 파도가 '물결친다'는 말과 파도가 '춤춘다'는 말은 '움직인다'는 공통성을 지니고 있지만, 질적 의미는 전혀 다른 것이다. '물결친다'는 말로는 담아낼 수 없는, 그 어떤 기운에 휩싸여 있을 때 우리는 '춤춘다'고 표현한다. 이런 표현은 사물이나 현상을 마치 인간의 것인 양 빗대어 의인화한 것이다. 사람의 마음이 사물이나 현상에 움직여 나타난 표현인데, 그것은 주객 분리에 따른 일방적인 접근이 아니라 사물이나 현상을 살아 있는 것으로 보고 대상 자체의 자기 생성 활동과 인식 주체의 생성 활동을 일치시켜 동시적인 상호 관계 속에서 바라보는 시각인 것이다.

(㉡) 여기서는 '물결친다'와 '춤춘다' 사이를 가르고 또 이동시키는 에너지가 무엇인지 곰곰이 생각해 보고자 한다. 새가 '지저귄다'와 새가 '노래한다'는 말도 이와 유사하다. 노래하는 것도 실상은 지저귀는 것을 말하는 것이지만, '지저귐'과 '노래함'은 그 질적 의미가 다르지 않은가?

(㉢) 춤추고 노래하는 원천 동기인 '살아 있다'는 것은 무엇일까? 이는 인간학적 철학이라든가 생태학적 철학의 한 질문일 수도 있다. 쿠르트 작스는, 춤춘다는 것은 '보다 한단계 고양된 삶'이라고 말하고 있다. 삶이 본래의 제자리를 잡는 것이 바로 춤이다. 춤은 존재의 자기 향유이고 자기 창출이기도 하다.

(㉣) 쿠르트 작스는 그의 책 서문의 첫머리에 "춤추지 않고서야 어찌 인생을 알리요."라는 옛 잠언을 인용하고 있다. 춤추는 사람이어야만, 춤을 추어야만 인생의 맛과 멋 그리고 의미와 깊이를 얻게 된다는 것이다. 춤은 삶의 끝없는 도정이고 또 사람 살아가는 도리를 다하는 것이기도 하다.

	㉠	㉡	㉢	㉣
①	물론	다만	그렇다면	또한
②	그러므로	물론	한편	또한
③	그러나	그렇다면	한편	예컨대
④	그러나	다만	그렇다면	예컨대
⑤	물론	그래서	한편	예컨대

13 Chapter
빈칸 추론＋이어질 내용 추론

정답 및 해설 p. 404

 대표 출좋포 발문 체크

01 글의 통일성을 고려할 때 (가)에 들어갈 말로 가장 적절한 것은?

02 다음 글에 이어질 내용으로 가장 적절한 것은?

 적용 빈칸 추론＋이어질 내용 추론

 관련 교재 **기** 출좋포 독해 p. 163

1. 거의 모든 것이 긍정 발문이기 때문에 선택지로 가지 않고 제시문을 먼저 전체적으로 읽어야 한다.

2. 빈칸이 중간 부분에 나타나는 경우에는 앞뒤의 정보를 꼼꼼하게 읽는다.

3. 빈칸이 끝부분에 나타나는 경우에는 앞의 정보를 꼼꼼하게 읽는다.

4. 주변 정보를 잘 살핀 후에 객관적인 근거를 바탕으로 빈칸에 어떤 것이 들어갈지 미리 예측한 후 제일 비슷한 선택지를 고른다. 만약 예측이 어렵다면 선택지를 보면서 소거해 나간다.

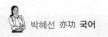

대표 亦功 기출

제3편 독해 CH.13 빈칸 추론＋이어질 내용 추론

01. ㉠, ㉡에 들어갈 내용으로 적절한 것은? 2023 국회직 8급

최후통첩 게임에서 두 참가자는 일정한 액수의 돈을 어떻게 분배할지를 놓고 각각 나름의 결정을 내리게 된다. 먼저 A에게 1,000원짜리 100장을 모두 준 다음 그 돈을 다른 한 사람인 B와 나누라고 지시한다. 이때 A는 자기가 제안하는 액수를 받아들일지 말지 결정할 권리가 B에게 있다는 사실을 알고 있다. 만약 B가 그 제안을 수용하면, 두 사람은 A가 제안한 액수만큼 각각 받는다. 만약 B가 그 제안을 거절하면, 아무도 그 돈을 받지 못한다. 이는 일회적 상호작용으로서, 결정할 수 있는 기회는 단 한번뿐이고 두 사람은 서로에 대해서 전혀 모르는 사이이다. 그들은 어떤 결정을 내릴 것인가? 만약 두 사람이 모두 자기 이익에 충실한 개인들이라면, A는 아주 적은 액수의 돈을 제안하고 B는 그 제안을 받아들일 것이다. A가 단 1,000원만 제안하더라도, B는 그 제안을 받아들여야 한다. 왜냐하면 B는 (㉠) 둘 중 하나를 선택해야 하기 때문이다. 만약 상대방이 합리적 자기 이익에 충실하다고 확신한다면, A는 결코 1,000원 이상을 제안하지 않을 것이다. 그 이상을 제안하는 일은 상대방의 이익을 배려한 것으로 자신의 이익을 불필요하게 줄이기 때문이다. 이것이 이기적인 개인들에게서 일어날 상황이다.

하지만 현실에서는 이런 상황은 절대 일어나지 않는다. 실험결과에 따르면, 사람들은 낮은 액수의 제안을 받으면 거절하는 경향이 있다. 이 연구에서 나타난 명백한 결과에 따르면 총액의 25% 미만을 제안할 경우 그 제안은 거절당할 가능성이 상당히 높다. 비록 자기의 이익이 최대화되지 않더라도 제안이 불공평하다고 생각하면 거절하는 것으로 보인다. 액수를 반반으로 나누고자 하는 사람이 제일 많다는 점은 이를 지지해 준다. 결과적으로 이 실험은 (㉡)는 것을 보여 준다.

① ㉠: 제안한 1,000원을 받든가, 한 푼도 받지 못하든가
ㄴ: 인간의 행동이 경제적 이득에 의해서 움직인다

② ㉠: 1,000원보다 더 적은 금액을 받든가, 제안한 1,000원을 받든가
ㄴ: 인간이 공정성과 상호 이득을 염두에 두고 행동한다

③ ㉠: 제안한 1,000원을 받든가, 한 푼도 받지 못하든가
ㄴ: 인간의 행동이 경제적 이득에 의해서만 움직이지 않는다

④ ㉠: 1,000원보다 더 적은 금액을 받든가, 제안한 1,000원을 받든가
ㄴ: 인간의 행동이 경제적 이득에 의해서만 움직이지 않는다

⑤ ㉠: 제안한 1,000원을 받든가, 한 푼도 받지 못하든가
ㄴ: 인간이 공정성과 상호 이득을 염두에 두고 행동하지 않는다

02. **㉠에 들어갈 내용으로 적절한 것은?** 2023 국회직 8급

신석기 시대에 들어 농사가 시작되면서 여성의 역할은 더욱 증대되었다. 농사는 야생 곡물이 밀집한 지역에서 이를 인위적으로 재생산함으로써 시작되었다. 이처럼 농사는 채집 활동의 연장선상에서 발생하였기 때문에 처음에는 주로 여성이 담당하였다. 더욱이 당시 농업 기술은 보잘것없었고, 이를 극복할 별다른 방법도 없었다. 이러한 단계에서 인간들이 풍요로운 생활을 누리기 위해서는 종족 번식, 곧 여성의 출산력이 무엇보다 중요하였다.

그러나 신석기 시대 중후반에는 농경이 본격적으로 발전하면서 광활한 대지의 개간이나 밭갈이에는 엄청난 노동력과 강한 근력이 요구되었다. 농사는 더 이상 여성의 섬세함만으로 해낼 수 없는 아주 고된 일로 바뀌었다. 마침 이 무렵, 집짐승 기르기가 시작되면서 남성들은 더 이상 사냥감을 찾아 산야를 헤맬 필요가 없게 되었다. 사냥 활동에서 벗어난 남성들은 생산 활동의 새로운 주인공이 되었다. 그리고 여성들은 보조자로 밀려나서 주로 집안일이나 육아를 담당하게 되었다. 이로써 남성이 주요 생산 활동을 담당하게 되고, (㉠   )

① 남성과 여성의 사회적 위상과 역할이 달라지게 되었다.
② 여성은 생산 활동에서 완전히 배제되기 시작하였다.
③ 남성이 남성으로서의 제 역할을 하게 되었다.
④ 남성은 여성을 씨족 공동체의 일원으로 인정하지 않게 되었다.
⑤ 사냥 활동에서 여성이 남성의 역할을 대체하게 되었다.

03. **다음 글의 문맥상 (   ) 안에 들어갈 말로 가장 적절한 것은?** 2023 군무원 9급

행루오리(幸漏誤罹)는 운 좋게 누락되거나 잘못 걸려드는 것을 말한다. (   ) 걸려든 사람만 억울하다. 아무 잘못 없이 집행자의 착오나 악의로 법망에 걸려들어도 마찬가지다. 여기에 부정이나 청탁이 개입되기라도 하면 바로 국가의 법질서에 대한 불신으로 이어진다. 결국 행루오리는 법집행의 일관성을 강조한 말이다.

① 똑같이 죄를 지었는데 당국자의 태만이나 부주의로 법망을 빠져나가는 사람이 있으면
② 가벼운 죄를 짓고도 엄혹한 심판관 때문에 무거운 벌을 받으면
③ 가족이나 이웃의 범죄에 연루되어 죄없이 벌을 받게 되면
④ 현실과 맞지 않는 법 때문에 성실한 사람이 범죄자로 몰리게 되면

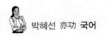

04. 다음 기사의 (㉠) 안에 들어갈 말로 가장 적절한 것은?

2023 군무원 7급

> 탄소중립을 실천하기 위해 우리가 할 수 있는 일은 무엇일까? 에너지 절약부터 친환경 제품 사용, 이면지 사용, 일회용품 사용하지 않기 등 다양한 방법들이 있다. 하지만 또 다른 방법이 있다고 산림청은 전한다. 먼저 우리 주변 나무를 잘 사용하는 것이다. 나무를 목재로 사용하면 된다. 목재 가공은 철강 생산보다 에너지를 85배 절감할 수 있다고 한다. …
>
> 그렇다고 나무를 다 베어서는 안 된다는 우려도 존재한다. 하지만 걱정할 필요가 없다고 산림청은 말한다. (㉠) 특히 우리나라는 OECD 국가 중 산림 비율이 4위일 정도로 풍성한 숲을 보유하고 있다. 이를 잘 활용해서 환경 보호에 적극적으로 사용해야 하는 것이다.

① 목재를 보전하는 숲과 수확하는 숲을 따로 관리한다는 것이다.
② 나무가 잘 자라는 열대지역에서 목재를 수입한다는 것이다.
③ 버려지는 폐목재를 가공하여 재사용한다는 것이다.
④ 나무를 베지 않고 숲의 공간을 활용하여 주택을 짓는다는 것이다.

05. 다음 글의 빈칸에 들어갈 말로 옳은 것은?

2023 국회직 9급

> 지구 온난화를 주장하는 이들은 지구가 계속 더워질 경우 해수면이 즉각적이고 아주 높게 상승하는 것이 피할 수 없는 일이라 가정하는 것처럼 보인다. 그러나 해수면의 상승은 여러가지 힘들이 맞부딪혀서 나온 산물이다.
>
> 더운 온도로 물의 부피는 상승한다. 더운 온도로 더 많은 빙하들이 녹는다. 그러나 더운 온도는 해양과 호수로부터 더 많은 수분을 증발시킨다. 구름이 증발한 수분을 세계의 빙하와 만년설에 옮기고 [   ] 빙하와 만년설은 더 커지게 될 것이다.
>
> 시간 또한 중요한 요소이다. 얼음은 천천히 녹는다. 빙하와 만년설은 매우 많은 양의 태양열을 표면으로 반사하기 때문에 녹으려면 수천 년이 걸린다. 워싱턴 대학의 존 스톤에 따르면, 이것이 서남극의 빙판이 빙하기가 끝나고 10,000년이 지났음에도 완전히 녹으려면 아직 7,000년의 기간을 필요로 하는 이유이기도 하다. 스톤 박사와 연구 팀은 얼음이 밀려나면서 남극 대륙의 포드 산맥에 남겨진 암석의 화학 성분을 조사하였다. 이 조사에 따르면 과거 지구의 역사를 고려할 때 서남극의 빙판이 사라지기 전에 또 다른 한랭기가 끼어들 확률이 크다.

① 충분한 시간이 확보되면
② 물의 부피가 계속해서 상승하면
③ 암석에 의해 얼음이 밀려나지 않으면
④ 해수면이 즉각적으로 상승하지 않으면
⑤ 그 지역의 온도가 얼음을 녹일 정도가 아니면

06. 글의 통일성을 고려할 때 (가)에 들어갈 말로 가장 적절한 것은?

2021 지방직 9급

혼정신성(昏定晨省)이란 저녁에는 부모님의 잠자리를 봐 드리고 아침에는 문안을 드린다는 뜻으로 자식이 아침저녁으로 부모의 안부를 물어 살핌을 뜻하는 말로 '예기(禮記)'의 '곡례편(曲禮篇)'에 나오는 말이다. 아랫목 요에 손을 넣어 방 안 온도를 살피면서 부모님께 문안을 드리던 우리의 옛 전통은 온돌을 통한 난방 방식과 관련 깊다. 온돌을 통한 난방 방식은 방바닥에 깔려 있는 돌이 열기로 인해 뜨거워지고, 뜨거워진 돌의 열기로 방바닥이 뜨거워지면 방 전체에 복사열이 전달되는 방법이다. 방바닥 쪽의 차가운 공기는 온돌에 의해 따뜻하게 데워지므로 위로 올라가고, 위로 올라간 공기가 다시 식으면 아래로 내려와 다시 데워져 위로 올라가는 대류 현상으로 인해 결국 방 전체가 따뜻해진다. 벽난로를 통한 서양식의 난방 방식은 복사열을 이용하여 상체와 위쪽 공기를 데우는 방식인데, 대류 현상으로 바닥 바로 위 공기까지는 따뜻해지지 않는다. 그 이유는

(가)   .

① 벽난로에 의한 난방은 방바닥의 따뜻한 공기가 위로 올라가 식으면 복사열로 위쪽의 공기만을 따뜻하게 하기 때문이다

② 벽난로에 의한 난방이 복사열에 의한 난방에서 대류 현상으로 인한 난방이라는 순서로 이루어졌기 때문이다

③ 대류 현상을 통한 난방 방식은 상체와 위쪽의 공기만 따뜻하게 하기 때문이다

④ 상체와 위쪽의 따뜻한 공기는 차가운 바닥으로 내려오지 않기 때문이다

07. ㉠에 들어갈 말로 적절한 것은?

2021 국회직 8급

우리가 이용하는 디지털화된 정보들은 대다수가 아날로그 기반에서 생성된 것이다. 온라인에서 보는 텍스트 정보, 사진, 동영상 대부분이 기존의 종이 매체나 필름에 기록된 것들이다. 온라인 게임을 정보 통신 시대의 독특한 문화양상이라고 하지만, 인기를 끌고 있는 많은 게임은 오래전부터 독자들로부터 사랑받던 판타지 문학에서 유래했다.

아날로그가 디지털과 결합해 더욱 활성화되기도 한다. 동양의 전통 놀이 중 하나인 바둑과 장기도 그렇다. 전형적인 아날로그 문화의 산물인 바둑이 인터넷 바둑 사이트 덕분에 더욱 대중화된 놀이가 되었다. 예전에는 바둑을 두기 위해 친구와 약속을 잡거나 기원을 찾아야 했지만, 지금은 인터넷에 접속하면 언제든 대국을 즐길 수 있다.

따라서 (㉠   )

① 디지털 문화와 아날로그 문화를 수직적인 것으로 파악하는 것은 본질과 거리가 멀다.

② 디지털 문화와 아날로그 문화를 수평적인 것으로 파악하는 것은 본질과 거리가 멀다.

③ 디지털 문화와 아날로그 문화를 상호 보완적인 것으로 파악하는 것은 본질과 거리가 멀다.

④ 디지털 문화와 아날로그 문화를 입체적인 것으로 파악하는 것은 본질과 거리가 멀다.

⑤ 디지털 문화와 아날로그 문화를 대립적인 것으로 파악하는 것은 본질과 거리가 멀다.

PART 03

08. 다음 밑줄 친 ㉠에 들어갈 속담으로 가장 적절한 것은?

2019 경찰 1차

귀국하고 나서도 아버지는 역시 노동, 어머니는 장사를 했다. 어머니가 장사를 한 것은 귀국 즉시가 아니었고, 한번은 죽은 내 남동생의 주사를 맞히려고 하는데 집에는 돈 한 푼이 없어 이웃에게 빌리려고 했으나 어디 한 군데서도 그것을 못 했다고 한다. 그 약값이 없어 동생은 죽었다. '없으면 문둥이보다 더 더럽다.'라는 것은 당신이 노상 한 말이었고, 그래서 당신 스스로가 장사판에 뛰어든 것이다. [중략]

그러니까 그 덕으로 우리는 살았다. 이때도 생선을 지고 그 뒤치다꺼리는 아버지가 했다. 그 장사를 몇 년 했다. 형이 장가든 것도, 내가 그런 것도, 또 밑으로 누이동생 둘이 시집간 것도, 다 어머니가 장사를 한 덕을 입었다. 큰 벌이는 아니었으나 그동안 먹고 지낸 것, 우리들 사 남매를 장가가고 시집가게 한 조그만 힘은 되었다. [중략]

어머니는 숱한 고생 속에서 세월을 보냈다. 그 어머니의 말대로, '㉠＿＿＿＿＿＿＿＿'였다. 자신의 노력이 하나도 드러나지 않는 것이었다. 지지리도 고생스러운 나날이었다.

① 비단옷 입고 밤길 걷기
② 솔밭에 가서 고기 낚기
③ 원님 덕에 나팔 분다
④ 굽은 나무가 선산을 지킨다

09. ㉠~㉣에 들어갈 말로 가장 적절한 것은?

2016 국가직 7급

인간 본성이 이기적이냐 혹은 이타적이냐 하는 이분법적 질문은 흑백 논리를 지양하고 (㉠)을 강조하는 오늘날에는 그저 지적 호사가들의 관심이나 끌 법한 낡은 질문으로 다가오는 것이 사실이다. 나아가 인간에게 내재된 본성 같은 게 실제로 있기나 한 것인지 근본적인 (㉡)을/를 품어볼 수도 있다. 인류 역사에서 이러한 생각은 비교적 최근까지도 전통적인 형이상학의 영역에 속한다고 여겨 왔기 때문에 인간 본성에 대한 답변도 대체로 철학이나 종교의 영역이 맡아 왔다. 그 가운데에는 지혜의 원천으로서 인류의 삶에 훌륭한 (㉢)이/가 되어온 것들이 적지 않다. 그러나 이들은 모두 인간 중심적 사고에 (㉣)되었다는 근원적 한계를 갖는다.

	㉠	㉡	㉢	㉣
①	다원성	의문	전범	착종
②	다양성	회의	지침	고착
③	중층성	질문	모범	연루
④	융합성	반문	통찰	편향

10. 〈보기〉에 이어질 내용으로 가장 적절한 것은?

2019 서울시 7급

─〔보기〕─

　　미디어의 첫 혁명이라고 불릴 수 있는 인쇄술의 발전은 지식 제도 면에서 몇 가지 중요한 변화를 가져왔다. 그 가운데 가장 현저한 변화는 학교와 교사의 기능에서 생겨났다. 다시 말해서, 학교와 교사 없이도 독학을 할 수 있는 '책'이 나왔던 것이다. 독서에 의한 학습이 이루어짐으로써 학교 제도, 또는 기억이라는 개인의 습관에 대한 의존도가 낮아지게 되었다. 기억의 관습에 가한 변화는 인쇄술 발달이 가져온 중요한 업적이다.

　　인쇄술의 발달로 당연히 책이 양산되고 책값 역시 저렴해졌을 뿐 아니라, 주해자/주석자의 중요성은 반감된 채 다양한 책들이 서점과 서가에 등장하게 되었다. 그 결과 여러 텍스트를 대조하고 비교할 수 있는 기회가 많아졌으며, 자연스레 지식 사회에 대한 비판과 검증이 가능해졌다

① 독점적인 학설이나 학파의 전횡도 줄어들 수밖에 없었고, 특정 학설의 권위주의적인 행보도 긴 생명을 가질 수 없게 되었다.

② 교사의 권위는 책의 내용을 쉽게 설명해줌으로써 독서를 용이하게 해주는 방식으로 더욱 공고해졌다.

③ 독서 대중의 비판과 검증에 대응하기 위해 지식 사회는 지식의 독점과 권력화에 매진하게 되었다.

④ 저자의 권위가 높아짐으로써 책의 내용을 있는 그대로 받아들이는 수동적인 독서 대중이 탄생하였다.

14 Chapter 사례 추론

대표 출종포 발문 체크

01 ⊙~ⓔ의 사례로 적절하지 않은 것은?

02 하버마스의 주장에 부합하는 사례로 가장 적절한 것은?

03 글의 내용을 구체적으로 설명하기 위한 예로 적절하지 않은 것은?

04 다음 글을 뒷받침하는 예로 적절하지 않은 것은?

출종포 적용 사례 추론

  관련교재 가 출종포 독해 p. 174

1. 제시문을 먼저 읽고 사례에 적용해야 하는 '원리'을 먼저 추출하면서 읽는다.
   원리에 밑줄을 긋는 것이 핵심이다.
   밑줄을 어디에 긋는가에 따라 정답과 오답이 결정된다.

2. 보통 조건은 1개에서 많으면 3개 정도로 추릴 수 있다.
   그런데, 이 조건들 외에 '적용되어서는 안 되는 원리'이 있으면 이를 따로 정리해야 한다.

제3편 독해 CH.14 사례 추론

01. 다음 글에서 추론한 내용으로 적절하지 않은 것은?

2023 지방직 9급

한글은 소리를 나타내는 표음문자여서 한국어 문장을 읽는 데 학습해야 할 글자가 적지만, 한자는 음과 상관없이 일정한 뜻을 나타내는 표의문자여서 한문을 읽는 데 익혀야 할 글자 수가 훨씬 많다. 이러한 번거로움에도 한글과 달리 한자가 갖는 장점이 있다. 한글에서는 동음이의어, 즉 형태와 음이 같은데 뜻이 다른 단어가 많아 글자만으로 의미를 파악하지 못하는 경우가 많다. 하지만 한자는 그렇지 않다. 예컨대, 한글로 '사고'라고만 쓰면 '뜻밖에 발생한 사건'인지 '생각하고 궁리함'인지 구별할 수 없다. 한자로 전자는 '事故', 후자는 '思考'로 표기한다. 그런데 한자는 문맥에 따라 같은 글자가 다른 뜻으로 쓰이지는 않지만 다른 문장성분으로 사용되기도 해 혼란을 야기한다. 가령 '愛人'은 문맥에 따라 '愛'가 '人'을 수식하는 관형어일 때도, '人'을 목적어로 삼는 서술어일 때도 있는 것이다.

① 한문은 한국어 문장보다 문장성분이 복잡하다.

② '淨水'가 문맥상 '깨끗하게 한 물'일 때 '淨'은 '水'를 수식한다.

③ '愛人'에서 '愛'의 문장성분이 바뀌더라도 '愛'는 동음이의어가 아니다.

④ '의사'만으로는 '병을 고치는 사람'인지 '의로운 지사'인지 구별할 수 없다.

02. ㉠~㉣의 사례로 적절하지 않은 것은?

2022 국가직 9급

단어의 의미가 변화하는 양상은 다양하다. 첫째, "아침 먹고 또 공부하자."에서 '아침'은 본래의 의미인 '하루 중의 이른 시간'을 가리키지 않고 '아침에 먹는 밥'이라는 의미로 쓰인다. '밥'의 의미가 '아침'에 포함되어서 '아침'만으로도 '아침밥'의 의미를 표현하게 된 것으로, ㉠두 개의 단어가 긴밀한 관계여서 한쪽이 다른 한쪽의 의미까지 포함하는 의미로 변화하게 된 경우이다. 둘째, '바가지'는 원래 박의 껍데기를 반으로 갈라 썼던 물건을 가리켰는데, 오늘날에는 흔히 플라스틱 바가지를 가리킨다. 이것은 ㉡언어 표현은 그대로인데 시대의 변화에 따라 지시 대상 자체가 바뀌어서 의미 변화가 발생한 경우이다. 셋째, '묘수'는 본래 바둑에서 만들어진 용어이지만 일상적인 언어생활에서도 '쉽게 생각해 내기 어려운 좋은 방안'이라는 의미로 사용된다. 이는 ㉢특수한 영역에서 사용되던 말이 일반화되면서 단어의 의미가 변화한 경우에 해당한다. 넷째, 호랑이를 두려워하던 시절에 사람들은 '호랑이'라는 이름을 직접 부르기 꺼려서 '산신령'이라고 부르기도 했는데, 이는 ㉣심리적인 이유로 특정 표현을 피하려다 보니 그것을 대신하는 단어의 의미에 변화가 생긴 경우이다.

① ㉠: '아이들의 코 묻은 돈'에서 '코'는 '콧물'의 의미로 쓰인다.

② ㉡: '수세미'는 원래 식물의 이름이었지만 오늘날에는 '그릇을 씻는 데 쓰는 물건'이라는 의미로 쓰인다.

③ ㉢: '배꼽'은 일반적으로 '탯줄이 떨어지면서 배의 한가운데에 생긴 자리'를 가리키지만 바둑에서는 '바둑판의 한가운데'라는 의미로 쓰인다.

④ ㉣: 무서운 전염병인 '천연두'를 꺼려서 '손님'이라고 불렀다.

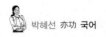

03. 다음 글의 '동기화 단계 조직'에 따라 (가)~(마)를 배열한 것으로 가장 적절한 것은?
2022 국가직 9급

> 설득하는 말하기의 메시지를 조직하는 방법으로 '동기화 단계 조직'이 있다. 이 방법의 세부 단계는 다음과 같다.
>
> 1단계 : 주제에 대한 청자의 주의나 관심을 환기한다.
> 2단계 : 특정 문제를 청자와 관련지어 설명함으로써 청자의 요구나 기대를 자극한다.
> 3단계 : 해결 방안을 제시하여 청자의 이해와 만족을 유도한다.
> 4단계 : 해결 방안이 청자에게 어떤 도움이 되는지 구체화한다.
> 5단계 : 구체적인 행동의 내용과 방법을 제시하여 특정 행동을 요구한다.

> (가) 지난주 제 친구는 일을 마친 후 자전거를 타고 집으로 돌아오다가 사고를 당해 머리를 다쳤습니다.
> (나) 여러분이 자전거를 탈 때 헬멧을 착용하면 머리를 보호할 수 있습니다.
> (다) 아마 여러분도 가끔 자전거를 타는 경우가 있을 것입니다. 그런데 매년 2천여 명이 자전거를 타다가 머리를 다쳐 고생한다고 합니다.
> (라) 만약 자전거를 타는 모든 사람이 헬멧을 착용한다면 자전거 사고를 당해도 뇌손상을 비롯한 신체 피해를 75 % 줄일 수 있습니다. 또 자전거 타기가 주는 즐거움과 편리함을 안전하게 누릴 수 있습니다.
> (마) 자전거를 탈 때는 안전을 위해서 반드시 헬멧을 착용하시기 바랍니다.

① (가) - (나) - (다) - (라) - (마)
② (가) - (다) - (나) - (라) - (마)
③ (가) - (다) - (라) - (나) - (마)
④ (가) - (라) - (다) - (나) - (마)

04. ㉠~㉣의 예를 추가할 때 가장 적절한 것은?
2018 국가직 9급

> 논리학에서 비형식적 오류 유형에는 우연의 오류, 애매어의 오류, 결합의 오류, 분해의 오류 등이 있다.
> 우선 ㉠우연의 오류란 거의 대부분의 경우에 적용되는 일반적인 원리나 규칙을 우연적인 상황으로 인해 생긴 예외적인 특수한 경우에까지도 무차별적으로 적용할 때 생기는 오류이다. 그 예로 "인간은 이성적인 동물이다. 중증 정신 질환자는 인간이다. 그러므로 중증 정신 질환자는 이성적인 동물이다."를 들 수 있다. ㉡애매어의 오류는 동일한 한 단어가 한 논증에서 맥락마다 서로 다른 의미를 지니는 것으로 사용될 때 생기는 오류를 말한다. "김 씨는 성격이 직선적이다. 직선적인 모든 것들은 길이를 지닌다. 고로 김 씨의 성격은 길이를 지닌다."가 그 예이다. 한편 각각의 원소들이 개별적으로 어떤 성질을 지니고 있다는 내용의 전제로부터 그 원소들을 결합한 집합 전체도 역시 그 성질을 지니고 있다는 결론을 도출하는 경우가 ㉢결합의 오류이고, 반대로 집합이 어떤 성질을 지니고 있다는 내용의 전제로부터 그 집합의 각각의 원소들 역시 개별적으로 그 성질을 지니고 있다는 결론을 도출하는 경우가 ㉣분해의 오류이다. 전자의 예로는 "그 연극단 단원들 하나하나가 다 훌륭하다. 고로 그 연극단은 훌륭하다."를, 후자의 예로는 "그 연극단은 일류급이다. 박 씨는 그 연극단 일원이다. 그러므로 박 씨는 일류급이다."를 들 수 있다.

① ㉠ : 모든 사람은 죽는다. 소크라테스는 사람이다. 그러므로 소크라테스는 죽는다.
② ㉡ : 부패하기 쉬운 것들은 냉동 보관해야 한다. 세상은 부패하기 쉽다. 고로 세상은 냉동 보관해야 한다.
③ ㉢ : 미국 아이스하키 선수단이 이번 올림픽에서 금메달을 차지했다. 그러므로 미국 선수 각자는 세계 최고 기량을 갖고 있다.
④ ㉣ : 그 학생의 논술 시험 답안은 탁월하다. 그의 답안에 있는 문장 하나하나가 탁월하기 때문이다.

05. 다음 글을 바탕으로 추론한 생각 중 적절하지 않은 것은?

2018 국가직 7급

소쉬르는 언어를, 기호의 형식에 상응하는 기표(記標)와 기호의 의미에 상응하는 기의(記意)의 기호적 조합이라고 전제한다. 예를 들어 '흑연과 점토의 혼합물을 구워 만든 가느다란 심을 속에 넣고, 겉은 나무로 둘러싸서 만든 필기도구'라는 의미를 표시하는 기표는 한국어에서 '연필'이다. 그런데 '연필'의 기의에 대응되는 영어 기표는 'pencil'이다. 각기 다른 기표가 동일한 기의를 표현한 것이다. 소쉬르는 이처럼 하나의 기의가 서로 다른 기표에 대응되는 것을 두고 기호적 관계가 자의적이라고 주장하는 한편, 이러한 자의성은 사회적 약속과 문화적 약호(code)에 따라 조율된다고 보았다.

① 표준어로 '부추'에 상응하는 표현이 지역에 따라 달리 나타나는 현상에서 기호의 자의성을 엿볼 수 있겠군.
② 어떤 개념을 새롭게 표현한 단어가 널리 쓰이려면 그 개념을 쓰는 사회 성원들의 공통된 합의가 필요하겠군.
③ 같은 종교를 믿으면서 문화적 약호가 유사한 지역에서는 같은 기표에 대응되는 개념이 비슷할 가능성이 높겠군.
④ 사랑이나 진리와 같이 사회 문화적으로 보편적인 개념을 지시하는 각각의 기표들에서 유사한 형식을 도출할 수 있겠군.

06. 밑줄 친 부분과 가장 유사한 속성을 지닌 현대인의 삶의 태도는?

2016 지방직 9급

근대 이후 인간들은 불안감과 고독감에서 벗어나기 위해 자신에게 주어진 자유로부터 도피하려는 경향을 보인다. 그중 하나가 복종을 전제로 하는 권위주의적 양태이다. 이는 개인적 자아의 독립을 포기하고 자기 이외의 어떤 존재에 종속되고자 하는 것으로, 사라진 제1차적 속박 대신에 새로운 제2차적 속박을 추구하는 양상을 띤다. 이것은 때로 상대방을 자신에게 복종시킴으로써 심리적 안정과 만족을 얻으려는 형태로 나타나기도 한다. 일견 대립적으로 보이는 이 두 형태는 불안감과 고독감으로부터 벗어나기 위한 권위주의적 양상이라는 점에서는 동일한 것이다.

① 소속된 집단의 이익이나 정의보다는 개인의 이익이나 행복만을 추구하는 태도
② 집안에서 어떤 일을 결정할 때 부모나 어른의 의견보다는 아이들의 요구를 먼저 고려하는 태도
③ 어떤 상황에 대해 자신의 견해를 가지기보다는 언론 매체의 의견을 무비판적으로 수용하는 태도
④ 직업을 통해서 얻는 삶의 만족보다는 취미 활동을 통해서 얻는 삶의 즐거움을 더 중시하는 태도

07. 다음 발화가 사용되는 상황을 추론한 것으로 가장 적절한 것은?

2015 국가직 7급

"우리나라도 경기도 말, 충청도 말, 강원도 말, 전라도 말, 경상도 말, 제주도 말 등 각 지역마다 특색이 있는 지역어(地域語)가 존재하는데, 이는 해당 지역의 지리적, 정치적, 사회적 요소 및 구성 집단의 기질과 성격 등이 오랜 세월을 거치면서 반영되고 변모되어 온 것입니다. 따라서 각 지역어는 해당 지역과 그 구성원의 정체성과도 깊이 관련되어 있기 마련입니다. 따라서 우리나라의 각 지역어가 가진 특성과 기능을 무시한 채 한 지역의 말만을 사용케 한다면 이는 타 지역의 정체성을 부인하는 것이고, 타 지역어를 사용하는 사회 구성원들의 원활한 소통 수단을 박탈하는 것입니다. 나아가 국민을 차별할 수 있으며, 심지어 타 지역의 구성원에게 정서적 갈등과 고통을 안겨 줄 수 있습니다."

① 우리말의 올바른 용법을 강조하는 강연에서
② 사고와 언어의 관계를 주장하는 학술 발표 대회에서
③ 지역어의 종류와 그 특징을 소개하는 라디오 프로그램에서
④ 표준어 정책에 반대하고 지역어의 가치를 주장하는 변론에서

 대표 출종포 발문 체크

01 다음 밑줄 친 부분의 의미를 풀어 쓴 것으로 적절한 것은?

02 밑줄 친 말에 대한 설명으로 적합한 것은?

03 밑줄 친 부분의 이유에 대한 필자의 견해로 볼 수 없는 것은?

04 ㉠에 해당하는 것과 ㉡에 해당하는 것을 문맥적 의미를 고려하여 짝지을 때 적절하지 않은 것은?

출종포 적용 밑줄 추론

 관련교재 기 출종포 독해 p. 184

1. **긍정 발문**의 경우에는 적절한 선지가 1개, 적절하지 않은 선지가 3개이므로 제시문을 먼저 읽어야 한다.
그리고 밑줄 친 부분의 **주변에 있는 표면적 정보**를 잘 파악하여 생략된 내용을 추론하여야 한다.

2. **부정 발문**의 경우에도 추론하는 문제이므로 제시문을 먼저 읽어야 한다. 선택지의 길이가 너무 긴 경우에는 더욱더 제시문으로 들어가는 것이 나을 수 있다.
그리고 밑줄 친 부분의 **주변에 있는 표면적 정보**를 잘 파악하여 생략된 내용을 추론하여야 한다.

제3편 독해 CH.15 밑줄 추론

01. ㉠에 대한 설명으로 적절한 것은?　　2023 국회직 8급

일본 문학의 세계가 여자들에게 열려 있긴 했어도 ㉠헤이안 시대의 여성들은 그 시대 대부분의 책에서는 자신들의 목소리를 발견할 수 없었을 것이다. 그리하여 한편으로는 읽을거리를 늘리기 위해, 그리고 다른 한편으로는 그들만의 독특한 취향에 상응하는 읽을거리를 손에 넣기 위해 여성들은 그들만의 고유한 문학을 창조해 냈다. 그 문학을 기록하기 위해 여성들은 그들에게 허용된 언어를 음성으로 옮긴 가나분카쿠를 개발하기에 이르렀는데, 이 언어는 한자 구조가 거의 배제된 것이 특징이다. 이는 여성들에게만 국한되어 쓰이면서 '여성들의 글자'로 알려지게 되었다.

발터 벤야민은 "책을 획득하는 방법 중에서도 책을 직접 쓰는 것이야말로 가장 칭송할 만한 방법으로 평가받을 수 있다"라고 논평했던 적이 있다. 헤이안 시대의 여자들도 깨달았듯이 어떤 경우에는 책을 직접 쓰는 방법만이 유일한 길일 수가 있다. 헤이안 시대의 여자들은 그들만의 새로운 언어로 일본 문학사에서, 아마도 전 시대를 통틀어 가장 중요한 작품 몇 편을 남겼다. 무라사키 부인이 쓴 「겐지 이야기」와 작가 세이 쇼나곤의 「마쿠라노소시」가 그 예이다. 「겐지 이야기」, 「마쿠라노소시」 같은 책에서는 남자와 여자의 문화적·사회적 삶이 소상하게 나타나지만, 그 당시 궁정의 남자 관리들이 대부분 시간을 할애했던 정치적 술책에 대해서는 거의 관심을 보이지 않는다. 언어와 정치 현장으로부터 유리되어 있었기 때문에 세이 쇼나곤과 무라사키 부인조차도 이런 활동에 대해서는 풍문 이상으로 묘사할 수 없었다. 어떤 예이든 이런 여성들은 근본적으로 그들 자신을 위해 글을 쓰고 있었다. 다시 말해 그들 자신의 삶을 향해 거울을 받쳐 들고 있었던 셈이다.

① 읽을거리에 대한 열망을 문학 창작의 동력으로 삼았다.
② 창작 국면에서 자신들의 언어를 작품에 그대로 담아내지 못했다.
③ 궁정에서 일어나는 정치적 행위에 대하여 치밀하게 묘사하였다.
④ 한문학에 대한 지식을 바탕으로 문학 창작에 참여하였다.
⑤ 문필 활동은 남성의 전유물이었기 때문에 남성적 취향의 문학 독서를 수행하였다.

02 ㉠, ㉡의 주장에 대한 비판으로 적절하지 않은 것은?

2021 지방직 7급

투표 제도에는 투표권 행사를 투표자의 자유의사에 맡기는 자유 투표제와 투표권 행사를 정당한 사유 없이 기권하면 법적 제재를 가하는 의무 투표제가 있다. 우리나라는 자유 투표제를 채택하고 있는데, ㉠의무 투표제를 도입하자는 측은 낮은 투표율로 투표 결과의 정당성이 확보되지 못하는 문제를 지적한다. 법적 제재는 분명 높은 투표율로 이어질 것이므로 의무 투표제가 낮은 투표율을 해결할 최선의 방안이라고 그들은 말한다. 나아가 더 많은 국민이 투표에 참여할수록 정치인들은 정책 경쟁력을 높이려 할 것이므로 정치 소외 계층에 대한 관심이 높아질 것이라고 기대한다.

반면 ㉡의무 투표제에 반대하는 측은 현재 우리나라의 투표율이 정치 지도자들의 대표성을 훼손할 만큼 심각하지는 않다고 본다. 또 시민 교육 등 다른 방식으로도 투표율 상승을 기대할 수 있다며 의무 투표제가 투표율을 높일 가장 효과적인 방안은 아니라고 말한다. 그리고 의무 투표제를 도입하면, 선출된 정치인들이 높은 투표율을 핑계로 안하무인의 태도를 취하는 부작용이 생겨 국민의 뜻이 오히려 왜곡될 수 있다는 우려의 목소리를 내고 있다.

① ㉠은 투표율의 증가가 후보들의 정책 경쟁으로 이어진다는 것에 대한 근거를 제시해야 한다.
② ㉠은 정당한 사유 없는 기권에 대한 법적 제재가 투표율 상승으로 이어진다는 것을 뒷받침할 자료를 제시해야 한다.
③ ㉡은 선출된 정치인들이 높은 투표율을 핑계로 안하무인의 태도를 취하는 부작용에 대한 대책을 제시해야 한다.
④ ㉡은 현재 우리나라의 투표율이 정치 지도자들의 대표성을 훼손할 만큼 심각하지 않다는 것에 대한 근거를 제시해야 한다.

03 다음 밑줄 친 부분의 의미를 풀어 쓴 것으로 적절한 것은?

2020 지방직 9급

2004년 1월 태국에서는 한 소년이 극심한 폐렴 증세로 사망했다. 소년의 폐는 완전히 망가져 흐물흐물해져 있었다. 분석 결과, 이전까지 인간이 감염된 적이 없는 인플루엔자 바이러스가 원인으로 밝혀졌다. 소년은 공식적으로 고병원성 조류 인플루엔자 바이러스, H5N1의 첫 사망자가 되었다. 계절 독감으로 익숙한 인플루엔자 바이러스가 이렇게 치명적일 수 있었던 것은 인간의 면역 반응 때문이다. 인류 역사상 단 한 번도 만나본 적이 없는 새로운 바이러스가 침입하자 면역계가 과민 반응을 일으켜 도리어 인체에 해를 끼친 것이다. 이런 현상을 '사이토카인 폭풍'이라 부른다. 사이토카인 폭풍은 면역 능력이 강한 젊은 층일수록 더 세게 일어난다.

만약 집에 ㉠좀도둑이 들었다면 작은 손해를 각오하고 인기척을 내 도둑 스스로 도망가게 하는 것이 상책이다. 그런데 만약 ㉡몽둥이를 들고 도둑과 싸우려 든다면 도둑은 ㉢강도로 돌변한다. 인체가 H5N1에 감염되면 똑같은 일이 벌어진다. 처음으로 새가 아닌 다른 숙주 몸속에 들어온 바이러스는 과민 반응한 면역계와 죽기 살기로 싸운다. 그 결과 50%가 넘는 승률로 바이러스가 승리한다. 그러나 ㉣승리의 대가는 비싸다. 숙주가 죽어 버렸기 때문에 바이러스 역시 함께 죽어야만 한다. 이것이 바로 악명을 떨치면서도 조류 독감의 사망 환자 수가 전 세계에서 400명을 넘기지 않는 이유다. 이 질병이 아직 사람 사이에서 감염되는 사례가 나타나지 않은 이유도 바이러스가 인체라는 새로운 숙주에 적응하지 못했기 때문으로 추정할 수 있다.

① ㉠: 면역계의 과민 반응
② ㉡: 계절 독감
③ ㉢: 치명적 바이러스
④ ㉣: 극심한 폐렴 증세

04 밑줄 친 부분의 이유에 대한 필자의 견해로 볼 수 없는 것은?

2018 지방직 9급

관리가 본디부터 간악한 것이 아니다. 그들을 간악하게 만드는 것은 법이다. 간악함이 생기는 이유는 이루 다 열거할 수 없다. 대체로 직책은 하찮은데도 재주가 넘치면 간악하게 되며, 지위는 낮은데도 아는 것이 많으면 간악하게 되며, 노력을 조금 들였는데도 효과가 신속하면 간악하게 되며, 자신은 그 자리에 오랫동안 있는데 자신을 감독하는 사람이 자주 교체되면 간악하게 되며, 자신을 감독하는 사람의 행동이 또한 정도에서 나오지 않으면 간악하게 되며, 아래에 자신의 무리는 많은데 윗사람이 외롭고 어리석으면 간악하게 되며, 자신을 미워하는 사람이 자신보다 약하여 두려워하면서 잘못을 밝히지 않으면 간악하게 되며, 자신이 꺼리는 사람이 같이 죄를 범하였는데도 서로 버티면서 죄를 밝히지 않으면 간악하게 되며, 형벌에 원칙이 없고 염치가 확립되지 않으면 간악하게 된다. …… 간악함이 일어나기 쉬운 것이 대체로 이러하다.

① 노력은 적게 들이고 성과를 빨리 얻는다.
② 자신이 범한 과오를 감추고 남의 잘못을 드러낸다.
③ 자신은 같은 자리에 있으나 감독자가 자주 교체된다.
④ 자신의 세력이 밑에서 강한 반면 상부는 외롭고 우매하다.

05 '다른 사람의 마음 문제'에서 ㉠~㉢에 해당하는 내용은?

亦功 출제

다른 사람의 아픔을 아는 방식은 현상, 행동, 말을 통해 추론하는 것이다. 이와 비슷하게 내가 가지고 있는 마음을 다른 사람도 가졌는지 의심하는 철학적 문제를 '다른 사람의 마음 문제'라고 부른다. 여기서 다른 사람이 아프다는 것을 직접 알지 못한다는 것은 다른 사람이 거짓 행동을 한다는 뜻이 아니라, 다른 사람도 나와 같은 방식으로 생각하고 느끼고 의식한다는 것을, 곧 마음을 갖는다는 것을 의심하는 것이다. 이 의심은, 세계에 대한 우리의 앎을 믿을 수 있느냐는 '인식적 회의론', 과거를 근거로 미래를 예측하는 귀납 추론이 정당화되느냐는 '귀납의 문제'와 함께 철학에서 대표적인 회의론으로 꼽힌다.

다른 사람의 마음 문제는 유비 논증으로 확인할 수 있다. 유비 논증은 만일 한 대상이 다른 대상과 ㉠몇 가지 점에서 비슷하다고 했을 때, ㉡첫 번째 대상이 가지고 있는 ㉢추가적인 특성을 두 번째 대상도 마찬가지로 가지고 있으리라 추론하는 것이다. 인간은 모두 동일한 종의 구성원이기에 신체나 행동이 매우 비슷하다. 따라서 내 손가락이 베였을 때 내가 고통을 느끼는 것을 근거로 다른 사람도 손가락이 베였을 때 나와 똑같이 고통을 느끼리라 추론하는 것이다.

	㉠	㉡	㉢
①	마음	나	신체나 행동
②	신체나 행동	나	마음
③	신체나 행동	다른 사람	마음
④	마음	다른 사람	신체나 행동

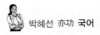

06. ㉠에 해당하는 것과 ㉡에 해당하는 것을 문맥적 의미를 고려하여 짝지을 때 적절하지 않은 것은?

2018 국가직 7급

> 내 집에 당장 쓰러져 가는 행랑채가 세 칸이나 되어 할 수 없이 전부 수리하였다. 그중 두 칸은 이전 장마에 비가 새면서 기울어진 지 오래된 것을 알고도 이리저리 미루고 수리하지 못한 것이고 한 칸은 한 번 비가 새자 곧 기와를 바꿨던 것이다. 이번 수리할 때에 기울어진 지 오래였던 두 칸은 들보와 서까래들이 다 썩어서 다시 쓰지 못하게 되어 수리하는 비용도 더 들었으나, 비가 한 번 새었던 한 칸은 재목이 다 성하여 다시 썼기 때문에 비용도 덜 들었다. 나는 ㉠의 경험을 통해 ㉡깨달음을 얻었다. 이러한 것은 사람에게도 있는 일이다. 자기 과오를 알고 곧 고치지 않으면 나무가 썩어서 다시 쓰지 못하는 것과 같고, 과오를 알고 고치기를 서슴지 않으면 다시 착한 사람이 되기 어렵지 않으니 집 재목을 다시 쓰는 이로움과 같은 것이다. 다만 한 사람만이 아니라 한 나라의 정치도 또한 이와 같아서 백성의 이익을 침해하는 일이 심하여도 그럭저럭 지내고 고치지 않다가 백성이 떠나가고 나라가 위태롭게 된 뒤에는 갑자기 고치려고 해도 바로잡기가 대단히 어려우니 삼가지 않아서야 되겠는가?
>
> — 이규보, <이옥설>

	㉠	㉡
①	기와를 바꾸다.	과오를 고치다.
②	미루고 수리하지 않다.	과오를 알고도 곧 고치지 않다.
③	들보와 서까래가 다 썩다.	나라를 바로잡을 방도가 없다.
④	비가 새서 기울어진 상태	자기 과오

작품 정리 | 이규보, <이옥설>

- 갈래: 한문 수필, 설(說)
- 성격: 교훈적, 경험적, 유추적
- 제재: 행랑채를 수리한 것
- 구성
  ① '경험 – 깨달음'의 2단 구성
  ② '대상 자체의 분석(경험) – 대상이 가진 의미 유추(의미 발견) – 대상의 의미 확장'
- 주제: 잘못을 미리 알고 고쳐 나가는 자세의 중요성
- 특성
  ① '사실(경험) – 의견(깨달음)'의 구성 방식을 취함.
  ② 유추를 통해 글을 전개함.
  ③ 개인적인 경험에서의 깨달음을 정치에 확대·적용함.
- 출전: 《동국이상국집(東國李相國集)》

16 Chapter

나머지와 다른 지시 대상 추론

대표 출좋포 발문 체크

01   다음 글의 밑줄 친 부분이 지시하는 대상이 다른 것은?

02   〈보기〉의 밑줄 친 어휘들 가운데 문맥적 의미가 다른 하나는?

출좋포 적용 지시 대상 찾기

 관련 교재 ㉠ 출좋포 독해 p. 196

1. ㉠~㉣의 밑줄보다 더 중요한 것은 앞뒤의 단서이다. 앞뒤 단서를 객관적으로 뽑아내어 지시 대상을 찾아내야 한다.

2. 시의 경우에는 비슷한 문장 구조의 비슷한 위치에 있는 시어들은 의미가 같은 경우가 있다.
   또, 잘 읽어지지 않는 경우에는 긍정적인 시어인지 부정적인 시어인지 확인하는 것만으로도 답이 나오는 경우가 많다.

3. 고전 소설의 경우에는 동일한 사람임에도 그 사람의 성씨, 직업, 별명, 성별 등으로 불릴 수 있다는 것을 생각하며 읽어야 한다.

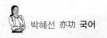
대표 亦功 기출
제3편 독해 CH.16 나머지와 다른 지시 대상 추론

01. ㉠~㉣ 중 지시하는 대상이 다른 하나는?
2023 지역인재 9급

이때 전우치가 구름 속에서 도술을 행하여 몸을 왕연희로 바꾸고 궐문을 나오니, 하인들이 마부와 말을 대령했다가 모시고 왕연희의 집으로 돌아갔다. ㉠그는 바로 내당으로 들어가 왕연희의 부인과 말을 주고받았으나, 집안 사람 누구도 전우치인 줄 전혀 알지 못했다.

이때 진짜 왕연희가 궐에서 나와 하인을 찾았으나 아무도 없었다. 이상하게 여겨 동료의 말을 빌려 타고 집에 돌아오니 하인들이 문 앞에 있었다. 왕연희가 크게 화를 내면서 집에 와 있는 까닭을 묻자 하인들이 말하기를, "소인들이 아까 상공을 모셔왔는데 어찌 또 상공이 계십니까?" 하고 얼굴을 찬찬히 살펴보았다. … (중략) …

왕연희가 아무것도 모르고 침실로 들어가니, 과연 다른 왕연희가 부인과 이야기를 나누고 있었다. 왕연희가 크게 화를 내며 꾸짖어 말하기를, "㉡너는 어떤 놈이기에 감히 사대부 집에 들어와 내 부인과 말을 주고받고 있느냐?" 하고 종들에게 호령했다. "㉢저 놈을 빨리 결박하라!"

이에 전우치가 말하기를, "웬 놈이 내 얼굴을 하고 내당에 들어와 부인을 겁탈하려 하니, 이런 변이 어디 있느냐?" 하고 하인에게 호령하여, "㉣저 놈을 빨리 몰아 내쳐라."라고 하였다

① ㉠
② ㉡
③ ㉢
④ ㉣

02. 〈보기〉의 ㉠~㉣ 중 가리키는 대상이 나머지 셋과 다른 것은?
2023 서울시 9급

- 〈 보기 〉-
댁들아 ㉠동난지이 사오 저 장사야 네 ㉡물건 그 무엇 이라 외치는가 사자
외골내육(外骨內肉) 양목(兩目)이 상천(上天) 전행후행(前行後行), 소(小)아리 팔족(八足) 대(大)아리 이족(二足) ㉢청장 아스슥하는 동난지이 사오
장사야 너무 거북하게 외치지 말고 ㉣게젓이라 하려무나

① ㉠
② ㉡
③ ㉢
④ ㉣

작품 정리 | **작자미상, 〈댁들에 동난지이 사오〉**

- 갈래 : 사설시조
- 제재 : 게젓(동난지이)을 사고 파는 모습
- 주제 : 현학적 태도와 허장성세를 비판
- 성격 : 풍자적, 해학적
- 특징
  ① 대화체와 감각적 의성어(아스슥)를 사용하여 생동감을 유발함.
  ② 해학적으로 표현하면서 게젓장수의 태도를 풍자함.
- 해제 : 이 작품은 게젓장수와 동네 사람의 대화로 이루어진 사설시조이다. 게젓장수가 동난지이를 사라고 하자 동네 사람이 파는 물건이 무엇인지 물어본다. 중장에서 게젓장수가 게의 모습과 게젓의 맛을 장황하게 묘사하니 종장에서 게젓이라고 하면 될 것을 왜 거북하게 말하느냐고 핀잔을 주는데, 이를 통해 게젓장수의 태도를 풍자하고 있다.

03. 다음 시의 ㉠ ~㉢ 중 〈보기〉의 '경계적 시 공간' 관련된 시어를 모두 골라 옳게 묶은 것은?

2020 의무소방원

> 산산이 부서진 이름이여!
> 허공중에 헤어진 이름이여!
> 불러도 주인 없는 이름이여!
> 부르다가 내가 죽을 이름이여!
>
> 심중(心中)에 남아 있는 말 한마디는
> 끝끝내 마저 하지 못하였구나.
> 사랑하던 그 사람이여!
> 사랑하던 그 사람이여!
>
> ㉠붉은 해는 서산마루에 걸리었다.
> ㉡사슴의 무리도 슬피 운다.
> ㉢떨어져 나가 앉은 산 위에서
> 나는 그대의 이름을 부르노라.
>
> 설움에 겹도록 부르노라.
> 설움에 겹도록 부르노라.
> 부르는 소리는 비껴가지만
> 하늘과 땅 사이가 너무 넓구나.
>
> 선 채로 이 자리에 ㉣돌이 되어도
> 부르다가 내가 죽을 이름이여!
> 사랑하던 그 사람이여!
> 사랑하던 그 사람이여!
>
> — 김소월, 〈초혼〉

─ (보기)─

> 일반적으로 시적 배경은 화자의 상황과 정서를 드러내는 데 효과적으로 기여한다. 이 시의 화자는 밝음(삶)과 어둠(죽음)의 경계, 땅(이승)과 하늘(저승)의 경계적 시,공간에서 임의 이름을 부르고 있으며, 이러한 시적 배경은 화자가 처해 있는 심리적 위치를 환기함과 동시에 그 자체로 소멸과 고독을 상징한다.

① ㉠, ㉢   ② ㉠, ㉣
③ ㉡, ㉢   ④ ㉡, ㉣

04. 다음 글의 밑줄 친 부분이 지시하는 대상이 다른 것은?

2021 지방직 9급

> 수박을 먹는 기쁨은 우선 식칼을 들고 이 검푸른 ㉠구형의 과일을 두 쪽으로 가르는 데 있다. 잘 익은 수박은 터질 듯이 팽팽해서, 식칼을 반쯤만 밀어 넣어도 나머지는 저절로 열린다. 수박은 천지개벽하듯이 갈라진다. 수박이 두 쪽으로 벌어지는 순간, '앗!' 소리를 지를 여유도 없이 초록은 ㉡빨강으로 바뀐다. 한 번의 칼질로 이처럼 선명하게도 세계를 전환시키는 사물은 이 세상에 오직 수박뿐이다. 초록의 껍질 속에서, ㉢새까만 씨앗들이 별처럼 박힌 선홍색의 바다가 펼쳐지고, 이 세상에 처음 퍼져나가는 비린 향기가 마루에 가득 찬다. 지금까지 존재하지 않던, ㉣한바탕의 완연한 아름다움의 세계가 칼 지나간 자리에서 홀연 나타나고, 나타나서 먹히기를 기다리고 있다. 돈과 밥이 나오지 않았다 하더라도, 이것은 필시 흥부의 박이다.

① ㉠   ② ㉡
③ ㉢   ④ ㉣

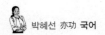

05. 〈보기〉의 밑줄 친 어휘들 가운데 문맥적 의미가 다른 하나는?

2019 서울시 9급

─〈 보기 〉─

　불문곡직하는 직설은 사람을 찌른다. 깜짝 놀라게 해서 제압하는 방식이다. 거기 비해 완곡함은 뜸을 들이면서 에두른다. 듣고 읽는 이가 비켜갈 <u>틈</u>을 준다. 그렇다고 완곡함이 곡필인 것도 아니다. 잘못된 길로 접어들도록 하는 게 아니라 화자와 독자의 교행이 이루어지는 <u>공간</u>을 준다. 곱씹어볼 말이 사라지고 상상의 <u>여지</u>를 박탈하는 글이 군림하는 세상은 살풍경하다. 말과 글이 세상을 따라 갈진대 세상을 갈아엎지 않고 말과 글이 세상과 함께 아름답기는 난망한 일인가. 아마 아닐 것이다. 막힐수록 옛것을 더듬으라고 했다. 물태와 인정이 극으로 나뉘는 <u>세상</u>에서 다산은 선인들이 왜 산을 바라보며 즐기되 그 흥취의 반을 항상 남겨두는지 궁금했다. 그는 미인을 만났던 사람이 적어놓은 글에서 그 까닭을 발견했다. 그가 본 글은 이러했다. '얼굴은 아름다웠으나 그 자태는 기록하지 않았다.'

① 틈　　　　　　　② 공간
③ 여지　　　　　　④ 세상

06. ㉠~㉣ 중 밑줄 친 문장에서 강조하는 내용과 의미가 가장 가까운 것은?

2017 서울시 사회복지직 9급

　정보 통신 기술은 컴퓨터를 수단으로 하여 인간의 두뇌와신경을 비약적으로 ㉠<u>확장</u>하였다. 정보 통신 기술의 발달은 전 세계적으로 정치, 경제, 산업, 교육, 의료, 생활 양식 등 사회 전반에 걸쳐 혁신적인 ㉡<u>변화</u>를 일으키고, 인간관계와 사고 방식, 가치관에까지 영향을 미칠 것이 틀림없다. 그러나 그 이면에는 불평등과 불균형을 불러올 위험성도 있다. 사회학자 드 세토(De Certeau)는 "<u>기술은 문을 열 뿐이고, 그 문에 들어갈지 말지는 인간이 결정한다.</u>"라는 말을 했다. 정보 통신 기술은 우리의 모든 생활 영역에 ㉢<u>영향</u>을 미치고 있다. 이 시점에서 우리에게 중요한 것은 정보 통신 기술을 어떻게 활용하느냐이다. 정보 통신 기술이 우리 사회를 변화시키고 있지만, 그 기술의 가치를 이해하고 ㉣<u>선택</u>하는 주체는 바로 우리이기 때문이다

① ㉠　　　　　　　② ㉡
③ ㉢　　　　　　　④ ㉣

07. 다음 중 함축적 의미가 유사한 시어끼리 짝지어진 것은?

亦功 출제

㉠<u>물가</u>의 외로운 ㉡<u>솔</u> 혼자 어이 씩씩흔고
㉢<u>빅</u> 미여라 빅 미여라
험한 ㉣<u>구룸</u> 혼(恨)치 마라 ㉤<u>세상</u>을 가리운다
지국총 지국총 어사와
㉥<u>파랑성</u>*을 싫어 마라 ㉦<u>진훤</u>*을 막는도다

　　　　　　　　　　　－ 윤선도, 〈어부사시사, 동사 8〉

*파랑성: 물결 소리
*진훤: 먼지와 시끄러움.

① ㉡－㉢　　　　　　② ㉣－㉥
③ ㉠－㉤　　　　　　④ ㉠－㉦

17 Chapter
문장, 문단 배열하기

정답 및 해설 p. 409

대표 출좋포 발문 체크

01 다음 글의 전개 순서로 가장 자연스러운 것은?

02 문맥에 따른 배열로 가장 자연스러운 것은?

적용 문장, 문단 배열하기

 기 출좋포 독해 p. 201

1. 먼저 선택지를 먼저 본다. (보통 2개로 줄어든다)
   ① (가) − (나) − (다) − (라)
   ② (가) − (라) − (나) − (다)
   ③ (나) − (가) − (라) − (다)
   ④ (나) − (라) − (다) − (가)

2. 첫 문단 찾는 방법

처음부터 글이 접속어나 지시어로 시작할 가능성은 낮다.

3. 첫 문단이 확실하면 그대로 배열하면 되지만
   확실하지 않으면 선택지를 소거해서는 안 된다.
   하나 정해서 뒤의 것을 배열하되, 이상함을 발견하면 첫 번째 배열을 달리해야 한다.

4. 가장 흔한 경우

표면적으로 연결되는 경우	이면적으로 연결되는 경우
① 같은 단어 반복 ② 지시어 ③ 접속어	같은 단어, 지시어, 접속 부사가 없이 연결되는 경우에는 의미적 연결로 봐야 한다.

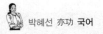

대표 亦功 기출

제3편 독해 CH.17 문장, 문단 배열하기

01. 다음 글에서 (가)~(다)의 순서를 자연스럽게 배열한 것은?

2023 국가직 9급

> 빅데이터가 부각된다는 것은 기업들이 빅데이터의 가치를 받아들이기 시작했다는 뜻이다. 여기에는 기업들이 데이터를 바라보는 시각이 변한 측면도 있다.
> (가) 기업들은 고객이 판촉 활동에 어떻게 반응하고 평소에 어떻게 행동하며 사물에 대해 어떤 태도를 보이는지 알기 위해 많은 돈을 투자해 마케팅 조사를 해 왔다.
> (나) 그런 상황에서 기업들은 SNS나 스마트폰 등 새로운 데이터 소스로부터 그러한 궁금증과 답답함을 해결할 수 있다는 것을 알게 되었다. 페이스북에 올리는 광고에 친구가 '좋아요'를 한 것에서 기업들은 궁금증과 답답함을 해결할 수 있다.
> (다) 그런데 기업들의 그런 노력이 효과가 있는 경우도 있었으나 아쉬운 점도 많았다. 쉬운 예로, 기업들은 많은 광고비를 쓰지만 그 돈이 구체적으로 어느 부분에서 효과를 내는지는 알지 못했다.
> 결국 데이터가 있는 곳에서 기업들은 점점 더 고객의 취향에 집중할 수 있게 되었으며, 이에 따라 기업들은 소셜 미디어의 빅데이터를 중요한 경영 수단으로 수용하기 시작한 것이다.

① (가) - (나) - (다)　　② (가) - (다) - (나)
③ (나) - (가) - (다)　　④ (다) - (나) - (가)

02. (가)~(다)를 맥락에 따라 가장 자연스럽게 배열한 것은?

2023 지방직 9급

> 독서는 아이들의 전반적인 뇌 발달에 큰 영향을 미친다.
> (가) 그에 따르면 뇌의 전두엽은 상상력을 관장하는데, 책을 읽으면 상상력이 자극되어 전두엽을 많이 사용하게 된다.
> (나) A 교수는 책을 읽을 때와 읽지 않을 때의 뇌 변화를 연구해서 세계적인 명성을 얻었다.
> (다) 이처럼 책을 많이 읽으면 전두엽이 훈련되어 전반적인 뇌 발달의 가능성이 높아지는데, 그 결과는 교육 현장에서 실증된 바 있다.
> 독서를 많이 한 아이는 학교에서 더 좋은 성적을 낼 뿐 아니라 언어 능력도 발달한다는 사실이 밝혀진 것이다.

① (나) - (가) - (다)　　② (나) - (다) - (가)
③ (다) - (가) - (나)　　④ (다) - (나) - (가)

03. (가)~(라)를 논리적 순서에 맞게 나열한 것은?

2023 국회직 8급

(가) 아동 정신의학자 존 볼비는 엄마와 아이 사이의 애착을 연구하면서 처음으로 이 현상에 관심을 갖게 되었다. 그가 처음 연구를 시작할 때만 해도 아이가 엄마와 계속 붙어 있으려고하는 이유는 먹을 것을 얻기 위해서라는 생각이 지배적이었다.

(나) 아동 정신의학자로 활동하며 연구를 이어간 끝에, 볼비는 엄마와의 애착관계가 불안정한 아이는 정서 발달과 행동발달에 큰 문제가 생길 수 있음을 알게 됐다. 또한 아이가 애착을 느끼는 대상이 아이를 세심하게 돌보고 보살필 때 아이는 보호받는 기분, 안전함, 편안함을 느끼고, 이는 아이가 건강하게 발달해서 생존할 확률을 높이는 요소라는 사실을 밝혀냈다.

(다) 애착이란 시간이 흐르고 멀리 떨어져 있어도 유지되는 강력한 정서적 유대감으로 정의할 수 있다. 특정한 사람과 어떻게든 가까이 있고 싶은 감정이 애착의 핵심이지만 상대가 반드시 똑같이 느껴야 하는 것은 아니다.

(라) 하지만 볼비는 아이가 엄마와 분리되면 엄청나게 괴로워하며, 다른 사람이 돌봐 주거나 먹을 것을 줘도 그러한 고통이 해소되지 않는다는 사실을 발견했다. 엄마와 아이의 유대에 뭔가 특별한 것이 있다는 의미였다.

① (가) - (나) - (다) - (라)
② (가) - (다) - (나) - (라)
③ (나) - (가) - (다) - (라)
④ (다) - (가) - (라) - (나)
⑤ (다) - (라) - (가) - (나)

04. 다음 (가)~(마)를 논리적 순서대로 바르게 나열한 것은?

2023 국회직 9급

(가) 최근 여성가족부 통계를 보면 여성 고용률은 20대에 가장 높다가 30대에 추락하는 'M자형' 곡선을 그린다. 변곡점은 결혼과 출산이다. 여성이 출산과 함께 육아 부담을 떠안으면서 다니던 직장을 그만두는 것이다.

(나) 직장 여성이 출산과 육아로 인해 노동시장에서 이탈하는 경력단절, 이른바 '경단녀' 현상은 코로나19 사태를 거치면서 악화된 것으로 나타났다. 코로나19 3년간 여성이 직장을 그만둔 경력단절 경험 비율은 35.0%에서 42.6%로 뛰었고, 재취업까지 걸리는 기간은 7.8년에서 8.9년으로 늘어났다.

(다) 경단녀가 어렵게 구한 새 일자리는 전 직장에 비해 임금과 고용 안정성이 떨어지는 것으로 나타났다. 사업주가 경단녀 고용을 꺼리는 게 그 이유일 것이다.

(라) 한국의 성별 격차가 큰 것은 국가와 사회가 여성에게 계속 일할 수 있는 환경을 제공하지 못하기 때문이다.

(마) 현실이 이러니 임금이 낮아도 육아를 병행할 수 있는 시간제 근로자 등 비정규직 업종으로 여성이 몰리고, 일터로 복귀하더라도 저임금 탓에 직장을 관두는 상황으로 이어진다.

① (가) ⇨ (나) ⇨ (다) ⇨ (라) ⇨ (마)
② (가) ⇨ (나) ⇨ (다) ⇨ (마) ⇨ (라)
③ (가) ⇨ (라) ⇨ (나) ⇨ (다) ⇨ (마)
④ (라) ⇨ (가) ⇨ (나) ⇨ (다) ⇨ (마)
⑤ (라) ⇨ (가) ⇨ (다) ⇨ (나) ⇨ (마)

05. 다음 (가)~(마)를 논리적 순서대로 바르게 나열한 것은?

2023 국회직 9급

한 사회가 공동체로서 유지되고 발전하는 데 필요한 것 중 하나가 사회 구성원 간의 의사소통이다.

(가) 그래서 언어는 지역이나 연령, 성별, 사회 집단 등에 따른 사회적 특성이 드러난다. 하지만 한국인이 사용하는 한국어라고 해서 모두 똑같은 것이 아니다.

(나) 예를 들어, '팽이'는 지역에 따라 '패이(강원)', '핑갱이(경북)', '팽데기(경남)', '도로기(제주도)', '뺑도리(전북)', '팽구래미(충북)', '세루(평안)', '뽀애(함경)' 등으로 불린다. 같은 '팽이'임에도 지역에 따라 그 형태가 조금씩 다르다.

(다) 또 같은 사회에 속한 사람들은 같은 말을 사용함으로써 공동체 의식을 강화하는 효과를 얻는다. 즉, 언어는 사회와 유기적인 관계를 맺고 있는 것이다.

(라) 언어는 이러한 의사소통의 수단이다. 인간은 언어를 사용하여 사회적인 관계를 형성하고 유지하며 사회를 발전시킨다.

(마) 또 지역이 같더라도 연령, 성별, 사회 집단 등의 차이로 인해 같은 뜻을 지닌 언어가 형태를 달리하는 예도 있다. 이는 개인의 언어 속에 그가 속한 공동체의 특성이 담겨 있기 때문이다. 같은 말을 사용하는 사람들은 같은 사회의 구성원이라는 공동체 의식을 공유한다.

① (가) ⇨ (나) ⇨ (라) ⇨ (다) ⇨ (마)
② (가) ⇨ (다) ⇨ (마) ⇨ (나) ⇨ (라)
③ (나) ⇨ (가) ⇨ (마) ⇨ (다) ⇨ (라)
④ (라) ⇨ (가) ⇨ (나) ⇨ (다) ⇨ (마)
⑤ (라) ⇨ (가) ⇨ (나) ⇨ (마) ⇨ (다)

06. (가)~(라)의 전개 순서로 가장 자연스러운 것은?

2023 지역인재 9급

(가) 자기 재물을 혼자서 쓰는 것은 형체가 있는 재물을 형체가 있는 것으로 쓰는 것이요, 남에게 재물을 베푸는 것은 형체가 있는 재물을 형체가 없는 마음으로 쓰는 것이다.

(나) 그렇다면 형체가 있는 것을 마음껏 쓰면서도 닳아 없어지지 않게 하는 방법으로는 남에게 베푸는 것만 한 것이 없을 테니, 이는 어째서인가?

(다) 그런데 형체가 있는 것을 형체로 쓰면 다 닳아 없어지기에 이르나, 형체가 있는 것을 마음으로 쓰면 변하거나 없어지는 법이 없다.

(라) 형체가 있는 것이 이미 다른 사람의 집에 있으니 도둑이 훔쳐갈까 염려하지도 않고, 불에 타 없어질까 걱정하지도 않으며, 소나 말에 실어 운반해야 하는 수고로움도 없다.

재물을 씀으로써 얻는 아름다운 이름은 죽고 난 뒤에도 없어지지 않고 천년토록 전해질 것이니, 천하에 이같이 큰 이익은 없다.

① (가) - (나) - (다) - (라)
② (가) - (다) - (나) - (라)
③ (라) - (가) - (나) - (다)
④ (라) - (나) - (가) - (다)

07. 다음 글의 전개 순서로 가장 자연스러운 것은?

2022 지방직 9급

> (가) 과거에는 고통만을 안겨 주었던 지정학적 조건이 이제는 희망의 조건이 되고 있습니다. 이제 한반도는 사람과 물자가 모여드는 동북아 물류와 금융, 비즈니스의 중심지가 될 것입니다. 우리가 주도해서 평화와 번영의 동북아 시대를 열어 나가야 합니다.
>
> (나) 100년 전 우리는 수난과 비극의 역사를 겪었습니다. 해양으로 나가려는 세력과 대륙으로 진출하려는 세력이 한반도를 가운데 놓고 싸움을 벌였습니다. 마침내 우리는 국권을 상실하는 아픔을 감수해야 했습니다.
>
> (다) 지금은 무력이 아니라 경제력이 국력을 좌우하는 시대입니다. 우리나라는 전쟁의 폐허를 극복하고 세계적인 경제 강국을 건설하고 있습니다. 우수한 인력과 세계 선두권의 정보화 기반을 갖추고 있습니다. 바다와 하늘과 땅을 연결하는 물류 기반도 손색이 없습니다.
>
> (라) 그 아픔은 분단으로 이어져서 오늘에 이르고 있습니다. 그 과정에서는 정의가 패배하고 기회주의가 득세하는 불행한 역사를 겪었습니다. 그러나 이제 우리에게도 새로운 희망의 시대가 열리고 있습니다. 세계의 변방으로 머물러 왔던 동북아시아가 북미·유럽 지역과 함께 세계 경제의 3대 축으로 떠오르고 있습니다.

① (가) － (나) － (다) － (라)
② (가) － (라) － (나) － (다)
③ (나) － (가) － (라) － (다)
④ (나) － (라) － (다) － (가)

08. ㉠~㉤의 전개 순서로 가장 자연스러운 것은?

2021 국가직 9급

> 폭설, 즉 대설이란 많은 눈이 시간적, 공간적으로 집중되어 내리는 현상을 말한다.
>
> ㉠ 그런데 눈은 한 시간 안에 5 cm 이상 쌓일 수 있어 순식간에 도심 교통을 마비시키는 위력을 가지고 있다.
>
> ㉡ 또한, 경보는 24시간 신적설이 20 cm 이상 예상될 때이다.
>
> ㉢ 다만, 산지는 24시간 신적설이 30 cm 이상 예상될 때 발령된다.
>
> ㉣ 이때 대설의 기준으로 주의보는 24시간 새로 쌓인 눈이 5 cm 이상이 예상될 때이다.
>
> ㉤ 이뿐만 아니라 운송, 유통, 관광, 보험을 비롯한 서비스 업종과 사회 전반에 영향을 미친다.

① ㉠ － ㉤ － ㉡ － ㉢ － ㉣
② ㉠ － ㉣ － ㉤ － ㉢ － ㉡
③ ㉣ － ㉡ － ㉢ － ㉠ － ㉤
④ ㉣ － ㉠ － ㉤ － ㉢ － ㉡

PART 03

09. (가)~(마)의 글을 논리적 순서에 맞게 나열한 것은?

2019 국회직 8급

(가) 흔히 방언에 따라 발음이 다르다고 하는 것은 이러한 상황을 가리키는 것에 불과하다.

(나) 그런데 언어 변화는 지역에 따라 차이를 보이기도 하고, 동일한 지역이라도 성별이나 연령, 계층 등의 사회적 변수에 따라 달리 진행되기도 한다.

(다) 만약 언어 변화가 모든 지역의 모든 언중에게서 같은 모습으로 나타난다면 발음의 변이란 생길 수가 없다.

(라) 발음의 변이가 나타나는 가장 중요한 이유는 언어 변화가 일률적으로 일어나지 않는 데 있다.

(마) 이처럼 언어 변화가 여러 조건들에 따라 상이하게 이루어지기 때문에 그와 더불어 발음의 변이도 발생하게 된다.

① (가) - (나) - (라) - (마) - (다)
② (다) - (나) - (라) - (마) - (가)
③ (다) - (라) - (나) - (가) - (마)
④ (라) - (가) - (다) - (나) - (마)
⑤ (라) - (다) - (나) - (마) - (가)

10. 다음 글의 전개 순서로 가장 적절한 것은?

2018 국회직 9급

(가) 어느새 환경 보존은 전 지구적 과제가 되었고, 이것이 다른 모든 과제를 압도하는 것도 오늘날에는 너무나 당연한 일이 되어 버렸다.

(나) 산업화 초기에 나타났던 많은 문제점, 예컨대 도시 오염의 확산과 경관의 파괴, 주민 건강의 악화 등은 우리로 하여금 무분별한 발전이 과연 정당한지 되묻게 했다.

(다) 환경 운동은 근대의 산업화에 대한 뿌리 깊은 불신에서 시작됐다.

(라) 그리고 이러한 반성을 통해 사람들은 자연을 단순한 돈벌이 수단으로 여겨 마구 훼손해서는 안 된다는 사실을 깨달았다.

(마) 이 과정에서 인류의 생존을 위해서 지금 당장 성장을 멈춰야 한다는 주장도 나타났다.

① (다) - (라) - (가) - (나) - (마)
② (가) - (나) - (마) - (라) - (다)
③ (가) - (나) - (라) - (다) - (마)
④ (다) - (나) - (라) - (마) - (가)
⑤ (다) - (나) - (마) - (가) - (라)

18 Chapter 문장 하나 넣어서 배열하기

정답 및 해설 p. 411

01 다음 문장이 들어가기에 가장 적절한 곳을 ㉠~㉣에서 고르면?

출종포 적용 문장 하나 넣어서 배열하기

관련교재 출종포 독해 p. 212

❶ 〈보기〉를 먼저 읽고 〈보기〉의 앞에 무슨 내용이 나올지 예측한다.

❷ 〈보기〉에 표면적인 연결어가 있는 경우

1. 같은 단어가 반복되는지 확인하면서 읽는다.

2. 제시문의 어떤 단어를 지시어로 받은 것인지 확인하면서 읽는다.

3. 〈보기〉에 접속어가 있는 경우
   - (예시 관계) 예를 들어, 예컨대, 가령, 이를테면 : 구체적인 예시 앞에 일반적인 원리가 나올 것이다.
   - (역접 관계) 그러나, 하지만, 그렇지만, 반면, 이에 반해 : 앞의 내용이 〈보기〉와 반대의 내용일 것이다.
   - (초점 전환) 한편, 그런데 : 앞의 내용이 〈보기〉의 화제를 다루고 있지만 다른 측면을 다루고 있을 것이다.
   - (나열 관계) 그리고, 또한, 뿐만 아니라, 게다가 : 〈보기〉의 내용과 앞의 내용은 힘이 같을 것이다.
   - (인과 관계) 그래서, 그러므로, 때문에, 그리하여 : 〈보기〉가 결과이므로 앞의 내용은 원인이 올 것이다.
   - (환언 관계) 이처럼, 즉, 다시 말해, 요컨대 : 〈보기〉는 앞의 내용을 쉽게 다시 한번 설명(요약)하는 것이므로 앞의 내용은 표현만 다르지, 같은 내용일 것이다.

❷ 〈보기〉에 표면적인 연결어가 없는 경우
   〈보기〉에서 이야기하고 있는 '내용'에 초점을 맞춘다.
   그 이후에 이 내용 앞에 무엇이 나올지 먼저 예측하고 제시문을 읽는다.

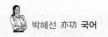
대표 亦功 기출

제3편 독해 CH.18 문장 하나 넣어서 배열하기

01. 〈보기 1〉을 〈보기 2〉에 삽입하려고 할 때 문맥상 가장 적절한 곳은?　2023 서울시 9급

─ 〈보기 1〉 ─
　왜냐하면 학문의 세계에서는 하나의 객관적 진실이 백일 하에 드러나 모든 다른 견해를 하나로 귀결시키는 일은 일어나지 않기 때문이다.

─ 〈보기 2〉 ─
　민족이 하나로 된다면 소위 "민족의 역사"가 하나로 통합되는 것은 너무나 당연한 일이라고 생각할 수 있다. (㉠) 그러나 좀 더 곰곰이 생각해 보면 역사학을 포함한 학문의 세계에서 통합이란 말은 성립되기 어렵다. (㉡) 학문의 세계에서는 진실에 이르기 위한 수많은 대안이 제기되고 서로 경쟁하면서 발전이 이루어진다. (㉢) 따라서 그 다양한 대안들을 하나로 통합한다는 것은 학문을 말살하는 것이나 다름없다. (㉣) 학문의 세계에서는 통합이 아니라 다양성이 더 중요한 덕목인 것이다.

① ㉠　　　　　　　② ㉡
③ ㉢　　　　　　　④ ㉣

02. 아래 내용을 위 글의 (가)~(라)에 넣을 때 가장 적절한 위치는?　2023 군무원 9급

　(가) 공감은 상대방의 생각과 느낌을 자신의 생각과 느낌처럼 받아들이고 이해하는 것이다. (나) 상대방이 나를 분석하거나 판단하지 않고, 있는 그대로 나의 감정을 이해하고 있다고 느끼게 될 때 사람들은 그 상대방을 나를 이해하는 사람, 나를 알아주는 사람으로 여기게 된다. 판단 기준과 가치관이 다른 사람의 생각과 느낌을 공감을 하면서 이해하는 것은 여간 어려운 일이 아니다. (다) 사람은 누구나 자신의 느낌과 생각을 바탕으로 말하고 판단하고 일을 결정하게 되므로, 상대방의 입장을 헤아리고 그의 느낌과 생각을 내가 그렇게 생각하고 느끼는 것처럼 이해하기가 어렵다. (라) 상대방의 말투, 표정, 자세를 관찰하면서 그와 같은 관점, 심정, 분위기 또는 태도로 맞추는 것도 공감에 도움이 된다.

　공감의 출발은 상대방의 이야기를 경청하면서 상대방의 감정과 느낌이 어떠했을까를 헤아리며 그것을 이해하도록 노력하는 것이다. 그리고 상대방의 입장을 이해한다는 것을 언어적, 비언어적으로 표현하는 것이 중요하다.

① (가)　　　　　　② (나)
③ (다)　　　　　　④ (라)

03. 〈보기 1〉의 (가)~(다)에 들어갈 가장 적절한 문장을 〈보기 2〉에서 순서대로 바르게 나열한 것은?

2023 서울시 9급

┌ (보기 1) ────────────────────

생존을 위해 진화한 우리 뇌는 본능적으로 생존에 이롭고 해로운 대상을 구분하는 능력이 있다. 단맛을 내는 음식은 영양분이 많을 가능성이 높고 역겨운 냄새가 나는 음식은 부패했거나 몸에 해로울 가능성이 높다. 딱히 배우지 않아도 우리는 자연적으로 선호하거나 혐오하는 반응을 보인다. ___(가)___

초콜릿 케이크를 한 번도 먹어보지 못한 사람이 있다고 해보자. 처음 그에게 초콜릿 케이크의 냄새나 색은 전혀 '맛있음'과 연관이 없을 것이다. 하지만 일단 맛을 본 사람은 케이크 자체만이 아니라 케이크의 냄새, 색, 촉감 등도 무의식적으로 선호하게 된다. 그러면 밸런타인데이와 같이 초콜릿을 떠올릴 수 있는 신호만으로도 강한 반응을 이끌어 낼 수 있다. ___(나)___

인공지능과 달리 동물은 생존과 번식에 대한 생물학적 조건을 기반으로 진화했다. 생물은 생존을 위해 에너지를 구하고 환경에 반응하며 유전자를 남기기 위해 번식을 한다. 이런 본능적인 목적을 달성하기 위한 여러 종류의 세부 목표가 있다. 유념할 점은 한 기능적 영역에서 좋은 것(목적 달성에 유용한 행동과 자극)이 다른 영역에서는 전혀 도움이 되지 않고 오히려 해로울 수 있다는 사실이다. 한 여우가 있다. 왼편에는 어린 새끼들이 금세 강물에 빠질 듯 위험하게 놀고 있고 오른쪽에는 토끼 한 마리가 뛰고 있다. 새끼도 보호해야 하고 먹이도 구해야 하는 여우는 어떤 선택을 해야 할까.

___(다)___ 우리는 그 과정을 의사결정이라고 한다. 우리는 의사 결정을 의식적으로 한다고 생각하지만 실제로는 선택지에 대한 계산의 상당 부분이 무의식적으로 빠르게 일어나기 때문에 다행히도 행동을 하는 데 어려움이나 갈등을 많이 느끼지 않는다. 그래서 위와 같은 상황에서 여우는 두 선택지의 중요도가 비슷하더라도 중간에 멍하니 서 있지 않고 재빨리 반응한다. 그래야 순간적인 위험을 피하고 기회를 잡을 수 있다.

└────────────────────────────

┌ (보기 2) ────────────────────

ㄱ. 이와 더불어 동물은 경험에 따라 좋고 나쁜 것을 학습하는 능력을 가지고 있다.

ㄴ. 뇌는 여러 세부적인 동기와 감정적, 인지적 반응을 합쳐서 선택지에 가치를 매긴다.

ㄷ. 이렇듯 우리는 타고난 기본 성향과 학습 능력을 통해 특정 대상에 대한 기호를 형성한다.

└────────────────────────────

	(가)	(나)	(다)
①	ㄱ	ㄴ	ㄷ
②	ㄱ	ㄷ	ㄴ
③	ㄴ	ㄱ	ㄷ
④	ㄷ	ㄱ	ㄴ

04. 다음 문장이 들어가기에 가장 적절한 곳을 ㉠~㉣에서 고르면?

2022 국가직 9급

┌────────────────────────────

신분에 따라 문체를 고착화하는 것을 인정하지 않았던 것이다.

└────────────────────────────

┌────────────────────────────

유럽이 교회로부터 정신적으로 해방된 것은 그리스와 로마의 고대 작가들에 대한 재발견을 통해서였다. ㉠ 그 이후 고대 작가들의 문체는 귀족 중심의 유럽 문화에서 모범으로 여겨졌다. ㉡ 이러한 상황은 대략 1770년대에 시작되는 낭만주의에서부터 변화하기 시작했다. ㉢ 이 낭만주의 시기에 평등과 민주주의를 꿈꿨던 신흥 시민계급은 문학에서 운문과 영웅적 운명을 귀족에게만 전속시키고 하층민에게는 산문과 우스꽝스러운 상황을 배정하는 전통 시학을 거부했다. ㉣ 고전 문학은 더 이상 문학의 규범이 아니었으며, 문학을 현실의 모방으로 인식하는 태도도 포기되었다.

└────────────────────────────

① ㉠   ② ㉡
③ ㉢   ④ ㉣

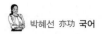

05. 다음 글이 들어갈 곳으로 가장 적절한 것은?

2015 국가직 7급

> 인형은 사람처럼 박자에 맞춰 춤을 추고 노래도 부르고 심지어 공연이 끝날 무렵에는 구경하던 후궁들에게 윙크를 하며 추파를 던지기까지 했다. 인형의 추태에 화가 난 목왕이 그 기술자를 죽이려고 하자 그는 서둘러 인형을 해체했고 그제야 인형의 실체가 드러났다.

> (㉠) 어느 날 서쪽 지방으로 순행을 나간 목왕은 곤륜산을 넘어 돌아오는 길에 재주가 뛰어난 기술자를 만났다. 목왕은 그 기술자에게 그가 만든 가장 훌륭한 물건을 가져오라고 명했다. 하지만 그가 가지고 온 것은 물건이 아니었다. 이를 이상히 여긴 목왕이 왜 물건을 가지고 오지 않고 사람을 데리고 왔는지 묻자, 그는 이것이 움직이는 인형이라고 답했다. (㉡) 이에 놀란 목왕은 그 인형을 꼼꼼히 살펴봤지만 사람과 다른 점을 하나도 발견할 수 없었다. (㉢) 그것은 색을 칠한 가죽과 나무로 만들어진 기계장치였다. 하지만 그것은 오장육부는 물론 뼈, 근육, 치아, 피부, 털까지 사람이 갖춰야 할 모든 것을 갖추고 있었다. 마침내 목왕은 그에게 "자네 솜씨는 조물주에 버금가도다!"라고 크게 칭찬했다. (㉣)

① ㉠   ② ㉡
③ ㉢   ④ ㉣

06. 다음 글에 〈보기〉의 문장을 첨가하고자 할 때 가장 알맞은 곳은?

2014 국회직 9급

> 세계화와 정보화로 대표되는 현대사회에서 사람들은 다양한 기호, 이미지, 상징들이 결합된 상품들의 홍수 속에서, 그리고 진실과 경계를 구분할 수 없는 정보와 이미지의 바다 속에서 살아가고 있다. ㉠ 이러한 사회적 조건들은 개인들의 정체성 형성에 커다란 변화를 가져다주었다. ㉡ 절약, 검소, 협동, 양보, 배려, 공생 등과 같은 전통적인 가치와 규범은 이제 쾌락, 소비, 개인적 만족과 같은 새로운 가치와 규범들로 대체되고 있다. ㉢ 그래서 개인적 경험의 장이 넓어지는 만큼 역설적으로 사람들 간의 공유된 경험과 의사소통의 가능성은 점차 줄어들고 있다. ㉣ 파편화된 경험 속에서 사람들이 세계에 대한 '인식적 지도'를 그리기란 더 이상 불가능해진 것이다. ㉤

─〈보기〉─
> 개인들의 다양한 삶과 경험은 사고와 행위의 기준들을 다양화했으며, 이로 인해 전통적인 정체성은 해체되었다.

① ㉠   ② ㉡
③ ㉢   ④ ㉣

07. ㉠~㉤ 중 〈보기〉의 문장이 들어가기에 가장 적절한 곳은?

2021 국회직 8급

(㉠) 서구에서는 고대부터 인간을 정신과 신체로 양분하여 탐구하였다. 정신은 이성계로서 지식에 관여하는 반면, 신체는 경험계로서 행위에 관계되는 것으로 간주했다. (㉡) 플라톤은 정신계와 물질계를 본질계와 현상계로 구분한다. (㉢) 전자는 이데아계로서 이성적인 영역이고 후자는 경험계로서 감각적 영역이라고 보았다. (㉣) 그러나 그의 이데아론을 기반으로 신체를 경시하거나 배척하던 경향과는 달리, 최근에는 신체에 가치를 부여하여 그것을, 영혼을 보호하는 공간으로 인식하는 경향이 대두되었다. (㉤)

──〈보기〉──
　여기서 참된 실체는 이데아계로서 경험계가 추구해야 할 궁극적 대상이며, 경험계는 이데아의 그림자, 허상, 모사에 불과하다고 간주했다.

① ㉠ 　　　　　　　② ㉡
③ ㉢ 　　　　　　　④ ㉣

08. 다음 문장들을 두괄식 문단으로 구성하고자 할 때, 문맥상 가장 먼저 와야 할 문장은?

2017 서울시 9급

　㉠ 신라의 진평왕 때 눌최는 백제국의 공격을 받았을 때 병졸들에게, "봄날 온화한 기운에는 초목이 모두 번성하지만 겨울의 추위가 닥쳐오면 소나무와 잣나무는 늦도록 잎이 지지 않는다. ㉡ 이제 외로운 성은 원군도 없고 날로 더욱 위태로우니, 이것은 진실로 지사 의부가 절개를 다하고 이름을 드러낼 때이다." 라고 훈시하였으며 분전하다가 죽었다. ㉢ 선비 정신은 의리 정신으로 표현되는 데서 그 강인성이 드러난다. ㉣ 죽죽(竹竹)도 대야성에서 백제 군사에 의하여 성이 함락될 때까지 항전하다가 항복을 권유받자, "나의 아버지가 나에게 죽죽이라 이름 지어 준 것은 내가 추운 겨울에도 잎이 지지 않으며 부러질지언정 굽힐 수 없도록 하려는 것이었다. 어찌 죽음을 두려워하여 살아서 항복할 수 있겠는가." 라고 결의를 밝혔다.

① ㉠ 　　　　　　　② ㉡
③ ㉢ 　　　　　　　④ ㉣

09. 다음 ㉠~㉢을 ( ) 안에 순서대로 배열한 것은?

2014 지방직 7급

㉠ 길을 가는 자는 움직이지 않고, 말을 하는 자는 소리가 들리지 않으므로 어찌 비슷하다고 할 수 있으리오.
㉡ 좌우가 반대로 되고 본말이 뒤집혀 보이므로 어찌 비슷하다고 할 수 있으리오.
㉢ 한낮에는 난쟁이 땅딸보가 되고, 저물녘에는 꺽다리 거인이 되므로 어찌 비슷하다고 할 수 있으리오.

　옛것을 모방하여 글을 짓되 마치 거울이 물건을 비추듯 하고, 물이 형체를 모사한 듯하다면 비슷하다고 할 수 있을까?
　(　　　　　　　　　　　　　　)
　그림자가 형상을 따르듯 하다면 비슷하다고 할 수 있을까?
　(　　　　　　　　　　　　　　)
　그림이 형체를 묘사하듯 하다면 비슷하다고 할 수 있을까?
　(　　　　　　　　　　　　　　)
　그렇다면 결국에는 비슷함을 얻을 수 없는 것인가? 나는 말한다. 도대체 어째서 비슷하기를 추구하는가? 비슷함을 추구하는 자들이 있지만, 비슷한 것은 진짜가 아니다.

① ㉠ - ㉡ - ㉢ 　　　② ㉠ - ㉢ - ㉡
③ ㉡ - ㉢ - ㉠ 　　　④ ㉢ - ㉠ - ㉡

19 Chapter

PSAT 추론

정답 및 해설 p. 412

대표 출종포 발문 체크

01   다음 글에서 <u>추론한 내용으로</u> 가장 적절한 것은?

02   다음 글에서 추론할 수 있는 것만을 〈보기〉에서 모두 고르면?

출종포 적용 PSAT 훈련

관련 교재 요 족집게 적중노트 p. 162~163 기 출종포 독해 p. 218

❶ **명제**: 참, 거짓을 판단할 수 있는 문장을 명제
(실제 세계의 사실과 일치하는지 봄. 일치하면 참, 일치하지 않으면 거짓)

> 소크라테스는 인간이다. : 참
> 소크라테스는 죽지 않는다. : 거짓

❷ **참, 거짓의 판단**
① 명제 P: 참 → 명제 ~P: 거짓
② 명제 ~P: 참 → 명제 P: 거짓

❸ **'P → Q'의 의미는?**
: P ⊂ Q (P가 Q에 포함된다)

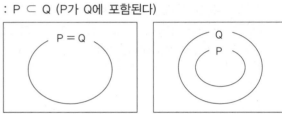

❹ **'P → Q'의 역의 관계**
: 'P → Q'가 참인 경우,
역의 관계는 'Q → P'이다. 이런 경우에는 '참'이라고 보기 힘들다.

❺ **'P → Q'의 대우 관계**
: 'P → Q'가 참인 경우,
대우 관계는 '−Q → −P'이다.
이런 경우에는 '참'이라고 보아야 한다.

제3편 독해 CH.19 PSAT 추론

01. 다음 글에서 추론한 내용으로 가장 적절한 것은?

2022 지방직 9급

논리실증주의자들에 따르면, 만약 어떤 것이 과학일 경우 거기에서 사용되는 문장은 유의미하다. 그들은 유의미한 문장의 기준으로 소위 '검증 원리'라고 불리는 것을 제안했다. 검증 원리란, 경험을 통해 참이나 거짓을 검증할 수 있는 문장은 유의미하고 그렇지 않은 문장은 유의미하지 않다는 것이다. 다음 두 문장을 예로 생각해 보자.

   (가) 달의 다른 쪽 표면에 산이 있다.

   (나) 절대자는 진화와 진보에 관계하지만, 그 자체는 진화하거나 진보하지 않는다.

위 두 문장 중 경험을 통해 검증할 수 있는 것은 무엇인가? 비록 현실적으로 큰 비용이 들기는 하지만 (가)는 분명히 경험을 통해 진위를 밝힐 수 있다. 즉 우리는 (가)의 진위를 확정하기 위해서 무엇을 경험해야 하는지 알고 있다는 것이다. 이런 점에 근거하여 논리실증주의자들은 (가)는 검증할 수 있고, 유의미한 문장이라고 판단한다. 그럼 (나)는 어떠한가? 우리는 무엇을 경험해야 (나)의 진위를 확정할 수 있는가? 논리실증주의자들은 그런 것은 없다고 주장하고, 이에 (나)는 검증할 수 없고 과학에서 사용될 수 없는 무의미한 문장이라고 말한다.

① 논리실증주의자들에 따르면 무의미한 문장을 사용하는 것은 과학이 아니다.

② 논리실증주의자들에 따르면 과학의 문장들만이 유의미하다.

③ 검증 원리에 따르면 아직까지 경험되지 않은 것을 언급한 문장은 무의미하다.

④ 검증 원리에 따르면 거짓인 문장은 무의미하다.

02. 〈보기〉의 내용에 대한 이해로 가장 옳지 않은 것은?

2022 서울시 9급

─〈보기〉─

참, 거짓을 판단할 수 있는 문장을 명제라고 한다. 문장이 나타내는 명제가 실제 세계의 사실과 일치하면 참이고 그렇지 않으면 거짓이다. 가령, '사과는 과일이다.'는 실제 세계의 사실과 일치하므로 참인 명제지만 '새는 무생물이다.'는 실제 세계의 사실과 일치하지 않으므로 거짓인 명제이다. 이와 같이 명제가 지닌 진리치가 무엇인지 밝혀주는 조건을 진리 조건이라고 한다. 명제 논리의 진리 조건을 간략하게 살펴보면 다음과 같다. 모든 명제는 참이든지 거짓이든지 둘 중 하나여야 하며 참도 아니고 거짓도 아니거나 참이면서 거짓인 경우는 없다. 명제 P가 참이면 ~그 부정 명제 ~P는 거짓이고 ~P가 참이면 P는 거짓이다. 명제 P와 Q가 AND로 연결되는 P∧Q는 P와 Q가 모두 참일 때에만 참이다. 명제 P와 Q가 OR로 연결되는 P∨Q는 P와 Q 둘 중 적어도 하나가 참이기만 하면 참이 된다. 명제 P와 Q가 IF … THEN으로 연결되는 P-Q는 P가 참이고 Q가 거짓이면 거짓이고 나머지 경우에는 모두 참이 된다.

① 명제 논리에서 '모기는 생물이면서 무생물이다.'는 성립하지 않는다.

② 명제 논리에서 '파리가 새라면 지구는 둥글다.'는 거짓이다.

③ 명제 논리에서 '개가 동물이거나 컴퓨터가 동물이다.'는 참이다.

④ 명제 논리에서 '늑대는 새가 아니고 파리는 곤충이다.'는 참이다.

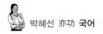

03. 다음 글에서 추론할 수 있는 것만을 〈보기〉에서 모두 고르면?

2022 지방직 9급

컴퓨터에는 자유의지가 있을까? 나아가 컴퓨터에 도덕적 의무를 귀속시킬 수 있을까? 컴퓨터는 다양한 전기회로로 구성되어 있고, 물리법칙, 프로그래밍 방식, 하드웨어의 속성 등에 따라 필연적으로 특정한 초기 상태로부터 다음 상태로 넘어간다. 마찬가지로 두 번째 상태에서 세 번째 상태로 이동하고, 이러한 과정이 계속해서 이어진다. 즉 컴퓨터는 결정론적 법칙의 지배를 받는 시스템이라는 것이다. 그럼 이러한 시스템에는 자유의지가 있을까?

결정론적 법칙의 지배를 받는 시스템의 중요한 특징은 주어진 조건에 따라 결과가 하나로 고정된다는 점이다. 다시 말해, 이러한 시스템에는 항상 하나의 선택지만 있을 뿐이다. 그런 뜻에서 결정론적 지배를 받는다는 것과 자유의지를 가진다는 것은 양립할 수 없음이 분명하다. 어떤 선택을 할 때 그것과 다른 선택을 할 수도 있다는 것은 자유의지의 필요조건이기 때문이다. 결국 결정론적 법칙의 지배를 받는 시스템은 자유의지를 가지지 않는다. 또한 자유의지를 가지지 않는 시스템에 도덕적 의무를 귀속시킬 수 없음은 당연하다.

─〈보기〉─
ㄱ. 컴퓨터는 자유의지를 가지지 않으며 도덕적 의무의 귀속 대상일 수도 없다.
ㄴ. 도덕적 의무를 귀속시킬 수 있는 시스템은 결정론적 법칙의 지배를 받지 않는다.
ㄷ. 어떤 선택을 할 때 그것과 다른 선택을 할 수 없는 시스템은 자유의지를 가지지 않는다.

① ㄱ, ㄴ
② ㄱ, ㄷ
③ ㄴ, ㄷ
④ ㄱ, ㄴ, ㄷ

04. 다음 글에 대한 이해로 가장 적절한 것은?

2020 국가직 7급

자유지상주의자에게 있어서 사회는 개인의 자유가 극대화될 때 정의롭다. 그런데 자유에 대한 자유지상주의자의 입장을 명확하게 이해하기 위해서는 '제약으로부터의 자유'인 '프리덤(freedom)'과 '강제로부터의 자유'인 '리버티(liberty)'가 동의어가 아니라는 것을 알아야 한다. 프리덤이 강제를 비롯한 모든 제약의 전적인 부재라면, 리버티는 특정한 종류의 구속인 강제의 부재로 이해될 수 있다. 일반적으로 강제는 물리적 힘을 직접적으로 행사하거나 피해를 주겠다고 위협하는 형태로 나타난다.

프리덤과 리버티가 동의어일 수 없는 이유는 다음 사례에서 잘 드러난다. 일부 국가의 어떤 시민은 특정 도시에서 생활하고 일하기 위해서 정부의 허가를 받아야 한다. 이때 정부는 법률에 복종하지 않을 경우 피해를 주겠다고 위협하거나 직접적인 물리력을 행사해 해당 시민의 자유를 제한할 수 있다. 이와 달리 A국 시민은 거주지 이전의 허가가 필요 없어서 국가로부터의 어떠한 물리적 저지나 위협도 받지 않는다고 하자. 그렇다고 해서 모든 A국 시민이 원하는 곳에 실제로 이사 갈 수 있는 것은 아니다. 일부 시민은 이사 갈 수 있을 만큼의 돈이 없거나, 이사 가려는 곳에서 원하는 직업을 찾지 못할 수도 있다. 결과적으로 이런 경우는 그들이 원하는 바를 충분히 실현할 자유가 제한되는 것이다. 따라서 어떤 개인이 누릴 수 있는 자유는 국가로부터의 강제와 무관하게 다른 많은 방식으로 제한될 수 있다.

자유지상주의자들이 자유를 극대화해야 한다고 말할 때, 이들이 두 가지 자유를 모두 극대화해야 한다고 주장하는 것은 아니다. 자유지상주의자들은 강제를 극소화하는 것, 특히 정부의 강제적인 간섭을 최소화하는 것을 통해 얻는 자유에 초점을 맞추고 있다.

① 자유지상주의자들은 '제약으로부터의 자유'를 최대한 확보할 때 정의로운 사회가 된다고 주장한다.
② A국 시민들은 다양한 법률이나 제도를 통해 국가로부터 거주지 이전에 관한 '프리덤'을 보장받고 있다.
③ '리버티'에 대한 제한은 직접적인 물리적 힘보다 피해를 주겠다는 위협을 통해 이루어지는 경우가 더 많다.
④ 개인의 행동에 대해 정부 허가가 필요하다면, 그 개인의 '강제로부터의 자유'가 제한되는 것이라고 볼 수 있다.

05. 다음 글을 통해 추론할 수 있는 것만을 〈보기〉에서 모두 고르면?

2020 국가직 7급

'공정하다'는 말은 여러 가지 맥락에서 사용된다. 우리는 종종 어떤 법적 판단에 대해 공정성을 묻기도 하고, 스포츠 경기에서 심판의 판단에 대해서도 공정성을 묻는다. 공정성이 성립하기 위해서는 적어도 두 가지 조건을 충족해야 한다. 첫 번째는 판단의 결과가 가능한 결과들 중 일부분으로 특별히 치우쳐서는 안 된다는 것이다. 이런 조건은 '공평성'이라고 불린다. 두 번째 조건은 '독립성'으로, 이는 관련된 판단들이 외적인 것에 의해서 영향을 받지 않아야 한다는 것을 의미한다.

공정성의 두 조건은 동전 던지기 게임을 사례로 설명할 수 있다. 게임의 규칙은 동전을 던져 뒷면이 나온 사람이 승리하는 것이라고 해 보자. 이 게임이 공평하다는 것은 동전 던지기를 충분히 여러 번 진행했을 때의 가능한 결과, 즉 앞면과 뒷면이 나오는 횟수가 거의 같다는 것을 말한다. 공평성이 성립하지 않는다면 이 게임의 공정성이 성립하지 않는다는 것은 당연하다.

그러면 독립성이 공정성의 조건이 되는 이유는 무엇일까. 동전 던지기 게임이 독립적이라는 것은 동전 던지기의 결과가 동전 자체가 가진 특성 이외의 특별한 장치에 의해서 조작되지 않는다는 것을 말한다. 만일 게임에 사용된 동전이 특별한 외부 장치에 의해 조작되어서 앞면이 두 번 나온 뒤에는 항상 뒷면이 나온다고 가정해 보자. 이때 두 번 연속으로 앞면이 나온 뒤에 게임에 참여하고, 그렇지 않은 경우에는 게임에 참여하지 않는 전략을 채택한 사람은 언제나 패배하지 않을 수 있다. 이와 같이 동전이 외부 장치에 의해 조작될 경우에는 항상 게임에서 패배하지 않을 수 있는 전략을 만들어 낼 수 있다. 언제나 패배하지 않을 수 있는 전략을 만들어 낼 수 있는 게임은 공정하지 않은 게임이다. 이런 점을 생각할 때, 독립적이지 않은 것은 공정하지 않다고 할 수 있다.

─〈보기〉─

ㄱ. 패배하지 않을 수 있는 전략을 만들어 낼 수 없는 동전 던지기 게임은 독립적이다.

ㄴ. 앞면이 나온 바로 다음에는 반드시 뒷면이 나오고, 뒷면이 나온 바로 다음에는 반드시 앞면이 나오도록 장치가 된 동전 던지기 게임은 공평하지 않다.

ㄷ. 동전 자체의 무게중심이 한쪽으로 쏠려 있어 앞면이 나올 확률과 뒷면이 나올 확률의 차이가 클 때, 그 동전을 이용한 동전 던지기 게임은 공정하지 않다.

① ㄱ, ㄴ ② ㄱ, ㄷ
③ ㄴ, ㄷ ④ ㄱ, ㄴ, ㄷ

06. 다음의 진술들이 모두 참이라고 할 때 항상 참이라고 볼 수 없는 것은?

2008 입법고시 PSAT 변형

• 시험 기간이 되면 민아는 도서관에 간다.
• 시험 기간이 아니면 경호는 커피를 마시지 않는다.
• 경호가 커피를 마시든가 혹은 성환이가 수정과를 마신다.
• 민아는 도서관에 가고, 성환이는 수정과를 마신다.

① 경호가 커피를 마시면 민아는 도서관에 간다.
② 시험 기간이다.
③ 경호가 커피를 마시면 시험 기간이다.
④ 성환이가 수정과를 마신다.

07. 〈보기〉를 읽고 보인 반응으로 적절하지 않은 것은?

2019 기상직 9급

─〈 보기 〉─

어떤 두 진술 사이에 둘 가운데 한 진술이 옳으면 다른 진술이 그를 수밖에 없고, 또 둘 가운데 한 진술이 그르면 다른 진술이 옳을 수밖에 없는 관계를 모순 관계라고 한다. 일반적으로 어떤 진술 'p'와 그것의 부정 'p가 아니다.'라는 진술은 모순 관계이다. 그래서 '어떤 것이든 p이거나 p가 아니다.' 라는 형식으로 이루어진 진술은 반드시 옳은 진술이다. 이러한 진술 형식을 배중률이라 한다.

또한 '어떤 것이든 p이면서 p가 아닌 것일 수 없다.'라는 형식으로 이루어지는 진술도 반드시 옳은 진술인데, 이러한 진술 형식을 무모순율이라 한다. 배중률은 모든 진술이 옳거나 그렇지 않다면 그르다는 원리를, 무모순율은 옳으면서 동시에 그른 진술은 없다는 원리를 표현하고 있다.

한편 어떤 두 진술 사이에는 둘 다 옳을 수는 없지만, 둘 다 그를 수 있는 관계가 성립하는 수가 있다. 이런 경우 두 진술 사이의 관계를 반대 관계라고 한다.

① '나는 남자이다.'와 '나는 남자가 아니다.'는 모순 관계에 있다.

② '어떤 것이든 사람이거나 사람이 아니다.'는 배중률에 해당한다.

③ '어떤 것이든 사람이면서 남성이 아닌 것일 수 없다.'는 무모순율에 해당한다.

④ '지금 덥다.'와 '지금 춥다.'라는 진술 사이의 관계는 반대 관계이다.

08. 다음 글을 이해한 내용으로 적절한 것은?

亦功 출제

비트겐슈타인은 철학의 관심사가 사람이 '생각하는 바'가 아닌 사람이 '생각하는 바를 표현하는 것'이어야 한다고 주장했다. 그는 정신이나 이성에 관심을 가졌던 종래의 철학이 명제와 사실의 관계를 간과했다고 지적하며, 새로운 철학은 '말할 수 있는 것'과 '말할 수 없는 것'의 한계를 명확하게 설정할 수 있어야 한다고 보았다.

이를 위해 비트겐슈타인은 먼저 명제와 사실의 관계를 분명히 했다. 그에 의하면 명제는 사실과 대응한다. 그래서 그는 명제와 사실을 비교해서 명제가 사실과 일치하면 참, 사실과 일치하지 않으면 거짓이라고 보았다. 이를테면 '지구는 태양 주위를 돈다.'라는 명제는 지구가 태양 주위를 돌고 있다는 실제 경험할 수 있는 사실과 비교할 때 사실과 일치하기 때문에 참이 된다. 반면 '태양은 지구 주위를 돈다.'라는 명제는 사실과 비교할 때 거짓이 된다. 이처럼 비트겐슈타인은 하나의 명제는 하나의 사실과 대응하여 참 또는 거짓으로 판단할 수 있다고 보았다.

① 비트겐슈타인은 종래의 철학자들과 달리 정신이나 이성에 관심을 가졌다.

② 비트겐슈타인에 의하면 대응하는 사실이 없는 명제는 거짓인 명제이다.

③ 비트겐슈타인은 실제 경험할 수 있는 사실과 비교하여 일치하는 명제를 참이라고 보았다.

④ 비트겐슈타인은 하나의 명제는 다양한 사실과 대응하여 참 또는 거짓으로 판단할 수 있다고 보았다.

박혜선 국어
개념도 새기는 기출
문학&독해

정답 및 해설

01.   ▶②

정답풀이 '일상생활에서 벗어난 크고 위대한 것을 추구하는 데서 오는 아름다움'과 관련된 것은 숭고미이다. 숭고미는 종교적이며, 경건하고 위엄있는 분위기를 자아낸다.
'일상생활의 실상을 그대로 받아들이며 작고 친근한 것을 추구하는 데서 오는 아름다움'은 '우아미'이다. 우아미는 바람직한 현실을 즐기는 것이므로 일상생활의 실상을 받아들이는 데서 오는 아름다움이라고 볼 수 있다.

오답풀이 '비장미'는 좌절했을 때 나타나게 되는 아름다움이므로 옳지 않다.

02.   ▶④

정답풀이 ㉠ : 일반적으로 골계는 '우스꽝스러움'으로서 웃음을 자아내는 문학의 모든 요소에 폭넓게 적용되는 개념이다. 골계는 그 하위 범주로 기지, 풍자, 반어, 해학 등을 포괄한다. 풍자와 해학을 포함하는 것이 골계이므로 ㉠은 골계이다. 조동일은 '우아'와 함께 '골계'를 '있어야 할 것'보다 '있는 것'을 존중(긍정)하는 미적 범주로 분류한다.
㉡, ㉢ : '있어야 할 것'의 파괴 쪽에 관심을 집중하는 것이 풍자이고, '있는 것'의 긍정에 관심을 집중하는 것이 해학이라고 설명한다.
따라서 ㉡은 풍자, ㉢은 해학에 해당한다.

03.   ▶②

정답풀이 "나는 지금도 이광수의 〈무정〉 작품을 읽으면 가슴이 뜨거워지는 것을 느껴.", "이 작품은 이 소설이 나왔던 1910년대 독자들의 가슴만이 아니라 아직 강대국에 싸여 있는 21세기 우리 시대 독자들에게도 조국을 생각하는 마음에 큰 감동을 주고 있다고 생각해." 등을 통해 독자가 작품을 읽고 어떻게 효율적으로 이용하는가에 초점을 두고 작품을 감상하는 방법임을 알 수 있다.

04.   ▶②

정답풀이 김소월 시인은 순수 문학 시인이므로 당시 우리 정치 현실이었던 광복의 문제에 대해 노래하지 않았을 것이다. 여기에서의 '당신'은 사랑하는 임을 의미한다고 보아야 한다.

오답풀이 ① 먼 후일에 당신이 나를 찾는 상황을 가정하여 화자의 임에 대한 그리움을 드러내고 있다.

③ "잊었노라"가 자주 반복되는 것을 통해 '나'는 '당신'을 잊지 못하였음을 짐작할 수 있다. 이는 언어 표현과 속의 마음이 반대인 반어적 진술이라고 볼 수 있다. 반어법을 사용하는 이유는 화자의 정서가 강조되기 때문이다.

④ '변조'란 말이 변형된 채로 반복되는 것을 의미한다. '그때에 내 말이 "잊었노라." / "무척 그리다가 잊었노라." / 먼 후일 그때에 "잊었노라."'처럼 "잊었노라"를 중심으로 주변의 말이 변하면서 반복되고 있다.

05.   ▶②

정답풀이 표현론적 관점이란 작품에 작가의 생애, 가치관, 문학의 경향 등이 어떻게 드러나는가에 초점을 두고 작품을 감상하는 방법이다. '작가 김유정'의 고향을 언급하면서 작품을 감상하고 있으므로 ②가 표현론적 관점에 해당한다.

오답풀이 ① 1930년대 일제 강점기의 시대상을 가지고 감상하고 있으므로 반영론적 관점이다.

③ 인물간의 갈등과, 인물의 태도, 구성에 대해 감상하는 것은 내재적 관점에 해당한다.

④ 작품 안에서 결말을 보는 것이기 때문에 내재적인 관점이 드러난다. 또한 독자가 작품 안의 내용을 통해 적극적으로 추론하고 있으므로 독자의 효용론적인 관점 또한 드러난다고 볼 수 있다.

06.   ▶②

정답풀이 박목월의 〈나그네〉는 '구름에 달 가듯이 가는' 나그네의 모습을 통해 고단한 길을 유유자적하게 걸어가는 체념과 달관의 경지를 보여주는 시이다(달관(達觀) : 세속을 벗어난 활달한 식견이나 인생관). (가) 반영론의 관점은 문학 작품은 사회를 반영하여 현실의 문제를 비판적으로 성찰할 수 있게 하는 매개체라고 본다. 이러한 반영론의 관점에서 보면 이 시는 ②에 나오듯이 일제 강점기 삶의 고통스러운 단면을 외면하고 회피한 채 유유자적한 삶만을 그렸다고 비판할 수 있다.

오답풀이 ①, ③, ④는 작품 자체의 형식과 의미에 주목한 내재적 관점의 감상이다.

① 전통적 민요의 율격, 정형적 형식, 정제된 시상은 모두 작품 안에서 해석한 내재적 관점과 관련이 있다.

③ '시적 분위기, 선경후정'도 모두 작품 안에서 해석한 내재적 관점과 관련이 있다.

④ '풍경의 이미지, 그림을 보는 듯한 감각'도 모두 작품 안에서 해석한 내재적 관점과 관련이 있다.

07. ▶①

정답풀이) 화자는 광고의 나라가 '절망이 꽃피는' 곳이라고 말하고 있으므로, 광고의 나라에 살고 싶다고 생각하지 않을 것이다. 따라서 반어법이 사용된 것을 알 수 있다. ①의 '죽어도 아니 눈물 흘리오리다'는 임이 떠나면 몹시 울 것이라는 마음을 반대로 표현한 것이므로 반어법에 해당한다.

오답풀이) ② 마을의 전설이 주저리주저리 열렸다는 표현은 추상적 관념인 '전설'을 시각화한 것이다.
③ 은유법이 사용되었으며 '내 마음'은 원관념, '나그네'는 보조관념이다.
④ 비유 표현이 직접 드러났으므로 직유법이 사용되었음을 알 수 있다.
⑤ 어둠을 행위할 수 있는 주체로 표현하였으므로 의인법이 사용된 것을 알 수 있다.

08. ▶①

정답풀이) '달이 나의 뜰에 고요히 앉아 있다'라는 표현은 달이 뜰에 앉을 수 있는 대상인 것처럼 표현한 것이므로 의인법에 해당한다. '풀은 눕고 드디어 울었다'는 풀이 눕고 울 수 있는 존재처럼 표현되었으므로 의인법을 사용한 것으로 볼 수 있다.

오답풀이) ② '가난하다고 해서 외로움을 모르겠는가'에는 설의법이 드러나 있다.
③ '구름'을 '보랏빛 색지 위에 마구 칠한 한 다발 장미'로 표현하였으므로 은유법에 해당한다.
④ '아!'라는 감탄사가 사용되었으므로 영탄적 어조가 사용되었음을 알 수 있다.

09. ▶④

정답풀이) '겨울은 강철로 된 무지개'는 논리적 이치에 맞지 않는 것을 의도적으로 표현한 수사법인 '역설법'이다. '죽어도 아니 눈물 울리우리다'는 반어법을 사용하여 임이 떠난 뒤 매우 슬플 것이라는 슬픔을 표현한 것이므로 ㉠의 역설법과는 다르다.

오답풀이) ①, ②, ③ '정작으로 고와서 서러워라', '님은 갔지만 나는 님을 보내지 아니하였습니다', '찬란한 슬픔의 봄'은 모두 역설법에 해당한다.

10. ▶②

정답풀이) "우리 옹기는 양은 그릇에 멱살을 잡히고 플라스틱류에 따귀를 얻어맞았다."는 표현에는 의인화가 쓰였다. 의인법이란 사람이 아닌 것을 사람처럼 표현한 것이다. 우리 옹기, 양은 그릇, 플라스틱은 인간이 아닌데 인간의 행위를 하고 있으므로 의인화(擬人化)가 쓰인 것이다. '역사를 굽어본 강물'에서 역사를 굽어 보는 것은 인간의 속성이므로 '강물'을 의인화한 표현임을 알 수 있다.

오답풀이) ① 유니폼을 벗고서 붓을 들기 시작했다. : 부분이나 속성을 가지고 전체를 대표하는 대유법이 사용되었다. 유니폼을 입는 특성의 직업을 그만두고, '붓'과 관련된 일을 하기 시작했다는 것을 대유법으로 표현하였다.
③ 돈을 잃는 것은 적게 잃는 것이지만 명예를 잃는 것은 많이 잃는 것이고 건강을 잃는 것은 모든 것을 잃는 것이다. : 잃는 것의 범위가 점점 넓어지고 있다. 점층법이라는 것은 정도를 더 크게 높게 강하게 표현하는 것인데, 잃는 범위가 넓어지고 있으므로 점층법이라고 볼 수 있다. 이를 통해 건강의 소중함을 강조하고 있다.
④ 보고 싶어요, 붉은 산이, 그리고 흰 옷이. : 문장성분의 위치가 비정상인 도치법이 쓰였다. 정상적인 배열은 '붉은 산이, 그리고 흰 옷이 보고 싶어요.'이다.
⑤ 내 마음은 호수요 : 'A는 B이다' 구성의 은유법이다. 원관념은 '내 마음'인데 이를 보조관념인 '호수'에 빗대고 있다.

11. ▶④

정답풀이) '흰 수건', '흰 고무신', '흰 저고리 치마', '흰 띠'는 백색의 이미지를 활용하여 슬픈 족속, 즉 우리 민족을 표상한 것이다. 이는 어떤 낱말을 직접 사용하기보다는 그 말과 밀접한 관계가 있어 쉽게 연상되는 말로 치환하는 환유법에 해당한다. ④의 '칼날'은 의(義) 있는 사람의 고난을 표현한 것이므로 유사한 수사법이 사용된 것으로 볼 수 있다.

오답풀이) ① 꽃을 '누님'과 연관지어 나타낸 직유법에 해당한다.
② '마음'을 '물결'이라고 하였으므로 은유법에 해당한다.
③ 파도를 '아가리 쳐들고 달려드는' 살아있는 대상처럼 표현하였으므로 활유법에 해당한다.

12. ▶②

정답풀이) '반어법'은 겉의 표현과 속의 의도가 반대되는 표현법을 의미한다. 내가 그대를 생각함은 해가 지고 바람이 부는 일처럼 사소하다고 한다. 저 문장 자체에는 모순이 없지만, 저 자연현상이 끝나게 되면 세상도 끝난다는 점에서 그대에 대한 나의 사랑은 결코 사소하지 않음을 알 수 있다.

✦ 원래 문제

> 〈보기〉에서 주된 표현 기법을 통해 화자의 정서를 강조하는 표현은?
> ① 사소함   ② 괴로움
> ③ 기다림   ④ 생각함
>
> 답은 '사소함'이었다. 반어법을 '사소함'이라는 화자의 정서로 드러내어 사실은 그대의 존재는 사소하지 않음을 강조하고 있는 것이다.

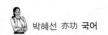

오답풀이 ① 역설법 : 문장의 겉의 표현 자체에 모순이 있어야 하는
데, 이 시 자체에 모순이 되는 표현은 없다.

③ 도치법 : 문장 성분의 위치가 정상적이지 않은 부분이 없다.

④ 설의법 : 의문문으로 끝나되, 대답을 요구하지 않는 표현법이다.

13. ▶②

정답풀이 밑줄 친 부분에는 '은유'가 쓰였다. 은유란, 'A는 B이다' 구
성을 가져 원관념 'A'를 보조관념 'B'에 빗대는 것을 의미한다. 'A의
B' 구성이나, 보조관념 'B'로만 나타날 수 있다. ②는 한용운의 '님의
손길'이다. 밑줄 친 부분에서 근심(의) 산이라 표현했고 한(의) 바다라
고 표현하고 있다. '의'가 생략된 것으로 각각 풀어보면 '근심은 산이
다. 한은 바다이다'처럼 '은유'를 사용하고 있다. '근심, 한'이라는 원
관념을 각각 '산, 바다'라는 보조관념에 빗댄 것이다.

오답풀이 ① 가장 매력적인 오답이었다. 하지만 '강아지 같은 것들아'
에서처럼 연결어 '같은, 같이'가 쓰이게 되면 은유가 아니라 직유
법이 사용된 것이다. 자식들(원관념)을 강아지(보조 관념)에 직접
비유하고 있다.

③ 목숨을 빼앗고 죽음도 주지 않는 : '역설법'이 사용되었다. 목숨을
빼앗으면 죽음을 당연히 받게 되는 것인데, 죽음을 주지 않았다는
것은 모순된 표현이다.

④ 산산이 부서진 이름이여! : '영탄법'이 사용되었다. 영탄이란, '오
오, 아아' 등의 감탄사를 사용하거나 감탄형 어미 '-구나, -리라!'
혹은 느낌표 '!'를 사용하여 감탄하는 어조를 표현하는 방법이다.
이것은 슬픔이나 기쁨 등의 정서를 강하게 표현할 때 쓰인다.

14. ▶②

정답풀이 하나의 감각이 다른 감각으로 이동하는 감각의 전이(= 공
감각적 심상)는 드러나지 않는다. '회한(뉘우치고 한탄함.)'의 정서도
드러나지 않는다.

오답풀이 ① '붉은 파밭'과 '푸른 새싹'에서 색채 대비가 보이므로 이
는 대조법이라고 볼 수 있다. 파가 오래되면 붉어지는데 묵은 사
랑을 '붉은 파밭'에 빗댄 것이다. '붉은 파밭의 푸른 새싹을 보아
라'라는 표현을 통해 새로운 사랑을 얻기 위해 묵은 사랑을 버려
야 한다는 의지를 드러내고 있다.

③ '삶은 계란의 껍질이 / 벗겨지듯 / 묵은 사랑이 / 벗겨질 때'에서
직유법이 쓰였다. 이 부분말고도 '~듯이'라는 직유법이 자주 사
용된다.

④ '~이 ~듯이 ~ㄹ 때 붉은 파밭의 푸른 새싹을 보아라'에서 동일한
문장 구조를 반복하고 있다. 같은 말이 반복되면 주제가 강조된다.

15. ▶④

정답풀이 '얻는다는 것은 곧 잃는 것이다.' : 역설적 표현이 쓰였다.
얻는 것과 잃는 것은 같이 올 수 없는 모순된 표현이기 때문이다. 하

지만 묵은 사랑을 떨쳐 내야 새로운 사랑을 받아들일 수 있다는 진리
를 나타내고 있다.

오답풀이 ① 활유법에 해당한다.

② 대유법에 해당한다.

③ 반어법에 해당한다. 반어법은 표현 구조상으로나 상식상으로 모
순이 없는 표현이다.

16. ▶③

정답풀이 ⓒ에는 어떠한 비유법도 쓰이지 않았다.

오답풀이 ① 말은 생각을 담는 그릇 : 'A는 B이다' 구성을 가진 은유
법이 쓰였다. 은유법은 비유법에 속한다.

② 청산유수처럼 거침없이 쏟아 놓는 말 : '-처럼, -같은, -같이, -
듯, -양'의 '직유법'이 쓰였다.

④ 말이 사람을 죽일 수도 있다 : 무생물을 생물처럼 표현한 활유법
이 쓰였다.
말은 두려워해야 할 존재임 : 'A는 B이다' 구성을 가진 은유법이
쓰였다.

17. ▶⑤

정답풀이 이 시는 '도토리묵'이 만들어지는 과정을 개성적으로 표현
하고 있을 뿐, '자연과의 교감을 통한 인간에 대한 이해'까지 보여주
고 있지는 않다.

오답풀이 ① '~하는 소리'가 반복되고 있으므로 청각적 이미지를 중
심으로 '도토리묵'이 만들어지는 과정이 형상화되고 있음을 알 수
있다.

② '마른 잎사귀에 도토리알 얼굴 부비는 소리' 부분에서 나무에 매
달린 도토리를 확인할 수 있고 '저희끼리 다시 엉기는 소리 '에서
묵으로 엉길 때까지의 과정을 확인할 수 있다.

③ '저 고요 저토록 시끄러운,'을 통해 앞뒤가 맞지 않는 역설법이 쓰
였음을 확인할 수 있다.

④ '나란히 잠든 반들거리는 몸 위로 살짝살짝 늦가을 햇볕 발 디디
는 소리' 등 많은 부분에서 의인법이 쓰임을 확인할 수 있다.

18. ▶②

정답풀이 '없다', '모른다', '싶다'를 반복하여 화자의 정서를 강조하고
있다.

오답풀이 ① '허공에 발이 푹푹 빠진다', '인력에 끌려 어느 주위를 공
전하고 있는'은 허구적 상상을 표현한 것이지만 둘 모두 화자의
힘든 상황을 드러내고 있을 뿐이며 현실의 고난을 극복한 것은
아니다.

③ 화자는 '나는 여러 번 넘어졌는지 모른다'라는 표현을 통해 자신
의 과거를 떠올리고는 있으나, 이것이 사실적 묘사는 아니다.

④ 화자는 '발자국이 보고 싶다'고 했을 뿐, 과거로 돌아가려 하는 것
은 아니다.

19.　▶②

정답풀이) 이 작품은 '옛것이라고는 찾아볼 길 없는 / 성탄제 가까운 도시'에서 '아버지의 서느런 옷자락'을 통하여 아버지에 대한 그리움을 느끼는 마음을 형상화한 것이다. '서느런'은 촉각적 표현에 해당하므로 적절하다.

오답풀이) ① 마지막 연에서 '눈 속에 따 오신 산수유 붉은 알알이'라는 표현이 나오기는 하지만 이것이 비극적인 정서라고 보기는 어렵다.
③ '반가운 그 옛날의 것이 내리는데'라는 표현으로 보아 전통을 부정하는 것이 아니라 옛것을 그리워하고 있음을 알 수 있다.
④ 이 작품은 공간이 동질적인 것이 아니라 '성탄제'라는 시간이 동질적인 것이다.
⑤ 화자는 아버지를 그리워하고 있을 뿐 근원적 사랑의 상실을 안타까워하지는 않는다.

20.　▶③

정답풀이) 시간의 이동이 아니라 시선의 이동에 따라 전개되고 있다. 고양이의 '털, 눈, 입술, 수염'으로 시선이 이동되며 시상이 전개되고 있다. 또한 1, 2연은 각각 '고운 봄의 향기'와 '포근한 봄졸음'이 나오는데 이것을 역동적이라고 볼 수 없다.

오답풀이) ① '~와 같이 ~한 고양이의 ~에 ~이 ~다'의 유사한 연 구조의 반복이 나타난다. 반복은 리듬감 형성에 기여한다.
② 구체적 소재인 '고양이'를 통해서 '봄의 분위기'라는 주제를 감각적으로 형상화하고 있다. 1연에는 후각, 2연에는 시각, 3연에는 촉각, 4연에는 시각적 심상이 드러난다.
④ '-아라.'는 명령형 어미가 아니라 감탄형 어미이다. 감탄형 어미를 사용하면 시적 정서가 강조된다.

21.　▶③

정답풀이) '사과가 나를 먹는다'라는 시상을 마무리하는 부분에서는 반어적 표현이 나타나지 않는다.

오답풀이) ① 각 시행에서 '~을 먹는다'라는 유사한 통사 구조가 반복된다. 반복되면 항상 운율이 형성된다.
② '사과를 먹는다'의 '사과'를 → '사과나무의 일부' → '햇살' → '장맛비' … → '중력', '우주' 등으로 점점 의미가 점점 확대되어 시상을 전개하고 있다.
④ 일상의 친숙한 소재인 '사과'를 먹는 경험을 통해 사과와 함께하며 사과를 존재하게 만든 모든 것에 대해 인식하게 된다. 사과를 존재하게 한 자연, 사과를 키우기 위한 인간의 노력과 역사 등 사과를 존재하게 한 모든 것으로 사고를 확장시키고 있다.

22.　▶②

정답풀이) 여러 소재가 아니라 '낙타'라는 단일 소재를 활용하고 있다. 또 과거 선생님에 대해 회상하고 어른이 된 후 잃어버린 동심에 대해 동경하는 것일 뿐이지 시련의 상황이 아니다.

오답풀이) ① 어린 때의 '선생님'과 '낙타'를 동일화하고 있다. '내가 여읜 동심(童心)의 옛 이야기'를 통해 어른이 된 후 잃어버린 동심을 그리워함을 알 수 있다.
③ 1연의 '눈을 감으면'은 현재이다. 2, 3연에 어릴 적의 선생님을 회상한 것은 과거이다. 4연의 '동물원의 오후'는 다시 현재로 돌아온 것임을 알 수 있다. 이를 역순행적 구조에 따른 시상전개 방식이라고 한다.
④ '떨어져 있음직한 동물원(動物園)'에 공간적 배경이, '오후(午後)'를 통해 시간적 배경을 직접 제시하고 있다.

23.　▶④

정답풀이) 북청 물장수를 불렀을 때 그가 사라지기는 하지만, 이것이 '단호한 태도'라고 보기는 어렵다. 단호한 태도란 결심이나 태도, 입장 따위가 과단성 있고 엄격하다는 의미이다. 그리고 화자의 슬픔을 드러내는 표현도 나오지 않으므로 ④가 적절하지 않다.

오답풀이) ① 시간 표현 뒤에 오는 보조사 '마다'는 '앞말이 가리키는 시기에 한 번씩'이라는 뜻이다. 따라서 대상의 행위가 새벽에 반복적으로 이루어졌음을 알 수 있다.
② 음성상징어 '쏴아'를 사용하여 찬물을 붓는 소리를 감각적으로 드러냈음을 알 수 있다.
③ 북청 물장수는 고요히 꿈길을 밟고 와서 물을 붓고 가는 존재이다. 이를 통해 '물에 젖은 꿈'이라는 표현은 화자의 꿈과 관련된 표현임을 알 수 있으므로 현실과 꿈이 구분되지 않은 몽롱한 상태임을 짐작할 수 있다.
⑤ '북청 물장수'라는 명사구로 시상을 마무리하였다. 또한 '날마다 아침마다 기다려지는'이라는 표현을 통해 화자가 북청 물장수를 기다리고 있음을 알 수 있다.

24.　▶②

정답풀이) ①, ③, ④는 모두 죽은 아이를 의미하지만, ②는 유리창에 가득 찬 "새까만 밤"으로 단순한 배경일 뿐이다.

25.　▶①

정답풀이) 이 작품의 '가지', '모', '이빨'은 모두 공격적이고 파괴적인 속성을 지닌 반면, '탱자'는 '열매', '능금'과 함께 둥글고 부드러운 이미지를 표상하며, '둥글고 모가 나지 않는' 탱자는 '둥글고 모가 나지 않는' 속성을 지니고 있다.

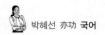

26. ▶①

정답풀이 〈보기〉의 '쇠항아리'는 2연의 '먹구름'과 함께 사람들이 하늘이라 착각한 대상이자 하늘을 덮고 있는 부정적 대상을 의미한다. 그래서 화자는 '쇠항아리'를 하늘로 알고 일생을 살아간 사람들에게 이를 찢으라고 한다. ①에 제시된 '발톱' 역시 조국의 심장을 노리는 외부의 위협을 의미한다는 점에서 부정적 의미를 가진 시어이다.

오답풀이 ② '아사달과 아사녀'는 순수한 우리 민족을 의미하며, 이 둘이 만나는 장소인 중립의 '초례청'은 이념을 초월한 민족 화해의 장소라는 긍정적인 의미를 가진 시어이다.
③ '완충지대'는 '꽃피는 반도'를 일컫는 것으로, 긍정적인 의미를 가진 시어이다.
④ '봄'이 오지 않아 마을 사람들이 걱정하는 모습을 통해, '봄'은 간절히 기다리는 대상이라는 긍정적인 의미를 가진 시어라는 것을 알 수 있다.

27. ▶③

정답풀이 이 시의 제목을 보자. '대장간의 유혹'이므로 '대장간'이 중심시어임을 알 수 있다. 이 시에서 화자는 '털보네 대장간'을 찾아가고 싶다고 한다. 즉, 화자는 '털보네 대장간'을 지향하고 있으므로 '털보네 대장간'은 긍정적 의미의 공간임을 알 수 있다. 그런데 직지사 해우소'는 아득한 나락으로 떨어져 내리는 똥덩이처럼 느껴지는 공간으로 부정적 의미의 공간이므로 ③의 '털보네 대장간, 직지사 해우소'의 내포된 의미가 유사하지 않음을 쉽게 찾아낼 수 있다.

오답풀이 ① '플라스틱'처럼 느껴질 때 버스에서 뛰어내리고 싶다는 것을 통해 '플라스틱'은 부정적 의미임을 알 수 있다. '플라스틱'은 시의 앞부분에 나온대로 '한꺼번에 싸게 사서 마구 쓰다가 망가지면 내다 버리는' 존재임을 알 수 있다. '똥덩이' 또한 가치 없는 존재이므로 내포된 의미가 유사하다고 볼 수 있다.
② '찾아가고 싶다'와 '바꾸고 싶다'는 화자가 지향하는 가치를 담은 구절이다. 화자는 참된 자아를 만들어주는 대장간에 가고 싶어하며, 그곳에서 참된 자아를 의미하는 무쇠낫으로 자신을 바꾸고 싶어한다.
④ 대장간에서 만들어진 '꼬부랑 호미'와 '무쇠낫'은 가치 있는 존재, 참된 존재를 의미하므로 내포된 의미가 유사하다.

28. ▶①

정답풀이 '구름은 흘러가는 / 물길은 칠백 리'라는 구절과, '나그네'라는 시어에서 구름과 물길은 나그네의 마음을 비유한 표현임을 짐작할 수 있다.

오답풀이 ② '술 익는 강마을의 / 저녁노을이여'라는 표현에서 화자가 마을을 바라보고 있음을 알 수 있다. 하지만 마을에 정착하고자 한다는 표현은 나오지 않으므로 적절하지 않다.

③ 작품 말미의 '달빛 아래 고요히 / 흔들리며 가노니'라는 표현으로 보아 나그네는 떠도는 삶을 수용하는 존재임을 알 수 있다. 또한 현실을 벗어나고자 한다는 표현도 나오지 않는다.
④ '다정하고 한 많음도 / 병인 양하여'에서 '한'은 나그네가 느끼는 정서임을 알 수 있다. 따라서 전통적 미학에 맞다은 정서인 '한'을 대변한 것이라고 보기는 어렵다.

29. ▶③

정답풀이 '우련'은 '우련하다'의 어근으로 '우련하다'는 '형태가 약간 나타나 보일 정도로 희미하다', '빛깔이 엷고 희미하다'는 뜻의 말이다.

오답풀이 ① '성기다', '성글다', '상기다' : '물건의 사이가 조금 뜨다', '관계가 깊지 않고 조금 서먹하다'
② 귀촉도: 소쩍새, 두견새, 접동새를 뜻한다.
④ 저허하노니 : '염려하거나 두려워하노니'라는 뜻의 말이다.저어하노니'가 올바른 말이다.

30. ▶③

정답풀이 '나'가 천천히 숙제를 하는 이유는 '엄마 안 오시네'라는 구절을 보았을 때, '외로움, 두려움'을 잊고자 숙제를 천천히 하려고 하는 것이다. 혹은 '숙제를 다하기 전에 엄마가 왔으면 하는 소망' 때문이다.

오답풀이 ① '해가 시들다'는 '해가 졌다'는 것을 의미한다. 따라서 해가 지고 밤이 깊어간 시간의 경과가 나타나 있다고 볼 수 있다.
② '찬밥'은 사람들의 사랑과 관심을 받지 못하는 사람을 비유하는 말이다. 화자를 '찬밥'에 비유한 것은, '찬밥'과 같이 관심 받지 못한 자신의 외로움을 드러내기 위함이다.
④ 가난하기 때문에, 금이 간 것을 고치지 않고 지내는 것이다. 이를 통해 화자의 넉넉하지 않은 가정 형편을 알 수 있다.

31. ▶②

정답풀이 생각보다 정말 쉬운 문제였다. 항상 시를 읽기 전에는 제목을 읽어야 한다. 제목이 '종소리'이므로 청동의 표면에서 떠나는 '나'는 종소리임을 알 수 있다. ①, ③, ④는 '나는 ~가 된다'의 문장 형식을 반복하므로 '새', '악기', '음향'은 종소리인 '나'를 형상화한 것임을 알 수 있다. '칠흑의 감방'이라는 말에서 '감방'은 부정적인 시어임을 알 수 있으므로 '나'가 아님을 알 수 있다. '감방'이란 그간 역사인 '나'를 가둬 인종의 시간을 견디게 한 '종'을 의미한다.

32. ▶①

정답풀이 '손수건, 애수, 마음'은 '푸른 해원'이라는 이상향에 도달하고 싶어 하는 '깃발'을 비유한 것이다. 하지만 '해원'은 '깃발'이 도달하고자 하는 이상향이므로 내포된 의미가 다르다.

33. ▶③

정답풀이 '아우성, 손수건, 마음'은 '푸른 해원'이라는 이상향에 도달하고 싶어 하는 '깃발'을 비유한 것이다. 하지만 '푯대'는 깃발을 묶고 있는 한계이므로 가리키는 것이 가장 다르다.

34. ▶①

정답풀이 'ⓒ 폭풍'은 백일홍을 쓰러뜨리게 할 수 있는 시련, 고통, 역경을 의미한다. 하지만 'ⓒ 폭풍'에도 백일홍은 쓰러지지 않고 오히려 아름다운 붉은 꽃을 매단다. 이와 의미가 유사한 것은 '뇌성(= 천둥치는 소리)'이다. '뇌성'이라는 시련이 왔음에도 바다는 오히려 아름다운 포돗빛을 띄기 때문이다.

오답풀이 ② '눈'은 고향을 떠올리게 하는 매개체로, 고향에 대한 그리움을 환기하는 시어이다.

③ '돌개바람(= 회오리바람)'은 결국 '금'이 되므로 '돌개바람'은 '금(金)'을 만들어내는 치열한 노력을 의미함을 알 수 있다.

④ '바람'은 혼자 있는 존재가 아닌 다른 존재들과 유대하는 존재를 의미한다.

35. ▶④

정답풀이 이 작품의 시적 대상인 '두꺼비'는 갖은 고생으로 우둘투둘해진 아버지의 양손을 비유한 표현이므로 적절하지 않다.

오답풀이 ① '아버지, 저는 두꺼비가 싫어요'라는 표현은 아버지가 손이 거칠어질 정도로 고달프게 살아야 하는 것이 싫다는 의미이므로 적절하다.

② 이 작품은 어린 시절의 작가를 화자로 설정한 후 '두껍아 두껍아 헌집 줄게 새집 다오'라는 동요의 가사를 활용하였다. 동요 가사는 '두꺼비집을 지으셨다'라는 시구와 연결되어 아버지의 죽음을 표현하는 매개가 된다.

③ 이 시의 첫 줄에는 두꺼비의 정체가 드러나지 않지만, 마지막 줄의 '내 아버지 양 손엔 우둘투둘한 두꺼비가 살았었다'를 통해 두꺼비의 정체가 드러나고 있다.

⑤ 봄이 지났으나 잔디만 깨어났다는 표현으로 볼 때 아버지가 돌아가셨음을 알 수 있다.

36. ▶②

정답풀이 이 시의 시적 대상은 '너'이다. 제목이 '봄'임을 비추어 볼 때, '너'는 '봄'을 가리킴을 알 수 있다. '너(봄)'는 내가 기다리면서 오기를 소망하는 대상이므로 '너(봄)'에 대해 무력감을 느낀다는 것은 옳지 않다. 참고로 이성부는 1960년대 대표적인 참여시인으로 독재 정권임을 감안할 때, 기다림의 대상인 '너(봄)'는 민주와 자유임을 알 수 있다.

오답풀이 ① '먼 데서 이기고 돌아온 사람'을 통해 '너(봄)'에 '시련을 극복하고 필연적으로 오게 될 대상'이라는 상징적 의미를 부여하고 있다.

③ '너를 보면 눈부셔 / 일어나 맞이할 수가 없다.'라는 부분을 통해 화자는 '너(봄)'에게 예찬적 태도를 가지고 있음을 알 수 있다.

④ 화자는 '너(봄)'가 더디게 오더라도 마침내 오게 될 것이라고 믿고 있다. 따라서 '너(봄)'를 통해서 어차피 오게 될 순리에 대한 신념(믿음)을 표현하고 있음을 알 수 있다.

37. ▶②

정답풀이 '뜻'과 '납'은 서로 대조적 의미가 아니라 같은 의미를 가지고 있다. 이 시의 중심 소재인 '새'는 자연물로서 인위적인 존재인 한 덩이 납에 의해 피에 젖게 된다. '순수를 겨냥'했다는 말을 통해 '새'는 '순수'를 뜻함을 알 수 있다. '납'은 이 순수를 해치는 인위적인 것을 의미한다. '새는 울어 / 뜻을 만들지 않고,'라는 구절을 통해 '뜻' 또한 부정적이고 인위적인 것임을 알 수 있다. 따라서 '납'과 '뜻'은 '부정적이고 인위적인 존재'라는 의미에서 같은 의미의 시어라고 볼 수 있다.

오답풀이 ① 화자는 '새(순수)'를 해치는 공격적이고 인위적인 존재를 비판하는 의도를 가진다.

③ 화자는 '감정'과 관련된 시어를 쓰지 않고 담담한 어조로 '새'에 대해 노래하고 있다.

④ '상한 새'는 포수에 의해 파괴된 '순수'를 의미한다고 볼 수 있다.

38. ▶③

정답풀이 '굽이치는 바다와 / 백합(百合)의 골짜기를 지나 / 마른 나뭇가지 위에 다다른 까마귀같이 되게 해달라'는 자유로운 영혼을 소유하고픈 시인의 소망을 드러내고 있다 볼 수 있다. '굽이치는 바다'와 '백합의 골짜기'가 '세속적인 욕망과 불안'을 의미하는 것이므로 이것들을 지난다는 것은 모든 세속적인 욕망을 벗어던지고 자유롭고 싶음을 의미하는 것이다.

오답풀이 ① 이 시의 화자가 한국어 능력이 부족하다고 보는 것은 잘못된 해석이다. 1연에서는 '가을'은 기도의 시간으로 '모국어'는 '진정한 기도의 언어'를 의미하는 것이기 때문이다.

② 2연의 '사랑'은 '이성'이 아니라 '절대자를 향한 사랑'이므로 옳지 않은 설명이다.

④ '진실된 삶을 위한 절대 고독을 추구'하는 노래로, 이 시에는 시간적·공간적 배경의 변화가 없다.

⑤ '가을에는 / 호올로 있게 하소서……'를 통해 이 화자는 고독에서 벗어나고자 하는 것이 아니라 '절대 고독의 경지'를 추구하고 있음을 알 수 있다.

해설

39. ▶①

정답풀이 '꽃 한 송이, 노루새끼'가 없는 시적 상황은 부정적이다. 따라서 '나와 / 하늘과 / 하늘 아래 푸른 산뿐이로다.'에서 '하늘, 푸른 산' 또한 긍정적인 공간이라고 볼 수 없으므로 의지가 되는 절대적인 존재라고 볼 수 없다.

오답풀이 ② 3연에서 '나와 / 밤과 / 무수한 별뿐이로다.'라고 했으므로 이러한 구도는 화자가 처한 상황을 나타낸다고 볼 수 있다.
③ '뿐이다(= 그것만이고 더는 없다)', '없다'와 같은 서술어의 반복을 통해 현재 상황을 부정적으로 인식함을 알 수 있다.
④ 4연의 마지막 행에서 '내 마음 둘 곳은 어느 밤 하늘 별이드뇨.'를 보면 화자는 '별'에 마음을 두고 의지하고자 함을 알 수 있다.

Chapter 02 시대별 현대 운문 작품 p.44

01. ▶①

정답풀이 6행에 '부녀 경대(婦 여자 부, 女 여자 녀, 敬 공경할 경, 待 대할 대)'란 부녀자를 공경으로 대하라는 뜻이다. 따라서 '여성을 존중할 것을 사람들에게 피력하고 있군.'이라는 독자의 반응은 적절하다.

오답풀이 ② 마지막 문장에서 '말과 일과 같게 하세.'를 통해 언행일치를 요구하고는 있음을 알 수 있다. 하지만 위급한 나라의 형세를 나타내는 표현은 찾을 수 없다.
③ 부국강병(富 부유할 부, 國 나라 국, 强 강할 강, 兵 병사 병)이란 나라를 부유하게 하고 군대를 강하게 하자는 뜻이다. "천지간에 사람 되어 진충보국 제일이니", "나라 도울 생각으로 시종여일 동심하세.", "우리나라 흥하기를 비나이다 하나님께."를 통해 나라를 강하게 하고자 하는 의도가 들어있음을 알 수 있다. 하지만 남을 부러워하지 말자는 내용은 찾을 수 없다.
④ "외세의 침략"과 "서구 가치관의 범람"을 우려하고 있지 않다. 다만 '문명개화'하자고 한다. 문명개화란 오히려 외세에 문호를 개방하자는 것이다. 세상을 오히려 외세에 열어두자고 한 것이므로 ④는 옳지 않다.

02. ▶②

정답풀이 ⓒ 가마귀 : 임에게 미련을 갖는 화자에게 '가마귀'는 서산에 해가 진다며 어서 이별하라고 재촉하고 있으므로 화자에게 이별을 재촉하는 객관적 상관물이라고 볼 수 있다. 참고로 '시적 자아'란 '시적 화자'를 의미한다.

오답풀이 ㉠ 행간 걸침이란 앞 행의 끝 구절이 다음 행에 걸치어 있는 것을 의미한다. '하니'는 앞 행의 '말을 할까' 바로 뒤에 와야 하는데 임에 대한 미련과 그리움을 더 효과적으로 드러내기 위해 다음 행에 걸쳐서 표현한 것이다. 이별하고 있는 상황에서 미련을 가지고 있는 것을 표현한 것이지 시간이 여유가 있다는 것을 표현한 것이 아니다.

ⓒ '어서 따라 오라고 따라 가자고'는 까마귀와 마찬가지로 '강물'이 화자에게 떠날 것을 재촉하고 있는 것이다.
ⓔ '흐릅디다려.'를 통해 'ㄹ'음이 더 반복되어 부드러운 운율을 형성하고 있는 것이다. 평안북도 방언이 아니다.

03. ▶③

정답풀이 1, 2연은 행의 길이가 짧은데, 이는 임에게 미련을 가지는 시적 화자의 정서를 표현한 것이다. 하지만 3, 4행에서 행의 길이가 길어지는데 이는 화자의 이별을 재촉하는 시상으로 전개되면서 리듬에 그에 맞게 빨라졌기 때문이다. 따라서 갈수록 정서적 안정감이 커지고 있다고 보기 힘들다.

오답풀이 ① 2연에서 갈까 말까 망설이는 화자의 모습을 표현하고 있다.
② 화자가 이별을 빨리 해야 하는 상황이 '가마귀, 강물'과 같은 자연물을 통해 드러나고 있다.
④ 4연에서 반복되는 'ㄹ'소리는 유음으로서 흐르는 느낌이 나기 때문에 강물의 흐름을 환기하고 있다고 볼 수 있다.

04. ▶③

정답풀이 '희망의 반짝임은, 별빛의 아득함은. / 물결뿐 떠올라라, 가슴에 팔 다리에.' 희망의 반짝임과 별빛은 화자가 원하는 보습 대일의 땅이므로 희망이라고 볼 수 있다. 하지만 이것이 물결뿐 떠오른다는 것은 확신으로까지는 이어지고 있지 못함을 보여준다.

오답풀이 ① 1연에서는 평화로운 삶에 대한 기대를 드러내고 있다. → 나는 하루 일을 마치고 마을로 즐거이 돌아오는 꿈을 꾸었다.
② 2연에서는 삶을 터전을 잃고 헤매는 삶의 고통을 그리고 있다. → 그러나 보습 대일 땅도 없이 나는 떠돌고 있다.
④ 4연에서는 절망적인 현실을 극복하려는 의지를 보여주고 있다. → 그러나 내 앞에 가는 길이 이어가지만 나는 나아가리라!
⑤ 유사어구의 반복과 영탄적 어조를 통해 정서를 표출하고 있다. → 유사어구의 반복 − 떠돌으랴 / 동이랴 남북이랴, 반짝임은 / 아득함은 영탄적 어조 − 꿈꾸었노라! / 내 몸이여! / 땅이 있었더면! / 나는 나아가리라! 등

05. ▶③

정답풀이 '묻고 답하는 형식'이란 물음 뒤에 답이 이어지는 것이다. 이 작품은 '누구의 발자취입니까', '누구의 얼굴입니까'에서 물음이 나오지만 이에 대한 답은 없으므로 적절하지 않다.

오답풀이 ① '누구의 시입니까', '누구의 밤을 직히는 약한 등불입니까'에 경어체가 사용되었으므로 진리 탐구의 경건한 자세를 드러낸 것으로 볼 수 있다.

② '발자취입니까', '얼굴입니까', '입김입니까', '누구의 노래입니까', '누구의 시입니까', '약한 등불입니까' 모두에 의문형 문장이 사용되었으므로 적절하다.

④ 5행의 '떨어지는 해를 곱게 단장하는 저녁놀'을 통해 낮에서 저녁이 되었음을, 6행의 '누구의 밤을 지키는 약한 등불입니까'를 통해 밤이 되었음을 알 수 있으므로 시간의 흐름에 따른 시상 전개는 적절하다.

⑤ 모든 연의 마지막에 '입니까'라는 동일한 종결어미를 사용하였으므로 적절하다.

06. ▶ ①

정답풀이 운문적인 호흡이라기보다는 압축적이지 않은 산문적 호흡의 시라고 볼 수 있다. 특히 3연은 줄글로 길게 늘어뜨려 쓰고 있다.

07. ▶ ③

정답풀이 '자연물에 인격을 부여하여 대상을 형상화'하는 것은 의인법을 표현한 것이다. '흰 점 꽃이 인정스레 웃고'와 '옛이야기 지줄대는 실개천'은 자연물이 의지를 가지고 행동할 수 있는 존재인 것처럼 나타낸 것이므로 적절하다.

오답풀이 ① 과거의 추억을 잃어버린 상황에서 느끼는 씁쓸한 정서는 〈보기〉에만 드러나 있다. 〈보기〉의 '메마른 입술에 쓰디쓰다'에 씁쓸한 정서가 반영되었음을 확인할 수 있으나, 제시된 작품은 고향에 대한 그리움만을 드러내고 있으므로 적절하지 않다.

② 위의 시는 고향을 잊지 못하는 그리움을 드러내고 있으나, 이것이 고향과의 거리감 혹은 단절감이라고 보기는 어렵다.

④ 두 작품 모두 감각적 심상이 사용되었다. 〈보기〉에는 시각, 청각, 미각이 드러나 있으며 위의 시에는 시각, 청각, 촉각과 공감각이 드러나 있다.

08. ▶ ④

정답풀이 '잠착하다'는 '참척하다'의 원말이다. '참척하다'란 '한 가지 일에만 정신을 골똘하게 쓰다', '한 가지 일에만 정신을 골똘하게 쏟아 다른 생각이 없다'를 의미한다. 따라서 '잠착하다'는 '여러모로 고려하다'란 의미를 가진 단어가 아니다.

오답풀이 ① '고적하다'란 '외롭고 쓸쓸하다.'를 의미한다. 노인 혼자이 추운 겨울(三冬: 겨울의 석 달) 산중에서 인동차를 마시고 있으므로 산중의 고적한 공간이 배경이라고 볼 수 있다.

② '붉고', '파릇하고'에서 색채 대비가 일어나고 있으므로 시각적 대조의 방법이 사용되었음을 알 수 있다.

③ 인동차를 마시는 노주인과 집 안의 풍경과 바깥의 풍경을 시각적으로 묘사하여 그림과 같은 인상을 준다.

09. ▶ ②

정답풀이 '웃절 중'은 '여섯 판에 여섯 번 지고도 웃'는다. 이를 통해 '웃절 중'이 세속적인 감정이나 욕망에 집착하지 않는 달관적 태도를 가졌음을 판단할 수 있다. 화자는 '조찰히 늙은 사나이의 남긴 내음새를 줏는다?'고 한다. 여기에서 '조찰히 늙은 사나이'는 '웃절 중'이므로 '웃절 중'은 시적 화자가 지향하는 정서를 지니고 있다고 볼 수 있다.

오답풀이 ① '다람쥐도 좃지 않고 묏새도 울지 않어 깊은 산 고요'를 보면 이 산은 아무도 없는 속세와 단절된 공간이다. 여기에서 속세와 단절된 채로 세속적인 욕심 없이 사는 웃절 중은 시적 배경과 대비된다고 볼 수 없다.

③ 세속적 욕망에서 초월한 '웃절 중'을 따르고는 싶어하지만, '고뇌'하고 있지는 않다.

④ '웃절 중'을 긍정적으로 보고 있기 때문에 '웃절 중'에 시적 화자의 현실도피적 태도가 투영되었다고 보기는 힘들다.

10. ▶ ①

정답풀이 지사적이란 나라와 민족을 위하여 제 몸을 바쳐 일하려는 뜻을 가진 사람과 같은 것을 드러내는 표현이다. 위 작품은 지식인의 삶의 괴로움을 표현하고 있을 뿐 지사적 의지가 드러나 있지는 않다.

오답풀이 ② 이 작품은 화자의 생각의 흐름에 따라 시상을 전개하고 있으므로 의식의 흐름에 따라 시상을 전개한 것으로 볼 수 있다.

③ '달옹배기', '베개', '새김질' 들을 통해 토속적 소재와 방언이 쓰였음을 확인할 수 있으며, 아내도 부모도 동생과도 떨어진 상황에서 외로움을 느끼고 있음을 알 수 있다.

④ 화자는 가족들과 흩어져 '어느 목수네 집 헌 삿을 깐, 한 방'에 들어서 살고 있으므로 타지에서 자신의 삶을 성찰한 것으로 볼 수 있다.

⑤ '바로 날도 저물어서'에 시간적 배경이 저녁으로 설정되었음을 알 수 있다.

11. ▶ ④

정답풀이 어린 아이가 서술자이기는 하지만, 어른 시각과 대비하여 제시하고 있다고 보기에는 어렵다.

오답풀이 ① '빨갛게 질들은 팔(八)모알상'과 '새파란 싸리를 그린 눈알만한 잔(盞)'의 색채의 대비를 통하여 풍경을 강렬하게 그려 내고 있다.

② 백석은 평안도 방언에 기반을 둔 토속어를 숱하게 구사했다 생소한 식생활 용어도 많았다 예를 들어 봉어곰(붕어찜), 울파주(울타리에 쓰는 대·갈대·수수깡 등으로 발처럼 엮거나 결은 물건) 등이 있었다.

③ 유년 시절 보았던 주막의 정경을 구체적으로 묘사하였다. '아들 아이'와 '장꾼', '망아지'들을 묘사하며 유년 시절의 추억을 회상하고 있다.

현대어 풀이

호박잎에 싸오는 오래 곤 붕어(붕어곰)는 언제나 맛있었다.
부엌에는 빨갛게 길든 테두리가 팔각 모양 상(床)이, 그 상 위엔
새파란 싸리를 그린 (그림이 있는) 눈알만한 잔이 보였다.
(그 집) 아들은 범이라고 잔고기를 잘 잡는 (아이가 있었는데) 앞
니가 뻐드러진 (아이였는데) 나와 동갑이었다.
그 집 바자로 만든 울타리 밖에는 장꾼들을 따라와서 어미의 젖을
빠는 망아지도 있었다.

12. ▶④

정답풀이) ④ 시적 화자는 '여승'을 관찰하고 있으므로 '시적 화자가
가족과의 이별로 인해 속세를 등졌다'는 서술은 적절하지 않다. 여승
은 지아비와 어린 딸을 잃고 절에 들어갔으므로 '여승'이 가족과의 이
별 때문에 속세를 등졌다고 보는 것이 적절하다.

오답풀이) ① '어린 딸은 도라지꽃이 좋아 돌무덤으로 갔다.'에서 감정
의 절제가 드러난다. 딸의 죽음을 간접적으로 표현함으로써 슬픔
이라는 감정을 절제하였다. '차게 울었다(청각의 촉각화)'에서 공
감각적 표현을 사용하고 있다.
② 남편과 어린 아이를 잃은 여인의 비극적인 삶을 통하여 일제하
가족 공동체 상실의 실상을 사실적으로 보여주고 있다.
③ 산(山)꿩도 섧게 울은 슬픈 날이 있었다.'에 감정 이입이 드러나
며 이를 통해 여인의 울음을 형상화하고 있다.
⑤ 화자가 여승을 관찰하되 '나'라고 표면적으로 드러나므로 1인칭
관찰자 시점이라고 볼 수 있다.
⑥ 역순행적 구성은 현재에서 과거로 거슬러 올라가는 구성이다. 첫
연의 화자는 여승이 합장하고 절하는 모습을 보고 있으며, 마지막
연은 여승이 처음 머리를 깎던 날을 묘사하였으므로, 시상이 역순
행적으로 구성되었음을 짐작할 수 있다.
⑦ 서정시 안에 여승의 일생이라는 이야기가 녹아있다.

13. ▶④

정답풀이) 대조적인 의미의 시어를 반복하고 있지 않다.

오답풀이) ① 임종 현장에 통곡 소리가 아닌 '풀벌레 소리 가득 차 있
었다.'라고 한 것은 감정이나 어조를 절제한 것이라고 볼 수 있다.
'다아 울었고'라는 구절이 나왔어도 감탄사나 감탄형 어미가 드러
나지 않고 담담하게 평서형으로 서술하였기 때문에 어조를 절제
했다고 볼 수 있다.
② 첫 연과 끝 연이 반복되는 수미상관 구조가 사용되고 있다.
③ 시각(아버지가 침상 없이 돌아가신 모습), 청각(풀벌레 소리), 촉
각(얼음장) 등의 다양한 감각적 심상을 사용하여 아버지를 형상화
하고 있다.

14. ▶④

정답풀이) 하얀 '눈'과 '화물차의 검은 지붕'에서 색채대비가 일어나
지만, 이것이 문명에 대한 비판으로 이어지지는 않는다. 화자는 고향을
그리워하면서 고향에 눈이 내리는 모습과 검은 지붕의 화물차가 지
나가는 상상을 한다. 따라서 두 시어의 색채가 대비되면서 고향을 그
리워하는 화자의 마음이 강조되고 있는 것이 옳다.

오답풀이) ① '수사적 의문'은 의문문이지만 대답을 요구하지 않는 설
의법을 의미한다. 대답을 요구하지 않고 화자의 의도인 '반어, 감
탄, 명령, 권고, 금지' 등의 뜻을 강조한다. '눈이 오는가', '함박눈
쏟아져 내리는가', '작은 마을에도 복된 눈 내리는가', '눈이 오는
가 북쪽엔', '함박눈 쏟아져 내리는가' 등에 감탄을 의미하는 '수
사적 의문'이 드러난다.
② '시적 허용'이란 문법적으로는 틀린 표현이지만 시적인 효과를 위
해 허용하는 표현법이다. 이 시를 보면 '차마 그리운 곳'에서 '차
마'라는 부사는 '애틋하고 안타까워서 감히 어찌'를 의미한다. '차
마'는 뒤에 오는 동사를 부정하는 뜻으로 쓰이므로 '~못하다, 아
니하다' 등의 부정어와 호응하는데 이 구절에서는 부정어가 아닌
'그리운'과 호응되고 있다.
③ 여기의 잉크병이 얼 정도로 추운 밤이지만 '눈'은 고향을 떠올리
게 하는 매개체로서 긍정적인 이미지에 해당한다.

15. ▶④

정답풀이) 화자는 함박눈을 보며 고향을 그리워한다. '잉크병도 얼어
버리는 추운 밤'에 고향을 그리워하다가 중간에 잠에서 깬 것이다.
하지만 '잠' 자체에 화자의 절망적 심정이 투영되었다는 것은 옳지 않
다. 화자는 전전반측하다가 잠을 이루지 못하는 것으로 이는 '절망적
심정'이라기보다는 잠을 제대로 자지 못할 만큼 고향과 가족이 그리
움을 보여주는 것이다. 이 시의 전체적인 어조도 '절망'과는 거리가
멀다. '가족들에 대한 염려'를 의미한다고 볼 수 있다.

오답풀이) ① 〈보기〉의 '고향인 함경북도 경성'이라는 부분을 보면 '㉠
북쪽'이 자신이 떠나온 공간인 고향을 가리키는 것이라고 추측할
수 있다.
② 〈보기〉의 '가족을 그리워하며 쓴 시'라는 부분을 보면 '㉡너'는 고
향에 남겨 두고 온 가족을 의미하는 표현이라고 추측할 수 있다.
③ 〈보기〉의 '몹시 추웠던 그해 겨울밤'이라는 부분을 보면 '㉢이러
한 밤'은 극심한 추위 속에서도 가족을 떠올리는 시간이라고 추측
할 수 있다.

16. ▶②

정답풀이) 2연을 보면 '내 마음의 티끌, 이슬 같은 보람'처럼 구체적인
사물의 화자의 마음을 비유하여 표현하고 있음을 알 수 있다.

오답풀이) ① 정형률이란 형식이 정해져 있는 운율인데, 나타나지 않
는다.
③ 대화적 표현이 아니라 혼잣말의 독백적인 표현이 드러난다.
④ 외면적인 갈등 때문이라기보다는 내면에서 갈등을 하고 있다.

17. ▶④

정답풀이 '직유'란 원관념을 보조관념에 빗댈 때 '처럼, 같이, -인 양, -듯이, -모양으로' 등의 연결어가 쓰이는 비유법이다. 이 시에는 나타나지 않고 있다. 산봉우리를 여인으로 '의인화'하여 친근감을 드러내지만 이는 직유가 아니다.

오답풀이 ① '천 이랑 만 이랑, 이랑 이랑, 허리통' 등에 단어가 반복되며 '암컷이라 쫓길 뿐/수놈이라 쫓을 뿐/황금 빛난 길이 어지럴 뿐'에서 통사구조가 반복됨을 알 수 있다. 반복은 항상 운율을 형성한다.
② 봄날의 자연 풍경을 '들길'에서부터 '마을, 들, 바람, 햇빛, 보리, 꾀꼬리, 산봉우리'라는 시선의 이동에 따라 묘사하고 있다.
③ '들길'은 붉고 '마을 골목'은 푸른 것을 통해 색채 대비가 드러난다. 이를 통해 봄의 풍경을 선명하게 드러내고 있다.

18. ▶②, ⑦

정답풀이 ② '모란이 지고 말면 그뿐, 내 한 해는 다 가고 말아'라는 서술로 보아 화자는 모란의 아름다움이 영원한 것이 아니라 봄철에 잠깐 존속하는 것으로 생각할 것임을 알 수 있다. 따라서 적절하지 않다.
⑦ 이 시에 나오는 사물 '모란'의 속성을 나열하는 부분은 나오지 않는다. '모란'은 시적 화자의 '이상향, 소망하는 대상'으로 다양한 관점으로 모란을 이해하고 있는 부분은 없다.

오답풀이 ① '나는 아직 나의 봄을 기다리고 있을 테요', '모란이 지고 말면 그뿐, 내 한 해는 다 가고 말아'에서 모란을 기다리고 모란을 상실한 아픔이 드러나 있으므로 적절하다.
③ 화자는 '삼백 예순 날 하냥 섭섭해 우옵내다'라고 모란이 지고 난 후의 상실감과 설움을 표현하고 있지만, '찬란한 슬픔의 봄'을 기다리겠다는 의지를 드러내고 있다. 따라서 설움에 잠기면서도 역설적 기다림의 아름다움을 노래한 것이다.
④ 화자는 모란이 핀 시간을 '나의 봄'이자 '찬란한 슬픔의 봄'이라고 표현하고 있다. 따라서 화자에게 봄은 모란이 피는 시간이자 '오월 어느 날, 그 하루 무덥던 날' 모란이 떨어지는 시간이다.
⑤ 모순 형용이란 역설법을 말하는 것이다. '찬란한 슬픔의 봄을'에서 역설이 드러나고 있다. 이는 모란을 맞이하는 찬란함과 모란의 짐을 봐야 하는 슬픔의 봄을 강조하기 위해 쓴 표현이다.
⑥ 시의 시작과 끝을 유사한 시구로 구성하는 방법은 수미상관 구조를 의미한다. 이 시는 처음 2행과 맨 뒤의 3행이 반복되는 수미상관 구조를 보여주고 있다. 이 구조는 균형미와 안정감을 주는 효과가 있다.
⑧ '아직 기다리고 있을 테요, 찬란한 슬픔의 봄을'에서 도치법이 드러난다. 도치를 쓰면 화자의 정서가 강조되므로 화자의 소망을 강조하고 있다고 볼 수 있다.

19. ▶①

정답풀이 이 시의 시적 화자는 3연과 4연에서 이리, 승냥이의 밥이 되어도 독을 차고 선선히 간다고 하였다. 마지막 날 외로운 자신의 영혼을 건지기 위하여 시련이 오더라도 강한 의지로 극복하겠다고 한다.
①의 화자는 수양산을 바라보며 자신의 나라를 빼앗은 나라의 나물을 캐먹은 백이와 숙제를 한하고 있다. 그러면서 자신은 굶주려 죽을지언정 남의 나라에서 나온 하찮은 풀이라도 먹지 않겠다며 강한 의지로 지조와 절개를 노래 부르고 있다. 따라서 이 시와 ①의 화자의 정서는 유사하다.

오답풀이 ② 산촌 생활의 즐거움을 주제를 드러내는 시이므로 위의 시적 화자와 정서가 유사하지 않다.
③ 임을 향한 그리움을 노래하고 있으므로 화자와 정서가 유사하지 않다.
④ 고려의 오백 년 왕업이 없어진 것을 허무하며 슬프게 생각하고 있으므로 시적 화자의 정서와 유사하지 않다.

20. ▶③

정답풀이 '공주'에 거대한 문명의 무서움을 모르는 약하고 순진한 흰나비의 모습을 드러낸 것이다. 따라서 ③은 옳지 않다.

오답풀이 ① 흰나비가 실제 '바다'를 겪기 전에 '청(靑)무우밭'이라고 바다를 착각했다. 그래서 '청무우밭'은 긍정의 대상이었다. 하지만 결국 '바다'는 흰나비에게 시련을 준 부정적인 대상이 되었다는 점에서 '청무우밭'은 '바다'와 대립되는 이미지가 맞다.
② 흰나비는 처음에 '바다'를 '청무우밭'이라고 잘못 인식했다.
④ '바다'와 '초생달'에 붙은 서술어는 각각 '지쳐서'와 '시리다'이다. 이를 볼 때 차가운 이미지로 쓰였음을 알 수 있다.

21. ▶④

정답풀이 제시된 부분에 반복은 나오지 않는다. 이 시는 '알라의 신만이 / 밤마다 고민하고 방황하는 열사의 끝', 즉 '아라비아의 사막'으로 가자는 의지를 드러내고 있을 뿐이므로 시적 대상을 형상화한 것이라고도 보기 어렵다..

오답풀이 ① 1인칭의 시적 화자 '나'가 이야기하는 방식으로 시상을 전개하고 있으므로 적절하다.
② '병든 나무처럼 생명이 부대낄 때' 찾아가는 '아라비아의 사막'은 '영겁의 허적'이 지속되는 공간이다. 생명을 찾기 위해 가는 공간이 허적(虛寂), 즉 아무것도 없는 공간이라는 점에서 역설적 시적 논리가 사용된 것으로 볼 수 있다.
③ '내 또한 삶의 애증을 다 짐지지 못하여'에서 화자의 괴로움이 드러나며 '나의 지식이 독한 회의를 구하지 못하고'에서 삶의 본질을 찾지 못하는 화자의 상황이 드러난다. 따라서 적절하다.

22. ▶③

정답풀이) ㉠은 절망적 극한 상황에서 화자가 눈을 감으며 현실 상황을 관조적으로 성찰하는 부분이다. [나]에서 이러한 성찰의 자세가 반영된 부분은 '안으로 안으로만 채찍질하여'이다. 자신을 채찍질하며 내적인 성찰을 하고 있기 때문이다.

오답풀이) ①, ② 2행과 3행은 화자가 애련(＝사랑이나 연민), 희로(＝기쁨과 노여움) 등의 인간적인 감정에 흔들리지 않겠다는 의지를 표현한 구절이다.
④ '드디어 생명도 망각하고'는 유한한 생명의 한계를 초월한다는 의미이다.

23. ▶④

정답풀이) 오장환의 '고향 앞에서'이다. 급격한 산업화로 사라져 가는 고향에 대한 언급이 없다.

오답풀이) ① 서술어 '떠내려간다, 눈물 지운다. 휩쓸어 간다' 등에 현재형 시제를 사용하여 고향에 대한 그리움을 표현함을 알 수 있다.
② '내음새'는 후각, '행인의 손을 쥐면 따뜻하리라'는 촉각, '산 짐승의 우는 소리. 잿나비 우는, 누룩이 디디는 소리'는 청각이 쓰였다.
③ '다 녹지 않은 얼음장 울멍울멍 떠내려간다.'를 통해 계절적 배경이 이른 봄임을 알 수 있다.

24. ▶④

정답풀이) 화자 자신이 '비애'를 보내고 나서 하는 행동은 '누군가를 기다'리거나 목놓아 울고 있다. 이러한 행동을 통해 '해방감'을 느낀다고 해석하는 것이 잘못되었음을 알 수 있다.

오답풀이) ① 청춘이 '못쓰는 차표'와 버려지는 취급을 받는 것은 '못쓰는 차표'처럼 청춘도 돌아올 수 없음을 드러내는 것이다.
② '나'는 '이곳(대합실)'에서 카인을 만나면 울겠다고 한다. 따라서 '대합실에 남은 사람'은 화자 자신을 객관화한 표현이라고 볼 수 있다.
③ '카인'은 동생 아벨을 죽인 살인자로서 원죄의식을 가진 존재이다. 따라서 '카인'은 비애를 보낸 후에도 남는 죄의식을 형상화한 것이라고 볼 수 있다.

25. ▶④

정답풀이) 이 작품은 1940년에 발표된 것으로 극한 상황에서 자신을 성찰하고자 했던 이육사의 의지가 드러나 있다. 일제강점기라는 시대적 배경을 고려할 때 (가), (나), (다)는 냉혹한 시대적 현실을 비유한 것이다. (라)의 '한발 재겨 디딜 곳'은 잠깐이라도 발을 올리고 서 있을 수 있는 공간이므로 (가)~(다)와 성격이 상이하다.

26. ▶④

정답풀이) 요즘 트렌드와는 동떨어진 문제이나, 〈광야〉라는 시가 나올 수 있으므로 교재에 실었다. ㉠ 보통 세상이 열릴 때에는 '땅'보다 '하늘'이 열린다고 표현한다. ㉡ 독립과 관련된 시이므로 지조와 절개를 상징하는 '매화'가 와야 한다. 하지만 국화 또한 지조를 상징하므로 이 문제는 시에 대한 어느 정도의 암기가 되어 있어야 하는 문제이다. ㉢ 이육사는 민족을 구원해주는 '초인' 정신을 주장하였으므로 '초인'이 옳다. 하지만 '영웅'도 가능하므로 시에 대한 어느 정도의 암기가 되어 있어야 함을 알 수 있다.

27. ▶③

정답풀이) '부끄러운 일이다'는 일제강점기라는 현실 속에서 시를 쓰고 있는 자신을 성찰한 표현이다. 따라서 친일파 지식인에 대한 비판 정신이라고 보기 어렵다.

오답풀이) ① '육첩방은 남의 나라'라는 표현은 일본식 다다미방을 '남의 나라'로 인식하고 있음을 보여준다. 이는 화자가 조선인으로서의 정체성을 지니고 있음을 드러낸 것이다.
② '시인이란 슬픈 천명인 줄 알면서도 한 줄 시를 적어 볼까'라는 표현에서, 시를 쓰는 것이 자신의 소명임을 인식하는 화자의 의식이 드러난다.
④ '최초의 악수'는 긍정적 자아와 부정적 자아의 화해를 드러내며 현실을 극복하고자 하는 화자의 의지를 표상한 것이다.

28. ▶①

정답풀이) ⓐ, ⓑ '나는 무얼 바라 / 나는 다만, 홀로 침전하는 것일까?'는 현재에 대한 화자의 인식을 드러낸 것이므로 현실적 자아에 해당한다.
ⓒ '시대처럼 올 아침을 기다리는 최후의 나'는 독립이 당위적으로 올 것임을 기다리는 작가의 인식을 드러낸 것이다. 따라서 현실적 자아보다는 성찰적 자아로 보는 것이 적절하다.
ⓓ '나'는 현실적 자아에게 손을 내밀어 악수를 청하고 있으므로 성찰적 자아에 해당한다.
ⓔ '나'는 문맥상 성찰적 자아를 통해 눈물과 위안, 화합을 이루는 자아이므로 현실적 자아에 해당한다.

29. ▶①

정답풀이 이 작품은 시선의 이동이 아니라, 화자의 정서 변화에 따라 시상이 전개되고 있다. 시의 초반에 화자가 처한 상황이 제기된 후 현재의 삶에 대한 무기력함과 회의를 보이던 화자는, 부끄러움에 대한 각성과 성찰을 하게 되고 최종적으로 분열되었던 두 자아의 화해를 통해 현실 극복의 의지를 보인다.

오답풀이 ② 1연에 밤비가 내리는 육첩방 다다미방이라는 시간적, 공간적 배경이 드러나 있다.

③ '어둠'은 일제강점기의 암울한 현실을, '등불'은 이러한 암담한 현실을 헤쳐나가겠다는 의지를 드러낸 표현이다. 또한 화자는 '아침'이 표상하는 조국의 광복을 기다리고 있다.

④ 화자는 반성적인 자아 성찰과 '아침'을 기다리겠다는 미래지향적 어조를 통해 암울한 현실을 극복하고자 하는 의지를 드러낸다.

30. ▶③

정답풀이 화자는 오래 기르던 '독수리'에게 자신의 간을 뜯어 먹으라고 말하고 있으나, '거북이'에게는 다시는 용궁의 유혹에 떨어지지 않겠다고 밝히고 있다. 따라서 화자가 독수리와 거북이를 대하는 자세가 다르며, 이 시에서 유사한 의미를 가진다고 보기는 어려움을 알 수 있다.

오답풀이 ① '둘러리를 빙빙 돌며 간을 지키자'라는 표현을 통해, 화자가 '간'을 지키고자 함을 알 수 있다. 또한 프로메테우스 신화를 차용한 것으로 볼 때 '간'은 화자가 지키고자 했던 생명이자 지조를 상징함을 추론할 수 있다.

② '코카서스 산중'은 프로메테우스 신화의 프로메테우스가 독수리에게 간을 뜯어먹히는 곳이다. '코카서스 산중에서 도망해 온 토끼'는 간을 뜯어먹히던 상황에서 벗어난 것을 의미하며, 토끼전과 프로메테우스 신화를 연결하는 것이기도 하다.

④ '불 도적한 죄로 목에 맷돌을 달고 끝없이 침전하는 프로메테우스'는 일제강점기 식민지라는 시대적 고통으로 고통받던 당대 상황을 반영한 것이므로 적절하다.

31. ▶④

정답풀이 화자는 혼잣말을 하며 내적 갈등을 하며 자아성찰을 하고 있다. 따라서 독백적(고백적) 어조를 통해 차분한 분위기를 자아낸다고 볼 수 있다.

오답풀이 ① 상승의 이미지는 위로 올라가는 느낌의 시어로서, 주로 긍정적인 의미를 지니지만, 이 시에는 나타나지 않는다.

② 의문문 형태의 설의법이 나타나지도, 체념의 정서가 나타나지도 않는다.

③ 시의 첫 부분과 끝 부분이 반복되는 수미 상관의 구조는 드러나지 않는다.

32. ▶③

정답풀이 '별'은 화자가 지향하는 '추억, 사랑, 시, 어머니'를 떠올리게 하므로 '이상향(＝ 지향하는 세계)'라고 볼 수 있다.

오답풀이 ① 화자인 '나'는 별을 세며 그리운 것들을 떠올리고 있는데, 독백적 어조로 전달하고 있으므로 청자를 설정했다고 보기 어렵다. 청자를 부르는 부분도 나오지 않기 때문이다.

② '가을'이라는 하강적인 이미지의 계절과 '쓸쓸함'이라는 정서가 나오기는 하지만 당시 현실에 대한 비판적 시각은 드러내고 있지 않다.

④ 화자는 별을 통해 이상향을 떠올리는데, 이 이상향은 이상적인 것이지 현실적인 것이라고 볼 수 없다. 별 하나에 떠올리는 '추억, 사랑, 쓸쓸함, 동경, 시, 어머니'들은 지금 이룰 수 없는 것들로 현실적인 것이라고 보기 힘들기 때문이다.

33. ▶⑤

정답풀이 '오늘 밤에도 별이 바람에 스치운다'는 어두운 시대상황과 시련을 비관적으로 표현한 것이 아니다. 비관이란 인생을 슬프게만 생각하고 절망스럽게 여기는 것을 의미한다. 하지만 화자는 앞에서 '나한테 주어진 길을 걸어가야겠다.'라는 의지적인 모습을 보이고 있으므로 이는 옳지 않다.

오답풀이 ① 과거부터 지금까지 살아온 생활이 부끄러워서 괴롭다고 하고 있으므로 지금까지 살아온 생활의 고백이라고 볼 수 있다.

② '별을 노래하는 마음으로 / 모든 죽어 가는 것을 사랑해야지 / 그리고 나한테 주어진 길을 걸어가야겠다'는 미래에 어떻게 살아야겠다는 다짐이므로 미래의 삶에 대한 신념(믿음)의 표명이라고 볼 수 있다.

③ 1~8행은 주관적인 생각이지만 9행은 현실을 객관적으로 인식한 것이다. 즉, 9행에서는 희망을 노래하는 앞 부분의 주관과는 달리 부정적인 현실에 놓여 있는 화자의 상황을 객관적으로 보여주고 있다.

④ '잎새에 이는 바람'은 정말 사소한 것인데 이것에도 괴로워하는 화자의 모습을 통해 아주 작은 잘못조차 허락하지 않는 결벽증을 강조한다고 볼 수 있다.

34. ▶②

정답풀이 시 전반에 색채어는 나오지 않으므로 색채 대비를 통해 화자의 정서를 표현했다고 보기 어렵다.

오답풀이 ① 3음보의 민요적 율격과 7・5조의 운율이 드러나므로 적절하다.

③ '윤사월'은 윤달이 든 음력 4월이므로 계절적 배경을 드러낸 것으로 볼 수 있다.

④ '문설주에 귀 대이고 엿듣고 있다'에 외부 세계에 대한 호기심이 드러난다.

⑤ '외딴 봉우리'에서 '산지기 외딴집 처녀'로 시선을 이동하고 있으므로 원경에서 근경으로 시선을 이동한 것으로 볼 수 있다.

35. ▶④

정답풀이 ㉠, ㉡, ㉢은 이승과 저승의 거리감으로 인한 소통의 단절을 보여준다. 반면 ㉣은 인연이 이어져 있음을 보여주는 것이므로 나머지 셋과 다르다.

36. ▶①

정답풀이 공감각적 표현이란 어떤 하나의 감각이 다른 종류의 감각으로 전이(= 이동)되는 표현이다. 이 시에는 공감각적 표현이 드러나지 않았다.

오답풀이 ② '여보게 만술 아비 니 정성이 엄첩다.'에서부터 만술 아비를 바라보는 관찰자로 화자가 바뀐다.
③ '아배요 아배요', '눌러 눌러', '묵고 묵고'의 시어를 반복하여 화자의 안타까운 마음을 부각하고 있다.
④ '축문이 당한기요. 묵고 가이소. 있을락꼬.'를 보면 방언을 사용하여 토속적 정감을 더해주고 있음을 알 수 있다.

37. ▶④

정답풀이 제시된 시는 시간적 흐름이 딱히 존재하지 않는 서정시이다. 시간의 흐름에 따라 제재가 배열되는 것이 아니라 원경에서 근경으로 점점 시선을 이동하며 제재를 배열하고 있다.

오답풀이 ① 묘사된 자연에는 '자하산紫霞山(= 자줏빛 노을의 산)'으로 산의 색깔이 자줏빛이며, 노루의 색깔도 청색이다. 이를 통해 시의 자연은 실제 자연이 아니라 상상적, 허구적 자연임을 알 수 있다.
② 자연의 아름다움이 깃들은 이상적 세계에 대한 그리움을 노래하고 있다.
③ 시적 공간이 원경에서 근경으로 시선의 이동에 따라 옮아오고 있다. (원경: '머언 산의 청운사 낡은 기와집' → '느릅나무' → '속잎' → 근경: '청노루의 맑은 눈')

38. ▶③

정답풀이 '연민한 삶의 길이여'는 시련과 고통의 길을 걸으면서도 가족들을 부양해야 하는 불쌍한 삶을 표현한 것이다. 이 부분에서 사랑하는 가족을 만날 수 없다는 것은 찾아볼 수 없다.

오답풀이 ① ㉠: 시적 화자가 '눈과 얼음의 길'이라는 냉정한 현실 속에서 지켜야 할 소중한 공간을 의미한다고 볼 수 있다. 가족이 사는 공간이기 때문이다.
② ㉡: 신발은 가장 밑바닥에서 화자와 함께 고단한 삶을 산다는 점에서 동반자로서의 의미가 있다고 볼 수 있다.
④ ㉣: 자식들을 '강아지'에 비유함으로써 자식들을 보살펴 주어야 할 사랑스럽고 귀여운 자식들로 표현하고 있다.
⑤ ㉤: '왔다'를 반복하여 '굴욕과 굶주림과 추운 길'이 있어도 가족을 위해 오는 아버지의 애정과 책임감을 부각하고 있다.

39. ▶①, ⑦

정답풀이 ① 이 작품은 '산'이 화자에게 명령하는 형태를 통해 화자가 지향하는 삶의 모습을 드러낸 것이므로, 자연과 인간의 갈등은 나오지 않는다.
⑦ 화자는 산이 나에게 어떻게 살라고 하였다고 인용하고 있는데, 이를 통해 '산'과의 일정한 거리를 유지하는 것이 아니라 산과의 거리가 가까움을 알 수 있다. 뚜렷한 감정이 나타나지는 않으므로 감정 절제라고 볼 수 있다.

오답풀이 ② '살아라 한다'라는 시구의 반복을 통해 운율을 형성하고 시상을 전개하고 있다.
③ '어느 산자락에 집을 모아' 살아가는 모습을 통해, 자연에서의 전원적 삶을 소망하는 화자의 태도가 드러났음을 알 수 있다.
④ '들찔레처럼', '그믐달처럼' 살고 싶다는 화자의 바람과 지향이 드러나 있다.
⑤ 화자는 순수하고도 탈속적인 세계인 '산'을 지향하고 있다.
⑥ '~살아라 한다'의 명령 화법으로 되어 있지만 이는 '산(= 자연)'이 화자에게 권유하는 것이며 또한 시적 화자의 소망이다.

40. ▶②

정답풀이 나무에 대한 느낌은 처음엔 묵중한 느낌, 어설픈 느낌, 외로운 느낌 등이 있다. 느낌에 대한 나열은 있지만 이들을 뚜렷하게 대비하고 있지는 않다.

오답풀이 ① '유성에서 조치원'으로 가는 어느 들판에서는 '늙은 나무'를 만나고 '조치원에서 공주'로 가는 마을 어귀에 '나무들의 떼'를 보게 된다. 이렇게 공간에 따라 달라지는 제재들을 나열하는 구성법을 취하고 있다.
③ 화자의 내면이 변화한 것일 뿐인데 '나무들이 내 안에 뿌리를 펴고 있다'며 나무의 변화인 것처럼 표현하여 미적 효과를 높이고 있다.
④ '~일까'의 비슷한 구조의 문장을 반복하여 강한 인상을 남기는 표현법이 쓰였다.

41. ▶③

정답풀이 '어느 머언 곳의 그리운 소식이기에 / 이 한밤 소리 없이 흩날리느뇨', '서글픈 옛 자췬 양 흰 눈이 내려', '희미한 눈발 / 이는 어느 잃어진 추억의 조각이기에', '호올로 차단한 의상을 하고 / 흰 눈은 내려 내려서 쌓여'라는 구절을 통해 눈이 비유되어 드러났음을 알 수 있다.

오답풀이 ① 이 작품은 '이 한밤'을 배경으로 시상이 전개되고 있으므로 밤을 배경으로 시상이 전개되었다.
② 눈은 '소리 없이 흩날리느뇨'라는 표현으로 보아 조용히 내리고 있음을 알 수 있다. 따라서 세차게 날리는 것이 아니므로 적절하지 않다.
④ 이 작품에서 슬픔의 근거는 제시되지 않았으므로 추론할 수 없는 선지이다.
⑤ '내 슬픔 그 위에 고이 서리다'로 보아 슬픔이 해소된 것이 아니라 지속되고 있음을 알 수 있으므로 적절하지 않다.

42. ▶③

정답풀이 '변주'란 변형하여 반복됨을 의미한다. '여기 하나의 상심(傷心)한 사람이 있다.'와 '여기 하나의 굳세게 살아온 인생이 있다.'를 통해 변주되어 주제 의식을 강조함을 알 수 있다.

오답풀이 ① '너는 언제까지 나를 쫓아오느냐.'에 설의적 표현이 쓰이지만 감정의 변화는 나타나지 않았다.
② 성찰하는 것에 초점이 있기 때문에 공간의 이동을 통해 내면 의식의 변화를 드러내고 있지 않다고 볼 수 있다.
④ 반어적 표현은 나오지 않는다.

43. ▶③

정답풀이 이 작품은 사물에 내재된 의미를 찾고자 하는 화자의 의지를 드러낸 것이다. ㉠, ㉡, ㉣은 모두 '너'를 상징하는 것으로 손이 닿으면 어둠이 되고, 가지 끝에서 피었다 지고, 얼굴을 가리운 존재이다. 이와 다르게 ㉢은 '나의 울음'을 상징하는 것이므로 시적 화자와 관련된 시어이다. 따라서 ㉢이 내포하는 의미가 다른 것이다.

44. ▶④

정답풀이 패러디란 특정 작품 위상을 전복시켜 기존 소재나 작가의 문체를 흉내 내어 익살스럽게 표현하는 수법이다. 〈보기〉는 현대인들의 일회적인 인스턴트식 사랑을 비판한 작품으로 김춘수의 〈꽃〉을 패러디하였다. 따라서 좀 더 발랄하고 감각적인 것은 원작 김춘수의 〈꽃〉이 아니라 〈보기〉의 시이다.

오답풀이 ① '장정일, 〈라디오같이 사랑을 끄고 켤 수 있다면〉'은 '김춘수, 〈꽃〉'을 패러디한 작품이다.
② '전파'와 '꽃'은 이름을 불러주었더니 '그'가 변화된 것이므로 대응된다고 볼 수 있다.
③ 맨 마지막을 보면 우리는 라디오처럼 쉽게 켜고 끌 수 있는 사랑을 원한다며 현대인의 사랑을 비꼬고 비판하고 있음을 알 수 있다.

45. ▶①

정답풀이 반어란 표현의 효과를 높이기 위해서 실제와 반대되는 뜻으로 말하는 것이다. 위 작품의 화자는 '껍데기는 가라'라고, 자신의 요구를 명확히 드러내고 있으므로 반어적 어조로 현실을 풍자한 것은 아니다.

오답풀이 ② '껍데기는 가라'라는 명령문을 반복함으로써 허위를 버리고 본질적 삶으로 돌아가고자 하는 주제를 분명하게 드러내고 있다.
③ 이 작품은 분단의 상황을 극복하고 순수한 삶이 보장되는 민주사회로의 이행을 원하는 화자의 열망을 표현하였으므로 적절하다.
④ 화자는 '한라에서 백두까지 향그러운 흙가슴만 남고 그 모오든 쇠붙이는 가라'라고 말함으로써 우리 민족이 순수한 자세로 통일하기를 바라는 염원을 드러내고 있다.

46. ▶②

정답풀이 화자는 전부터 있던 '국경, 탑, 어용학의 울타리, 전통'이라는 고전적인 질서를 바다로 몰아 넣어버리고 싶어 한다. 오히려 고전적인 질서를 깨길 바라므로 고전적인 질서를 통해 새로운 희망을 추구하고 있다는 ②는 적절하지 않다.

오답풀이 ① '가리워진 안개를 걷게 하라.', '죽 가래 밀어 바다로 몰아 넣라.'등 자신의 의도나 생각을 직설적으로 표현하고 있다.
③ '국경, 탑, 어용학의 울타리, 체계, 조직, 형식, 위조품' 등의 인위적인 것과 '하늘, 날새, 햇빛'등의 자연적인 것이 대조적으로 제시되고 있다.
④ 제목 '이야기하는 쟁기꾼의 대지'와 '가래' 등 농기구를 통해 체제 개혁을 역설하고 있다.

47. ▶④

정답풀이 부정적인 대상인 '미움의 쇠붙이들'을 '눈 녹이듯 흐물흐물' 녹여버릴 것이라고 하는 것은 소망 실현의 의구심이 아니라 소망이 실현될 것임을 기대하는 것이다.

오답풀이 ① '겨울'은 '매운 눈보라'와 함께 부정적인 의미를 지니지만 '봄' 화자가 원하는 시간이므로 계절 변화에 빗대어 소망 실현의 당위성을 부여하고 있다고 볼 수 있다.
② '아름다운 논밭'은 우리 영토를 '우리들 가슴 속'은 우리 민족의 마음속이므로 소망 실현의 공간을 비유하고 있다고 볼 수 있다.
③ 이상향인 '봄'이 '움트'고, 부정적인 대상인 '쇠붙이들'을 '녹여버릴' 것이라는 구절을 통해 소망 실현의 기대감을 드러내고 있군.

48. ▶④

정답풀이 '염세적'이란 세상을 싫어하고 모든 일을 부정적으로 보는 것이다. '우스워라 나의 영은 죽어 있는 것이 아니냐'에서 스스로를 질책하는 태도가 드러나기는 하나 이것이 염세적인 태도라고 보기는 어렵다.

오답풀이 ① '자조적'이란 자기를 비웃는 듯한 표현이다. '우스워라'라는 시어에서 자조적 태도가 드러나므로 적절하다.
② '자유를 말하는데 / 나의 영은 죽어 있는 것이 아니냐'라는 표현과 '그대의 정의도 우리들의 섬세도'라는 표현에서 자성적 어조로 자유와 정의가 소멸된 현실을 직시하고 있음을 짐작할 수 있다.
③ '나의 영은 죽어 있는 것이 아니냐'를 반복함으로써 의미를 강조하고 있음을 알 수 있다.

49. ▶②

정답풀이) '나타'는 행동이나 성격 따위가 느리고 게으르다는 뜻이다. '쉴 사이'는 잠깐의 휴식을 의미하는 것인 반면 '고매한 정신'은 쉴 사이 없이 떨어지는 것, '곧은 소리'는 곧은 소리를 부르는 것, '물방울'은 번개와 같이 떨어지는 것이다. 따라서 '나타'와 가장 유사한 의미를 지닌 시어는 '쉴 사이'이다.

오답풀이) ①, ③, ④ '고매한 정신', '곧은 소리', '물방울'은 폭포와 같이 떨어지는 것으로 부정적 현실에 타협하지 않는 강한 의지적 태도를 드러내는 시어이다.

50. ▶④

정답풀이) 화자는 미비한 자연물인 '모래', '바람', '먼지', '풀'에게 질문하는 형식으로 미비한 자연물과 자신의 동질성을 이야기하고 있을 뿐, 자신의 왜소함을 극복하고 있지는 않다.

오답풀이) ① 화자는 왕궁을 나오면서 설렁탕집의 주인에게, 이발쟁이에게, 야경꾼에게 분노하는 일상적 경험을 나열함으로써 삶을 성찰하고 있다.

② '설렁탕집 돼지 같은 주인 년'에서 비속어를 통해 자신의 속된 모습을 솔직하게 노출했음을 알 수 있다.

③ '옹졸한 나의 전통은 유구하고'를 통해 화자가 과거부터 지속된 옹졸한 태도가 자신의 전통으로 체질화 되었음을 확인하고 있다.

51. ▶②

정답풀이) '결별이 이룩하는 축복'이라는 역설적인 표현을 통해 결별을 하지만 결별은 영혼이 성숙하기 위해 꼭 필요한 과정임을 전달하여는 시이므로 ②가 옳다. 화자는 이별의 순간을 알고 떠나는 이의 모습을 아름답다고 표현하였다.

오답풀이) ① '꽃 피는 봄 − 무성한 녹음의 여름 − 열매 맺는 가을 − 겨울 − 다시 꽃 피는 봄'의 계절적인 순환은 나타난다. 하지만 '자연의 위대함'을 자각한 부분은 나타나지 않는다.

③ 여기서 시적 화자는 결별을 부정적인 것으로만 보지 않고 성숙한 영혼을 위해서는 필요하다고 볼 수 있으므로 이별을 받아들이지 않는 의지적 자세를 보인다는 설명은 옳지 않다.

④ 화자는 흩어져 떨어지는 꽃잎을 통해 인생의 무상함을 느끼는 것이 아니라 이별에 대한 깨달음을 얻고 있다.

52. ▶③

정답풀이) 아이의 목숨을 앗은 것은 보초를 서던 군인이 아니라 배를 같이 탄 사람이다. 배를 탄 사람들은 들키지 않기 위해 아이의 목숨을 잃게 하였다.

오답풀이) ① 시간적 배경인 '1947년 봄 심야', 공간적인 배경인 '황해도 해주의 바다 이남과 이북의 경계선 용당포'를 통해 당시의 이념 갈등으로 분단된 역사적 배경을 환기하고 있다.

② "사공은 조심조심 노를 저어가고 있었다."를 통해 당시에는 분단으로 남북 왕래가 자유롭지 않던 상황이었음을 알 수 있다.

④ 여기의 '수심'은 '물의 깊이'를 의미하는 '水深'과, '근심'을 의미하는 '愁心'을 의미할 수 있다.

53. ▶③

정답풀이) 이 시는 산업화 과정에서 소외된 농민의 절망감과 울분 등을 '농무'를 통해 그려 냈다. 따라서 산 구석에 처박혀 발버둥치는 'ⓒ 꺽정이'가 시적 화자의 정서를 가장 잘 표현하는 인물이라고 할 수 있다. 참고로 임꺽정은 조선시대의 의적으로 부정적인 현실에 저항했던 인물이다.

오답풀이) ① 'ⓐ 쪼무래기들'은 '어린아이들을 낮잡아 이르는 말'로 울분을 가진 채 농무를 추는 농민의 마음을 모르는 채 악을 쓰는 인물들이므로 농민인 시적 화자의 정서를 대변하지 않는다.

② 'ⓑ 처녀애들'은 '쪼무래기들'처럼 아무것도 모르는 채 담벼락에 붙어 철없이 킬킬대므로 시적 화자의 정서를 대변하지 않는다.

④ 'ⓓ 서림이'는 '꺽정이'와 함께 산 구석에 처박혀 발버둥치지만, 해해대고 있다는 점에서 화자가 지닌 울분과 한탄의 정서를 가지고 있지 않다. 참고로 '서림이'는 임꺽정을 배신하고 부정적인 현실에 타협한 인물이었다.

54. ▶②

정답풀이) '꺽정이'는 의적 '임꺽정'을 의미한다. 꺽정이처럼 울부짖는다는 것은 부조리한 농촌 현실에 대한 울분을 보여주는 것이다. 자각이라는 것은 산업화의 구조적인 모순을 인식하는 것인데, 이 시에서 농민들은 현재 처한 현실에 대한 분노를 드러낼 뿐이다. 자각까지는 이르지 못하고 있다.

오답풀이) ① '쪼무래기('조무래기'의 시적 허용)'란 아이들을 낮잡는 말이다. 이농으로 인해, 농업을 계승할 젊은이들이 떠나버려 어린 아이들만 남은 농촌의 현실을 보여주는 것이므로 적절한 설명이다.

③ 〈보기〉에 언급된 '저곡가 체제'로 인해 '비료 값도 안 나올 정도로 농촌이 피폐해졌으며 이것이 화자가 좌절하는 원인으로 작용함을 알 수 있다.

④ '도수장'은 '소를 잡아 죽이는 도살장'을 의미하므로 농민이 살아가기 힘든 현실을 빗댄 것이라는 설명은 옳다.

55. ▶③

정답풀이 '학교 마당에들 모여 소주에 오징어를 찢다'는 부분은 농민들의 흥겨움이 아니라 괴로움을 보여주고 있다.

오답풀이 ㉠ 고단한 현실을 살아가는 '못난 놈'들은 비슷한 삶을 사는 다른 놈을 보고 흥겨워한다. 이는 농민들이 서로에게 유대감을 느끼고 있음을 보여 준다.

㉢ '가뭄, 빚'은 농민들이 겪는 여러 가지 어려움이라고 볼 수 있다.
㉣ 달을 의인화하여 절뚝인다고 표현한 것은 사실 화자가 '술에 취한 모습'을 간접적으로 보여주는 것이다. 이를 통해 농촌의 힘겨운 현실을 잘 전달하고 있다.

56. ▶①

정답풀이 '나'는 빨리 집에 가고자 참깨를 빨리 턴다. 또한 깨를 털면서 느끼는 쾌감에 정신없이 참깨를 터는데 그 모습을 보고 할머니는 꾸중을 하신다. "아가, 모가지까지 털어져선 안 되느니라."라는 할머니의 대사에는 지나치게 일을 처리하면 일을 망칠 수 있다는 메시지가 들어있다. 지나침을 경계하고 순리를 따라야 한다는 삶의 교훈이 들어 있는 것이다.

57. ▶②

정답풀이 '㉮ 이 세상에서 떼어 메고'에서 '떼어 메고'라는 표현을 통해 '㉮ 이 세상'은 화자가 거부하는 부정적인 세상임을 알 수 있다. '㉯ 이 세상 밖'으로 '날아갔으면' 하므로 '㉯ 이 세상 밖'은 화자의 이상향이라고 볼 수 있다. 시의 앞부분과 연결하면 '㉮ 이 세상'은 영화를 볼 때마저 애국심을 강요하는 억압적인 세상이며 '새들의 비행'처럼 획일적임을 강요하는 세상임을 넌지시 드러내고 있으므로 ②는 옳다.

오답풀이 ① '㉮ 이 세상'은 부정적인 시어이므로 아름다운 모습이라고 볼 수 없다. 또한 화자가 '㉯ 이 세상 밖'을 지향하는 대상을 비웃는 것이 아니라 '㉯ 이 세상 밖' 자체를 지향하는 것이다.
③ '㉮ 이 세상'은 부정적인 시어이므로 화자가 ㉮에서의 삶을 지키고 보전하고 한다는 것은 옳지 않다. 하지만 마지막 부분에서 노래가 끝나자 이상향인 '㉯ 이 세상 밖'을 잊고 자리에 주저 앉게 된다는 설명은 옳다.
④ '㉮ 이 세상'에 남아 있는 화자가 '㉯ 이 세상 밖'을 향하는 대상인 '새'를 부러워하는 것이므로 옳지 않은 설명이다.

58. ▶③

정답풀이 '㉢ 내 몸과 마음의 서까래 / 몇 개 소리 없이 내려앉는다'에서 하강적인 이미지를 통해 더러운 산성눈이 내리는 현실에 대한 화자의 절망이 시각화됨을 알 수 있다.

오답풀이 ㉠ '병실 밖의 아이들은 놀다 간다'는 밝고 활기찬 미래에 대한 소망을 드러내는 것이 아니라 산성 눈의 위험성을 모르는 아이들이 노는 모습을 전달하는 것이다.
㉡ '하마터면 아름답다고 말할 뻔했다'는 환경 파괴로 인해 내리는 위험한 '산성 눈'을 아름답다고 잘못 인식했다는 것이다. '산성 눈'의 진실을 숨기려는 욕망은 드러나지 않는다.
㉣ '자연은 인간에 대한 기다림을 아예 갖고 있지 않다'에서는 '기다림'을 모르는 자연을 의인화하고 있다. 하지만 이는 인간에게 기다려주지 않는 자연을 파괴하지 말라는 메시지를 전달하는 것이지, 인간의 조급함을 드러내는 것이 아니다.

59. ▶④

정답풀이 ㉣의 복숭아나무는 '조금은 심심한 얼굴'을 하고 있으므로 화려한 모습이라고 보기 어렵다.

오답풀이 ① ㉠의 '흰꽃과 분홍꽃'은 복숭아나무의 색을 묘사한 표현이므로, 외부에서 파악할 수 있는 피상적 모습이다.
② ㉡화자는 '사람이 앉지 못할 그늘을 가졌을 것'이라는 부정적 선입견을 부정적 선입견을 가지고 복숭아 나무를 지나치고 있으므로 적절하다.
③ ㉢의 '수천의 빛깔'은 겉으로는 드러나지 않았던 복숭아 나무의 진정한 모습이므로 적절하다.

60. ▶①

정답풀이 '홀로 존재하는 자연'에 초점이 맞춰진 것이 아니라 죽은 아카시아 나무를 온 몸으로 받아낸 떡갈나무의 사랑을 표현한 시이므로 ①은 옳지 않다.

오답풀이 ② 서로 기대는 두 나무의 모습을 통해 오늘날 현대인의 이기적인 모습을 되돌아볼 수 있을 것이다.
③ 아카시아 나무에 대한 떡갈나무의 희생을 통해 다른 사람을 향한 고귀한 사랑과 희생을 노래하고 있음을 유추할 수 있다.
④ '사람이 사람을 / 그처럼 오래 껴안을 수 있으랴'라는 설의적 표현에는 사람은 그렇게 하지 못한다는 의도가 강조되어 있다. 이를 통해 희생적이지 못한 인간과 희생적인 자연의 모습을 대비하고 있다.

해설

61. ▶④

정답풀이 화자는 유년시절 절망했던 기억을 가지고 있다. 극한 상황 속에서 화자는 아름다움을 발견한다. '위태로움 속에 아름다움이 스며 있다'라는 역설적인 표현을 통해 주제를 알 수 있다. 위태로움 속 아름다움이 있는 땅끝을 보기 위해 또 온다는 것은 절망 속에서도 희망을 가지고 극복하겠다는 화자의 마음을 잘 표현하고 있는 것이다.

62. ▶③

정답풀이 '그늘'은 뜨거운 햇빛을 가려준다는 점에서 다른 존재에게 편안함을 제공한다고는 볼 수 있다. 하지만 '산수유나무의 그늘은 그냥 드리우는 게 아니다'라는 표현을 통해 그늘은 나무가 자라면서 저절로 드리워지는 것이 아님을 알 수 있다. '산수유나무가 그늘 농사를 짓는다'을 통해 산수유나무는 그늘을 만들기 위해 농부처럼 노력하는 과정을 거치는 것이다.

오답풀이 ① '산수유나무가 그늘 농사를 짓고 있다'는 표현을 통해 확인할 수 있다.
② 사전에 없는 '옥말려든다'라는 단어는 문맥상 '안쪽으로 오그라지다'와 '말려든다' 등의 여러 의미를 함축적으로 나타내는 효과를 준다.
④ 산수유나무는 남을 위한 긍정적인 존재인데 반해, 사람들은 '불평'하는 부정적인 존재이므로 대비된다고 볼 수 있다.

63. ▶⑤

정답풀이 (가)의 '나는 이 세상에서 가난하고 외롭고 높고 쓸쓸하니 살아가도록 태어났다'라는 표현을 통해, 화자가 자신의 가난하고 외로운 현실을 수용하고 있음을 알 수 있다. 또한 (나)에서도 '하늘이 이 세상을 내일 적에 그가 가장 귀해하고 사랑하는 것들은 모두 … 살도록 만드신 것이다'를 통해 운명에 순응하는 태도가 드러나 있다. (가), (나) 모두에서 운명을 이겨내고자 하는 의지는 드러나지 않으므로 적절하지 않다.

오답풀이 ① (가)의 '가난하고 외롭고 높고 쓸쓸하니 살아가도록', (나)의 '언제나 넘치는 슬픔 속에 살도록 만드신 것이다'에 정서적 표현이 드러난다.
② (가)의 글자는 '내 가슴은 너무도 많이 뜨거운 것'으로, 이는 (나)의 '초생달과 바구지꽃과 짝새와 당나귀'와 달리 화자의 내면과 관련된 것이다. 따라서 (가)의 글자는 (나)에 비해 화자의 삶과 슬픔에 치우친 것으로 볼 수 있다.
③ (나)는 '가난하고 외롭고 높고 쓸쓸하니'라는 표현을 반복하면서도 '언제나 넘치는 사랑과 슬픔 속에 살도록 만드신 것이다'를 통해 심화된 정서를 드러내고 있으므로 적절하다.
④ (나)의 '초생달, 바구지꽃, 짝새, 당나귀, 프랑시스 쨈, 도연명, 라이넬 마리아 릴케'는 모두 화자가 동일시하는 대상이다.

64. ▶②

정답풀이 '꽃은 발갛게 피지 않는가', '파란 녹이 낀 구리거울 속에'에서 색채를 나타내는 시어가 사용되었음을 알 수 있다.

오답풀이 ① (가)의 '오히려 꽃은 발갛게 피지 않는가', (나)의 '나는 나의 참회의 글을 한 줄에 줄이자'에 고백적 어조와 화자의 성찰이 드러나 있으므로 (가)와 (나) 모두 화자의 성찰이 드러난 것으로 보는 것이 적절하다.
③ (가)와 (나) 모두 시구의 반복은 없다.
④ (가)의 '마침내 저버리지 못할 약속이여!'와 (나)의 '왜 그런 부끄런 고백을 했던가'에 영탄적 어조가 드러나 있다.

65. ▶②

정답풀이 'ⓑ 동풍'은 '나부껴(＝ 흔들려)' 풀을 눕히는 대상이다. '나부껴'는 부정적인 어감을 가진 시어이므로 봄바람은 맞지만 '풀의 조언자'라고 볼 수 없다. 'ⓛ 동풍'은 민중을 상징하는 풀을 눕히는 존재이므로 민중을 억압하는 대상을 의미한다.

오답풀이 ① ⓐ은 동풍이 부는 대로 이리 저리 눕는 풀의 모습은 나약하고 수동적인 측면을 묘사한 것이라고 볼 수 있다.
③ ⓒ은 바람의 영향에 의해 움직이는 것이 아니라 스스로 일어서는 것이므로 이는 풀의 강인함을 나타낸 것이라고 볼 수 있다.
④ ⓓ은 날이 흐려지자 풀이 더 심하게 밑둥까지 쓰러져 눕는다는 뜻이다.

66. ▶②

정답풀이 '풀'은 바람보다도 더 빨리 누웠다가 바람보다 먼저 일어나서 웃는 존재이다. '해'는 화자가 꿈이 아니라도 만나서 '애띠고 고운 날'을 함께 누리고 싶은 대상이다. 따라서 ㉠과 ㉡ 모두 화자가 가치 있는 대상이자 의인화된 대상으로 여기는 것임을 알 수 있다.

67. ▶②

정답풀이 (가) : 사대주의(＝ 중국을 따르던 사상)를 따르던 우리나라가 일제 강점기에 주권을 빼앗긴 역사에 대해 서술한다.
(나) : 억압적인 시대에 자유를 갈망하는 역사적 현실이 드러난다.

오답풀이 ① (가) : '봉황새'에 대한 감정이입으로 볼 수 있으나, 의인법으로는 보지 않는다.
(나) : 종소리를 '나'로 의인화하였다.
③ (가) : 사대주의라는 과거를 비판하고 있으나, 미래를 제시하고 있지는 않다. 망국의 현재를 안타까워하고 있을 뿐이다.
(나)에는 과거의 반성이 나타나지 않는다.
④ 전통적 리듬이 변용되어 새로운 리듬을 창조되는 경우는 현대시에서 3음보나 4음보 등이 구현되었을 경우를 뜻한다. 조지훈, '봉황수'만 이것이 구현되었다. 참고로 이는 정형적인 율격이라고는 볼 수 없다.

Chapter 03 소설 이론   p.84

01. ▶④

정답풀이 〈사랑 손님과 어머니〉는 여섯 살 난 어린아이의 눈을 통해 과부인 젊은 어머니와 사랑방 손님 사이의 미묘한 애정 심리가 전달되는 1인칭 관찰자 시점이다. 따라서 ④가 옳다.

오답풀이 ① 위 작품의 서술자는 주인공이 아닌 관찰자이므로 적절하지 않다.

② 3인칭 전지적 작가 시점에 대한 설명이므로 적절하지 않다.

③ 3인칭 관찰자 시점에 대한 설명이므로 적절하지 않다.

02. ▶①, ⑤

정답풀이 ① 제시문의 〈감자〉는 '나'라는 인물이 보이지 않으므로 3인칭 시점이며, 객관적인 태도로 이야기를 서술하고 있으므로 작가 관찰자 시점이다. 〈소나기〉만이 '나' 없이 객관적인 태도로 이야기만을 서술하고 있으므로 가장 유사한 시점이라고 볼 수 있다.

⑤ '농부, 대학생, 아낙네, 서울 여자, 춘심이' 등의 행위를 외적으로 묘사만 하고 있으므로 3인칭 관찰자의 시점이 보인다.

오답풀이 ② 〈사랑손님과 어머니〉는 '나'가 관찰자의 입장에서 주인공의 이야기를 하고 있으므로 1인칭 관찰자 시점에 해당한다.

③ 〈동백꽃〉은 주인공인 '나'가 자신의 이야기를 하고 있으므로 1인칭 주인공 시점에 해당한다.

④ 〈화수분〉은 '나'가 관찰자의 입장에서 주인공의 이야기를 하고 있으므로 1인칭 관찰자 시점에 해당한다.

⑥ 3인칭 전지적 작가 시점이다. 초봉이의 주관적인 생각(궁금함)을 알고 독자에게 전달하고 있다.

03. ▶②

정답풀이 '나'가 드러나지 않고 '명화'가 등장하는 것으로 보아 서술자가 밖에 있는 3인칭 시점임을 알 수 있다. 또한 명화의 사정에 대해서 자세히 알고 있는 점과 '옛날 남편 생각이 난다'와 같이 인물의 생각을 직접 전달하는 점을 볼 때 신의 위치에서 모든 것을 다 알려주는 전지적 시점임을 알 수 있다. ②가 전지적 작가 시점에 해당하므로 답이 된다.

오답풀이 ① 3인칭 관찰자 시점에 해당하는 설명이다.

③ 1인칭 주인공 시점에 해당하는 설명이다.

④ 1인칭 관찰자 시점에 해당하는 설명이다.

04. ▶③

정답풀이 '이지러는 졌으나 보름을 가제 지난 달은 부드러운 빛을 흐붓이 흘리고 있었다 … 산허리는 온통 메밀밭이어서 피기 시작한 꽃이 소금을 뿌린 듯이 흐뭇한 달빛에 숨이 막힐 지경이다.'에서 배경에 대한 세밀한 묘사가 공간적 분위기를 강조함을 알 수 있다.

오답풀이 ① 제시된 부분에서 인물 간의 갈등 관계는 나오지 않는다.

② 위 작품은 3인칭 전지적 작가 시점에서 서술되었으므로, '이야기 속 인물을 서술자'로 한다는 1인칭 시점은 아니다.

④ '소금을 뿌린 듯이 흐뭇한 달빛'에서 비유적 표현이 나오기는 하지만, 이는 아름다운 배경을 강조할 뿐 사건의 비극성을 드러낸 것은 아니다.

05. ▶④

정답풀이 오상원의 〈유예〉는 전쟁이라는 극한 상황 속에서 인간의 고뇌와 죽음을 주제로 하며 이야기의 흐름보다는 의식의 흐름 기법을 사용하여 주인공(인물)의 감정을 서술하고 있다.

오답풀이 ① 제시문에는 인물 간의 대화가 나와 있지 않다. 제시문 중간 부분에 "뭐 하고 있어! 빨리 나와!"는 대화가 아니라 단순한 명령에 해당할 뿐이다.

② 제시문은 주인공의 행동이 아닌 감정을 중심으로 내면 의식을 강조하면서 주제가 드러나고 있다.

③ 제시문은 인물들 사이의 갈등이 아닌 '나'의 내적갈등을 보여 주고 있다.

06. ▶②

정답풀이 4음보의 4·4조 율격이므로 3음보의 반복적인 사용은 옳지 않다.

오답풀이 ① '고향집에/돌아와서/농사를 한번/지어 보는디 // 뼈에 붙은/농사일이/서툰 사람/먼저 알고'에서 보듯이 4·4조, 4음보의 율격이 있다. 4·4조의 율격은 판소리에서 고도로 구사된다.

③ '~는디'에서 판소리의 사설의 말투가 나옴으로써 전통적인 정서를 환기시킨다.

④ '~는디'는 사투리이인데 이는 민중의 성격을 드러내는 것이다.

07. ▶③

정답풀이 '인테리' 즉 많이 배운 지식인 계급임에도 일제 시대에 모든 기관이 꽉 차 직업을 가질 수 없음을 한탄하는 부분이다. 능력을 펼칠 수 없는 일제 강점기라는 현실 속에서 개인이 갈등하고 있으므로 '개인과 사회의 갈등'을 보여준다고 할 수 있다.

08. ▶②

정답풀이 '사내(＝ 그 녀석)'의 외모를 자세하게 묘사하며 "얻다 대구 반말이야? 말조심해."라는 거친 말투를 보여주고 있다. 이를 통해 상대하기 어려운 사내의 성격을 잘 보여주고 있다.

해설

오답풀이 ① 제시된 부분은 '사내'와 '박 씨'의 갈등이 드러나고 있으므로 '개인과 사회의 갈등'이 아니라 '인물과 인물의 갈등'이 나타나는 것이다.
③ 초점이 되는 인물인 '사내'의 내면 심리가 아니라 외면을 중심으로 서술되고 있다. 사내의 외모와 대사를 통해 사내의 심리나 성격을 간접적으로 드러내고 있는 것이다. 참고로 이러한 방식을 간접제시 방법(showing, 보여주기)이라고 한다.
④ 서술자가 작품 속 등장인물이라면 '나'라고 드러나야 하지만 제시된 부분만 본다면 서술자 '나'가 드러나지 않으므로 적절하지 않다. 이 부분만 보면 서술자가 소설 밖에 있는 3인칭 시점에 해당한다.

Chapter 04 시대별 현대 산문 작품   p.92

01. ▶④

정답풀이 '금수회의소'라는 단어를 통해 안국선의 신소설 〈금수회의록〉임을 알 수 있다. 이 금수회의소에서는 '길짐승·날짐승' 등이 모여 인류를 논박하는 일을 한다고 하였다. 이는 표면적으로는 동물들이 인류의 타락을 논박하는 것이나, 사실은 개화기 시대에 대한 비판과 풍자를 하는 것임을 알 수 있다.

오답풀이 ① 동물들의 연설을 서사의 방법으로 채용한 것은 맞지만 계몽적 의도를 숨기지 않고 직접적으로 드러내므로 옳지 않다.
② 1945년의 해방 직후 작품이 아니라 1900년대의 개화기 신소설이다.
③ 이 작품은 근본적인 해결을 제시해주지 못한다는 한계가 있다.

02. ▶③

정답풀이 이 문제는 (가)를 잘 독해하여 (나)에 적용하는 문제이다.

✏️ 현대어 풀이

(가)의 중심 화제는 '근대적 연애'이다. 근대적인 연애란, 부모님보다도 자기 의사를 중시한 남녀의 애정이 중요하다. 특히 남녀 사이의 열정이 더 부각된다. 하지만 반대로, 전통적인 연애에서는 부모님의 허락이 있어야 했으며, 상대에 대한 의존성, 서로 처지의 비교가 중요시되었다.

이를 바탕으로 (나)에 적용하였을 때 제시문의 형식이 영채의 장점을 호평하는 것은 근대적 연애의 열정과 연결시킬 수 없다. 형식은 애초에 영채를 구원해야겠다고 생각하는 이유를 전통적인 연애관에서 찾고 있다. 스승님의 딸이며, 스승님이 딸을 형식의 아내로 허락하였다는 것은 전통적인 연애관에 기인한다. 또한 형식은 영채가 기생이기는 해도 양반의 집의 피를 가졌다고 하며 집안의 배경을 보고 있다. 자신이 글만 보는 처지인데, 영채는 시와 노래도 잘한다고 하며 처지를 비교하는 것은 '열정'과 관련된 것이 아니라, 전통적인 연애관과 관련된 것이므로 ③은 옳지 않다.

오답풀이 ① 상대에 대한 의존성은 전통적인 연애관이므로 영채가 형식에게 원하는 것이 형식의 보호라면, 형식에게 의존하고 싶어 하는 것이므로 이를 근대적 사랑이라 보기 어렵다.
② 은사(스승님)가 아내로 허락한 것을 먼저 생각한 것은 전통 사회의 남녀 관계에서 가족 사이의 약속을 중시한 것이므로 형식의 영채에 대한 감정은 근대적 사랑이라 보기 어렵다.
④ 영채의 외모와 행동은 '부모님의 허락, 상대에 대한 의존성, 서로 처지의 비교'와 관련되지 않은 남녀 간의 애정과 관련된 것이므로 영채에 대한 형식의 열정을 찾을 수 있다고 볼 수 있다.

03. ▶①

정답풀이 '계몽'이란 '지식 수준이 낮거나 인습에 젖은 사람을 가르쳐서 깨우침.'을 의미한다. "조선 사람에게 무엇보다 먼저 과학을 주어야겠어요. 지식을 주어야 하겠어요."라고 말하는 형식을 통해 형식은 '저들'에 대해 계몽적인 태도를 취하고 있음을 알 수 있다.

오답풀이 ② '병욱' 또한 "가르쳐야지요! 인도해야지요!"라고 말한 것으로 보아 형식'과 상반된 해법이 아니라 동일한 해법을 가지고 있음을 알 수 있다.
③ '영채와 선형은 이 문답의 뜻을 자세히는 모른다.'라고 나와 있으므로 '영채'는 교육과 문명의 중요성에 대해 이번 일을 통해 알게 되기는 했으나 확고한 신념을 가지고 있다고 보기 어렵다.
④ '선형'은 무능력함에 괴로워하기보다는 교훈을 얻어가고 있다.

04. ▶⑤

정답풀이 제시문은 주인공 '숭'의 내적갈등을 주로 다루고 있으므로 외적 갈등에 비해 부차적인 대상으로 서술되어 있다는 설명은 옳지 않다.

오답풀이 ① 작품 밖의 전지적인 서술자가 사건의 진행 과정뿐만 아니라 숭의 내적인 갈등을 자세하게 전달하고 있다.
② '숭'과 순사들의 갈등이 드러나므로 옳다.
③ "처음에 숭에게 '당신 무엇이오' 하던 순사가 수첩을 꺼내어 들고, "성명이 무어?" 하고 신문하는 구조다."라는 부분에서 서술자의 개입이 나타난다.
④ 인물의 대화를 보면 진행과정을 알 수 있다.

05. ▶④

정답풀이 '감정의 재'만 있다는 말의 앞 부분에 '야성, 힘, 귀기'는 없다는 말이 나온다. 이를 통해 '감정의 재'란 '야성, 힘, 귀기' 같은 '기괴한 감정'이 느껴지지 않는 연주임을 알 수 있다.

오답풀이 ①, ③ 윗글을 통해 파악할 수 없는 내용이다.
② '피아노에서 울려 나오는 음향은 규칙 없고 되지 않은 한낱 소음에 지나지 못하였습니다.'를 볼 때, 악보와의 일치 여부는 중요하지 않음을 알 수 있다.

06. ▶④

정답풀이) '마름'인 장인이 미리부터 돈도 먹이고 술도 먹이고 하던 사람에게 소작을 준다는 내용(장인과 소작인들 사이의 뒷거래)이 나오지만 이를 생생하게 묘사하여 제시하고 있지는 않다. 생생하게 묘사하는 정도가 되려면 인물들의 대화나 인물의 외양 묘사가 있어야 한다.

오답풀이) ① "번이 마름이란 욕 잘 하고 사람 잘 치고 그리고 생김 생기길 호박개 같아야 쓰는 거지만 장인님은 외양에 똑 됐다."라는 부분에서 '마름'의 특성을 동물인 '호박개'에 빗대어 낮잡아 표현하고 있다.
② "이놈의 장인님"의 부분에서 '놈'이라는 비속어와 '님'이라는 존칭어를 혼용하고 있어 해학(웃음 유발)이 발생한다. 해학이란 '익살스럽고 풍자적인 말이나 행동. 유머'를 말한다.
③ 여러 정황(손버릇이 못된 점, 욕을 하는 점, 마름이라는 지위를 이용하여 뒷거래하는 점)을 거론하며 장인의 됨됨이가 마땅치 않음을 드러내고 있다.

07. ▶④

정답풀이) 역순행적 구성이란 '현재-과거-현재'의 시간 흐름을 보이는 구성이다. 간혹 '현재-과거'의 구성을 보이기도 한다. 즉 이 소설은 시간 순서대로 전개된 것이 아니다.
(나)에서 3년 7개월 동안 무보수로 일했음에도 점순이와 결혼하지 못하는 '나'의 모습이 드러난다.
(다)에서는 '나'와 '장인'이 이미 한바탕 싸움을 끝낸 후 '장인'이 나의 상처를 봐주며 '나'를 회유한다. 결국에 나는 예전처럼 일터로 돌아간다. 따라서 (다)가 시간상 가장 늦게 일어난 일이다.
(라)에서 '나'와 '장인'이 한창 싸우고 있는 장면이다. 장인이 지고 있다.
(마)에서 믿었던 점순이가 '장인'과 싸우는 '나'를 혼내서 나의 기세가 꺾인다.
따라서 (나)-[(라)-(마) = 싸움 과정과 결과]-(다)의 시간 순서로 재구성할 수 있다.

08. ▶②

정답풀이) 서술자 '나'가 자신의 이야기를 하므로 이 글은 1인칭 주인공 시점이다. 1인칭 주인공 시점은 주인공인 '나'가 서술자가 되어 자신의 이야기를 하는 것이므로 객관성이 떨어진다. 자신의 기준대로 장인을 미워했다가 장인에게 고마워했다가 하는 주관적인 모습을 보인다.

오답풀이) ① 희극이란 웃음을 유발하는 것을 의미한다. 여기서 희극적인 '나'와 '장인'의 과장되고 우스꽝스러운 갈등이 잘 드러난다.
③ '찌다우(= 허물을 남에게 전가하는 것)' 등의 사투리, '지게' 등의 토속어, '얼빠진 등신'과 같은 비속어, 잘 다듬어지지 않은 말투 등을 익살스럽게 사용하고 있다.

09. ▶①

정답풀이) '점순이'가 '나'에게 "성례시켜 달라지 뭘 어떡해."라고 말한 것을 통해 '점순이'는 시집을 가고 싶어함을 알 수 있으므로 ①은 옳지 않다.

10. ▶①

정답풀이) 윗글에서는 '나'가 관찰자의 입장에서 주인공(그)의 이야기를 하고 있으므로 1인칭 관찰자 시점에 해당한다. 관찰자 시점은 주인공 시점에 비해 비교적 서술자와 독자와의 거리가 멀다고 볼 수 있다.

오답풀이) ② 서술자가 주인공의 심리를 제시하며 독자와 인물과의 거리가 가까운 것은 1인칭 주인공 시점에 해당하므로 (가)의 1인칭 관찰자 시점에는 해당하지 않는다.
③ 서술자가 직접 개입하여 사건을 진행하고 독자와 인물과의 거리가 먼 것은 전지적 작가 시점에 해당하므로 (가)의 1인칭 관찰자 시점에는 해당하지 않는다.
④ 서술자는 외부 관찰자의 시각으로 사건을 전달하며 서술자와 인물과의 거리가 먼 것은 3인칭 관찰자 시점에 해당하므로 (가)의 1인칭 관찰자 시점에는 해당하지 않는다.

11. ▶②

정답풀이) 남편은 죽은 아내에게 말을 걸어도 대답이 없자 슬퍼하고 있다. 이를 통해 갈등이 해소되었다고 보기 어려움을 알 수 있다. 또한 등장인물 간의 갈등도 나오지 않는다.

오답풀이) ① 이 작품의 제목과 '운수가, 좋더니만…'은 반어적 표현으로 1920년대 하층민의 참담한 처지와 그에게 불어닥친 불행을 드러내고 있다.
③ '이년' 등 비속어를 빈번하게 사용하여 하층민의 삶을 사실적으로 그려냈다.
④ '빽빽', '옹아', '어룽어룽'등에서 음성 상징어가 사용되었음을 알 수 있다.
⑤ 병든 '아내'는 설렁탕을 먹어 보았으면 하는 소박한 소망을 갖고 있었으나, 설렁탕조차 먹지 못한 채 죽음을 맞는다. 따라서 비극적 상황을 강조하는 소재이다.

12. ▶③

정답풀이) "이 행운 앞에 조금 겁이 났음이다. 그리고 집을 나올 제 아내의 부탁이 마음에 켕기었다." 등에 인물이 심리까지 서술해주고 있기 때문에 인물의 행동만을 그리고 있다는 선택지는 옳지 않다.

오답풀이) ① 김 첨지가 손님이 왔음에도 주저하는 것과 잇단 행운에 겁이 난 것, 김 첨지의 아내가 김 첨지에게 오늘만은 나가지 말라고 하는 회상은 아내가 죽는 사건의 결말을 암시하는 복선이라고 볼 수 있다.

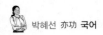

② 아내가 그렇게나 먹고 싶어했던 설렁탕을 사왔지만, 아내가 먹지
도 못하고 죽었기 때문에 '설렁탕'은 아내의 죽음이라는 비극성을
심화시키는 소재이다.

④ 손님이 끊이지 않는 연이은 행운이 있었지만 김 첨지는 아내가
죽을 수도 있다는 불안감을 중간중간 느꼈기 때문에 긴장감이 조
성되었다.

13. ▶④

정답풀이 처음에 서술자 '나'는 '그'에 대한 반감이 있었으나 그의 고
단한 삶의 여정을 대화를 통해 듣게 되면서 '그'와의 정서적 거리감을
좁혀갔다. (라)에서는 그런 '그'에게 공감하면서 나라 잃은 민족의 연
대감을 보여주며 술잔을 기울이고 있다.

오답풀이 ① (가)에서는 그의 행색과 외모를 묘사하고 있다. 이는 '요
약하기'가 아니라 '보여주기'이다. 묘사하는 그의 행색 또한 긴장
감을 고조시키는 것과는 거리가 멀다.

② (나)는 '그'의 고단하고 한스러운 삶이 요약적으로 제시되므로 보
여주기 방식과는 거리가 멀다. 또한 '외로운 혼'이라는 단어를 통
해 서술자가 '그'의 이야기를 주관적으로 전달함을 알 수 있다.

③ 서술자가 자신이 아니라 그의 행적을 전달하고 있다. 서술자와 그
가 만난 것이 외화라면, '그'의 삶이 내화라고 볼 수 있으므로 액
자식 구성은 옳다.

14. ▶①

정답풀이 윗글만으로는 안초시가 어떻게 사망했는지 알 수 없으므로
이 선택지는 옳지 않다. 참고로 안초시는 사고로 사망한 것이 아니라
사기를 당하고 딸에게 무시를 받자 자기가 자발적으로 죽음을 선택
하였다.

오답풀이 ② '모두 고인을 알아 온 것이 아니요, 무용가 안경화를 보
아 온 사람들 같았다'를 통해 알 수 있는 내용이다.

③ 안초시의 영결식에 와서 서참의, 박희완 영감이 진심으로 슬퍼하
는 것을 통해 이들은 친구 사이임을 알 수 있다.

④ '박희완 영감이 무얼 잡혀서 가져왔다는 부의 이 원'을 통해 박희
완 영감은 생활이 넉넉하지 못한 편임을 알 수 있다.

⑤ "장례비가 넉넉하니 자네 돈 그 계집애 줄 거 없네."라고 말하는
서참의의 대사를 통해 그가 안경화를 못마땅하게 여김을 알 수
있다.

15. ▶③

정답풀이 토민(= 토착민)과 조선인들 간의 갈등을 그리고 있다. 창권
이와 조선인들은 벼농사를 위해 봇도랑을 내고자 하지만 토민들이
이를 반대하고 있다. 토민들은 봇도랑을 내어 논을 풀면 '자기네 밭'
이 침수될 것이라고 한다. 이를 통해 토민들은 밭농사를 고집하고 조
선인들은 논농사를 지으려고 함을 알 수 있다. 조선인들이 벼농사를

지어보는 게 어떠겠냐고 하여도 토민들은 이유(맛 없음. 배탈 남)를
들어 맞서고 있다.

오답풀이 ① 중략을 보면 조선인들이 이미 땅을 산 것으로 나온다.
토민들은 이들의 소유권에 문제를 제기한 것이 아니라 봇도랑을
내는 것에 대한 문제제기를 하는 것이다.

② 조선인 중 하나가 괭이로 위협하고 있으므로 조선인들이 대화로
문제를 해결한다고 볼 수 없다.

④ '봇도랑 공사 방식'에서 의견이 갈리는 것이 아니다. 봇도랑을 내
는가 안 내는가로 갈등하고 있는 것이다.

16. ▶③

정답풀이 원 배달원이 되고 싶었던 황수건은 '반편이(지능이 보통 사
람보다 낮은 사람)'라는 이유로 원 배달원이 되지 못하였다. 제시문
에 나오지는 않았으나, '나'는 그런 수건이를 안쓰러워하여 수건이가
참외 장사를 할 수 있도록 돈을 쥐어 준다. 하지만 그것도 망하게 되
었는데, 어느 날 수건이가 나에게 포도를 준다. 하지만 이 포도는 남
에게 훔친 것이라 황수건은 끌려가 맞지만 나는 포도값을 물어 준 후
에 수건이의 순수한 품성을 상징하는 포도알을 '은근한 순정의 열매'
라며 아껴 먹는다. 이 장면에서 순박하고 따뜻한 심성을 지닌 인물에
대한 화자의 포용적 태도를 느낄 수 있다.

오답풀이 ① '나'가 수건이를 조롱하는 태도로 보았다면 수건이가 준
포도를 그렇게 소중하게 아껴 먹지 않았을 것이다.

② 서술의 초점을 사건의 논리적 인과관계를 드러내는 데 맞추고 있
지 않다. 서술의 초점은 우둔하지만 순박한 품성을 가진 황수건이
라는 인물에 맞춰져 있다.

④ 황수건이라는 개인이 반편이라는 이유로 사회에서 소외되는 내
용이 나오기는 하지만 현실의 부조리를 비판하는 내용은 나오지
않는다. 소외된 인물에 대한 '나'의 연민이 드러날 뿐이다.

17. ▶①

정답풀이 황수건이 기뻐하는 행위만으로는 참외 장사가 안 될 것을
예측할 수 없다.

오답풀이 나머지는 옳다. ②만 설명하겠다.

② ㉡: 아내가 도망치게 된 과정에 대해 상세히 설명하는 것이 아니
라 압축적으로 요약하여 제시하고 있다.

18. ▶④

정답풀이 제시문에서 '사실은 사실대로 오해는 오해대로 그저 끝없이
발을 절뚝거리면서 세상을 걸어가면 되는 것이다. 그렇지 않을까?'의
부분을 통해 '나'의 무기력한 삶을 보여주고 있다. 하지만 정오 사이
렌이 울린 후 '나는 불현듯이 겨드랑이가 가렵다'고 하면서 다시 한
번만 더 날아 보자고 외치고 싶었다고 말하고 있다. 이를 통해 무기
력한 삶에서 벗어나 자아를 회복하려는 의지를 보여주고 있음을 확
인할 수 있다.

오답풀이 ① 제시문에서는 '나'가 무명작가인지 알 수 없으며, '우리 부부는 숙명적으로 발이 맞지 않는 절름발이인 것이다.'의 부분을 통해 부부애를 다뤘다고 볼 수도 있지 않다.
② 제시문에서는 농촌 계몽을 위해 남녀의 헌신적인 노력과 사랑과 관련된 부분이 전혀 나오지 않는다.
③ 제시문은 시대적 배경인 일제 감정기로 식민지 사회는 맞지만 농민들이 겪는 가혹한 현실을 보여주고 있지는 않다.

19. ▶②

정답풀이 '소년'이 둘째 대장의 행위를 예측하는 대화를 주도하면서 상대방의 관심을 끌어들이고 있으므로 이 선택지는 적절하다.

오답풀이 ① 상대방 또한 '소년'의 말에 관심을 가지고 대화를 이어가고 있다.
③ 상대가 질문하면 소년이 답하고 있다. 하지만 현실의 문제점을 확인하고 있지는 않다.
④ 의견 차이가 없으므로 절충점을 찾으려고 하지 않는다.

20. ▶①

정답풀이 제시문은 '구보'의 내면 심리와 전차 안에서 바라보는 거리의 풍경을 묘사하고 있다. 따라서 인물 간의 갈등을 보여주는 부분은 나타나 있지 않다.

오답풀이 ② 소설가 '구보'는 정오에 경성 시내를 배회하다가 새벽 두 시경 창작에 전념할 것을 다짐하며 귀가하는 내용을 중심으로 전개되고 있다. 제시문은 구보가 탄 전차는 동대문을 지나 장충단, 청량리, 혹은 성북동으로 이어지는 여정을 따라 등장인물(구보)의 의식과 내면을 서술하고 있다.
③ '전차'와 '경성'이라는 특정 시대의 소재를 통해 시대적 배경이 일제 강점기임을 알 수 있다.
④ 제시문에 문장부호(쉼표와 말줄임표)를 사용하여 독자가 특정 부분을 주목하게 하는 효과를 주고 있다.

21. ▶①

정답풀이 제시문에서 '구보는 한구석에 가 서서 그의 앞에 앉아 있는 노파를 본다'의 부분 이후부터 노파의 삶을 상상해 보며, 그녀의 외양에 대해 생각하는 부분이 드러나고 있다.

오답풀이 ② 제시문에서 '구보는 그 시골 신사가 노파와의 사이에 ~ 이등 대합실에 오만하게 자리잡고 앉을 게다'의 부분을 통해 남자가 이등 대합실에 자리잡고 있는 모습을 직접 목격한 것이 아니고 상상해 보고 있음을 알 수 있다.
③ 신장염뿐만 아니라 만성 위확장을 앓고 있는 것은 구보 자기 자신이다. '40여 세의 노동자'를 본 구보는 '바세도우씨'병에 걸렸을 거라고 확신하고 있다.

④ 제시문의 마지막 부분인 '그러나 그가, 문 옆에 기대어 섰는 ~ 구보는 또 다시 우울 속에 그곳을 떠나지 않으면 안 된다/의 부분을 통해 우울한 느낌이 들었을뿐 분노를 느낀 것이라고는 볼 수 없다.

22. ▶⑤

정답풀이 이 소설은 관찰자인 '나'가 '아저씨'를 비판하는 식으로 전개된다. '나'는 우리 민족이 비참하게 살아가는 근본적인 원인은 일제의 억압 때문인데, 그것을 모르고 일제를 찬양하고 있다. 따라서 결과적으로 '나'의 어리석음을 비판하고 있는 것이다.

오답풀이 ① 주인공의 눈이 아니라 관찰자의 눈으로 주인공인 아저씨를 비판하는 것이다.
② 아저씨는 부정적인 인물이 아니라 긍정적인 인물로 보고 있다. 부정적인 인물인 '나'를 통해 당대 사회 현실을 드러내는 것이다.
③ 1인칭 시점이므로 객관적으로 인물을 관찰하기 힘들다.
④ 역설적인 제목이 아니라 반어적인 제목이다. '바보 숙부'가 아니라 진짜 바보는 '나'이기 때문이다.

23. ▶④

정답풀이 서술자 '나'는 민족이 겪는 고통의 근본적인 원인은 생각하지 않고 내지인(일본 사람)에게는 우호적이다. 이를 통해 이 서술자는 무지하고 미성숙한 신빙성 없는 화자로서 신뢰할 수 없는 존재임을 알 수 있다. 또한 일제 강점기의 기회주의적이고 현실타협적인 서술자를 독자로 하여금 비판적으로 바라보게 한다.

오답풀이 ① '내지인'은 일본인으로서 서술자는 '내지인'을 비판하기보다 좋아하고 있다.
② 서술자는 '나'로서 전지적 존재가 아니다.
③ 서술자가 작품 속에 등장하는 다른 인물의 내면을 추리하기보다는 자신의 내면을 서술하고 있다.

24. ▶②

정답풀이 '일정한 대가를 주고 빌려 쓰는 논밭이나 집터'도 '도지'의 뜻 풀이에 해당한다. 하지만 ㉡의 '도지'는 문맥상 '남의 논밭을 빌려서 부치고 논밭을 빌린 대가로 해마다 내는 벼'가 의미가 더 적절하다. 나머지는 모두 문맥상 의미가 적절하다.

오답풀이 ① ㉠ 미상불(未嘗不: 未 아닐 미 嘗 맛볼 상 不 아닐 부) : 아닌 게 아니라 과연
③ ㉢ 모자라나따나 : 다소 모자라기는 하더라도
④ ㉣ 시뿌듬한 : 달갑지 아니하거나 못마땅하여 시큰둥한

25. ▶①

정답풀이 제시문에 '전쟁 사품에 생겨난 공출이니 징용이니 하는 것이 ~ 독립이 되었다고 만세를 부르며 날뛰고 할 흥이 한생원으로는 나는 것이 없었다.'의 부분을 통해 독립이 소작농의 삶에 영향을 끼쳤음을 짐작할 수 있다.

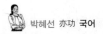

오답풀이 ②, ③ 제시문에 '한 생원은 나라를 도로 찾는다는 것은 구한국 시절로 다시 돌아가는 것으로밖에는 달리 생각할 수가 없었다.'의 부분을 통해, 한생원은 해방되고 독립이 되어도 사회 모순의 해결은커녕 오히려 구한국 시절로 돌아가는 것밖에 되지 않는다고 비관적으로 생각하고 있음을 알 수 있다.

④ 제시문의 마지막 부분인 '그 피땀 어린 논 두 자리에서, 열서 마지기를 한 생원네는 산 지 겨우 오 년 만에 고을 원에게 빼앗겨 버렸다.'를 통해 한생원은 소작농의 궁핍한 삶에는 국가의 책임이 없지는 않다고 생각하고 있음을 알 수 있다.

26. ▶③

정답풀이 '해방 후', '조선', '일인(= 일본인)' 등의 단어를 활용하여 '광복 직후'의 시대적 배경을 나타내고 있다.

오답풀이 ① 구장과 한 생원의 대화는 있으나 독백은 없다.
② 인물 간의 대화를 통한 간접 제시(보여주기)는 드러나지만 직접적 평가는 없다.
④ '한 생원'은 길천이에게 땅을 미리 팔았다. 그 후 길천이가 쫓겨난 후 광복이 되자 자신의 땅이라고 주장하고 있다. 이것으로 국민의 도덕성을 설명할 수 없으므로 이 선택지는 옳지 않다.

27. ▶④

정답풀이 경어체란 상대를 높이는 말을 의미하는데 '~ㅂ니다'를 보면 하십시오체가 쓰인 것이므로 서술자가 경어체를 사용한 것은 맞다. 하지만 이것이 인물과의 심리적 거리를 가깝게 한 것은 아니다. '그 몸짓이 어떻게도 요란스럽고 괄괄한지, 방금 발광이 되는가 싶습니다'라는 서술자의 서술을 보면 오히려 경어체를 통해 친일파인 주인공을 비꼬고 비판하는 의도가 있으므로 심리적 거리를 가깝게 한다는 것은 옳지 않다.

오답풀이 ① 일제강점기를 '거리거리 순사요, 골골마다 공명한 정사(政事), 오죽이나 좋은 세상'이라고 표현하는 '윤 직원'의 모습을 통해 그가 일제강점기 민중의 고통을 고려하지 않은 편협하고 이기적인 인물임을 알 수 있다.
② 전지적 작가 시점의 서술자가 '땅 방바닥을 치면서 벌떡 일어섭니다.'라고 인물을 묘사함으로써 '윤 직원'의 답답하고 화난 심정을 제시하고 있다.
③ '이런 태평천하에 태어난 부자 놈의 자식이, 더군다나 왜지가 떵떵거리구 편안하게 살 것이지.'에서 윤 직원이 상속으로 가문을 유지하려 했음을 알 수 있다.

28. ▶②

정답풀이 서술자는 '윤 직원 영감'과 같은 부정적이고 타락한 인물을 풍자하고 있으며, 이 소설은 1930년대 식민지 사회를 살아가는 한 가족의 모습을 통해 당대 사회를 신랄하게 비판하고 있다.

오답풀이 ①, ③, ④, ⑤ 전지적 작가 시점에 대한 설명이 아니므로 옳지 않다.

29. ▶④

정답풀이 시아버지 윤직원 영감은 자신의 아들의 부인인 '고 씨'를 제치고 손자의 며느리에게 살림살이를 맡겼다. 이에 고씨는 '개밥에 도토리 신세(= 따돌림을 받아서 여럿의 축에 끼지 못하는 사람)'가 되었다. 또한 며느리에게 시집살이를 하게 된 셈이 되었으므로 '고 씨'는 절망적일 것이다.

30. ▶③

정답풀이 [B]는 '미스터 방(방삼복)'이 어처구니 없는 실수로 몰락하는 과정을 그의 행동 묘사를 통해 보여주고 있다. '희화화'란 우스꽝스러워 웃음을 유발하는 것인데 'S 소위'에게 우리말로 된 욕을 들으며 맞는 장면이 희화화되고 있다.

오답풀이 ① [A]에는 인물 간의 대화나 갈등이 나오지 않고 백 주사의 심리가 나올 뿐이다.
② [A]에는 공간적 배경도 비극적인 분위기도 드러나지 않는다.
④ [B]는 과거 사건에 대한 요약이 나오지 않는다. 방삼복의 말과 행위를 그대로 보여주므로 이야기 전개가 빠르게 진행되지도 않는다.

31. ▶④

정답풀이 철호는 '갑자기 아내의 죽음을 생각'하다가 '아내는 이미 죽었는데'라고 생각하며 목적지를 정하지 못하고 헤매고 있다.

오답풀이 ① 제시된 부분에서 '철호'는 아내의 죽음 이후 방황하고 있으므로 삶의 의지를 점차 회복한 것이라고 보기 어렵다.
② 운전수는 철호를 '오발탄 같은 손님'이라고 말하고 있으므로 공감의 태도를 보이는 것은 아니다.
③ 제시된 부분에서 '철호'와 '운전수' 사이의 계급 차이는 드러나지 않는다.
⑤ 'S병원'은 아내가 죽기 전 입원했던 병원이고, 'X경찰서'는 철호가 떠올렸던 장소일 뿐 도달하지 못하는 이상향이라고 보기 어렵다.

32. ▶②

정답풀이 제시된 장면은 서로 사랑하는 성기와 계연이 급작스러운 이별을 하는 장면이다. 성기는 사랑하는 계연을 보내는 중간에 어떠한 말도, 행동도 하지 않는다. 이는 어떠한 말로도 표현할 수 없는 복잡다단한 성기의 심리를 상징적으로 보여주는 것이다. 성기는 계연을 예뻐했던 옥화(어머니)가 왜 계연을 보내려고 하는지 모르기 때문에 복잡한 심정으로 말이 없는 것이다.

오답풀이 ① "계연의 그 시뻘건 두 눈은 역시 성기의 얼굴에서 그 어떤 기적과도 같은 구원만을 기다리는 것이었고"라고 언급되어 있다. 즉 계연은 성기가 자신을 잡아주기를 바라는 것이기 때문에 성기와의 인연을 끝내고자 하는 의지가 강하다고 볼 수 없다.

③ 아름다운 자연적 배경인 "고운 햇빛과 늘어진 버들가지와 산울림처럼 울려오는 뻐꾸기 울음"은 계연과 성기의 슬픔과 대조되어 슬픔을 더 강조하는 것이다. 따라서 굴곡이 심한 계연의 미래를 암시한다고 볼 수 없다.

④ 작가는 성기를 냉소적이고 비판적으로 보는 서술을 한 적이 없다. 작가를 대변하는 서술자가 인물의 행위와 대사, 그리고 배경을 독자에게 전달해줬을 뿐, 인물에 대한 주관적 평가를 드러내지 않고 있다.

33. ▶②

정답풀이 옥화의 진술을 통해 계연과 성기의 관계가 드러나 식음을 전폐한 성기의 문제 상황을 타개(= 해결)하고 있다.

오답풀이 ① 이후의 전개 과정을 넌지시 알려주는 부분은 없다.
③ 대화는 나오지만 등장인물들이 화해하고 있지는 않다.
④ 복잡한 심리 묘사가 나타나지 않는다.
⑤ 과거 명도(무당)를 찾아간 과거를 이야기하고는 있지만 사건 전개의 우연성을 드러내지는 않는다.

34. ▶②

정답풀이 오시형은 심리에서 구라파 사람들은 자신들이 맨 앞에서 정진하고 나머지 민족을 따라올 뿐이라고 한다. 새로운 세계사를 구상할 수 있는 것도 자기들이라고 생각하는 것은 일원사관이라고 한다. 하지만 구라파 사람들의 이러한 생각에서 벗어나 우리의 손으로 다원사관의 세계사가 이루어지는 날 더이상 헤매지 않을 것이라고 한다. 따라서 오시열은 문명의 우열을 합리화하는 것이 아니라 문명의 우열을 가리지 않는 다원 사관을 추구하고 있는 것이다.

오답풀이 ① '현재 진행되고 있는 전쟁과 세계사적 동향'이라는 말을 통해 알 수 있다.
③ '제가 과거의 사상을 청산하고 새로운 질서 건설에 의기를 느낀 것은 대충 이상과 같은 학문상 경로로써 이루어졌습니다.'를 통해 알 수 있다.
④ 오시형은 하이데거가 히틀러리즘의 예찬에 이른 것은 퍽 깊은 감명을 주었다고 한다. 히틀러리즘은 국가를 중심으로 한 사상인데, 이를 듣고 재판장이 만족한 미소를 띠었으므로 재판장은 국가를 중심으로 한 새로운 질서 건설에 찬성하고 있음을 알 수 있다.

35. ▶②

정답풀이

> "처음부터 묻기루 하자, 무슨 마귀의 장난으로 영어 복음서를 읽구 듣구 했지?"
> "마귀의 장난이라뇨? 천만에. 우리말루 읽는 것이 왜 그렇게까지 옳지 못하다는 말입니까?"
> "교회에서 금하니까 옳지 못허지."

위의 대화 내용을 통해 영어(우리말)로 복음서를 읽으려는 백성들과 이를 막으려는 교회의 갈등임을 알 수 있다.

36. ▶③

정답풀이 '나는 독을 품고 선선히 가리라'에서 '독'은 암울한 현실 속에서 내 외로운 혼을 건지기 위한 독이다. 즉, 현실을 따르지 않고 극복하겠다는 저항 의지를 보이는 것이므로 '현실에 선선히 따르는 것도 필요합니다.'는 옳지 않다.

오답풀이 모두 옳은 설명이다.

37. ▶③

정답풀이 ⓒ 부분을 통해 권력자들이 참을 알고 돌아오는 지식인들을 억압하고 구속할 것임을 짐작할 수는 있으나, 지식인들이 '권력'이라는 약에 취해서 전쟁을 일으킨 내용은 알 수가 없다.

오답풀이 ① ⊙ 부분의 대화를 보면 지식인인 주인공을 남한 사회에 남게 하려고 설득하고 있는 것으로 볼 수 있다.
② ⓛ 부분에서 중립국을 선택한 그는 마음껏 웃음을 터뜨렸고 웃음이 멎지 않는 행동을 보인 이유는 그가 권력자들의 말로 속인 꼬임에 넘어가지 않고 낌새를 알아차렸다는 것을 ⓒ을 통해 알 수 있다.
④ ⓔ 부분에서 난파꾼에 비유된 지식인의 허무감을 드러내고 있고, ⓒ 부분에서 언급한 '환상'은 꼬임임을 알아차린 지식인의 회의감을 드러내고 있다. 이 부분들을 통해 주인공이 중립국을 선택한 이유를 알 수 있다.

38. ▶③

정답풀이 남한으로 전향하길 회유하는 설득자는 주인공이 끝내 중립국을 외치자 체념하였다. 노골적으로 반감을 드러낸 부분은 없다.

오답풀이 ① "대한민국이 과도기적인 여러 가지 모순을 가지고 있는 걸 누가 부인합니까?"를 통해 알 수 있다.
② "당신은 고등 교육까지 받은 지식인입니다. 조국은 지금 당신을 요구하고 있습니다."를 통해 알 수 있다.

④ "그러나 대한민국에는 자유가 있습니다. 인간은 무엇보다도 자유가 소중한 것입니다."에서 조국의 장점을, "우리는 이곳에 남한 2천만 동포의 부탁을 받고 온 것입니다. 한 사람이라도 더 건져서, 조국의 품으로 데려오라는……"에서 조국애에 호소하고 있음을 알 수 있다.

39. ▶①

정답풀이〉'전후 현실에서 자유를 추구하는 지성인'은 나오나 자아반성은 드러나지 않는다. 그는 자기 자신에 대한 반성보다는 남한과 북한을 비판하고 있다.

40. ▶④

정답풀이〉ⓔ은 남북 권력자가 지식인을 억압하는 모습을 드러낸 것이다. 남북 권력자에 대한 굴종적인 태도와는 관련이 없다.

41. ▶③

정답풀이〉'사북'은 쥘부채의 아랫머리나 가위다리의 교차된 곳에 못과 같이 박아서 돌쩌귀처럼 쓰이는 물건이다. 주인공은 자신의 삶을 부채의 모양에 빗대며 삶의 광장은 좁아지다 못해 끝내 그의 두 발바닥이 차지하는 넓이가 되고 말았다고 하였다. 또 바다를 큰 새(은혜)와 작은 새(딸)가날아 다니는 푸른 광장이라고 여긴다. 따라서 '푸른 광장'은 이념의 대립과 사상의 갈등이 없는 평안한 휴식처를 의미한다고 볼 수 있다. 하지만 '푸른 광장'은 현실을 도피하기 위해 중립국으로 가는 과정에서 접하게 된 공간이므로 주인공의 적극적 선택의 결과로 얻어진 공간을 의미한다고 볼 수는 없다.

42. ▶②

정답풀이〉〈나상〉은 작품 외부의 서술자가 이야기를 들려주는 구성을 취하고 있는 액자식 구성이므로 적절하다.

오답풀이〉① 형의 인물을 상세하게 설명하는 부분이 (가)에 나오기는 하나 어떤 인물의 외모나 성격 따위를 우스꽝스럽게 묘사하는 희화화하는 것은 나오지 않는다.
③ 등장인물의 내적 독백보다는 등장인물 간의 대화가 나타나고 있으므로 옳지 않다.
④ 사건들을 병렬적으로 제시한다는 것은 여러 에피소드를 나열하는 내용이 되어야 하는데 북한군 포로가 되었던 사건이 드러나는 것이므로 병렬적으로 제시된다고 보기 어렵다.

43. ▶①

정답풀이〉(가)에서 모두가 삼팔선을 넘어오며 긴장해서 숨도 제대로 쉬지 못하는 상황에서, 형이 '야하, 이기 바루 그 삼팔선이구나이'라고 큰 소리로 말하는 장면이 나온다. 따라서 적절하지 않다.

오답풀이〉② (나)에서 동생의 눈에서 눈물이 비어져 나오자 형은 '도리어 제 편에서 또 울음을 터뜨리고 있었'으므로 적절하다.
③ (나)에서 형은 '이젠 밤에도 동생의 귀에다 입을 대고 이것저것 지껄이지 않'으며, '동생은 이런 형이 서러워 더 더 흐느꼈다.'라고 했으므로 적절하다.
④ (다)에서 형은 '여느 때답지 않게 숙성한 사람 같은 억양'으로 동생에게 자신을 모른 체하라고 말하고 있으므로 적절하다.

44. ▶④

정답풀이〉소설에서 '단선적 구성'은 하나의 사건과 일화가 다른 곳으로 빠지지 않고 집중되는 방식이다. 반면 '복선적 구성'은 두 개 이상의 이야기를 평면적, 혹은 입체적으로 혹은 동시에 진행시키는 구성을 말한다. '소리의 여운'으로 인해 다른 일화가 전개되지 않으므로 단선적 구성이 아니다. 또 '소리의 여운'은 갈등 해소의 기미로 기능하지 않는다. 뒤에 갈등이 해소되는 부분도 보이지 않는다. 이호철, 〈닳아지는 살들〉은 전쟁이 가져다준 분단으로 인한 가족의 비극과 상처를 다룬 전후 소설이다.

오답풀이〉① '바깥은 어둡고 뜰 변두리의 늙은 나무들은 바람에 불려 서늘한 소리를 내었다'에서 어두운 분위기를 형성하였다.
② '꽝 당 꽝 당'은 '밤중에 간헐적으로 들려오는 그 소리는 이상하게 신경을 자극했다.'라는 부분을 통해 심리의 변화를 촉발한다고 볼 수 있다.
③ '꽝 당 꽝 당', '단조로운 소리'의 반복을 통해 '불안한 예측을 불러일으키는' 모종의 의미가 부여된다.

45. ▶③

정답풀이〉ㄱ. 처갓집이 어딘지 몰라서 '할 수 없었다'는 그의 말에 '나'가 무엇을 할 수 없었냐고 하자, 아내의 시체를 병원에 시체에 팔았다고 하였다. 이를 통해 처갓집이 어딘지 몰라 아내의 시체의 팔았음을 알 수 있다.
ㄴ. '나'는 사내가 아내의 시체를 판 상황을 모르므로 무엇을 할 수 없냐고 되물은 것이다.
ㄷ. 사내는 아내의 시체를 판 대가로 돈 사 천원을 병원에서 받았다.
ㄹ. 돈 사 천원을 받은 사내는 죄책감에 시달리게 되므로 '안'과 '나'와 함께 있자고 요청하게 된 것이다.

오답풀이〉ㅁ. 우리는 함께 있어달라는 요청을 승낙했기 때문에 ⓔ는 좌절되지 않았으므로 이 선택지는 옳지 않다.

46.　▶③

정답풀이 [가]에서는 노인의 집을 찾아간 '나'가 묘사한 마을의 모습이 묘사되고 있다. (보여주기의 방법이 사용된 것이다.) [나]에서는 '나'의 집이 망해가는 과정을 요약하여 설명하고 있으므로 적절하다.

오답풀이 ① [가]는 '현재 어머니가 살고 있는 마을'이고 [나]는 '과거의 옛집'이므로 [가]와 [나]는 시공간이 동일하다고 볼 수 없다.
② '의식의 흐름'이란 인물의 의식을 논리적인 인과 관계 없이 무의식의 흐름대로 서술하는 기법이다. [가]와 [나]에서는 인과 관계가 잘 드러난 일반적인 서술자의 서술이 드러나고 있으므로 옳지 않다.
④ [가]와 [나] 모두 서술자 '나'가 표면에 나오므로 서술자는 이야기 속에 있으므로 이 선택지는 옳지 않다.

47.　▶③

정답풀이 (가)는 전짓불 앞에서 상대방의 이념을 모르는 채로 자신의 정치적 신념을 말해야 했다. 상대방의 정치적 이념과 다르면 죽을 수밖에 없지만 이쪽에선 그 이념이 무엇인지 모르기 때문에 공포감이 크다. (나)는 마치 전짓불 앞에서의 정치적 고백처럼, '당신 같은 질문'을 받게 될 때에는 일방적으로 작가 혼자 진술하는 것 같아 엄청난 공포감을 느낀다고 하였다. 따라서 두 제시문 모두 상호 소통이 안 되는 상태에서의 공포감을 말하면서 유사한 의미를 공유하고 있다.

오답풀이 ① (가)와 (나)는 모두 경험에서 파생된 상징적 장치(전짓불)를 적용하여 사태의 의미를 도출하고 있다.
② '(가)와 달리 (나)는'이 아니라 '(나)와 달리 (가)는'으로 고쳐야 한다. (가)에 특히 이념적 대립에 의해 자유를 억압당하는 인물의 고통이 더 중심이 되어 서술되어 있기 때문이다.
④ 극화란, '사건이나 소설 따위를 극의 형식으로 각색하는 일'로서 주로 극화는 인물들의 대화나 행동으로 구성되어 있다. 하지만 (가)와 (나)는 극화되지 않고 서술자의 서술만 나와 있으므로 이 선택지는 옳지 않다.

48.　▶④

정답풀이 혜인은 나(동생)의 아픔은 환부(상처 난 곳)가 없는 아픔이라고 말하였다. 혜인은 아픔이 오는 곳이 없다면 아픔도 없어야 할 것이라고 말하는데 이는 아픈 곳이 없는데 왜 아프냐는 말과 같다. 이는 동생의 아픔을 충분히 이해했다고 보기 힘든 말이다. 그리고 이 부분을 통해 '나'가 혜인을 단호하게 거부하는지는 알 수 없다.

오답풀이 ① 2번째 문단에서 '나의 추리는 완전히 빗나갔다.'를 통해 알 수 있다.
② 3문단에서 '형은 그 아픔 속에서 이를 물고 살아왔다. 그는 그 아픔이 오는 곳을 알고 있는 것이다. 그리하여 그것은 견딜 수 있었고, 그것을 견디는 힘은 오히려 형을 살아 있게 했고 자기를 주장할 수 있게 했다.'라고 언급되어 있다. 형은 자신의 상처를 알아서 그것을 소설로 써 극복하였다.
③ 1문단에서 동생은 형의 소설의 결말을 보고 있다. 그리고 마지막 부분에서 동생은 자신의 아픔의 원인이 무엇일까 돌아보고 있다.

49.　▶④

정답풀이 형은 소설을 쓰면서도 자신의 의사 생활은 이어가고 있으므로 '소설'이 형이 의사로서의 인생을 포기하도록 하는 계기가 된다고 볼 수는 없다.

50.　▶①, ③, ④, ⑦

정답풀이 ① 작품 속 '나'가 겪은 것이 아니라 '조마이섬'에 사는 사람들이 겪는 갈등을 '나'가 관찰하여 드러내고 있으므로 작품 속 '나'가 자신이 겪은 갈등을 직접 서술한다는 것은 옳지 않다.
③ 서술자는 관찰자에 불과하므로 인물의 내면 묘사를 하기 어렵다.
④ 작중 상황과 전모를 신의 위치에서 모두 전달하는 전지적 작가 시점이 아니므로 적절하지 않다.
⑦ 건우 할아버지에게 들었던 이야기와 윤춘삼 씨에게 들었던 이야기는 묘사라기보다는 직접적인 요약적 설명에 가까우므로 ⑦은 적절하지 않다.

오답풀이 ② 작품 속 '나'가 건우 할아버지를 관찰하고 그에게 이야기를 들은 것을 통해 사건을 서술하고 있다.
⑤ 조마이섬 사람들과 사회와의 갈등, 갈밭새 영감과 유력자 하수인과의 갈등(인물과 인물 간의 갈등)이 있었으므로 외적 갈등 구조를 통해 주제를 형상화하고 있음을 알 수 있다.
⑥ 조마이섬 사람들의 대사와 행동을 통해 땅을 빼앗긴 서러움을 드러내며 각 인물들의 성격이 드러나고 있으므로 옳다.
⑧ 토속적이라는 것은 '그 지방에만 특유한 풍속에 관한'을 의미하는데, "살인죄라니 우짜문 좋겠능기요?"등과 같은 방언이 나타나며 "쥑일 놈들"과 같은 비속어 사용을 통해 섬사람들의 삶을 사실적이며 생동감 있게 그려내고 있다.

51.　▶③

정답풀이 영달이는 '대전에서의 옥자'를 어린애처럼 생각이 깊지 않은 존재로 인식하지 않고 있기 때문에 ③의 추론이 적절하지 않다. 백화를 업으니 어린애처럼 가벼웠는데 그것이 옥자와 비슷하다고 느낀 것이다. 그래서 눈시울이 화끈해진 것이므로 옥자를 생각이 깊지 않은 존재로 본 것이 아니라 연민의 대상으로 봤다는 것이 더 옳다.

오답풀이 ① 백화는 '고랑'에 빠져 발이 다쳤기 때문에 아파서 신음한 것이다. 따라서 '고랑'이 '신음'의 계기로 작용한다는 추론할 수 있다.
② 영달은 백화를 등에 업고 백화처럼 몸무게가 가벼웠던 '옥자'를 떠올렸기 때문에, 백화가 옥자를 떠올리는 계기라고 추론할 수 있다.
④ '영달이가 달려들어 싫다고 뿌리치는 백화를 업었다.'를 통해 처음엔 싫어했음을 알 수 있다. 하지만 등에 업힌 이후에는 "어깨가 참 넓으네요. 한 세 사람쯤 업겠어."라고 말했으므로 싫어하는 내색이 없어 보인다는 추론은 적절하다.

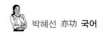

52. ▶④

정답풀이 제시문에서 정 씨는 십 년만에 가는 고향인 삼포가 예전 그 대로의 모습일 거라고 생각하고 있음을 알 수 있다. 십 년 전의 삼포 는 고기잡이하고, 감자 매고, 나룻배를 타던 모습으로 기억하고 있지 만, 옆에 앉아 있던 노인의 말에 따르면 지금은 십 년 전의 삼포와는 아예 달라졌다고 말하고 있다. 따라서 ㉠, ㉡, ㉢은 예전 삼포의 모습 을 그리고 있는 소재이고, ㉣만이 지금 삼포의 모습을 그리고 있는 소재로 성격이 다르다고 볼 수 있다.

53. ▶④

정답풀이 '소장은 혼자서 빙긋 웃었다. 감독조를 짐짓 3공사장으로 보내길 잘했다고 그는 생각했다.'를 통해 소장은 감독조를 해체하지 않고 3공사장으로 당분간 보냈다는 것을 알 수 있다.

오답풀이 ① '우선 내일의 행사를 위해 숨 좀 돌려보자는 게 그의 속 셈이었다'를 통해 알 수 있다.
② '소장은 이 모든 일들을 열흘 안으로 해치우고 원상 복구를 해 놓 을 자신이 있었다.'를 통해 알 수 있다.
③ '그들 불평분자의 절반쯤은 3공사장 인부들과 교대시키고, 나머 지는 남겨 두되 각 함바에 뿔뿔이 흩어지게 배당할 거였다. 점차 로 시간을 보내면서 하나둘씩 해고해 나갈 것이었다.'를 통해 알 수 있다.

54. ▶④

정답풀이 제시문의 "완전한 사람은 얼마 없어. ~ 그는 자기의 일을 훌륭히 도와줄 수 있는 내 몸의 특징을 인정해 줄 거야"라는 꼽추의 말을 통해 이는 약장수가 자산의 정직한 노력으로 대가를 받는 사람 이라고 생각하고 있음을 짐작할 수 있다.

오답풀이 ① 제시문을 보면 앉은뱅이보다 꼽추가 먼저 승용차 밖으 로 나왔음을 알 수 있다.
② 앉은뱅이와 꼽추는 차를 가로막아 서서 차에서 끌어내리고 폭력 을 행사한 후에 돈을 꺼냈다고 하고 있으므로 대화를 통해 문제 를 해결하고자 했다는 부분은 적절하지 않다.
③ 승용차에 탄 사나이는 입주권을 다른 사람들에게 더 비싸게 판 사람이고, 꼽추와 앉은뱅이의 집을 부순 이는 쇠망치를 든 사람들 에 해당하므로 동일 인물이 아니다.

55. ▶④

정답풀이 외할머니는 구렁이를 위로하고 달래주었다. 이는 구렁이를 삼촌의 현신으로 생각하여 한 행동으로, 이 행동은 삼촌이 한을 풀고 저승으로 가길 바라는 상징적인 행동이다.

오답풀이 ① 내면(= 심리, 성격)보다는 인물의 외면(= 행동, 대사)을 묘사하고 있다.

② '죄다 성님한티 맽기고'처럼 사투리는 있지만 해학적인 분위기는 나타나지 않는다. '해학'이란 웃음을 유발하는 분위기인데, 그 반 대이다.
③ 시점은 일정하게 1인칭 관찰자 시점이다.

56. ▶②

정답풀이 이 작품의 '엄마의 말뚝'은 세 편으로 구성된 연작 소설이 다. 위 지시문은 〈엄마의 팔뚝 2〉로 전쟁과 오빠의 죽음을 다루고 있 다. 엄마는 전쟁을 겪으면서 오빠의 죽음을 겪고 그 죽음이 엄마의 가슴에 평생 말뚝처럼 박힌 채 살아가는 인물이다. 따라서 엄마의 상 처가 가슴에 깊은 뿌리고 내리고 있음이 가장 적절한 제목이라고 볼 수 있다.

57. ▶④

정답풀이 기호 문제는 앞뒤 정보를 파악하면 모두 맞을 수 있다. ㉣의 앞에서는 도시로 이사 온 '나'가 적응하지 못하고 잠을 이루지 못하고 있다. 따라서 ㉣은 도시 생활에 대한 '나'의 만족감이라고 볼 수 없다. '나'가 지은 웃음은 잘못 이사를 왔다는 생각에서 나온 실소(失笑: 어처구니가 없어 저도 모르게 웃음이 툭 터져 나옴. 또는 그 웃음)에 가깝다.

오답풀이 ① '㉠ 그 어리석은 짓은 용납되지 않았다. 나는 금세 제지 를 받았던 것이다.'라고 나온다. 그리고 나는 유리컵은 놔두고 가 라는 제지를 받으므로 '그 어리석은 짓'은 유리컵을 가져가는 행 위이다.
② 도시가 낯설어 어지러워하고 구토를 하므로 옳다.
③ 좁은 판잣집 내부이므로 열악한 가정 형편을 알 수 있다.

58. ▶①

정답풀이 '㉠ 도요새'의 뒤를 보면 '나는 마치 헤어진 부모와 동기간 과 약혼녀를 만난 듯 반가웠다.'와 '향수'가 나오므로 ㉠은 '나'에게 고향을 떠올리게 하는 존재라고 볼 수 있다. ㉡ 뒤에 '㉡ 철새나 나그 네새는 휴전선을 넘어 자유로이 왕래하건만 나는 그곳으로 갈 수 없 다'라고 하므로 ㉡은 '나'와 대비되는 존재임을 알 수 있다.

오답풀이 ② '동병상련(同病相憐)'이란 '같은 어려운 처지에 있는 사 람끼리 서로 동정하고 도움.'을 의미한다. '㉠도요새'는 고향에 갈 수 있다는 점에서 나와 상반된 처지에 있으므로 옳지 않다. '㉡철 새'도 마찬가지이므로 감정 이입이라고 볼 수 없다. 감정 이입은 화자의 감정과 일치해야 하기 때문이다.
③ ㉠과 ㉡ 모두 고향에 갈 수 없는 안타까움의 내적 갈등을 심화시 키는 소재이다.
④ 둘 다 고향에 대한 향수를 불러일으키는 대상이다. 둘 다 휴전선 넘어 고향에 갈 수 있게 하기 때문이다.

59. ▶③

정답풀이 '촉매'란 '다른 물질의 반응 속도를 촉진시키는 물질'을 의미한다. 누군가 내뱉은 말에 사람들은 '정말이지 산다는 게 도대체 무엇일까……'라고 하며 자신의 삶을 되돌아보고 있다. 뒤에 중년 사내의 삶에 대한 생각도 나온다.

오답풀이 ① 등장인물들의 갈등이 나오지 않으며 소설 속 인물들의 내면이 묘사된다.
② 이 대사가 인물들의 삶을 기구하게 만들지는 않는다.
④ 등장인물들이 자신의 삶을 사회적 문제로 인식하는 부분은 나오지 않는다.

60. ▶④

정답풀이 "그게 그거 아닙니까. 말을 안 꺼냈다면 몰라도, 이제 와서 제 체면도 좀 봐 주셔야죠."라는 손자 성규의 말을 보면, 손자 성규는 노인에게 자신의 체면을 살려주시라고 부탁하며 북을 쳐달라고 설득하고 있음을 알 수 있다. 일이 끝난 후 민노인이 받게 될 혜택을 제시하고 있지는 않다.

오답풀이 ① "그게 그거 아닙니까. 말을 안 꺼냈다면 몰라도, 이제 와서 제 체면도 좀 봐 주셔야죠."를 통해 알 수 있다.
② 1문단의 "아버지는 왜 체면을 판판이 우그러뜨리냐는 게 항변의 줄거리였다."를 보면 '민 노인'의 아들(아버지)은 '민 노인'과의 관계보다 자신의 체면을 중시함을 알 수 있다.
③ "아들 옆에서 입을 꼭 다물고 있는 며느리는, 차라리 더 많은 힐난을 내쏘고 있음을 민 노인은 모르지 않았다."라는 부분을 통해 알 수 있다.

61. ▶③

정답풀이 주어진 내용만으로 추측하기가 힘들지만 이 장면은 주인공인 강모가 신부와 첫날밤을 보내는 장면이다. 구슬들이 일룽거리는 모습, 댕기의 떨림, 싸늘한 밤공기, 삐이거억 소리 등 서술자가 관찰한 사실을 감각적으로 묘사하면서 담담하게 서술하고 있다.

오답풀이 ① 딱히 여주인공의 당당함을 드러내는 부분은 찾을 수 없다.
② 묘사를 하고 있으므로 서사 시간의 흐름은 지연되나 서술자의 감정 이입이 드러나는 부분은 없다.
④ 간결한 문체가 보이긴 하지만 맨 뒤에서 잠깐 나올 뿐이며, 이것만으로 서사(= 이야기) 정보를 명확하게 보여준다고 보긴 힘들다.

62. ▶①

정답풀이 '용왕제에 쓸 돼지를 산채로 묶어서 내다가 싫다고 요동질하는 돼지에게 때때옷을 입히는, 세계적으로 유례가 드문 일에는 그가 최고의 전문가였다.'를 보면 해학적 진술이 드러난다. 제사에 쓸 돼지에 때때옷(알록달록한 애기옷)을 입히는 행위를 세계적으로 드문 일이라고 하며 전문가라고 하는 것은 웃음을 유발한다. '해학'이란 '익살스럽고 풍자적인 말이나 행동'을 의미한다.

오답풀이 ② 황만근의 특징을 직접 제시하는 것을 보면 전지적 시점은 옳다. 하지만 고조되는 갈등은 드러나지 않는다. 황만근의 행동이나 말만 전달할 뿐이다.
③ 황만근은 온갖 궂은 일을 도맡아 하지만 마을 사람들은 그를 바보라고 한다. 또 따로 대가를 주지도 않는다.
④ 황만근이 노동력을 제공해도 대가를 지불하지 않는 동네 사람들의 태도에서 물질 만능주의가 아니라 이기적인 세태에 대한 비판적 시각을 확인할 수 있다.

63. ▶③

정답풀이 이 소설은 우화를 모티프로 하여 1970년대의 정치 상황을 풍자하고 권력의 위선과 허위를 간접적으로 폭로하고 있는 희곡이다. 이 부분은 마치 소설의 발단 부분처럼, 해설자가 등장 인물과 무대의 배에 대해 알려주는 장면이다. 나의 늙으신 아버지께서 들으신 파수꾼 이야기를 하려고 아버지에 대해 언급한 것이지, 무대 위에 아버지가 나와 있다는 것은 언급되어 있지 않다.

오답풀이 ① "이곳은 황야입니다."와 "드높이 솟은 이 망루는 하늘로 둘러싸여 있습니다."를 통해 공간적 배경이 망루가 세워져 있는 황야임을 알 수 있다.
② "하늘은 연극의 진행에 따라 황혼, 초승달이 뜬 밤, 그리고 아침으로 변할 겁니다."를 통해 시간적 배경(황혼, 초승달이 뜬 밤, 그리고 아침)이 연극의 진행에 따라 변함을 알 수 있다.
④ "높은 곳에서 하늘을 등지고 있기 때문에 그는 언제나 시커먼 그림자로만 보입니다."를 통해 파수꾼의 얼굴은 분명하게 알 수 없음을 알 수 있다.

64. ▶④

정답풀이 "이리 떼를 주의하라는 팻말 밑엔 으레 잘 익은 딸기가 가득하단다."라는 촌장의 말은, 사람들에게 겁을 주고 그들을 조종할 수 있는 구실이 되는 왜곡된 진실 뒤에는 그 거짓을 조장하는 사람들이 얻을 수 있는 이익이 많다는 의미를 담고 있다. 따라서 '팻말'은 진실의 단서가 아니라 거짓, 왜곡된 진실을 의미한다.

오답풀이 모두 옳은 설명이다.

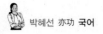

65. ▶④

정답풀이) 결말부에 제시된 바람소리는 갈등 해소를 암시하는 것이 아니라 명수의 죽음으로 인한 비극적인 결말을 강조하는 효과를 드러낸다.

오답풀이) ② 이 작품에서 명수는 드러나지 않는 인물이지만 후에 '백골'로 나옴으로써 일제 수탈의 비극이라는 주제를 드러낸다. 따라서 주제를 드러내는 부재적인 주인공이라고 볼 수 있다.
③ '서러워 마시구 이대루 꼭 참구 살아 가세유. 네, 아버지! 결코 오빠는 우릴 저바리진 않을 거예유. 죽은 혼이라도 살아 있어, 우릴 꼭 돌봐 줄 거예유.'라는 금녀의 말을 통해 알 수 있다.

66. ▶①

정답풀이) ㉠은 백골로 돌아온 아들을 보고 어머니가 한을 드러내는 부분이다. 명서 처는 아들을 기다리지 않아서 좋다고 하지만 속은 아들을 잃은 슬픔으로 가득하므로 이는 반어적 표현에 해당한다. 따라서 ㉠과 비슷한 표현이나 발상은 ①이다. 나보기가 역겨워 가실 때에 죽어도 눈물 안 흘리겠다는 것은 자신의 의도를 반대로 표현한 것이다. 임과 이별하면 많이 울 것이라는 속의 의도가 있으므로 반어적 표현이 쓰인 것이다.

오답풀이) ② '산에 언덕에'에 대유법이 쓰였다. 산과 언덕이라는 일부 장소를 통해 우리 국토 전체를 대표하여 비유하고 있는 것이다.
③ '낙엽은 폴란드 망명 정부의 지폐'에 은유법이 사용되었다.
④ '아아, 님은 갔지마는 나는 님을 보내지 아니하였습니다.'에 역설법과 영탄법이 쓰였다.

67. ▶④

정답풀이) 자장면을 의인화하지 않았으며 바람직한 삶의 자세도 드러나지 않는다. 추억을 회상할 뿐이다.

오답풀이) ① 일상적인 소재인 자장면을 통해 고향의 중국집과 중국집 주인에 대한 추억을 회상하고 있다.
② '나는 여러서~'를 통해 ②가 옳음을 알 수 있다.
③ 나에게 흑설탕을 주던 중국집 주인의 소박함과 정겨움을 중심으로 서술하고 있음을 알 수 있다.

68. ▶②

정답풀이) '㉠ 나'는 '㉡ 인력거꾼'에게 박한 삶을 주려고 했으며 늙은 인력거꾼의 인력거에서 내려 다른 인력거로 갈아 탄다. 그 이후에 늙은 인력거꾼의 모습을 보며 연민을 느끼고 있다. 하지만 인력거꾼을 다시 만날까 봐 불안하다는 내용은 나와 있지 않다.

오답풀이) ① '북경처럼 인력거 많고 북경처럼 인력거 삯이 싼 데가 세계에 둘도 없을 게요.'를 통해 만족스러워함을 알 수 있다.
③ '아니 영영 내 마음의 빚은 갚지도 못한 채 이 밤 안으로 세상을 떠날지도 모르오.'를 통해 알 수 있다.
④ '지금쯤 이 찬 밤에 어느 담 모퉁이에서 그 늙고 마른 다리를 주무르며 기침에 목이 메어 있는지! ~ 이 밤 안으로 세상을 떠날지도 모르오.'를 통해 알 수 있다.
⑤ '내 인력거가 늦어지는 까닭에 남편의 교수 시간이 늦을까 봐 마음이 조마조마해 나는 "부싱(不行)"이라고 골을 내고는 인력거를 멈추고 다른 젊고 튼튼한 인력거꾼을 골라 탔소.'를 통해 알 수 있다.

69. ▶②

정답풀이) 톱질하는 방법을 자기만 알고 말로 남에게 그대로 시킬 수 없는 것처럼 옛 성인들도 전해 주고자 하는 것을 전하지 못하고 품은 채 죽었을 것이라는 생각에서 밑줄 친 부분처럼 말한 것이다. 따라서 즉, 생각이나 느낌을 언어로 표현하는 데는 한계가 있기 때문임을 알 수 있다. 이와 관련된 한자 성어로는 '불립문자, 이심전심'이 있다.
불립 문자 (不立文字) : 불도의 깨달음은 문자나 말로써 전하는 것이 아니라 마음에서 마음으로 전한다는 뜻

Chapter **05** **2022 현대 산문 국가직, 지방직 기출(9,7급)** p.148

01. ▶①

정답풀이) '버릇처럼 자꾸 찡그려지는 비웃는 웃음은 전에 못 보던 표정이었다'를 보면 '현'은 '박'을 보고 예전과 달라졌다고 생각할 수 있음을 알 수 있다. 하지만 이것이 자신의 작품 때문이라고 생각한 부분은 발견되지 않는다.

오답풀이) ② 1문단의 '현은 박의 그런 지싯지싯함에서 선뜻 자기를 느끼고 또 자기의 작품들을 느끼고 그만 더 울고 싶게 괴로워졌다.'와 2문단의 '한참이나 붙들고 섰던 손목'을 통해, 이 선지는 옳음을 알 수 있다. 시대에 어울리지 못하는 '박'의 모습에서 자신을 느끼면서 동병상련을 느끼는 것이다.
③ '전에 본 기억이 없는 새 빌딩들이 꽤 많이 늘어섰다'를 보면 이 선지가 옳음을 알 수 있다.
④ '어느 큰 거리 한 뿌다귀에 벽돌 공장도 아닐 테요 감옥도 아닐 터인데 시뻘건 벽돌만으로, 무슨 큰 분묘와 같이 된 건축이 웅크리고 있는 것이다'를 통해 이 선지가 옳음을 알 수 있다. 경찰서를 '분묘(무덤)'가 웅크리고 있는 것 같다고 하기 때문이다.

02. ▶③

정답풀이 백화와 함께 가서 뜨내기 신셀 청산하라는 정 씨의 말에 영달은 "어디 능력이 있어야죠."라고 대답한다. 이를 통해 영달이 백화와 떠나지 않은 이유는 백화를 신뢰할 수 없었기 때문이 아니라 백화와 같이 살 능력이 없어서임을 알 수 있다.

03. ▶②

정답풀이 '책'을 쓰는 것이 '공부 많이 한 스님'이 갖추어야 할 조건이라는 입장은 '나'가 아닌 '그'의 입장이다. '나'는 그런 '그'의 입장에 반박하고 있다.

오답풀이 ① '에이, 대흥사도 대찰이에요', '스님들에게 중앙청이 어디 있어요?'라는 대사를 통해 '나'가 절들에 우열 관계를 따지지 않음을 알 수 있다.
③ '지명 스님'이 책도 안 쓰고, 테레비나 라디오에 나가지 않았다고 하자 '에이, 그러면 공부 많이 한 스님이 아니야'라고 하였으며 '나'가 이를 반박하자 '그것은 못 나간 사람들이 만들어 낸 변명이야'라고 한 점에서 알 수 있다.
④ '그'가 공부 많이 한 사람은 대흥사가 아닌 조계사(중앙청)에 있어야 한다고 말한 것에서 알 수 있다.

| Chapter 01 | 시대별 운문 작품 | p.152 |

01. ▶②

정답풀이) 처용은 다른 남자와 동침하는 아내의 모습을 보고도 그 남자를 비난하지 않는다. 이러한 모습에서 슬픔과 체념을 넘어서 관용을 베푸는 처용의 모습을 볼 수 있다.

02. ▶①

정답풀이) 이 작품은 기파랑을 예찬하고 있을 뿐 화자의 신세를 한탄하고 있지는 않다.

오답풀이) ② 10구체 향가로서 기 − 서 − 결의 세 부분으로 구성되어 있다.
③ 기파랑의 고매한 인품과 아름다운 외모를 표현하기 위해 달, 물, 풀, 조약돌, 잣가지에 비유하고 있다.,
④ 낙구의 감탄사 '아아'를 통해 감정을 집약하고 시상을 마무리하고 있다.

03. ▶③

정답풀이) 낙구의 감탄사는 10구체 향가에서 공통적으로 찾을 수 있는 표현이므로 다른 향가 작품에서 찾기 어렵다는 서술은 적절하지 않다.

오답풀이) ① '이른 바람'은 누이의 요절을 의미하므로 적절하다.
② '한 가지에 나고'는 같은 부모에게서 났다는 뜻으로, 친동기(親同氣) 관계를 의미하는 것이다.
④ '미타찰'은 불교의 아미타불이 살고 있는 정토로, 도를 닦아야 갈 수 있는 곳이며, 불교적 세계관을 보여준다.

04. ▶④

정답풀이) 이 작품은 고려가요 〈동동〉으로 월령체 노래이다. ⓒ의 '빗(6월)', ⓓ의 'ᄇᆞ롯(보리수, 10월)'는 화자 자신을 비유한 표현이다. 따라서 ⓒ, ⓓ은 함축적 의미가 유사한 것으로 볼 수 있다.

오답풀이) ㉠의 '燈ㅅ블(등불, 2월)'은 임의 모습을 비유한 표현이다.
ⓒ의 '곳고리 새(꾀꼬리, 4월)'는 화자를 찾아오지 않는 임과 달리 잊지 않고 화자를 찾아온 소재이다.
ⓔ의 '소니(손님, 12월)'은 화자가 다른 이에게 시집을 가야하는 운명을 의미한다.

05. ▶②

정답풀이) ②는 윤선도의 연시조 〈견회요〉의 일부이다." 내 일 망령된 줄 나라하여 모르겠는가 / 이 마음 어리석기도 님 위한 탓이로세 / 아무가 아무리 일러도(모함해도) 임이 헤아리소서(헤아려 주소서)"로 해석할 수 있다. 즉 화자는 임금을 위해 어리석은 일(간신을 탄핵하자고 주장한 일)을 한 것이라고 한다. 그러면서 누군가 모함을 해도 임이 헤아려 달라고 하고 있으므로 〈정과정〉의 화자가 지닌 정서나 태도와 가장 유사하다.

06. ▶④

정답풀이) '감정 이입'이란 화자의 감정을 객관적인 자연물에 이입하는 표현 방법이다. 하지만 위 시에서 '감정이입'은 확인할 수 없다. 또한 대립적인 이미지를 사용하고 있는 것은 위 시가 아니라 [가] 정읍사이다.
[가]에서 달(빛, 구원)과 즌 뒤(위험한 곳)가 대립하고 있다.

07. ▶④

정답풀이) (가)의 '대동강'은 화자와 임과의 사이를 단절시키는 공간이자 이별의 공간이다. ④의 '남포' 또한 화자가 임을 보내는 이별의 공간이므로, (가)의 '대동강'과 가장 유사한 성격을 지닌 것으로 볼 수 있다.

오답풀이) ① '청산'은 이상향으로 화자가 살고 싶어 하는 이상적 공간이다.
② '수양산'은 중의적 표현으로 백이와 숙제가 은거했던 공간이자 성삼문이 비판하고자 했던 수양대군을 의미한다.
③ '추강'은 가을 강으로 여유롭고 욕심없는 탈속의 공간이다.

08. ▶④

정답풀이) 정말 애매한 문제이기 때문에 꼭 강의를 참고하셔야 합니다~^^
(가)의 화자는 '여귀(與歸)'는 함께 돌아간다는 의미인데 '누구와 함께 돌아갈까'라는 의문을 통해, '함께 갈 사람이 없다'는 체념의 태도를 드러내고 있다. 따라서 與歸를 지향하려 하였다는 것은 옳지 않다.
(나)에서 '萬里心'은 '만리에 떨어진 고향을 그리워하는 마음, 만리에 떨어진 단절된 마음'을 의미한다. 하지만 벗어나려고 하는 적극적인 태도는 보이지 않고 시만 읊는 소극적인 태도를 보이고 있으므로 '萬里心'을 벗어나려 한다는 것은 옳지 않다.

오답풀이) ① (가)의 화자는 자신과 처지와 대조되는 '황조(黃鳥)'를 보고 외로움을 느끼고 있으므로 적절하다.

② (나)의 화자는 추풍(秋風)이 불어오는 상황에서 시만 읊고 있으며, 세상길에 자신을 아는 이가 거의 없는 쓸쓸한 마음을 드러내고 있으므로 적절하다.

③ (가)의 화자는 꾀꼬리들을 보며 외로워하고 있는데 이는 서로 정답게 의지하는 '상의(相依)'를 바랐으나 이루지 못하여 슬퍼하는 것이므로 적절하다. 또한 (나)의 화자는 지음(知音), 즉 자신의 뜻과 능력을 알아주는 사람이 없어 슬퍼하고 있으므로 지음을 그리워한다는 것은 옳다.

09.   ▶③

정답풀이 '벌과 나비'는 '수레 탄 사람들'과 자신을 이어주는 존재가 아니다. 오히려 화자는 그들만 기웃거린다며 실망감을 표출하고 있다. 따라서 '벌과 나비'는 '수레 탄 사람들'과 대비되는 하찮은 사람들로 이해하는 것이 적절하다.

오답풀이 ① '촉규화'는 화자 자신이자 작가인 최치원을 의미한다. 따라서 '만발한 꽃'이 작가의 빼어난 능력을 의미한다는 서술은 적절하다.

② '수레 탄 사람들'은 빼어난 능력을 갖춘 자신이 바라봐 주길 바라는 존재로 자신의 능력을 발휘하게 해줄 수 있는 권력자를 의미한다.

④ '천한 땅'은 촉규화가 피어난 곳이자, 작가가 부끄러움을 느끼는 신분적 한계 혹은 출신으로 이해할 수도 있다.

10.   ▶③

정답풀이 정지상의 〈송인〉은 임과 이별하는 정서를 애틋하게 표현한 대표적 송별시이다. 황진이의 시조 ③은 이와 유사하게 떠난 임을 붙잡지 못한 아쉬움과 아픔을 드러내고 있다.

오답풀이 ① 이황의 시조로, 자연의 불변성을 본받아 끝없는 학문 수양을 다짐한 것이다.

② 김천택의 시조로, 자연과 하나가 되고 싶은 마음을 드러낸 것이다.

④ 맹사성의 〈강호사시가〉이며, 강호 한정과 임금에 대한 충의를 드러냈다.

11.   ▶①

정답풀이 우탁의 이 시조는 늙음에 대한 서글픔을 해학적으로 표현한 것이다. 인생의 덧없음은 이 시의 주제가 아니며 관조적 태도 역시 드러나지 않는다.

오답풀이 ② 백발(대상)이 오지 못하게 막대로 치려 했으나 먼저 알고 온다고 하며 의인화하여 생동감 있게 표현하였다.

③ 나이 먹는 것을 막아보려 했지만 결국은 막을 수 없다는 내용을 통해 늙음은 거스를 수 없는 자연의 섭리임을 해학적으로 표현하였다.

④ 오는 백발을 막지 못한다는 인간의 한계를 드러내어 운명을 거부할 수 없음을 표현하였다.

12.   ▶④

정답풀이 '까마귀가 싸운다', '백로야', '까마귀가 새울세라(= 시샘한다.)', '청강에 기껏 씻은 몸' 등에서 까마귀와 백로를 의인화했음을 알 수 있다. 의인법은 비유법의 종류 중 하나이므로 옳다.

오답풀이 ① 작자는 정몽주의 아버지가 아니라 어머니이다. 이방원이 정몽주를 연회에 초대했을 때 쓴 작품이다.

② '까마귀'를 싸우는 존재이자, 백로의 흰 빛을 시샘하는 부정적인 존재로 그리고 있으므로 적절하지 않다. 참고로 배경 이야기를 보면 '까마귀'는 '이성계 일파'를, '백로'는 '정몽주'를, '흰빛'은 '선비의 지조와 절개'를 상징한다.

③ '새울세라'는 '시샘할까 두렵구나'로 해석해야 한다.

13.   ▶④

정답풀이 화자는 임을 향한 지조를 드러내기는 하나 복수를 다짐하고 있지는 않다.

오답풀이 ① 시인은 사육신의 한 명인 성삼문이다.

② 여기의 '首陽山(수양산)'은 '수양대군'과 중국의 실제 산을 의미하므로 중의법이 사용됨을 알 수 있다. '採薇(채미)'는 '고사리를 뜯어 캐 먹음', '수양대군이 주는 녹을 먹음'을 의미하므로 중의법이 사용됨을 알 수 있다.

③ 은나라의 충신인 '백이', '숙제'의 고사를 인용하고 있다.

14.   ▶④

정답풀이 (가)의 '이 몸'은 작가 자신이므로 변치않는 절개를 다짐하고 있는 대상이 아니다. (나)의 '님'은 맞다.

오답풀이 ① (가)의 만건곤(= 천지)에 가득한 '백설'과 (나)의 '눈비'는 혼란스러운 시대 현실을 의미한다고 볼 수 있다.

② (가)의 '독야청청'은 홀로 푸르겠다는 것으로 홀로 지조와 절개를 지킬 것임을 보여주는 것이다. (나)도 마찬가지로 임에 대한 변하지 않는 마음을 '일편단심'으로 표현하고 있으므로 유사하다.

③ (가)의 '낙락장송'은 가지가 길게 축축 늘어진 키가 큰 소나무로서 백설이 천지에 가득해도 혼자서 지조와 절개를 지키는 존재이다. (나)의 '야광명월'은 밤에 빛나는 달로서 암울한 현실임에도 혼자 빛난다는 점에서 모두 화자가 긍정적인 대상으로 인식하고 있음을 알 수 있다.

15.   ▶③

정답풀이 (나)는 작자 미상이지만 (가)는 조선 후기의 사람인 '박효관'의 시조이다.

참고로 '소쩍새'는 문학에서 가장 많이 나오는 새인데, '접동새, 귀촉도, 자규' 등 이름이 많다. '이별의 정한'을 의미하는 소재이다.

오답풀이 나머지는 모두 옳다.

16. ▶②

정답풀이 〈보기〉에는 시간적 개념이 공간적 개념으로 바뀌어 표현되는 것을 보여준다. ②에서 추상적인 겨울밤의 시간을 벨 수 있는 공간적인 개념으로 제시하고 있다.

오답풀이 ① 기녀 황진이가 지은 것으로, 산과 물의 대조를 통해 인생의 허무함을 노래한 시조이다.

✎ 현대어 풀이

산은 옛날의 그 산이나 물은 그 옛날의 물이 아니로다.
밤낮으로 (쉬지 않고) 흐르니 옛날의 물이 있을 수 있겠는가.
사람도 물과 같아서 (한 번) 가고는 다시 오지 않는구나.

③ 이별한 임을 그리워하는 애절한 마음을 형상화한 시조로, 불변하는 청산과 가변하는 녹수를 대조하여 표현하였다.

✎ 현대어 풀이

청산은 나의 뜻이요, 녹수는 임의 정이로다.
녹수야 흘러 흘러간다지만 청산이야 (녹수처럼) 변하겠는가.
녹수도 청산을 못 잊어 울면서 흘러가는구나.

④ 이별한 임에 대한 사랑과 그리움의 정서를 노래한 시조로 도치법 혹은 행간 걸침의 수법을 통해 화자의 심리를 표현하였다.

✎ 현대어 풀이

아아! 내가 한 일이야. 이렇게도 (임을) 그리워할 줄 미처 몰랐더냐?
있으라 했더라면 굳이 떠나려 했겠냐마는 굳이
보내고 이제 와 새삼 그리워하는 마음을 나도 잘 모르겠구나.

17. ▶②

정답풀이 자연을 '무릉도원' 즉, 낙원으로 표현하고 있다. '무릉도원'이란 '도연명(陶淵明)'의 〈도화원기(桃花源記)〉에 나오는 선경(仙境) 이야기에서' 세속을 떠난 낙원을 의미한다.

18. ▶④

정답풀이 천리(= 멀리) 떠난 임과 이별하고, 그리움으로 잠을 자지 못하는 것을 통해 ④를 알 수 있다.

✎ 현대어 풀이

머귀 잎 지고야 알겠도다 가을인 줄을 (도치법)
가는 비 내리는 맑은 강 서느럽다 밤 기운이야
천리에 님 이별하고 잠 못 들어 하노라

오답풀이 ① 임을 향한 원망의 감정은 나타나지 않는다.
② 반어법은 겉의 언어 표현과 속의 의도가 반대인 표현법이다. 가을 정취는 잘 드러나나 반어법이 시조에는 나타나지 않는다
③ '점강법'이란 강도나 세기가 점점 약해지는 표현법이다. 하지만 점강법을 활용한 부분은 나타나지 않는다.

19. ▶①

정답풀이 '소음보 + 과음보 + 평음보 + 소음보'란 '3·5·4·3'의 음수율 의미한다. 이렇게 평시조 종장의 율격에 맞지 않는 것은 '3·4·3·4'이다.

20. ▶③

정답풀이 '언치 노하'는 격식을 갖추려는 태도라고 볼 수 없다. 앞 구절을 보면 시적 화자는 누운 소를 발로 차서 '언치(= 소 등에 얹는 안장)'를 놓아 지즐(= 눌러) 타고 있다. 이는 양반으로서 격식을 찾기 어려운, 웃음을 유발하는 해학적인 행동이다. 술친구를 찾아가는 화자의 급한 모습이 해학적으로 제시된 부분이므로 격식과는 거리가 멀다.

오답풀이 ① 가까운 곳에 사는 친구와 술을 먹기 위해 한걸음에 가는 화자의 모습을 통해 소박한 풍류를 엿볼 수 있다. 풍류란 보통 '술 + 음악 + 자연'의 요소로 구성되어 있는데 이 중 하나의 요소만 있어도 풍류라고 볼 수 있다.
② 소를 박차는 화자의 동작은 역동적이다.
④ '아희'는 성권롱 집에 사는 '아이'로서, 화자의 "나 왔다!!!!"는 의사를 간접적으로 전달하는 존재이다. 또 '아이야~, ~라 하여라'는 대화체이며 영탄적 어구라고 볼 수 있다.

21. ▶②

정답풀이 (가)의 화자는 임과 이별한 상황에 있다. 따라서 이별의 상황을 그리는 ②가 답이다. ②는 '서경덕의 시조'인데 ②의 화자는 이 깊은 산 속에 찾아올 임이 없지만 그럼에도 낙엽 소리에 임이 아닌가 한다. 이를 통해 이별의 상황에서 임을 기다림을 알 수 있다.

오답풀이 ① 성종의 형인 '월산 대군(月山大君)'이 쓴 시조로 '가을 달밤의 풍류와 정취'를 그리고 있다. 고기를 하나도 잡지 못하고 빈 배가 와도 즐기는 것을 통해 시적 화자는 '세속적인 욕심에서 벗어난 상황'에 있을 것이다.

✎ 현대어 풀이

가을 강에 밤이 드니 물결이 차갑구나.
낚시를 드리우니 고기가 물지 않는구나.
욕심 없는 달빛만 싣고 빈 배를 노 저어 오노라.

③ 황진이의 시조로 '불변하는 청산(靑山)'과 '가변하는 녹수(綠水)'를 대조하여 '임에 대한 지조, 절개'을 노래하였다. 하지만 임과 이별한 상황인지, 아닌지를 알 수가 없다.

✎ 현대어 풀이

청산은 나의 뜻이요, 녹수는 임의 정이로다.
녹수야 흘러 흘러간다지만 청산이야 (녹수처럼) 변하겠는가.
녹수도 청산을 못 잊어(잊지 못하여) 울면서 흘러가는구나.

④ 황진이의 시조로 '인생의 덧없음과 향락의 권유'가 주제이다. 여기에서 '벽계수'는 '푸른 시냇물'과 '왕실 종친의 한 사람인 벽계수'를 중의적으로 나타낸다. '수이 감'은 '흐르는 물의 속도'와 '인생의 짧고 덧없음'을 중의적으로 표현한 것이다. 또한 '명월'은 '밝은 달'을 의미하는 동시에 '작가인 황진이(기명은 명월) 자신'을 나타내는 중의적 표현이다.

✎ **현대어 풀이**

> 청산 속에 흐르는 푸른 시냇물아, 빨리 흘러간다고 자랑 마라. 한 번 넓은 바다에 다다르면 다시 청산으로 돌아오기 어려우니 밝은 달이 산에 가득 차 있는, 이 좋은 밤에 (나와 같이) 쉬어감이 어떠냐?

22. ▶③

정답풀이 〉 화자가 깊고 먼 곳에 있는 것이지 임이 깊고 먼 곳에 있는 것이 아니다.

오답풀이 〉 ④ '이시랴 ᄒ더면 가랴마ᄂᆞᆫ 제 구ᄐᆞ여 보내고 그리ᄂᆞᆫ 情(정)은(= 있으라 했더라면 갔겠냐마는 / 제 구태여 보내는 정은)'으로도 해석이 되고 '이시랴 ᄒ더면 가랴마ᄂᆞᆫ 제 구ᄐᆞ여(있으라고 했더라면 제 구태여 갔겠냐마는)'으로 해석이 되므로 중의적이다.

23. ▶②

정답풀이 〉 화자가 벼슬을 하지 않고 동굴에서 기거할 때 맞은 '눈과 비'를 의미하는 것이므로 화자와 임금을 연결하는 매개체라고 볼 수 없다.

오답풀이 〉 ① ㉠ : 한겨울에 따뜻하지 않은 삼베옷을 입고 있다는 것은 벼슬을 하지 않아 경제적으로 궁핍한 생활을 하고 있음을 추측할 수 있게 한다.
③ ㉢ : '서산'에는 '해(임금)'가 있었다는 점에서 내가 머물고 있는 바위굴과 구별된다.
④ ㉣ : 임금이 승하한 것에 대한 화자의 감정이 '눈물'로 직접 표출되고 있다.

24. ▶①

정답풀이 〉 화자는 나비가 되는 불가능한 상황을 가정하여 오고 가고 싶은 마음을 표현하였다. 자신을 나비에 비유한 것이다. 이 시조는 소거법으로 풀면 오히려 답이 나온다. 배경 이야기를 몰라도 표면적인 정보들을 통해 문제를 풀 수 있다.
(참고로 이 시조는 작가가 긴 유배 생활로, 갈 수 없는 고향에 대한 그리움을 노래한 것이다. 나비가 되어 (고향을) 왔다 갔다 하겠다는 부분에서 고향에 대한 그리움이 나타난다.)

✎ **현대어 풀이**

> 여기를 저기 삼고 저기를 여기로 삼고자
> 여기와 저기를 멀게도 만들었으니
> 이 몸이 胡蝶(호접 = 나비)이 되어 오고 가고 하고 싶다.

오답풀이 〉 ② 영원한 삶에 대한 소망도, 선인의 고사도 나타나지 않는다.
③ '반의어'도 '변하는 것과 변하지 않는 것'에 대한 내용도 없다.
④ '여기'와 '저기'가 농촌인지 알 수 있는 단서가 없으며 전원 생활의 흥취를 묘사하고 있지도 않다.

25. ▶①

정답풀이 〉 정철의 시조이다. 길 위의 돌부처는 시련을 겪을망정 이별을 모르니 화자가 이를 부러워하고 있다. 인간들은 이별을 하는데 이와 대조적인 것이다. 따라서 돌부처에 대한 신앙을 풍자하고 있다는 것은 옳지 않다.

오답풀이 〉 ② 인간과는 달리 시련에도 이별하지 않는 참사랑을 실천하는 돌부처에 대한 부러움이 마지막 줄에 드러난다.
③ 감정이 없는 존재는 돌부처인데, 이 돌부처를 사람처럼 사랑을 하는 존재로 표현한 것에 의인법이 쓰였다. 의인법은 빗대는 비유법의 일종이므로 이를 통해 작가의 부러운 감정을 표현했다는 것은 옳다.
④ 시조이므로 4음보로 끊어져 읽게 된다.

26. ▶④

정답풀이 〉 '맥수지탄'이란 고국의 멸망을 한탄함을 의미한다. 이 시조는 돌아가신 부모님을 그리워하며 효를 다하지 못함을 한탄하는 노래이므로 ④는 옳지 않다.

오답풀이 〉 ① '조홍감'을 보고 부모님을 생각하게 된 것이므로 창작의 계기가 된다고 볼 수 있다.
③ '유자' 관련 고사는 중국의 고사인데, '육적'이라는 자가 유자를 어머님께 드리려고 품에 넣었다 걸렸다는 것으로 주제를 효과적으로 부각시킨다.

27. ▶①

정답풀이 〉 자연에서 느끼는 만족감과 안분지족의 삶의 자세를 노래하고 있다. 임금에 대한 그리움은 나타나지 않는다.

오답풀이 〉 ② '우는 것이 벅구기가(청각)', '지국총 지국총 어사와(찌끄덩 찌끄덩)'의 노 젓는 소리에서 청각적 이미지가 확인된다.
③ '우는 거시 벅구기가 푸른 거시 버들숩가'에서 대구법이 확인된다.
④ 초장과 중장, 중장과 종장 사이의 후렴구(이어라 이어라, 至지국恩총 至지국恩총 於어思ᄉ臥와) 등을 제외하면 3장 6구의 시조 형식을 갖추었음을 확인할 수 있다.

해설

28. ▶③

정답풀이 맹사성은 조선 후기가 아니라 조선 초기의 작가이다. 여음으로 등장하는 '빈 떠라 빈 떠라', '지국총 지국총 어소와'의 반복을 통해, 조선 후기 윤선도(尹善道)가 지은 〈어부사시사(漁父四時詞)〉임을 알 수 있다.

오답풀이 ① 윤선도의 〈어부사시사(漁父四時詞)〉는 봄, 여름, 가을, 겨울의 계절당 10수씩 읊은 40수의 연시조이다.
② 노 젓는 소리를 표현한 의성어 '지국총(至匊悤) 지국총(至匊悤)'은 후렴구로서 전편에 공통적으로 사용되었다.
④ (가)의 '츄강(秋江)이 읃듬이라'을 통해 '가을'임을, (나)의 '눈 갠 후에'에서 '겨울'임을 알 수 있다.

현대어 풀이

(가) 속세 밖에 깨끗한 일이 어부 생활 아니더냐
배 띄워라 배 띄워라
어옹(늙은 어부: 화자 자신)을 비웃지 마라. 그림마다 그렸더라.
사계절의 흥이 한 가지지만 가을 강이 으뜸이다.

(나) 간밤의 눈 갠 후에 경치가 달라졌구나
(노를) 저어라 (노를) 저어라
앞에는 유리 바다 뒤에는 첩첩 흰 산
신선 땅인지 부처 땅인지 속세는 아니로다.

29. ▶②

정답풀이 나머지 시어들은 아름다운 자연을 의미한다. 하지만 '十丈紅塵(천장홍진)'은 '열 길이나 되는 붉은 먼지'라는 뜻으로 '더러운 속세'를 의미한다.

오답풀이 '千尋綠水(천심녹수)', '萬疊靑山(만첩청산)'은 '푸른 물'과 '청산', '蘆荻花叢(노적화총)'은 '갈대와 억새풀 더미'를, '閒雲'은 '한가로운 구름', '白鷗(백구)'는 '흰 갈매기'를 뜻하는 아름다운 자연이다.

30. ▶④

정답풀이 〈보기〉에서 "동호룰 도라보며 서호로 가쟈스라. 압뫼히 디나가고 뒫뫼히 나아온다(= 동쪽 호수(東湖)를 돌아보며 서쪽 호수(西湖)로 가자 앞산이 지나가고 뒷산이 나온다)" 등에서 배가 앞으로 나아가고 있음을 알 수 있다. 이를 통해 어촌의 풍경을 역동적으로 그려내고 있다고 볼 수 있다.

현대어 풀이

동풍이 잠깐 부니 물결이 곱게 이는구나
동쪽 호수(東湖)를 돌아보며 서쪽 호수(西湖)로 가자
앞산이 지나가고 뒷산이 나온다
― 윤선도, 〈어부사시사〉

오답풀이 ① (마)에는 한자어가 많으므로 어부가 아니라 양반이 썼음을 알 수 있다. 〈보기〉는 '돈 두라라 돈 두라라'라는 후렴구를 통해 윤선도의 〈어부사시사〉임을 알 수 있다. 따라서, (마), 〈보기〉 모두 어부가 아니라 양반이 지은 노래이다.
② (마)에서 '한양을 돌아보니 궁궐이 천리로다. 漁舟에 누어신돌 니즌 스치 이시랴.'라는 구절에 '세상에 대한 미련'이 나타나므로, 화자가 어촌에서 만족했다고 보기 힘들다. 이 문제는 (마)만 물어보고 있으므로 (마)만 보고 판단하여야 한다.
③ (마)에서 '漁舟에 누어신돌 니즌 스치 이시랴.'라는 구절에 '세상에 대한 시름'이 나타나므로, 화자는 나라에 대한 걱정을 하고 있음을 알 수 있다.

31. ▶①

정답풀이 화자는 가던 길(학문의 길)을 몇 년을 버려두고 이제 왔냐며 이제라도 원래부터 했던 학문에 정진하자고 한다. 따라서 새로운 도전 거리를 찾아가는 모습이 인상깊었다는 감상은 잘못되었다.

오답풀이 ② ㄴ. 화자는 변하지 않는 자연처럼 학문에 정진하는 길을 변치 않고 닦아 나가자는 교훈을 제시하고 있다. 따라서 자연을 개발의 대상으로만 바라보는 현대인들은 자연에서 교훈을 이끌어내는 화자의 태도를 본받을 필요가 있다는 ㄴ의 감상은 옳음을 알 수 있다.
③ ㄷ. 학문에 정진하던 것을 버려두고 벼슬길에 갔던 자신의 과거를 성찰하며 앞으로는 학문에 정진할 것임을 다짐하므로 ㄷ의 감상은 옳음을 알 수 있다.
④ ㄹ. 화자는 이전까지의 삶을 반성하며 앞으로 한눈팔지 않고 학문에 전념하는 삶을 살기로 다짐하고 있기 때문에 ㄹ의 감상은 옳음을 알 수 있다.

32. ▶①

정답풀이 정철의 〈훈민가〉는 백성을 교화하기 위한 목적을 지닌 연시조이다. (가)는 애경사에 대한 상부상조를, (나)는 노인을 공경해야 함을 알려주고 있다. (가)의 '네'는 내가 돌보고자 하는 대상이며 (나)의 '늙은이'는 공경해야 할 대상이므로 교화의 대상이라고 볼 수 없다.

오답풀이 ② (가)의 '내'는 '네'라는 타인에게, (나)의 '나'는 '늙은 이'라는 타인에 대해 우호적인 태도를 가진 인물로 그려지고 있다.
④ (가)와 (나) 모두 백성들에게 교훈을 주는 내용을 다루므로 이 선택지는 옳다.

현대어 풀이

(가) 네 집 장례식은 얼마나 치르는가?
네 딸 신랑은 언제 맞이하는가?
내게도 없기는 하지만 돌보고자 한다

(나) 짐을 머리에 이고 등에 진 노인이여, 그 짐을 풀어 내게 주시오.
나는 젊었으니 돌이라 한들 무거울까.
늙는 것도 서러운 것인데 짐까지 지시겠는가.

33. ▶①

정답풀이 '내 논 다 매거든 네 논 좀 매어 주마.'에서 서로 노동력을 주고 받는 상부상조의 정신을 알 수 있으므로 공동체의 복리를 지향하고 있다고 볼 수 있다.

34. ▶⑤

정답풀이 '연군지정(戀君之情: 戀 그리워할 연(련) 君 임금 군 之 갈 지 情 뜻 정)'이란 임(임금)에 대한 그리움과 변함없는 사랑을 의미한다. 〈제2수〉를 보면 내 일이 주책없는 것을 나도 알지만 임을 위해서 어리석게 행동한 것임을 들며 임에게 남들의 모함을 가려 들어줄 것을 요청하고 있다. 〈제3수〉에서는 '님 향한 내 뜻을 조차 그칠 뉘를 모르나다'에서 임(임금)에 대한 사랑(충정)을 노래하고 있다. 〈제5수〉에서는 '님군 향한 뜻도 하날이 삼겨시니 진실로 님군을 잊으면 긔 불효(不孝)인가 여기노라.'라며 임에 대한 지조와 절개를 드러내고 있다. 따라서 이와 관련된 한자성어는 연군지정(戀君之情)이다.

오답풀이 ① 석별지정(惜別之情: 惜 아쉬울 석 別 이별 별 之 갈 지 情 뜻 정): 서로 헤어지는 것을 아쉽게 여기는 마음
② 견권지정(繾綣之情: 繾 곡진할 견 綣 정다울 권 之 갈 지 情 뜻 정): 마음속에 굳게 맺혀 잊히지 않는 정. 견권한 정
③ 연독지정(吮犢之情: 吮 핥을 전 犢 송아지 독 之 갈 지 情 뜻 정): '어미 소가 송아지를 핥아 주는 정'이라는 뜻으로, 1) 자녀에 대한 사랑 2) 부하에 대한 사랑
④ 자유지정(自有之情: 自 스스로 자 有 있을 유 之 갈 지 情 뜻 정): 사람이 나면서부터 지니는 정. 곧, 仁(인)・義(의)・禮(예)・智(지) 등에 근원을 둔 정

35. ▶④

정답풀이 〈보기〉에서는 변하지 않는 청산과 흐르는 물처럼 우리도 학문의 길을 변함없이 따르는 지조와 절개를 갖자고 한다. 국화 또한 생명들이 죽는 추운 계절에 홀로 피어있으므로 변하지 않는 지조와 절개를 가지고 있음을 알 수 있다.

현대어 풀이
국화야 넌 어찌 따뜻한 봄철 다 지나가고 나서야
낙엽이 떨어지는 추운 계절에 혼자 피어 있느냐?
아마도 서릿발도 꿋꿋하게 이겨내는 절개를 가진 이 너뿐인가 하노라.

오답풀이 ① 누구나 즐길 수 있는 아름다운 자연에 대해 예찬하고 있다.

현대어 풀이
자연의 아름다운 경치를 힘 센 사람이 갖고자 다툰다면
내 힘과 내 분수로 어떻게 (자연을) 얻을 수 있겠느냐?
진실로 막을 사람 없으니 나도 두고 즐기노라.

② 자연에서 소박하게 즐기는 삶을 노래했다.

현대어 풀이
짚방석 내오지 말아라, 낙엽이라고 못 앉겠느냐.
솔불 켜지 말아라, 어제 진 달 돋아온다.
아이야, 좋지 않은 술과 나물이라도 없다고 하지 말고 내어오너라.

③ 쓸쓸하고 공허한 가을 밤에 빈 배로 오더라도 괜찮을 정도로 욕심을 부리지 않는 자세를 가지고 있다.

현대어 풀이
가을 강에 밤이 드니 물결이 차갑구나.
낚시를 드리우니 고기가 물지 않는구나.
욕심 없는 달빛만 싣고 빈 배를 노 저어 오노라.

⑤ '공산(空山)'을 통해 화자의 고독함과 슬픔을 표현하고 있다.

현대어 풀이
아무도 없는 텅 빈 산에서 우는 접동새야, 너는 어이하여 울부짖고 있느냐?
너도 나처럼 무슨 이별하였느냐?
아무리 피나게 운들 대답이나 하더냐?

36. ▶③

정답풀이 ③은 자연을 통해 망국(고려)에 대한 안타까움과 충절을 노래하였다. 여기에서 '백설'은 고려의 충신, '구름'은 이성계일파를 의미하며, '매화'는 지조를 가지는 고려의 인재들을 의미한다. 나머지는 자연을 즐기는 의미가 있으므로 이 시는 태도가 다르다고 볼 수 있다.

오답풀이 ① 이현보의 〈어부가〉의 일부이다. 자연을 벗하며 느끼는 참된 의미에 대해 생각한다.

현대어 풀이
푸른 연잎에 밥을 싸고 푸른 버드나무 가지에 고기 꿰어 갈대와 물억새 덤불에 배 매어 두고
자연이 주는 참된 의미를 어느 분이 아시겠는가?

② 한호의 시조이다. 자연에서 소박하게 즐기는 삶을 노래했다.

현대어 풀이
짚방석 내오지 말아라, 낙엽이라고 못 앉겠느냐.
솔불 켜지 말아라, 어제 진 달 돋아온다.
아이야, 좋지 않은 술과 나물이라도 없다고 하지 말고 내어오너라.

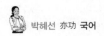

④ 성혼의 시조이다. 자연을 즐기는 물아일체, 자연 친화의 삶의 자세를 노래했다.

> **현대어 풀이**
>
> 말이 없는 것은 청산이요, 모양이 없는 것은 흐르는 물이로다.
> 값이 없는 것은 바람이요, 주인이 없는 것은 밝은 달이로다.
> 이 자연 속에서 병 없는 이 몸은 걱정 없이 늙으리라.

37.   ▶③

정답풀이 제시된 시조는 이별의 정한을 표현하였다. 배경 이야기를 보면 여기에서 임은 '단종'이다. 작가인 이개가 단종을 보내고 단종을 그리워하는 '연군지정'을 노래한 것이나, 시험에서는 이별 노래로 보아도 충분히 문제가 풀린다. 계랑의 시조도 이별의 정한을 노래하고 있다.

> **현대어 풀이**
>
> 방 안에 켜 있는 촛불은 누구와 이별을 하였기에
> 겉으로 눈물을 흘리면서 속이 타 들어가는 줄을 모르는가
> 저 촛불도 나와 같아서 속이 타는 줄 모르는구나.

> **현대어 풀이**
>
> 배꽃(이화우)이 흩날리던 때에 울며붙어 헤어진 임
> 가을 바람에 낙엽 지는 이때에도 나를 생각해 주실까?
> 천 리 길 머나먼 곳에 외로운 꿈만 오락가락 하는구나.

오답풀이 ① 봄날 밤에 느끼는 애상감을 노래하고 있다.

> **현대어 풀이**
>
> 하얀 배 꽃에 달은 환하게 비치고 은하수는 자정을 알리는 때에,
> 자규(= 소쩍새, 접동새)가 알고서 저렇게 우는 것이겠느냐만은,
> 다정한 이 마음도 병인 듯 잠을 이루지 못하는구나.

② 늙음에 저항하는 인간의 마음을 해학적으로 노래했다.

> **현대어 풀이**
>
> 한 손에 막대를 잡고 또 한 손에는 가시를 쥐고,
> 늙은 길 가시로 막고, 오는 백발 막대로 치려했더니,
> 백발이 제가 먼저 알고 지름길로 오더라.

④ 마을 사람들에게 옳은 일을 하자는 교훈을 전달하고 있다.

> **현대어 풀이**
>
> 마을 사람들아 옳은 일 하자
> 사람이 되어 태어나서 옳지 못하면
> 말과 소를 고깔을 씌워서 밥먹이는 것과 다르랴

38.   ▶④

정답풀이 〈보기〉에는 임을 그리워하는 화자의 정서가 드러나 있다. 이와 가장 가까운 것은 묏버들의 싹을 보고 자신인 줄 알라며 이별했음에도 본인을 기억해 달라는 시이다. 임이 나를 기억해줬으면 하는, 이별한 임에 대한 그리움을 노래하고 있다.

> **현대어 풀이**
>
> 마음이 어리석으니 하는 일이 모두 어리석구나.
> 구름이 겹겹이 쌓여 험난하고 높은 이 산 중으로 어느
> (어찌) 임이 나를 찾아오겠는가마는,
> 바람이 불어 떨어지는 나뭇잎 소리에 혹시 임이 오는 소리가 아닌가 하노라.

오답풀이 ① 자신에게 금분을 하사하신 임금에 대한 충절을 지키는 선비가 되기를 다짐함.

> **현대어 풀이**
>
> 바람과 서리(풍상)가 내린 날에 갓 피어난 노란 국화꽃을
> 임금께서 좋은 화분(금분)에 담아 홍문관(옥당)에 보내 주시니
> 복숭아꽃과 자두꽃(도리)은 꽃인체도 하지 마라. (국화를 보내신) 임금의 뜻을 알겠구나.

② 자연을 즐기는 물아일체, 자연 친화의 삶의 자세

> **현대어 풀이**
>
> 말이 없는 것은 청산이요, 모양이 없는 것은 흐르는 물이로다.
> 값이 없는 것은 바람이요, 주인이 없는 것은 밝은 달이로다.
> 이 자연 속에서 병 없는 이 몸은 걱정 없이 늙으리라.

③ 임(배경 이야기로 보았을 때, 황진이)의 죽음을 슬퍼함.

> **현대어 풀이**
>
> 청초(靑草) 우거진 골에 (황진이가) 자느냐 누웠느냐.
> 아름다운 얼굴은 어디 가고 백골만 묻혔느냐.
> 잔 잡아 권할 이 없으니 그것을 슬퍼하노라.

⑤ 늙음을 한탄하는 정서이다. (탄로가)

> **현대어 풀이**
>
> 늙고 병든 뜻은 아름다운 국화에 붙여두고
> 실같이 흐트러진 수심(= 근심) 검포도에 붙였노라(검포도를 그림으로써 달랬노라)
> 귀밑에 흩날리는 백발은 一長歌(= 사설시조)에 붙였노라.(사설시조를 불러 달랬노라)

39. ▶①

정답풀이 자연에서 소박하게 초가집을 지어놓고 그마저도 자연에게 내어주는 자연친화적 삶을 노래하고 있다. ①은 과묵하고 모양 없는, 값을 치지 않는, 주인 없는 자연에서 걱정 없이 늙겠다는 자연 친화적인 시이므로 유사한 태도를 보인다.

🖋 현대어 풀이

십 년을 준비하여 초가삼간 지으니
나 한 칸, 달 한 칸, 맑은 바람 한 칸 맡아 두고
강산은 들일 방이 없으니 둘러놓고 보겠노라.
말 없는 것 청산이요, 모양 없는 것 흐르는 물이로다.
값 없는 것 바람이요, 주인 없는 것 밝은 달이로다.
이 자연 속 병 없는 이 몸이 걱정 없이 늙으리라.

오답풀이 나머지는 자연 친화적 삶과는 거리가 멀다.

② 국화의 지조와 절개를 예찬하고 있다.

🖋 현대어 풀이

국화야 너는 어찌하여 따뜻한 봄철이 다 지나간 후에야
낙엽 떨어지는 추운 계절에 홀로 피어 있느냐?
아마도 서릿발도 꿋꿋이 이겨내는 절개를 가진 이는 너뿐인가
하노라.

③ 이별한 임에 대한 그리움을 노래하고 있다.

🖋 현대어 풀이

마음이 어리석으니 하는 일이 모두 어리석구나.
구름이 겹겹이 쌓여 험난하고 높은 이 산 중으로 어느
(어찌) 임이 나를 찾아오겠는가마는,
바람이 불어 떨어지는 나뭇잎 소리에 혹시 임이 오는 소리가
아닌가 하노라.

④ 절개를 가진 인재들이 탄압받는 것에 대한 안타까움을 노래하고
있다. 세조의 단종 폐위(계유정난)로 사직이 위태롭고 인재들이
죽어가는 상황에서 부른 유응부의 노래이다.

🖋 현대어 풀이

지난밤에 불던 바람이 눈서리를 몰아치게 했단 말인가
정정하게 큰 소나무들이 다 쓰러져 가는구나.
하물며 아직 피지 못한 꽃들이야 말해 무엇하겠느냐

⑤ 황진이의 죽음에 대한 애도와 인생무상이라는 주제를 전달하고
있다.

🖋 현대어 풀이

청초(靑草) 우거진 골에 (황진이가) 자느냐 누웠느냐.
아름다운 얼굴은 어디 가고 백골만 묻혔느냐.
잔 잡아 권할 이 없으니 그것을 슬퍼하노라.

40. ▶③

정답풀이 깊은 밤에 혼자 전전반측하며 자면서 느끼는 외로움을 귀
뚜라미에 이입하여 드러내고 있다. 이와 유사한 시조는 한밤중 배가
떠나는 소리에 슬퍼하며 임이 돌아오기를 소망하는 시조이다.

🖋 현대어 풀이

귀뚜라미, 저 귀뚜라미, 불쌍하다 저 귀뚜라미,
어찌된 귀뚜라미가 지는 달 새는 밤에 긴 소리 짧은 소리, 마디마
디 슬픈 소리로 저 혼자 계속 울어 비단 창문 안에 옅은 잠을 잘도
깨우는구나.
두어라, 제가 비록 미물이지만 독수공방하는 나의 뜻을 아는 이는
저 귀뚜라미뿐인가 하노라.
달 떠나자 배 떠나니 인제 가면 언제 오리.
만경창파에 가는 듯 돌아오쇼.
밤중만 지국총 소리에 애 끊는 듯 하여라.

오답풀이 ① 멀어도 마음이 가까우면 된다는 내용의 사랑 노래이다.

🖋 현대어 풀이

마음이 지척(咫尺)이면 천리(千里)라도 지척(咫尺)이오.
마음이 천리(千里)오면 지척(咫尺)도 천리(千里)로다.
우리는 각재천리(各在千里)오나 지척(咫尺)인가 하노라.

② 세금으로 쌀 한 섬, 두 섬을 바치고 나면 먹을 것이 없게 되는 백
성들의 현실을 보여주고 있다.

🖋 현대어 풀이

저 백성 거동 보소.
쌀 한 섬 바치려면 두 섬 쌀이 부족하다.
약간 농사를 지었는데 그 무엇을 먹자고 그리 하는가.

④ 동창이 밝았다는 것은 해가 이미 떴음을 의미하며 노고지리를 통
해 봄임을 알 수 있다. 아이에게 게으름을 피우지 말고 일하라는
것은 근면성실할 것을 요청하는 것이다.

🖋 현대어 풀이

동창(東窓)이 밝았느냐 노고지리 지저귄다
소를 칠 아이는 여태 아니 일어났느냐
고개 넘어 사래 긴 밭을 언제 갈려 하느냐

⑤ 그리워하던 님이 오는 것보다도 자연을 즐기는 게 더 좋음을 말
하고 있다.

🖋 현대어 풀이

술잔 들고 혼자 앉아 먼 산을 바라보니.
그리워하던 임이 온들 반가움이 이만하겠는가.
(자연이 더 반갑다)
말도 웃음도 없어도 못내 좋아하노라.

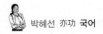

41. ▶④

정답풀이 밑줄 친 부분은 성현의 말을 더욱 믿고 교훈을 얻어내라고 하고 있다. '녀돈 길 알픽 잇거든 아니 녀고 엇졀고.[(옛 성현이) 가던 길이 앞에 있는데 가지 않고 어찌할 것인가?]'에서 옛 성현이 가던 학문의 길을 따르겠다고 다짐하고 있다.

✎ 현대어 풀이

옛 성현도 날 못 보고 나도 옛 성현을 보지 못해
옛 성현을 못 뵈어도 가던 길이 앞에 있네.
(옛 성현이) 가던 길이 앞에 있는데 가지 않고 어찌할 것인가?

오답풀이 ① 나라를 위해 공을 세우려는 무신의 기개가 나타나므로 밑줄 친 부분과 가까운 내용이 아니다.

✎ 현대어 풀이

10년이나 갈아 온 칼이 칼집 속에서 울고 있다.
관문을 바라보며 때때로 만져 볼 뿐이다.
대장부의 나라 위한 공훈을 언제 세워 볼 것인가?

② '구곡'은 '고산(= 황해도 해주에 있는 산의 이름) 구곡(아홉 굽이)의 자연 경치'를 의미하기도 하지만 학문 수양의 경지를 의미하기도 한다. 따라서 노는 사람이 구곡에 오지도 않고 볼 것 없다고 하는 것은 학문의 도를 알려고 하지도 않는 세속 사람들을 비판하는 것이다. 성현의 말을 통해 교훈을 얻으라는 내용과는 거리가 멀다.

✎ 현대어 풀이

구곡은 어디인가? 문산에 한 해가 저문다.
기암괴석이 눈 속에 묻혀 있다.
노는 사람은 (구곡에) 오지도 않고 볼 것 없다 하더라.

③ 자연을 소박하게 즐기며 임금의 은혜를 생각하는 것이므로 밑줄 친 부분과는 거리가 멀다.

✎ 현대어 풀이

자연에 겨울이 찾아오니 눈의 깊이가 한 자가 넘는구나.
삿갓 비스듬히 쓰고 도롱이로 옷을 삼아,
이 몸이 춥지 아니한 것도 모두 임금님의 은혜이시도다.

42. ▶⑤

정답풀이 처음에는 작품 밖(= 3인칭) 화자가 '두꺼비'를 관찰하며 말하지만 마지막에는 '낼싀망정(= 나일망정)'으로 두꺼비인 화자가 자신을 '나(1인칭)'로 지칭하며 말을 한다. 따라서 '작품 밖의 화자'와 '작품 안의 두꺼비'로 화자가 2인이다.

오답풀이 나머지는 모두 시적 화자가 '나'이다.

① 지리산을 무릉도원이라 하며 즐기는 '나'

✎ 현대어 풀이

지리산 양단수를 예전에 듣고 이제 와 보니
복숭아 꽃이 뜬 맑은 물에 산 그림자조차 잠겼구나.
아이야, 무릉도원이 어디냐, 나는 여기인가 하노라.

② 아버지보다는 어머니의 사랑이 훨씬 깊고 자애롭다는 '나'

✎ 현대어 풀이

호미도 날이 있지마는 낫같이 들 리가 없습니다.
아버님도 어버이시지마는 어머님같이 사랑하실 분은 없습니다.
아서라, 사람들이여. 어머니같이 사랑하실 분이 없습니다.

③ 며느리인 '나'가 시어른들의 미움을 받고 그들을 원망함.

✎ 현대어 풀이

시어머님, 며늘아기 미워하여 부엌 바닥을 구르지 마오.
빚 대신 받은 며느리인가, 물건 값에 쳐 온 며느리인가. 밤나무 썩은 등걸에 회초리 난 것같이 매서우신 시아버님, 소똥같이 말라빠진 시어머님, 삼 년 동안 엮은 망태에 새 송곳 부리같이 뾰족하신 시누이님, 좋은 곡식 갈아놓은 밭에 나쁜 곡식 난 것같이 샛노란 오이꽃 같은 피똥 누는 아들 하나 두고, 기름진 밭의 메꽃 같은 며느리를 어디를 미워하시는고?

④ 사미인곡의 일부이다. 임(임금)에 대한 그리움을 노래하며 임(임금)이 선정을 베풀기를 소망하는 '나'

✎ 현대어 풀이

하룻밤 서리가 내리는데 기러기가 울며 날아갈 때
높은 누각에 혼자 올라 수정발을 걷으니
동산에 달이 뜨고 북극성이 보이니
님이신가 반가워하니 눈물이 절로 난다
밝은 빛을 쥐어서 봉황루에 보내고 싶다
누각 위에 걸어두고 온 세상을 다 비추어
깊은 산 험한 골짜기도 대낮같이 만드소서

43. ▶②

정답풀이 나머지의 그리워하는 대상은 '사랑하는 임, 즉 연인'이다. 반면에 이항복이 쓴 시조인 ②의 '임'은 자기를 귀양 보낸 임금, 즉 '광해군'을 가리킨다.

44. ▶②

정답풀이 이 작품은 게젓장수와 동네 사람의 대화를 통해 게의 모습과 게젓의 맛을 장황하게 표현하는 현학적 태도와 허장성세를 비판한 것이다. ㉠, ㉡, ㉣은 모두 게젓을 의미하고 있지만, ㉢의 '청장'은 진하지 않은 맑은 간장을 의미하고 있으므로 나머지 셋과 가리키는 대상이 다르다.

오답풀이 ① '으스슥하는'이라는 음성상징어를 사용해 생동감을 드러냈다.

③ '외골내육 양목이 상천 전행후행'은 게의 외양과 움직임을 묘사한 것이다.

④ 종장의 '거복이 웨지 말고 게젓이라 하렴은'은 어려운 말을 쓰지 말고 게젓이라 지칭하라고 직접적으로 지적하고 있다.

45. ▶②

정답풀이) 이 시조는 사설시조이므로 평시조에서 사설시조로 나아가는 작품의 성향을 나타내 준다고 볼 수 없다. 또한 모든 율격을 무시하지도 않았다. 초장과 중장은 글자수가 더 많기는 하나 4음보를 유지하고 있다. 또한 3·4조 혹은 4·4조의 율격도 비교적 잘 지키고 있다.

오답풀이) ① 웃음을 통해 비애와 고통을 극복하려는 해학이 잘 드러난다. 중장에서 여러 일상 생활의 사물을 나열하여 창문을 만드는 과정을 해학적으로 표현하고 있다.
③ '고모장지 셰살장지 들장지 열장지 암돌져귀 수돌져귀' 구체적 생활 언어와 친근한 일상적 사물을 수다스럽게 열거하고 있다. 언어적인 표현은 괴로움을 강조하고 있지만 그 안에는 웃음을 유발하려는 의도가 숨어 있는 것이다.
④ 답답한 심정 때문에 가슴에 창을 내고자 하며 중장에서는 여러 종류의 문과 문고리들을 열거하고 있다. 이는 비극을 웃음으로 승화하려는 의지의 표현이라고 볼 수 있다.

46. ▶①

정답풀이) '백송골(白松骨)'은 한자어인데 이를 서민적인 일상어라고 볼 수 없다.

🖋 현대어 풀이

> 두꺼비가 파리를 물고 두엄 위에 뛰어올라가 앉아
> 건너편 산을 바라보니 흰 송골매가 떠 있거늘 가슴이 섬뜩하여 펄쩍 뛰어 내닫다가 두엄 아래 자빠졌구나.
> 마침 날랜 나이기에 망정이지 하마터면 피멍 들 뻔했구나.

오답풀이) ② ③ 두꺼비는 파리를 물다가도 백송골이 나타나자 놀라 자빠진다. 그럼에도 '날랜 나이기에 망정이지 하마터면 피멍 들 뻔했구나.'라며 자신을 자기합리화하며 위로하고 있다. 이를 통해 강한 자에게는 약하고 약한 자에게는 강한 위선을 엿볼 수 있다.
④ 초중장의 작품 밖 서술자의 3인칭 서술, 종장에 오면 두꺼비의 1인칭 화자가 나타나 풍자의 효과를 높이고 있다.

47. ▶③

정답풀이) 사실 초장을 통해 '상평통보(常平通寶)'임을 알 수 있다. 어려워보이는 시조이지만, 중장에 있는 내용을 잘 추론하면 생각보다 쉽게 풀리는 문제였다. 중장을 보면 "구멍은 네모지고 사면이 둥글어서 땍때굴 굴러다니기도 잘하여, (돌고돌아) 가는 곳마다 반기는구나."라고 나와있다. 이를 통해 엽전이라는 것을 알 수 있다. 중장에서처럼 일반적인 사람들은 엽전을 반기지만, 화자는 그렇지 않다. 종장을 보면 "어째서 조그만 그 쇳조각을 두통이 (나도록) 다투느냐, 나는 아니 좋아한다."라며 화자가 일반적 반응과 대조되는 반응을 보인다.

오답풀이) ① 경제적 차원의 '돈'에 관련된 것이지 '신분 갈등'이 제재가 된 것이 아니다.
② 엽전을 사람들이 사람처럼 반긴다고 해석하게 되면 '의인화'이지만, 무생물인 엽전이 굴러다닌 것을 생물처럼 표현한 것이라고 보면 활유법에 해당한다. 이것을 차치하고서라도 이 시조에는 대화 형식이 아니라 독백 형식이 쓰였으므로 ②는 옳지 않다.
④ 대립적 성격의 소재가 제시되지 않았고 '상평통보'라는 하나의 소재에 대해 이야기하고 있다. 또한 화자에게는 심화된 내적 갈등이 없다.

48. ▶②

정답풀이) '청와대'는 우리나라를 대표하고 '백악관'은 미국을 대표한다. 따라서 사물의 한 부분이나 그 속성을 들어서 전체나 자체를 나타내는 대유법임을 알 수 있다. 하지만 이 시에는 나타나지 않는다.

🖋 현대어 풀이

> 나무도 바윗돌도 없는 산에서 매에게 쫓기는 까투리의 마음과,
> 넓은 바다 한가운데 일천 석이나 되는 짐을 실은 배가 노도 잃고,
> 닻도 잃고, 돛줄도 끊어지고, 돛대도 꺾어지고, 키도 빠지고, 바람 불어 물결 치고, 안개는 뒤섞여 자욱한 날에, 갈 길은 천 리 만 리 남았는데, 사방은 깜깜하고 어둑하게 저물어서 천지는 고요하고 사나운 파도는 이는데 해적을 만난 도사공의 마음과,
> 엊그제 임과 이별한 나의 마음을 어디다가 비교할 수 있으랴.

오답풀이) ① '너의 넋'과 '수녀'를 비교하고 있다. (비교법)
이 시에서도 화자는 임을 여읜 자신의 마음과 매에 쫓기는 까투리, 바다 한가운데서 위험에 처한 도사공의 마음을 비교하고 있다.
③ 기상청이 소속된 범위가 점점 넓어지도록 표현하고 있다.(점층법)
이 시에서도 도사공이 처한 위기가 점점 더 심해지고 있다.
④ 우리의 국토는 그대로 우리의 역사이며, 철학이며, 시이며, 정신입니다. (열거법)
도사공의 위기를 열거하여 표현하고 있다.

49. ▶③

정답풀이) (가)는 자연을 즐기겠다는 의지를 드러내고 (나)는 임과 보내는 시간을 늘리겠다는 의지를 드러낸다. '~보리라, ~펴리라'의 '-리라'라는 종결어미를 통해 시적 화자의 의지적 어조가 나타난다.

오답풀이) ① 유교적 이념이란 주로 지조와 절개를 의미하는데 이 두 시 모두에서 나타나지 않는다. 한자 어휘만 활용하고 있다.
② (가)만 근경에서 원경으로 시상을 전개하고 있다.
④ 물아일체란 '외물(外物)과 자아(自我), 객관과 주관 또는 물질계와 정신계가 하나가 됨. 또는 그런 경지'를 의미하는데 이는 (가)만 해당된다. (가)의 중장에서 화자는 달과 청풍과 같이 살며 하나가 되고자 한다.

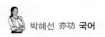

50. ▶①

정답풀이 (가)는 자연을 '무릉도원' 즉, 낙원으로 표현하고 있다. (나)는 오월에 느낄 수 있는 봄의 생명력을 보여준다. 따라서 바라보고 있는 풍경에서 자연의 아름다움을 느끼고 있다고 볼 수 있다.

오답풀이 ② 자연의 섭리와 자신의 삶을 대조하면서 결핍감을 느끼는 부분은 나타나지 않는다.
③ 조만간 일어날 자연 환경의 변화에 대한 기대감도 나타나지 않는다.
④ 자연으로부터 멀어진 인간의 삶에 대해 언급하지도, 회의적인 시선을 보내고 있지도 않다. 자연의 아름다움을 노래했을 뿐이다.

51. ▶③

정답풀이 (가)의 '나'는 자신의 마음을 베어서 저 달을 만들어 임 계신 곳에 비추고 싶다고 한 점에서 (나)에 비해 비교적 '적극적'인 태도가 나타난다. 하지만 (나)의 '아가씨'는 '남부끄러워 이별의 말 못하고 흐느끼기만 하는 것'을 통해 '소극적'인 태도가 나타난다.

오답풀이 ① (가)의 화자는 자신의 마음으로 '달'을 만들어서 임을 비추겠다고 했으므로 '달'은 사랑하는 마음을 임에게 전달하는 매개체가 맞다. 그러나 (나)의 '달'은 자신의 마음을 전달하는 매개체로 보기 어렵다. 그저 아가씨는 달 아래에서 울고 있을 뿐이다.
② (가)의 '고운 님'은 화자가 사랑하는 대상이다. (나)의 화자는 '아가씨'를 관찰하는 사람이다. 따라서 아가씨를 사랑하고 있지는 않다. 관찰하고 있을 뿐이다.
④ (가)의 '장천(長天)'은 '넓은 하늘'을 이르는 말로, 사랑하는 임이 머무는 곳이 아니라 자신의 사랑을 전해줄 달이 있는 공간이므로 설명이 적절하지 않다. 한편, (나)의 '아가씨'는 이별한 후, 문을 닫고는 혼자 흐느끼므로 '문'은 사랑하는 임에 대한 마음을 숨기는 공간이라고 볼 수 있다.

52. ▶②

정답풀이 (나)는 윤선도의 〈초연곡(初筵曲)〉으로 연시조이다. 대조법이 쓰이지 않아서 ②가 적절하지 않다. 문답법은 쓰여 있다. 초장에서 "술은 어이ᄒᆞ야 됴ᄒᆞ니 누룩 섯글 타시러라(술은 어찌하여 맛이 좋은가? 누룩을 섞은 탓이로다.)", "국은 어이ᄒᆞ야 됴ᄒᆞ니 염매 톨 타시러라(국은 어찌하여 맛이 좋은가? 소금을 탄 탓이로다)"에서 문답법을 찾을 수 있다. (나)에서는 임금의 덕을 '술', '국'에 빗대고 있으며, 현명한 신하들의 보필을 '누룩', '염매(소금)'에 빗대고 있다. 즉 임금의 어진 정치를 돕는 신하의 중요성을 강조하는 내용을 담고 있다. 이 시에는 작자의 정치에 대한 경륜이 잘 드러나 있으며, 현실참여에의 강한 의지가 엿보이는 작품이다.

오답풀이 ① (가)는 퇴계 이황의 작품이다. 연쇄법이란 앞 구절의 끝 어구를 다음 구절의 앞 구절에 이어받아 이미지나 심상을 강조하는 수사법이다. (가)에는 "나도 고인 몯 뵈 → 고인을 몯 봐도", "녀던 길 알ᄑᆡ 잇ᄂᆡ → 녀던 길 알ᄑᆡ 잇거든"에서 앞 구절의 끝 어구

를 다음 구절의 앞 구절에 이어받고 있으므로 연쇄법이 사용되었다. 여기서 '고인(古人)'은 '이미 자연의 순리를 깨우친 성현(聖賢)'을, '녀던 길'은 '옛 성현들이 걸었던 학문 수양의 길'을 의미한다.
③ (다)는 작가 미상의 시조로, 사랑하는 임과의 만남과 헤어짐의 모습을 날씨에 빗대어 표현했다. '우레ᄀᆞ치', '번기ᄀᆞ치', '비ᄀᆞ치', '구름ᄀᆞ치'에서 보듯이 'ᄀᆞ치'를 반복적으로 표현하여 운율감을 더하고 있다. 같은 말을 반복하면 운율감이 형성된다.
④ (라)는 권섭의 시조로, 부패한 정치 현실 속에서 관직을 외면한 작가가 웃음이라는 제재를 활용하여 현실을 비판한 시조이다. 화자는 부패한 현실에 어이가 없어서 웃지만 자신의 냉소적인 웃음을 못 알아보는 벗님ᄂᆡ들에 대해 불편한 심기를 드러내고 있다. "내 우음이 정 우음가(내 웃음이 정말 웃음인가)", "아귀 ᄲᅴ여디리라(아귀가 찢어지리라)" 등의 냉소적 어조를 통해 불편한 심기를 표출하고 있다.

53. ▶②

정답풀이 이 시조는 근경(초려삼간의 3개의 방)에서 원경(전체적인 강산의 모습)으로 시선이 이동되는 시상전개 방식을 취한다. 앞은 경치 묘사, 뒤는 정서가 나타나는 선경후정의 방식이 아니다.

오답풀이 ① (가) : '촉(燭)불'이라는 무생물을 눈물을 흘릴 수 있는 '생물(인간)'로 바꾸어서 표현하고 있다.
③ (다) : 추상적인 '임이 없는 겨울 밤'이라는 시간을 뚝 잘라 임이 온 날에 붙일 수 있는 시간으로 표현하고 있다. 이는 추상적인 시간을 구체적인 사물로 형상화한 것이다.
④ (라) : 봄에 탁한 술과 물고기 안주를 먹으면서 자연의 풍류를 즐기면서도 '이 몸이 閑暇(한가)로옴도 亦君恩(역군은)이샷다.(= 이 몸이 한가함도 임금의 은혜입니다)'라며 임금의 은혜라고 하고 있다. 이는 지조와 절개(충심)를 강조하는 유교적 가치관이 반영된 것이다.

54. ▶①

정답풀이 (가)는 달이 밝은 봄날의 밤을 배경으로 화자의 고독과 애상감을 드러내고 있으며, (나)는 어두운 밤을 배경으로 삼대를 임이라고 착각할 정도로 임에 대한 그리움을 드러내고 있다. 따라서 두 작품 모두 밤으로 설정된 배경이 주제와 호응하고 있다는 공통점이 있다.

오답풀이 ② (나)는 '곰븨님븨, 님븨곰븨, 천방지방, 지방천방, 워렁충창'의 음성 상징어를 사용하고 있지만, (가)에는 음성상징어라고 할만한 표현이 사용되지 않았다.
③ (가)는 '이화', '월백', '은한'에서 드러나는 백색의 밝은 이미지와 시간적 배경인 봄날의 밤의 어두운 이미지를 서로 대비하여 시적 대상을 감각적으로 형상화하고 있지만, (나)에는 색채 대비의 표현이 나오지 않았다.
④ (가)와 (나) 모두 자연물에 감정을 이입하는 표현이 없을뿐더러 자연 친화적 태도도 드러내고 있지 않다.

🖋 현대어 풀이

임이 오겠다고 하기에 저녁밥을 일찍 지어 먹고
중문을 나와서 대문으로 나가 문지방 위에 달려가 앉아서 손을 이
마에 대고 임이 오는가 하여 건너편 산을 바라보니, 거무희뜩한
것이 서 있기에 저것이 틀림없는 임이로구나 버선을 벗어 품에 품
고 신을 벗어 손에 쥐고, 엎치락뒤치락 허둥거리며 진 곳 마른 곳
가리지 않고 우당탕퉁탕 건너가서, 정겨운 말을 하려고 곁눈으로
흘깃 보니, 작년 7월 3일날 껍질을 벗긴 후 씨를 받느라고 밭머리
에 세워 둔 삼의 줄기가 얄밉게도 나를 속였구나.
마침 밤이기에 망정이지 행여 낮이었다면 남을 웃길 뻔했구나.

55. ▶③

정답풀이 (나)는 마음이 답답하면 가슴에 내놓은 창을 열어보겠다는
기발한 발상을 통해 문학적 가치를 획득하고 있으므로 적절하다.
(가)는 강호에 안빈낙도하는 삶의 즐거움을 드러냈으므로 참신한 발
상은 아니다.

오답풀이 ① (가)에 이상세계를 염원하는 내용은 나오지 않으며, 화
자는 강호가도를 드러내고 있다.
② (가)에 반어법은 나오지 않는다.
④ (나)는 초장 중장 종장의 엄격한 3단 구성에서 벗어나, 중장의 길
이가 길어진 사설시조이다.

56. ▶①

정답풀이 객관적 상관물이란 화자의 주관적인 감정을 객관적인 사물
로 간접적으로 드러내는 것으로 시어들은 보통 객관적 상관물이라고
볼 수 있으므로 ①은 옳다. (가)에서는 '달'이라는 객관적 상관물을 통
해 화자의 임에 대한 사랑을 표현하고 있다.

오답풀이 ② (나)에서는 화자는 귀뚜라미가 되어 임과 거리감을 좁히
려고 하므로 이 선택지는 옳지 않다.
③ (다)에서는 앞구절의 마지막 부분을 뒤에서 반복하는 것을 반복하
는 연쇄법은 드러난다. 하지만 화자가 임에게 왜 자신을 보러 오
지 않냐고 원망을 토로하며 임과 화자 사이의 장애물을 가정하며
열거할 뿐이지, 화자의 위급한 상황을 드러내고 있는 것은 아니다.
④ (가), (나), (다)에서는 모두 단정적인 어조를 취하고 있지 않다.
(가)와 (나)는 소망의 어조, (다)는 원망의 어조이다.

🖋 현대어 풀이

(가) 내 마음을 베어 내어 별과 달을 만들고 싶구나.
아득히 넓고 먼 하늘에 번듯이 떠 있으면서
사랑하는 임(임금님)이 계신 곳에 가 (훤하게) 비추어 보고 싶
구나.

(나) 임 그리워하는 꿈이 귀뚜라미의 넋이 되어
기나긴 가을밤에 임의 방에 들었다가
나를 잊고 깊이 든 잠을 깨워 볼까 하노라.

(다)
어이 못 오던가 무슨 일로 못 오던가.
오는 길 위에 무쇠 성을 쌓고 성 안에 담을 쌓고, 담 안에 집을
짓고 집안에 뒤주 놓고 뒤주 안에 궤를 놓고 궤 안에 너를 단
단히 묶어 넣고 쌍배목의 외걸쇠 금거북 자물쇠로 깊이깊이 잠
갔더냐. 네 어이 그리 아니 오더냐?
한 해도 열두 달이요, 한 달 서른 날에 나를 찾아 올 하루가
없으랴.

57. ▶②

정답풀이 (나)는 모두 자연물이 아니라 다른 것들에 비유하고 있으므
로 적절하지 않다. (나)에서 '십이루'는 궁궐을, 옥황상제는 '임금'을
상징한다. 또한 (다)는 아예 비유가 나타나지 않는다.

🖋 현대어 풀이

(나) 얼핏 든 잠에 꿈을 꾸어 십이루(궁궐)에 들어가니
옥황(임금)님은 웃으시지만, 여러 신선들(신하 = 서인세력)
은 꾸짖는다.
아! 백만억의 창생(온 백성들)에 대해 어느 결에 물어보겠는가?
하늘이 무너진 때에 무슨 수로 수습할 것인가
백옥루를 수리할 때 어떤 목수가 (그 수리를) 이뤄 낼 것인가
옥황님께 사뢰어 보자 했더니 다 못하고 왔도다.
→ 꿈속에서 천상계에 올라간 상황을 가정하여 부패한 정치
현실에 대한 안타까움과 백성들에 대한 걱정(우국지정)을
노래했다.

(다) 꿈에 보이는 임이 신의가 없다 하지마는
못 견디게 그리울 때 꿈 아니면 어찌 만나겠는가?
저 임아, 꿈이라도 좋으니 자주자주 뵙게 해 주소서.

오답풀이 ① (가)는 변하지 않는 자연과 변하는 인간을 대조하였다.
이를 통해 고려가 망함에 대한 무상감을 노래하고 있다. (나)는 웃
는 옥황상제와 꾸짖는 군선의 모습이 대조된다. 이를 통해 화자가
임금에게 백만 억의 백성들을 편안하게 다스리는 문제를 물어보
지 못하고 물러났음을 보여 준다.
③ (가)에서 한 필의 말만 타고 고려의 도읍지를 다니는 화자의 행위
가 시의 쓸쓸한 분위기를 드러낸다. (나)에서 '물으리'에 설의법이
드러난다. 이를 통해 화자의 안타까움이 강조된다.
④ (가)에는 특정한 고려의 도읍지 '송도(개성)'가 제시되어 있다. 그
러나 (다)에는 공간적 배경이 제시되어 있지 않다.

58. ▶②

정답풀이 (가)는 '누으락 안즈락 구부락 져츠락 을프락 푸람흐락'에
열거가 드러나며 (나)는 영원히 사는 신선과 유한한 삶을 사는 인간
을 대조하고 있다.

오답풀이 ① (가)는 '술리 닉어거니 벗지라 업슬소냐(= 술이 익어가
니 벗이라 없을쏘냐(있다는 뜻)'에 설의가 쓰였다. 하지만 (나)에
질문하고 대답하는 문답법이 쓰이지는 않았다.

③ (가)에는 '누으락 안즈락 구부락 져츠락'에 시각적 심상이 드러나나 (나)에 청각적 심상이 드러나지는 않는다.

④ (가), (나) 모두 적절하지 않은 설명이다.

🖋 현대어 풀이

(가) 술이 익었는데 벗이라고 없겠느냐.
　　(노래를) 부르며 (악기를) 타며, 켜며, 흔들며
　　온갖 소리로 취흥을 재촉하니
　　근심이 있으며 시름이라 붙어 있겠느냐.
　　누웠다 앉았다 구부렸다 젖혔다
　　(시를) 읊었다 휘파람 불었다 마음 놓고 노니
　　천지는 넓고 넓고 세월은 한가하구나.
　　복희 황제의 태평성대를 모르고 지냈는데, 지금이 그렇구나.
　　신선이 어떤 건지(몰랐는데) 이 몸이 그렇구나.
　　　　　　　　　　　　　　　　　　　　－ 송순, 〈면앙정가〉

(나) 神仙(신선)과 道士(도사)들은 죽지 않는 術(술)을 얻어
　　아침 안개를 먹어 요기하며 달 이슬을 마시고 마음을 씻되
　　우리는 風塵間(풍진간) 百歲人生(백세인생)이라 玉食魚肉湯
　　(옥식어육탕)이 긔 分(분)인가 ᄒ노라
　　　　　　　　　　　　　　　　　　　　－ 김수장

59. ▶④

[정답풀이] 정철의 〈성산별곡〉의 끝부분이다. 시조와 가사는 상호 보완적으로 조선시대에 활발하게 창작되었다.

[오답풀이] ① 악장: 주로 조선 왕조의 개국과 번영을 송축하는 내용으로, 나라의 공식 행사 때 궁중 음악에 맞추어 불렀다. 〈용비어천가〉, 〈문덕곡〉 따위가 여기에 속한다.
② 향가: 신라에서 발생하여 고려 초에 소멸된 노래로, 향찰로 기록된 최초의 정형시이다.
③ 판소리: 시정에서 광대 한 사람이 고수(鼓手)의 북장단에 맞추어 부르는 노래

🖋 현대어 풀이

인간의 마음이 얼굴 같아서 볼수록 새롭거늘
세상 일은 구름 같아서 멀기도 멀구나.
엊그제 빚은 술이 얼마나 익었느냐?
(술잔을) 잡거니 밀거니 실컷 기울이니
마음에 맺힌 걱정 적게나마 풀리는구나.
거문고 줄을 얹어 풍입송을 타자꾸나.
손님인지 주인인지 다 잊어 버렸도다.

60. ▶①

[정답풀이] '엊그제 겨울 지나 새봄이 도라오니', '엊그제 검은 들이 봄빛도 유여(有餘)ᄒ올샤[엊그제 거뭇거뭇했던 (겨울) 들판에 봄빛이 넘쳐 흐르는구나.]'를 보면 계절 변화가 아주 잠깐 나타나기는 한다. 하지만 '대상의 차이'에 주목하고 있을 정도로 계절의 변화를 집중하여

다루고 있지는 않다. 이 시가 말하고자 하는 주된 계절은 봄이기 때문이다.

[오답풀이] ② '녯 사름 風流(풍류)롤 미출가 못 미출가.(옛 사람 풍류를 충분히 미친다.)'와 '아므타, 百年行樂(백년 행락)이 이만흔들 엇지ᄒ리(아무튼, 한평생 즐겁게 지내는 일이 이만하면 만족스럽지 않겠는가.)'에 화자의 자부심이 드러난다.
③ 모두 사용되고 있다.

설의법	아주 많이 사용되고 있다. 紅塵(홍진)에 뭇친 분네 이내 生涯(생애) 엇더ᄒ고. (→ 세속에 묻혀 사는 분들이여, 내 생활이 어떠하오? 녯 사름 風流(풍류)롤 미출가 못 미출가. (→ 옛 사람들의 풍류 넘치는 삶에 미칠까 못 미칠까?)
의인법	수풀에 우는 새는 春氣(춘기)롤 못내 계워 소리마다 嬌態(교태)로다. (→ 수풀 속에 우는 새는 봄기운을 못 이겨 소리마다 아양을 부리는 모습이구나.)
직유법	煙霞日輝(연하 일휘)는 錦繡(금수)롤 재폇는 듯 (안개와 놀과 빛나는 햇살로 채색된 경치는 마치 수놓은 비단을 펼쳐 놓은 듯하다.)

④ 화자의 시선 이동이 '수간모옥(몇 칸 되지 않는 작은 초가).'이라는 좁은 공간에서 '들판, 산 위'와 같은 넓은 공간으로 옮겨지면서 확대되고 있다.

61. ▶①

[정답풀이] 'ⓐ 紅塵(홍진)에 뭇친 분네(더러운 세속에 묻혀 사는 분들이여)'은 깨끗한 자연에서 사는 작가와 대조되는 사람들이다. 그리고 '山林(산림)에 뭇쳐 이셔 至樂(지락)을 ᄆ롤 것가.(왜 그들은 자연에 묻혀 사는 큰 즐거움을 모르는가?)'라는 구절을 통해 ⓐ은 화자가 안타까움을 느끼는 대상임을 알 수 있다.

[오답풀이] ② ⓒ은 '흥이 이에 미치겠는가'라는 의미가 아니라 '흥이야 다를쏘냐'를 의미하므로 옳지 않다. '나'와 앞의 '새'가 느끼는 흥이 같겠다는 말을 설의법을 통해 강조한 것이다. 따라서 자연이 인간보다 우위에 있음을 드러낸다고도 보기 힘들다.
③ '선공후사(先公後私)'란 공적인 일을 먼저 하고 사사로운 일을 뒤로 미룸을 의미한다. 그런데 ⓒ은 이 순간 자연을 즐기자는 것이므로 선공후사(先公後私)의 태도를 가지고 있다고 볼 수는 없다. 참고로 '저녁에 낚시하세'라는 뜻은 맞다. '나조ᄒ'은 '저녁'을 의미하기 때문이다.
④ ⓔ은 '산봉우리 위에 급히 올라, 구름 속에 앉아 보니, 수많은 촌락이 여기저기 벌려 있네.'를 의미한다. 이 노래는 자연을 즐기는 노래로 정치적인 책임감과는 관련이 없으므로 같은 백성의 삶에 대한 관심이라고도 볼 수도 위정자로서의 책임감이라고도 볼 수도 없다.

62. ▶ ④

정답풀이 풍유법이란 속담·격언을 사용하는 표현법인데, '풍유법'이 사용되지 않았다. '져 믜이 권 거인고.(= 저 산이 그곳인가), 淸風明月(청풍 명월) 外(외)예 엇던 벗이 잇스올고.(= 맑은 바람과 달 외에 어떤 벗이 있겠는가'에 설의법이 사용되었다. '淸風明月(청풍 명월) 外(외)예 엇던 벗이 잇스올고.'에서 청풍명월을 인간 벗으로 의인화하였다. '功名(공명)도 날 씌우고, 富貴(부귀)도 날 씌우니'에는 대구법이 쓰였다. '煙霞日輝(연하 일휘)는 錦繡(금수)룰 재펏는 둣(= 안개와 놀과 빛나는 햇살로 채색된 경치는 마치 수놓은 비단을 펼쳐 놓은 둣하다.)'에서 안개와 노을이 떠있는 경치를 수놓은 비단에 빗대고 있다. '~둣'이라는 연결어를 사용한 직유법이다.

오답풀이 ① 정서를 다룬다는 점에서 '서정 가사'이며, 마지막 행에서 '3·5·4·4'의 음수율을 지키고 있다는 점에서 '정격 가사'이다. 또한 작가인 정극인은 양반이므로 '양반 가사'이다.

② 흔히 '가사(歌辭)'는 시조처럼 '3·4조, 4·4조'의 음수율이 연속되므로 길게 쓴 시조라고 볼 수 있으며 따라서 '운문체'이기도 하고 '가사체'이기도 하다.

③ 봄의 완상(玩賞)이란 봄을 즐겨 구경함을 의미한다. '안빈낙도(安貧樂道)'란 가난 속에서도 편안한 마음으로 도(道)를 즐김을 의미한다. 화자는 높은 산에 올라 마을을 바라보며, 부귀공명을 욕심내지 않고 있으므로 옳다.

⑤ '은일(隱逸)'이란 '세상을 피하여 숨음'을 뜻한다. 〈상춘곡(賞春曲)〉의 작가는 벼슬살이에서 물러나 자연 친화적인 삶을 살고 있으므로 〈면앙정가(俛仰亭歌)〉와 마찬가지로 '은일 가사(隱逸歌辭)'라 할 수 있다.

63. ▶ ③

정답풀이 ⓐ에는 주체와 객체가 바뀐 주객전도의 발상 및 표현이 보인다. 사실은 주체인 '나'가 객체인 '공명과 부귀'를 꺼리는 것인데 이를 바꾸어 객체가 주체가 되어 '나'를 꺼리고 있기 때문이다. ⓑ에는 폭포를 '번개와 같이'처럼 직유법을 통해 표현하며, '나타(懶惰)와 안정을 뒤집어 놓은 둣이'에도 직유법이 나타난다.

오답풀이 ① 내가 빈 병을 쳐다보는 것인데, 빈 병이 나를 쳐다본다고 하고 있다.

② '남여를 타고 천천히 나아가 산영루에 오르니, 영롱한 푸른 시내와 갖은 소리로 우는 새는 이별을 원망하는 둣'에서 화자가 푸른 시내와 새와 이별하기 싫어서 원망하는 것인데, 이를 새가 화자를 원망하는 것으로 표현하였다.

④ '등불이 나에게 속삭거린다.'를 보면 내가 등불에게 속삭인 것을 등불이 나에게 속삭거린다고 표현하고 있다.

64. ▶ ①

정답풀이 〈중략〉 이전에 '연하(뿌연 안개)'와 '산람(산아지랑이)' 등을 통해 봄의 자연을 만끽하는 화자의 모습을 엿볼 수 있다. 〈중략〉 이후에는 눈이 온 겨울날의 아름다운 자연을 만끽하는 화자의 모습을 엿볼 수 있다. 즉, 화자는 자연을 즐기는 운치에 대해 노래를 하고 있으므로 이와 유사한 것은 ①이다. ①은 정극인의 〈상춘곡〉으로 해당 부분을 풀이하면, "수간모옥(數 셀 수, 間 틈 간, 茅 띠 모, 屋 집 옥 : 몇 칸 안 되는 작은 초가집)을 벽계수(碧 푸를 벽, 溪 시내 계, 水 물 수 : 물 빛이 매우 푸르게 보이는 시냇물) 앞에 두고 송죽(松 소나무, 竹 대나무) 울울리(鬱 울창할 울, 鬱 울창할 울, 裏 속 리 : 울창한 속)에 풍월주인(風 바람 풍, 月 달 월, 主 주인 주, 人 사람 인 : 맑은 바람과 밝은 달 등(等)의 자연(自然)을 즐기는 사람) 되어셔라." 이다. 즉, 자연을 즐기는 풍취를 노래한 것이므로 답은 ①이다.

현대어 풀이

흰구름, 연하(뿌연 안개)와 놀, 푸른 것은 산람(산아지랑이)구나
천암만학(수많은 바위와 골짜기)를 제 집으로 삼아서
나오기도 하고 들어가기도 하면서 아양을 떠는구나
오르락 내리락 장공(넓은 먼 하늘)로 떠나기도 하면서
넓은 들로 건너갔다가, 푸르기도 붉기도 옅기도 짙기도 하여
사양(지는 해)와 섞여 세우(가랑비)조차 뿌리는구나
〈중략〉
초목이 다 떨어진 후에 강산이 묻혀있거늘
조물주가 헌사하여(야단스러워) 빙설(얼음과 눈)으로 꾸며내니
경궁요대(호화로운 궁전)와 옥해은산(눈 온 뒤의 옥 같은 바다와 은 같은 산)이 안저(눈 아래) 펼쳐져 있구나
건곤(하늘과 땅)도 풍성하구나 가는 곳마다 놀랍도록 아름다운 경치로다.

오답풀이 ② 정철의 〈관동별곡〉의 일부이다. 풀이하면, "이 술 가져다가 사해(四海 : 온 세상)에 고루 나누어 억만창생(億萬蒼生 : 수많은 백성)을 다 취하게 만든 후에 그제야 다시 만나 또 한 잔 하자"이다. 이 부분은 화자가 신선과 만나서 자신은 백성들도 취하게 한 후에 너(신선)와 함께 하겠다고 하는 것이다. 즉 이 부분에서는 화자의 백성을 사랑하는 마음과 풍류(술)를 즐길 줄 아는 마음이 보이는 구절이므로 제시문의 시적 화자의 정서와는 사뭇 다름을 알 수 있다.

③ 정철의 〈속미인곡〉의 일부이다. 풀이하면 "모첨(茅簷 : 초가지붕의 처마) 차가운 잠자리에 밤중만 돌아오니 반벽청등(半壁靑燈 : 벽 가운데 걸려있는 등불)은 눌(누구를) 위하여 밝았는고."이다. 화자는 임을 기다리며 차가운 밤에 등불을 밝혀놓았으나, 기다리는 임은 오지 않는 상황에 대해 한탄하고 있으므로 제시문의 시적 화자의 정서와는 다르다.

④ 박인로의 〈누항사〉의 일부이다. 풀이하면, "종조추창(終朝惆愴 : 아침이 끝날 때까지 슬퍼함)하며 먼 들을 바라보니 즐기는 농가(農歌)도 흥(興) 없어 들리는구나"이다. 화자는 소를 빌리러 가는 것에 실패하고 터덜터덜 집에 돌아와, 농사를 못 짓는 것을 슬퍼하며 흥이 없어 하고 있으므로 제시문의 시적 화자의 정서와는 다르다.

65. ▶④

정답풀이 〈관동별곡〉은 정철이 강원도 관찰사로 부임하면서 관동 지방을 여행한 체험과 감상을 적은 가사이다. 따라서 ㉺와는 관련이 없다.

오답풀이 ㉻ 작가는 백성들을 모두 취하게 한 후 자신도 취하겠다는 '선공후사(先公後私)'의 태도를 취한다. 즉, 백성들에게 선정을 베푸는 공적인 일을 먼저 하고 사사로운 일을 뒤로 미룬다는 정치적 신념을 자유롭게 노래하고 있다.

66. ▶④

정답풀이 (바)는 꿈속에서 화자가 자신의 전생의 동료 신선을 만나 대화를 누는 장면이다. '디다'는 '지다(= 끝나다)'의 의미이며 '선학'은 신선이 타고 다니는 학, '구공'은 아득하고 먼 하늘으 의미하므로 ⓓ는 옳다.

오답풀이 나머지는 현대어 풀이가 옳지 않으므로 고쳐야 한다.
① ⓐ: 회양 옛 이름이 마침 같을시고 (급장유가 다스린 회양과 화자가 다스릴 지역의 의미가 같다는 것으로 급장유와 같이 잘 다스리겠다는 포부를 드러내려고 하는 것이다.)
② ⓑ: 섞여 돌며 뿜는 소리 십 리까지 들리니 ('소문'이 아닌 폭포의 소리가 퍼진다는 의미이다.)
③ ⓒ: 맑거든 깨끗하지 말거나, 깨끗하거든 맑지나 말 것이지('조타'는 '좋다'가 아닌 '깨끗하다'를 의미한다.)

67. ▶③

정답풀이 이 부분은 진헐대에서 바라본 금강산을 묘사하며 자신의 주관적인 감상을 드러낸 부분이다. '반어법'은 사용되지 않았다.

오답풀이 ④ '망고대'와 외로운 '혈망봉'처럼 천만겁이 지나도록 굽히지 않겠다고 하고 있다. 따라서 이는 금강산 봉우리들의 모습에 지조와 절개를 지닌 충신으로서 작가 자신을 견주고 있음을 보여 주는 부분이다.

68. ▶②

정답풀이 이 부분은 망양정에서 파도를 조망하는 내용이다. '굿득 노흔 고래'는 '성난 파도'를 비유적으로 표현한 것이므로 옳다.

🖋 현대어 풀이

㉠ 하늘 끝을 못내 보고, 망양정에 올랐더니 바다 밖은 하늘이니 하늘 밖은 무엇인고. ㉡ 가뜩이나 노한 고래(성난 파도)를 누가 놀라게 하기에 불거니 뿜거니 어지럽게 구는 것인가? ㉢ 은산(하얗고 큰 파도)을 깎아 내어 온 세상에 내리는 듯, 오월 멀고 넓은 하늘에 ㉣ 흰 눈(하얗게 부서지는 파도)은 무슨 일인가?

오답풀이 ① ㉠ '은하수'가 아니라 '하늘의 끝'이다.
③ ㉢ '은산'은 '태백산'이 아니라 '하얗고 큰 파도'이다.
④ ㉣ '흰 갈매기'는 '하얗게 부서지는 파도'를 의미한다.

69. ▶④

정답풀이 서사 부분이다. ㉣에서 궁예의 대궐터에 있는 오작(까마귀와 까치)에게 천고흥망을 아느냐 모르느냐 물어보는 것이지, 고인이 된 궁예에게 물어보는 것이 아니다. 화자가 묻고 있는 대상은 2인칭 청자인 '너(까마귀와 까치)'이다. 2인칭 의문형 어미로만 쓰이는 의문형 어미 '–는다,'를 통해 알 수 있다.

70. ▶③

정답풀이 결사의 일부분이다. 문제의 "先天下之憂而憂(선천하지우이우) 後天下之樂而樂歟(후천하지락이락여)"를 풀이하면, '천하 사람들이 근심하기에 앞서서 먼저 근심하고, 천하 사람들이 즐거워 한 뒤에 즐거워 할 것이니'이다. ㉢은 '억만창생(= 이 세상의 백성들)을 모두 취하게 만든 후에'를 의미하는 것으로 백성을 사랑하는 마음이 드러나는 부분이므로 답이 될 수 있다.

71. ▶④

정답풀이 제시된 글은 정철의 유배가사인 〈사미인곡〉의 결사이다. 결사 부분에서 '나'는 사랑하는 임과 이별하여 상사병에 시달리고 있다. 이 상사병은 임의 탓이 크다. '나'는 차라리 죽어서 범나비가 되어 임에게 찾아가겠다고 한다. 사실 이 시의 작가 정철은 당파 싸움으로 관직에서 물러나 낙향하였을 때 임금에 대한 충심을 임에 대한 여인의 사랑에 빗댄 사미인곡을 지었다. 이를 충신연주지사(忠臣戀主之詞)라고 한다.
이것과 관련된 시는 ④의 〈정과정〉이다. 〈정과정곡〉은 고려 의종 때 정서가 지은 향가계여요이다. 마찬가지로 사랑하는 임과 이별한 여성 화자를 통해 충신연주지사(忠臣戀主之詞)를 그리고 있다.

🖋 현대어 풀이

하루도 열두 때, 한 달도 서른 날, 잠시라도 임 생각을 말아 이 시름을 잊으려 하여도 마음속에 맺혀 있어 뼛속까지 사무쳤으니, 편작과 같은 명의가 열 명이 오더라도 이 병을 어떻게 하랴. 아, 내 병이야 이 임(임금)의 탓이로다. 차라리 사라져 범나비가 되리라. 꽃나무 가지마다 간 데 족족 앉았다가 향기 묻은 날개로 임의 옷에 옮으리라. 임께서야 나인 줄 모르셔도 나는 임을 따르려 하노라.
— 정철, 〈사미인곡〉 결사 부분

🖋 현대어 풀이

내 임을 그리워하며 울며 지내더니
산 접동새와 나는 비슷합니다.
아니시며 거짓인 줄
천지신명이 아실 것입니다.
— 정서, 〈정과정곡〉

제2편 고전 문학 377

개념도 새기는 기출 문학 & 독해

오답풀이 ① 아픈 남편을 위해 머리카락을 팔아 남편이 좋아할 음식을 사는 아내의 사랑을 담은 김수장의 사설시조이다.

🖊 현대어 풀이

> 서방님 병들어 돈될 만한 것이 없어서 / 종루 시장에 머리카락을 팔아 배 사고 감 사고 유자 사고 석류 샀다. / 아차 아차 잊었구나 오화당(花糖, 다섯 가지 색깔의 둥글납작한 중국사탕)을 잊었구나 / 수박에 숟가락 꽂아놓고 한숨을 짓고 있다.

② 여인들의 각각의 아름다움을 나열하는 김수장의 사설시조이다.

🖊 현대어 풀이

> 계집들도 여러 층이더라. / 송골매도 같기도 하고 줄에 앉은 제비 같기도 하고 백화원리에 두루미도 같기도 하고 녹수파란에 비오리 같기도 하고 땅에 퍽 앉은 솔개 같기도 하고 썩은 등걸에 부엉이도 같기도 하다. / 그래도 다 각자가 님의 사랑이니 개개인 다 뛰어난 미인인가 하노라.

③ 공명도 부귀도 날 싫어하니 자연에서 소박하게 살겠다는 안분지족의 자세를 보여주는 최초의 가사 정극인의 〈상춘곡〉이다.

🖊 현대어 풀이

> 공명도 날 꺼리고 부귀도 날 꺼리니 / 청풍명월 외에 어떤 벗이 있을까? / 소박히 살면서도 헛된 생각 아니하네. / 아모타 백년행락이 이만하면 만족하리.

72. ▶③

정답풀이 〈속미인곡〉은 주로 순우리말을 사용하였으며 이별의 한이라는 화자의 진솔한 감정을 간절히 표현했다.

오답풀이 ① 시조가 아니라 가사 문학이다.
② 속미인곡 자체가 사미인곡의 대화체 속편이다.
④ 〈속미인곡〉은 가사인데 가사는 3·4(4·4)조의 4음보 연속체이므로 옳다. 하지만 서사와 본사 2단 구성이라기보다는 갑녀와 을녀의 대화로 구성되어 있으므로 옳지 않다.
⑤ 혼잣말하는 독백이 아니라 대화조이다.

73. ▶③

정답풀이 '추일(秋日) 동천(冬天)'은 '가을과 겨울의 추위'를 뜻한다. 앞뒤 문맥을 보면 화자는 임의 안위를 걱정하며 다른 사람이 임을 제대로 모시고 있는지를 걱정하고 있을 뿐이다. 자신을 대신해 임을 모시는 사람에 대한 원망이 드러나지는 않는다.

오답풀이 ① '백옥경(白玉京)'은 천상의 옥황상제가 있는 곳으로, 이곳을 이별했냐고 묻는 것이므로 상대방(을녀)이 하늘로부터 내려온 존재임을 드러내고 있다.
② "내 몸의 지은 죄가 산같이 쌓였으니"라 하여 모두가 다 자신의 잘못 때문에 쫓겨난 것이라는 것을 드러내고 있다.
④ "아, 헛된 일이로다. 이 임이 어디 갔는고."에는 꿈 속에서도 임을 만나지 못한 화자의 허탈한 심정이 나타난다.

74. ▶③

정답풀이 '㉠ 낙월(落月)'은 임을 바라만 보다가 시간이 지나면 사라지는 존재로서, 소극적인 사랑을 의미한다. 반면 '㉡ 구준비'는 임의 옷을 적실 수 있을 정도로 임에게 가까이 갈 수 있는 것이므로 적극적인 사랑을 의미한다.

오답풀이 ① 이 글에 '임에 대한 화자의 원망'을 드러내는 소재는 없다.
② 임과 화자 사이를 가로막는 장애물은 '구름', '안개', '바람', '물결', '계성(鷄聲)'이다.
④ ㉠, ㉡ 모두 화자가 죽어서 환생이 된 분신이기 때문에 화자의 소망이 이루어지기 힘든 것에 대한 비교 대상으로 판단하기 어렵다.

75. ▶④

정답풀이 三生(삼생)의 怨원業업(= 전생, 현생, 후생의 원망스러운 업)과 月下(월하)의 緣연分분으로 만나게 되었다고 하는데, 이는 운명론적인 시각이므로 유교적인 시각이라고 볼 수 없다.

오답풀이 ① '봄바람 가을 물이 뵈오리 북 지나(= 봄바람과 가을 물이 베틀의 베올 사이에 북이 지나가듯 지나가)'에 시간이 빠르게 흐름을 비유적으로 표현하고 있다.
② '엇그제 저멋더니 ᄒ마 어이 다 늘거니.(= 엊그제 젊었더니 어찌 벌써 이렇게 다 늙어 버렸는가?).'에 드러난다.
③ '가을 돌 방에 들고 蟋실蟀솔이 床(상)에 울 제, 긴 한숨 디는 눈물 속절업시 혬만 만타.(가을 달 방에 들이비추고 귀뚜라미 침상에서 울 때 긴 한숨 쉬며 눈물이 흐르는데 헛되이 생각만 많다.)'에 드러난다. 특히 '실솔(귀뚜라미)'이 화자의 외로움을 부각하고 있다.

76. ▶④

정답풀이 아마도 이 님의 탓으로 살동말동 하여라(= 너 때문에 내가 못 살겠다!)라는 의미이므로 '님'에 대한 화자의 원망이 직접적으로 드러나 있다고 볼 수 있다.

오답풀이 ① '천상의 견우 직녀'는 화자와 대비되는 존재이므로 화자에게 위안이 될 수 없다.
② 님 계신 데를 바라보지만 '초로(사라지는 풀잎의 이슬)'와 '모운(지는 구름)'이 지나간다고 하고 있다. 이는 임과 재회할 수 없을 것이라는 생각이 담겨 있다.
③ '새 소리'가 서러운 것은 화자의 과거회상이 아니라 화자의 감정이 드러나 있는 역할을 한다.

77. ▶③

정답풀이 〈고공가〉는 임진왜란 이후 지배층들의 부패한 정치 행태를 비판한 가사이다. '신하'을 '고공(머슴)'에 빗대고, '나라'를 '집'에 빗대었다. 그러나 'ⓒ 호수(戶首)'는 '임금'이 아닌 '고공들의 우두머리'이다.

오답풀이 ① '처음의 한어버이'는 처음의 할아버지(조부모)를 의미하는 것으로 이는 조선을 건국한 태조 이성계를 의미한다.
② 원래 'ⓛ 여드레 갈이'는 '8일 동안 갈아야 할 정도의 넓은 땅'이므로 이는 조선이라는 나라의 영토, '조선 팔도'로 볼 수 있다.
④ 엊그제 'ⓔ 화강도'에 의해 가산을 탕진하고 집 하나 불탄 것은 이 당시의 시대적 배경을 고려했을 때 임진년에 우리나라를 침략했던 '왜적'이라고 볼 수 있다.

78. ▶③

정답풀이 '올벼논과 텃밭이 여드레 동안 갈 만한 큰 땅이 되었다'는 것은 풍요로운 조선 팔도가 되었음을 의미하므로 외침으로 인해 피폐해진 현실과는 관련이 없다.

오답풀이 ① '처음에 조부모님께서 살림살이를 시작할 때에'를 의미하므로 이 선택지는 옳다.
② '풀을 베고 터를 닦아 큰 집을 지어 내고'를 의미하므로 이 선택지는 옳다. 터를 닦는 것은 나라의 기초를 닦은 것이라고 볼 수 있다.
④ '마음을 다투는 듯, 우두머리를 시기하는 듯'을 의미하므로 이 선택지는 옳다.

79. ▶①

정답풀이 (가)는 판소리계 소설이기 때문에 3·4조, 4·4조의 운율감이 있다. 따라서 산문치고는 운율감이 있다고 볼 수 있지만, "규칙적"이라고 보기엔 애매할 정도로 어긋나는 글자수가 보인다. 반면 (나)는 가사이므로 3·4조, 4·4조 4음보의 규칙적 리듬이 느껴진다. 따라서 (가)와 달리 (나)는 읽을 때의 리듬이 규칙적이라고 볼 수 있다.

오답풀이 ② (가)는 흥부 가족의 가난함을 "가랑비 오면 방안에는 큰 비가 오고 부엌에 불 때면 천장은 굴뚝이요(천장이 뚫려 있음)" 등 과장하여 나열하였기 때문에 사실적이지 않다. (나) 또한 화자의 가난함을 '한달에 아홉 끼를 얻거나 못 얻거나 / 십 년 동안 갓 하나를 쓰거나 못 쓰거나' 등 과장하여 나열하였기 때문에 사실적이지 않다.
③ (가)와 (나) 모두 현재의 상황을 고통스러워하고는 있지만, 운명으로 수용하고 있지는 않다.
④ (가)와 (나) 모두 현재의 가난을 부정적으로 인식하고 있다.

80. ▶①

정답풀이 [가]의 '기'는 화자를 더 비참하고 작게 만드는 존재이다. "풍채(風採) 저근 형용(形容)애 기 즈칠 뿐이로다.(= 풍채 적은 모습에 개 짖을 뿐이로다.)"를 보면 기가 죽은 화자에게 개가 짖고 있다. [나]에서 "무정(無情)한 대승(戴勝)은 이늬 한(恨)을 도우느다.(= 무정한 오디새는 나의 한을 돋운다.)"에서 '대승'은 봄갈이를 재촉하는 '오디새'이므로, 화자의 비참한 마음을 심화시키는 존재로 '기'와 통한다.

81. ▶①

정답풀이 ㉠ 초경(初更)도 거읜듸 긔 엇지 와 겨신고. [초경(저녁 7∼9시)도 거의 다 되었는데 어찌 왜 계십니까]
㉠만 화자가 소를 가진 이웃집 사람이다. 나머지는 시적 화자 '나'가 하는 말이다.

82. ▶①

정답풀이 [가]에서 "쇼 혼 젹 듀마 ᄒ고 엄섬이 ᄒᄂ 말삼 친절(親切)호라 너긴 집의(= 소 한 번 주마 하고 엉성히 하는 말을 친절하다 여긴 집에)"를 통해 이웃이 '나'에게 소를 빌려준다고 말을 했음을 알 수 있다.

오답풀이 ② [가]에서 수꿩과 술을 들고 이웃집에 찾아간 사람은 화자가 아니라 '거넨 집 져 사람(= 건넛집에 사는 사람)'이다.
③ (나)에서 "즐기는 농가(農歌)도 흥(興) 업서 들리ᄂ다.(= 즐기는 농사 노래도 흥 없게 들린다.)"를 보면 ③은 옳지 않다.
④ [나]에서 "춘경(春耕)도 거의거다 후리쳐 더뎌 두쟈.(= 봄갈이도 거의 지났다. 팽개쳐 던져 두자.)"를 보면 ④는 옳지 않다.

83. ▶④

정답풀이 ⓐ은 화자의 초라함을 부각시킨다.(적절함)
화자는 몰락한 양반으로, 예전의 기세는 온데간데없다. 화자는 자신보다 신분이 낮지만 경제력은 좋은 이웃에게 소를 빌리러 갔다. 자존심을 놓은 채로 부끄럽게 부탁을 했으나 이웃이 이를 거절하여 "풍채 적은 형용"으로 집에 오는데 더 초라해지게 개까지 짖어대는 것이다.
ⓑ은 화자의 수심을 깊게 한다.(적절함)
잠도 오지 않아 날을 새고 있는데, 오디새 소리가 화자의 한을 돋운다. 따라서 ⓛ은 소를 빌리지 못해 봄 농사를 망친 화자의 수심(愁心: 매우 근심이 있음)을 깊게 함을 알 수 있다.

오답풀이 ① ⓐ과 ⓑ 모두 실재하는 존재물이다. 이 대상들을 보고 화자의 슬프고 초라한 감정, 농사를 망칠까 걱정되는 화자의 감정이 더 심화된다. 이렇게 객관적인 사물로 화자의 주관적인 감정을 간접적으로 드러내는 것을 '객관적 상관물'이라 한다.
② ⓐ은 화자의 절망을 나타내지만 ⓑ이 화자의 희망을 나타내지는 않는다. ⓑ은 오히려 화자의 걱정과 한을 더 심화시킨다.
③ ⓐ과 ⓑ은 외부에 존재하는 객관적인 사물로, 화자의 감정을 고조·심화시키는 역할을 한다.

84. ▶③

정답풀이) '고국을 돌아보니 야색(夜色 = 야경)이 창망(滄茫 = 넓고 멀어서 아득하.)하여 아무것도 아니 뵈고' 부분에 고국을 떠나는 부담이 드러난다. 하지만 여기에 계절감이 나타나지는 않는다.

오답풀이) ① '환송(歡送)'이란 떠나는 사람을 기쁜 마음으로 보냄을 의미한다. '장풍에 돛을 달아 육선(六船)이 함께 떠나 삼현(三絃)과 군악 소리 산해(山海)를 진동하니 물속의 어룡(魚龍)들이 응당히 놀라도다(= 거센 바람에 돛을 달고 여섯 척의 배가 함께 떠날 때, 악기 연주 소리가 산과 바다를 진동하니 물속의 고기들이 마땅히 놀랄 만도 하다.)'에 드러난다.
② '불빛 두어 점이 구름 밖에 뵐 만하니'를 보면 육지의 모습이 멀리 보여 '불빛 두어 점'으로 나타나고 있다.
④ 초반에는 출항하는 모습 후반에는 항해하는 모습을 그리므로 시간의 흐름에 따라 전개되고 있음을 알 수 있다.

85. ▶②

정답풀이) '장 담는 정사(= 장 담그는 일)'와 '향채 캐오리라.(나물 캐서 먹는 것)'는 음력 3월 3일 삼짇날에 하는 일이다.

86. ▶④

정답풀이) 이 노래는 다양한 비유와 해학적인 표현을 통해 시집 식구들의 모습과 시집살이의 괴로움을 풍자하고 있지만, 자기 반성적 태도는 나타나지 않는다.

오답풀이) ① 4·4조, 4음보 연속체의 가사체 형식의 민요이고 후렴도 없다.
② 시집 식구들을 새에 비유하는 등의 익살과 해학적으로 고된 시집살이를 표현하고 있다.
③ '둥글둥글 수박 식기 ~ 열두 방에 자리 걷고'에 과장과 대구가 쓰였고, '시아버니 호랑새요 ~ 남편 하나 미련새요'에 은유와 대구가 쓰였고, '시집살이 개집살이'에 언어유희(유사한 발음)를 써서 시집살이의 괴로움을 표현하고 있다.

87. ▶③

정답풀이) 이 노래의 화자는 남편을 '미련새'에 비유하고 있는데, 화자의 시집살이의 괴로움을 전혀 알아주지 않는 남편을 은유적으로 표현한 것으로, 뒤에서 몰래 다독여 주는 남편의 모습은 적절하지 않다.

오답풀이) ① '형님 온다 ~ 동생 내가 가지'의 부분에서 반갑게 맞이하는 동생의 모습을 확인할 수 있다.
② '도리도리 도리소반 수저 놓기 더 어렵더라'의 부분에서 어렵게 상차림을 하는 모습을 확인할 수 있다.
④ '삼단 같던 요내 머리 비사리춤이 다 되었네'의 부분에서 결혼 전 자신을 상상하는 모습을 확인할 수 있다.

88. ▶③

정답풀이) ⓒ은 '청출어람(靑出於藍)'이라는 관용적 표현이 쓰이기는 했다. 하지만 봉선화 꽃물의 색이 봉선화 꽃잎의 색보다 더 아름다운 것이므로 옳지 않다.

오답풀이) ① ㉠: '정정한 저 기상을 여자밖에 뉘 벗할고(여자밖에 벗할 사람이 없다)'를 통해 따라오지 않는 '취한 나비 미친 벌'은 경박한 남자임을 알 수 있다.
② ㉡: 단단히 묶은 모양은 비단에 옥으로 쓴 편지를 서왕모에게 부치는 듯하다. 종이를 '옥으로 쓴 편지'로 표현하고 선녀인 '서왕모'가 나오는 것은 대상을 아름답게 표현하려는 미화법이 쓰인 것이라고 볼 수 있다.
④ ㉣: 꽃바람에 떨어지는 산의 복숭아꽃과 자두꽃에 대해서는 부정적인 태도를, 규중에 결국에는 남게 되는 봉선화 꽃에 대해서는 긍정적인 태도를 보여 봉선화와의 긍정적인 인연을 그리고 있다.

89. ▶④

정답풀이) 이 작품에 반어적 표현은 드러나지 않으므로 적절하지 않다. '무엇하러 고향 떠나 벼슬길에 헤매리오'에서 설의적 표현으로 화자가 지닌 삶의 가치를 드러내고 우회적으로 드러내고 있을 뿐이다.

오답풀이) ① 시각적, 청각적 심상을 활용하여 보리타작 장면을 생생하게 전달하고 있다.
② '보리타작'이라는 소박한 소재로 농촌의 현실을 진솔하게 그려냈다.
③ '큰 사발에 보리밥, 높기가 한 자로세'에 과장법이 드러나 있다. 한 자는 30.3cm이다.

Chapter 02 **고전 산문의 이해와 작품** p.201

01. ▶③

정답풀이) 위 작품은 대표적 가전(假傳)체 문학으로, 어떤 사물을 역사적 인물인 것처럼 의인화하여 기록한 전기(傳記) 형식의 글이다. 임춘의 공방전은 돈의 폐해를 비판하는 작품이므로 신이한 행적과 영웅적 면모를 드러낸 것은 아니다.

오답풀이) ① 돈을 의인화하여 돈의 폐해에 대한 경계와 비판을 드러내고 있다.
② '공방의 성질이 탐욕에 물들어서'에 주인공의 성격이 직접 제시되어 있다.
④ '사신(使臣)은 말한다.' 이후 이어진 서술을 통해 돈의 폐단을 경계해야 한다는 작가의 생각을 드러냈으므로 적절하다.

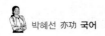

02. ▶①

정답풀이 '승상이 자세히 보니 과연 낯이 익은 듯하거늘 문득 깨달아 능파 낭자를 돌아보며 왈, "소유가 전에 토번을 정벌할 때 꿈에 동정 용궁에 가서 잔치하고 돌아오는 길에 남악에 가서 놀았는데 한 화상 이 법좌에 앉아서 불경을 강론하더니 노부께서 바로 그 노화상이 냐?"를 통해 '승상'은 꿈에 남악에서 '중'을 보았던 기억을 떠올리며 낯이 익은 듯하다고 여기기 시작한다는 ①이 옳음을 알 수 있다.

오답풀이 ② '승상은 자신이 승려였음을 인정한 뒤 꿈에서 깨게 된 다.'라는 부분 때문에 이 선택지는 옳지 않다. "사부는 어찌 소유 를 정도로 인도하지 않고 환술(幻術)로 희롱하나뇨?"라는 말을 보 면 사부가 자신을 놀리고 있다고 생각한다. 이를 통해 승상은 자 신이 본디 남악에서 '중'의 문하생으로 불도를 닦던 승려였음을 인정하지 못함을 알 수 있다.
③ 승상이 '중'의 진의를 의심하는지는 제시문에 나와 있지 않다.
④ '승상'이 중과의 관계를 부정하고 있기는 하다. 하지만 그 이유는 죄를 징벌한 이가 '중'임을 깨달았기 때문이 아니므로 '중과 ④는 옳지 않다. '10년 간 중과 있었던 현실(천상계)'의 일이 기억나지 않았기 때문에 관계를 부정한 것이다.

03. ▶③

정답풀이 ⓒ십 년을 같이 살던 일은 양소유가 기억하지 못하는 과거 이므로 가장 먼저 일어난 사건임을 알 수 있다. 따라서 선택지에서 ①, ②는 볼 필요도 없다. 또한 ㉠은 현재 진행되는 일이므로 가장 나 중에 일어난 사건이다. 앞 뒤만 찾아도 답이 ③임을 알 수 있는 쉬운 문제였다. 문제를 풀 때에는 항상 전략을 세워가며 푸는 것이 중요함 을 알 수 있다.
㉠ (꿈) 양소유가 현재 겪고 있는 장면이다.
ⓛ (꿈) 양소유가 '과거에 벼슬에 나아간 후 토번을 정벌할 때 꾼 꿈' 에서 만났던 일이다.
ⓒ (현실) '성진'으로서 사부와 10년을 같이 살던 일은 현실(천상계) 에서의 일(꿈꾸기 이전)로 가장 과거이다.
ⓔ (꿈) 양소유가 급제하기 전, 열대여섯 살 전 일이다. 시간 순서상 가장 앞서는 ⓒ 이후에 열대여섯 살 전인 ⓔ, 토번을 정벌하던 때의 ⓛ, 그리고 현재인 ㉠이다.

04. ▶④

정답풀이 최 씨가 '옥루춘'에 맞추어 부른 노래는 전쟁터에서 죽은 영 혼의 슬픔을 이야기하고 있을 뿐, 이생과 다시 만날 것을 기약하고 있지는 않다.

오답풀이 ① '즐거움이 다하기도 전에 갑자기 슬픈 이별이 닥쳐오니 말이에요.'라는 최 씨의 대사를 통해 이생과 이별하게 되어 슬퍼 하고 있음을 알 수 있다.

② '하느님께서 저와 당신의 연분이 아직 끝나지 않았고 … 이 몸을 환생시켜 당신과 지내며 잠시 시름을 잊게 해 주신 것'을 통해 최 씨가 이생과 재회하게 된 것은 하느님의 뜻임을 알 수 있다.
③ '이 몸을 환생시켜 당신과 지내며 잠시 시름을 잊게 해 주신 것'이 라는 표현을 통해, 최 씨가 환생하여 인간 세상에 머물게 되었음 을 알 수 있다.

05. ▶③, ⑧

정답풀이 ③ 제시문은 소설의 시작 부분으로 주인공이 이별했다는 내용은 아직 나오지 않는다. 양생이 처한 상황과 느끼고 있는 쓸 쓸함과 외로움의 정조는 사랑하는 사람을 만나지 못한 것 때문이 지 이별에서 비롯되지는 않았다.
⑧ 이 부분은 짝이 없는 양생이 시를 읊고 있는 부분이다. 이 부분에 고난은 나타나지만 고난 극복의 서사는 나타나지 않는다.

오답풀이 ① 읊조린 시에 '짝 잃은 원앙새'의 대상에 빗대어 양생의 외로운 처지를 드러내고 있다.
② 계절의 배경인 '봄'을 통해 양생의 정서인 '쓸쓸함과 외로움'을 부 각시키고 있다.
④ 읊조린 시에 '내 인연 어딨을까 바둑알로 맞춰 보고 / 등불로 점 을 치다 시름겨워 창에 기대네'의 부분을 통해 양생이 우연과 같 은 운명에 기대어 인연을 찾고자 하는 태도를 보여주고 있다.
⑤ '일찍 부모를 여의고 장가들지 못한 채 만복사 동쪽에서 홀로 지 내고 있었다.'를 통해 주인공이 고독한 처지임을 알 수 있다.
⑥ '공중에서 소리가 들려 왔다.'를 통해 비현실적인 부분을 알 수 있다.
⑦ '한 그루 배나무 꽃 쓸쓸함을 달래주나'라는 구절만 보아도 내면 이 표출됨을 알 수 있다.
⑨ 수사적 표현이란 문학적 표현을 의미한다. '마치 옥으로 된 나무 에 은덩이가 붙어 있는 것 같았다.'를 보면 배나무의 꽃을 은덩이 로 비유하고 있다.

06. ▶④

정답풀이 이러한 ㉠~ⓔ의 설명의 적절성을 물어보는 유형은 앞뒤의 문맥을 살펴보면 쉽게 풀린다. ⓔ은 '일원 선관'이 청룡에게 하고 있 는 말이다. '풍진'(風塵)이란, 바람에 날리는 티끌로 세상에서 일어나 는 어지러운 일이나 시련'을 의미하므로 붉은 티끌이 있는 속세로 내 려온다는 의미이다. '부인의 품' 달려 드는 것을 통해 선관이 부인의 아들로 탄생할 것임을 알 수 있다. 이러한 풍진 이후에야 지상의 세 계에서 다시 청룡을 만나게 될 것임을 추측할 수 있다. 따라서 '남악 산 신령의 천상 세계 복귀'라는 ④는 전혀 관련 없다.
※ 익성과 싸워 적강한 '선관'이 바로 이 작품의 주인공인 유충렬이 다. 실제로 후일 전쟁터에서 '청룡'을 다시 만나 활약하게 된다.

오답풀이 ① ㉠ 뒤에 '길조(吉兆)가 여차(如此, 이와 같으니)하니'라는 말이 나오므로 ㉠은 길조의 암시이다.

② ㉡ 앞에 '한 꿈을 얻으니'란 말이 나오므로, ㉡은 '부인이 꾼 꿈의 상황'이다.

③ '대전(㉢)'한 후로 상제전에 득죄(得罪 : 죄를 얻어) '인간(속세)에 내치심에'를 통해 알 수 있다.

07. ▶②

정답풀이 조웅 가문에 대한 백성의 지지는 '화상을 돌려주는 도적의 모습'이 아니라 '조웅 아버지의 공을 기린 불망비'를 통해 확인할 수 있다.

오답풀이 ① '화상'은 사람의 얼굴을 그림으로 그린 형상을 의미한다. 부친의 그림을 지키려는 조웅의 모습에서 무너진 가문을 회복하려는 책임감을 느낄 수 있다.

③ 부인은 조 승상의 현몽(現夢)을 꾸게 되어 조웅을 찾았으므로 선친 조 승상이 조웅 모자를 돌보고 있음을 보여 준다고 볼 수 있다.

④ '불망비'에 대한 어머니의 말을 보면 조웅의 부친은 위왕 두침의 반역을 두침을 죽여 진정시켰음을 알 수 있다. 이는 영웅인 조웅에게 국가에 대한 사명감을 환기시킬 수 있다.

08. ▶①

정답풀이 이 부분에는 심청이 어머니와 재회하는 장면이므로 인물 간의 갈등은 드러나지 않는다.

오답풀이 ② '나는 죽어 귀히 되어 인간 생각 아득하다.'를 통해 비현실성을 확인할 수 있다.

③ '너의 아버지 너를 키워 서로 의지하였다가 너조차 이별하니 너 오던 날 그 모습이 오죽하랴.'에 설의법이 나오며 이를 통해 심봉사에 대한 안타까움을 토로함을 알 수 있다.

④ '손과 발이 고운 것은 어찌 아니 내 딸이랴.'를 통해 모녀 관계에 대한 부인의 자기 확신이 분명하게 드러남을 알 수 있다.

09. ▶③

정답풀이 ㉢은 춘향이가 한 말(춘향이의 대사)을 서술자가 대신 그대로 전달해준 것으로 서술자의 개입이라고 볼 수 없다. 서술자의 개입이란 독자가 서술자의 존재를 분명하게 인지할 수 있도록 하는 서술 방법이다. 서술자 개입에는 작가의 사상이나 지식 등을 적당히 배합시켜 인물의 감정 상태를 분석하고 행동 및 심리적 변화의 의미까지 해석하는 편집자적 논평, 서술자의 주관적인 감정 노출, 독자에게 말 걸기, 서사의 흐름 끊기, 요약적 제시 등이 있다.

오답풀이 ① ㉠은 서술자가 춘향이에 대해 주관적인 태도를 드러낸 부분이다. 서술자가 춘향이의 입장에서 주관적으로 사건을 해석하고 있는 것이다. 상황이 이런데 춘향이의 소리가 화평하지 못한 것이 당연하다며 자신의 주관적인 생각을 드러내고 있다.

② 춘향이의 목소리를 들으면 누구든 심장이 상할 거라는 주관적인 추측을 하는 것이므로 서술자 개입에 해당한다.

④ 춘향이가 우는 슬픈 목소리는 목석이라도 감동을 받을 것이라며 주관적으로 평가하고 있으므로 서술자 개입에 해당한다.

10. ▶④

정답풀이 춘향은 '충신은 불사이군이오, 열녀는 불경이부(충신은 두 임금을 섬기지 않고, 열녀는 두 남편을 공경하지 않는다)'라며 양반들의 유교적 덕목을 가져와 수청을 거부하는 정당성을 뒷받침하고 있다. 또한 양반이면서 유교적 덕목을 어기려는 신관 사또의 부당성을 부각하고 있다.

오답풀이 ① 신관 사또는 겁박의 말을 할 뿐, 회유의 말은 사용하지 않았다.

🖊 현대어 풀이

겁박(劫迫) : 으르고 협박함.
회유(懷柔) : 어루만져 잘 달램.

② 신관 사또가 춘향의 정서적 거부감을 없애기 위해 희화적 표현을 사용한 부분은 찾아볼 수 없다.

🖊 현대어 풀이

희화(戱畫)적 : 남을 웃기려는 특성

③ '양시론(兩是論)'이란 맞서서 내세우는 두 말이 모두 옳다는 주장이나 이론인데 춘향은 자신의 말이 옳고 신관 사또의 말은 옳지 않다고 한다. 따라서 양시론적 입장에서 자신의 주장을 정당화하는 화법을 구사했다는 설명은 옳지 않다.

11. ▶①

정답풀이 ⓐ의 '진양조'는 가장 느린 속도의 장단으로 슬픈 느낌을 주는 가락이므로 이 선택지는 옳지 않다.

• 단좌(端坐) : 단정하게 앉음.

오답풀이 ② '운봉의 갈비를 직신, / "갈비 한 대 먹고지고,"에서 '갈비'는 운봉의 '갈비뼈'와 소나 돼지의 '갈비'를 아울러 뜻하여 음의 유사성에 따른 언어유희를 보여주는 것이다. 이를 통해 웃음을 유발하고 있으므로 해학성이 나타난다고 볼 수 있다.

③ 'ⓒ 이 글의 뜻은'은 앞의 한시(漢詩)의 뜻을 풀어주는 부분이므로 이는 전지적인 서술자가 사건에 표면적으로 개입한 것으로 볼 수 있다. 서술자의 지식으로 한시의 뜻을 푼 것이기 때문이다.

④ ⓓ 변 사또보다 똑똑한 운봉은 어사또의 한시를 보고 어사또의 정체를 눈치채어 '아뿔싸, 일이 났다.'라고 생각한 것이므로 옳다.

12. ▶④

정답풀이 서술자의 편집자적 논평이란, 서술자가 주관적으로 인물의 감정 상태를 분석하거나 외적인 행동이나 내면적인 심리를 서술자의 판단으로 해석하는 것을 의미한다. ㉣에서는 춘향이가 그네를 타는 외적인 모습에 대해서 "그 형용은 세상 인물이 아니로다."라며 감탄하고 있다. 이는 외적 모습에 대한 주관적인 판단이므로 서술자의 편집자적 논평이라고 볼 수 있다. 해!지!만! 춘향이의 내면적 아름다움이 아니라 외면적인 아름다움을 서술하고 있기 때문에 옳지 않다.

오답풀이 ① "천중절을 모를쏘냐."는 '천중절을 모르겠느냐'라는 의미로, 설의적 표현이 쓰였음을 알 수 있다. 또한 이는 천중절을 당연히 안다는 것을 표현하기 위한 설의법이므로 춘향이도 천중절을 당연히 알 것이라는 점을 서술하고 있음을 알 수 있다.
② "황금 같은 꾀꼬리"라는 부분에서 비유법을 사용하고 있음을 알 수 있다. 또한 "녹음방초(푸르게 우거진 나무와 향기로운 풀), 금잔디" 등을 통해 음양이 조화를 이룬 아름다운 봄날의 풍경을 서술하고 있음을 알 수 있다. "음양의 조화"는 암컷, 수컷 꾀꼬리가 조화롭게 날아드는 부분에서 확인할 수 있다.
③ 음성상징어란 '의성어와 의태어'를 가리킨다. 여기에서는 "펄펄, 흔들흔들"이라는 의태어를 사용하여 춘향이가 그네 타는 모습을 시각적으로 서술하고 있다.
※ 출제자들은 의태어는 음성상징어가 아니라고 생각하는 여러분들의 착각을 이용하여 함정을 팝니다. 여러분은 '의태어'도 음성상징어임을 반드시 기억해야 합니다!

13. ▶①

정답풀이 이 부분은 고고한 척하다가 기생 애랑에게 넘어간 배 비장이 여러 사람들에게 조롱거리가 되는 상황을 그리고 있는 부분이다. 이 부분은 배비장의 위선이 강제적으로 벗어지는 장면일 뿐이지 배비장이 자신의 본성을 찾아가는 장면은 아니다.
• 댓돌 : 집채의 낙숫물이 떨어지는 안쪽으로 돌려가며 놓은 돌
• 대궁이 : 머리, 대가리
• 삼공형 : 고을의 호장, 이방, 수형리의 세 관속
• 육방 관속 : 이방, 호방, 예방, 병방, 형방, 공방의 관원들
• 노령배 : 지방 관아의 관노와 사령의 무리

오답풀이 ② '두 눈을 잔뜩 감으며 이를 악물고 왈칵 냅다 짚으면서 두 손을 헤우적헤우적하여 갈 제'를 통해 배 비장은 자신이 실제로 궤 속에 갇혀 바다에 빠졌다고 생각함을 알 수 있다.
③ '남편으로 가장한 방자가 ~ 바다에 버리는 척 꾸민다.'와 '일시에 두 손으로 입을 막고 참는 것이 웃음이라.'를 통해 나머지 사람들은 모두 연극을 하고 있는 셈임을 알 수 있다.
④ '알몸으로 썩 나서며'를 통해 인물의 본성이 적나라하게 드러남을 상징적으로 보여줌을 알 수 있다.
⑤ '상황적 아이러니'란 극적인 반전을 의미한다. 극 중에 배비장을 빼고 다른 인물들은 모두 알고 있으며, 배비장은 깨닫지 못한 채, 배비장의 실체가 알려지는 극적 반전이 나오므로 이 선택지는 옳다.

14. ▶③

정답풀이 사씨가 신부는 남편을 공경(恭敬)하면서 어기지 말아야 한다고 하자, 유소사가 그럼 남편이 잘못되더라도 순종할 것이냐고 묻는다. 그러자 사씨는 아비에게 간(諫)하는 자식이 있고 나라에 간하는 신하 있으니 어찌 부부라고 간쟁(諫諍 : 옳지 않거나 잘못된 일을 고치도록 간절하게 말함.)하지 않을 수 있겠냐고 한다. 이 말은 남편이 잘못되면 자신이 이를 지적할 수 있다고 하는 것이다.

오답풀이 ① 사씨의 어머니가 딸이 남편에게 맞섰던 일을 비판하는 내용은 아예 언급된 적이 없다. 다만, 남편을 일찍 잃었던 사씨의 어머니가, 남편을 공경하고 경계하여 어기지 말라고 말씀하셨다는 내용뿐이다.
② 사씨는 "일찍 아비를 여의고 자모(慈母)의 사랑을 입사와 본래 배운 것이 없으니"라고 말하고 있지만, 사씨가 이를 안타까워한다는 내용은 언급되어 있지 않다.
④ 유 소사는 "나의 며느리는 가히 조대가에 비할 것이니 어찌 시속(時俗) 여자가 미칠 바리오."라고 하였다. 이 말은 '조대가'만큼 학식이 뛰어나고 덕망이 높음을 칭찬하는 것이므로 이는 효성과는 관련이 없는 발언이다. 항상!! 아래에 어휘 풀이가 있으면 꼭 확인해야 한다. 그래야 문제를 풀 수 있다!!

15. ▶④

정답풀이 고고한 성격이란 '세상일에 초연하여 홀로 고상한 성격'을 의미한다. 운심은 춤을 추라고 해도 흔쾌히 하지 않는 것으로 보아 고고하다고 볼 수 있다. 하지만 익살(= 남을 웃기려고 일부러 우습게 하는 말이나 몸짓)과 기지가 있는 것은 아니다.

오답풀이 ① '잘생긴 얼굴은 누구나 좋아하는 법이다. 그러나 사내만 그런 것이 아니라 비록 여자라도 역시 마찬가지다.'를 통해 남녀 평등 의식을 갖고 있음을 알 수 있다.
② '서울 안에 명기(名妓)들이 아무리 곱고 아름다워도, 광문이 성원해 주지 않으면 그 값이 한 푼어치도 못 나갔다.'를 통해 사람을 보는 안목이 있음을 알 수 있다.
③ '운심'이 못생긴 광문을 위해 칼춤을 준 것은 외모보다는 내면을 중시했기 때문이다.

16. ▶④

정답풀이 북곽 선생이 범에게 머리를 조아리며 절을 하고 다시 꿇어앉으면서 '범님'이라 부르면서 목숨을 구걸한 것은 맞다. 하지만 북곽 선생이 인간의 본성과 범의 본성을 비교한 부분은 찾아볼 수 없다.

오답풀이 ① '네놈들이 하는 말은 모두 오상(五常)을 벗어나지 않고, ~ 인간의 악행은 당최 그칠 줄을 모른다'라는 범의 말을 통해 말로는 선을 권하지만 악을 일삼는 인간이 많다고 주장하고 있음을 알 수 있다.
② '북곽 선생은 깜짝 놀라 부리나케 내빼면서 ~ 귀신처럼 춤추고 웃으며 문을 빠져나왔다'라는 부분을 통해 북곽 선생은 남들에게 들킬 것이 두려워 괴이한 모습으로 도망쳤음을 알 수 있다.

③ '네가 평소에는 세상의 온갖 나쁜 이름을 끌어모아 ～ 면전에서 아첨을 늘어놓으니 그 따위 말을 대체 누가 믿겠느냐?'라는 말을 통해 북곽 선생의 말을 믿을 수 없다고 생각하고 있음을 알 수 있다.

17. ▶④

정답풀이 날이 밝아 오면서 범이 사라진 것을 알자마자 북곽 선생은 태도를 바꾸어 마치 성현의 말씀을 실천하는 것처럼 행동함으로써 비굴함을 숨기기 위해 허세를 부리고 있다고 볼 수 있다.

오답풀이 ① ㉠의 대화에서 북곽 선생을 비꼬면서 거부감을 드러내고 있지만 본심을 숨기고자 한 것은 아니다.

② ㉡의 대화에서 범의 세상에 비유하며 인간의 본성은 어질지 못함을 비판하고 있을 뿐, 자랑거리를 내세우며 상대방이 따르도록 강요한 것은 아니다.

③ ㉢의 대화에서 밭 갈러 나온 농부가 북곽 선생의 모습을 보고 단순히 궁금해서 말을 건네는 것일뿐, 자신을 낮추며 상대를 흠모하는 마음을 드러낸 것은 아니다.

18. ▶④

정답풀이 부사가 윤광호의 딸을 아내로 삼을 때 그녀를 '㉣ 나이 십팔 세요, 용모와 재질이 비상하고 성품이 또한 온순하여 자못 숙녀의 풍도가 있는지라.'로 표현하는 것은 전지적인 서술자가 그녀의 나이와 성품을 전달하고 있는 것이므로 '서술자'의 시각이다.

오답풀이 ① '㉠ 그 낙태한 것을 바삐 들이라'는 부사가 좌수 부부에게 명령하는 것이므로 '부사'의 시각에 해당한다.

② '㉡ 과연 낙태한 것이 적실하오매 미련한 소견에 전혀 깨닫지 못하는 중'은 '배 좌수'의 말이므로 '배 좌수'의 시각에 해당한다.

③ '㉢ 저희 형제의 비밀한 말을 우연히 엿듣사온즉'은 '계모'의 말이므로 '계모'의 시각에 해당한다.

19. ▶②

정답풀이 ㉡에서 허생의 처가 남편에게 '장인바치'('장인'을 낮잡아 이르는 말) 일이라도 못하겠냐고 물어보는 부분은 허생이 경제적으로 무능력하기 때문에 장인이라도 하라고 권유하는 것이다. 따라서 허생의 처가 바람직한 직업을 허생에게 추천하고 있다고 볼 수 없다. '장인'을 '장인바치'라고 낮잡아 이르는 것을 통해서도 이를 알 수 있다.

오답풀이 ① 글을 읽는 목적은 과거에 합격하기 위함(＝ 입신양명)이라고 생각하므로 그녀의 실용적 학문관을 보여주는 것이다.

③ '내가 당초 글 읽기로 십 년을 기약'이라는 부분을 통해 허생은 도를 이루기 위해 글 읽기를 한 것임을 알 수 있다.

④ 군도들은 자신의 평범한 백성이 되기 위해서는 돈이 있어야 함을 자각하고 있다. 이는 당시가 조선 후기, 즉 상업자본(＝ 돈)의 중요성에 대한 근대적인 자각이 있었음을 보여주는 것이다.

20. ▶③

정답풀이 군자는 유광억이라는 개인의 잘못으로 인한 죽음으로 평가하고 있다. 매화외사는 유광억의 행위를 마음을 판 행위를 꾸짖는 것에서 확장하여 법으로 따지면 '주는 자나 받는 자나 같은 죄'라고 하면서 사회적인 측면인 법의 관점으로 유광억의 죄를 바라보고 있다.

오답풀이 ① 매화외사는 유광억을 비판하였지, 안타깝게 여기지는 않았다. 군자는 죽음을 합당한 결정이라 생각했다.

② 매화외사는 유광억의 죽음이 우연적인 것이었다는 내용 자체를 언급하지 않았다. 군자는 유광억의 죽음이 과거 법규를 해쳐서 일어난 것이라며 당위적인 이유를 설명하였다.

④ 매화외사는 글 읽는 자가 천박한 매매를 하는 세태에 대해 비판은 했지만 유광억의 죽음이 사회에 미치는 영향에 대해 논하지는 않았다. 군자는 유광억의 죽음에 대해 간단하게 논평하였다.

21. ▶①

정답풀이 '이때 숙향이 부모를 잃고 의지할 데 없이 혼자 떠돌아다니며 우니, 그 울음소리에 사람의 심신이 다 녹는 듯하더라. 그 슬픈 형상은 말로는 이루 다 표현하기 어렵더라.'에 서술자의 개입이 드러난다.

오답풀이 ② 숙향의 내적 갈등이 드러날 뿐 인물 간의 갈등은 드러나지 않는다. 오히려 인물들이 숙향을 돕고 있다.

③ 불이 난 배경 묘사가 잠깐 나오기는 한다. 하지만 이것으로 인물의 성격 변화가 드러나지는 않는다.

④ '고사'란 옛이야기를 의미한다. 숙향이 처한 쓸쓸한 상황은 나오지만 대화 속에 고사를 인용한 부분은 없다.

22. ▶③

정답풀이 '적당(賊黨)'은 도적의 무리를 의미하므로 홍길동이 '활빈당'이라는 도적의 무리에서 부자들의 돈을 도둑질한 죄명을 유추할 수 있는 단서라고 볼 수 있다.

오답풀이 ① '㉠ 체읍주왈(涕泣奏曰)'이란 '눈물을 흘리며 말하길'을 의미하므로 길동이 거짓 웃음을 짓고 있다는 것은 옳지 않다. 서자인 자신의 처지를 한탄하며 눈물을 흘리고 있다.

② ㉡은 길동이 자신이 천비 소생임을 한탄하는 부분이므로 부형의 훈계를 듣지 않은 것을 한탄하고 있는 것이 아니다.

④ '㉣ 참연(慘然)히', '슬프고 참혹하게'를 의미한다. ㉣의 주체는 길동이 아니라 길동의 형 '감사'이다. '감사'는 자신을 위해 잡힌 동생을 보고 슬퍼한 것이다.

23. ▶④

정답풀이 '풍우같이 잡혀 오지만'에서 비유적인 표현이 쓰인 것은 맞다. 하지만 이는 길동이 수레에서 탈출하는 모습이 아니라 길동이 잡혀 오는 모습을 표현한 것이다.

오답풀이 ① "군영(五軍營)의 기병들이 말을 달려 길동을 쏘려 했으나 말을 아무리 채찍질해 몬들 길동의 축지하는 법을 어찌 당하랴."는 서술자가 직접 개입하여 길동의 장면을 묘사하는 부분이다.
② "길동이 대궐 문 밖에 다다라 자기를 잡아온 장교를 돌아보면서 말하기를, "너희는 날 호송하여 이곳까지 왔으니 문죄 당해 죽지는 아니하리라." 하고, 수레에서 내려 천천히 걸어갔다."에 호송하는 장교를 배려하는 길동의 면모가 드러난다.
③ "좌우의 포수가 일시에 총을 쏘았지만 총구에 물이 가득하여 할 수 없이 계획을 이루지 못했다.", "길동을 쏘려 했으나 말을 아무리 채찍질해 몬들 길동의 축지하는 법을 어찌 당하랴."에 비현실적 요소를 도입하여 길동의 남다름을 나타내고 있다.

24. ▶①

정답풀이 '춘풍 아내'가 오라비가 있사오니 비장으로 데려가 주시길 바란다는 말에 '대부인'은 "네 청이야 아니 듣겠느냐? 그리하라."라고 흔쾌히 들어주었다.

오답풀이 ② '김 승지'는 '춘풍 아내'의 말을 듣고 그의 오라비를 비장으로 삼기는 한다. 하지만 그 비장이 '춘풍 아내'가 오라비 대신 비장이 될 것임을 몰랐으므로 이 선택지는 옳지 않다.
③ '추월'은 '비장'을 돌려보내려 하지 않고 오히려 그를 유혹하여 하였다.
④ 춘풍은 '비장(= 춘풍 아내)'이 춘풍을 보고 어쩌다가 걸인 꼴로 사환(= 머슴)을 하냐고 내력을 묻자 춘풍은 '소인도 경성 사람'임을 드러내고 있다.

25. ▶①

정답풀이 앞 부분에 '산은 달을 토하고 안개는 버들잎을 감싸고 바람은 꽃잎에 살랑 불었다.'에 잠깐 배경 묘사가 나오기는 하나 이것을 통해 천상계와 현실계가 연결되어 있음을 드러내지는 않는다. 또한 이 상세한 배경 묘사라고 보기에도 어렵다.

오답풀이 ② 꿈에서 깬 유영은 망연자실하여 침식(= 잠자는 일과 먹는 일)을 제대로 하지 못하였다. 이것에는 작가가 가진 비극적인 세계관이 간접적으로 드러난다고 볼 수 있다.
③ '김 진사가 눈물을 거두고 감사의 뜻을 표하며 이렇게 말했다.'를 통해 두 사람의 과거를 김 진사가 직접 들려줌을 알 수 있다. 이를 통해 실제감을 높이고 있다.
④ 유영이 술에 취해 잠들었다가 깨어나 운영과 김 진사를 만났다가 꿈을 깨는 몽유 구조가 보인다.

26. ▶④

정답풀이 초점이 '포상금 제도'에 잘못 맞춰져 있다. 〈다모전〉은 포상금을 받으려고 가족인 형수를 고발한 양반의 행위 자체를 비판하려는 것이다.

오답풀이 ① 작가는 남편을 위해 술을 빚은 주인 여자를 봐준 다모에 대해 유덕하다고 표현하고 있다. 이는 법보다도 인륜적 가치를 중시하는 시대적 관점에서 서술된 것으로 볼 수 있다.
② '다모'는 '지난날, 관청의 식모 노릇을 하던 천비'를 의미하므로 지위가 낮은 다모의 행위가 의로움이라는 교훈을 주는 전(傳)의 서술 대상이 되었음을 알 수 있다.
③ 다모와 젊은 생원, 주부, 주인 여자의 대화와 행동의 제시가 중심이 되고 있다.

27. ▶④

정답풀이 '외경(畏敬)'이란 공경하면서 두려워하는 것을 의미한다. 하지만 "당신은 한평생 글 읽기를 좋아했지만 관가의 환곡을 갚는 데 아무런 도움이 못 되는구려. 양반 양반하더니 양반은 한 푼 가치도 못 되는구려."은 외경하는 마음과는 거리가 멀다.

오답풀이 ① '그 양반은 밤낮으로 훌쩍거리며 울었지만 별다른 대책도 생각해 낼 수 없었다.'를 통해 스스로 자기를 구하기 위한 방책을 마련하지 못함을 알 수 있다.
② '군수는 마음속으로 그 양반이 가난해서 갚을 길이 없는 것을 불쌍히 여겼지만'을 통해 확인할 수 있다.
③ '불쌍히 여겼지만 그렇다고 해서 가두지 않을 수도 없었다.'를 통해 관찰사는 공평하고 사사로움이 없게 일을 처리하려함을 알 수 있다.

28. ▶③

정답풀이 '달아, 너는 내 심사를 알리라. 작년 이때 뒷동산 명월 아래 우리 임을 만났더니, 달은 다시 보건마는 임은 어찌보지 못하는고.'를 보면 송이와 임이 이별한 채로 그리워하고 있는 내용임을 알 수 있다. 이와 관련된 것은 ③이다.

오답풀이 ① 죽어 이별한 후 느끼는 슬픔과 체념
② 가난한 여인의 외로움
④ 이별의 정한 → 제시문은 정한보다는 외로움에 초점이 맞춰져 있으므로 ③이 더 정답으로 적절하다.

29. ▶②

정답풀이 이 작품은 정약용의 한문 수필로 경험과 사색, 자문자답을 통해 성찰의 과정을 보여준다. 따라서 타인과의 문답 과정을 통해 의문을 해소한다는 표현은 적절하지 않다.

오답풀이 ① 자신을 잃게 만드는 구체적 사례를 열거함으로써 글쓴 이가 얻은 깨달음을 드러내고 있다.

③ '맹자가 말씀하시기를' 뒤에 맹자의 말을 인용함으로써 자신의 주장의 설득력을 높이고 있다.

④ '그러니 굳이 지키지 않아도 어디로 가겠는가.'라는 의문을 제시함으로써 독자의 흥미를 유발하고 있다.

30. ▶③

정답풀이 ㉠의 나[吾]는 잘 달아난다고 했으며, '잠시 살피지 않으면 어디든지 못 가는 곳이 없다.'라고 하였으므로 적절하다.

오답풀이 ① 밭을 지구 달아날 자가 없으니 밭은 지킬 필요가 없고 훔치기 어려운 것이므로 적절하지 않다.

② 나[吾]는 '이익으로 꾀면 떠나가'기 때문에 유혹에 쉽게 떠나가므로 적절하지 않다.

④ 나[吾]는 '한 번 가면 돌아올 줄을 몰라서, 붙잡아 만류할 수가 없다.'라고 하였으므로 떠났다가도 곧 돌아온다는 서술은 적절하지 않다.

31. ▶③

정답풀이 이 작품은 의유당이 조선 영조 때 함흥 판관으로 부임하던 남편을 따라가 그곳의 명승 고적을 돌아다니면서 느낀 바를 기록한 기행문으로 허구적이 아닌 사실적으로 구성한 갈래에 해당한다.

오답풀이 ① 의유당 김씨는 여성작가로, 한글로 쓰여 전해진다.

② '홍색이 거룩하여 ~ 호박도곤 더 곱더라'의 부분이 일출 직전의 장면을 표현한 것으로 해돋이 장면을 감각적이고 생동감 있게 묘사하고 있다.

④ '회오리밤', '큰 쟁반', '수레바퀴'는 동일한 대상으로 일출 때의 해를 비유적으로 표현한 것이다.

03 독해
Part

| Chapter **01** | [화법] 말하기 방식 | p.230 |

01. ▶③

정답풀이 〉 첫 문장에 '오토바이를 타는 사람은 헬멧을 착용하여 머리를 보호할 수 있습니다.'라는 장점이 나온다. '헬멧을 쓰는 것이 보기에도 좋지 않고, 거추장스럽다고 여겼습니다.'라는 이야기가 나오기는 하나 이것은 부정적 측면을 드러내기 위한 것이 아니라, 서술자의 인식 변화를 드러내기 위해 서술한 문장이다. 따라서 긍정적인 면보다 부정적인 면을 강조하고 있다는 서술은 적절하지 않으며, 부정적인 면보다 긍정적인 면을 강조한다고 보는 것이 적절하다.

오답풀이 〉 ① (가) 첫 문장에 '지난달 제 친구는 퇴근 후 오토바이를 타고 집으로 돌아가다가 사고를 당했습니다.'라는 구체적인 사례가 나와 있으므로 적절하다.

② '매년 2천여 명이 오토바이를 타다가 머리를 다쳐', '오토바이 사망 사고 원인의 80%가 두뇌 손상'이라는 통계를 활용하였다. 또한 이러한 통계를 제시하여 문제의 심각성을 부각하고 있으므로 적절하다.

④ 헬멧을 쓴다는 문제 해결 방안에 따른 이익으로 '오토바이를 타는 모든 사람이 헬멧을 착용한다면 오토바이 사고로 인한 신체 피해를 75% 줄일 수 있습니다.'가 제시되어 있다. 또한 '안전을 위해서 헬멧을 반드시 착용하시기 바랍니다.'라고 청자에게 요구하는 행동을 명확하게 제시하고 있으므로 적절하다.

02. ▶①

정답풀이 〉 유대감이란 서로 밀접하게 연결되어 있는 공통된 느낌을 의미한다. 백 팀장은 팀원들이 원하지 않는 바람을 드러내고 있기 때문에 팀원들에 대한 유대감을 드러내는 표현을 사용했다는 것은 옳지 않다.

오답풀이 〉 ② 고 대리는 공개가 부담스럽고, 타 부서와 비교될 것 같다고 반대하는 이유를 명시적으로 밝혔다.

③ 임 대리는 '저도 팀장님 말씀대로 정보를 공유한다는 취지는 좋다고 생각해요.'라며 초반에는 취지에 공감함으로써 일단 백 팀장의 체면을 세워 주고 있다.

④ 의견을 들어본 후 잘된 것만 올리는 것이 어떠냐면서 의문문을 통해 자신의 의견을 간접적으로 드러내고 있다.

03. ▶①

정답풀이 〉 ㉠에서 '저도'라며 김 주무관의 의견에 대한 공감을 표현하였다.

오답풀이 〉 ② ㉡은 의문형 서술이 아닌 평서형 서술을 통해 상대방에게 어떻게 준비하면 좋을지 간접적으로 의견을 묻는 발화이다. 직접 질문은 의문형 서술을 통해 이루어진다.

③ ㉢은 김 주무관에게 어떤 것들을 조사하면 좋을지 되묻고 있다. 따라서 최 주무관은 김 주무관의 의견에 동의한다고 볼 수 있다.

④ ㉣은 의문문을 통해 상대방의 의견을 보다 구체화하면서 간접적인 동의를 구하는 진술이다.

04. ▶②

정답풀이 〉 운용은 은지의 주장이 타당한 근거가 있는지를 물어본 것으로 찬반 의견을 드러내지 않았다. 반대하고 있다는 서술은 적절하지 않다.

오답풀이 〉 ① '설탕세 부과'라는 화제를 제시하였다.

③ '세계보건기구 보고서'를 통해 설탕세를 부과하면 소비가 감소한다는 근거를 제시하였다.

④ 은지는 설탕세를 부과하여 소비를 줄이고 이를 통해 질병이 예방된다고 하였다. 재윤의 당 섭취와 질병 발생이 유의미한 상관관계가 없다는 진술은 이를 부정하는 것이다.

05. ▶③

정답풀이 〉 이러한 화법 문제는 발문이 중요하다고 강조했다. 발문 안에 발화자가 나오면 그 발화자의 대사에만 집중하면 되기 때문이다. 따라서 우리는 '지민'의 대사에만 집중하면 된다. 지민이의 맨 마지막 발화를 보면 정수의 의견을 존중하면서 통계 자료를 인용한 것이 설득력 있었다고 하지만, 뒤에는 '하지만 초두 효과의 효용성도 크지 않을까 해.'라며 자신의 의견을 제시하고 있다.

오답풀이 〉 ① 지민이는 자신의 면접 경험을 예로 든 적이 없다.

② 지민이는 정수의 약점을 공략하기보다는 정수의 의견을 존중해 주고 있다.

④ 정수와 의견이 단순히 다를 뿐이지, 갈등 관계에 있다고 보기 힘들다. 또한 갈등 해소를 위한 감정 표현도 나타나 있지 않다.

06. ▶②

정답풀이 〉 공감의 표지란 청자에게 언어적, 비언어적, 반언어적인 표현으로 공감을 표현하는 것을 의미한다. A와 B 모두 고개 끄덕임(＝비언어적 표현)을 사용하며 공감의 표지를 드러낸다. 또한 언어적 표현으로 '네. 알겠습니다', '맞습니다'를 사용하고 있다.

오답풀이 ① A의 대사만 빼놓고 봐도 A는 개조식 요약 방법에 대한 문제 제기를 하고는 있어도 B에게 요약 방식을 제안하고 있지는 않는다.

③ B는 A의 문제 제기에 '그렇겠네요'라고 동의를 했으므로 자신이 다른 입장임을 드러냈다는 것은 옳지 않다.

④ '개조식으로 요약할 경우 회의 내용이 과도하게 생략되어 이해가 어려울 수 있다'고 얘기한 것은 A가 아니라 B이다.

07. ▶③

정답풀이 B는 고객이 제안서에 "동일한 사업적 효과가 있을지 궁금하다"며 의문을 제기한 내용을 근거로 고객의 답변이 완곡한 거절이라고 판단하고 있으므로 이 선택지는 옳다.

오답풀이 ① A는 "해당 사업에 관하여 제 제안서를 승낙했다는 답변이잖아요."를 보면 고객의 답변에 대해 승낙이라는 의미로 이해하고 있음을 알 수 있다. 하지만 B는 "보통 그런 상황에서는 완곡하게 거절하는 의사 표현이라 볼 수 있어요."를 보면 고객의 답변에 대해 거절의 의미로 이해하고 있다. 따라서 A와 B는 고객의 답변에 대해 제안서 승낙이라는 의미로 다르게 이해하고 있음을 알 수 있다.

② B는 요즘 같은 코로나 시기에는 이전과 동일한 사업적 효과가 있을지 궁금하다고 말한 것은 완곡하게 거절하는 표현이라고 하고 있다. 하지만 A는 "하지만 궁금하다고 말한 것이지 사업을 수용하지 않는다는 것은 아니지 않나요? 답변을 할 때도 굉장히 표정도 좋고 박수도 쳤는데 말이죠. 목소리도 부드러웠고요."를 보면, 동일한 사업적 효과가 있을지 궁금하다는 표현을 긍정적인 평가라고 보고 있음을 알 수 있다.

④ "표정도 좋고 박수도 쳤는데 말이죠."에 비언어적 표현이 나오는데, A는 이러한 비언어적 표현을 바탕으로 하여 고객의 답변을 제안서에 대한 승낙으로 보고 있음을 알 수 있다.

08. ▶②

정답풀이 " 나도 그런 적이 있어. 작년의 내 짝꿍도 ~ 짝꿍과 솔직하게 얘기를 해 봤더니, 그 애도 자신의 잘못된 점을 고치더라고."에서 정민이는 자신의 경험을 말해준다. 그 경험을 듣고 상수는 "나도 생각을 바꾸려고 노력해 보고, 짝꿍하고 진솔한 대화를 나눠 봐야겠어."라는 해결점을 찾고 있으므로 ②가 정답이다. 이는 공감적 듣기 중 '적극적 듣기'이다.

09. ▶①

정답풀이 '나'는 "음, 요즘 날씨 때문에 더 그렇지? 네가 중요하다고 생각하는 시기에 집중력이 떨어진다니 속이 상하겠구나."라고 하며 '가'의 말을 존중하고 이해해주고 있으므로 공감적 대화라고 볼 수 있다.

오답풀이 ② "안정감을 가져 봐. 많이 지쳐서 그럴 수 있으니 며칠 쉬면서 생각해 보면 어떨까?"라며 상대의 말에 해결책을 제시해주고 있으므로 진정한 공감적 대화라고 보기 어렵다.

③ "고민만 하지 말고 좋은 방법을 찾아봐."라며 상대의 말에 해결책을 찾으라고 북돋는 것은 진정한 공감적 대화라고 보기 어렵다. 그보다는 상대의 경험을 존중하고 이해해야 했다.

④ "지금이 얼마나 중요한 시기인데 그런 얘길 하니?"라며 잘못을 지적하고 "마음을 다잡고 일단 최선을 다해 봤으면 좋겠구나." 해결책을 제시하고 있다. 이는 진정한 공감적 대화라고 보기 어렵다.

10. ▶②

정답풀이 혜선은 동석이가 교실 공기가 탁하다는 물음에 ⓒ처럼 덥다고 직접 발화로 답하고 있다.

오답풀이 ① (창문을 열어줄 것을 바라는 마음에서)라는 지시문을 고려하면 ㉠은 '창문을 열어달라'는 요청이 담긴 간접 발화이다.

③ ⓒ은 환기를 하기 위해 창문을 열어달라는 요청이 직접 담긴 것으로, 자신의 의도를 직접적으로 표현하는 직접 발화이다.

④ ㉣은 함께 나가자는 요청 또는 청유의 의도이지만 의문형 어미를 사용하고 있으므로 간접 발화이다.

11. ▶②

정답풀이 '반영하기'는 상대의 생각을 수용하고 상대의 현재 상태에 감정 이입을 하여 의미를 재구성하는 방법이다. 아이는 모레가 시험인데 꼭 치과에 가야 하냐고 묻고 있으므로 이에 감정 이입하여 생각하면 '시험 준비를 해야 하는데 치과를 가야 하는 것에 대한 부담감'이 있음을 알 수 있다. 따라서 '네가 치료보다 시험에 집중하고 싶구나'임을 알 수 있다.

Chapter 02 **[화법] 공손성의 원리** p.236

01. ▶③

정답풀이 "네 목소리가 작아서 내용이 잘 안 들렸는데"라고 하는 것은 상대방에게 큰 부담을 주는 발언으로 공손성의 원리에 아예 어긋난다. ⓒ처럼, 상대방이 관용을 베풀 수 있도록 자신의 탓으로 돌리려면, "내가 귀가 좀 안 들리는데, 다시 한번 크게 말해 줄래?"라고 해야 한다.

오답풀이

> ① ㉠ 자신을 상대방에게 낮추어 겸손하게 말해야 한다.
>   ⇒ 겸양의 격률

"아닙니다. 아직도 여러모로 부족한 부분이 많습니다."는 상대에게 칭찬을 듣고도 자신을 낮추는 표현이므로 적절하다.

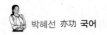

② ㉡ 상대방의 처지를 고려하여 상대방이 부담을 갖지 않도록
　　말해야 한다.
　　⇒ 요령의 격률

미안하다고 하는 상대방의 처지를 고려하여 "괜찮아요. 쇼핑하면서
기다리니 시간 가는 줄 몰랐어요."라고 말함으로써 상대의 부담을 줄
여주고 있다.

④ ㉣ 상대방의 의견에서 동의하는 부분을 찾아 인정해 준 다음
　　에 자신의 의견을 말해야 한다.
　　⇒ 동의의 격률

"그거 좋은 생각이네."라고 동의를 해 준 후에 자신의 의견을 말하고
있다.

02.　　　　　　　　　　　　　　　　　　　　▶②

정답풀이 공손성의 원리에 대한 문제이다.
이 부장은 늦어서 미안해하는 김 대리가 부담을 느끼지 않게끔 최 대
리와 즐겁게 대화를 나누어서 시간 가는 줄 몰랐으니 괜찮다고 말하
고 있다. 이는 상대방인 김 대리가 부담(미안함)을 느끼지 않도록 부
담을 최소화하는 표현을 쓴 것이다. 따라서 상대방에게 부담이 되는
표현을 최소화한다는 ②가 가장 적절하다.
참고로, ②는 공손성의 원리 중 요령의 격률에 해당하는 것이다. 상
대방에게 부담이 되는 표현을 최소화하고 이익이 되는 표현을 최대
화하는 것을 의미한다.

오답풀이 ① 동의의 격률과 관련된 선택지이다. 이 제시문과는 관련
　　이 없다.
③ 관용의 격률과 관련된 선택지이다. 이 제시문과는 관련이 없다.
④ 찬동(칭찬)의 격률과 관련된 선택지이다. 이 제시문과는 관련이
　　없다.

03.　　　　　　　　　　　　　　　　　　　　▶④

정답풀이 '겸양의 격률'은 자기 자신에 대한 칭찬은 최소화하고 자신
에 대한 비방을 극대화하는 것이다. 따라서 '가'의 칭찬에 아직 많이
부족하다며 자신을 낮춘 '나'의 자세가 겸양의 격률이 맞다. '가'는 상
대의 좋은 점을 칭찬하므로 찬동의 격률을 잘 지키고 있다.

오답풀이 ① '가'는 상대에 대한 칭찬을 극대화하고 있으므로 찬동의
　　격률이 사용된 대화이다.
② '가'는 청유나 명령의 의문형으로 제시하여 상대의 부담을 줄여주
　　고 있으므로 요령의 격률이 사용된 대화이다. '나'는 '좋지'라며
　　상대의 의견에 동의한 후 자신의 의견을 말하고 있으므로 동의의
　　격률을 잘 지킨 대화이다.
③ '가'는 자신의 귀가 안 좋다고 이유를 들고 있으므로 관용의 격률
　　을 사용한 대화이다.

04.　　　　　　　　　　　　　　　　　　　　▶①

정답풀이 발문을 잘 봐야 한다. '손님'은 주인의 요리 솜씨를 칭찬하
므로 이는 '찬동의 격률'에 해당한다. (하지만 '주인'은 칭찬을 겸손하
게 받아들이므로 '겸양의 격률'에 해당된다.)

오답풀이 ② 요령의 격률
③ 관용의 격률
④ 겸양의 격률

Chapter 03　　[화법] 협력의 원리　　　　　　　　p.239

01.　　　　　　　　　　　　　　　　　　　　▶①

정답풀이 지문에 따르면 '관련성의 격률'이란 해당 대화 맥락과 관련
되는 말을 하라는 격률이다. 대화 (1)의 ㉡은 체중을 물어보는 ㉠의
질문에 체중 외의 정보도 제공하였다. 이는 대화의 목적에서 벗어난
필요 이상의 정보를 제공하지 말라는 '양의 격률'을 위배한 것이다.

오답풀이 ② 백 미터 달리기에서 본 '비행기보다 빠른 사람'이 실제
　　로 비행기보다 빠른지에 대한 증거가 불충분하다. 따라서 증거가
　　불충분한 것은 말하지 말라는 '질의 격률'을 위배하였다.
③ ㉠은 너의 나이에 대한 정보만 물어보았음에도 불구하고 ㉡은 그
　　가 물어보지 않은 형의 나이까지 대답하였다. 필요 이상의 정보를
　　제공하였으므로 '양의 격률'을 위배하였다.
④ '생각해 보고 마음 내키는 대로' 먹겠다는 것은 모호한 태도에 해
　　당하므로 '태도의 격률'에 어긋난 발화이다.

02.　　　　　　　　　　　　　　　　　　　　▶③

정답풀이 태도의 격률은 모호하거나 중의적인 표현을 피하는 것인데
③의 '합격'은 역공이의 떡볶이를 먹으러가자는 말에 명확하게 대답
하지 않고 이랬다저랬다 애매모호하게 대답하고 있다.

오답풀이 ① 대화의 목적이나 주제와 관련된 것을 말해야 한다는 관
　　련성의 격률을 어기고 있다. 역공이는 준비물을 물어봤지만 '합
　　격'은 짝 바꾸는 것에 대해 얘기하고 있기 때문이다.
② '대화 내용이 사실이어야 한다'는 질의 격률을 어기고 있다. 노래
　　를 들어본 적도 없으면서 들어본 적 있다고 하고 있다. 거짓말을
　　하면 안 된다.
④ '필요한 만큼만 정보를 제공해야 한다.'는 양의 격률을 어기고 있
　　다. 영어 시험 범위만 알려주면 되는데 다른 과목의 범위까지 알
　　려주고 있기 때문이다.

Chapter 04 [작문] 조건에 부합한 선지 찾기 p.241

01. ▶④

정답풀이 '휴대폰 사용'과 '교복 착용'이라는 두 쟁점 중 '휴대폰'으로 단일화하였고 '휴대폰 사용 규정을 개정해야 한다.'라는 주장에 대해서는 찬성과 반대 두 입장으로 구분할 수 있다. 또한 '규정을 개정해야 한다.'라는 완결된 긍정문으로 진술하였으며 '학생들'로 범위를 특정하였으므로 적절하다.

오답풀이 ① '운동장 개방'이라는 하나의 쟁점을 다룬 것은 맞지만, '개방하면 안 된다.'는 반대 측의 입장을 부정문으로 진술했으므로 부적절하다.
② 기존 문장의 '무분별한'과 수정 문장의 '과도한'은 범위를 특정하기 어려운 부정확한 표현이므로 부적절하다. 따라서 간식의 종류를 명확히 하거나 개수를 제한하는 방식으로 수정해야 한다
③ '제안해 보자.'라는 문장은 찬성과 반대 입장을 규정하는 토론 논제가 아니라 토의를 위한 논제이므로 부적절하다.

02. ▶①

정답풀이 첫째, "~유지해야 한다."를 보면 긍정 평서문으로 되어 있다. 둘째, 저 평서문에 찬성과 반대가 분명히 나뉜다. (징병제도는 유지해야 한다는 입장과 안 된다는 입장) 셋째, '징병제도 유지/폐지'로 쟁점이 하나이며 넷째, 어느 한편에 유리하게 작용되는 표현도 쓰이지 않고 있으므로 가장 토론 논제에 잘 맞는다.

오답풀이 ② '~할 수 없다'는 긍정 평서문이 아니므로 토론논제로 적절하지 않다. (첫 번째 조건 어김) 나머지 조건에는 모두 부합한다.
③ '야만적인'이라는 말에 두발제한을 부정적으로 보는 정서적 표현이 사용되었으므로 토론논제로 적절하지 않다. (네 번째 조건 어김) 나머지 조건에는 모두 부합한다.
④ '내신 제도 개혁 찬성/반대'와 '논술 시험 개혁 찬성/반대'는 쟁점이 2개이므로 토론 논제로 적절하지 않다. (세 번째 조건 어김) 나머지 조건에는 모두 부합한다.

03. ▶①

정답풀이 〈보기〉의 의도를 가장 잘 반영한 것은 ①이다. 개나리꽃이 핀 모습을 인간의 춤에 비추어 표현하고 있으므로 인간 현상에 비추어 표현하는 조건을 충족시킨다. 또한 개나리꽃이 핀 모습을 인간의 춤(군무)과 운동(단체 경기)에 비유하였다. 마지막으로 '나를 내세우지 않고 전체를 빛낸다'에서는 가치의 요소를 여운 있게 드러내고 있다.

오답풀이 ② 개나리꽃이 핀 모습을 인간 현상에 비추어 표현하고 있지 않다.

③ 개나리꽃이 핀 모습을 인간 현상에 비추어 표현하고 있지 않으며 유추와 비유의 효과를 살리고 있지도 않다.
④ 세 가지의 조건을 모두 충족하고 있지 않다. 다만 개나리 꽃이 피고 지는 것을 아쉬워하는 의미만 있을 뿐이다.

04. ▶②

정답풀이 〈조건〉에서는 두 가지를 충족하는 글쓰기를 하라고 하고 있다. 첫째는 '반려 동물 보호에 대한 관심을 환기하고 보호 활동에의 참여를 촉구하는 내용을 담을 것'이고, 둘째는 '대구를 활용할 것'이다. '당신의 마음이 열려야, 당신의 손길이 닿아야'는 대구를 활용하여 관심과 참여를 촉구하고 있으며, '반려 동물 유기와 학대를 끝낼 수 있습니다.'를 통해 반려 동물 보호에 대한 내용임을 밝히고 있다.

오답풀이 ① 반려 동물 복지에 문제가 있다는 내용을 제시하고 있다. 그리고 그 문제의 해결에 동참을 촉구하고 있다. 대구를 활용하고 있지 않다.
③ 대구를 활용하고 있지 않으며, '당신의 반려 동물과 눈을 맞춰 주세요.'는 반려 동물 보호에 대한 관심을 촉구하는 내용이 아니다.
④ 반려 동물 보호에 대한 관심을 촉구하는 내용을 담고 있으나, 대구가 활용되고 있지 않다.

05. ▶②

정답풀이 〈보기 1〉은 미래는 현재의 자신이 무엇을 생각하고 어떻게 행동하느냐에 달려 있다며, 미래를 위해 현재에 최선을 다하여야 함을 강조하고 있다. 〈보기 2〉는 '국화처럼'에서는 직유법이 쓰였다. 또한 '사과, 배, 감, 귤, 석류 등'에는 열거법이 쓰였다. 이러한 조건을 모두 만족하는 것은 ②이다. ②는 현재의 '반성, 성실한 노력, 그리고 꿈과 열정'으로 미래의 나를 만드는 것이므로 〈보기 1〉을 잘 충족하였다. 또한 '생각(반성), 실천(노력), 열정'에서 〈보기 2〉의 열거법이 쓰였으며 '건축가와 같다'에 〈보기 2〉의 직유가 쓰이고 있다.

오답풀이 ① '얼음처럼'에서 〈보기 2〉의 직유만 사용되었다. 〈보기 1〉의 관점이 제대로 반영되지 않았고, 열거의 표현 기법도 찾을 수 없다.
③ 〈보기 1〉의 관점이 일부 드러나 있으며(미래는 준비하는 자의 것이다.) 열거의 표현 기법(과거나 현재의 처지, 환경, 운명)도 있지만, 직유의 표현 기법이 활용되지 않았다.
④ 〈보기 1〉의 관점이 있으며 열거의 표현 기법도 있지만, 직유의 표현 기법이 활용되지 않았다.

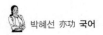

Chapter **05** **[작문] 개요(도표, 그림), 활용, 내용 생성** p.244

01. ▶④

정답풀이 서론에서 프로그램이 오락 프로그램 위주로 편성되었음을 지적하고 있다. 본론에서는 이러한 편성의 배후에 방송사 경영진들의 영향이 있었음을 지적하고, 방송은 공익성도 지니고 있음을 확인한다. 이를 바탕으로 제목은 "프로그램 편성과 방송사 경영" 결론은 "텔레비전 프로그램 편성이 방송사 경영진의 방침에 종속되어서는 안 된다."라고 찾을 수 있다.

오답풀이 ① ㉠에서 '방송사의 역할'은 본론에 나오지 않으므로 옳지 않다. 본론에서는 방송의 상업성, 공업성 같은 특성을 제시할 뿐, 방송사의 역할에 대해서는 다루지 않는다. 또 ㉡에서 본론에 어떤 것이 좋은 프로그램인지에 대한 가치를 판단하는 부분이 나오지 않는다. 돈 되는 것을 좋아한다는 내용만 나오기 때문에 "좋은 프로그램 보기 운동을 선도해야 한다."은 옳지 않다.
② ㉠ 프로그램 시청자에 대한 내용이 본론에 주되게 나오지 않고 있으므로 옳지 않다.
㉡ 시청자가 성원을 보내야 한다는 내용이 나오지 않고 방송국의 편성 내용에 대해 이야기를 하고 있으므로 옳지 않다.
③ ㉠ 프로그램 시청자의 권리와 의무에 대한 내용이 본론에 주되게 나오지 않고 있으므로 옳지 않다.
㉡ 시청자가 참여해야 한다는 내용은 본론에도 나오지 않는다.

02. ▶②

정답풀이 개요 'Ⅱ-1'의 '경제적인 파급 효과'는 한류 육성으로 경제적 파급 효과가 있을 것이라는 내용이 와야 한다. 따라서 이 부분에는 '경제적 파급 효과'에 관한 것을 근거 자료로 제시해야 하나, ㉡은 아시아 각국에서 한국으로 많은 문화가 수출되고 있다는 것을 근거자료로 제시해야한다고 했으므로 적절하지 않다.

오답풀이 나머지는 옳은 선택지이다.

03. ▶④

정답풀이 '탈춤의 세계화를 통한 민족적 자부심 고취'는 탈춤의 세계화로 인한 효과에 해당하는 내용이므로 '본론-1'에 들어가는 것이 적절하다. 결론에서는 원래 제시되어 있는 '탈춤의 세계화를 위한 방안의 촉구'를 그대로 유지하여 본론의 내용을 요약하며 강조하는 것이 적절하다.

오답풀이 ① 글의 주제가 '탈춤의 세계화 방안 마련'이므로 탈춤 자체의 특징을 다루어야 한다. '우리나라 민속극의 발전 과정'은 탈춤뿐만 아니라 다른 민속극 모두를 다루는 내용이므로 적절하지 않다. 따라서 ㉠은 '탈춤의 특징과 가치' 정도로 바꾸는 것이 적절하다.
② 탈춤은 전통문화라는 상위 개념 안에 속하는 하위 개념이므로 ㉡에는 '전통문화의 특징'을 제시하는 것보다 '탈춤의 세계화로 인

한 효과'를 다룬 내용을 전개하는 것이 통일성에 부합한다.
③ 'Ⅱ-2-나'는 탈춤의 보존과 세계화를 위한 구체적인 방안에 해당하고, 'Ⅱ-3-나'는 탈춤의 세계화를 저해하는 원인에 해당하므로 상위 항목과의 연계를 고려하여 이 둘의 위치를 서로 바꾸는 것이 적절하다.

04. ▶③

정답풀이 코로나 바이러스가 전염되는 것의 문제점을 제시해야지, 사생활과 관련된 내용을 전달하게 되면 통일성에 어긋나는 내용이 생성될 수 있으므로 옳지 않다.

오답풀이 나머지는 옳은 선택지이다.

05. ▶③

정답풀이 쓰고자 하는 글이 〈동양 연극과 서양 연극의 차이점〉이고, 이 글의 하위 항목인 '관객과 무대와의 관계'에서 활용할 수 있는 세부 내용(글감)을 선택하는 유형이다. 결국 이 문제는 동양 연극과 서양 연극에서 다르게 나타나는 관객과 무대와의 관계를 구체적으로 뒷받침할 수 있는 내용을 찾는 유형이다.
㉢은 형식적 측면에서 엿볼 수 있는 서양 연극과 동양 연극의 차이점에 해당하는 내용이므로 '관객과 무대와의 관계'의 측면과는 관련이 없다.

오답풀이 ①, ②, ④가 관객과 무대와의 관계 측면에서 엿볼 수 있는 동양 연극과 서양 연극의 차이점에 해당하는 내용들이다.

Chapter **06** **[작문] 내용 고쳐 쓰기** p.247

01. ▶⑤

정답풀이 '입히다'의 '히'는 사동 접미사이다. 이를 '상처를'이라는 목적어와 '입게 하다'를 의미하는 것을 통해 알 수 있다. 선배가 한 말이 그에게 상처를 당하게 한 것이므로 옳다. '입다'는 '피해·손해를 보거나 부상을 당하거나 누명 등을 쓰다.'를 의미한다.

오답풀이 ① 언제 개통될지는(×) → 언제 지하철이 개통될지는(○) : 필수적인 문장 성분이 생략되었다. 무엇이 개통되었는지에 대한 주어가 없으므로 '지하철이'를 추가해야 한다. 그렇지 않으면 '개통될지는'의 주어는 자동으로 앞 문장의 주어 '지하철 공사가'가 되기 때문이다.
② 장점과 단점을 보완해야 한다(×) → 장점을 살리고 단점을 보완해야 한다.(○) : 접속조사 '과'로 이어졌으므로 뒤의 서술어 '보완해야 한다'를 공유한다. 하지만 '장점을 보완해야 한다'는 의미가 어색하므로 '장점을 살리고'로 고쳐 목적어와 서술어의 호응을 바르게 해야 한다.

③ 회의를 가질(×) → 회의할, 회의를 할(○) : '회의를 가지다.'는 영어 'have a meeting'을 번역한 말투이므로 옳지 않다. 우리말 표현으로 '회의하다, 회의를 하다'로 고쳐야 한다.

④ 열려져(×) → 열려(○) : '열려져'는 '열+리(피동 접미사)+어지(피동 보조 용언)+어(연결어미)'의 구성이므로 이중 피동 표현이다. 이중 피동은 옳지 않으므로 '열려' 혹은 '열어져'로 고쳐야 한다.

02.   ▶③

정답풀이) '~ 중 하나는 ~이다'는 어법에 맞는 구조이다.

오답풀이 ① '복종하다'는 필수적 부사어 '-에'를 요구하므로 '복종하기도' 앞에 '자연에'를 추가해야 한다.

② '예측+되(피동 접미사)+어지(피동 보조 용언)+었+다'에 이중 피동 표현이 나오므로 적절하지 않다. '예측되었다'로 고쳐야 한다.

④ '두다'는 목적어를 필수적으로 요구하므로 '목표를'을 앞에 추가해야 한다. '~에 있어'는 일본어 투의 표현이므로 지양하는 것이 좋다.

03.   ▶①

정답풀이) '짜여져'는 '짜+이(피동 접미사)+어지(피동 보조 용언)+어'로 이중 피동 표현이다. 따라서 잘못 고친 것이므로 원래대로 '짜여'로 고쳐야 한다.

오답풀이 ② 주어 '게시판은'은 서술어 '개설하였습니다'와 호응되면 어색하다. '개설한 것입니다'로 고치면 주어와 서술어의 호응이 적절해진다.

③ '중점' 뒤에 동사 '추진하겠습니다'가 있으므로 부사어 '중점적으로' 고치는 것은 옳다.

④ '가능한'은 형용사의 관형사형이므로 뒤에 반드시 명사 '한'이 와야 하므로 '가능한 한'으로 고친 것은 옳다.

04.   ▶②

정답풀이) 주술 호응이 자연스럽다.

오답풀이 ① '가능한'은 형용사의 관형사형이므로 뒤에 반드시 명사 '한'이 와야 한다.

③ '고화질의 화면은'이 '손쉽게 얻을 수 있다'와 호응되지 않으므로 '고화질 화면을 볼 수 있는 것은 물론'으로 고쳐야 한다.

④ 서술어 '생각이다'에 호응되는 주어가 없다. 따라서 아예 '생각이다'를 삭제하여 '이제는 이와 같은 관례를 깨뜨릴 때도 되었다'로 고쳐야 한다. 여기에는 전체 주어 '우리가'가 생략되었다.

05.   ▶④

정답풀이) '조심하다'는 동사이므로 명령형으로 쓰일 수 있다. 따라서 하오체의 명령형 '조심하십시오'도, 해요체의 명령형 '조심하세요'도 가능하다. (참고로 형용사는 명령형으로 쓰일 수 없다.)

오답풀이 ① 대등 병렬의 쉼표가 있으므로 '운동도 먹던'도 가능해진다. 하지만 이는 목적어와 서술어의 호응이 적절하지 않다. 따라서 '운동도'에 호응하는 '하고'를 넣는 것은 옳다.

② 희망을 잃지 않은 것은 높임의 주체인 선생님이므로 주체 높임 선어말 어미 '-시-'와 높임 어휘 '말씀'을 쓴 것은 옳다.

③ 있어야 할 주어가 생략되어 있으므로 '그것은'을 추가하고 서술어를 '연주하는 일입니다'로 고치면 호응이 잘 이루어진다.

06.   ▶④

정답풀이) 전개상 '수용하다'의 반댓말이 와야한다. '지향하다'는 작정하거나 지정한 방향으로 나아간다는 뜻이고, '지양하다'는 더 높은 단계로 오르기 위하여 어떠한 것을 하지 아니한다는 뜻이다. 따라서 '지양했다'로 고치는 것이 적절하다.

오답풀이 ① '배울 학(學)'을 사용했기에 수정하지 않는 것이 적절하다.

② 서학은 신봉이 아닌 분석의 대상이었기에 무조건 따르자고 하지 않았다는 것이 자연스러우므로 수정하지 않는 것이 적절하다. '주장하였는데'로 고치면 서학이 신봉의 대상인 셈이기에 뒷 문장과 의미가 충돌한다.

③ 양명학이나 고증학 등의 외부 유입 사유 체계가 있다고 하였기에 수정하지 않는 것이 적절하다.

07.   ▶②

정답풀이) 파놉티콘(panopticon)은 소수의 교도관이 다수의 죄수를 감시할 수 있게 하는 시스템이다. 따라서 'ⓒ 다수'는 옳기 때문에 '소수'로 고치는 것은 옳지 않다.

오답풀이 ① 자리에 없을 때에도 감시하기 때문에 다수가 통제되므로 ⏻을 '없을'로 고치는 것은 옳다.

③ '신변 노출 없이'라는 단서가 있으므로 ⓒ을 '익명성'으로 고치는 것은 옳다.

④ '다수'가 소수의 권력자를 감시하는 것이므로 ⓔ을 '누구나가'로 고치는 것은 옳다.

08.   ▶③

정답풀이) 이어진 서술을 보면 '사랑과 이해에 기반한 순종과 순응'이라는 내용이 나온다. 이는 남편과 갈등을 일으키는 주인공이라 볼 수 없기에 '남편의 의견을 따르는' 주인공이라고 수정하는 것은 적절하다.

해
설

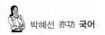

오답풀이 ① 본문의 내용은 드라마에서 이주 여성에 대한 문제를 근본적으로 해결하지 못하고 있음을 지적하는 것이다. 따라서 '다양한 문제 탐색의 가능성'은 적절한 수정이 아니다.

② 뒤에 이어진 내용은 주인공이 자신의 생각을 포기하거나 순종, 순응하는 것으로 갈등이 해결된다고 이야기한다. 따라서 온정적인 소통으로 극복한다는 것은 적절한 수정이 아니다.

④ 본문에 따르면 주인공의 강요된 선택과 순종, 순응으로 실질적 원인이 드러나지 않은 채 문제가 성급히 봉합된다는 것이다. 따라서 상황과 갈등이 여과없이 노출된다는 것은 적절한 수정이 아니다.

09. ▶③

정답풀이 정교하면서도 빠르게 읽어야 하기에 '정(精)'자를 사용한 '정속독(精速讀)'이 적절하다.

오답풀이 ① 각기 '정교한 독서'와 '바른 독서'를 의미하므로 소리가 같지만 뜻이 다른 것이 맞다.

② 문맥상 정교한 독서를 의미하므로 '정독(精讀)'이 적절하다.

④ '빼먹고 읽는 습관'이라는 서술로 보아 정교하게 읽지 못함을 의미한다. 따라서 '정독이 빠진 속독'이 적절하다.

10. ▶②

정답풀이 ⓒ 전후 맥락을 고려할 때 '독립 형태를 두고 형과 대립하는 등' 그대로 유지하는 것이 적절함을 확인할 수 있다. 작품 속 데이미먼은 고통스러운 과정을 경험한다고 했는데, 선지 ②처럼 형과 협력한다는 내용이 될 경우 이는 고통스러운 과정이라고 보기 어렵다.

오답풀이 ① ㉠ 뒤의 '하지만 투쟁 과정에서 데이미먼은 아일랜드인 밀고자를 처형하거나'라는 표현을 통해, 데이미먼이 아일랜드 독립을 위해 투쟁했음을 알 수 있다. 따라서 투쟁을 포기한다는 표현이 아니라, 투쟁을 결심한다는 표현이 적절하다.

③ ⓒ 앞에서 아일랜드 청년들의 무장 투쟁은 밀고자를 처형하는 등 고통스러운 과정이라고 묘사되어 있다. 따라서 청년들의 투쟁은 낭만으로 가득한 것이라고 보기 어려우며, '낭만적인 것이 아니라 모순으로 가득한'으로 수정하는 것이 바람직하다.

④ ⓔ 전후 맥락을 고려하여 독해해야 하는 문제이다. 앞부분에서 식민지 민족해방운동 초기에는 '모두가 한 목표로 협력'할 수 있다는 표현이 나오므로, 뒤에는 이와 반대되는 이야기가 전개될 것이다. 외부 세계와의 갈등은 투쟁 초반부터 존재할 것이므로, '내부 갈등에 직면할 수 있기 때문이다.'로 수정하는 것이 적절하다.

Chapter 07 **서술 방식** p.252

01. ▶①

정답풀이 지문은 사람들이 웹을 주체적으로 서핑하지 않는다고 이야기하고 있으며, 그 예로 '페이스북 뿐만 아니라 우리가 대부분의 시간을 보내는 유튜브, 아마존, 인스타그램, 트위터 같은 인터넷 사이트'를 제시하고 있다. 따라서 지문의 서술 방식으로 가장 적절한 것은 '예시'이다.

오답풀이 ② 대조란 둘 이상인 대상의 내용의 차이점을 서술하는 것이다.

③ 서사란 서술자가 어떤 사건의 전개 과정을 시간의 흐름에 따라 전달하는 양식이다.

④ 인용이란 남의 말이나 글을 자신의 말이나 글 속에 끌어 쓰는 것이다.

02. ▶③

정답풀이 ㄴ. '주자학이란 무엇일까? 주자학은 한마디로 주자가 새롭게 해석한 유학이라 할 수 있다.'에서 묻고 답하는 방식을 통해 논의를 전개하고 있음을 알 수 있다.

ㄷ. '극기복례'는 사람들에게 진심으로 대하고 늘 배려하라는 뜻임을, 충서란 사람들에게 진심으로 대하고 늘 배려하라는 뜻임을 제시하였다. 따라서 어려운 용어를 풀어 써서 독자의 이해를 도운 것으로 볼 수 있다.

오답풀이 ㄱ. 유추란 생소한 어떤 개념이나 현상을 친숙한 대상에 빗대어 설명하는 방식이며, 지문에 유추의 방식은 나오지 않는다.

ㄹ. 은유란 원관념과 보조 관념을 연결어 없이 'A는 B이다(내 마음은 호수요)'의 형식으로 나타낸 것이고, 상징은 추상적 관념을 구체적인 대상에 빗대는 것이다. 지문에는 은유와 상징은 나타나지 않는다.

03. ▶①

정답풀이 아름다운 달밤의 경치를 자세하게 '묘사'하고 있다. '부드러운 빛을 흐뭇이 흘리고 있다. 고요한 속에서 짐승 같은 달의 숨소리가 손에 잡힐 듯이 들리며, 콩 포기와 옥수수 잎새가 한층 달에 푸르게 젖었다.'를 보면 시각적 이미지와 청각적 이미지가 자세히 묘사되고 있기 때문이다.

04. ▶④

정답풀이) 문제점과 해결 방안을 서술하는 부분은 나오지 않았다.

오답풀이) ① '3차 흡연이란 담배 연기를 직접 맡지 않고도 몸이나 옷, 카펫, 커튼 등에 묻은 담배 유해 물질을 통해 흡연 효과를 나타내는 것을 말하는데' 부분에 정의가 쓰였다.

② 2문단에서 사이토카인 염증 반응이 원인이 되어 '간경변과 폐기종, 천식'의 결과를 일으킨다고 했으므로 이는 인과에 해당한다.

③ '몸이나 옷, 카펫, 커튼'에 열거가 나타난다.

05. ▶②

정답풀이) '분석'은 얽혀 있거나 복잡한 것을 풀어 그 요소나 성분·측면 등을 확실히 밝히는 설명 방식이다. 제시문에서는 '담배를 피우는 이유'를 네 가지 측면으로 밝히므로 분석을 사용했음을 알 수 있다.

오답풀이) ① '정의'는 어떤 대상의 사전적인 뜻을 밝히는 것인데 제시문에 없다.

③ '서사'는 시간의 흐름에 따라 서술하는 방식이다. 하지만 ㉠에 해당하지 않는다.

④ '비교'는 두 대상의 공통점을 서술하는 것인데 ㉠에 해당하지 않는다.

06. ▶③

정답풀이) 〈보기〉는 '사람'과 '동물'의 차이점을 설명하는 '대조'의 설명이 활용됐다. ③도 마찬가지로 '바이러스'와 '세균'의 차이점을 설명하고 있으므로 '대조'의 설명 방식이 쓰였음을 알 수 있다.

오답풀이) ① '비유'를 통한 '유추'의 설명 방식이 두드러진다.

② "의미를 지닌 부호를 체계적으로 배열한 것을 기호라고 한다. 수학, 신호등, 언어 등이 모두 여기에 속한다."는 '기호'의 개념, 즉 '기호'에 대한 '정의'에 '수학', '신호등', '언어', '벌들의 춤사위'는 기호의 '예시'이다.

④ '고사리와 고비 등을 양치식물(羊齒植物)이라 하는데'는 작은 범주를 큰 범주로 묶어 가는 '분류(分類)'의 설명 방식이 두드러진다.

07. ▶④

정답풀이) 이 문제는 글의 서술상의 특징을 물어보는 기본적인 문제이다. 제시문에서는 나한과 보살의 특성의 차이점을 서술하고 있으므로 밑줄 친 부분의 주된 설명 방식은 '대조'이다. 나한이 개인적 자각인 반면 보살은 사회적 자각에 입각한 것이라고 한다. 나한은 '개인'에 초점이 있는 반면, 보살은 '사회'에 초점이 있는 것이므로 이는 차이점을 설명하고 있는 것이다.

오답풀이) ① 유추란 같은 종류의 것 또는 비슷한 것에 기초하여 다른 사물을 미루어 추측하는 일을 의미한다. 쉽게 말하면 유추는 어떤 대상을 익숙한 대상에 빗대어 더 쉽게 설명하는 것이다.

② 묘사란, '어떤 대상이나 사물·현상 따위를 언어로 서술하거나 그림을 그려서 나타냄.'을 의미한다.

③ 예시란, '구체적인 예를 들어 보임.'을 의미한다.

08. ▶③

정답풀이) 중심 내용을 효과적으로 설명하기 위해 '유추'의 방식을 활용하고 있다. '유추'란 유사한 점에 기초하여 다른 사물을 더 쉽게 설명해주는 방식이다. '문학이 구축하는 세계는 실제 생활과 다르다.'는 것을 잘 전달하기 위해 건축가가 집을 짓는 것에 빗대어 설명하고 있다. 여기서 '문학'을 '건물'에 빗대고 있으며 '실제 생활'을 '건물의 재료'에 빗대고 있다. 따라서 '유추'의 전개 방식이 적용된 것은 ③이다. ③은 '인생에 목적을 가지며 사는 삶'을 '마라톤'에 비유하고 있기 때문에 답이 될 수 있다.

오답풀이) ① '비교'의 설명 방식이 쓰였다. '르네상스 시대의 화가'와 '인상주의자들' 모두 '사실성'을 추구하고 있으므로 두 대상의 공통점을 서술하는 '비교'가 쓰인 것이다.

② '분석'의 설명 방식이 쓰였다. 소설을 구성하는 요소를 나눠 설명하는 것은 전체(소설)를 부분(구성 요소)으로 나누는 것이므로 적용된 전개 방식은 '분석'이다.

④ '나열, 예시'의 설명 방식이 쓰였다. 신라의 육두품 출신 가운데 학문적으로 출중한 자들의 구체적인 예를 쭉 나열하고 있기 때문이다.

09. ▶④

정답풀이) ④에서 피정의항은 '문학'이고 정의항은 '언어로 인간의 사상과 감정을 표현한 예술이다.'이다. ④는 개념을 명확하게 드러냈으며 개념이 정의항에서 되풀이되지 않고 정의항이 부정적인 진술로 나타나지 않았다. 또한 대상에 대한 묘사나 해석이 아니라 문학이 무엇인지 구체적으로 설명하고 있으므로 4가지 조건을 지킨 정답이다.

오답풀이) ① 개념이 명확하지 않으며, 부정적 진술이다. 또 피정의항을 해석하고 있다.

② 피정의항인 '입헌 정치'의 '정치'가 정의항에서 되풀이되었다.

③ 피정의항을 단순히 묘사하고 있을 뿐 개념이 명확하게 드러나지 않는다.

10. ▶④

정답풀이) 위의 글은 구분(區分)의 설명 방식이 쓰였다. 이와 같은 방식으로 서술된 것은 ④이다. 재생 에너지라는 큰 범주를 작은 범주(수력, 지열, 풍력)로 나누어 설명하고 있기 때문이다.

해설

오답풀이 ① '과정'이 쓰였다. 비빔국수를 만드는 단계를 설명하고 있다.

②, ③ '서사'가 쓰였다. 시간의 흐름에 따라 사건을 서술하고 있다.

11. ▶④

정답풀이 제시문에서는 목초지(牧草地: 가축의 사료가 되는 풀이 자라고 있는 곳)를 늘리기 위해 숲을 파괴하는 중앙아메리카의 상황을 구체적인 통계 수치를 통해 제시하고 있다. '1960년대 이후 중앙아메리카 숲의 25% 이상이 목초지 조성을 위해 벌채', '1970년대 말 중앙아메리카 전체 농토의 2/3가 축산 단지로 점유', 소고기를 생산하기 위해 '1987년 이후 멕시코에만 1,497만 3,900ha 열대 우림 파괴' 등을 보면 알 수 있다.

오답풀이 ① 중앙아메리카의 지금까지 일어나고 있는 환경 파괴의 문제점을 전달하고는 있지만 예측할 수 없는 결과의 나열은 제시문에 나타나지 않는다.

② 전문 용어의 뜻을 쉽게 풀이하는 부분은 나와 있지 않다.

③ 이론적 근거의 나열도 나타나지 않으며 주관적인 주장의 강화가 아니라 객관적인 사실에 대해서만 나와 있다.

12. ▶③

정답풀이 제시문에서는 '노동 시장'과 '생산물 시장' 및 '타 생산 요소 시장'의 차이를 드는 대비의 방식이 사용되고 있다. 그러면서 특히 '노동 시장'이 가지는 특성을 열거하고 있다.

오답풀이 ① 여러 시장의 형태가 언급되기는 하지만 여러 '이론'이 나오지는 않았다.

② 노동 시장에 대한 통념과 그 비판은 언급되어 있지 않다.

④ 노동 시장의 특성을 설명한 정보 전달의 글일 뿐, 새로운 주장을 제시한 글이 아니다.

13. ▶③

정답풀이 반어적 표현이란 겉으로 드러난 언어적 표현과 속의 진짜 의도가 반대인 표현을 의미한다. 하지만 (가)와 (나) 모두 반어적 표현이 나타나지 않는다.

오답풀이 ① (가) '호랑이의 웃음이여, 정말로 웃음거리가 되고 말았구나.'에서는 화자가 호랑이를 조소하고(=비웃고) 있다. (나)에서는 "세상에서 일을 피해 교묘하게 면하는 사람이여, 참으로 '박쥐의 일'이라 하겠구나."를 통해 화자가 박쥐를 조소하고(=비웃고) 있다.

② (가)에서는 호랑이가 탁대사를 먹으려다 결국 놓친 일화, (나)에서는 봉황과 기린의 생일잔치에 가지 않은 박쥐가 변명하는 일화를 제시하여 호랑이와 박쥐의 성격을 각각 보여주고 있다.

④ '우화'란 인격화한 동식물이나 다른 사물에 비겨 풍자나 교훈의 뜻을 나타내는 이야기를 의미한다. (가)는 호랑이, (나)는 박쥐를 인격화하여 풍자와 교훈의 뜻을 나타내므로 옳다.

14. ▶④

정답풀이 (가)는 '3위에 입상했다', (나)는 '동메달을 획득했다'라는 말은 객관적인 사실을 전달한 것이므로 (가)와 (나) 모두 아쉬운 경기 결과였음을 강조했다는 설명은 옳지 않다.

오답풀이 ① '제압(制壓: 위력이나 위엄으로 세력이나 기세 따위를 억눌러서 통제함)'을 쓴 (가)는 한국에 더 호의적인 입장을 취함을 알 수 있다. '승리(勝利: 겨루어 이김.)'는 주관적인 의미의 단어가 아니다. 따라서 (나)는 (가)보다 경기 결과를 객관적인 태도로 표현했다.

② (가)는 선수들의 의욕을 강조했지만, (나)는 그 당시의 상황을 객관적으로 전달하고 있으므로 (가)는 (나)보다 선수들의 의욕을 강조했다고 볼 수 있다.

③ (가)는 '당초(當初: 일이 생긴 처음. 애초) 열세가 예상됐던', (나)는 '예상을 뒤엎고'라는 말을 사용한 것으로 보아 (가)와 (나) 모두 경기 전에 한국 팀의 실력이 북한 팀의 실력보다 낮게 평가되었음을 표현했다고 볼 수 있다.

15. ▶④

정답풀이 제시문에서는 과학과 예술의 설명적 기능이라는 공통점을 제시하고 있다. 하지만 과학과 예술 사이의 원인과 결과를 분석하는 내용은 나오지 않는다.

오답풀이 ① 2문단에서 ㉠의 예시로 '다빈치의 「모나리자」'를 들고 있다.

② 1문단에서 '예술의 본질은 무엇인가를 표현하는 것이다'라며 ㉠에 대한 개념을 밝히고 있다.

③ 1문단에서 '예술이 과학과 마찬가지로 일종의 설명적 기능을 하고 있다는 것이다.'라며 과학과 예술과의 공통점을 서술하고 있다.

Chapter 08 중심 화제, 주제, 제목 찾기 p.259

01. ▶②

정답풀이 '아동학대 처벌법이 학교에도 일괄 적용되면서', '이는 교사들의 사기 저하와 생활지도 포기로 이어진다.'라는 서술을 통해 교사가 아동학대 가해자로 신고당해 어려움을 겪고 있음을 알 수 있다. 따라서 '교사들의 교직 만족도 하락의 원인'이 기사의 주장으로 가장 적절하다.

오답풀이 ① 본문에 교사의 강압적 태도 관련 서술은 나오지 않으므로 적절하지 않다.

③ 교사들의 직권 남용과 교직 태만의 원인 관련 서술은 나오지 않는다.

④ 교사들의 아동학대 실태는 나오지 않는다. 이 글은 '교사가 학생의 문제행동을 지적하거나 제지하는 일까지 아동학대로 신고하는 일이 잦아졌다는 것이다.'라고 서술하고 있을 뿐이며, 이것이 실태라고 보기는 어렵다. 실태란 실제의 사정이나 정세를 의미한다.

02. ▶②

정답풀이 경영(經營)이란 기업이나 사업을 관리하고 운영한다는 뜻이며, '인공적인 조원이 아니라 자연 경관을 경영하는 것이다.', '자연을 해석하고 적극적인 경관으로 건축화한 것', '인위적으로 세운 것이 아니라 자연 위에 그냥 얹혀 있는 느낌'이라는 서술을 통해 '자연 경관의 경영'이 제목으로 가장 적절함을 알 수 있다.

오답풀이 ① 조화(調和)란 서로 잘 어울리게 한다는 뜻으로, '중국과 일본의 정원도 자연과의 어우러짐을 중시했다.'에서 일본과 중국 정원의 특징에 가까움을 짐작할 수 있다.

③ 차경(借景)이란 자연에 거스르지 않고 주위의 풍경을 그대로 경관을 구성하는 재료로 활용하는 기법이다. 셋째 문단의 '그러나 우리 원림에서는 자연 경관을 빌려오는 차경 정도가 아니라 자연 경관 자체가 정원의 뼈대를 이룬다.'라는 서술을 통해 차경은 우리 정원이 아닌 중국과 일본 정원의 특징임을 알 수 있다.

④ 재현(再現)은 다시 나타낸다는 뜻이다. 첫째 문단의 '정원과 유원은 사가(私家)의 정원으로서 평평한 대지에 담을 치고 그 안에 자연을 인공적으로 재현한 것'이라는 서술로 미루어 보아, 중국 정원의 특징임을 알 수 있다.

03. ▶①

정답풀이 이 글은 오픈 에이아이(Open AI)의 챗지피티(ChatGPT)를 설명하고 있으며, 마지막 문단에서 챗지피티와 같은 대형 언어 모델 기반의 에이아이 산업 생태계가 '원천기술 기업', '서비스기업', '애플리케이션을 제공하는 기업'에 활용될 수 있음을 소개하였다. 또한 '우리나라에서도 많은 서비스 기업이 나와서 함께 국가 경쟁력을 높여나가기를 기대해 본다.'라는 문장으로 글을 마무리하였으므로 '챗지피티, 이제 서비스다'가 제목으로 가장 적절하다.

오답풀이 ② 첫째 문단에 '이른바 알파고 모멘텀 이후 에이아이(AI) 산업은 발전했지만, 기대만큼 성장했다고 보긴 어렵다.'라는 서술이 나오기는 하나, 이후 챗지피티를 중심으로 서술하고 있으므로 적절하지 않다.

③ 셋째 문단에 '챗지피티는 그 자체로 킬러 애플리케이션이다.'라는 문장이 나오기는 하지만, 뒷부분에 챗지피티의 활용 방안이 이어지고 있으므로 전체 내용을 포괄하는 제목은 아니다.

④ 마지막 문단의 '현재 대형 언어 모델을 만드는 빅테크 기업들이 주목받고 있지만, 실리콘밸리에서는 … 등 서비스 기업들이 부상 중이다.'라는 문장을 통해, 글쓴이는 서비스 기업에 주목하고 있음을 알 수 있다. 따라서 적절하지 않다.

04. ▶①

정답풀이 앞부분에서 '그러나'가 나오므로 무게 중심은 뒤로 쏠린다. 뒤에 심지어 따옴표가 나오면서 정의까지 내리므로 '시장 설계'가 중심 화제가 된다. 그리고 뒤에서 양방향 매칭과 단방향 매칭의 방법을 드러내므로 정답은 '시장 설계와 방법'이다.

오답풀이 ② 배분의 방법은 언급되지 않았다.

③ 매칭의 방법은 언급되지 않았다.

④ 경제 주체와 매칭은 언급이 되기는 하지만 시장 설계의 일부분의 내용일 뿐이다.

05. ▶②

정답풀이 1문단에서는 한국인의 예술성이 세계에 인정받고 있으므로 우리의 예술을 알릴 수 있는 전략이 필요하다고 했다. 2문단에서는 한국인의 끼를 제시하며 새로운 역사의 전환점이 놓여 있다고 한다. 이를 모두 아우른 제목은 '다가오는 미래에 대한 희망찬 포부'이다.

오답풀이 ① 안주한다기보다는 역사를 새롭게 바꾸는 것을 주장하고 있으므로 옳지 않다.

③, ④ 아예 초점 자체가 옳지 않다.

06. ▶①

정답풀이 '박목월은 가난을 인간적 훈기로 감싸 안으면서 연민의 어조를 통해 시인의 격조가 어떠해야 하는지를 보여주었다.'를 통해 이 글의 제목은 '시인의 진심과 격조'임을 알 수 있다.

07. ▶①

정답풀이 첫 부분에서 문제를 제기하는 부분이 있다면 그것이 제목이 될 확률이 높다. 똑같은 기차 소리여도 나중에 듣는 기차 소리는 잠을 깨우지 않는 이유에 대해 문제를 제기하고 있다. 그리고 그렇게 되는 과정들에 대해 설명하고 있다. 또 뒤에서 여러 사례를 들어 동물은 중요한 소리만 선택적으로 들으며 인간이 소음을 받아들이는 것 또한 소리가 수동적으로 들리는 것이 아니라 뇌에서 재해석 된다고 하므로 이와 관련된 제목은 '소리의 선택적 지각'이다.

오답풀이 ② 소리 자극의 구체적인 이동 경로는 언급되지 않았다.

③ 소리의 감정 유발 기능이 일부 언급되어 있지만 그것이 글의 중심 내용은 아니었다.

④ 인간의 뇌와 소리와의 관계가 일부 언급되어 있지만 그것이 글의 중심 내용은 아니었다.

⑤ 동물과 인간의 소리 인식 과정을 비교하는 내용은 언급되지 않았다.

해설

08. ▶④

정답풀이 1문단에서는 오늘날의 커뮤니케이션은 온라인으로 해결되므로 문자 기호 커뮤니케이션으로 진행된다고 하였다. 1문단에서는 모든 감정 기호는 위안과 안심의 기호로 문자 기호 커뮤니케이션에서는 격앙된 감정을 자제한다고 하였다. 2문단에서는 문자 기호 커뮤니케이션은 세련됨을 요구한다고 했다. 발문에 나온 '해당 방식의 구체적 내용이 분명하게 드러나는 제목'을 보았을 때 1문단과 2문단의 내용이 구체적으로 드러나려면 '감정을 감추는(→ 1문단 중심 내용) 세련된 기호(→ 2문단 중심 내용)'가 옳다.

오답풀이 ①, ② 지나치게 포괄적인 제목이라 발문의 조건에 맞지 않는다.
③ '위안과 안심의 감정 기호'는 1문단에만 해당되는 내용일 뿐이다.

| Chapter **09** | **중심 내용 찾기** | p.264 |

01. ▶③

정답풀이 지문은 ''무엇인가', '어떠한 것인가'라는 물음에 대응하는 내용이 '질'이고, '어느 정도'라는 물음에 대응하는 내용이 '양'이다.'라는 서술을 통해 양과 질의 차이를 구분할 것임을 설명하고 있다. 그리고 마지막 문장 '그러나 책상의 높이를 일정한 한도가 넘는 수준, 예컨대 … 더 이상 책상이라 할 수 없게 될 것이다.'를 통해 양의 변화가 일정한 한도 내에서 질의 변화를 이끌어 내지 못하지만, 어느 한도를 넘으면 질의 변화를 초래함을 알 수 있다.

오답풀이 ① 마지막 문장을 통해 양의 변화가 질의 변화를 초래하기도 함을 알 수 있지만, 질의 변화가 양의 변화를 이끄는 예시는 나오지 않는다.
② 지문에서 예시로 제시하는 양의 변화 '예컨대 70cm를 1cm로 낮추어 버리면'은 누적된 값이 아니므로 본문에서 추론할 수 없는 선지이다.
④ 지문에 본래의 상태로 환원되는 과정과 관련된 서술은 나오지 않으므로 적절하지 않다.

02. ▶③

정답풀이 지문은 ''무엇인가', '어떠한 것인가'라는 물음에 대응하는 내용이 '질'이고, '어느 정도'라는 물음에 대응하는 내용이 '양'이다.'라는 서술을 통해 양과 질의 차이를 구분할 것임을 설명하고 있다. 그리고 마지막 문장 '그러나 책상의 높이를 일정한 한도가 넘는 수준, 예컨대 … 더 이상 책상이라 할 수 없게 될 것이다.'를 통해 양의 변화가 일정한 한도 내에서 질의 변화를 이끌어 내지 못하지만, 어느 한도를 넘으면 질의 변화를 초래함을 알 수 있다.

오답풀이 ① 마지막 문장을 통해 양의 변화가 질의 변화를 초래하기도 함을 알 수 있지만, 질의 변화가 양의 변화를 이끄는 예시는 나오지 않는다.

② 지문에서 예시로 제시하는 양의 변화 '예컨대 70cm를 1cm로 낮추어 버리면'은 누적된 값이 아니므로 본문에서 추론할 수 없는 선지이다.
④ 지문에 본래의 상태로 환원되는 과정과 관련된 서술은 나오지 않으므로 적절하지 않다.

03. ▶②

정답풀이 결론을 찾는 유형은 각 문단의 글의 흐름을 찾아 읽되, 마지막까지 읽어 주어야 한다. 이 글의 중심 화제는 '인공지능'인데, 인공지능으로 인해 무뎌지는 인간의 두뇌에 대해 서술하고 있다. 1문단에서는 인공지능의 특성을 설명하고 2문단에서는 인공지능이 사람을 게으르게 만들 수 있다는 문제 제기를 하고 있다. 3문단에서는 인공지능으로 인해 두뇌를 적게 쓰는 인간의 모습이 나온 후 마지막 문단에서 결론이 나온다. "이와 같이 기계에 의존해서 인간이 살아가는 사례는 오늘날 우리의 두뇌가 게으러진 것을 보여 주는 여러 사례 가운데 하나일 뿐이다."를 통해 인공지능(AI)으로 인해 인간의 두뇌가 게으러지는 부작용이 발생하게 될 것이라는 결론을 도출할 수 있다.

오답풀이 ① 인공지능이 발달되면서 인간의 인공지능(AI)에 대한 의존성이 증가하게 되는 것이므로 독립성은 지속적으로 증가하게 될 것이라는 ①은 결론으로서 옳지 않다.
③ 1문단에서 "인공지능(AI)이 사람보다 똑똑해질 수 있을지도 모른다."라고 언급되어 있기는 하나, 이것이 결론이 되기는 어렵다.
④ 맨 마지막 문장에서 "인간을 태만하고 나태하게 만들어 뇌의 가장 뛰어난 영역인 상상력을 활용하지 않도록 만드는 것이다."라고 언급되어 있으므로 인공지능(AI)은 궁극적으로 상상력을 가지게 될 것이라는 ②는 결론으로서 옳지 않다.

04. ▶②

정답풀이 "그런데 신어 연구의 대상은 특정한 범주의 언어, 소수 집단의 언어에 한정되지 않습니다."와 "이는 신어 연구가 단지 새로운 어휘와 몇 가지 주제를 나열하는 연구를 넘어서 한국어 조어론 전반에 대한 연구로 확장되어야 하는 이유이기도 합니다."를 통해 신어는 연구 대상과 영역을 확장해야 함을 알 수 있다.

오답풀이 ① 신어에서 비속어나 은어가 빠져야 한다는 내용은 언급되어 있지 않다. 제시문은 신어의 영역을 오히려 확장해야 한다는 입장이기 때문에 비속어나 은어가 빠져야 한다는 이 선택지에 어색함을 느껴야 한다.
③ 제시문에서는 어려운 전문 용어를 어떤 목적(의사소통의 효율성이나 교육적 목적)을 위해 '인위적인 신어'로 바꾸는 것에 대한 정책적 고려가 필요하다고 했다. 하지만 '자연 발생적인 신어'에 대한 정책적 고려가 필요하다고는 하지 않았다.
④ 제시문의 중심 내용은 신어의 연구 대상과 영역을 확장해야 한다는 것이다. 그런데 신어는 의사소통의 효율성을 위해 그 범주를 특정해야 한다는 것은 범위를 한정하라는 의미이므로 제시문의 내용에 어긋난다.

05.　　　　　　　　　　　　　　　　　　　▶ ④

정답풀이） 1문단에서는 '사회 관계망 서비스(SNS)'의 장점에 대해 언급하면서 동시에 개인의 신상 정보를 무차별적으로 공개하는 범법 행위가 확산되고 있는 문제를 제기하고 있다. 그리고 2문단에서 "따라서 사회 관계망 서비스를 이용하여 정보를 공유할 때에는, 개인의 사생활을 침해하거나 인격을 훼손하는 정보를 유출하는 것은 아닌지 각별한 주의를 기울일 필요가 있다."라고 언급되어 있다. 즉, SNS를 하는, 정보 공유 과정에서 개인의 인권이 침해당해서는 안 된다라는 의미이므로 답은 ④이다.

오답풀이） ① 제시문에서 SNS는 사회적 정의 실현을 위해 생각과 정보를 공유할 수 있도록 돕는 기능이 있다고 언급을 하고 있지만, 이것은 일부의 내용일 뿐이다. 뒤의 부분에서는 그 과정에서 개인의 인권이 침해될 수 있으므로 주의를 기울이라고 하는 주장을 더 강하게 하고 있으므로 ①은 제시문의 결론으로 볼 수 없다.
② '공공의 이익이 훼손되는 경우가 없다'는 내용은 아예 언급되지 않고 있으므로 결론으로 적절하지 않다.
③ 제시문에서는 사건의 사실 여부를 제대로 확인하지도 않은 채 개인 신상 정보부터 무분별하게 유출하는 것은 옳지 않다며 비판하고 있기는 하다. 하지만 이것은 일부의 내용이지 결론적으로 주장하는 내용은 아니므로 옳지 않다.

06.　　　　　　　　　　　　　　　　　　　▶ ②

정답풀이） 제시문의 끝에 주제가 있는 미괄식의 글이다. "나는 도(道)를 스승으로 하거니, 어찌 그 나이의 나보다 먼저 나고 뒤에 남을 개의(介意)하랴! ~도(道)가 있는 곳이 스승이 있는 곳이다."와 비슷한 의미를 갖는 것은 ②이다.

오답풀이） ①, ③ 제시문에 언급되어 있기는 하지만 일부일 뿐이다.
④ 제시문에 언급되지 않았다.

07.　　　　　　　　　　　　　　　　　　　▶ ①

정답풀이） 자문자답이 이루어지는 2문단에서 중심 문장이 나온다. "따라서 중요한 것은 실체적 사고가 아니라 ~ 기호의 의미를 결정하는 것은 실체가 아니라 다른 기호들과의 관계(차이)다." 다시 말해 기호는 다른 기호들의 관계에 따라 의미가 결정되므로 기호를 둘러싼 맥락을 파악해야 한다는 것이다.

오답풀이） ③ 기의와 기표가 자의적인 관계에 있다는 것은 2문단의 소쉬르의 주장이다. 1문단의 언급된 전통적인 주장에 따르면 언어 기호는 지시 대상을 가리킨다고 본다.
④ 2문단에서 글쓴이는 "우리는 실체적 사고에 익숙하기 때문에 실체의 배후에 숨은 관계를 포착하지 못한다."라고 했으므로 이 선택지는 옳지 않다.

08.　　　　　　　　　　　　　　　　　　　▶ ②

정답풀이） 서양에서 위기는 원인을 분석하고 해결 방안을 찾을 수 있다면 긍정적 결과가 나올 수 있다고 보았다. 동양에서도 마찬가지로 위기가 기회로 변모될 수 있다고 한다. 따라서 이 글의 중심 내용은 위기 상황을 냉정하게 판단하고 긍정적으로 받아들인다는 것이 옳다.

Chapter 10　내용 불일치, 내용 추론 불일치　　p.269

01.　　　　　　　　　　　　　　　　　　　▶ ②

정답풀이） '주전원'은 지구를 중심으로 공전하는 원 궤도에 중심을 두고 있는 원이기에 천동설을 지지하는 개념이다.

오답풀이） ① 과학 혁명 이전에는 로마 카톨릭교와 결합된 아리스토텔레스 철학에 따라 천동설이 정설이었다.
③ 천동설은 우주의 중심을 지구로, 지동설은 우주의 중심을 태양로 설명하는 이론이다.
④ 본문 마지막에서 '코페르니쿠스의 지동설은 ~ 프톨레마이오스보다 수학적으로 단순하게 설명하였다'고 제시되었다.

02.　　　　　　　　　　　　　　　　　　　▶ ③

정답풀이） 인간의 지각과 사고 활동에서 프레임의 영향을 받지만, 이를 극복해야한다는 내용은 나타나지 않는다.

오답풀이） ① '우리의 모든 정신 활동은 진공 상태에서 일어나는 것이 아니라, 어떤 맥락이나 가정하에서 일어난다'는 진술에서 맥락이나 가정이 프레임을 의미하기에 적절한 진술이다.
② '프레임의 지배도 받지 않고 세상을 있는 그대로, 객관적으로 본다고 주장한다면, 그 주장은 진실이 아닐 것이다'라는 진술에서 프레임이 편향성을 가지게 함을 알 수 있다.
④ 사람의 지각과 생각은 항상 어떤 맥락, 기준, 관점, 가정 등에서 일어나는데, 이러한 것을 프레임이라 칭한다.

03.　　　　　　　　　　　　　　　　　　　▶ ③

정답풀이） 본문은 인간이 보편적 복수성과 특수한 단수성을 겸비한 존재이며 그렇기에 획일화가 아닌 포용의 태도가 필요하다고 하였다. 자신의 유일무이성을 지키면서 타인의 유일무이성도 지켜야 한다고 말하는 것이다. 따라서 단수성의 추구가 복수성을 침해한다는 것은 타당하지 않다.

오답풀이） ① 첫부분에서 우리는 고립된 채 살아가는 존재일 수 없으며, 복수의 상태로 살아갈 수밖에 없다고 하였다. 뒤에 우리가 '단수'이기도 하다는 것은 인간 개개인이 가진 고유한 인격을 일컫는 말로 관계에 있어서 단수를 의미하는 것은 아니다.

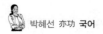

② 인간은 복수성과 단수성을 겸비한 다원적 존재이기에 타인을 포용하는 공존의 태도가 필요하다고 하였다.
④ 마지막 문장에서 개별적 유일무이성(단수성)을 제거하는 것은 사회의 다원성을 파괴하는 일이라고 하였다.

04. ▶①

정답풀이 IQ 검사의 도입 목적은 지적장애아 및 학습부진아를 가려내기 위한 것임을 1문단에서 서술하였다.

오답풀이 ② 1문단 마지막에서 이 검사(IQ 검사)를 통해 비로소 인간의 지능을 수치화하고 객관적 비교가 가능하게 되었다고 하였다.
③ 2문단 마지막에서 IQ 검사는 인간의 지능 중 일부만을 측정한다고 지적하였다. 따라서 IQ가 높아도 전체 지능은 높지 않을 수 있다.
④ IQ 검사는 언어 이해력, 어휘력 등을 측정하기에 IQ가 높다면 읽기 능력이 좋을 확률이 높다.

05. ▶①

정답풀이 '이 세상 모든 사물 가운데 귀천과 빈부를 기준으로 높고 낮음을 정하지 않는 것은 오직 문장 뿐'이라고 했으므로, 본문과 반대되는 서술임을 알 수 있다. 글쓰기에서 훌륭한 문장은 빈부귀천과 무관하게 정해지는 것이다.

오답풀이 ② '억지로 남을 본떠 자기 개성을 잃어버리지 않도록 하는 것이야말로 글쓰기의 본령'이라는 서술을 통해 적절함을 알 수 있다.
③ '글이란 것은 뜻을 나타내면 그만일 뿐'이라고 했으므로, 뜻을 정확하게 나타내는 것이 중요함을 알 수 있다.
④ '첫째로 주의할 것은 자기를 속이지 않는 것'이라는 서술을 통해 글쓰기에서 진솔하게 표현하는 것이 중요함을 알 수 있다.
⑤ '마음속에서 이루어진 문장은 반드시 정교하게 되나'라는 서술을 통해 글은 마음으로부터 이루어지는 것이 중요함을 알 수 있다.

06. ▶③

정답풀이 2문단에서 '편의점은 일상에 필요한 대부분의 상품과 서비스를 판매하면서 ~ 공적 영역으로도 적극 진출하고 있다.'를 통해 한국의 편의점이 공적 영역으로 진출한다는 것은 옳음을 알 수 있다. 하지만 새로운 진입 장벽에 부딪혔다는 것은 미언급의 오류이다.
오답풀이 ① 1문단 '시나브로 편의점이 우리 일상에 성큼 들어와 있는 것이다.'을 통해 알 수 있다.
② 1문단 '인구 대비 편의점 밀도를 따질 경우 ~ 일본과 대만을 제치고 대한민국이 목하 세계 최고 수준이다.'을 통해 알 수 있다.
④ '이제 일상 대화에서도 편의점 아르바이트나 편의점 창업이라는 말이 자연스럽게 오간다.'을 통해 알 수 있다.

07. ▶①

정답풀이 '도파민이 과다하면 조현병이 발생하고, 지나치게 적으면 우울증이 생기는 인간의 두뇌 현상'이라는 서술을 통해, 도파민이 지나치게 적을 경우 우울증에 시달릴 수 있음을 알 수 있다. 따라서 적절하지 않다.

오답풀이 ② '도파민 단식 방법은 가능한 한 모든 감각적 자극을 최소화하기 위하여 … 격렬한 운동 등의 활동을 전면 중단'으로 보아, 도파민 단식 방법으로 격렬한 운동을 중단할 수도 있음을 알 수 있다.
③ 도파민은 뇌의 신경 전달 물질이며, '도파민은 생명 유지에 필수적이지만, 끊임없이 더 많은 쾌락과 자극을 추구하게 하여'라는 서술이 나오므로 적절한 선지임을 알 수 있다.
④ '인간의 심리적 본능과 취약점을 노린 디지털 서비스 이용 방식'이라는 서술로 미루어 보아, 디지털 서비스 이용 과정에서 인간의 심리적 본능과 취약점이 드러날 수도 있음을 추론할 수 있다.

08. ▶④

정답풀이 '이러한 상황에서 벗어나기 위해서는 반대 의견을 내고 기꺼이 논쟁하는 사람들이 필요하다.'라고 했으므로, 의견 양극화로 인한 갈등을 해소하기 위해서는 반대 의견 개진이 필요함을 알 수 있다. 이는 본문의 내용과 부합하지 않는 선지이므로 글에 대한 독자의 반응으로 적절하지 않다.

오답풀이 ① '그런 사람들은 자기 합리화에 몰두하거나 상호 비방만을 일삼게 된다.'라고 했으므로, 논쟁을 회피하며 집단의 의견에 동조하는 사람은 자기 합리화에 빠지기 쉬움을 알 수 있다.
② 그런 사회에서는 집단 간 공유되지 않는 정보가 많아지고 소수 의견을 가진 사람들은 침묵하게 되기 때문이다.'를 통해 적절한 선지임을 알 수 있다.
③ '의견 양극화와 쏠림 현상이 두드러진 사회 … 중간층은 보이지 않는다.', '따라서 이러한 사회는 의견이 제시되지 않고 논쟁이 없는 곳이 되기 쉽다.'를 통해 적절한 선지임을 알 수 있다.

09. ▶④

정답풀이 3문단을 보면 「아동권리에 관한 제네바 선언」에서 아동은 보호의 객체로만 인식되고 적극적인 권리의 주체로 인식되지는 않았다는 것을 알 수 있으므로 이 선택지는 옳지 않다. 아동을 적극적인 권리의 주체로 인식함으로써 아동의 권리에 대한 진전된 성과를 이룬 것은 그 이후에 나온 「아동권리협약」이다. 이는 출제자들이 좋아하는 '주체 혼동의 오류'이다.

오답풀이 ① 1문단에서는 전근대사회에서는 아동의 권리에 대한 인식이 존재하지 않았다고 한다. 하지만 근대사회에 이르러 아동보호가 시작되었다고 하므로 아동의 권리에 대한 인식이 근대 이후에 형성되었음을 추론할 수 있다.

② 4문단에서 「아동권리협약」을 토대로 2016년 「아동권리헌장」 9개 항을 만들었다고 나온다. 처음 나오는 지시어 '이'는 「아동권리협약」을 가리킨다.

③ 2문단에서 『아동권리에 관한 제네바 선언』에는 "아동은 물질적으로나 정신적으로 정상적인 발달을 위해 필요한 조건이 충족되어야 한다."는 내용이 들어가 있다. 또한 4문단에서 『아동권리협약』과 『아동권리헌장』은 '생존과 발달의 권리'의 기본 원칙이 들어가 있으므로 옳다.

10. ▶①

[정답풀이] ①에서 알파벳 언어의 철자 읽기는 "각 소리가 지닌 특성"이 철자 읽기의 명료성을 판단하는 기준이 된다고 한다. 이 말을 쉽게 풀어보면, "각 소리가 지닌 특성"에 따라 철자 읽기의 명료성 수준을 판단할 수 있다는 말이다. 그런데 제시문의 1문단의 2번째 문장을 보면 알파벳 언어는 "표기 체계"에 따라 철자 읽기의 명료성 수준이 달라진다고 한다. 즉, 철자 읽기의 명료성 수준을 판단하는 것은 "각 소리가 지닌 특성"이 아니라 "표기 체계"이므로 이 선택지는 옳지 않다. 알파벳 언어는 이탈리아어와 스페인어와 달리 표기와 소리의 대응이 1:1로 대응되지도 않는다. 즉, 알파벳 언어의 경우는 철자 읽기의 명료성이 낮은 언어이므로 "각 소리가 지닌 특성"으로 명료성을 판단하기 어렵다.

[오답풀이] ② 2문단에 "영어와 이탈리아어를 읽는 사람은 동일하게 좌반구의 읽기 네트워크를 사용한다. 하지만 무의미한 단어를 읽을 때 영어를 읽는 사람은 암기된 단어의 인출과 연관된 뇌 부위에 더 의존하는 반면"으로 언급되어 있다.

③ 1문단에서 이탈리아어는 소리와 글자의 대응이 1:1로 규칙적이어서 이 언어의 사용자는 새로운 단어를 발견하더라도 정확한 발음을 할 수 있다고 나와 있다. 여기에서 정확한 발음이라는 것은 철자 읽기의 명료성이 높다는 말과 같기 때문에 ③은 옳다.

④ 1문단 끝 문장을 보면 영어는 발음이 아예 나지 않는 묵음과 같은 예외도 많은 편이고 글자에 대응하는 소리도 매우 다양하다고 한다. 즉, 영어는 음운 처리 규칙에 적용되지 않는 예외들이 많은 것이다. 그래서 영어를 읽는 사람은 발음을 암기해 둔, 수많은 단어를 떠올려야 한다고 한다. 이를 통해 스페인어에 비해 영어는 소리와 글자의 대응이 덜 규칙적임을 알 수 있다.

11. ▶③

[정답풀이] 2문단에서 첫 부분에서 '사람이 개입되는 것은 사물 인터넷이 아니라고 보는 엄격한 M2M'의 개념과 '사물 인터넷은 사람만큼의 지능성이 있어야 한다'는 주장이 나오는데 2가지 모두 그릇된다고 나와 있다. 따라서 '사물 인터넷은 사람 수준의 지능을 가진 사물들이 네트워크상에서 인간의 개입 없이 서로 소통하는 것으로 정의된다'는 ③은 완벽하게 글쓴이의 견해에 부합하지 않는다.

[오답풀이] ① 2문단 중간에서 "사물 인터넷을 제대로 이해하려면 기존 인터넷과의 차이점에 주목하기보다는 오히려 공통점을 인식하는 것이 더 중요하다."라고 언급되어 있다.

② 1문단 끝에서 "전원이 없었던 일반 사물들은 새롭게 센서와 배터리, 통신 모듈이 부착되면서 컴퓨터가 되고 이렇게 컴퓨터가 된 사물들이 그들 간에 또는 인간의 스마트 기기와 네트워크로 연결되는 것이다."라고 언급되어 있다.

④ 1문단 끝에서 컴퓨터가 아니었던 사물도 센서와 배터리, 통신 모듈이 부착되면서 네트워크로 연결되어 있다고 언급되어 있다.

12. ▶③

[정답풀이] '고갱은 그가 본 인생과 예술 전부에 대해 철저하게 불만을 느꼈다. 그는 더 단순하고 더 솔직한 어떤 것을 열망했고 그것을 원시인들 속에서 발견할 수 있으리라고 기대했다.'라는 부분을 통해 고갱은 '더 단순하고 솔직한 것'을 원했음을 알 수 있다. 인상주의가 솔직하고 단순하지 못했기 때문에 저런 '더 단순하고 솔직한 것'을 열망한 것이므로 ③이 적절하지 않은 선택지이다.

13. ▶④

[정답풀이] 3문단을 보면 역사주의 비평가들은 작중 인물을 실제 인물처럼 떼어 놓고는 영웅을 '성격'이라고 표현하고 있다. 따라서 역사주의 비평가들은 작중 인물을 역사적 영웅이 아니라 '성격'으로 표현했음을 알 수 있다.

[오답풀이] ① 1문단의 "서양에서 주인공을 '히어로(hero)', 즉 '영웅'이라고 부른 것은 고대 서사시나 희곡의 소재가 되던 주인공들이 초인간적인 능력을 가진 인물들이었기 때문이다."와 일치한다.

② 2문단의 "영웅들의 초인간적이고 신적인 행위는 차차 문학 작품의 구조에 제한되어 훨씬 인간화되었다."와 일치한다.

③ 3문단의 "아리스토텔레스는 비극이 '보통보다 우수한 인물'을 모방한다고 하였는데, 이는 문학의 인물이 신화의 영웅이 아닌 보통의 인간임을 지적한 것이다."와 일치한다.

14. ▶③

[정답풀이] '간접 발화가 직접 발화보다 화자의 의도를 더 잘 전달한다.'는 것은 이 글에서 언급이 되고 있지 않다.

[오답풀이] ① 처음 문장 "글의 기본 단위가 문장이라면 구어를 통한 의사소통의 기본 단위는 발화이다."와 일치한다.

② 2문단의 처음 문장 "일상 대화에서도 간접 발화는 많이 사용되는데, 그 의미는 맥락에 의존하여 파악된다."와 일치한다.

④ 마지막 문장 "직접 발화보다 청유 형식이나 의문 형식의 간접 발화를 사용하면 공손함이 잘 드러나기도 한다."와 일치한다.

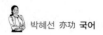

15. ▶②

정답풀이 "안성에서 간행된 것도 있으나 그 대부분은 경판을 안성에서 찍어낸 것이다."를 통해 방각본 소설책은 제작된 지역이 아닌 곳에도 유통되었을 것이라 추론할 수 있다.

오답풀이 ① "그중 서울에서 간행된 것을 경판본, 전주에서 간행된 것을 완판본이라고 부른다." "안성에서 간행된 것도 있으나 그 대부분은 경판을 안성에서 찍어낸 것이다."를 통해 알 수 있다.
③, ④ "방각본 소설은 작품을 나무판에 새긴 뒤 그것을 종이로 찍어낸 소설책을 말한다. 주로 민간인이 돈을 벌기 위해 만들었다."를 통해 알 수 있다.

16. ▶③

정답풀이 2문단에서 "1863년에는 음식물의 맛과 질감을 변화시키지 않으면서 살균하는 방법인 '파스퇴리제이션(pasteurization)'을 발견했다."를 보면 음식물의 맛과 질감을 변화시키지는 않으므로 이 선택지는 옳지 않다.

오답풀이 ①, ④ 1문단에 언급되어 있다.
② 자연발생설이란 생물이 무생물로부터 자연적으로 생겨날 수 있다는 학설이다. 2문단에서 파스퇴르는 음식물의 발효나 부패가 미생물이 원인이 되어 일어남을 증명했으므로 이는 자연발생설을 부인한 것이 된다.

17. ▶④

정답풀이 2번째 문단에서 "전통적인 농업은 관련 인구 감소, 농촌 경제 영세화, '종자에서 식탁까지' 지배하는 거대 자본의 위협을 받고 있다."라고 언급되어 있다. 이러한 문제를 해결하기 위한 운동이 로컬푸드 운동이라고 했다. 따라서 지역 농가가 거대자본에 의존하여 생산과 소비를 연결하려는 것이 로컬푸드 운동이라는 이 선택지는 옳지 않다.

오답풀이 ① 1문단 마지막 문장인 "이는 생산·유통·소비에 있어서 건강성, 신뢰성, 친환경성 등이 유지될 수 있는 거리를 고려한 것이다."에서 '생산, 유통, 소비'는 경제적인 요소이므로 로컬푸드의 범위는 경제적 요소를 고려해서 규정될 수 있다는 이 선택지는 옳다.
② 2문단에서 "농약의 과다 사용으로 인해 식품은 물론 자연환경이 위기에 처하게 되었다. 이러한 문제점에 대응하기 위해"라는 부분을 통해 로컬푸드 운동은 환경 보호 운동과도 밀접한 관련을 지닌다고 볼 수 있다.
③ 맨 마지막 문장인 "이러한 문제점에 대응하기 위해 친환경 먹거리 생산과 건강한 소비를 연결하고, 나아가 지역 정체성을 강화하는 등 대안적 공동체 운동으로 선순환시키려는 노력이 로컬푸드 운동으로 나타났다."에 언급되어 있다.

18. ▶②

정답풀이 시신을 매장하지 않는 장례 방식이 임진왜란 이후 생겨난 것이 아니라 사람들이 부모의 기른 은혜를 잊게 되어 시신을 방치해 두는 것이므로 ②는 옳지 않다.

오답풀이 ① 맨 마지막 문장 "효자의 집안에서 충신을 찾을 수 있는 법인데, 그 어버이를 이처럼 박대한다면 의리를 따라 나라를 위해 죽는 사람은 눈을 씻고 보아도 찾을 수 없을 것입니다."에서 확인할 수 있다.
③ 2문단의 첫 문장 "난리[임진왜란]를 겪은 뒤로는 금방(禁防)이 크게 무너져 불온한 마음을 품는가 하면, 법도에 벗어나는 말을 외치기도 합니다."에서 확인할 수 있다.
④ 아래에서 2번째 문장 "식견이 있는 사람도 이렇게 하거늘, 무지한 이들이야 어떠하겠습니까?"에서 무지한 이들은 식견 있는 이들에 비해 윤리적 과오에 더 취약하다는 것을 확인할 수 있다.

19. ▶②

정답풀이 ②의 선택지가 틀린 이유는 아직 정확한 개념이 확립되지 않은 '포스트휴먼'의 개념을 '귀결된다'고 표현했기 때문이다. '귀결(歸結)되다'는 '어떤 결말이나 결과에 이르게 되다'라는 의미이다. 하지만 '포스트 휴먼'은 1문단에 제시된 것처럼, '기본적인 능력이 근본적으로 현재의 인간을 넘어서기 때문에 현재의 기준으로는 더 이상 인간이라 부를 수 없는 존재'이다. 또 3문단에 제시된 것처럼 완전히 인위적으로 만들어진 인공지능일 수도 있고, 신체를 버리고 슈퍼컴퓨터 안의 정보 패턴으로 살기를 선택한 업로드의 형태일 수도 있으며, 또는 생물학적 인간에 대한 개선들이 축적된 결과일 수도 있다. 포스트 휴먼이 '인간의 신체적 결함을 다양한 과학 기술을 이용해 보완하여 기술적 한계를 극복한 새로운 인간형의 탄생에 귀결될 것'이라는 내용은 어디에도 나오지 않는다.

오답풀이 ① 3문단에서 "생물학적 인간이 포스트휴먼이 되고자 한다면 유전공학, 신경약리학, 항노화술, 컴퓨터−신경 인터페이스, 기억 향상 약물, 웨어러블 컴퓨터, 인지 기술과 같은 다양한 과학 기술을 이용해 우리의 두뇌나 신체에 근본적인 기술적 변형을 가해야만 할 것이다."라는 부분을 통해서, 미래의 존재는 현재의 인간에 비해 과학 기술의 발전 양상에 따른 영향을 더 크게 받을 것임을 짐작할 수 있다.
③ 2문단의 마지막 부분에서 "이러한 존재(포스트휴먼)가 어떤 존재일지 지금은 정확하게 상상하기 어렵"다고 하는 부분을 통해서 다양한 가능성에 열려 있음을 추론할 수 있다.
④ 1문단에서 '포스트휴먼'을 "현재의 기준으로는 더 이상 인간이라 부를 수 없는 존재"라고 하였기 때문에 그에 맞는 인간의 개념이 새로 구성될 것임을 추론할 수 있다.

20. ▶③

정답풀이 이 문제는 제시문에 나오지 않은 정보를 추론하는 문제이다. 2문단에 "하늘을 날고 싶어 하는 욕망이 없었다면 비행기는 발명되지 못했을 것이며, 좀 더 빠른 이동 수단을 원하지 않았다면 자동차는 나오지 않았을 것이다. 이제껏 상상력은 인류 문명을 가동시켜 온 원동력이었으며 현재 또한 그러하다."라고 언급되어 있다. 즉 인간의 상상력을 바탕으로 진보되는 변화가 있었으므로 인간의 상상력을 바탕으로 실현된 세계의 모습은 변함이 없었다는 ③은 옳지 않다.

오답풀이 ① 1문단의 처음에서 "인류 역사는 끊임없이 변화를 거듭해 왔다. 그 변화의 굽이들 속에서 사람들의 세계관이나 가치관 또한 다양하게 바뀌었다."라고 언급되어 있다. 인류 역사는 끊임없이 변화하기 때문에 현재의 인간이 추구하는 가치를 절대적 가치로 인정할 수는 없다고 추론할 수 있다.

② 2문단 마지막 문장에서 "이제껏 상상력은 인류 문명을 가동시켜 온 원동력이었으며 현재 또한 그러하다."라고 언급되어 있다. 이를 통해 인류 역사의 변화 과정에서 인간의 열망과 상상력이 끼친 영향이 큼을 알 수 있다.

④ 3문단 마지막에 "과거 시대들이 무엇인가를 상상하고 그것을 만들어 가는 기술을 개발하는 시간들이었다면, 21세기는 상상하는 것을 곧 이루어 낼 수 있는 시대가 된 것이다."라고 언급되어 있다. 과거에는 상상을 하더라도 과학 기술로 구현을 하지 못하면 소용이 없어 상상의 위상이 낮았지만, 21세기에 접어들어서는 상상하는 것을 곧 이룰 수 있기 때문에 상상력의 위상이 높아졌다. 따라서 과학 기술과 상상력의 위상 관계에 변화가 일고 있다고 볼 수 있다.

21. ▶④

정답풀이 3문단에 원은 민간인들에게 숙식을 제공하기도 했다고 나오기는 한다. 하지만 마지막 문단의 처음 문장을 보면 "원을 이용하지 못하는 민간인 여행자들"로 언급되어 있으므로 민간인 여행자들이 '자유롭게' 원을 이용했다는 것은 적절하지 않다.

오답풀이 ① 2문단에서 10리마다 작은 정승이 세워져 있으며 원은 도로마다 30리에 하나씩 설치되었다고 하므로 작은 정승 두 개(10리×2)를 지나 10리만 더 가면 역(驛)이 나옴을 알 수 있다.

② 4문단에서 '원주는 승려, 향리, 지방 관리 등이었는데 원을 운영하는 대신 각종 잡역에서 제외시켜 주었다.'로 알 수 있다.

③ 3문단에서 '역은 사신 왕래에 따른 영송과 접대를 위한 통신 기관이고, 원은 그런 일과 관련된 사람들을 위한 공공 여관이었다.'로 알 수 있다.

Chapter **11** 내용 일치, 내용 추론 일치 p.282

01. ▶③

정답풀이 본문 중반부에서 디지털 트윈을 이용해 미래 상황을 예측할 수 있다는 내용을 확인할 수 있다. 따라서 현실 세계의 위험을 찾고 방지할 수 있다는 서술은 적절하다.

오답풀이 ① 관련 시장이 확대되고 있다는 서술은 있지만, 고용률에 대한 언급은 없다.

② 본문 마지막에서, 디지털 트윈은 실제 실험보다 빠르고 정밀하고 안전하며 비용이 적게 든다. 따라서 오히려 경제성이 높다.

④ 새로운 문화적 경험을 제공하는 것은 메타버스이다.

02. ▶④

정답풀이 '표현적 글쓰기는 종일 꾹꾹 참고 발설하지 않은 취약한 측면을 찾아내고 그것에 대해 경청할 기회를 주기 때문에 효과가 있는 것이다.'를 통해 적절한 선지임을 알 수 있다.

오답풀이 ① '우리가 흔히 경시하는 고통스러운 감정을 마주해야 되기 때문'이라고 했으므로, 표현적 글쓰기는 고통스러운 감정을 피하는 것이 아니라 마주하는 것임을 알 수 있다. 반대의 오류이다.

② '우리는 자수성가를 칭송하고 강인한 사람을 미화하는 세상에 … 우리는 우리의 욕구를 간과하도록 배운다.'라는 서술이 나온다. 이는 사람이 문화적 메시지에 압박을 느끼고 부정적 감정을 경험하는 것을 의미하며, 표현적 글쓰기는 이에 대한 해결방안으로 제시되어 있다. 따라서 표현적 글쓰기는 자수성가를 칭송하고 강인한 사람을 미화하는 데 필요한 것이 아니라, 이러한 문화적 메시지에 대응하는 수단이 될 수 있는 것이다.

③ '우리는 보통 타인이 볼 글을 쓸 때 스스로 검열 … 그러나 표현적 글쓰기는 그렇지 않다'를 통해 표현적 글쓰기는 검열하지 않는 특징을 가짐을 알 수 있다. 반대의 오류이다.

⑤ 표현적 글쓰기의 고안 배경은 나오지 않는다. '두서없고, 누가 읽기에도 적합하지 않은 글은 쓴 후 버리면 된다.'라고 했으므로 편하게 써서 간직한다는 서술도 적절하지 않다. 반대의 오류이다.

03. ▶①

정답풀이 윌리엄 보잉은 '시스템은 불안정하고 완벽하지 않'다는 생각을, 베테유는 '인간은 실수할 수 있는 존재'라는 생각을 토대로 항공기를 설계했다.

오답풀이 ② 윌리엄 보잉은 컴퓨터보다 조종사의 판단이 우선시된다고 생각하였을 뿐, 인간이 실수하지 않는다고 본 것은 아니다.

③ 에어버스는 반대로 자동조종시스템이 조종사의 조종을 통제한다. 오히려 보잉에서 조종사가 자동조종시스템을 통제한다.

④ 보잉과 에어버스의 차이는 자동조종시스템의 '활용 정도'에 있다. 보잉이 자동조종시스템을 활용하지 않는 것은 아니며, 조종사가 시스템을 통제할 수 있다.

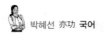

04. ▶④

정답풀이 '오디세이아'는 서사시의 시대로 총체성이 완전히 구현되어 있다. '에우리피데스의 비극'은 비극의 시대로 총체성이 흔들리는 시대이다. 따라서 '오디세이아'에서 신과 인간의 결합 정도가 더 높다.

오답풀이 ① '철학의 시대'가 계몽된 세계라는 서술은 있지만, 계몽사상인지는 불명확하며, 이것이 시대의 전환을 이끌어 낸 것 또한 아니다.

② '비극적 시대'는 소포클레스와 에우리피데스의 비극 등 신과 인간의 세계가 분리된 시대이다. 플라톤의 '철학의 시대'는 신탁이 사라진 시대는 맞지만, 그것이 비극적 세계인 것은 아니다.

③ 루카치는 신과 인간의 결합 정도인 '총체성'을 기준으로 시대를 구분하였다.

05. ▶①

정답풀이 ㄱ. 우리에게 잘 알려진 나이브아트 예술가로는 '앙리 루소, 앙드레 보샹'을 통해 적절함을 알 수 있다.

오답풀이 ㄴ. '우리말로 소박파라고도 불리지만 특정한 유파를 가리키기보다 작가의 경향을 가리키는 말'이라고 했으므로, 특정한 유파를 가리키는 것이 아님을 알 수 있다.

ㄷ. '나이브 아트는 개인적인 즐거움을 주제로 형식에 얽매이지 않는 특징을 보인다.'라고 했으므로 서양 미술의 기본 규칙을 따르지 않을 것임을 알 수 있다.

ㄹ. '이후 나이브 아트는 피카소와 같은 기존 미술의 권위와 전통에 반하는 그림을 그리려는 화가의 주목을 받으며 현대미술의 탄생에도 적지 않은 영향을 끼쳤다.'라고 하였다. 따라서 현대미술이 나이브 아트의 탄생에 영향을 끼친 것이 아니라, 그 반대임을 알 수 있다.

06. ▶③

정답풀이 '재물은 비유하자면 우물'이라는 직접적 비유가 나오며, '마찬가지로 비단옷을 입지 않으므로 … 상업을 박대하므로 상업 자체가 실종되었다.'에서 일상생활의 예시가 제시되었음을 알 수 있다.

오답풀이 ① '나아가 농업은 황폐해져 농사짓는 방법이 형편없고'라고 했으므로, 농업이 성행하지는 않았을 것임을 짐작할 수 있다.

② '비단옷을 입지 않으므로 나라에는 비단을 짜는 사람이 없고'는 상품 공급이 아니라 수요가 없어 소비가 줄어드는 현상을 비유한 것이다.

④ '물건을 만드는 기교를 숭상하지 않기에 … 기술이 사라졌다.'라고 했으므로 다른 나라와 교류하지 않은 것이 아니라, 물건을 만드는 일을 숭상하지 않아 기술이 실종되었음을 알 수 있다.

07. ▶①

정답풀이 3문단에서 '그러나 문화 전파의 기제를 설명하는 이론으로는 밈 이론보다 의사소통 이론이 더 적절해 보인다.'는 내용이 나오므로 이 선지가 옳다.

오답풀이 ② 3문단에서 의사소통 이론을 설명할 때에 푸딩 요리법이 약간씩 차이를 보이는 이유는 수용 과정에서 수신자가 발신자가 전해 준 정보에다 자신의 생각을 덧붙였기 때문이라고 하고 있다. 따라서 의사소통 이론에 따르면 수용 주체의 주관이 개입되지 않는다는 설명은 옳지 않다.

③ '복제'를 통해 특정 공동체의 문화가 전파된다는 것은 의사소통 이론에 따른 것이 아니라 '밈(meme)'에 따른 것이므로 이 선지는 옳지 않다. 2문단 마지막 줄에 '밈 역시 유전자와 마찬가지로 공동체 내에서 복제를 통해 확산된다.'라는 부분을 통해 알 수 있다.

④ 요크셔 푸딩 요리법이 요크셔 지방의 가정이나 개인에 따라 세부적인 차이를 보이는 현상은 '밈(meme)'이 아니라 의사소통 이론에 의해 설명할 수 있는 것이므로 이 선지는 옳지 않다.

08. ▶④

정답풀이 "다만 이 시공간은 시간에 해당하는 차원이 한 방향으로만 진행한다는 한계가 있기 때문에 제한적인 4차원 공간이라는 특징이 있다."를 보면 적절함을 알 수 있다.

오답풀이 ① '이 시공간은 시간과 공간으로 서로 구별되지 않는다'와 일치되지 않는다.

②, ③ '1950년 아인슈타인의 특수 상대성 이론이 발표되기 전까지 물리학자들은 시간과 공간을 별개의 독립적인 물리량으로 보았다.'와 일치되지 않는다.

09. ▶②

정답풀이 '그가 말하는 대의제란 지도자가 성숙한 판단과 계몽된 의식을 가지고 국민을 대신하여 일하는 것을 요체로 한다.'를 통해 버크는 국민은 지도자에게 자신의 모든 권리를 위임해야 한다고 봤음을 알 수 있다.

오답풀이 ① 마지막 줄 '그는 만약 지도자가 국민의 의견을 좇아 자신의 판단을 단념한다면 그것은 국민에게 봉사하는 것이 아니라 국민을 배신하는 것이라고 했다.'와 일치되지 않는다.

③ '즉 버크는 대중이 그들 자신을 위한 유·불리의 이해관계를 알지 못한다는 가정을 전제로,'를 통해 버크는 대중의 자질을 낮게 보았다.

④ 아예 언급되지 않은 내용이다. 버크는 기본적으로 국민의 자질을 낮게 평가하므로 국민이 비판이라는 태도를 보이는 것에 우호적이지 않았을 것이다.

10. ▶③

정답풀이 나바호인은 장래의 이익에 대한 약속은 고려할 가치조차 느끼지 못한다는 맨 마지막 문장을 보면, 미래의 일인 마을 구획정리 사업에는 긍정적이지 않은 반응을 보일 것이다.

오답풀이 ① 제시문에서 나바호인의 기억력에 대한 내용은 언급되어 있지 않다.

② "나바호인은 눈앞에 보이는 선물만을 실감할 뿐, 장래의 이익에 대한 약속은 고려할 가치조차 느끼지 못하는 것이지."라는 문장 때문에 ②를 골랐을 수 있다. 매력적인 오답이다. 하지만 여기에서의 약속은 상대방이 "무엇 무엇을 해주겠다"는 약속에 대해 고려하지 않는다는 것이지, 본인이 "무엇 무엇을 해주겠다"는 약속을 지키지 않겠다라는 것이 아니다. ②는 논리의 비약이므로 올바른 추론이 아니다.

④ 둘째 문단 첫 번째 문장에 "자네도 알다시피 나바호인은 말[馬]을 사랑하고 경마로 내기하기를 즐기지."라는 내용이 나오기는 하지만, 이것으로 나바호인이 기마민족이거나 말을 최상의 선물로 간주할지는 알 수 없다.

Chapter 12 접속어 추론 p.287

01. ▶②

정답풀이 (가)의 앞에는 '상사에게 보고할 때 결론부터 말하라고 한다.'라는 서술이 나오며, 뒤에는 '때로는 일부러 결론을 미뤄 상대의 관심을 끌게 만들어야 할 때도 있다.'라는 반례가 나온다. 따라서 역접의 접속사 '하지만'이 오는 것이 적절하다.

(나)의 앞에는 '사무적인 관계에서는 쓸데없는 시간과 노력을 들이지 않아도 된다.'라는 이야기가 나오지만, 뒤에서는 '권력 관계에서의 차이가 없는 만큼 미묘한 줄다리기가 필요하다.'라는 반대되는 서술이 전개된다. 따라서 역접의 접속사 '하지만'이 오는 것이 적절하다.

02. ▶①

정답풀이 ㉠의 앞에서는 개별성을 추구하는 역사의 연구에 대해 설명하고 있다. ㉠의 뒤에는 역사학은 구체적인 사실을 구명한다고 하며 앞의 내용을 쉽게 풀어 쓰고 있다. 따라서 앞의 내용을 뒤에서 쉽게 다시 설명할 때 쓰는 '즉, 이처럼, 다시 말해' 등이 와야 한다. 이 접속어들은 앞뒤 내용이 같지만 표현이 다른 경우에 온다.

㉡의 뒤는 앞 문장의 구체적인 개념인 '고구려'를 사례로 들고 있으므로 '가령, 예컨대, 예를 들어, 이를 테면' 등이 와야 한다.

㉢의 뒤는 앞의 내용을 요약하고 있으므로 '요컨대'가 적절하다.

03. ▶④

정답풀이 ㉠ : '타이타닉 호 속에는 판에 박은 일상사가 있습니다.'라고 하였다. 뒤에는 선원과 배를 구체적인 예시를 들어 앞의 문장을 뒷받침하고 있다. 따라서 적절한 접속어는 '예를 들면'이다. '그리고'는 대등한 힘의 정보를 단순하게 나열하는 것이므로 옳지 않다.

㉡ : '경제학자의 논리도 세계 경제 시스템 이외에 아무런 현실이 없다고 한다면 합리적인 논리라고 할 수 있습니다.'라고 하였다. 하지만 뒤에서는 바다도 있고, 빙산도 있다. 여러 현실이 있는 것이므로 '그렇지만'이 옳다. '그러면(그렇다고 하면)'은 가정하는 의미가 있어야 하므로 옳지 않다.

㉢ : '재난은 이미 시작되었습니다.'라고 하였다. 뒤에 이 재난을 '빙산'에 다시 비유하며 말하고 있으므로 '말하자면'이 옳다. '만약'은 가정하는 의미이므로 '~한다면'의 호응을 보여야 하는 부사이므로 옳지 않다.

04. ▶④

정답풀이 ㉠ : 먹을거리를 안정적으로 공급받기 위해 사람들은 노력을 기울이는 것이 지상 과제라고 한다. 그 뒤에서는 오늘날 사람들이 우주시대에 어떻게 먹을거리를 해결할 것인가에 더욱 많은 관심을 보인다고 언급하므로 이에 관련된 접속 부사는 '심지어'이다. '심지어'는 앞에 있는 내용을 더 강조하거나 더 정도가 심함을 의미하는 경우에 쓰이기 때문에 적절하다. '그런데, 그러나, 하지만'은 앞의 내용을 반대로 뒤집는 의미일 때 사용되므로 옳지 않다.

㉡ : 앞 부분에서 먹을거리에 대한 관심과 노력이 많다고 했으므로 낙관적 입장이 주류를 이룬다는 내용은 앞 문장과 인과 관계를 이루므로 '그래서'가 적절하다.

㉢ : 앞 부분에서 먹을거리에 대한 풍요시대라는 낙관적 입장이 주류하고 뒤에서는 풍요의 시대가 하느님의 뜻인 것 같지 않다고 하므로 역접의 '그러나, 하지만, 그렇지만' 등이 와야 한다.

05. ▶①

정답풀이 ㉠에 제시된 '사실'과 '실제로'는 문맥상 비슷한 의미이므로 모두 답이 될 수 있다.

㉡의 앞에는 '국민'의 의미가 탄생하게 된 시기에 대해 언급되어 있고 뒤에는 그 결과 나타나게 된 비국민이라는 낙인이 언급되었다. 초점이 변환되는 것이므로 적절한 것은 '그런데'이다. 대등 병렬의 '또한'이나 '게다가', 역접의 '그러나'는 문맥상 어색한 접속어이다.

㉢의 앞은 일본에서 비국민으로 낙인찍히는 것에 대한 내용인데 뒤는 조선에서도 마찬가지로 작용되었다고 하므로 대등 병렬의 접속 부사가 적절하다.

㉣ 뒤는 앞에서 나왔던 내용을 다시 정리하고 있으므로 요약의 '요컨대'가 적합하다.

06. ▶②

정답풀이 ㉠: 앞 부분에서는 인류문화가 원시적이었던 선사 시대에는 단순하게 의사소통을 했다고 한다. 뒤 부분에서는 인간의 사회구조가 복잡해지고 인류문화가 발달하면서 보이지 않는 청자와 의사소통을 해야 하게 되었다고 한다. 따라서 역접의 '그런데, 그러나'가 알맞다.

㉡: 앞 부분에서는 전화도 녹음기도 비디오도 없었던 시절, 음성은 간접적인 의사소통에는 전혀 부적당한 매개체였다고 한다. 뒤 부분에서는 그래서 결국 문자가 나오게 되었다고 하므로 중간에는 원인과 결과를 이어주는 '그리하여, 그래서'가 옳다.

07. ▶①

정답풀이 ㉠: '때문이다'로 문장이 끝나므로 '왜냐하면'이 들어가서 호응해야 한다. ①, ④가 답이 될 수 있다.

㉡: 앞은 인간이 생활하는 곳에는 자연적으로 시가가 발생하였다고 한다. 뒤는 시가가 어떻게 발전되었는지에 대한 과정이 나오므로 역접의 '그러나'가 올 수 없다. 대등하게 이어지는 '그리고'가 적절하다.

㉢: 결론의 접속어 '그러므로'가 적절하다.

08. ▶①

정답풀이 ㉠: 앞은 춤을 추는 이유를 언급하면서 춤이 살아 있음을 스스로 확인시켜 주는 역할을 한다고 한다. 뒤는 춤을 추는 주체에 대해 이야기하고 있다. 문맥상 '말할 것도 없이'를 의미하는 '물론'이 오면 자연스럽다. 결과의 '그러므로'나 역접의 '그러나'는 올 수 없다. 그럼 답은 ① 혹은 ⑤가 된다.

㉡: 앞은 '파도가 춤춘다'는 의인화 기법에 대해 설명하고 있다. 뒤는 앞에 나오는 표현들에 대해서 곰곰이 생각해 보자는 필요성에 대해 이야기하고 있다. 따라서 '앞의 말을 받아 예외적인 사항이나 조건을 덧붙일 때 그 말머리에 쓰는 말'인 '다만'이 옳다. 원인과 결과를 의미하는 '그래서'는 문맥상 올 수 없다.

㉢: 앞은 '지저귐'과 '노래함'의 질적인 다름에 대해 언급하고 있다. 뒤는 '살아 있다'는 말에 대한 의문을 제기하고 있다. 이는 앞의 내용에서 의문을 제기할 때 쓰는 '그렇다면'이 옳다.

㉣: 앞은 쿠르트 작스가 말하는 춤의 의미를 언급하고 있다. 뒤는 쿠르트 작스의 책을 인용하고 있으므로 대등 병렬의 접속어 '또한'이 적절하다. 앞에도 쿠르트 작스의 말을 인용하고 있으므로 구체적인 예시를 언급할 때 쓰는 '예컨대'는 문맥상 옳지 않다.

Chapter 13 빈칸 추론 + 이어질 내용 추론 p.293

01. ▶③

정답풀이 ㉠ 'A는 자기가 제안하는 액수를 받아들일지 말지 결정할 권리가 B에게 있다는 사실을 알고 있다.'라고 했으며, B가 선택할 수 있는 것은 액수를 받아들이는 것과 받아들이지 않는 것 두 가지 뿐이다. 따라서 '제안한 1,000원을 받든가, 한 푼도 받지 못하든가'가 적절하다.

㉡ '하지만 현실에서는 이런 상황은 절대 일어나지 않는다.'라고 했으며, '비록 자기의 이익이 최대화되지 않더라도 제안이 불공평하다고 생각하면 거절하는 것으로 보인다.'라고 하였다. 따라서 빈칸에 들어갈 말로 가장 적절한 것은 '인간의 행동이 경제적 이득에 의해서만 움직이지 않는다.'임을 알 수 있다.

02. ▶①

정답풀이 '신석기 시대에 들어 농사가 시작되면서 여성의 역할은 더욱 증대'되었으나, 신석기 시대 중후반에는 '사냥 활동에서 벗어난 남성들은 생산 활동의 새로운 주인공 … 여성들은 보조자로 밀려나서 주로 집안일이나 육아를 담당하게 되었다.'라고 했으므로 남성과 여성의 사회적 위상과 역할이 달라졌음을 알 수 있다.

오답풀이 ② 여성이 생산 활동에서 완전히 배제되었다는 서술은 나오지 않으므로 적절하지 않다.

③ 남성이 주요 생산 활동을 담당하게 되었다고 해서, 남성이 제 역할을 하게 된 것은 아니다. 이는 단순히 역할이 달라졌음을 의미하는 것이다.

④ 여성이 보조자로 밀려나기는 했으나, 이것이 여성을 씨족 공동체의 일원으로 인정하지 않게 된 것은 아니다.

⑤ '집짐승 기르기가 시작되면서 남성들은 더 이상 사냥감을 찾아 산야를 헤맬 필요가 없게 되었다.'라고 했으므로 사냥 활동이 줄었을 것임을 짐작할 수 있다. 따라서 사냥 활동에서 여성이 남성의 역할을 대체하였을 것이라고 추론하기는 어렵다.

03. ▶①

정답풀이 행루오리란 '운 좋게 누락되거나 잘못 걸려드는 것'이다. 빈칸 뒤의 문장은 '잘못 걸려드는 것'에 해당하는 사례이며, 뒤의 문장은 행루오리의 상황이 불신으로 이어질 수 있음을 드러내고 있다. 따라서 빈칸에는 '운 좋게 누락되거나'에 해당하는 사례가 오는 것이 적절하므로 ①이 옳다.

오답풀이 ②, ③, ④는 '잘못 걸려드는 것'에 해당하는 사례이므로 적절하지 않다.

04.   ▶①

정답풀이 빈칸 앞에는 나무를 다 베어서는 안 된다고 걱정할 필요가 없음이, 빈칸 뒤에는 '우리나라는 OECD 국가 중 산림비율이 4위일 정도로 풍성한 숲을 보유하고 있다.'는 추가 설명이 이어지고 있다. 따라서 '목재를 보전하는 숲과 수확하는 숲을 따로 관리한다는 것이다.'가 빈칸에 들어가는 것이 가장 자연스럽다.

오답풀이 ② 빈칸 뒤 '우리나라는 OECE 국가 중 산림비율이 4위일 정도로'라는 서술로 볼 때, 국내의 목재 상황과 관련된 서술이 빈칸에 와야 한다.
③ 버려지는 폐목재를 가공하는 것은 우리나라가 풍성한 숲을 보유하고 있다는 말과 어울리지 않는다.
④ 본문에 주택 건설 관련 서술은 나오지 않으므로 적절하지 않다.

05.   ▶⑤

정답풀이 빈칸 앞에는 해수면의 상승을 유발하는 과정이 서술되어 있다. 더운 온도로 증발한 수분이 세계의 빙하와 만년설에 옮겨진 이후 빙하와 만년설이 더 커지기 위한 과정이 빈칸에 들어가야 하므로 '그 지역의 온도가 얼음을 녹일 정도가 아니면'이 적절하다.

오답풀이 ① 시간과 관련된 서술은 3문단에서 이어지고 있으므로 빈칸에 들어가기에 부적절하다.
② '더운 온도로 인해 물의 부피가 상승하면' 더 많은 빙하가 녹고 더 많은 수분을 증발시킨다고 나와 있으므로 빈칸에 들어가기에 부적절하다.
③ 암석과 관련된 서술은 2문단에 등장하므로 부적절하다.
④ 2문단은 해수면 상승 과정을 서술하고 있으므로 '해수면이 즉각적으로 상승하지 않으면'은 빈칸에 들어가기에 부적절하다.

06.   ▶④

정답풀이 이 문제는 온돌을 통한 우리의 전통적인 난방 방식과 벽난로를 통한 서양식의 난방 방식을 대조한 글이다. (가)의 앞 문장은 서양의 난방 방식을 언급하며, 상체와 위쪽 공기를 데우면 대류 현상으로 인해 바닥 위 공기까지는 따뜻해지지 않는다고 한다. 따라서 (가)는 대류 현상으로 인해 바닥 위 공기까지는 따뜻해지지 않는 이유를 묻고 있는 것이다. 그렇다면 대류 현상이 무엇인지를 파악하면 된다. 네 번째 문장에서 온돌을 통한 난방 방식에 대해 설명하면서 대류 현상을 언급하고 있다. 네 번째 문장을 보면, 대류 현상이란 데워진 공기는 위로 올라가고 식은 공기(=차가운 공기)는 아래로 내려가는 것으로 공기가 순환되는 현상이다. 이를 통해 상체와 위쪽 공기를 데우면 바닥 위 공기까지는 따뜻해지지 않는 이유는 데워진 공기가 위에 올라가 있기 때문임을 알 수 있다. 이것과 통하는 문장은 상체와 위쪽의 따뜻한 공기는 차가운 바닥으로 내려오지 않기 때문이라는 ④이다. 따뜻한 공기는 위에 있다는 의미와 같기 때문이다.

오답풀이 ① (가)의 앞 문장에서 벽난로를 통한 서양식의 난방 방식은 복사열을 이용하여 상체의 공기를 데우는 방식인데, ①에서는 방바닥의 따뜻한 공기를 전제하고 있다. 서양식의 난방 방식은 복사열을 통해 위쪽의 공기만 데우는 것이므로 방바닥의 따뜻한 공기가 위로 올라갈 수 없다.
② 벽난로에 의한 난방이 복사열에 의한 난방은 이루어지지만 바닥의 공기를 따뜻하게 할 수는 없으므로 대류 현상이 일어나지 않으므로 이 선택지는 옳지 않다.
③ 대류 현상을 통한 난방 방식이 상체와 위쪽의 공기만 따뜻하게 하는 것은 아니므로 옳지 않다. 온돌을 통한 난방 방식의 경우 대류 현상을 통한 난방 방식으로 인해 상체와 위쪽의 공기가 아래로 내려올 때도 있기 때문이다. 그러한 경우에는 대류 현상을 통해 상체와 위쪽이 아니라 바닥의 공기가 따뜻해지게 된다.

07.   ▶⑤

정답풀이 먼저 빈칸의 위치를 확인하니, 맨 뒤에 있으며 결론을 의미하는 '따라서'라는 접속 부사가 있음을 알 수 있다. 이를 통해 앞의 내용의 결론이 ㉠에 나올 것임을 알 수 있다. 앞의 내용을 요약하면 답이 나올 수 있다.
1문단에서는 아날로그가 디지털화된 정보에 영향을 주었음을, 2문단에서는 아날로그와 디지털이 결합하여 더 활성화됨을 전달한다. 따라서 이들은 상호보완적인 영향을 주고받음을 알 수 있으므로 '디지털 문화와 아날로그 문화를 대립적인 것으로 파악하는 것은 본질과 거리가 멀다'가 정답이다.

08.   ▶①

정답풀이 ㉠은 앞의 내용을 정리해주는 것이다. ㉠ 뒤를 보면 어머니의 노력이 하나도 드러나지 않는 고생스러운 나날이었다고 한다. 따라서 이와 관련된 것은 '비단옷 입고 밤길 걷기(가기)'이다. 비단옷을 입고 밤길을 걸으면 아무도 알아주지 않는다는 뜻으로, 공연한 일에 노력하고 애쓰고도 보람이 없는 경우를 비유적으로 이르는 속담이다. 같은 의미의 한자성어인 금의야행(錦衣夜行)이 있다.

오답풀이 ② 솔밭에 가서 고기 낚기 : 물에서 사는 물고기를 솔밭(산)에서 구한다는 뜻으로 불가능한 일을 하려고 애쓰는 어리석음.
③ 원님 덕에 나팔 분다 : 원님과 동행한 덕분에 나팔 불고 요란히 맞아 주는 호화로운 대접을 받는다는 뜻으로, 남의 덕으로 당치도 아니한 행세를 하게 되거나 그런 대접을 받고 우쭐대는 모양을 비유하는 속담.
④ 굽은 나무가 선산을 지킨다 : 자손이 빈한해지면 선산의 나무까지 팔아 버리나 줄기가 굽어 쓸모없는 것은 그대로 남게 된다는 뜻으로, 쓸모없어 보이는 것이 도리어 제구실을 하게 됨을 비유적으로 이르는 속담.

09. ▶ ②

정답풀이 ⑤은 흑백논리를 지양하는 내용이 나와야 하므로 여기에는 '모양, 빛깔, 형태, 양식 따위가 여러 가지로 많은 특성.'을 의미하는 다양성(多樣性)과 '근원이 많음'을 의미하는 다원성(多元性)이 들어가면 된다. 그렇게 되면 답은 ① 아님 ②이다.

ⓒ은 인간에게 내재된 본성 같은 게 실제로 있기나 한 것인지 깊게 생각해 보는 것이므로 '의심스럽게 생각함. 또는 그런 문제나 사실'을 의미하는 '의문(疑問)'이나 '의심을 품음. 또는 마음속에 품고 있는 의심'을 의미하는 '회의(懷疑)'가 맞다.

ⓒ은 인간 본성에 대한 답변도 대체로 철학이나 종교의 영역이 맡아왔다는 것을 미루어 볼 때 ⓒ에는 '기준 및 지향점을 제시하는 것'이라는 의미의 단어가 들어가야 함을 알 수 있다. 따라서 '생활이나 행동 따위의 지도적 방법이나 방향을 인도하여 주는 준칙'을 의미하는 '지침(指針)'이 들어갈 수 있다. '본보기가 될 만한 모범'을 의미하는 '전범(典範)'이나 '본받아 배울 만한 대상'을 의미하는 '모범(模範)'이 올 수 있기는 하다.

ⓔ '한계'에 대한 내용이 나오고 있으므로 '상태나 현상이 굳어져 변하지 않음.'을 의미하는 '고착(固着)'이 와야 한다.

오답풀이 나머지 선택지의 뜻은 다음과 같다.

㉠ 중층성(固着性) : 여러 층으로 된 것의, 가운데를 이루는 층
　 융합성(融合性) : 다른 종류의 것이 녹아서 서로 구별이 없게 하나로 합하여지거나 그렇게 만듦.

ⓛ 질문(質問) : 알고자 하는 바를 얻기 위해 물음.
　 반문(反問) : 물음에 대답하지 아니하고 되받아 물음.

ⓒ 전범(典範) : 본보기가 될 만한 모범
　 모범(模範) : 본받아 배울 만한 대상
　 통찰(洞察) : 예리한 관찰력으로 사물을 꿰뚫어 봄.

ⓔ 착종(錯綜) : 이것저것이 뒤섞여 엉클어짐.
　 연루(連累·緣累) : 남이 저지른 범죄에 연관됨. 관련되다.
　 편향(偏向) : 한쪽으로 치우침.

10. ▶ ①

정답풀이 1문단에서 인쇄술의 발전이 가져온 가장 중요한 변화를 언급하고 있다. 그것은 학교 제도의 영향력이 낮아진 것, 기억에 대한 의존도가 낮아진 것을 들고 있다. 2문단에서 인쇄술의 발달로 다양한 책들이 서점과 서가에 등장하게 되면서 지식 사회에 대한 비판과 검증이 가능해졌음을 말하고 있다. 따라서 뒤에서는 지식 사회에 대한 비판과 검증이 가능해진 결과에 대한 내용이 나올 수 있다. 따라서 ① '독점적인 학설이나 학파의 전횡이 줄어든 것과 특정 학설의 권위주의적인 행보가 사라지게 된 것'이 이어질 내용으로 가장 적절하다. 비판과 검증이 가능해지게 되면 책에 있는 독점적인 학설이나 학파의 전횡이 줄어들 것이기 때문이다.

오답풀이 ② 1문단에서 이미 교사의 권위가 줄어들고 있다고 하고 있기 때문에 이 선택지는 이어질 내용으로 적절하지 않다.
③ 2문단에서 지식 사회에 대한 비판과 검증이 가능해졌다고 하기 때문에 지식의 독점과 권력화에 매진하기 더 힘들어졌을 것이므로 이 선택지는 이어질 내용으로 적절하지 않다.

④ '비판과 검증'이라는 사고는 책의 내용을 있는 그대로 받아들이는 수동적인 독서 대중과는 거리가 멀기 때문에 이 선택지는 이어질 내용으로 적절하지 않다.

Chapter 14　사례 추론　p.300

01. ▶ ①

정답풀이 한자는 문맥에 따라 같은 글자가 다른 문장성분으로 사용될 수 있다고 나와있지만 이것이 한국어 문장보다 문장성분이 복잡함을 의미하는 것은 아니다.

오답풀이 ② '깨끗할 정(淨), 물 수(水)'로 '깨끗하게 한 물'에서는 '깨끗하다'가 '물'을 수식한다.
③ '애인(愛人)'의 경우 '愛'의 문장성문에 따라 '남을 사랑하다', '사랑하는 사람(연인)'이라는 뜻을 지닌다. 모두 '사랑하다'의 의미를 가지고 있기에 동음이의어가 아닌 같은 의미를 지닌 말로 보아야 한다.
④ 한글은 동음이의어로 인해 글자만으로 의미를 파악하지 못하는 경우가 많다. '의사(醫師)[병을 고치는 사람] － 의사(義士)[의로운 지사]'가 그러한 경우이다.

02. ▶ ③

정답풀이 ⓒ은 '특수한 영역에서 사용된 말'이 중심이 되어야 하는데 '배꼽'은 특수한 영역에서 사용된 말이 아니다. 물론 '바둑'이 특수한 영역이기는 하지만 이는 함정에 불과하다. '바둑'이 언급된 것은 단어의 의미가 변화된 결과일 뿐이다.

오답풀이 ① 기호 문제는 앞뒤를 봐야 쉽게 풀 수 있다. ㉠ 앞에 언급된 ㉠의 예시가 단서가 된다. '아침'에 '아침밥'의 의미가 포함되는 것처럼, '코'는 '콧물'의 의미가 포함되므로 옳은 예시이다.
② ⓛ 앞의 예시를 보면 '바가지'의 의미는 시대의 변화에 따라서 변함을 알 수 있다. 그런데 '수세미'도 원래의 의미와 오늘날의 의미가 다르므로 옳은 예시이다.
④ ⓔ의 앞의 예시를 보면 '호랑이'를 무서워하는 심리적인 이유로 '산신령'이라고 부르고 있으므로 무서운 전염병인 '천연두'를 꺼려서 '손님'이라고 부르는 것은 사례로 옳다.

03. ▶ ②

정답풀이 화법 문제와 문단 배열 문제가 합쳐진 새로운 유형이다. 오히려 화법 부분이 힌트가 되어서 문제가 더 쉬워졌다. 새로운 유형이 나왔다고 긴장하지 않아도 됨을 보여주는 문제이다.

1단계 : '주제에 대한 청자의 주의나 관심을 환기'하는 1단계에 부합하는 것은 (가)이다. 친구의 자전거 사고로 주의를 환기하고 있다.

2단계 : '특정 문제를 청자와 관련지어 설명'하는 2단계에 부합하는 것은 (다)이다. '아마 여러분도 가끔 자전거를 타는 경우가 있을 것입니다.'를 보면 알 수 있다.

3단계 : '해결 방안을 제시하여 청자의 이해와 만족을 유도'하는 3단계에 부합하는 것은 (나)이다. '헬멧 착용'을 해결 방안으로 제시하고 있다.

사실 3단계까지만 보아도 (가) – (다) – (나)가 나오므로 답은 ②임을 알 수 있다. 다만, 실수를 방지하기 위해 뒤에 남아 있는 것을 확인은 해주어야 한다.

4단계 : '해결 방안이 청자에게 어떤 도움이 되는지 구체화'하는 4단계에 부합하는 것은 (라)이다. 헬멧을 착용하면 신체 피해를 줄이고 자전거의 즐거움과 편안함을 더 잘 느끼게 됨을 '구체적으로' 보여주고 있다. (나)가 될 수도 있으나, (나)는 해결 방안의 효과를 '구체화'한다고 보기에는 부족하다.

5단계 : '구체적인 행동의 내용과 방법을 제시하여 특정 행동을 요구'하는 5단계에 부합하는 것은 (마)이다. 자전거를 탈 때에는 반드시 헬멧을 착용하라는 구체적인 행동의 내용을 언급하고 있다. 이 (마)는 사실 해결 방안을 제시하고 있기도 하므로 3단계로 넣을 수도 있어 보이지만 선택지에는 3단계에 (마)가 없으므로 (마)는 5단계로 연결될 수 있는 것이다.

04.   ▶②

정답풀이 '애매어의 오류'란 동일한 단어를 애매하게 사용하여 나타나는 오류이다. '부패(腐敗)하다'의 중심 의미는 「1」 정치, 사상, 의식 따위가 타락하다.'이다. 하지만 주변 의미로 「2」 단백질이나 지방 따위의 유기물이 미생물의 작용에 의하여 분해된다. 독특한 냄새가 나거나 유독성 물질이 발생한다.'도 있다. '부패하다'는 다의어이기 때문에 문맥에 따라 잘 사용되어야 하는 단어이다. 하지만 ②의 두 번째 문장의 '부패하다'는 주변 의미인 「2」로 사용되었다. 뒤의 문장에서 부패한 세상을 냉동 보관해야 한다고 보고 있기 때문이다. 이는 ②는 '부패하다'라는 말을 애매하게 사용하여 발생한 '애매어의 오류'로 볼 수 있다.

오답풀이 ① "모든 사람은 죽는다. 소크라테스는 사람이다. 그러므로 소크라테스는 죽는다."는 논리적 오류를 범하고 있지 않다. 이러한 논증 방식을 '연역 논증'이라고 한다. 따라서 '우연의 오류'의 예로 적절하지 않다.

③ ⓒ 결합의 오류가 아니라 ⓔ 분해의 오류의 사례에 해당한다. '미국 아이스하키 선수단'(집단)의 기량이 뛰어나다는 전제를 통해 미국 선수 각자(개별 원소)들 역시 기량이 뛰어날 것이라는 결론을 도출하고 있으므로 이는 분해의 오류에 해당한다.

④ ⓔ 분해의 오류가 아니라 ⓒ 결합의 오류의 사례에 해당한다. 매력적인 오답이다. '때문이다'가 있는 두 번째 문장이 전제가 된다. 따라서 답안의 문장 하나하나(개별 원소)가 뛰어나다는 전제로부터, 그 문장이 결합한 답안 전체(집단)의 내용 또한 뛰어날 것이라는 결론을 도출하고 있으므로 이는 ⓒ 결합의 오류의 사례에 해당한다.

05.   ▶④

정답풀이 사회 문화적으로 보편적인 개념을 지시하는 각각의 기표들에서 유사한 형식을 도출할 수 없으므로 이 선택지는 옳지 않다. 동일한 기의임에도 기표는 '연필'과 'pencil'처럼 각각 다르다. 즉 기표와 기의 간에 필연적인 연관성이 없는 기호적 관계의 자의성(恣 제멋대로 자, 의미 의 意, 성격 성 性)이 있기 때문이다. 따라서 보편적인 개념을 지시하는 각각의 기표들에서 유사한 형식을 도출하는 것은 불가능하다.

오답풀이 ① '부추'의 기의는 '백합과의 여러해살이풀'인데, 지역에 따라 기표가 다르게 나타나는 것은 '자의성'을 잘 설명해 준다.

② 끝 부분에서 "이러한 자의성은 사회적 약속과 문화적 약호(code)에 따라 조율된다"라는 구절이 있으므로 어떤 개념을 새롭게 표현한 단어가 널리 쓰이려면 그 개념을 쓰는 사회 성원들의 공통된 합의가 필요하겠다는 이 선택지는 옳다.

③ 끝 부분에서 "이러한 자의성은 사회적 약속과 문화적 약호(code)에 따라 조율된다"라는 구절이 있으므로 문화적 약호가 유사한 지역에서는 같은 기표에 대응되는 개념이 비슷할 가능성이 높을 수 있다고 추론할 수 있다.

06.   ▶③

정답풀이 '자유로부터의 도피' 뒤에 이어지는 내용을 보면, 개인적 자아의 독립을 포기하고 자기 이외의 어떤 존재에 종속되고자 하는 것이라고 한다. 어떤 상황에 대한 판단을 개인적인 자아가 독립적으로 하지 않고 언론 매체라는 존재에 종속되어 무비판적으로 수용하려는 것을 예로 들 수 있다.

07.   ▶④

정답풀이 "따라서 우리나라의 각 지역어가 가진 특성과 기능을 무시한 채 한 지역의 말만을 사용케 한다면 이는 타 지역의 정체성을 부인하는 것이고, 타 지역어를 사용하는 사회 구성원들의 원활한 소통 수단을 박탈하는 것입니다."를 통해 ④가 정답임을 알 수 있다.

Chapter **15** **밑줄 추론**   p.304

01.   ▶①

정답풀이 ㉠ 뒤에 이어지는 '다른 한편으로는 그들만의 독특한 취향에 상응하는 읽을거리를 손에 넣기 위해 여성들은 그들만의 고유한 문학을 창조해 냈다.'라는 서술을 통해, 읽을 거리에 대한 열망이 문학 창작의 동력이 되었음을 알 수 있다.

오답풀이 ② '여성들은 그들에게 허용된 언어를 음성으로 옮긴 가나 분카쿠를 개발'했다고 말했으므로, 자신들의 언어를 작품에 담아냈을 것임을 알 수 있다.

③ '그 당시 궁정의 남자 관리들이 대부분 시간을 할애했던 정치적 술책에 대해서는 거의 관심을 보이지 않는다.'로 미루어 보아, 본문과 불합치하는 선지이다.

02. ▶③

정답풀이 선출된 정치인들이 높은 투표율을 핑계로 안하무인의 태도를 취하는 것은 의무 투표제를 도입했을 때 야기될 수 있는 부작용이다. 따라서 이에 대한 대책은 의무 투표제에 반대하는 ⓒ이 아니라 의무 투표제를 도입하자고 주장하는 ㉠이 제시해야 한다.

오답풀이 ① ㉠은 더 많은 국민이 투표에 참여할수록 정치인들이 정책 경쟁력을 높이려 할 것이라 기대한다. 따라서 투표율의 증가가 후보들의 정책 경쟁으로 이어진다는 것에 대한 근거를 제시해야 한다는 비판은 적절하다.
② ㉠은 의무 투표제를 통해 정당한 사유 없는 기권에 대해 법적 제재를 가하는 것이 높은 투표율로 이어질 것이라 기대한다. 따라서 이를 뒷받침할 자료를 제시하라는 비판은 적절하다.
④ ⓒ은 현재 우리나라의 투표율이 정치 지도자들의 대표성을 훼손할 만큼 심각하지는 않다고 주장한다. 이에 대해 근거를 제시하라는 비판은 적절하다.

03. ▶③

정답풀이 '유추'가 사용된 제시문이다. '유추'란 두 개의 사물이 여러 면에서 비슷하다는 것을 근거로 다른 속성도 유사할 것이라고 추론하여 쉽게 설명하는 방식을 의미한다. '사이토카인 폭풍'이라는 어려운 개념을 이와 비슷한 좀도둑이 든 상황에 빗대어 더 쉽게 설명하고 있는 것이다.
ⓒ은 치명적인 바이러스를 의미한다. 왜냐하면 단순한 바이러스(단순 좀도둑)였던 것이 면역계(몽둥이)가 반응하면서 치명적인 바이러스로 돌변하는 것이기 때문이다.

오답풀이 ① ㉠은 집에 처음 들어오게 된 좀도둑이기 때문에 '면역계의 과민 반응'과는 관련이 없다. ㉠은 몸속에 처음 들어온 '새로운 바이러스'이다.
② ⓒ은 좀도둑에 저항하는 존재이므로 좀도둑과 같이 부정적인 존재인 '계절 독감'이라고 볼 수 없다. ⓒ은 몽둥이가 집을 보호하려는 것처럼, 우리의 몸을 바이러스로부터 보호하려는 '면역계'이다
④ ⓔ은 뒤의 맥락을 보면, '극심한 폐렴 증세'가 아니다. 바이러스의 승리의 대가는 '숙주가 죽음으로써 바이러스 자신도 죽는 것'이다.

04. ▶②

정답풀이 '자신이 범한 과오를 감추고 남의 잘못을 드러낸다.'라는 내용은 언급되어 있지 않다. "자신이 꺼리는 사람이 같이 죄를 범하였는데도 서로 버티면서 죄를 밝히지 않으면 간악하게 되며,"라는 부분이 있긴 하지만, ②의 내용과는 관련이 없다.

오답풀이 ① "노력을 조금 들였는데도 효과가 신속하면 간악하게 되며,"라고 언급되어 있다.
③ "자신은 그 자리에 오랫동안 있는데 자신을 감독하는 사람이 자주 교체되면 간악하게 되며,"라고 언급되어 있다.
④ "아래에 자신의 무리는 많은데 윗사람이 외롭고 어리석으면 간악하게 되며,"라고 언급되어 있다.

05. ▶②

정답풀이 둘째 문단에서 '인간은 모두 동일한 종의 구성원이기에 신체나 행동이 매우 비슷(㉠)하다. 따라서 내 손가락을 베였을 때 내(ⓒ)가 고통(ⓔ)을 느끼는 것을 근거로 다른 사람도 손가락을 베였을 때 나와 똑같이 고통(ⓔ)을 느끼리라 추론하는 것이다.'라고 서술되고 있다. 여기서 '나'(ⓒ '첫 번째 대상')가 '다른 사람'('두 번째 대상')과 '신체나 행동'(㉠ '몇 가지 점')에서 비슷하다는 것을 알고 있을 때, '나'가 '마음'이라는 '추가적인 특성'(ⓔ)을 가지고 있으므로 '다른 사람'도 '마음'을 가지고 있으리라 추론한다는 것을 알 수 있다.

06. ▶③

정답풀이 ③의 ㉠은 개인적인 경험으로 옳지만, ⓒ에서는 '나라를 바로잡을 방도가 없다'고 했기 때문에 옳지 않다. 나라가 잘못될 때 곧바로 잘못을 고치면 되는 것이므로 아예 '방도'가 없어지는 것은 아니다. 따라서 ③은 적절한 유추가 아니다. 제시문은 쓰러져 가는 행랑채를 수리하는 개인적인 '㉠ 경험'을 통해 'ⓒ 깨달음'을 제시하는 글이다. 글쓴이는 행랑채가 썩음에도 재빨리 고치지 않아 비용이 더 들고 고생하였다. 빨리 고친 것은 비용이 덜 들었는데, 이처럼 개인의 과오도 알게 되면 바로 고치라는 깨달음을 '유추(類推: 유사한 점에 기초하여 다른 사물을 미루어 추측함. 행랑채를 고치는 일과 나의 잘못을 고치는 일이 유사함)'의 방식으로 제시하고 있다. 나라의 정치도 이와 같아 백성의 이익을 침해하는 일이 발견되면 빨리 바로 잡아야 한다는 깨달음으로 확대된다.

오답풀이 ① ㉠ 기와를 바꾸는 경험은 ⓒ 과오를 고치는 행위로 유추될 수 있다. 오래된 기와를 얼른 바꾸는 것은 자신의 과오를 인식하고 고치는 행위와 유사하기 때문이다.
② ㉠ 미루고 수리를 안 한 경험은 ⓒ 과오를 고치지 않는 행위로 유추될 수 있다.
④ ㉠ 비가 새서 기울어진 상태는 문제가 있는 상태이므로 ⓒ 자기 과오로 유추될 수 있다.

<table>
<tr><td>Chapter 16</td><td>나머지와 다른 지시 대상 추론</td><td>p.309</td></tr>
</table>

01. ▶④

정답풀이) 전우치가 ② '저 놈'을 몰아내라고 하고 있으며, 제시된 지문에서 전우치는 왕연희의 몸으로 바꾼 상태이다. 따라서 ②은 왕연희이므로 지시 대상이 다르다.

오답풀이) ① ㉠은 왕연희로 변신한 전우치이므로 적절하다. '집안 사람 누구도 전우치인 줄 전혀 알지 못했다.'에서 확인할 수 있다. ② ㉡은 왕연희의 발화이며, 그가 '너'에게 '내 부인과 말을 주고받고 있느냐?'라고 꾸짖고 있으므로 ㉡은 왕연희로 변신한 전우치이다. ③ ㉢은 왕연희의 발화이며, 종들에게 '저 놈'을 빨리 결박하라고 하고 있으므로 ㉢은 왕연희로 변신한 전우치이다.

02. ▶③

정답풀이) 이 작품은 게젓장수와 동네 사람과의 대화를 통해 게의 모습과 게젓의 맛을 장황하게 표현하는 현학적 태도와 허장성세를 비판한 것이다. ㉠, ㉡, ②은 모두 게젓을 의미하고 있지만, ㉢의 '청장'은 진하지 않은 맑은 간장을 의미하고 있으므로 나머지 셋과 가리키는 대상이 다르다.

03. ▶①

정답풀이) 경계적 시 공간이란 삶과 죽음의 경계, 이승과 저승의 경계를 의미하는 것이다. ㉠의 붉은 해는 서산마루에 걸리었다는 표현은 낮과 밤의 경계를 의미하며, 이는 이승과 저승의 경계를 의미하는 것이기도 하다. ㉢의 떨어져 나가 앉은 산 위는 삶과 죽음의 경계에서 죽은 이를 부르는 곳이므로 경계적 시 공간이다.

오답풀이) ㉡ 사슴의 무리가 슬피 운다는 것은 초자연적 존재에게 감정을 이입한 것이므로 경계적 시 공간이 아니다. ② 선 채로 돌이 된다는 것은 망부석 설화에서 차용한 것으로, 사랑하던 사람을 기다리다 돌이 되도록 부르겠다는 굳은 사랑의 의지를 드러낸 표현이다.

04. ▶①

정답풀이) 지방직에서는 매년 지시 대상을 묻는 문제가 출제되므로 지방직 동형에서 이와 관련된 훈련을 많이 하였다. 문맥으로 풀되, 단서를 잡아가며 풀면 쉽게 풀 수 있는 유형이다. 구형의 과일을 "두 쪽으로 가른다"는 단서로 보아 '㉠ 구형'은 수박 전체를 의미한다. '㉡ 빨강'은 "빨강"이라는 단서로 보아 수박 안에 있는 맛있는 빨간 살 부분을 의미한다. '㉢ 새까만 씨앗들이 별처럼 박힌 선홍색의 바다'의 경우에는 "선홍색의 바다"를 통해 수박의 빨간 살 부분임을 알 수 있다. '② 한바탕의 완연한 아름다움의 세계'는 "먹히기를 기다리고 있다"는 단서로 보아 수박 안의 빨간 살 부분임을 알 수 있다. ㉠은 수박 전체를 지시하고 ㉡~②은 수박 안의 빨간 부분을 지시하므로 답은 ①이다.

05. ▶④

정답풀이) '불문곡직(不問曲直: 不 아닐 부 問 물을 문 曲 굽을 곡 直 곧을 직)'이란 옳고 그름을 따지지 않음을 의미한다. '틈, 공간. 여지'는 직설과는 달리 완곡함을 의미한다. 하지만 '세상'은 물태와 인정이 극으로 나뉜다는 점에서 완곡함보다는 직설에 더 가깝다.

06. ▶④

정답풀이) "기술은 문을 열 뿐이고, 그 문에 들어갈지 말지는 인간이 결정한다."는 정보 통신 기술이 발전한 이 시점에서 중요한 것은 정보 통신 기술을 어떻게 활용하느냐임을 의미한다. 따라서 이와 가장 가까운 의미를 지닌 것은 '② 선택'이다.

07. ▶②

정답풀이) ㉠의 '물가'는 화자가 바라보는 소나무가 서 있는 자연적 배경이다.
㉡의 '소나무'는 '외롭지만 씩씩하다'는 긍정적인 의미가 부여된 자연물로 화자 자신을 표상한다고 할 수 있다.
㉢의 '배'는 출항해서 귀항하기까지의 과정을 보여주는 후렴구에 쓰인 소재로 화자가 자연을 즐길 수 있게 하는 수단이다.
②의 '구름'은 고전 시가에서 부정적인 의미로 자주 사용된다. 하지만 이 시에서는 인간 세상을 가리고 막아서 번잡한 세상과 시적 화자를 차단하는 긍정적인 대상으로, 인간 세상으로부터 자신을 격리하고자 하는 작가의 의식을 형상화한 소재이다.
㉤의 '세상'은 화자가 멀리하려는 속세를 의미한다. 이와 마찬가지로 ⊗의 '진훤'도 먼지와 시끄러움이라는 뜻으로 속세를 의미한다.
㉥의 '파랑성'은 물결 소리라는 뜻으로 ⊗을 막아준다고 하였다.
따라서 ②과 ㉥은 모두 속세로부터 화자를 차단해 주는 긍정적인 의미를 지닌다는 점에서 함축적 의미가 유사한 시어이다.

<table>
<tr><td>Chapter 17</td><td>문장, 문단 배열하기</td><td>p.313</td></tr>
</table>

01. ▶②

정답풀이) 기업이 빅데이터의 가치를 받아들이기 시작했다고 글을 연다. 이후에 이어질 내용으로 (나)는 '그러한 궁금증'에 선행하는 말이 없기에 적절하지 않으며 (다)는 '그런 노력'에 선행하는 말이 없기에 적절하지 않다. 따라서 (가)가 가장 처음에 오되, (가)에서 기업이 마케팅 조사를 해 왔으며 (다)에서 이러한 마케팅 조사에 대한 노력이 효과가 없었는데, (나)에서 그 해결 방안을 알게 되었다는 내용 전개가 적절하다.

해설

02. ▶①

정답풀이 (가)가 '그에 따르면'이라고 시작하는데, 그 앞에는 특정 인물이나 이론에 대한 언급이 필요하기에 (가)는 (나) 뒤에 와야 한다. 또한 (다)에서 '이처럼 책을 읽으면'이라는 진술로 보아 (다)는 (가) 뒤에 와야함을 알 수 있다.
따라서 맥락에 맞는 자연스러운 순서는 (나) − (가) − (다)이다.

03. ▶④

정답풀이 (가)에 아동 정신의학자 존 볼비가 등장하며 (나), (라)에는 볼비의 연구가 소개되어 있다. 따라서 (가) 뒤에 (나), (라)가 와야 한다. (가)의 '아동 정신의학자 존 볼비는 엄마와 아이 사이의 애착을 연구하면서 처음으로 이 현상에 관심을 갖게 되었다.'라는 서술을 볼 때, 애착의 정의를 소개한 (다)가 가장 앞에 오는 것이 적절함을 알 수 있다. (가)에는 '그가 처음 연구를 시작할 때만 해도 … 먹을 것을 얻기 위해서라는 생각이 지배적이었다.'라는 보편적 인식이 나온다. (라)의 '하지만 볼비는', '엄마와 아이의 유대에 뭔가 특별한 것이 있다는 의미'는 (가)의 보편적 인식과 반대되는 내용이므로 (가) 뒤에 (라)가 오는 것이 옳다. (나)는 볼비가 연구한 끝에 '엄마와의 애착관계가 불안정한 아이는 정서 발달과 행동발달에 큰 문제가 생길 수 있음을 알게 됐다.'는 결론이 나오므로, (다) − (가) − (라) − (나)의 순서가 가장 자연스럽다.

04. ▶④

정답풀이 (라)에 한국의 성별 격차가 크다는 문제가 제시되어 있으며 (가), (나), (다), (마)는 이러한 문제에 대한 설명이 나온다. 따라서 처음으로 문제를 제시한 (라)가 처음에 와야 한다. (가)에는 '여성이 출산과 함께 육아 부담을 떠안으면서 다니는 직장을 그만두는' 현상이, (나)에는 '경단녀 현상이 코로나19 사태를 거치면서 악화된 것'이라는 구체적 사례가 나오므로 (가) 뒤에 (나)가 오는 것이 옳다. 또한 (나)에 '경단녀 현상'이라는 용어가 처음 등장하며, (다)에는 경단녀가 구한 일자리는 고용 안정성이 떨어진다는 문제가 제시되었다. (마)의 '현실이 이러니'는 (다)의 내용을 재진술하는 표현이므로 (라) − (가) − (나) − (다) − (마)의 순서가 가장 자연스럽다.

05. ▶⑤

정답풀이 글의 첫부분에 '구성원 간의 의사소통'이 중요함을 드러냈으므로 이와 이어지는 (라)가 처음에 와야 한다. (가)의 '언어는 … 사회적 특성이 드러난다.'라는 서술은 (라)의 '인간은 언어를 사용하여 사회적인 관계를 형성'한다는 서술과 이어지므로 (라) 뒤에 (가)가 와야 한다. (가)의 '한국어라고 해서 모두 똑같은 것이 아니다.'라는 서술의 예시로 (나)에 지역별로 같은 팽이라도 그 형태가 다름이 구체

적으로 제시되어 있다. 또한 (마)는 '지역이 같더라도 … 같은 뜻을 지닌 언어가 형태를 달리하는 예도 있다.'라는 추가적 내용을 설명하고 있으므로 (나) 뒤에 (마)가 와야 한다. (다)는 (마)의 공동체 의식을 재진술함으로써 '같은 사회에 속한 사람들은 같은 말을 사용함으로써 공동체 의식을 강화하는 효과를 얻는다.'라고 서술하였으므로 (라) − (가) − (나) − (마) − (다)의 순서가 가장 자연스럽다.

06. ▶②

정답풀이 마지막 문장은 '재물을 씀으로써 얻는 아름다운 이름'을 칭송하고 있으므로 재물을 베푸는 일의 중요성을 강조한 글임을 알 수 있다. (가)는 혼자 재물을 쓰는 것과 남에게 재물을 베푸는 것의 차이를 언급하고 있으므로 처음에 오는 것이 적절하다. (다)에는 (가)에서 언급한 두 가지 행동의 구체적 결과를 설명하고 있으므로 (가) 뒤에 (다)가 이어져야 한다. (나)는 '남에게 베푸는 것만 한 것이 없을 테니, 이는 어째서인가?'라는 물음을 던지고 있으며, (라)는 이에 대한 답이므로 (가) − (다) − (나) − (라)의 순서가 가장 자연스럽다.

07. ▶④

정답풀이 먼저 선택지를 보면 (가), (나)가 앞에 옴을 알 수 있다. (가)는 미래에 앞으로 나아가야 할 길을, (나)는 과거에 대해 서술하고 있으므로 (나)가 먼저 올 확률이 더 크다. (나) 끝에 나오는 '아픔'이 (라)로 이어질 수 있다. (라)에서 '그 아픔'에 대한 이야기가 연결되고 있기 때문이다. 여기까지만 봐도 (나)−(라)이므로 답은 ④이다. 다음은 확인만 간단하게 하면 된다. (라)에서는 새로운 희망의 시대가 열린다고 하며 (가)에서는 구체적으로 어떠한 희망의 시대가 열리는지, 희망의 조건인 지정학적 조건에 대해 자세히 설명하고 있다. 따라서 순서는 (나) − (라) − (다) − (가)이다.

08. ▶③

정답풀이 이 글은 폭설의 개념과 문제점에 대해 설명한 글이다. 처음에 폭설에 대해 정의를 내리고 있으므로 대설의 기준을 구체적으로 알려주는 ㉢이 처음에 와야 한다. 그 뒤에는 대설 경보의 기준을 알려주는 ㉡이나 ㉣이 올 수 있다. ㉣에 '다만'이라는 접속 부사가 왔다는 것은 앞의 말을 받아 조건부로 이와 반대되는 말을 할 때에 쓰이므로 앞의 말에 해당하는 ㉡이 먼저 전제가 되어야 한다. 따라서 ㉡ 뒤에 ㉣이 와야 한다. ㉣ 뒤에는 자연스럽게 폭설(=대설)로 인한 영향을 설명해 주는 ㉠과 ㉤이 차례대로 나오면 된다. ㉠의 '그런데'는 앞의 내용에서 초점을 바꿀 때 쓰이는 접속 부사이다. 대설의 기준과 경보의 기준을 알려주는 앞 내용과는 달리 폭설로 인한 영향을 설명하는 것이므로 ㉣ 뒤에 올 수 있다. ㉤에 '이뿐만 아니라'라는 표지가 있으므로 반드시 ㉠ 뒤에 ㉤이 와야 한다.

오답풀이 매력적인 오답 ④를 많이 골랐을 것이다. 절대 글자로 글을 읽지 말라고 강조를 하였건만 "5cm"에 꽂히신 분들은 ㉣ 뒤에 "5cm"가 언급된 ㉠을 골랐을 것이다. 하지만 이 글은 대설의 정의와 기준–대설로 인한 영향의 구조로 되어 설명되어 있으므로 ④는 답이 될 수 없다.

09. ▶⑤

정답풀이 (가)의 '이러한 상황'을 지시할 말은 그 앞에 나와야 하므로 (가)는 한 단락의 맨 앞에 올 수 없다. 따라서 ①은 답이 아니다. (마)의 '이처럼 언어 변화가 여러 조건들에 따라 상이하게 이루어지기 때문에'라는 어구에서 '이처럼'이 지시하는 내용은 언어 변화가 상이하게 이루어지는 여러 조건을 제시하고 있는 (나)이므로 일단 '(나) – (마)'의 순서로 묶이고, (가)의 '이러한 상황'은 (마)의 내용을 뜻하므로 전체적으로 '(나) – (마) – (가)'의 순서로 배열됨을 알 수 있다. (다) – (라), (라) – (다)의 경우도 (라)의 결과에 해당하는 것이 (다)이므로 '(라) – (다)'의 순서가 더 자연스럽다.

10. ▶④

정답풀이 (가) 혹은 (다)가 맨앞에 오게 되는데, (가)는 환경 보존의 필요성에 대한 설명을, (다)는 환경 운동의 배경을 설명하고 있다. (나)는 (다)에 나온 산업화에 대한 뿌리 깊은 불신을 자세하게 부연 설명하는 것이므로 (다) 뒤에는 (나)가 와야 한다. 그러면 ④, ⑤만 남게 된다. (나)에서 무분별한 발전이 정당한지 되묻는 반성이 나오므로 (라)에서 '그리고 이러한 반성을 통해'로 연결된다. (마)에서는 반성의 과정을 '이 과정'으로 받고 있다. 이러한 반성의 과정에서 성장을 멈춰야 한다고 주장하고 (가)에서 결론으로 환경 보존의 필요성을 언급하므로 정답은 (다) – (나) – (라) – (마) – (가)이다.

Chapter **18**	문장 하나 넣어서 배열하기	p.319

01. ▶②

정답풀이 〈보기〉의 '왜냐하면'이라는 접속사로 미루어 보아 〈보기〉는 앞의 서술에 대한 근거를 제시하는 표현임을 짐작할 수 있다. ㉡ 앞의 역사학을 포함한 학문의 세계에서 통합이란 말은 성립되기 어렵다.'는 표현은 〈보기〉의 '모든 다른 견해를 하나로 귀결시키는 일은 일어나지 않기 때문이다.'와 유사므로 ㉡에 삽입하는 것이 가장 자연스럽다.

02. ▶④

정답풀이 주어진 문단은 공감을 표현하는 방법 및 고려할 점을 설명하였다. (라) 앞에는 공감의 어려움이 서술되어 있고, 뒤에는 공감을 표현할 때 유의할 사항이 이어지고 있으므로 (라)가 가장 적절하다.

오답풀이 ① (가) 뒤에 공감의 정의가 처음으로 소개되므로 적절하지 않다.
② (나) 뒤에 공감의 장점이 소개되어 있으므로 주어진 문단이 들어가기에 부자연스럽다.
③ (다) 앞과 뒤에는 공감의 어려움이 제시되었으므로 주어진 문단이 들어가기에 부자연스럽다.

03. ▶②

정답풀이 (가) 앞에 인간의 뇌는 생존에 유리하도록 선호하거나 혐오하는 반응을 보이도록 진화했다는 이야기가 나온다. 또한 2문단에는 '하지만 일단 맛을 본 사람은 케이크 자체만이 아니라 케이크의 냄새, 색, 촉감 등도 무의식적으로 선호하게 된다.'라는 서술이 나오므로 동물이 학습을 통해 선호를 판단할 수 있게 된다는 이야기가 이어져야 한다. 따라서 ㄱ이 오는 것이 가장 자연스럽다.
(나) 앞에 초콜릿을 먹은 후에는 '초콜릿을 떠올릴 수 있는 신호만으로도 강한 반응을 이끌어 낼 수 있다.'라는 이야기가 나온다. ㄷ의 '이렇듯'은 앞의 문단을 지시하는 접속사이므로 학습 능력에 따라 기호를 형성한다는 ㄷ이 이어지는 것이 적절하다.
(다) 앞의 3문단에는 '한 기능적 영역에서 좋은 것이 다른 영역에서는 전혀 도움이 되지 않고 오히려 해로울 수 있다는 사실'이 서술되어 있으며, (다) 뒤의 4문단에는 '우리는 의사 결정을 의식적으로 한다고 생각하지만 실제로는 선택지에 대한 계산의 상당 부분이 무의식적으로 빠르게 일어나기 때문에'라는 선택 상황과 관련된 서술이 이어지고 있다. 따라서 뇌의 행위 선택과 관련된 내용을 제시한 ㄴ이 들어가는 것이 가장 적절하다.

04. ▶④

정답풀이 이런 문장 배열 문제는 〈보기〉를 먼저 보고 앞을 추측하면 된다고 하였다. 〈보기〉의 문장 끝이 '~한 것이다'로 끝났다는 것은 앞의 문장을 한 번 더 설명한 것이 되므로 이 문장 앞에는 '신분'에 따라 '문체를 고착화하는 것을 인정하지 않는' 내용이 나와야 한다. ㉠~㉢ 까지 '신분'에 대한 내용조차도 보이지 않으므로 ㉠~㉢에는 〈보기〉가 들어갈 수 없다. 그런데 ㉣ 앞에서는 낭만주의 시기에 '하층민'은 무시하고 '귀족'에게만 좋은 내용을 배정하는 전통 시학을 거부하는 내용이 나오므로 이 다음에 〈보기〉 문장이 들어감을 알 수 있다.

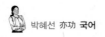
05. ▶③

정답풀이 〈보기〉를 먼저 읽고 앞뒤의 내용을 추론하는 것이 좋다. 〈보기〉에는 '인형'이라는 인물이 나오는데 ⓒ 앞에서야 '인형'이 나오므로 ㉠은 답이 될 수 없다. ⓒ 뒤에 '이에'라는 지시어가 있는데 앞의 문장과 잘 이어지므로 〈보기〉가 ⓒ에 들어갈 수 없다. ⓒ 뒤에 '그것'이 나오는데 이는 〈보기〉에 드러난 인형의 실체이므로 〈보기〉는 ⓒ에 들어가야 함을 알 수 있다.

06. ▶②

정답풀이 〈보기〉에서는 개인들의 다양한 삶은 사고와 행위의 기준들을 다양화하여 전통적인 정체성이 해체되었다고 한다. ⓒ 뒤에서는 여러 전통적인 가치와 규범을 나열하면서 이러한 가치와 규범들이 다양하고 새로운 가치와 규범들로 대체되고 있다고 한다. 〈보기〉의 내용을 ⓒ에서 구체화시키고 있으므로 ⓒ의 위치가 적절하다.

07. ▶④

정답풀이 〈보기〉를 보면 '여기서'라는 지시어가 있다. '여기서 참된 실체'가 중요한 단서가 되니 앞에서는 참된 실체와 관련된 내용이 나와야 한다. 또한 〈보기〉에는 '이데아계, 경험계'라는 용어가 나오므로 앞에 먼저 이 단어가 나와야 한다.
㉠은 맨 앞이니 정답이 될 수 없다. '여기서 참된 실체'에 관한 앞부분이 없기 때문이다.
ⓒ 뒤에 '이데아계, 경험계'가 있으므로 ⓒ, ⓒ은 답이 될 수 없다. ⓔ 앞에서 처음으로 '이데아계, 경험계'를 설명하므로 ⓔ에 〈보기〉가 오면 알맞다.

08. ▶③

정답풀이 두괄식 문단이란 글의 첫머리에 중심 내용이 오는 산문 구성 방식이다. 따라서 ㉠~ⓔ 중 중심 내용을 찾아야 하는 문제이다. 일반화된 문장이 보통 주제문이다. ㉠, ⓒ, ⓔ은 구체적이고 개별적 사례들이지만 이를 일반화한 진술이 ⓒ이므로 ⓒ이 가장 먼저 와야 한다.

09. ▶③

정답풀이 앞에 '거울'이라는 단서가 있으니 좌우가 반대로 된다는 ⓒ이 와야 한다.
앞에 '그림자'라는 단서가 있으므로 해의 위치에 따라 그림자가 변한다는 ⓒ이 와야 한다.
앞에 '그림'이라는 단서가 있으므로 그림 속의 행동은 움직이지 않고 들리지도 않는다는 ㉠이 와야 한다.

01. ▶①

정답풀이 '논리실증주의자들에 따르면, 만약 어떤 것이 과학일 경우 거기에서 사용되는 문장은 유의미하다'의 문장의 대우가 '논리실증주의자들에 따르면 무의미한 문장을 사용하는 것은 과학이 아니다.'이므로 옳다.

오답풀이 ② 너무 극단적인 의미의 선택지이다. 참이나 거짓을 검증할 수 있으면 문장이 유의미해지므로, 과학이 아니더라도 참, 거짓을 검증할 수 있으면 문장이 유의미해진다.
③ 아직 경험되지 않은 것을 언급했어도 검증이 가능한 경우에는 유의미한 문장으로 볼 수 있으므로 적절하지 않다.
④ 거짓인 문장이더라도 참, 거짓을 검증할 수 있었다는 점에서 문장은 유의미하다고 볼 수 있다.

02. ▶②

정답풀이 맨 마지막 문장 '명제 P와 Q가 IF … THEN으로 연결 되는 P→Q는 P가 참이고 Q가 거짓이면 거짓이고 나머지 경우에는 모두 참이 된다.'를 보면 이 선택지는 옳지 않다. '파리가 새라면'은 거짓이기 때문에 '나머지 경우'에 해당되므로 이 명제는 거짓이 아니라 참이다.

오답풀이 ① 모든 명제는 참이든지 거짓이든지 둘 중 하나여야 한다. 하지만 참(모기는 생물이면서)과 거짓(모기는 무생물이다.)이 양립하고 있으므로 성립하지 않는다.
③ '개가 동물이거나 컴퓨터가 동물이다.'는 '명제 P와 Q가 OR로 연결되는 P∨Q'에 해당된다. 이 경우에는 둘 중 적어도 하나가 참이기만 하면 참이 되므로 이 선택지는 참이라는 것은 옳다.
④ '늑대는 새가 아니고 파리는 곤충이다.'는 '명제 P와 Q가 AND로 연결되는 P∧Q'이다. 이 경우에는 모두 참일 때에만 참인데, '늑대는 새가 아니고'와 '파리는 곤충이다.'는 모두 참이므로 참이라는 것은 옳다.

03. ▶④

정답풀이 ㄱ. 컴퓨터는 결정론적 법칙의 지배를 받는 시스템이므로 자유의지를 가질 수 없다고 언급되어 있다. 또한 자유 의지가 없다면 도덕적 의무도 귀속시킬 수 없음은 당연하다고 언급되어 있다.
ㄴ. 결정론적 법칙의 지배를 받는다는 것은 도덕적 의무를 귀속받을 수 없다고 하였다. 이의 대우 관계는 '도덕적 의무를 귀속시킬 수 있는 시스템은 결정론적 법칙의 지배를 받지 않는다.'이므로 옳다.
ㄷ. '어떤 선택을 할 때 그것과 다른 선택을 할 수 없는 시스템'은 결정론적 시스템을 의미한다. 결정론적 시스템은 자유의지를 가지지 않으므로 이 선택지도 옳다.

04. ▶ ④

정답풀이) 1문단에서 "프리덤이 강제를 비롯한 모든 제약의 전적인 부재라면, 리버티는 특정한 종류의 구속인 강제의 부재로 이해될 수 있다."라고 언급되어 있다. "개인의 특정 행동에 대해 정부 허가가 필요한 것"에서 정부의 허가가 필요한 것은 '강제'이기 때문에 "개인의 특정 행동에 대해 정부 허가가 필요한 것"은 강제로부터의 자유가 제한된 것이라고 볼 수 있다.

오답풀이) ① 마지막 문장에서 "자유지상주의자들은 강제를 극소화하는 것, 특히 정부의 강제적인 간섭을 최소화하는 것을 통해 얻는 자유에 초점을 맞추고 있다."라고 언급되어 있다. 즉 자유지상주의자들은 '제약'으로부터의 자유가 아니라 '강제'로부터의 자유를 최대한 확보할 때 정의로운 사회가 된다고 주장하는 것이다.
② 2문단에서 "이와 달리 A국 시민은 거주지 이전의 허가가 필요 없어서 국가로부터의 어떠한 물리적 저지나 위협도 받지 않는다고 하자. 그렇다고 해서 모든 A국 시민이 원하는 곳에 실제로 이사 갈 수 있는 것은 아니다."에 언급되어 있다. 즉, A국 시민들은 국가로부터의 어떠한 물리적 위협도 받지 않고 있으므로 '리버티'를 보장받고 있다. 하지만 그렇다고 해서 아무 제약이 없는 것은 아니므로 '프리덤'을 보장받고 있는 것은 아니다.
③ '프리덤'에 대한 제한이 직접적인 물리적 힘보다 피해를 주겠다는 위협을 통해 이루어지는 경우가 더 많은 것이다. '리버티'에 대한 제한에 대한 설명이 아니다.

05. ▶ ②

정답풀이) 제시문의 중심 화제는 '공정성이 성립하기 위한 두 가지 조건'으로 핵심어는 '공평성'과 '독립성'이다. 이를 설명하기 위해 '동전 던지기 게임'을 예시로 들고 있다.
ㄱ. 마지막 문단에서 "이와 같이 동전이 외부 장치에 의해 조작될 경우에는 항상 게임에서 패배하지 않을 수 있는 전략을 만들어 낼 수 있다."라고 언급되어 있다. 따라서 '패배하지 않을 수 있는 전략'이 없다면 외부 장치에 의해 조작되지 못하는 것이므로 독립적인 게임이 된다.
ㄷ. 공평성이란 "판단의 결과가 가능한 결과들 중 일부분으로 특별히 치우쳐서는 안 된다"는 것을 의미한다. 그런데 동전 자체의 무게 중심이 한쪽으로 치우쳐 있어 앞면이 나올 확률과 뒷면이 나올 확률의 차이가 크다면, 이는 공평성이 없는 것이므로 공정하지 않다.

오답풀이) ㄴ. 앞면이 나온 바로 다음에는 반드시 뒷면이 나오고, 뒷면이 나온 바로 다음에는 앞면이 나오도록 장치가 된 '동전 던지기 게임'은 독립적이지는 않지만 공평하다. 왜냐하면 게임을 충분히 여러 번 진행하면 앞면과 뒷면이 나오는 횟수는 거의 같게 될 것이기 때문이다. 앞면이 나온 바로 다음에는 반드시 뒷면이 나오고, 뒷면이 나온 바로 다음에는 반드시 앞면이 나오도록 장치가 된 동전 던지기 게임은 공평하지만, 공정하지 않은 것이므로 ㄴ은 옳지 않다.

06. ▶ ②

정답풀이) 민아가 도서관에 간 것이 참이라고 해서 무조건 시험 기간이라는 보장은 없으므로 '시험 기간'이라고 보는 것은 항상 참일 수 없다.

오답풀이) ① 경호가 커피 마시면 시험 기간이고, 시험 기간이면 민아는 도서관에 간다. 따라서 경호가 커피를 마시면 민아는 도서관에 가는 것은 옳다.
③ 둘째 진술의 대우 관계로 보면 옳은 선택지이다.
④ 마지막 진술이 참이므로 이 명제도 참이다.

07. ▶ ③

정답풀이) '무모순율'이란 "어떤 것이든 p이면 p가 아닌 것일 수 없다."라는 형식으로 이루어진 진술이 옳은 진술인 것이다. 하지만 '어떤 것이든 사람이면서 남성이 아닌 것일 수 없다.'에서 '남성'이 아니라 앞의 진술과 똑같은 '사람'이 와야 옳다.

08. ▶ ③

정답풀이) 비트겐슈타인은 '지구가 태양 주위를 돌고 있다'와 같이 실제 경험할 수 있는 사실과 비교하여 이 사실과 일치하는 명제를 참, 일치하지 않는 명제를 거짓이라고 보았다. 즉, 명제이기 위해서는 대응하는 사실이 있어야 하며, 대응하는 사실이 없는 명제는 명제가 아니다.

오답풀이) ① 1문단의 두 번째 문장에서 '종래의 철학자들'은 '정신이나 이성에 관심을 가졌'다고 언급하였다.
② 명제는 반드시 대응하는 사실이 있어야 한다. 대응하는 사실이 없는 명제는 거짓인 명제가 아니라 명제 자체가 성립되지 않는 것이다.
④ 비트겐슈타인은 하나의 명제는 '하나의' 사실과 대응하여 참 또는 거짓으로 판단할 수 있다고 보았다.

MEMO

박혜선

주요 약력

고려대학교 국어국문학과 최우수 수석 졸업
고려대학교 국어국문학과 심화 전공
고려대학교 국어국문학과 중등학교 정교사 2 급 자격증
前) 대치, 반포 산에듀 온라인 오프라인 최연소 대표 강사
現) 박문각 공무원 국어 1 타 강사

주요 저서

2024 박문각 공무원 입문서 시작! 박혜선 국어
박혜선 국어 기본서 출좋포 문법
박혜선 국어 기본서 출좋포 문학
박혜선 국어 기본서 출좋포 어휘·한자/한손 어휘책(박혜선 국어 어플)
박혜선 국어 기본서 출좋포 독해
박혜선의 최단기간 어문 규정
박혜선 국어 문법 출.좋.포 80
박혜선의 최단기간 고전운문
박혜선의 개념도 새기는 기출 문법
박혜선의 개념도 새기는 기출 문학&독해
박혜선의 콤팩트한 단원별 문제 풀이(문법 편)
박혜선의 족집게 적중노트 88(문법, 문학, 독해)
박혜선의 ALL IN ONE 문법의 왕도
박혜선의 ALL IN ONE 문학의 왕도
박혜선의 ALL IN ONE 비문학 쌍끌이

박혜선
국 어

개념도 새기는 기출
문학 & 독해

초판인쇄 | 2023. 12. 01. **초판발행** | 2023. 12. 05. **편저자** | 박혜선 **발행인** | 박 용 **발행처** | (주)박문각출판
등록 | 2015년 4월 29일 제2015-000104호 **주소** | 06654 서울시 서초구 효령로 283 서경 B/D 4층
팩스 | (02)584-2927 **전화** | 교재 주문·내용 문의 (02)6466-7202

저자와의
협의하에
인지생략

정가 29,000원   ISBN 979-11-6987-529-5
              ISBN 979-11-6987-527-1(세트)

* 본 교재의 정오표는 박문각출판 홈페이지에서 확인하실 수 있습니다.